启真学术文库
QIZHEN

在国家与亲属间游移

一个华北汉人村落宗族的历史叙事与文化实践

杜　靖　著

ZHEJIANG UNIVERSITY PRESS
浙江大学出版社

本项研究属于教育部人文社会科学研究 2009 年度一般规划项目"一个华北村落宗族的历史过程"（09YJ77033）的结项成果；同时也属于 2011 年度国家社科基金项目"16 世纪以来黄淮平原上的联宗问题研究"（11BZS072）的阶段性成果。

序一

在我读完杜靖兄的又一部大作《国家与宗族》（电子稿）之后，觉得书名如果改为《在国家与亲属间游移》更为切题，因为他的讨论超出了国家与宗族的联系问题，而宗族的实践的确经常游移在亲属与国家之间。

作者近年来深化了对九族和五服的理念探索。九族制在中国历史上有着长期的亲属实践，当其落在丧葬等场景时，自然引出了五服问题。作为一种礼制的实践，明显看出他是把五服－九族范畴考察落在亲属关系及其实践特征上，无论在所谓的宗族社会，还是在非宗族社会，这一学术视点也许会形成一种新的思考。

杜靖的新书稿在讨论地方宗族的文化实践时，看到五服－九族虽经历代帝国仪礼或法律制度的规定，但在地方人民的实践中，主要受亲属规则制约。一方面，作为"本家"的"五服九族"是一个父系亲属单位；另一方面，作为"整体性九族"又是一个"宗亲－姻亲"共同体。尽管"闵村所实践的大规模宗族也受到国家的影响——是国家意志的一种象征性表达"，杜靖的民族志考察证明，"闵村大规模宗族仍然难以彻底摆脱亲属规则的影响"。

这就是从古到今的一个混生问题之所在。我在《早期儒学过程检视》（《人类学研究》2012年第一卷）中提到祭祖与孝悌（杜靖此书亦提及这个问题）的文化观念建构究竟在多大程度上受到常见的动物亲本之间爱怜秉性的影响，以至于古人早就在不同种群之间做"孝"的"比德"了，或许其本身就是为了扩展人类亲本照顾与亲情的生物性－文化伦理转换，只不过该转换一边可以低至对身边发生的原初既有的亲属伦常失序的群体抵制（这本书提供了实例），一边也可以提升至国家意志的影响。

其实，他的写作重点就是"试图在国家与父系亲属两个端点之间讨论中国宗族"。我想，那端点之一的父系亲属观察也需要从生物－文化整体性出发，因为这是躲不掉的。现代生物－遗传学者和人类学、社会学者相遇时的跨学科观察，需要促进兼顾的思考，不可偏颇。在人类学界，范·登·伯格（Pierre L. van den Berghe）就使用了跨学科的"亲亲性"（nepotism）的术语参与解释，是说亲属发端时刻的优先血缘联合、繁荣及其普遍展现，是亲属认同的情感基础。（那时或许还没有所谓国家！）

人类的亲缘关系的判定程度远比动物世界更为肯定。尤其超越集体记忆的人类句法配合言语沟通，可以把血缘选择直观地固定到文字约定中（如《尔雅·释亲》），因此，文字应是儒家文化过化的重要载体。如：人类个体取名方式及其内涵（汉人取名的行辈字号记忆与记录中直接显示了血脉联系）；从婚礼葬礼上明辨姻亲，也可以看到早期《尔雅·释亲》及后来的《家礼》文字规定性同当今生活礼仪的互动联系；人类社会不只汉人拜祖和家族成员之间表现忠诚，这正说明汉人的祭祖和"父为子隐"的文化实践与缘由同样联系着人类生物性的血缘选择内涵，其外在显示的亲属代际传承、认同和报本的理念，显然和人类后世的功利主义无关。如此，拜祖与孝道的文化伦理，均不支持某些人类学论说中追思、报本与祭祀的功利主义优先意义。

人类后天发展出的地方亲属制度，无论是事实的，还是文化建构的，都和初起的血缘选择现象相关，包括早期九族五服之制。在中国学术史上，从来没有仅仅讨论古代中原人伦层位之文化建构这一点，也包括遇事紧紧盯住其父系亲属关系事实上的生物性世系是否紊乱（包括这本书的侄叔婚例子）。

人类后天的文化实践既可以背离（如不孝实例）人类生物性血缘选择原理，也可以表现捍卫或强化上述血缘选择意义（如本书闵宜女士的孝行事迹）。只要人类脱离不掉生物－文化整体性的种群状态，偏重某些人类文化建构的力量而轻视亲属亲近的血缘选择基础都是不妥当的。如闽人大部分房支展现本家五服－九族构造、男女差别、春秋祭祖，以及侄女和叔叔乱伦婚受到亲属指责等，作者有如此多的实例，分明是父系亲属原理影响至今的实况。一般来讲，上述亲属伦理作为一种先在的文化理念一直存在于民众内心中。作者的闽人民族志实际上大大支持了宗族和古今父系亲属之间互动的角色与状态，但此问题的古今关联性解释尚需找到"先在理念"传递的更多的内涵通道。

关于宗族功利主义的表现早有大量研究，然而因有非功利主义的世系情怀，故使用来自西洋的权力话语分析汉人社会需要谨慎。权力远不是汉人社会倚重的优先理念，父系血脉与和合是本土的重要文化思维。功利主义可以和宗族的权力之争相联系，也可以以此看待宗族处在国家之下的生存状态及互动。

作者以大量篇幅讨论本书"国家与宗族"的问题，例如他透过闽人祠堂建立的合成动力过程，展现了现代中国汉人地区多样化的宗族乡村权力文化实践。众多作品引进权力与场域的分析无可厚非，但问题出在，福柯权力说范畴的不确定性和无限扩大，当政治哲学游移不定的权力观生硬地落在具体的田野场域之中时，就削弱了权力的解释力。所以杜靖在这本书中并没有模仿杜赞奇的模式。

当年杜赞奇的《文化、权力与国家》（1995 年，江苏人民出版社）的行文中，可以清楚地看到他落实福柯（当然不是唯一依据）权力－网络概念的努力，尽管杜赞奇在福柯的基础上重新定义"权力"（第 4 页），但他仍然把权力的各种因素扩大化，如除了多个领域和组织与关系以外，还包括权术和利益。他使用网络的节点（中心结，第 14 页）显然是呼应福柯"权力非中心化"和避免同晶型（存在中央的特点）中心观等。其实，杜赞奇的权力的文化网络解说过程中也少不了强调中央权力之下移（第 22、28 页）。杜靖这本书和其他人的著作也经常谈到这样的帝国权力状态，因为本来就经常存在这样的状态（所谓上对下）。不过对一个场域和网络（所谓平面视角）之中的权力、关系与能力（经常而言的主体与能动意义上的）研究，泛化权力的使用的确削弱了场域关系的解释力。笔者曾经和杜靖提及如果使用古典汉语里的"权"和"势"的含义划分（从古文含义加以引申），要比泛权论好得多。在一定的时空中，宗族表现了古典国学中的"任势"优劣状态，既可以任父系亲属认同之势，亦有展现任国家之权（势之高端）。在汉人社会，无论是上下关系的权与势，还是观察场域横向平面，随时处于多样化之势的动态消长，显然比单独权力说为佳。可惜以往这类研究论及资源竞争、利益、象征符号等功利主义的观察与诠释偏多，论及父系亲属影响的为少。即使有，也总是以亲属原则的文化建构成分压抑其生物性血缘选择之基础成因。进一步我们还可以看到，一定时空的权与势之消长，宗族与个体之"任权"和"任势"，总是离不开依据人类先在理念（如敬祖的生物性血缘选择基础）、亲属原则，当然也有功利主义之竞对。国家、制度、组织和个人无论是得势，还是处于颓势，总是深陷其中而无可自拔。

学界对区域社会的权力与功利主义分析之套用，常常压挤了汉人社会先在理念的生活动力和情感存在。笔者的意思是，杜靖兄的这篇冈人宗族在国家与父系亲属之间游移的精彩民族志，在父系亲属原理同宗族的血缘地域认同、先在理念实践，以及功利、权力与情感之间，找到它们混生的或相对独立存在的思维与行为线索。其中包括人们擅长的功利主义与权（和势）的"社会事实"，也包括经常被忽视的敬祖、报本、亲情、德化、觉润、存神等"情感事实"。那么怎样才能梳理清楚宗族这个彩色的泥潭呢？这是读者和学界当前最大的期待之一。

本序言收笔之时，杜靖兄寄来他的书稿中新补充的第二节，他的书名也客气地改为"在国家与亲属间游移"。的确，此序也是笔者和作者之间的交流之作。他在宗族游移在国家与亲属之间的论述应该说更为中肯了。我想如果这本书不仅人类学家阅读，而且也介绍给社会生物学家、遗传学家和分子生物学家，那么对九族五服制的剖析就会建立在新的交接点上进一步探索。

人们学术追风在各个时期均类同，从大的政经形势观察到权力说包揽一切，如同当年一味的功能主义分析框架终究进入衰微之境，都说明了学术中肯的重要性。这本书亦如此。杜靖在不断地修理他的解说模式，而不至于流俗，因为所有地方人群都逃脱不了生物–文化整体性的思考原理。为此，杜靖还很快提出了一个"光谱式的宗族模式"，是说它总是游移在国家与亲属之间的一个生动比喻。他设计了一个横轴，一端是"国家意志"，一端是"亲属原则"，形形色色的中国各地宗族就在这根横轴上演绎它们的故事（本书第十一章第二节）。应该说这是很有意义的简洁概括，涵盖了诸种地方宗族的生存类型状态。

这不由使我想起另一个新鲜课题的解说，也是一个光谱模式，大体属于医学／公共卫生人类学范畴。该光谱左侧端点为人口比例众多的男女异性性爱选择，右侧端点为少数同性性爱选择，而左右之间会有无数如光谱似的性爱选择，包括兼有同性、异性选择主体。那么，左侧诠释主要以人类生物性血缘性别选择为出发点，而右侧诠释则主要以后天文化实践为由。虽然这不一定是唯一的解释，但我们已经看到其分析原理紧紧围绕着人类生物－文化整体性的原理。笔者联想的这个"光谱模式"，其实和本书探讨的问题极少联系。这意在说明，在政经、权力、功利竞争解释盛行的当今，人类种群的生物性基础依然强有力，还有不能忽略的是亲族与仁爱的情感意义，可谓人类生物－文化整体性的原理无处不在。杜靖的新书让我们看到一种贴切的学术实践并不是容易的，这当然和他的多年废寝钻研有关。

笔者在赞同这个游移在国家与亲属之间的宗族实践过程与类别之说的同时，留下一个可以继续严密探讨的范畴问题，即在我们关注这个左端亲属右端国家的宗族游标的时候，左端和右端的外延尚需分别考虑生物性的亲属事实与亲属制的文化实践的关联问题，以及国家、前国家和帝力不及之"飞地"（如果有的话）的影响问题，或许做一些过渡性与光谱性的外延推断与诠释，将大有补益。

专此祝贺杜靖兄心血之作问世！

庄孔韶

2015 年 8 月 28 日于北京景山住宅

序二　圣裔身份与宗族再造

写于杜靖《在国家与亲属间游移》出版之际

　　杜靖教授研究宗族的新著《在国家与亲属间游移：一个华北汉人村落宗族的历史叙事与文化实践》出版在即，约我写序，希望进行讨论，批评言辞激烈也无妨。作为多年来就宗族问题一直交流看法的学友，我知道他在宗族是"国家意志的表达"还是"亲属人群意志的表达"这两个端点之间游移不定，希望不断完善自己的观点，在宗族研究的理论模式建构上，贡献自己的学说。

　　杜靖对于人类学理论兴趣浓厚，做过有关学术史的研究，在他的宗族研究中也一直注重形成理论。他充分认识到在中国进行人类学研究，需要借助文献考察历史，如此才有助于对研究问题的全面认识。如他在本书"前言"所说："在中国开展人类学田野研究，绝不能忽视文字文献的价值。"因此，这部新著可以说是历史人类学的实践。

　　作者在"前言"还指出，该书从"日常生活的观察维度"，"发掘历史和现实间所存在的隐喻，以及现在如何通过隐喻来表征过去"，向我们呈现了山东闵村闵氏宗族的历史。作者观察到的是国家与宗族互动的关系，强调的是制度在村落的文化实践，这些作者用书名已经提示给我们。在相当大的程度上可以说，作者试图用制度与生活的模式超越国家与社会的框架。杜靖嫌国家与社会的框架粗疏，从实践的角度进入闵村闵氏宗族的生活，生活关联着国家意识形态的文化，同时生活即文化。

　　相对于以往关注的一般士大夫宗族或普通民众的宗族，闵村闵氏的特殊之处，在于该族是孔子高第闵子骞的后代，闵子骞属于贤人。《论语》记载孔子之言："孝哉闵子骞！人不间于父母昆弟之言。"山东嘉祥县孝堂山武氏祠汉画像石中，"闵子骞失棰"图反映了"鞭打芦花"的故事。晋代出现的《孝子传》多收有闵子骞孝行故事。《贞观政要》记载唐太宗与魏征的谈话，多次提及闵子骞为"孝子""德者""贤人"。元代郭居敬将闵子骞"单衣顺母"的故事列入《二十四孝》典故。

在国家制度层面，汉代以来闵子骞以"德行"在孔庙从祀，侍奉于孔子左右，为配享从祀的"十哲"或"十二哲"之一。唐开元二十七年（739）玄宗封闵子为"费侯"，北宋大中祥符元年（1008）封琅琊公，北宋神宗熙宁七年（1074）在墓前建专祠纪念，明嘉靖九年（1530）改称"先贤闵子"。清康熙三十八年（1699）六十四代孙闵煌援例陈情请求授衔，经朝廷议准，闵子骞的嫡传后裔"世袭翰林五经博士"，持续到民国三十六年（1947）。雍正三年（1725），皇帝赐予闵子庙御书匾额"躬行至孝"，赠闵氏后裔"门宗孝行"。

由上可知，闵氏与国家、制度、儒学紧密联系在一起，成为一种符号象征。由于闵姓宗族作为孔子学生闵子骞的后裔，具有了代表儒学传统的身份，而闵子骞的孝道故事更加突出了儒家的核心价值观——孝道。尽管朝代更易，闵氏还是不断受到官府的关照，成为文化中国的表征。同时，闵氏族人在历史的沧桑中沉淀下来一种"文化自觉"，不断用行动证明自己"闵子后裔"身份，用贤孝光宗耀祖。官府与闵氏的互动，演绎出国家与宗族的文化实践故事。

闵氏身份以及与国家关系的上述特质，在历史进程中，自然很容易发生"儒化、去儒化和再儒化"（结语，以下同）的反复，不过作者认为："作为一个人群的闵氏宗族一直与国家配合"，"似乎忠实于国家是一个永远的主题。这也就是说，一个基本的、与国家良序互动的认知图式似乎没有发生变化"。"闵氏宗族的文化实践不仅仅是一个村落宗族的实践，更是一个国家的宗族实践，是国家在地方制造'国家'，是地方自身在地方制造国家。"作者特别举出："大宗及整个宗族组织是在清代康熙皇帝、吏部、礼部和衍圣公府关怀下确立的。""山东闵村案 例却表明，国家对闵族的意义，

不仅仅是象征性的，更多是一种实体性存在。"（指国家亲自参与建造）

这样的论述多少会给人以国家与宗族一贯互相支持，特别是宗族是在国家支持下而发展的印象。我想要提醒的是，造成这种印象的原因有可能是闵氏儒家贤孝的身份。不过即使如此，也要注意国家与宗族权力矛盾的一面。其实，孔圣宗族也不可避免。如清代皇帝高调孝治，奉行"笃宗族"的政策，但是对于曲阜孔氏的联宗通谱行为，保持戒心，表示反对。乾隆二十九年（1764），清廷曾因江西联宗通谱之风甚炽，下令铲削族谱中荒诞不经之始祖，断以始迁该地及世系分明者为始祖，并下令全国稽查。因孔府派人携带"空白奏祀礼生劄付"去江浙清查族谱，结果衍圣公孔昭焕被交部议处，乾隆帝认为："承修族谱一事，虽相沿已久，越数年修正一次，亦只应就籍隶山东确有支派可考者，随时察辑，若其同宗散处各省，系次既属遥远，势难逐一清厘，徒使差委之人借端滋弊。"[1]修谱属民间私事，乾隆帝害怕差委之人借端滋弊的理由未必真实，恐怕还是出于政治上对孔府的防范，当然也可视为其对通谱的政策。跨地区的通谱是一种广泛的社会群体联系，在秘密宗教与结社活动频繁、民变屡兴的情况下，不合时宜。所以传统中国国家对于宗族不是一味地盲目支持，而是支持与控制并存，不断调适。

本书对闵姓村落宗族，进行了多方面的探讨。如闵子骞故事的由来与传播，历朝对于闵子后裔的礼遇，闵子祠作为宗族祠堂的特色，闵姓村落宗族的内部结构与外部关系，古代社会闵姓宗族村落的实态，古代社会闵姓村落宗族的近代转型，古代社会闵姓宗族村落与近现代政治的关系，战争对于闵姓宗族村落的影响，等等。作者在这些问题上都取得了程度不同的进展，提供了新的知识，突破了单纯从血缘、世系或者结构功能出发理解宗族的模式。

总之，杜靖教授的圣裔宗族研究开辟了宗族研究新的类型，无疑具有类型学的意义。但是在上升为一般性的宗族研究模式时，应当注

---

[1] 《清高宗圣训》卷二三一《正制度》，乾隆三十一年十一月丙戌上谕。

意适用的程度。作者在书中显然也意识到这一问题，这里我不过是杞人忧天的感想而已。

常建华

乙未年（2015）中元后三日

前　言

　　拙著《九族与乡土——一个汉人世界里的喷泉社会》(以下简称为《九族与乡土》)曾提出一个综合的研究汉人亲属制度的"光谱分析模式"。该模式涉及四个运作类型，而其中第二个指的就是本书所研究的山东闵村(旧时地方志上也写作"闵家寨")。① 在此我把当时的表述抄录如下：

> 　　第二种模型以本书研究的山东闵村为代表。其特点是：本宗五服九族不能向上发育成大规模宗族或世系群，但与其有着类似结构的诸姻亲群体所形成的整体性九族却是地方人民所最倚重的亲属资源。人民更青睐于五服九族和整体性九族，而不是"宗族"。在这个类型里，本宗五服九族结构以上的宗族组织是由于另外的原因所致，但又对五服九族结构以及整体性九族结构产生重要影响。它们并没有像张小军所说的那样以"宗族和家逐渐在华南基层社会发生整合"的方式而粘连在一起。孝道、人情与个体盘算，是这个架构内亲属行动的两个重要伦理原则。

可以说，拙著《九族与乡土》只是完成了一半工作，因为它重点关心的是九族架构及其内部的亲属制度与实践，尽管我也部分地介绍了闵

---

① 拙作《九族与乡土》将其匿名处理为"闵村"，本书在体例上照旧，同时把一些重要人物名字做了技术性处理，目的是保护他们的隐私，以免日后给他们带来困扰。

氏宗族的情形，但"心不在此焉"。因而，本书想接续这个未了的工作，专门讨论大规模宗族（指超越了本宗五服九族父系群体以上的宗族人群）问题，并把闵氏宗族制度里所提倡的、内含于九族亲属行为中的"孝道"作为任务之一给予关照，将九族与宗族问题再一次关联思考。

当然，也完全可以这样来理解《九族与乡土》写作的目的：想告别单纯从宗族（主要指大规模世系群构造）视角狭隘认知中国社会的路径，力图倡导既包括宗亲在内的也包括姻亲在内的九族框架来理解中国乡土社会之运转机制；即便是宗族研究，最好是回到亲属制度架构内，把特定规模且有明确边界的宗族——五服九族（排除了本族里的外嫁女子，包括从外族通过婚姻而加入的妇女）——理解为一个亲属类别来观察。就祭祖礼仪而言，我把礼仪放在亲属制度及其实践范围来理解，这一点颇不像科大卫（David Faure）。科大卫把礼仪看作国家治理的工具。在研究方法上，我倡导继嗣体系与交换体系兼容的研究策略，倡导要把九族亲属群放置在中国文化思想里已很成熟的一个概念——礼仪——中加以理解和观察。西方人类学擅长仪式研究，有关仪式的理论层出不穷，但中国文化中的"礼仪"概念无法单纯地用西方人类学视野中的"仪式"一词替代，因为它除了包含西方人类学仪式概念内涵外，还包括亲属等级或差序，以及礼物、人情等丰富内涵。当然，我也没有忘记日常生活的观察维度。

在研究方法上，特别给予田野研究和文本研究之间以对照性关怀，将民间实践了的九族制度与传统经典文献中的九族制度进行比对性阅读，以此超越传统文史学界和人类学界之间各自墨守的界线与学术实践上的隔阂。我觉得，将田野工作和文献阅读结合起来的办法，特别适应于具有悠久历史文明的国度，具体是指文献录写老早就开展的且这些经典文献对每一代人的文化实践都发挥作用的中国汉人社会。从无文字社会成长起来的西方人类学并不擅长于此，这是他们的短板，汉人社会研究可以在此领域大有作为。在中国开展人类学田野研究，绝不能忽视文献的价值。坚持这个道路，莫里斯·弗里德曼（Maurice Freedman）所言的"A Chinese Phase in Social Anthropology"定能到来。

如果说作为小规模宗族的本宗五服九族群主要受亲属原则影响，那么，大规模宗族主要受什么原则控制呢？

最近三十年来，"国家－地方关系"框架下的宗族（大规模宗族）研究越来越成为一种趋势，甚至是一种带有普遍意义的研究范式。[①]在这种分析架构下，宗族成了国家意志的一个表达或反诉求，是传统帝国用来维持地方社会的一个工具，当然也是现代国家力量努力拆除并压抑的对象。在这种突出政治或权力价值的研究浪潮中，宗族制度里原本属于亲属制度的要素纷纷被学者们纳于"国家－地方关系"架构下来理解。而此前，关于中国宗族的研究并不如此。或至少这种学术意识不明显。关于中国宗族研究的西方理论背景，从知识系谱学来说，西方人类学家对氏族、继嗣群和世系群的研究一直都是在亲属制度下来开展的。故著者对"国家－地方关系"的分析框架产生了怀疑，想借助一个华北社会里田野点来检验之。

我的设计与论证思路是从检验"国家与地方关系"分析入手的，但我的结论是：两个视角都很重要。不要故意把其中一个维度贬低到另一个维度之下，而应该以平等的态度对待它们。既从国家政治意义上观察宗族，也从亲属角度理解宗族，尤其看二者间的互动。如果允许亲属制度因素置于国家政治架构下来理解的话，那也得允许国家政治因素被纳于亲属制度之下来考虑。亲属制度并非被动而消极的。

在这项研究中我首先发现，当宗族在沿着亲属系谱路线向上发育成大规模宗族的时候，亲属制度作为一条绳索无法单独靠自己力量将其约束住，反而被外在因素，如国家力量所捕捉、牵引。宗族规模越

---

① 2015年9月11日，张佩国先生从美国洛杉矶来电邮说，托马斯·库恩意义上的"范式"不是对应于某种具体理论的，这个概念国内学者包括某些大师级的人物，都用错了。非常感谢佩国兄的提醒，使得我及时对全书中原先使用的"模式"和"范式"两概念进行了严格而仔细的审查。审查后，我对全书进行了统一调整，基本观点是："范式"的确不是针对某种理论的，对于某种理论应当用"分析模式"或"分析模型""解说框架"等概念来称呼。但是一旦某种理论被大多数学者所奉行，在一个时代成为一种具有普遍意义的分析思路时，这种"模式"就可能跃升为"范式"。另外，还有两点需要说明：第一，对于过往部分学者把"理论模式"当成"理论范式"来使用，本书在引用时依然尊重原著者的叫法而未做改动；第二，本书还把某种社会运作制度或机制也称为"模式"或"运作模式"。

大，越可能被国家关注和操纵。此意味着，必须挣脱系谱等亲属原则对研究者想象力的约束。

但是紧接着，我又发现，宗族就像一个在天空中飘摇的风筝，亲属原则始终像拴住风筝的绳子，其对大规模宗族支撑或运转之意义又不容低估。

国家－地方关系中的宗族研究，可以说是关于宗族的研究，也可以说不是针对宗族的研究。说它是关于宗族的研究，是因为这种思路注重考察社会结构赋予宗族的品质与属性，而回归亲属制度框架的宗族研究是看重其内在品质与属性。说它不是"真正的宗族研究"，是因为它的终极目的不是理解宗族，而只是把宗族看作一个认识论工具，借此去了解国家与地方社会的关系或互动情形，或者了解中国地方社会的生成与运转问题。后者实际上把宗族作为一种工具和象征体系去理解。

本书题目使用了"游移"一词。它很形象地反映了我的学术心态和研究历程。即我本人在"宗族是国家意志的表达"还是"亲属人群意志的表达"这两个端点之间游移或摇摆不定。从《九族与乡土》的倚重亲属原则，到这部书稿里看好"国家与地方的关系"是一种游移。但就后者而言，在其研究过程中，我也在游移。一开始想用"国家与地方关系"视角校正《九族与乡土》所获得的经验，但在本书的写作过程中却逐渐发现（尤其是最后定稿时庄孔韶先生的提醒），大量材料都表明亲属原则依然发挥着重要作用。我所研究的人群——闵人或闵氏宗族成员——他们的行动或行为本身也受"游移"支配。在宗族活动中，他们有时听命于国家意志，有时又遵循内心亲属身份和情感的呼唤，或有时在同一个活动中二者兼具（包括同一活动中宗族人群内部不同亚群的不同行动逻辑）。所以，我的研究最终又没有完全抛弃亲属原则对宗族运转的价值。我觉得，"游移"一说，能够纠偏这两个极端视角，使我们获得对中国宗族更加灵活的解释能力。

在本项研究中，我除了借助亲属原则来提防学术界过往对"国家与地方关系"分析视角的高估外，又沿着它的思路方向，在其逻辑内部予以深化，并试图有所突破和超越。

国家与地方的关系或互动，尤其是国家与地方社会宗族的关系或互动，最好被理解为能指。因为不同历史时期，这种关系或互动的内容和方式是不同的，甚至是互为异质性的。就这对关系中的"国家"和"地方"两概念而言，也在不同历史时期呈现高度异质性，并没有一个固定的内涵。一方面，作为一种能指，国家与地方的关系因而在不同历史时期被注入了不同的东西。另一方面，在将其理解为能指的同时，我又试图结合本书的案例来寻求其中的所指。比如，传统时期帝国支持宗族制度建设，现代化时期国家反对宗族制度并予以拆除，从能指角度讲，是颇为异质性的，但从所指角度看却具有统一性在里面，因为不论是支持还是反对，国家都不可能亲力亲为，具体还是由乡村宗族群体自己动手。这就意味着，宗族人群都给予了积极配合。也就说，地方人群与国家的配合的认知模式不变。

经过了几十年的学术实践，关于宗族的"国家与地方关系"的分析模式在理论上显得有些迟钝。大量围绕着国家与地方关系的宗族研究成果陈陈相因，缺乏新鲜感，且显得过于粗糙、悬浮而不够深透。

那么，如何超越国家与地方分析框架呢？我采用了"多元声音"分析路径。"多元声音"分析技术能让我们发现无数实践个体的能动性。在充满能动性的个体的生活世界里，国家和地方都不过是他们拿来满足自我的一个言说工具。当追到个体的层面时，我们会发现：国家和地方仅仅是个空壳，它们被个体所操弄。到了这一步时，我们甚至发现"国家"消失了，地方利益共同体——宗族——也消失了，剩下的只有赤裸裸的个人。这时，宗族只不过是终南山道士所挽的一个剑花，瞬间没有了。或者更准确地说，作为学者的我们是一只猎犬，而宗族就像一只灵狐。近一个世纪以来，我们追踪它，从平原到高山，从华南到华北，从江海湖泊到密林青纱帐，最后这只灵狐消失了，留下猎犬在原地茫然并喘着粗气。

我如此强调"复调"的主体性，是想借此推动中国宗族研究向纵深进展。

因而，本书可以看作拙作《九族与乡土》的姊妹篇。但它同时也是我中长期研究计划中的关于中国宗族的第二部书稿。在这部书中，我还想就历史人类学的一些问题进行探讨。由于把宗族放在时间轴上进行思考，因而历史与传统如何被实践的问题也贯穿了全书。所以，在这项研究里边，宗族最终成为一个方法论问题，成为我观察和认知中国的一个窗口。通过考察一个乡村宗族的历史进程①，我试图弄明白现代中国是如何从传统中国中转换出来的。在某种意义上说，时间里的乡村也是时间里的中国。

这里实际上涉及历史人类学的根本方法论问题。华南历史人类学共同体试图"回到历史的现场"中去（其实，大部分社会史学家这些年大都如此），而我的历史人类学则重点思考"历史如何来到当下"，"当下"是人类学的出发点。我们之所以在一项研究中去考察"过去"，实际上都是为了考察"当下"做准备，不是为了研究"过去"而研究"过去"。如果说我们也"回到历史的现场"，我们是看"过去"的"过去"如何来到"过去"那一刻，而不是仅仅停留于"过去"。尽管人类学和历史学眼里的"历史"最终都是"人民的历史"，但相比较来说，历史学家研究的"历史"是历史学家心目中的历史，历史学家把"过去"看作了历史，而人类学的历史人类学视野里的"历史"则是历史实践者的"历史"。即，看历史实践者如何对待他们的历史、如何解释他们的历史、如何授权历史来到现在并将实践者裹进历史模式之中。

在历史学家看来，历史是一套或一系列实实在在的经验。但在我看来，历史是抽象的，历史是实践者对待经验的态度，是一套对待经验的解读模式。正是因为历史是抽象的，因而它可以像鬼魂一样附着在任何一种物象或事象中，借着物象或事象的铺展而呈现。如果历史附着在宗教上，那么就是宗教史；如果历史附着在宗族上，就是宗族史；如果历史附着在经济上，就是经济史。因而，宗教史也罢，宗族史也罢，经济史也罢，它们都不是历史，它们只是历史的分身，是历史欺骗世人的外在幻象。真正的历史就是隐含在宗教史、宗族史、经济史等背后的那套共享的"元历史"。这就像语言学研究中的"语言"（la langue）和"言语"（la parole）一样，言语是具体的，而语言是抽象的，语言永远也不是言语。历史人类学研究的历史就是"具体"

---

① 本书使用"进程"一词并不意味着是进化论的主张，也不意味着中国必有一个方向感。"进"可以是前进，也可以是向后"进"，还可以是横向的"进"，即盘旋。

背后的"语言"，是一套躲藏在经验之下的关于经验或各种历史信息的编码术。所以，我希望读者诸君不要把本书所讲的宗族史当成了历史，我对历史的见解以及历史本身附着或隐藏在宗族的命运中。

对于现在的人类学家来说，他们知道各种纷繁的历史现象是不可穷尽的，也不想做归纳的工作，因而，更愿意倾向研究各种表象间的隐喻（metaphor）关系。就本项课题而言，我旨在发掘历史和现实间所存在的隐喻，以及现在如何通过隐喻来表征（represent）过去。这也是一个现在自我表征的问题。这当然也包括，"现在"以前的不同历史阶段间的隐喻与表征问题。在这样的研究中，隐喻背后的主体性是不可忽略的，因为实践主体在隐喻中找到了生存的价值或意义。许多实践者将生命的意义挂靠在隐喻中，故历史也是实践者主体性的投射。

同样，我也把宗族放在一个文化空间中来理解。这一方面是继续发挥了《九族与乡土》中的"乡土社会"思路，另一方面也是多年来与社会史学界交流的结果。社会史学界的强烈的区域感叫我吃惊。本来在施坚雅（G.William Skinner）那里，我们人类学也发展出了一个"线头"，但后来的中国大陆人类学并没有把这个"线头"拽下去（台湾人类学界接此走得深远，中国大陆社会史学界的一些朋友也有不俗的表现）。幸运的是，在我一生的学术生涯中遇到了庄孔韶教授。他的《银翅》研究"金翼之家"并不是仅仅蜷缩在一个村落历史中，而是放在一定区域社会中观察问题。这是我有区域关怀的第二个缘由。所以，闵村闵氏宗族的舞台也不仅仅是一个村庄，而是一定地域社会，村庄满足不了乡村宗族的表演欲望。

施坚雅把一定地域社会描述为多层级社会，即借助于经济或集市把特定区域组织起来进行运转。我想在此突出儒学价值观及其文化遭遇对于特定地域的意义。这是与市场层级理论颇为不同的研究设计。林耀华的《义序的宗族研究》和《金翼》，以及庄孔韶的《银翅》，它们研究的是"东南邹鲁"，而拙作考察的就是"邹鲁"的"邹鲁"，即那个"原本"的"邹鲁"。因而，本书把空间理解成一个文化空间。

直到最后，我才思考中国的中心地区或腹地如何成为汉人社会或变得更加像汉人社会问题。最近半个多世纪以来，中外学术界一直在思考，居于文明高端地位的汉人文化如何渗透进中国的边界地区，并将地理与文化上的边缘"结构"进中国一体化的问题。他们的基本逻辑假设是，汉人地区在文化品质上呈现了一种高度的稳定性和连续性，但我的研究将表明：如果不对汉人地区积极实施多次"再汉化"或"再儒化"措施或制度，汉人社会也最终会蜕变成中心地中的"蛮荒"，熟化的汉人同样具有身份焦虑问题。这里，我把宗族当成了儒家文化或汉文化的一种表达，与张小军先生的观念不太一样。今后，我们的兴趣不能都聚焦在非汉成为汉的故事，还要注意"汉更加像汉"的问题。所以，这项研究最终演变成了"汉之所以为汉"的观察，演变成了汉人如何巩固、强化自己的文化身份与心中意象的观察。我的意思是说，我们可以跳出过往"中心"对"边缘"的叙事框架来讨论"汉化"或"儒化"问题。这实际上攸关空间中国的文化生成问题。

当今中国的人类学研究把汉人社会与中国边地少数民族分成两个研究领域，并各自形成一定的学术圈子。我以为，这是没有必要的。本书之所以思考汉人中心地区的再汉化与再儒化问题，实际上是想把这两个领域关联起来。至少我们在从事各自目标研究时心里要装着彼此，不要把自己局限于狭隘的视域内。要知道，对于历代政府和大传统而言，中心的底部和地理的边缘都是"王化"所关心的对象，谁都不想任其游离出自己的视野以外。而最近二十余年来海外经验中国学中的边缘人群研究也是从港台汉人社会研究中转出来的。

目　　录

第一章 导论

在导论部分，我要进行的工作有如下几件：

第一，在"国家与地方"关系维度或上下互动中，大致综述以往汉人宗族研究，了解国家与宗族彼此对待的态度，并尝试性地概括出一个"国家与地方"关系中的宗族解说模式。诚如本书前言所意识到的，"国家与地方"关系这一视角能够窥测到中国宗族的运转情景。

本书的目的就是检验上述视角。即，宗族是否按照国家的意志来运作？当然，也包括父系亲属群体原则或亲属法则究竟在多大程度上发挥作用。

第二，既然欲开展一项有关单一村落而不是区域性的宗族民族志研究，那就有必要给出"宗族"的定义，这将成为本项研究的一个可操作性概念或学术工具。这个操作性概念既能体现出"国家与地方关系"的学术关怀，也能体现出亲属分析框架的学术意涵，但最终又能对它们有所超越。

第三，我也尝试着给出全书一个总的理论参考框架——"历史实践论"。我之所以提"历史实践论"的宗族研究，是想在迄今为止的所有中国宗族研究理论基础上发现一个新的探索方向。尽管这一探索在理论上刚刚构想，而且本书在论证上个别章节资料还不是太充分或显粗糙与稚嫩，但毕竟心中已萌生了这个念想。

第一节 国家与地方社会关系中的宗族研究 [①]

就最近数十年而言，汉人宗族研究在学术实践上已经变成了一种"国家与地方"关系的研究。宗族被理解为了解中国"国家与地方"关系的一个窗口或一个学术工具。在人类学领域，它已经游离出纯粹的亲属制度研究框架。把大家引领到这个方向的人主要是英国著名人类学家莫里斯·弗里德曼（Maurice Freedman），尽管他的研究选在帝国政治的边陲地带（福建和广东），但他的研究成果不仅影响了重建后的中国人类学界的宗族研究，也牵动了部分中国社会史学者和乡村政治学的宗族研究。甚至个别学术共同体或流派以此为工作重心。

从莫里斯·弗里德曼开始到现在的五十余年来，沿着这个思路走的人类学的中国宗族研究和社会史的中国宗族研究已经有了相当的推进、发展和积累，单纯一个弗里德曼"中国宗族模式"（the local lineage paradigm）[②]已难以概括。为了在一个更高的理论水准上将"国家与地方"关系中的汉人宗族研究通过民族志工作向前推进，有必要对过往这方面的主要研究加以回顾。基于这个想法，在拙作《百年汉人宗族研究的基本范式——兼论汉人宗族生成的文化机制》[③]一文基础上，这里再做更深入而明确的专门梳理。

本节共分五个部分：第一，弗里德曼中国宗族模式在探讨"国家与地方"关系方面的理论思路是什么？第二，社会史的中国宗族研究做了哪些重要推动？第三，重建后的大陆人类学宗族研究又做了怎样重要拓展？第四，"国家与地方"关系中的宗族分析模式的具体含义是什么？第五，本书的任务是什么？

但本节回顾的重点在于：国家与宗族对待彼此的态度。

[①] 本节曾以《"国家与地方社会"关系中的宗族研究范式及其存在的问题》为名发表在《青海民族研究》2013 年第 2 期上，此次出版有所删节和调整。

[②] Maurice Freedman, *Lineage Organization in Southeastern China*, London School of Economics, Monographs on Social Anthropology, No.18, London: The Athlone Press, 1958; Maurice Freedman, *Chinese Lineage and Society: Fukien and Kwangtung*, London School of Economics, Monographs on Social Anthropology, No.33, London: The Athlone Press, 1966.

[③] 杜靖：《百年汉人宗族研究的基本范式——兼论汉人宗族生成的文化机制》，《民族研究》，2010 年第 1 期。

一、弗里德曼中国宗族模式的精髓与灵感来源

弗里德曼中国宗族模式主要反映在 1958 年的《中国东南的宗族组织》(*Lineage Organization in Southeastern China*)、1966 年的《中国的宗族与社会：福建与广东》(*Chinese Lineage and Society: Fukien and Kwangtung*) 两部著作和一些散论 (*The Study of Chinese Society: Essays by Maurice Freedman*)[①] 之中。其关于"国家与地方"关系中的宗族的理论思考主要展现在《中国东南的宗族组织》一书中，余者只是辅助性论证。

首先，他认为，中国宗族对地方社会运转的意义不是独立而充分的，而是和国家的地方政府结合在一起来维持地方社会秩序的。一方面，地方宗族与地方政府之间存在张力；另一方面，又相互依存，具有合作关系。[②]

从后者角度来说，第一，在村庄能够完纳课税，且不扰乱地方社会安全的情形下，中国官府都会鼓励地方自治，因而在国家支持下，村落宗族（localized lineage）通常是解决宗族成员纠纷的最大单位；[③] 第二，宗族又非完全自治，宗族通过士绅跟官府相连接，在宗族中居关键地位的士绅能够缓和与制止公开的敌对冲突，能够代表社区的利益谋划和降低国家对社区刚性的赋役、赔偿（很大程度上，地方政府不得不依靠宗族内的士绅来完纳课税和维持地方秩序），有时还能把官僚系统的荣光带回本社区。[④] 特别是，当宗族有经济能力培养读书人的时候，读书人因科举成功进入帝国的官僚系统，提升了自己的社会地位，这同样也能给同族的其他成员带来社区的优越感，因

---

① Maurice Freedman, *The Study of Chinese Society: Essays by Maurice Freedma*n (by G.William Skinner Selected), California: Stanford University Press, 1979.

② Maurice Freedman, *Lineage Organization in Southeastern China,* pp.114–125, London School of Economics, Monographs on Social Anthropology, No.18, London: The Athlone Press, 1958.

③ Maurice Freedman, *Lineage Organization in Southeastern China,* pp.114–116, London School of Economics, Monographs on Social Anthropology, No.18, London: The Athlone Press, 1958.

④ Maurice Freedman, *Lineage Organization in Southeastern China,* p.125, London School of Economics, Monographs on Social Anthropology, No.18, London: The Athlone Press, 1958.

而提升了整个宗族在地方社会中的声望和地位。① 王崧兴这样介绍弗里德曼关于"国家与宗族关系"的观点:"那是因为中国社会中的宗族组织,与中央集权性的政治组织有着互补关系。因此,支持宗族组织的地方乡绅,与其说他们会与中央政府对抗,倒不如说他们具有执行政府末端组织的机能。"②

王铭铭曾批评弗里德曼说,虽然弗里德曼注意到了"国家在社会组织建构的角色",但是"为了建构他的'边陲社会'理论,他不惜把这一重要观察放在他的理论架构的边际地位,甚至将之削减至虚无的地步,过分地强调宗族组织的自在功能,从而使他的理论只具有'社会分析'的视角,缺乏对'国家与社会'互动的进一步思考。弗里德曼的这一理论缺失,可以从它在分析宗族这一个多世纪以来的命运的无能看得更加清楚。"③

我以为王铭铭对弗里德曼的这一评论并不符合实际情况。诚如上文节要介绍所言,弗里德曼强调中国宗族对地方社会运转的功能恰恰是从"国家与地方"关系角度而言的,在弗里德曼的理解中,国家、士绅和地方宗族三方互为共治主体。虽然弗里德曼承认,宗族是"政府衰弱的产物",是"边陲社会的产物",但这恰恰表明:弗里德曼意识到了宗族在地方上弥补了国家力量的不足。又,弗里德曼在为《中国东南的宗族组织》一书中的序言中明确说道:Unilineal kinship organization in differentiated society and a centralized political system forms the main theme of the essay.④ 这些均无法证明:弗里德曼没有

---

① Maurice Freedman, *Lineage Organization in Southeastern China,* pp.51–62, London School of Economics, Monographs on Social Anthropology, No.18, London: The Athlone Press, 1958. 中文参照《中国东南的宗族组织》前言,刘晓春译、王铭铭校,上海:上海人民出版社,2000 年。

② 王崧兴著,宋秀环、周贤博合译:《汉民族的社会组织》,徐正光主编、台湾编译馆主译:《汉人与周边社会研究:王崧兴教授重要著作选译》,41–69 页(具体见 60 页),台北:唐山出版社,2001 年。

③ 王铭铭:《社会人类学与中国研究》,89 页,北京:生活·读书·新知三联书店,1997 年。

④ Maurice Freedman, "Preface", in Maurice Freedman, *Lineage Organization in Southeastern China,* p.v, London School of Economics, Monographs on Social Anthropology, No.18, London: The Athlone Press, 1958.

把宗族放在"国家与社会"互动中来思考。

弗里德曼中国宗族模式中的"国家与地方关系"之思考首先是基于中国的宗族资料，从知识系谱学上说，我个人认为，主要来自胡先缙（在过去的研究中，我们过多地强调林耀华对弗里德曼的影响，今后从认识上应该有所改变）。他在《中国东南的宗族组织》的"序言"中首先坦承，"分化社会中的单系亲属组织和集权政治体系"是其著作的主题。稍后他说："数年前，胡先缙博士给我们带来了了解汉人宗族全貌的文献线索，吊起了我的学术口味。"[1] 在这句话的后面，他加了一个注释，意思是说，他的《中国东南的宗族组织》一书极大地受惠于胡先缙的《中国的继嗣群体和它的功能》。那么，胡氏的《中国的继嗣群体和它的功能》是如何阐述国家与宗族关系的呢？

在《中国的继嗣群体和它的功能》一书的"结论"部分，胡先缙分析道：

> 我们已经看到，世系群内部的团结一致和世系群之间的竞争与追求政治控制的中央集权形式（和理念）是多么不兼容。事实上，在远离首都的农村地区，州县的政治官员们必须考虑地方望族领袖的愿望。为了达成自己的目的，地方官员发现，最明智的做法就是克制自己不去干预宗族的自治，特别是在司法案件中。除非宗族领导人来正式咨询自己，或把案子带到府衙里面。在询问族际争端的时候，哪怕是杀人案件中，地方官员也只是进行顾全面子的调查和审理。根据真实或虚拟的亲属关系，借助加入其他的宗族，一个世系群也许就会给地方行政机构施加压力，就像前面我们看到的江西的案例。因而，宗族的发展与强大，对于加强中央集权控制是有害的。中国的官员们都意识到这种敌意，而这一点又被帝国的法律法规所证实。帝国的法律规定，禁止官员到他自己的省份或家乡担当地方行政管理人员。这条规定是相当

---

[1] Maurice Freedman, *Lineage Organization in Southeastern China*, "Preface", London School of Economics, Monographs on Social Anthropology, No.18, London: The Athlone Press, 1958.

严格的，适用于所有官员，除非回去是为了兴办教育。即便有些官员被委任到其邻近的省份做官，但也必须距离其故乡500里之外。禁止一个人到其出生的血缘群体（a group of his native）所在地做官，包括其五服亲属群生活的地方。数世纪以来的经验表明，一个诚实正直的人往往跟他的家乡保持着密切的关系，特别是宗族组织，这种情况下，他若想保持客观而中立的立场来处理公共事务，几乎是不可能的。

但是，没有官员不努力鼓励宗族成长和壮大的。国家奖励那些为宗族增加财产和兴办教育的人。这种矛盾的理由前文已经讨论过。之所以如此，部分是出于历史－政治传统，部分是出于地方管理中的问题。按照儒家的忠孝思想，宗族去培养年轻人的道德修养，提倡和鼓励善行，有利于他们成长为国家的良民。因而，一个发育良好的宗族其道德影响力对于国家来说是有益的。更重要的是，宗族作为一个自治单位，它是稳定农村地区的强有力因素，有利于地方行政管理工作。追求集体责任和道义的原则能够有效预防和阻止宗族袒护严重作奸犯科者。这样，我们便发现，在不同历史时期，中国的政治家们在积极倡导和鼓励宗族的生长。①

我们看到，胡先缙已经深刻地分析了国家对于宗族的这种矛盾心理，弗里德曼只是在重复她的话语，在此一点上并无新意。但20世纪六七十年代以后的国际汉学界，乃至最近二三十年来国内人类学界还是喜欢就这个话题从弗里德曼开始讨论，因而上文说，"把大家引领到这个方向的人主要是英国著名人类学家弗里德曼"，是就客观的学术实践的影响而言的，并非从思想源头上来探讨。我们实在应为胡先缙叫屈。

其次，我们必须意识到，弗里德曼有关中国宗族模式中的"国家与地方"关系的思考是非洲世系学模式映照下的结果。因为在非

---

① Hu Hsien-chin, *The Common Descent Group in China and its Functions*, Viking fund Publications in Anthropology Number 10, pp. 95–96, New York, 1948.

洲的许多社会里，没有国家这样的高度集权制架构，世系群是维持地方社会运转的重要文化机制。福蒂斯（Meyer Fortes）和普里查德（Edward Evan Evans-Pritchard）曾提出两种政治制度（political systems）的分析框架：

> 我们叫 A 组的社会，有中央权威、管理机构和司法制度——简言之，有一个政府。在这样的社会里，财富的分配、特权和社会地位与权力及权威有着密切对应关系。祖鲁、Ngwato、Bemba、Banyankole、Kede 都归属这一组。我们叫 B 组的社会，它缺乏中央权威、管理机构和一套构成司法体制的东西——简言之，它缺乏政府。B 组社会在社会阶层、地位和财富方面没有明显而尖锐的分化。Logoli、Tallensi、Nuer 都属于 B 组社会。A 组社会叫有国家社会，B 组叫无国家社会。[①]

两位学者紧接着说："两类社会最明显的差异之一就在于世系群制度（the lineage system）在政治结构中是否扮演着重要角色。……在 A 组社会里，行政机构（administrative organization）在领土纷争中起着重要调节作用；在 B 组社会里，世系群裂变分支（the segmentary lineage organization）在领土分割中发挥重要作用。"[②] 实际上，世系群制度在 B 类社会里就是组织整个社会运作的一套政治制度，弥散在社会生活的各个方面。[③]

这也就是说，就国际学术背景而言，把世系群或宗族制度（弗里德曼把中国"宗族"译为 lineage，但两者在内涵上有很大差距，因

[①] M.Fortes & E.E.Evans-Pritchard, "Introduction", in M.Fortes & E.E.Evans-Pritchard, eds., *African Political Systems,* p.5, Oxford: Oxford University Press, 1940. 中文版《非洲的政治制度》，刘真译，北京：商务印书馆，2016 年。

[②] M.Fortes & E.E.Evans-Pritchard, "Introduction", in M.Fortes & E.E.Evans-Pritchard, eds., *African Political Systems,* p.6, Oxford: Oxford University Press, 1940.

[③] 埃文斯－普里查德著，褚建芳、阎书昌、赵旭东译：《努尔人：对尼罗河畔一个人群的生活方式和政治制度的描述》，北京：华夏出版社，2002 年。

而钱杭主张将中国宗族译成 Chinese lineage ）[1] 放在政治框架下加以理解，亦非创自弗里德曼。实际上，从非洲政治人类学研究的最初设计和最终结论看，他们在研究时已充分考虑到了"中央权威"和没有"中央权威"下的基层社会运转问题，这意味着已经隐含了类似中国社会中的"国家与地方"关系框架。所以，在某种意义上说，放置在"国家与地方"关系中的世系群研究思路还是源自非洲人类学研究，弗里德曼只是把这一思路迁移到中国研究之中并进行检验和修正而已。结果发现，福蒂斯和普里查德提出的两种政治制度的分析框架难以适应中国情形，且两者还一定程度地纠缠在一起。

这可以进一步援引施坚雅（William Skinner）的话来证明。施坚雅在分析弗里德曼 1958 年的《中国东南的宗族组织》一书写作的背景时指出：On the substantive side, it drew, wherever appropriate on the concepts developed by E.E.Evans-Pritchard, Meyer Fortes, and other Africanists, but went on to discuss topics that had no counterpart in the African kinship literature; social differentiation within the lineage, the relationship of lineage structure to political power and economic control, and relations between the lineage and the state.[2] 这段话也揭示出弗里德曼吸收了福蒂斯和普里查德的世系群概念，注重研究宗族与国家的关系问题。

另外，弗里德曼发现中国大规模宗族内部的裂变分支间存在社会地位的分化，[3] 导致了宗族内部的依附与被依附关系、庇护与被庇护

---

① 钱杭：《莫里斯·弗里德曼与〈中国东南部的宗族组织〉》，《史林》，2000 年第 3 期。

② G.William Skinner, "Introduction", in Maurice Freedman, *The Study of Chinese Society: Essays by Maurice Freedman* (by G.William Skinner Selected), pp.xi-xxiv (see p.xiii), California: Stanford University Press, 1979.

③ 需要说明：莫里斯·弗里德曼认为，A 型宗族规模较小，虽然存在基本的谱系裂变以及低层次的共同财产，但缺乏社会分化，而 Z 型宗族却相反（具体参见 *Lineage Organization in Southeastern China,* p.132, London School of Economics, Monographs on Social Anthropology, No.18, London: The Athlone Press, 1958 ）。这里主要指 Z 型宗族。

关系。① 也就是说，势单力薄的弱小房支会花费一定的代价依附在较大房支之下。具体来说，分化不仅体现在房支与房支之间，也体现在同一房支内部不同的宗族成员之间。强大的房支往往会产生出一些有势力的士绅或商人，这些士绅是宗族得以凝构的核心力量：他们不仅给宗族留下大量财产，而且能够促进社区的文教、救济、安全、公共设施建设等福利事业，也同时代表宗族跟外面打交道。当同一房支内的贫穷人员在与官府和因其他原因（比如联姻、买卖土地、经商，甚至冲突）与外面世界交涉时，往往需要依赖这些士绅和商人。同样，同一宗族内部其他弱小房支由于缺乏富裕成员或士绅，那些贫穷成员在有事时也不得不依靠强大房支的士绅或商人。正是通过这样两种机制，分化的宗族被结构成一个整体。② 当然，有时候地方冲突也会促使若干小房支结成联盟，来应对较大房支的压力。

柯鲁克夫妇（David Crook & Isabel Crook）在河北十里店把宗族理解成"宗派主义"集团，也发现了类似的依附关系。他们说："宗派主义，作为地主扶植的一种传统，在十里店里已经有了许多世纪的历史，它深深地在姓傅的、姓王的和姓李的几个家族里扎了根。从理论上说，家族是社会机构，甚至是负责每年的祭祖、扫墓、春节和其他节日庆祝活动的半宗教性机构。但实际上，它们还有重要的政治和经济职能，因为它们是地主集团之间彼此对抗的一种组织形式。"③ 这里讨论的虽然不是东南中国那样大规模的宗族现象，但无疑属于孔迈隆（Myron L.Cohen）《华北的宗族组织》一文里所定义的华北宗族组

① Maurice Freedman, *Lineage Organization in Southeastern China,* p.9, pp.126−140, London School of Economics, Monographs on Social Anthropology, No.18, London: The Athlone Press, 1958; Maurice Freedman, *Chinese Lineage and Society: Fukien and Kwangtung,* pp.159−164, London School of Economics, Monographs on Social Anthropology, No.33, London: The Athlone Press, 1966.

② Maurice Freedman,*Lineage Organization in Southeastern China,* pp.51−62, pp.126−131, London School of Economics, Monographs on Social Anthropology, No.18, London: The Athlone Press, 1958.

③ 伊莎贝尔·柯鲁克、大卫·柯鲁克著，安强、高健译：《十里店：中国一个村庄的群众运动》，84 页，北京：北京出版社，1982 年。

织。[1] 他们紧接着说，"各个地主集团钩心斗角夺取官方或半官方的职位，特别是那些负责税收的和其他有'油水'可捞的职位。各姓的地主靠着维护古老的家族组织，确保各有一伙现成的追随者"，"共产党领导的改革，把宗派主义最恶劣的方面及其根源的地主一同消灭了。但是宗派主义的幽灵在农村生活中并没有消失"。[2]

在以往的中国研究中，士绅和贫民之间是两相分离的。历史学家认为士绅居住在城市里，而人类学家认为农民生活在乡村里，"两个兜不起来"。[3] 费孝通把士绅和农民分割开来，认为他们分属中国社会的不同阶层，甚至有些地主士绅依靠地租压榨剥削农民。从地主士绅角度而言，宗族可以维系他们的社会地位，但自耕农则不需要宗族。[4] 但弗里德曼不同意费氏的看法。弗里德曼认为，地主士绅与农民共处同一社会结构之下，宗族组织就是这种结构之一；一个有许多族产的大宗族必定包含有钱有势的地主士绅和依靠种田为生的贫穷农民。当宗族内部经济和社会地位发生分化后，富人会捐献族产、兴办公共福利而使族人从中得到益处，缓和他们之间的冲突，这样可促使宗族的形成。[5]

弗里德曼只是指出了一个事实，一种存在的现象，或者说，从结构－功能论的角度出发觉得理应如此，而这种事实和现象是如何历史地形成的呢？尽管他在晚年意识到，要想了解中国必须深入中国历

---

[1] Myron l.Cohen, "Lineage Organization in North China", Myron l.Cohen, *Kinship, Contract, Community, and State,* pp.165–194, California: Stanford University Press, 2005.

[2] Myron L.Cohen, "Lineage Organization in North China", Myron l.Cohen, *Kinship, Contract, Community, and State,* pp.165–194, California: Stanford University Press, 2005.

[3] 庄英章：《人类学与台湾区域发展史研究》，《广西民族大学学报》，1998 年第 2 期。

[4] Fei Xiaotong, "Peasantry and Gentry: An interpretation of Chinese social structure and its changes", *The American Journal of Sociology*, 1946, Vol. Ⅲ:1–17.

[5] Maurice Freedman, *Lineage Organization in Southeastern China*, London School of Economics, Monographs on Social Anthropology, No.18, London: The Athlone Press, 1958；颜学诚：《长江三角洲农村父系亲属关系中的"差序格局"——以 20 世纪初的水头村为例》，庄英章主编：《华南农村社会文化研究论文集》，89–108 页，台北：民族学研究所，1988 年。

史内部，[①] 但在早年的宗族研究中，他没有历史地说明"国家与地方"关系中的宗族运作的以往情形。在一个地方社会的历史脉络里，帝国与宗族是如何开展互动并达成现在这副架构的？这个任务主要由社会史研究专家来承担，个别人类学家参与。

二、传统帝国时期"国家与地方"关系中的宗族研究

这里所说的社会史研究专家，其实均具有浓厚的人类学倾向，有的甚至就是不折不扣的人类学学者，学界多把他们称为历史人类学家。当然，也有少数人类学家离别当下田野而深入历史之中。历史人类学多半承认宗族是帝国型塑（state-making）的产物，是特定历史发展过程中出现的问题。他们大多围绕弗里德曼的"国家与地方"关系框架在不同的地域展开宗族研究。当然，有些是主动延续弗里德曼的思路或与之讨论，有些是客观上的巧合，但又在后来的研究中有所触碰。

就"国家与地方社会"关系而言，科大卫对宗族的理论阐述最清晰，也最具代表性。他认为，宗族是明、清社会变迁过程中的一种文化创造。[②] 在这段时间里，民间宗族利用建家庙、修族谱来附丽官僚身份，导致乡村社会士绅化。[③] 他的研究实际上是把弗里德曼的研究给予历史脉络化。在其新著《皇帝和祖宗：华南的国家与宗族》一书中亮明了他的观点："宗族是地方社会与国家整合的一种产物"；"宗族是国家与地方社会之间对话的平台"。[④] 科大卫的具体田野地点覆盖整个珠江流域。在那里，明清时期，国家先是通过里甲制来整合珠三

---

① Maurice Freedman, *A Chinese Phase in Social Anthropology*, pp.380–397, Maurice Freedman, *The Study of Chinese Society: Essays by Maurice Freedman* (by G.William Skinner Selected), California: Stanford University Press, 1979.

② David Faure, "The Lineage as a Cultural Invention: the Case of the Pearl River Delta", *Modern China*, No.1, pp.4–36, 1989.

③ 科大卫:《国家与礼仪：宋至清中叶珠江三角洲地方社会认同》,《中山大学学报》,1999 年第 5 期。

④ 科大卫著，卜永坚译:《皇帝和祖宗：华南的国家与宗族》,"序言", 1–18 页，南京：江苏人民出版社，2009 年。

角社会，继之以宗族制度来完成珠三角地区进入帝国体系的任务；这样建立在里甲基础上的宗族就成了一个控产单位。[①]就像冬虫夏草一样，宗族因素起初寄生在里甲制内，最终将里甲演变成了宗族。下文提到的刘志伟同样有这番认识。弗里德曼只是指出了宗族是一个经济共同体，却并没有说明这个共同体是如何由来的。[②]这里科大卫替他做了回答。事实上，邓尔麟（Jerry Dennerline）在江南地区也有相似历史过程发现。[③]

其实，这个倾向是历史学家科大卫和人类学家萧凤霞（Helen F. Siu）共同推动的。两人于1995年编辑并出版了一本名为 Down to Earth: The Territorial Bond in South China 论文集。在结论部分他们说：

> 弗里德曼强调东南沿海如何为亲属主义转换成富有活力的宗族社区提供了关键性的物质环境。以同族为基础的组织和以区域为基础的组织叠合给人留下鲜明印象，两者被丰厚的共享资产和大量公共仪式所巩固。虽然他集中在一个帝国的边陲角落，但他丝毫没有忽略帝国的权力在型塑宗族发育方面的意义。令人遗憾的是，他缺乏可资利用的历史和民族志资料，致使妨碍了他对问题的进一步探讨。我们现在手头有新材料，希望阐明宗族组织是如何着附在地方经济和帝国的修辞话语中演化的。[④]

当然，科大卫和萧凤霞还受到其他汉学人类学家的影响。比如，

---

① 科大卫著，卜永坚译：《皇帝和祖宗：华南的国家与宗族》，79–145 页，南京：江苏人民出版社，2009 年。

② 科大卫著，卜永坚译：《皇帝和祖宗：华南的国家与宗族》，南京：江苏人民出版社，2009 年。

③ Jerry Dennerline, "Marriage, Adoption, and Charity in the Development of lineage in Wuhsi from Sung to Ch'ing", in Patricia Buckley Ebrey and James l.Watson, eds., *Kinship Organisation in Late Imperial China, 1000−1940*, pp.170–209, California: Stanford University Press, 1986.

④ Helen F.Siu and David Faure, "Conclusion: History and Anthropology", David Faure and Helen F.Siu, eds., *Down to Earth: The Territorial Bond in South China*, p.210, California : Stanford University Press, 1995.

施坚雅的"中心地"（central places）理论：在中心城市和其联结的
地方体系内，并行着两个等级结构：一个是行政管理的官僚集团，体
现了法定的官僚政治结构；另一个是经贸民间体系，反映了社会自然
的结构，包括市场及贸易体系、民间政治活动，以及由退职官吏、乡
绅豪商所操纵的特殊社会群体。[①] 科大卫 的"国家与宗族"模式与施
坚雅的"国家与市场"模式就"国家与地方"关系维度而言，有异曲
同工之妙；但就差异性来说，显然珠江流域的地域社会结构与成都平
原的社会结构在机制上颇不一样。科大卫和萧凤霞认为，施坚雅还忽
略了文化意义及地域认同问题。[②] 华若碧（Barbara E.Ward）三层次
"意识模型"（conscious model）理论，也给科大卫和萧凤霞带来重要
影响。华若碧的理论具体包括 immediate model、ideological model、
internal observer's model 三个概念。第一个是指，中国社会里人们对
自身社会及文化制度的意识；第二个是指，对自己社会之上的正统社
会和制度的意识；第三个是指，对周边他文化或社会的意识。通俗来
讲，就是自己对自己的认识，自己对大传统或正统的认识，自己对同
一层次的他者的认识。[③] 其中的第二条大体所关怀就是"国家与地方"
的关系问题。

　　美国历史学家艾尔曼（Benjamin A. Elman）在理论上也是支持弗
里德曼的，而且在很多情形下继承了弗里德曼的观念。比如，"国家
权力与家族群体存在一种反向关系。宗族内部的血缘凝聚力、宗族在
地方社会的潜在竞争力与中央并不完全合拍"，"国家尽管有时采取措

① G..William Skinner, "Marketing and Social Structure in Rural China", *The Journal of Asian Studies,* Vol.24, No.1, pp.3–43, 1964; G.William Skinner, "Marketing and Social Structure in Rural China", *The Journal of Asian Studies*, Vol.24, No.2, pp.195–228, 1965; G.William Skinner, "Marketing and Social Structure in Rural China", *The Journal of Asian Studies,* Vol.24, No.3, pp.363–399, 1965；施坚雅：《城市与地方体系层级》，施坚雅主编，叶光庭等译：《中华帝国晚期的城市》，327–417 页，北京：中华书局，2000 年。
② Helen F.Siu and David Faure, "Introduction", David Faure and Helen F.Siu, eds., *Down to Earth: The Territorial Bond in South China,* p.1, California: Stanford University Press, 1995.
③ Barbara E.Ward, "Varieties of the Conscious Model: The Fishmen of South China", in Barbara E.Ward, *Through Other Eyes: An Anthropologist's View of Hong Kong,* pp.41–60, Hong Kong: The Chinese University Press, 1985.

施压制强族发展，但是，它还是鼓励地方社会中宗族的发展"，"更重要的是，地方宗族是县级行政体系下控制的稳定农业社会秩序的重要力量，因此有利于地方官员的管理。此外地方社会礼－法原则的集体性义务不仅适应于里甲制度中的家庭单位，而且适应于中国农村的家族制度。至于税收和地方诉讼，我们已看到，宗族组织的影响常常在稳定乡村秩序上帮助国家。宗族同里甲一样，对国家来说，都是县级以下的非正式辅助性机构"，因而，家族不会"最终发展为国家的对立面，而只是国家与地方性社会经济力量互动的产物"。①

中国社会史学家刘志伟在 1997 年出版的《在国家与社会之间——明清广东里甲赋役制度研究》一书中重点关注里甲到宗族的演进问题（在里甲制下最终形成了与里甲制背道而驰的宗族制度，但在经济学意义上却有其相衔接之处）。如果从其师祖梁方仲的社会经济史研究脉络梳理，刘志伟从经济角度（经济理性人）入手理解中国宗族的思路也算渊源有自。但后来在科大卫和萧凤霞影响下，遂表现出风格和观点的趋于一致。萧凤霞和刘志伟通过历史过程的分析阐明地方社会里的人民借助国家修辞积极创造了宗族。②

刘志伟和科大卫认为，华南宗族发展是明代以来国家政治变化和经济发展的一种表现，它并不是因血缘或亲属关系而被结构起来的。宗族的出现，是宋明理学利用文字的表达，改变国家礼仪，在地方上推行教化，建立起正统性的国家秩序的过程和结果。宗族意识形态向地方社会的扩展与渗透，以及宗族礼仪在地方上的推广，

① 艾尔曼著，赵刚译：《经学、政治和宗族：中华帝国晚期常州今文学派研究》，18-19页，南京：江苏人民出版社，1998 年。

② Liu Zhiwei, "Lineage on the Sands: The Case of Shawan", in David Faure & Helen Siu, eds., *Down to Earth: The Territorial Bond in South China,* pp, 21-43, California: Stanford University Press, 1995; Helen F.Siu and liu Zhiwei, "Lineage, Market, Pirate, and Dan: Ethnicity in the Pearl River Delta of South China", in Pamela Kyle Crossley, Helen F.Siu, Donald S.Sutton, eds., *Empire at the Margins: Culture, Ethnicity, and Frontier in Early Modern China,* pp. 285-310, Berkeley: University of California Press, 2006; 萧凤霞著，程美宝译：《廿载华南研究之旅》，《清华社会学评论》，2001 年第 1 期。

实际上是一个地方认同和国家象征互动的过程。[①] 他们非常强调地方社会的能动性问题。这种能动性的考虑，使得他的研究具备了人的关怀意义。[②] 之后，研究珠江三角洲的一批学者也以"士大夫化"来响应。士绅化和士大夫化强调民间对士大夫的模仿并最终被一体化。

除了珠江流域外，那么同样位于中国东南的福建如何？郑振满认为，宗族是宋代以后才有的，明清时代才成为普遍现象，这是一种创新，而不是残余。宗族是明清帝国建构的结果：宗法制度庶民化。[③] 庶民化强调的是宗法伦理在向民间推广的过程中发生的变化。郑振满考察的区域是福建莆田地区。具体到近五百年来的福建来说，陈支平认为，这一时期的福建宗族与宋代理学家的制度推广、明代中叶地方社会的动荡不安，以及该地区的商品经济发展有密切关系。[④] 当然，郑振满和陈支平的国家与宗族关系的研究还有其他的学术背景。比如，傅衣凌先生的乡族论、日本学术界关于中国宗族的研究成果等。

在江西，梁洪生在一篇文章中指出，由于抚州历史上存在两种不稳定形态（一种是严重危及统治秩序的武装叛乱和盗匪；一种是由社会经济发展、变化而引发的各种深层次社会矛盾，导致了民众破产逃亡，经济上两极分化加大，传统社会生活观念和秩序遭到猛烈冲击），江右王门学者（王阳明学派）站在政府一边，积极推进乡族建设。这些学者（多数通过科举而成为国家各级官员）在国家与地方乡绅之间起到调节作用，而乡绅的权力和地位也皆由国家政权在不同层次上予以承认，他们采取的各种措施缓和了社会矛盾。此种情形下，基层社会控制权易于部分地向乡绅滑落。梁洪生称之为，"基层权力让渡"。

---

① 科大卫、刘志伟：《宗族与地方社会的国家认同——明清华南地区宗族发展的意识形态》，《历史研究》，2000 年第 3 期。

② 刘志伟、孙歌：《在历史中寻找中国：关于区域史研究认识论的对话》，1–241 页，上海：东方出版中心，2016 年。

③ 郑振满：《明清福建家族组织与社会变迁》，227–241 页，长沙：湖南教育出版社，1992 年。

④ 陈支平：《近五百年来福建的家族社会与文化》，98 页，北京：中国人民大学出版社，2011 年。

这一概念的具体内涵是：在明后期南方地区，凡家族组织完善，自治能力较强，而且对国家政权认同较为强烈的地方，基层社会的权力让渡就多一些，家族组织向国家基层管理系统（如里甲等）的渗透和兼容，就表现得明显。反之，国家不得不费较大力气建立基层行政系统，而因种种条件限制，又常力不从心，一旦遇变，这类地方往往失控。梁氏意识到，在基层社会的各个角落，大族总易成为小区域的控制力量，只要其不激变为国家政权的对立面，大族总是更多地成为地方政府施政的主要依靠力量。①

在江南地区，徐茂明的研究也似乎流露出弗里德曼的印痕来。他说，赋税是传统中国国家与地方关系中最直接的纽带，围绕赋税的数额及征收方法的变化，可以窥视国家与地方之间权力关系的演变。江南重赋由来已久，士绅作为官民之中介，在明清减赋中的角色前后变化很大。徐茂明以晚清苏州潘氏在减赋中的角色为例，通过分析相关谱牒文献资料可以发现，在中央与地方、地方与家族、家族与家族之间错综复杂的关系网络中，士绅家族是如何积聚其社会资本，并发挥其效用的。②当然，关于"国家、士绅与宗族"关系的复杂情形，徐茂明在《江南士绅与江南社会（1368—1911 年）》一书中做了更为全面与透彻的研究。③

冯尔康认为，清代国家统治的理念定位为"以孝治天下"，雍正皇帝发布《圣谕广训》十六条，政府对宗族予以保护和支持，进一步促了民间宗族组织的形成。④关于清代宗族建设与孝道关系问题，常建华同样有过深入探讨。⑤冯、常师徒二人可谓相互支持与阐发。

---

① 梁洪生：《江右王门学者的乡族建设——以流坑村为例》，梁洪生等：《地方历史文献与区域社会研究》（原载台湾《新史学》第 8 卷第 1 期，1997 年 3 月），159–189 页，北京：中国社会科学出版社，2009 年。

② 徐茂明：《国家与地方关系中的士绅家族：以晚清江南减赋为中心》，《苏州大学学报》，2007 年第 4 期。

③ 徐茂明：《江南士绅与江南社会（1368—1911 年）》，北京：商务印书馆，2006（2004 年版）年。

④ 冯尔康：《清代宗族的特点》，《社会科学战线》，1990 年第 3 期；冯尔康：《18 世纪以来的中国家族的现代转向》，41 页，上海：上海人民出版社，2005 年。

⑤ 常建华：《清代的国家与社会研究》，1–119 页，北京：人民出版社，2006 年。

常建华认为，早在明代，民间的祖先祭祀行为开始获得国家的认可，宗祠在民间迅速得到普及，由此在基层乡土社会形成了宗族组织。[①] 但常氏最著名的理论莫过于"宗族乡约化"学说，其主要侧重士大夫或地方政府对基层社会的教化研究。常氏认为，明中后期民间祠堂与宗族组织化是国家与士大夫积极致力于推行教化的结果。乡约推行的过程中与宗族结合，发生了宗族乡约化。宗族内部因引进乡约而宣讲圣谕、设立族约、制定族规，推动宗族建设并组织化。宗族自治性加强，也促进了宗族与官府的互动作用。

宗族乡约化的历史原因，是宋儒重建宗族与在乡里移风易俗社会主张的成功实践。明代宗族因乡约化而组织化，给予基层社会以深刻影响。[②] 这个乡约化现象广泛发生在浙江、江苏、江西和安徽等地区。那么，中国南部以外的情形怎样？于是，常建华近几年来通过《明清时期的山西洪洞韩氏——以洪洞韩氏家谱为中心》[③]《明清时期华北宗族的发展》[④]《晚明华北宗族与族谱的再造——以山东青州〈重修邢氏族谱〉为例》[⑤] 等论文探讨了华北社会里的情况，扩大了宗族乡约化理论在地理空间上的解释范围。冯尔康和常建华的解释侧重于从"文化"的角度（这里作动词来理解）来认识中国宗族，这与华南学术共同体早期偏重经济史或功利的研究倾向有所不同。当然，华南学术共同体强调礼仪化运动的学者也有很强的"文化"关怀，特别是到后期，他们大多都转向了从文化角度来理解中国宗族，并发展出一套解释力很强的宗族理论，成为社会史学界这一观

---

① 常建华:《明代宗族祠庙祭祖礼制及演变》,《南开学报》,2001 年第 3 期；常建华:《明代宗族研究》,185-306 页,上海：上海人民出版社,2005 年。
② 常建华:《明代徽州的宗族乡约化》,《中国史研究》,2003 年第 3 期；常建华:《明代宗族研究》,3-22 页,上海：上海人民出版社,2005 年。
③ 常建华:《明清时期的山西洪洞韩氏——以洪洞韩氏家谱为中心》,《安徽史学》,2006 年第 1 期。
④ 常建华:《明清时期华北宗族的发展——以山西洪洞刘氏为例》,《求是学刊》,2010 年第 2 期。
⑤ 常建华:《晚明华北宗族与族谱的再造——以山东青州〈重修邢氏族谱〉为例》,《安徽史学》,2012 年第 1 期。

察视角的最杰出代表。[1]

这里，我还想介绍一些常建华关于族正的研究成果。在常氏看来：第一，族正在清代主要是为了配合保甲制而出现的；第二，族正不同于族长，他是先由宗族内部选举出来，再经州县查验确定，给予牌照产生的；第三，族正并不是官给族长以牌照，假以事权产生的，而是在宗族原来的族长之外重新选立的，遇事族正会同族长、房长在祠堂办理；第四，族正的职能首先是宣讲《圣谕广训》，推行教化，其次是族正具有一定的司法权，复次族正具有管理宗族经济的使用权限，维护地方社会治安，起到保甲的用途，族正还具有赏罚权力。总之，族正制起到地方基层政权组织的作用。[2] 此前，左云鹏先生把族正制简单看作清朝强化"族权"的产物，混淆了族正和族长，认为族正制就是政权与族权的直接结合。[3] 常氏的研究纠正了左云鹏的观点。通过常建华对于族正的研究，我们明了了清代设族正制来处理国家与地方之间关系的情况。

有些历史学家虽然不结合区域性开展研究，但在许多贯通性的有关宗族的专门著作里也多是围绕"国家与宗族"关系框架来展开分析。如冯尔康等的《中国宗族史》[4]、钱杭的《中国宗族史研究入门》[5] 等。需要说明，有些历史学家虽然在"国家与地方"关系中讨论宗族，但不一定就受到弗里德曼的影响，他们坚持了中国历史学的传统。可反过来说，他们未必就不了解弗里德曼那套理论。

日本中国史学界也基本上断定，现存的宗族组织，是"近世"以来，即自宋代以后，尤其是明清时期国家地方治理需要的产物。仁井田陞运用同族共同体理论主张，宗族是宋代为缓和地主与小农阶

---

① 科大卫著，卜永坚译：《皇帝和祖宗：华南的国家与宗族》，南京：江苏人民出版社，2009 年。

② 常建华：《清代的国家与社会研究》，265—300 页，北京：人民出版社，2006 年。

③ 左云鹏：《祠堂族长族权的形成及其作用》，《历史研究》，1964 年第 5—6 期。

④ 冯尔康、常建华、朱凤瀚、阎爱民、刘敏：《中国宗族史》（该书为《中国宗族社会》的增订本），上海：上海人民出版社，2009 年。

⑤ 钱杭：《中国宗族史研究入门》，上海：复旦大学出版社，2009 年。

级矛盾而建立起来的。[①] 井上彻的研究认为，明朝嘉靖年间的夏言提案（家庙制度改革）和清朝的《圣谕广训》之颁布，促进了中国社会内部宗族的产生与壮大。[②] 旅日华人学者祁建民主张，"宗族组织毕竟是依据血缘关系成立的社会团体，其一旦形成之后，就不单具有维护国家统治的机能，另一方面，由于宗族组织追求自身利益的扩大有时也会威胁到国家的统治。例如，在清代，国家为了发挥宗族的组织机能，设立了政府认可的宗族领袖——族正，按照国家的规定，族正的地位要高于宗族内部按照辈分自然形成的族长，由族正负责宗族内部的教化，并赋予其对于族人的审判权。但是，这种由国家认可的族正，为了扩张本族的权益和个人的权威，极力强化宗族的势力，招致了宗族间的对立激化，他们甚至以宗族势力为依据，向国家统治进行挑战，严重危害了地方社会秩序的安定。所以，清政府不得不废止了族正制度。但是有清一代，一直是在以利用宗族组织，倡导孝道来维护其对基层社会的控制"[③]。祁建民的见解呼应了冯尔康和常建华的看法，这大概源于他早年在南开大学念书。

有些日本中国史学者，试图在理论上把握宗族与国家的关系。日本学者谷川道雄在研究中国古代基本社会构造时提出了家族是一个基本的共同体的理论。他说："普通的人民所归属的世界在哪里呢？作为生产者也是生活者的他们，主要是通过家族关系来生产与生活的。中国的家族是靠血缘纽带形成的自然关系，同时也是一种由夫妇、父子、兄弟等关系结合到一起共同生活的组织。对于他们来说，这种组织才是自身存在的世界。从这种意义上来看，我们也可以把这样的生存方式叫作'家族共同体'……他们有'家族共同体'成员所具有的自觉意识，当受到来自外界的威胁时，他们以

---

① 仁井田陞：《中国的农村家族》，东京：东京大学东洋文化研究所，1952年。
② 井上彻著，钱杭译：《中国的宗族与国家礼制》，111-127、173-202页，上海：上海书店出版社，2008年。
③ 祁建民：《民国以来国家建设过程中的宗族问题》，《中国社会历史评论》第十卷，122-133（具体见123页）页，2009年。

'家族共同体'的方式来保卫自己，维持自己生存的世界。"[1] 当然，从事华北社会研究的学者大部分采用了实体主义的研究路径，但是他们大多把村庄看成一个共同体，[2] 很少人把宗族看成一个共同体来研究近现代华北社会。[3]

进一步，谷川道雄的国家共同体概念指出，在中国，掌握国家权力的皇帝、官僚和人民共同生存在同一个世界，对于这个共同的生存环境，谷川道雄称为国家共同体。具体而言，人民向国家提供税收——治理国家的财政的基础，而国家向人民提供安全之保证以及经济之发展的机制，二者相互依存形成帝国时代的体制。在国家共同体中，统治阶级找到了自己的归属世界，并成为主体；在家族共同体中，处于管理对象的普通人民则处在主体的位置；国家共同体居于公的位置，家族共同体居于私的位置。不过，"修身、齐家、治国、平天下"思想策略将这两个共同体连接在一起，构成中国社会的两个同心圆。家族以外的某些集团乃是家族共同体的延展。家族共同体在下，国家共同体在上，国家共同体的构筑建立在家族共同体基础上，并将家族共同体纳入国家的管理体系。[4] 谷川道雄的理论表现出温和的一面，目的在于论证国家与地方社会之间的和谐性。

横跨历史学和人类学两领域的学者宋怡明（Michael Szonyi）研究了晚期帝国（1368—1911）的宗族实践问题。在《实践的亲属制度：帝国后期的世系与血统》一书中，宋怡明为我们展示了国家与宗族人群各怀心计的对接、交流和文化商谈。[5]

总的来说，对于不同类型的宗族与国家的互动关系，社会史学家主要从财富（商业、土地）、科举、学派、荫封、佛寺、坟墓祭祀等

---

[1] 谷川道雄：《试论中国古代社会的基本构造》，载《中国社会历史评论》第四辑，1–14页（具体见7–8页），北京：商务印书馆，2002年。

[2] 施坚雅的市场体系理论的初衷是针对实体主义而来的。

[3] 黄宗智：《华北的小农经济与社会变迁》，第一章"探讨的问题"，1–30页，北京：中华书局，2000年。

[4] 谷川道雄：《试论中国古代社会的基本构造》，载《中国社会历史评论》第四辑，1–14页，北京：商务印书馆，2002年。

[5] Michael Szonyi, *Practicing Kinship: Lineage and Descent in Late Imperial China*, California: Stanford University Press, 2002.

角度进行探索。限于篇幅，不再列举。比较起来，人类学多从财富、系谱、认同、实践等角度加以分析。这可以看出两个领域的学者兴趣点不同。

三、现代化国家历程中的汉人宗族研究之一（人类学的观察）

弗里德曼中国宗族研究试图要解决两个问题：首先是宗族怎样运转中国基层社会的问题，其次是宗族存在的原因或机制问题。弗里德曼之后，西方人类学家和中国人类学家在台湾和香港两地的研究主要聚焦他讲的宗族成因对不对的问题，即促成宗族存在的原因。[1] 其实，我觉得弗里德曼对中国宗族研究的最大价值在于开启了把宗族放在"国家与地方"关系维度来理解的线索，以此窥探中国地方社会运转的文化秘密。但是弗里德曼并没有探讨现代化国家历程中的宗族命运问题，特别是他更没机会考察社会主义中国（下文有时也称"新国家"或"新中国"，以区别"旧中国"或"传统帝国"）以来的宗族实践状况，而这个工作主要是由国内人类学家和少数海外人类学家来完成的。

先说海外当代中国宗族研究。西方人类学家主要从现代化变迁角度来考察当代中国宗族之命运，而现代化则是由现代中国国家力量推动的，自然"国家与地方"关系维度就被包含其中。总起来说，对于当下中国宗族与传统宗族的关系，西方人类学界主要有两种截然相反的判断：一种强调变迁，一种强调延续。

萧凤霞对广东新会县的环城公社做了十年的田野调查，其兴趣点在于观察新中国的国家意识形态如何渗透进乡村的过程。她认为，"如果仅仅根据 20 世纪 80 年代以来的传统亲属关系、社区和信仰的复兴现象，就认为当代中国没能按其预期来变迁社会的话，是不正确的……学者们所看到的、20 世纪 80 年代以来所复兴的传统乡村生活——从流行仪式到建立在社区和亲属关系基础上的地域认同，实际

---

① Burton Pasternak, *Kinship and Community in Two Chinese Village*, California: Stanford University Press, 1972; 庄英章:《台湾汉人宗族发展的若干问题：寺庙宗祠与竹山的垦殖形态》,《民族学研究所集刊》, 1973 年总第 36 期。

上，在形式和意义上根本有别于过去……土地改革破坏了宗族组织的经济功能；集体化转变了农村社区，使之成为国家的细胞组成成分"[1]。

波特夫妇（Sulamith Heins Potter & Jack M.Potter）的田野地点在广东东莞，其田野地点是一个叫"增步"（Zengbu）的村子。他们在考察完该宗族村落后指出："财产应该由共同居住的父系合作群体所拥有的这个根本观念并没有发生变化。不论是集体的哪一种形式——生产队、生产大队、高级合作社、公社，还是目前的宗族村庄——其核心均是拥有和管理财产。""从传统亲属群体到现代集体村落，父系继承和从父亲居住的原则并没有发生改变。"[2] 波特夫妇在另一篇文章说："中华人民共和国成立后的 36 年间，即从 1949 至 1985 年间，虽然增步发生了许多流动和变化，但都是表面的，而最显著的仍旧是延续性。……在经历了集体化时代以后，宗族虽在表面上有些变化，但家族和宗族形式大致仍保留原来状态，深层次的结构特点依然存留下来，甚至像坟墓、祠堂等家族宗族外在表征在 20 世纪 80 年代后也已出现。"[3] 显然，就宗族的定义来说，波特夫妇是弗里德曼的忠实追随者，这与萧凤霞的解释构成张力。

杜赞奇发现，华北大多数村庄，宗族操纵着传统的政治机制。村务管理、公共活动以及构成村公会成员名额的分配，都是以宗族或亚家族为划分基础的。宗族是使村庄与中华文明更上一级的规范世界联系起来的重要基础。[4] 具体来说，在帝国时期，封建国家控制乡村的下层组织（保甲制与里甲制）与乡村宗族之间的关系一直含混不清。帝国为维护封建道德及行为规范，有时利用和支持宗族势力。清末，

---

[1] Helen F.Siu, *Agents and Victims in South China*, pp.291–292, New Haven and London: Yale Unviersity Press, 1989.

[2] Sulamith Heins Potter & Jack M.Potter, *China's Peasants: The Anthropology of a Revolution*, p.262, Cambridge: Cambridge University Press, 1990.

[3] Sulamith Heins Potter and Jack M.Potter, "Socialism and the Chinese Peasant", *Paper Present to the 1991 Association of Social Anthropologists Conference*, pp.24–25, University of Cambridge, April, 1991.

[4] 杜赞奇著，王福明译:《文化、权力与国家: 1900—1942 年的华北农村》，63 页，南京：江苏人民出版社，2003 年。

"牌""十家"村内组织之划分也往往以宗族为基础。[1] 当时，国家控制乡村的基层组织日益涣散，宗族组织便乘虚进入保甲或里甲制度里面，保甲首脑为宗族首领所充任，宗族首领利用官府的保甲组织的权力进一步巩固和扩大其对村庄的控制。血缘团体和行政区划是同一乡村社会实体的两个侧面，它使宗族组织更为"正统化""官方化"。[2] 进入 20 世纪之后，随着国家政权的渗透，公务范围的扩大引起公款增加，为了控制公共资源和机构，从而加深了各宗族间的竞争。一些弱小宗族可能借用国家权力深入的机会来提高自己的竞争力。1929年国民政府推行"闾邻制"，力图改变以宗族为基础的乡村政治体制，切断宗族与乡村整体的纽带。20 世纪 40 年代以后，宗族组织难以保持其传统的政治地位。[3] 杜赞奇的研究是针对整个华北村庄而言的，并非严格意义上的宗族村落之民族志考察。需要说明，尽管兰林友批判杜赞奇，否定宗族在基层运转上的意义（兰认为，后夏寨的村落政治根本不是由亲属空间决定的，与宗族组织关系不大），[4] 但祁建民的研究又"拨乱反正"，站在杜赞奇等人的立场上。[5] 这使我们有理由怀疑兰林友结论的可靠性，他也许在排除父系亲属因素对乡村运转的作用后将权力解释模式发挥到了极致。

还有些外国学者也关注现代化变迁对宗族的影响。如，华琛（James L. Waston）对香港新界文姓宗族的研究表明，宗族组织可适应现代化。[6]

此外，王崧兴也关注到现代化对台湾地区宗族的影响："……20

① 杜赞奇著，王福明译：《文化、权力与国家：1900—1942 年的华北农村》，71 页，南京：江苏人民出版社，2003 年。
② 杜赞奇著，王福明译：《文化、权力与国家：1900—1942 年的华北农村》，72 页，南京：江苏人民出版社，2003 年。
③ 杜赞奇著，王福明译：《文化、权力与国家：1900—1942 年的华北农村》，77–78 页，南京：江苏人民出版社，2003 年。
④ 兰林友：《庙无寻处：华北满铁调查村落的人类学再研究》，117–169 页，哈尔滨：黑龙江人民出版社，2007 年。
⑤ 祁建民：《民国以来国家建设过程中的宗族问题》，《中国社会历史评论》第十卷，122–133 页，天津：天津古籍出版社，2009 年。
⑥ 华琛：《中国宗族再研究：历史研究中的人类学观点》，《广东社会科学》，1987 年第2 期。

世纪 50 年代的土地改革，冲击了传统的家族制度。具体而言，宗族的共有财产族田，由于分割而丧失了经济基础，最终导致宗族瓦解。"[①] 据说，台湾地区实施土地改革的目的之一，是削弱地方势力。台湾各地宗族组织根部的对外伸张，对于国民党当局和随其而来的"外省人"来说，是不能容许的。因此，当局要削弱这些地方势力，进而达到先移民者与后移民者间的整合目的。[②]

我们再来看看中国学者的工作。他们最精彩的工作是考察了新中国对宗族的影响。

重建以来的中国人类学之汉人社会研究，却有机会捕捉弗里德曼的这个创意。因为自 20 世纪 50 年代以来，集体化时期的中国对传统乡村宗族进行了新的文化洗礼，宗族一度处于被压抑的状态，但随着后集体化时代的到来，中国社会结构和方向均发生了调整，宗族在一定程度获得了"复兴"或创新的机会。而此时，整个国际关于中国的人类学研究重心也发生了转移，大家逐渐对汉人宗族失去了学术兴趣，分析国家与宗族的关系问题的任务则落到了中国新生代人类学家的手中。

《社区的历程：溪村汉人社会家庭的个案研究》描述了几个世纪以来不同历史在一个村落宗族社区内所铺展的文化意义。[③] 它把溪村宗族社区的历程分为两个阶段：第一段是帝国时期，王铭铭采用了郑振满的观点，即宗族是明清帝国型塑的结果：宗法制度庶民化。[④] 第二阶段则讲述了民国以来的经历，运用的是吉登斯（Anthony Giddens）现代民族－国家（nation-state）理论和盖尔纳（Ernest

---

① 王崧兴著，宋秀环译：《中国的家族制度与近代化》，徐正光主编，台湾编译馆主译：《汉人与周边社会研究：王崧兴教授重要著作选译》，70–86 页（具体见 73 页），台北：唐山出版社，2001 年。

② 王崧兴著，宋秀环译：《中国的家族制度与近代化》，徐正光主编，台湾编译馆主译：《汉人与周边社会研究：王崧兴教授重要著作选译》，70–86 页（具体见 73 页），台北：唐山出版社，2001 年。

③ 王斯福：《序》，王铭铭：《社区的历程：溪村汉人社会家族的个案研究》，1 页，天津：天津人民出版社，1996 年。

④ 郑振满：《明清福建家族组织与社会变迁》，227–241 页，长沙：湖南教育出版社，1992 年。

Gellner）现代工业化理论，并对其进行检验。在这部书中作者一方面发现，现代国家政权把地方社区人民从传统中解放出来，而又安装了新的国家规范（国家与地方社会人民之间的连接点是"村委会和党支部"）；另一方面又发现，乡土传统具有持续性，并不像民族－国家等现代化理论所预设的那样被铲除了。王铭铭称之为"传统的复兴或再造"。① 王铭铭在闽南的另一个村落——塘东村——同样发现了类似的叙事。② 他以此批评现代化理论的悖论。

《银翅：中国的地方社会与文化变迁》辟有专章来分析宗族问题。它大致勾勒了传统时代帝国和儒家学者怎样合作来推动乡村宗族建立问题，讨论了宗族组织在近现代历史进程中的变迁："1949 年革命以及阶级关系代替宗姓关系的努力一度取得了很大成效，宗族组织在政治压力下完全废止……一旦阶级的路线和多变的农村政策失利以及思想教育失去吸引力，而此时又没有新兴的意识形态代替，传统文化中的宗族主义和融合其要旨的民间信仰经文和民俗生活就会重新填补了乡民思维与枯燥生活的空缺……"③ 庄孔韶称之为不死的"文化韧性"。④

《神堂记忆：一个中国乡村的历史、权力与道德》告诉我们，甘肃省永靖县大川一带孔氏族人约于 17 世纪中期建立了他们的祠堂——孔庙，之后虽然历经多次毁败，但没有一次比 20 世纪后半期以来的遭遇更为坎坷：1953 年庙产被没收，1958 年关闭，1961 年因盐锅峡水库修建，庙基为上涨的地下水所腐蚀，1974 年被毁，至1991 年在地方政府"睁一只眼闭一只眼"的情景下始得以重修。通过对重修者访谈，景军发现，祠堂的重建是一个文化性的"赎罪"

---

① 王铭铭：《社区的历程：溪村汉人社会家族的个案研究》，10–13、130–154 页，天津：天津人民出版社，1996 年。
② 王铭铭：《村落视野中的文化与权力：闽台三村五论》，116–223 页，北京：生活·读书·新知三联书店，1997 年。
③ 庄孔韶：《银翅：中国的地方社会与文化变迁》，246–282 页，北京：生活·读书·新知三联书店，2000 年。
④ 庄孔韶：《银翅：中国的地方社会与文化变迁》，171–194 页，北京：生活·读书·新知三联书店，2000 年。

（redemption）与"复仇或雪耻"（revenge）事件。[①] 这就是说，大川孔氏族人通过家庙重修来表达对过去几十年历史进程的不满。

周大鸣于 1994—1998 年对美国学者葛学溥 (D. H. Kulp) 早年研究的凤凰村进行了回访，详细地展示了 1949 年以后国家与社会的互动关系及历史过程。他认为，宗族是一种适应能力很强的社会组织，首先，并不会因为经济的现代化或变迁而消亡；其次，宗族制度自身的复原力很强，在政治和意识形态毁灭性的打击后，仍然能顽强地生存和复原。不能简单地视之为"封建的、反动的"而加以打倒完事，因为宗族制度的产生和发展与中华文明同样古老，早已融入文化及各种制度之中了。[②] 结合周大鸣此前的另一本著作，我们可以领略他关于当代宗族复兴的原因之解释：宗族之所以能够持续存在和被广泛接受，是因为宗族是基于自然的世系关系的共同起源而形成的，是一种客观存在，并非出于利害关系或为进行某项活动而人为组织的临时团体。20 世纪 80 年代后的政策改变与控制的松动为宗族复兴创造了机遇。家庭联产承包责任制的实行，导致从事生产需要寻求互助，聚族而居的宗族成员成为最近便的选择，对外开放和华侨返乡客观上也加速了宗族复兴。在这个认识基础上，周大鸣认为宗族对于乡村治理的重建具有重要的现实意义：从政治角度讲，宗族的存在为农民利益的反映与表达提供了一个新的渠道；从社会生活的角度看，农民可以通过宗族重建满足一种特殊心理和文化需求以及价值支撑，减缓现代化带来的冲击，对稳步实行现代化具有积极意义；从经济角度讲，宗族复兴会促进乡村经济发展，为族内的互助合作提供了坚实保障，宗族内的协作意识和诚信机制可以为家族企业提供很大发展空间，宗族网络是一种经济资源；从组织角度讲，宗族与村委会非但不会构成冲突，如果处理得当，两者可以产生互强的作用。此外，宗族的复兴还为解

---

① Junjing, *The Temple of Memories: History, Power, and Morality in a Chinese Village*, California: Stanford University Press, 1996.

② 周大鸣:《凤凰村的变迁:〈华南的乡村生活〉追踪研究》，173-174 页，北京：社会科学文献出版社，2006 年。

决乡村治理中的一些棘手难题提供充分协助。① 显然，周大鸣对当今乡村政治学的宗族研究进行了对话。

作为历史人类学家一面的钱杭比上述本土人类学家更早地考察了宗族的现代化变迁问题。② 他认为，在当代农村组织的恢复过程中，一方面必然以传统的宗族形态、宗族规范和宗族理想，作为自己发展的基本动力与理论资源；另一方面，它又必然要以现在的社会制度——政治结构、经济秩序、意识形态及占主导地位的价值取向——为自己自下而上的立足点，以现在制度环境的适应共存为发展的途径，功能的界限以及具体操作过程的内在规则。③ 钱杭以此批评那些认为宗族不能生存于中国现代化语境的观点。④ 那么，为什么重建呢？钱杭认为，主要在于农人追求自己的历史感、归属感、道德感和责任感。汉人宗族的本体性诉求与现代生活概念并不是格格不入的，相反，它能将其功能性目标尽可能充分地纳入与社会公共生活准则相适应的轨道中。⑤ 从寻求归属感角度解释当代宗族建设是有学术价值的，但我并不同意钱杭把归属感看作本源性的，而是主张：归属感是一种情境性的东西。⑥ 当然，钱杭也看到了当代宗族有些负面因素。⑦

① 周大鸣：《宗族复兴与乡村治理的重建》，周大鸣等著：《当代华南的宗族与社会》，19–29 页，哈尔滨：黑龙江人民出版社，2003 年；周大鸣：《凤凰村的变迁——〈华南的乡村生活〉追踪研究》，155–174 页，北京：社会科学文献出版社，2006 年。

② 钱杭：《中国宗族制度新探》，228–250 页，香港：中华书局有限公司，1994 年；钱杭、谢维扬：《传统与转型：江西泰和农村宗族形态》，上海：上海社会科学院出版社，1995 年。

③ 钱杭：《当代中国农村宗族联宗的性质、过程及其变化趋势》，庄英章主编：《华南农村社会文化研究论文集》，178 页，台北：民族学研究所，1988 年；钱杭：《中国宗族制度新探》，228–250 页，香港：中华书局有限公司，1994 年。

④ 王沪宁：《当代中国村落家族文化：对中国社会现代化的一项探索》，214 页，上海：上海人民出版社，1991 年；罗伯特·F.墨菲著，王卓君、吕迺基译：《文化与社会人类学引论》，259–260 页，北京：商务印书馆，1991 年。

⑤ 钱杭：《中国宗族制度新探》，228–250 页，香港：中华书局有限公司，1994 年；钱杭、谢维扬：《传统与转型：江西泰和农村宗族形态》，上海：上海社科院出版社，1995 年；钱杭：《中国宗族史研究入门》，167–194 页，上海：复旦大学出版社，2009 年。

⑥ 杜靖：《四维归属感：重释当代汉人宗族建设——兼与钱杭先生讨论》，《探索与争鸣》，2015 年第 4 期。

⑦ 钱杭：《亲族聚居现象与我国当前农村的宗族活动》，《上海社会科学院学术季刊》，1991 年第 3 期。

张小军观点比较创新，他将布尔迪厄（Pierre Bourdieu）的实践论迁移进中国宗族研究领域，别开新面。他的博士论文写的是福建阳村的宗族，从唐宋明清一直讲到20世纪90年代。张小军发现，早期宗族有佛教的因素，但后来则又受了宋儒宗族理论影响，明代后期在中国社会里大规模制造宗族，清末至民国宗族衰落，因为其被作为封建文化的旧载体被打压，到20世纪80年代时又获得"复兴"，但"复兴"后的宗族根本就不是土改以前的那种宗族了。[①] 因为从实践者的角度看，当下搞宗族既不是为了"慎终追远"，也不是为了变成一个corporation（范仲淹义庄那样的单位），而是不同的实践者表达各自心志的东西。这深受萧凤霞"传统的复兴其实并非是简单的复活"观的影响。[②] 张小军的研究表明，"造宗族"的过程也就是在地方上"造国家"的过程，"复兴"宗族的人也是破坏宗族的人。张小军的意思是说，宗族之兴是国家的事，宗族之亡也是国家的事，宗族在实践中之被"偷梁换柱"更是国家的修为。但张小军同样告诉我们，宗族也可以"玩国家"。尽管张小军看到了不同历史时期，国家与宗族关系的实践模式不一样，但在深层次上，即认知人类学所关注的思维模式层面上，国家与宗族的互动模式并没有改变，而是显示了高度的历史连贯性。这主要是布尔迪厄的"习性"和能动性两概念对其影响所造就的。

个别旅居海外的人类学家也在"国家与地方"关系框架下开展汉人宗族研究。韩敏的《回应革命与改革：皖北李村的社会变迁与延续》考察的是皖北一个叫李家楼的村落。她的主要目的是："评价社会主义革命和改革对李家楼的影响;梳理在土地改革（20世纪50年代初）、集体化以及去集体化过程中，中国乡村社会的变迁和延续，并考察在这一过程中农民与政府之间的关系"[③]，"对一个有悠久历史的宗族和

---

① 张小军:《再造宗族：福建阳村宗族"复兴"研究》，香港中文大学博士学位论文，1997年。

② Helen F. Siu, "Reconstituting Dowry and Bride Price in South China", in Deborach Davis, and Steven Harrell, eds., *Chinese Families in Post-Mao Era,* pp.165–188, Berkeley: University of California Press, 1993.

③ 韩敏著，陆益龙、徐新玉译:《回应革命与改革：皖北李村的社会变迁与延续》，"导论"，2页，南京：江苏人民出版社，2007年。

村庄的考察，来揭示社会结构及其机制的变化和延续"[1]。正如韩敏所言，其根本旨趣在于探讨中国社会与文化的变迁与延续性问题。李家楼的经验结论是：传统宗族居住模式、规制宗族结构的内部制度和宗族认同等宗族要素得到了延续。具体来说，尽管宗族成员分配在不同的生产队里，但是，血缘关系近的家户聚居的基本居住模式以及婚后的从夫居的基本模式仍保持不变；在父系制度和习惯上，比如，辈字、祭祖、族谱等方面得到延续和保留；尽管在公开场合下，对人民公社集体和国家的忠诚以及阶级成分的意识形态取代了原先对亲属关系和对家庭的忠诚，但在日常实践的层面上，村民对血缘关系的认同没有发生根本性变化。家庭责任制实施以后，宗族和传统仪式迅速复兴：人民公社取消后，以父系血缘集团为基础的自然村作为中国农村行政结构单位的重要性被强调；传统的家庭生产模式得到重新恢复；经济和政治改革不仅促进了父系集团的复兴和团结，也导致了大规模的祖先祭祀的复兴，以及在人生过渡仪式和农历节日时族亲与姻亲之间的礼物馈赠的再兴和发展。[2] 这项研究使得韩敏加入到国际人类学界关于中国社会与文化断裂与延续性讨论的学术脉络之中，保持了与波特夫妇和萧凤霞的讨论的一致性。

中国大陆新生代人类学家的宗族研究重在考察宗族在中国现代化过程里的命运，借宗族的文化遭遇来反思中国现代化叙事，并不是对宗族及汉人亲属制度的某些概念和理论进行修正与发展。

那么，为什么当代最主要的几个中国人类学家都选择了在"国家与地方"关系的框架中来理解宗族呢？其中的原因不外乎如下几条：

第一，他们大多喜欢从文化变迁的角度思考中国文化问题，思考中国社会与文化的转型，而宗族在现代化中的遭遇正好是一个绝佳的切入点。若从一个更大的人类学理论脉络来分析，是因为重建时期的中国人类学一方面要去除苏联民族学范式的影响而重接欧美，另一方

[1] 韩敏著，陆益龙、徐新玉译：《回应革命与改革：皖北李村的社会变迁与延续》，"导论"，3页，南京：江苏人民出版社，2007年。
[2] 韩敏著，陆益龙、徐新玉译：《回应革命与改革：皖北李村的社会变迁与延续》，257–265页，南京：江苏人民出版社，2007年。

面要与战前欧美的结构－功能论相区分，以此推动中国人类学的发展以及与西方的接轨。

第二，这些人类学家大部分是在 20 世纪 80 年代中后期从事田野工作（field work）的，而这个时候台湾地区人类学界以及西方人类学家仍在大量开展中国宗族研究，受其影响，这些中国大陆人类学家走上了探索宗族的学术旅途。当然，有些研究是受到田野地点的经验造成的。比如，重访的大量田野地点多是宗族村落，而且原来的民族志也是关于中国宗族的。

第三，有些人类学家是因为师承背景等因素促使他们继续关注宗族问题。比如，庄孔韶师从林耀华，而林氏是中国宗族研究方面的国际大家。

20 世纪 80 年代以来，中国社会的宗族制度依然是日本人类学界的主要关注对象。[1] 比如，濑川昌久试图用历史的连续性来说明父系继嗣原则的延续和改革开放后宗族复兴问题，[2] 以此考察亲族制度和观念在集体化过程中的变化和作用。[3] 一些旅日华人学者，也注重研究政治变迁对中国宗族制度的变化、延续和重构之影响。比如，聂莉莉对东北宗族的变迁研究[4]、萧红燕对四川宗族文化的观察[5]、潘宏立对现代东南宗族组织变化的考察[6]、秦兆雄关于湖北一个村落宗族的多年研究[7]、阮云星对林耀华早年所调查过的义序宗族的

[1] 韩敏：《"革命的实践与表象"的共同研究：日本的中国人类学的理论探索》，137–152 页（具体见 145 页），阮云星、韩敏主编《政治人类学：亚洲田野与书写》，杭州：浙江大学出版社，2011 年。

[2] 濑川昌久：《族谱：华南汉族的宗族·风水·移动》，东京：风响社，1996 年；濑川昌久：《中国社会的人类学：亲族·家族からの展望》，东京：同文馆，2004 年。

[3] 韩敏：《"革命的实践与表象"的共同研究：日本的中国人类学的理论探索》，137–152 页（具体见 145 页），阮云星、韩敏主编《政治人类学：亚洲田野与书写》，杭州：浙江大学出版社，2011 年。

[4] 聂莉莉：《刘堡：中国东北地方的宗族及其变容》，东京：东京大学出版会，1992 年。

[5] 萧红燕：《中国四川农村の家族と婚姻：长江上流域の文化人类学の研究》，东京：庆友社，2000 年。

[6] 潘宏立：《现代东南中国の汉族社会：闽南农村の宗族组织とその变容》，东京：风响社，2002 年。

[7] 秦兆雄：《中国湖北农村家庭·宗族·婚姻》（日文），东京：风响社，2005 年。

重访①等。此外，大陆人类学学者刘朝晖对晋江的一个侨乡村落宗族的考察②，也值得一提。

三、现代化国家历程中的汉人宗族研究之二（乡村政治学与社会史学者等的观察）

接下来让我们看看当代乡村政治学界的意见。当代许多乡村政治学者的研究受了人类学家的影响，甚至有的在观点上亦步亦趋。因而，也基本上可以被理解为一种社会或文化的变迁研究。

王沪宁认为："……中国共产党人始终把中国革命与土地改革结合在一起。改变既存的土地关系，是任何农业社会向工业社会过渡的必要前提，也是改变乡村旧有的秩序关系，用新的秩序关系取而代之的必要前提。如果说村落家族历来是与一定的土地关系结合在一起的，血缘关系在很大程度上渗透进土地关系，那么土地改革对村落家族文化的影响便不可低估。"③王沪宁进一步结合土地改革的原则分析道："土地改革的基本原则是，确定贫农为无产阶级在乡村的基本力量，没收地主阶级的一切土地，平分土地，推翻豪绅地主官僚政权，建立农民政权。这些原则的推行意味着在乡村建立新型的组织，形成阶级意识：（1）新型组织的组织原则是超家族体制的组织原则，如农会和农民政权。农民组织不同于血缘组织的结构，它把家族成员组织在以社会地位而非血缘地位为依据的组织之中，这冲击了村落家族文化。（2）阶级意识的形成意味着家族意识的削弱。……阶级意识从观念形态上超越了血缘关系，它不再依据人们在血缘关系中的地位划分每个人的身份，而是依据人们在社会经济政治关系中的地位划分每个人的身份。不同血缘的人可以被划分在同一范畴内，相同血缘的人

---

① 阮云星：《中国の宗族と政治文化：现代"义序"乡村の政治人类学の考察》，东京：创文社，2005年。
② 刘朝晖：《超越乡土社会：一个侨乡村落的历史文化与社会结构》，北京：民族出版社，2005年。
③ 王沪宁：《当代中国村落家族文化：对中国社会现代化的一项探索》，51—52页，上海：上海人民出版社，1991年。

可以被划分在不同范畴内。这种划分方法与血缘关系划分方法泾渭分明。按照血缘关系，不同血缘的人只能属于不同的群体。阶级意识的形成对中国乡村有着长期影响。历时几十年的土地改革，对传统的村落家族文化形成了最有力的冲击。"①

于建嵘指出："由于'阶级'观念的引入，岳村已从过去的族姓和家族这些划分中变成了不同的阶级阵营。经过岳村农民协会组织和土改工作队的认定，岳村有 4 户划为了地主，有 1 户划为了富农，有 1 户划为小土地出租者，贫雇农为 62 户。这些阶级划分在观念上超越了血缘关系，它不再依据血缘关系中的地位划分每个人的身份，而是依据人们在社会经济政治关系中的地位划分每个人的身份。不同血缘关系的人可以被划分在同一范畴内，相同血缘关系的人可以被划分在不同范围内。而且，这种阶级阵营的区分是以国家权力为后盾，按照这种阶级阵营组织起来的农民组织也不同于血缘组织的结构，'它把家族成员组织在以社会地位而非血缘地位为依据的组织之中'，极大地抑制了岳村刚发育还没有成熟的族权。"②

吴毅认为："土改前后广泛的社会动员使村民在政治身份的自我认定上完成了由家族化的农民向国家的社区政治人转化。"③他进一步具体分析说："在土地改革中，工作队反复灌输的阶级意识从村庄内部和村庄外部两个方面改变了村民的自我政治角色认定。从村庄内部看，村民们根据土地占有状况被划分为不同的阶级，这使村民原有的村庄秩序观有了新的变化。……从村庄外部看，阶级意识的灌输又有助于村民的政治眼界超越村落家族的藩篱，投射向更为宽广的社会和国家领域。"④

---

① 王沪宁:《当代中国村落家族文化: 对中国社会现代化的一项探索》,52–53 页, 上海: 上海人民出版社, 1991 年。
② 于建嵘:《岳村政治: 转型期中国乡村政治结构的变迁》, 228–229 页, 北京: 商务印书馆, 2001 年。
③ 吴毅:《村治变迁中的权威与秩序: 20 世纪川东双村的表达》, 111 页, 北京: 中国社会科学出版社, 2002 年。
④ 吴毅:《村治变迁中的权威与秩序: 20 世纪川东双村的表达》, 111–112 页, 北京: 中国社会科学出版社, 2002 年。

个别历史学家也对传统宗族在现代化过程中的命运进行了分析。比如，冯尔康就对整个 20 世纪的宗族演变形态、演变原因等做了简要的历史学分析。[1] 又如，祁建民根据 20 世纪 40 年代"满铁"调查部的调查资料和 20 世纪 90 年代对这些村庄的再调查，具体考察了 20 世纪 40 年代—20 世纪 90 年代华北 5 个村庄的宗族结构及其演变情况后认为，在近代国民国家的建设过程，尽管对基层社会实行了重组、推行了基层自治，但由于代替宗族组织机能的民间社会始终没有形成，实际上在村落中出现了国家行政组织与宗族相结合的领导结构，国家对于基层社会的控制也离不开宗族组织。[2] 这与大陆人类学者兰林友所做出的结论完全相反。兰林友坚持，后夏寨的村落政治并非是"以宗族竞争为主线"，他甚至完全否定后夏寨是一个宗族社区。[3] 科大卫考察了近现代中国的历程后认为，尽管 16—18 世纪宗族成为地方社会与国家之间的纽带，但到了 20 世纪，民族主义成为政治理论的主流，在新的国家建立过程中，虽然宗族还能够继续存在，但已不再是国家的重要元素了。[4] 这些见解是颇值得研读的。

又如，秦燕就曾结合罗红光[5]、周锡瑞[6]等人的成果到陕北米脂县开展研究。就杨家沟马氏宗族而言，秦燕认为，在革命过程中，宗族赖以生存的经济基础与作为宗族重要象征的祠堂、祠田、祖先牌位同时被摧毁了，宗族组织也随之瓦解。她特别强调土改对宗族势力的打击和对宗族传统的破坏。比如她说，土地革命从经济上是财产再分配的过程，在社会政治方面，则是用阶级斗争划分取代血

---

① 冯尔康：《18 世纪以来的中国家族的现代转向》，214-507 页，上海：上海人民出版社，2005 年。
② 祁建民：《民国以来国家建设过程中的宗族问题》，《中国社会历史评论》第十卷，122-133 页，天津：天津古籍出版社，2009 年。
③ 兰林友：《庙无寻处：华北满铁调查村落的人类学再研究》，117-169 页，哈尔滨：黑龙江人民出版社，2007 年。
④ 科大卫著，卜永坚译：《皇帝和祖宗：华南的国家与宗族》，325-407 页，南京：江苏人民出版社，2009 年。
⑤ 周锡瑞：《一个封建堡垒中的革命：陕西米脂县杨家沟，1937—1948》，见复旦大学历史编：《近代中国的乡村社会》，上海：上海古籍出版社，2005 年。
⑥ 罗红光：《不等价交换：围绕财富的劳动与消费》，杭州：浙江人民出版社，2000 年。

缘辈分等级划分，用阶级组织取代宗族组织，用新的意识形态取代传统的村落家族观念。土改使村落经济关系和社会关系发生了根本性改变。[1] 但其基本观点仍不出上述社会文化变迁论学者的理论解释框架。

但是，这里必须声明：早在弗里德曼之前，就有学者从现代化变迁的角度来讨论中国宗族问题。比如，胡先缙就说过："一个可能的问题也许会被提出来：在中国的明天，族（*tsu*）会继续在某种程度上发挥作用吗？……随着传统农村经济结构的破产，以及古老社会结构与新兴社会–政治力量之间冲突的爆发，宗族组织已经被破坏了。随着工业化的推动和现代城市化的发展，宗族会进一步加速瓦解……他们已经考虑到，传统行为模式应该对中国的迟缓发展负有责任。因而，对于我们这个时代的许多年轻人来说，族的团结作用已经失去了往日的重要性，而年轻的宗族领袖也开始同情那些与传统不相妥协的买卖人了。"[2]

而弗里德曼发表他的中国宗族解说模型前后，[3] 杨庆堃也从文化变迁视角来考察中国宗族了。杨氏认为，尽管新中国以前的政府（pre-Communist governments）和领导人不满意于"家族主义和宗法主义"（familism and clannism），因为它们阻碍了现代化发展，但是他们并没有系统地拆除宗族组织。而新中国政权并不仰仗或利用宗族作为维持地方社会秩序与和平来巩固其政权。于是，一方面，在法律上它禁止给予宗族以合法组织的地位；另一方面，作为一种重要社会变迁力

---

① 秦燕：《近代以来的社会变革与地方宗族》，《中国社会历史评论》第十卷，114-121页，天津：天津古籍出版社，2009年。

② Hu Hsien-chin, *The Common Descent Group in China and its Functions*, Viking fund Publications in Anthropology Number 10, pp.98–99, New York, 1948.

③ 杨庆堃的考察并没有受到弗里德曼的影响。杨先生本身是广东南海人，1932年毕业于燕京大学社会学系，1934年获得燕大社会学硕士学位，之后赴美留学，1939年获得密执安大学社会学博士学位，1948—1951年回国任岭南大学副教授兼社会学系主任。任教岭南大学期间，他着手对大学附近的南景村（鹭江村）进行调查，嗣后带着调查记录返回美国匹兹堡大学任教，并于1959年出版了 *A Chinese Village in Early Communist Transition*。参见孙庆忠：《都市村庄：南景》，341-381页（具体见342页），庄孔韶等：《时空穿行：中国乡村人类学世纪回访》，北京：中国人民大学出版社，2004年。

量，当代中国对传统宗族实施了拆解（have a disintegrating effect on it）。[①] 杨庆堃具体考察了当代中国在辈分、亲属关系、宗族权威机构、宗族的经济功能、宗族的社会功能等方面所导致的变迁。[②]

五、小结与讨论

通过上述简要梳理可以看出，围绕着"国家与宗族"关系的讨论，始终定位在"合作与不合作""支持与不支持"维度上展开。将历史学家和人类学家的观点联系起来考虑，可以说，基本上学界已达成了这样一种共识：传统帝国支持宗族的建立，帝国与宗族存在合作关系，同时，帝国也对宗族存有戒心，并有时发生矛盾；而现代中国或中国的现代化过程中却革除了这一制度，在最近三十年来的现代性表述中宗族文化却又有所复兴，当代中国并不与宗族在乡村事务上开展合作，至多是睁一只眼闭一只眼。但就当代宗族的"复兴"问题，也有个别学者持有另外见解。比如，张小军认为，当代宗族的"复兴"仍离不开国家的参与，国家通过各种实践者参与了当代宗族的再制造。

尽管"国家与地方关系"中的宗族研究摆脱了孤立而封闭的社区研究套路，拓展了我们了解中国宗族的视野，但从本质上来说，仍然是一种功能论的思路。即从政治学意义上分析中国宗族的方法。这个思路把宗族理解为国家在地方上的一个"职能"或"准职能"部门与机构，使之承担一定的治理或管理作用，以维持地方社会的秩序。所以，当帝国需要它的时候，就会扶植其发展；当新的国家制度不需要的时候，或用别的制度替代它的时候，它就遭遇了灭门之灾。那么，在这个意义上言，宗族成了国家表达意志的工具。

另外，结合拙文《百年汉人宗族研究的基本范式——兼论汉人宗

---

① C.K Yang, *The Chinese Family in the Communist Revolution* (in *Chinese Communist Society: The Family and the Village*), pp.191-192, Cambridge, Mass: The M.I.T Press, 1959.

② C.K Yang, *The Chinese Family in the Communist Revolution* (in *Chinese Communist Society: The Family and the Village*), pp.192-196, Cambridge, Mass: The M.I.T Press, 1959.

族生成的文化机制》①可以看出，在认识论和方法论上，中国宗族研究也经历了一个从进化论到结构功能论，到历史演变论（过程论），再到现代化变迁论、后现代主义，乃至实践论的转换。一开始也只是粗线条地将问题做简单的二元划分，即国家与地方两大块之分割。这样的研究都不可避免地把二者做本质化理解，看成是各自铁板一块。但实践论的登场，则突破和超越了国家与地方的二元分析模式。②这自然抬高了中国宗族研究平台。

在前人已有研究基础上，本书的任务是通过山东一个宗族村落历史过程的考察，思考国家与宗族之间的相互实践问题：国家如何实践宗族与宗族如何实践国家？探索不同地域内的国家与宗族是否具有不同的互动模式，以此探索汉人宗族制度实践的多样性。同时，也注重探索不同时代国家与宗族是否有不同的互动过程，以此探索不同时代宗族制度实践的不同样式以及宗族制度的继承与创新的演变问题，包括不同人群赋予宗族的不同意义以及不同人群从宗族中感受到的不同意义。具体而言：第一，以历史人类学的视角呈现一个村落宗族的变迁过程，了解历史如何来到当下；第二，在宗族运转地方社会方面，观察国家与宗族对待彼此的态度，检验上述所概括出来的"国家与地方"的宗族互动模式，进一步深化国家与宗族关系的认识；第三，讨论汉人腹地的再汉化或再儒化问题；第四，分析宗族、国家各自身份的再生产问题，也包括两者关系的再生产，但在关注再生产的同时，也试图呈现文化的想象与创新；第五，从行为科学上关注个体对生命意义的追逐，由此反思过往士绅／精英理论解说模式和国家－地方关系分析模式，进而讨论国家、个人和宗族三者之间的互动关系；第六，展开与弗里德曼在东南中国宗族分析中所提出"从 A 型到 Z 型的宗族"的解说模式进行对话，包括反思宗族是个福利学的问题还是个文化礼仪问题；第七，试图在国家与父系亲属两个端点之间讨论中国宗

---

① 杜靖：《百年汉人宗族研究的基本范式——兼论汉人宗族生成的文化机制》，《民族研究》，2010 年第 1 期。
② 张小军：《再造宗族：福建阳村宗族"复兴"研究》，255–260 页，香港中文大学博士学位论文，1997 年。

族。总之，把以上诸多视点结合在一起，即，放在一个村落宗族的历史过程中来观察国家与宗族的相互表述与实践，突出从"多元声音分析模式"（又名"意义并接"）和历史－文化实践角度来讨论中国宗族问题。当然，本书的主题也可以被理解成通过宗族来展现"历史如何被实践"问题。

第二节　宗族：作为一种文化制度的历史实践

研究任务明确以后，自然会想到：怎样才能达到目标？这涉及研究工具和方法论问题。

同时，如实地报告全书所采用的基本概念和理论参考框架，也便于读者对整项研究的价值给出一个客观的评估。尤其是可以方便他人从逻辑学上诊断整个论证过程的严密性和最后结论的合理性问题。

交代清楚自己做什么、怎么做？并尽可能地反思到所采用研究工具和方法论的局限性，也是所有追求严谨的学者对自己的一个交代，从而使自己更加释然与超然。

我的基本主张是：宗族是一项文化制度；宗族是一伙人；宗族是一个实践中的权力场域。因而，在我看来，中国宗族是游移于亲属人群和国家制度之间的一种文化现象。

这个思路实际上是想把中国传统人文主义或人文学的精神注入目前一味走西方社会科学道路的中国人类学中，实现人文主义研究和社会科学研究的相结合。因而，这样设计的目的，是想在方法论上从一个更深广的角度来认知"国家与宗族"之间的关系。

一、对"宗族"的理解

从中国语境来讲，何谓宗族？就语义和语用来说，大约有两点需要把握：第一，宗族是一种制度；第二，宗族是指一伙人或一个特定人群。

首先，讨论第一种语义，即宗族是一种制度。这又有两种情形，一种是宗族是一项礼制，一种是宗族是一项社会福利制度。不论是早期的《仪礼》《礼记》，还是宋代理学家的设计均把宗族看作一项礼仪制度。尤其是宋代张载的"宗法"概念和《朱子家礼》，明显将宗族设计为一项拜祖制度，起到慎终追远、敬宗收族的目的。林耀华最初就是从"拜祖"角度入手来理解中国宗族的。[①] 范仲淹搞义庄的目的是通过设立族产来从事族内福利建设工作。比如，济贫、兴办教育等。[②] 其实，若放在不同文化种群之间考虑，作为一种福利制度的宗族也是一项文化制度，因为在文化人类学看来，一切生活方式皆是文化（梁漱溟将文化理解为"人类生活的样法"[③]）。不仅文化是文化，就是不同人群所采用的经济运作模式（比如生产、消费等）也是文化。不过，这里还是把福利制度做经济学意义上来理解。

由于张载、朱熹、范仲淹等都是王朝的士大夫，所以，当本书把宗族看作某项制度时，自然也就把宗族放置在"国家与地方关系"中来思考了。这是紧扣本书研究任务的一个方法论处置。

既然作为一项制度，那就存在一个实践问题。

林耀华说，"封建废宗法亦格而不能行。然宗法制度内礼仪风俗，仍保留民间的大家族中。宋代鼓吹恢复宗法，大有人在。欧阳修苏洵创议大宗小宗的谱法，无非想借助谱牒的记载来维系宗法制度……程颐、司马光特别重视士仕的冠婚丧祭礼仪，朱熹《家礼》，影响民间尤盛。范仲淹氏又力倡族姓义田之制，凡此都可以说是意欲恢复宗法时代的遗制"。林氏继续说道："苏、欧之后，言宗法与谱法相互维系，或谱法内寓宗法者，历世不绝……朱子之后，提倡家礼者，亦大有人在。"[④]

林耀华的弟子庄孔韶干脆说："中国的宗族制，实际是中国古代宗法制的实施。"[⑤] 具体而言，庄孔韶说："这一中国人家族与宗族文

① 林耀华：《拜祖》，见林耀华《义序的宗族研究》，229–258 页，北京：生活·读书·新知三联书店，2000 年。

② 井上彻著，钱杭译：《中国的宗族与国家礼制》，6–16、204–211 页，上海：上海书店出版社，2008 年。

③ 梁漱溟：《东西方文化及其哲学》，53 页，上海：商务印书馆，1929 年。

④ 林耀华：《义序的宗族研究》，详细参阅第四章注释②，81 页，北京：读书·生活·新知三联书店，2000 年。

⑤ 庄孔韶：《银翅：中国的地方社会与文化变迁》，268 页，北京：读书·生活·新知三联书店，2000 年。

化价值的思想为哲学家所发明、政治家所强化、教育家和乡土文人传播，并最终由农人（甚至所有中国人）所实践，从而成为中国人及其族群的精神支柱与行为准则。"[①] 他的《银翅：中国的地方社会与文化变迁》一书重点考察了朱熹宗族概念对民间实践的影响。

张小军认为，明清以来中国社会所流行的宗族样式基本是照着朱熹和范仲淹的概念而操作的。可见，作为一项制度，不同的人群做宗族可以做成朱熹那样的概念，也可以做成范仲淹那样的共财团体，或者两者兼备，甚或采用其他的制度，这都是一个实践问题。[②]

历代士大夫和儒家学者们设计宗族制度的目的是在帮助国家做事。日本学者井上彻直接就把中国宗族与"国家礼制"关联了起来。[③]

除了考虑制度因素外，张小军彻底地从布尔迪厄的实践论出发将宗族理解为一个象征体系，一个文化的空壳，看到了过往宗族研究中所忽视的作为象征体系的宗族的实践问题，[④] 这是中国宗族理论研究上的最新进展。

就本案例而言，从制度角度看，闵氏宗祠一开始被作为乡贤祠来祭拜，基本属于地方的公共神明，列入国家祀典。子孙对于祖先的信仰仅居次要位置。但在后来的实践中，慢慢添加了一般祠堂功能，即子孙对祖先的祭拜占据了主流，乡贤祠的功能则退居其次。从文化和功利角度审视，闵氏宗族制度以文化的追求为主要目的，功利是次要的。当然，不同历史时段所强调的方面各有侧重。

其次，讨论第二个语义，即宗族指一伙人或一个特定人群。关于这一问题，学术界多年来争论的焦点在于：这群人认定自己作为一个宗族的原则或这伙人通过什么机制把自己组织起来。其中一派以弗里德曼为首，主张宗族是一个合作共财团体（corporate groups），以功

---

① 庄孔韶：《银翅：中国的地方社会与文化变迁》，277 页，北京：读书·生活·新知三联书店，2000 年。
② 张小军：《再造宗族：福建阳村宗族"复兴"研究》，6–43 页、275–276 页，香港中文大学博士学位论文，1997 年。
③ 井上彻著，钱杭译：《中国的宗族与国家礼制》，上海：上海书店出版社，2008 年。
④ 张小军：《再造宗族：福建阳村宗族"复兴"研究》，香港中文大学博士学位论文，1997 年。

能促宗族；另一派以福瑞德（Morton Fried）、陈其南和钱杭为代表，强调世系原则或系谱理念。前者的基本主张，我已在《九族与乡土》中相关部分详尽梳理和分析了，在此不再赘言，这里只重点介绍一下世系学理论和系谱体系理论。

福瑞德主张，世系群成员间是否有真实的系谱关系是区别宗族（lineage）和氏族（clan）的主要标准。宗族成员的关系是基于可证明的关系（demonstration），传自共同的祖先，系谱可以清晰地追溯出来；但是氏族则是基于契约的关系（stipulation），成员间大部分无法清楚地追溯系谱关系，是一个同姓团体。宗族具有排他性，成员资格不能任意扩展；氏族具有包容性，为达成某种社会功能而尽量延伸范围。[1] 美国学者华琛指出，宗族与氏族的区别主要在于：第一，宗族成员具有明确的继嗣关系，确知其直系祖先是谁；而氏族成员对继嗣关系不清楚，其所谓祖先往往是神话人物和古代英雄。第二，在族内出生的人即成为宗族成员，也只有族内出生者才具有宗族成员资格；而氏族只接受团体成员，一个团体加入氏族是自己选择的结果：氏族是由复合的宗族组成的，氏族的成员是宗族，而不是个人。[2]

陈其南认为：第一，儿子相对于父亲称为一房。两代人构成的单位（某男子、他的妻子和他的儿子们）叫作基础房，随着时间的扩展，基础房的儿子们结婚又各自建立了自己的基础房，那么原来两代的基础房就演变成了包含三代深度的房单位，这个三代深度的房可以称为一个基础家族。房是家族的次属单位，而家族则是房的一种整合和包容，二者是一组对立概念。三代基础家族可以继续随着时间在代数上进行扩展，扩展的过程是一个不断分家或分支的过程，最后就形成了一个宗族。这就是说，房不受世代限制：两代之间可以称为房，跨越数十代范围也可以称为房。在这个不断扩展的过程中，房和家族

[1] Morton Fried, "Clans and Lineages: How to Tell Them Apart and Why, With Special Reference to Chinese Society", *Bulletin of the Institute of Ethnoligy Academia Sicica*, Vol.29, pp.11–38, 1970.

[2] 华琛:《中国宗族再研究：历史研究中的人类学观点》,《广东社会科学》, 1987 年第 2 期。

成员所生的女性后代被排除出去这个结构，而本族男子的配偶却来自其他家族宗族而被不断整合进来。汉人家族宗族是一个自然成长的结果。汉人社会遵循这种房－家族体系演化方式。可见，"房"和"家族"两种原则彼此互补，但在组织作用上却彼此相反。第二，房所指涉的语意范围可以是完全建立在系谱关系上的成员资格，无须涉及诸如同居、共财、共爨或其他任何非系谱性的功能因素。分房的分裂效果表现于分家和分财产的作用中，而族产的建立主要体现了家族包容性的理念；第三，汉人家族形成和分支过程中，房与家族的系谱理念或宗祧理念（descent ideology）是首要的因素，其次才是功能的考虑，系谱理念的房和家族单位必须结合某些非亲属的功能，才会形成共同体的宗族。[①] 陈其南的研究是为了跟弗里德曼的功能论对话，他根据房份原则进行析产的说法给人留下深刻的印象。

钱杭是提出中国宗族世系学理论的学者。他在《宗族的世系学研究》一书的"自序"中说：

> "世系"是宗族区别于其他类形态宗族的规则底线；"世系"是"尊祖敬宗收族"这一宗族功能目标的价值根源。
>
> ……如果我们尝试着从学术上对历代研究者建构的"宗族史"作一次"越来越稀薄的抽象"，将其中所有的结构关系、功能利益和表现形式……作一番剥离和选择，使之"达到一些最简单的规定"，进而划出一条保证宗族确实可以区别于其他族类形态的底线，或许只会剩下"世系"，以及因世系而发生的祖先确认（宗）和人群聚居（族）。因此，就逻辑而言，宗族的"世系"作为一个"简单的范畴"，是宗族研究应该由此而起步的"发端"。[②]

---

① 陈其南:《房与传统中国家族制度》,《汉学研究》, 1985 年第 3 卷第 1 期; 陈其南:《家族与社会》, 129–213 页, 台北: 联经出版事业公司, 1990 年; 陈其南:《汉人宗族制度的研究——弗里曼宗族理论的批判》,《考古人类学刊》, 1991 年第 47 期; 陈其南:《汉人宗族型态的人类学研究》,《传统制度与社会意识的结构: 历史与人类学的探索》, 136–166 页, 台北: 允晨文化实业股份有限公司, 1998 年。
② 钱杭:《宗族的世系学研究》,"序言", 1–3 页, 上海: 复旦大学出版社, 2011 年。

在同书中，他不断申述这一观点："父系单系世系原理是关于中国宗族内部世系体系的核心原理"①，"区别宗族与其他组织类型异同之底线，就在于是否已经形成了这一父系世系原则"②，"传世文献研究表明，中国社会自古以来实行的世系原则主要为源于一宗的父系世系，经此原则认定的亲属集团即称为'宗族'"③，"在有关宗族的各种条件中，源于一'宗'的父系世系是其核心规定——宗族的形成基于此，宗族的发展基于此，宗族的壮大基于此，宗族的衰颓基于此，宗族的复兴亦基于此。因此，宗族研究基本范式之确立，也就不能不基于此"。④ 钱杭的世系学主张能够较为清晰地分清什么是"百世不迁"的大宗宗族形态、什么是"五世则迁"的小宗宗族形态以及联宗等概念。⑤

总之，在世系学派和系谱体系理论的眼里，作为一伙人或特定人群的宗族主要借助世系或系谱理念而捆绑在一起，世系学原则是第一的优先原则。应该说，重视系谱关系及其内在理念的研究是汉人宗族研究在弗里德曼之后最重要的学术成果之一，因为谱系或世系可以很精确地把宗族、氏族和联宗等概念相区分，而系谱理念则能从内在主体性看到行动背后的深层逻辑。但是，我们也应该看到这一派理论的局限性和问题所在。

第一，当这一派理论将系谱原则或世系原则作为解释中国宗族形成或构成机制的时候，实际上走上了唯系谱或唯世系决定论的道路。在这一理论架构下，人们成了系谱或世系的奴隶，听命系谱或世系的召唤，最终为系谱或世系所操纵。忽视了人们把系谱或世系当成一个生存性工具的事实，忽视了功能可以操纵系谱或世系。尽管现实

① 钱杭：《宗族的世系学研究》，14 页，上海：复旦大学出版社，2011 年。
② 钱杭：《宗族的世系学研究》，29 页，上海：复旦大学出版社，2011 年。
③ 钱杭：《宗族的世系学研究》，81 页，上海：复旦大学出版社，2011 年。
④ 钱杭：《宗族的世系学研究》，95 页，上海：复旦大学出版社，2011 年。
⑤ 钱杭：《中国古代世系学研究》，《历史研究》，2011 年第 6 期；钱杭：《宗族建构过程中的血缘与世系》，《历史研究》，2009 年第 4 期；钱杭：《关于联宗的分类和基本定义》，钱杭：《宗族的传统建构与现代转型》，137–153 页，上海：上海人民出版社，2011 年；《关于同姓联宗组织的地缘性质》，《史林》，1998 年第 3 期；钱杭：《血缘与地缘之间——中国历史上的联宗与联宗组织》，上海：上海社会科学院出版社，2001 年。

中存在根据房份原则或世系原则处理财产的现象，但也存在相反的现象，即人们也会根据现实功利需求而操纵系谱或世系为自己服务。现实中，究竟需要多大的宗族规模或房支规模，需要从哪一代开始计算（包括其下属房支），往往取决于功能的需要。这由此造就了宗族下的房支结构参差不齐、大小不一现象。

第二，他们把中国宗族概念所包含的丰富内涵狭义化了。首先，在中国各地人民的观念中我们发现，他们把有明确系谱关联的且声称来自同一祖先的人群和没有系谱关系且声称来自同一祖先的人群都称作宗族。这表明汉人宗族在各地具有多种不同的实践样式，不可以把一种判为宗族，其余从宗族概念中剔除出去，对于人类学来说，最重要的是应当尊重地方人民自己的选择和认识，尊重文化实践的多样性。其次，学术研究过程中，固然可以通过概念的精细化来加深对事物的认识，推进学术研究向纵深度发展，但学术研究同样需要高度概括和抽象，以尽可能少的概念框架来涵括更丰富的内涵。这样可以把一些相并列的范畴放在一个更大的宗族架构下来安排，使之处于次级的平等的位置。

我的意思是，不妨设一个总类的"宗族"概念，其下再分成可以用世系讲清楚的、不可以用世系讲清楚的以及介于两者之间的凡三种类型，然后再于其下设置一些更具体的类目，如，可以用世系定义的有大宗法宗族、小宗法宗族和义序那样的大规模村落宗族或陈其南所讲的符合房－家族体系演化规律的宗族等，不可以用世系说清楚的是一些没有系谱关联的地域宗族联盟，更多的是有些地域宗族联盟介于这两者之间（这种地域宗族联盟内部，有些世系群具有清晰的系谱关系，有些则不清楚）。当然，还可以辅助以功能性的因素作为划分的参考依据。这样可以把不同人群的各类宗族实践形态囊括在里面。这个总类"宗族"概念最核心的一点就是：不论是有清晰系谱关联的宗族人群，还是难以用系谱关系沟通起来的各类宗族人群都有一个共同点，即均"承认"来自一个共同的父系祖先，不管在外部学者看来是真实的还是虚假的，是能通过系谱把子孙和已逝的祖先联结起来还是无法联结。甚至也不一定非得要追溯至一个共同的顶点，追溯到各自祖先是兄弟关系，也可以算作宗族。[1] 无非一种强调直系原则，一种强调旁系原则罢了。这里认同（identity）是一个很关键的概念。当然，氏族的图腾崇拜也是一种认同，但氏族认同的祖先往往不是人类，而是某种动植物等。因而宗族与氏族不必借助系谱来区分。至于 20 世纪前半期中国许多人类学家，如费孝通、林耀华等人使用 clan 来指称中国汉人"宗族"，实际上是"同姓氏之族"的意思。

一个宗族住在一个村子里，形成聚落宗族或宗族聚落。当然，往往有些人口会散落出去。这伙人公认某位以前的多半是去世的人物为祖先，而这位祖先具有非凡的"魅力"和凝聚力，至于他们之间有没有真实的血缘关系、系谱关系，这个都无所谓，只要在内心深处他们觉得是或认定是某个祖先的后代且为同一伙人即可。所以，在此我对"村落宗族"再追加上一个说明：宗族是由共同的祖先界定出来的父系群体，但对于祖先的追认也可能具备真实的系谱关联，也可能是虚幻的，只要他们心里认同某位祖先而这位祖先同时具有比系谱、族产等还强的魅力或凝聚力就可以了。需要说明，即使存在真实的系谱关系，也仍然存在两种情形：一种情形是可以从他们现有的族谱里清晰地辨认出来，一种情形是由于各种复杂的历史原因失却了族谱或者压根就没有修过族谱，从而使得现有活着的人群闹不清或模糊了各分支之间的系谱联系。那么，为什么要共同认定一位祖先呢？主要取决于各种现实的考虑，这些考虑有的出于利益盘算，有的是处于身份、结构等归属性的心理需要。这个关于宗族的定义可以称为文化认同论的宗族观。

陈其南讲过一个"狭义的宗族团体"概念："所谓狭义的宗族团体可以从几个方面来定义。第一是聚居的条件，如果某一共同祖先所传下来的各个家户均集中分布在特定的乡村范围内，那么自然会构成一个独特的地方社区（local community），该地方社区的社会、宗教、经济和防卫等活动，也就多少沾上了父系血缘关系的色彩。'地域化'（localization）本身就是构成宗族团体的重要条件。第二是族产或宗

[1] 杜靖：《中国的旁系宗族——以江苏沛县南北闵堤口为例》，《山西大学学报》（人文社会科学版），2014 年第 6 期。

祠的建立，族产的设立有不同的目的，或为祭祀祖先的祀产，或为周济族人的义田，或为兴学之用的学田。族产的建立，使得整个宗族有一具体基础，作为成员团结的核心，并可以永久存续下去，成为一个法人共同体（corporation）。宗祠也是一种族产，但宗祠的功能较之族产更为社会化，它不但提供聚集族人共同祭祀祖先的场所，而且往往也成为族人举行会议，讨论宗族事务，和维持宗族道德与秩序的裁判所。在近代，许多宗祠更成为教育族人子弟的私塾和学校所在地。宗祠和其他族产的配合最能显现出宗族的内聚力和活动力。第三是族谱的修纂，族谱本身就是宗族集体意识的具体化，把'敬宗收族'的观念行之于文字……这三个指标是我们判断历史上中国宗族存在与否的主要依据。"[①] 如果仅仅着眼于第一个条件的话，陈其南"狭义的宗族团体"可以列为我的"村落宗族"之一种，但从陈其南第二、第三条件来看，我的"村落宗族"概念并没有这些硬性规定，我只是突出强调子孙对祖先的认同性和子孙对祖先魅力的欣赏，因而"村落宗族"与"狭义的宗族团体"在内涵上还是不太一致的。

为了有所调和，武雅士（Arthur.P.Wolf）把汉人社会宗族的规模和内部结构归纳为9项指标：分支结构、族人众多、实质性共同财产、居住在一个或多个单姓村、祠堂、共同墓地、共同祭祀祖先、拥有表示关系的标志物（如族谱、名册或牌位）、社会连带关系，由此区分出3种宗族类型。[②] 兰林友曾列出了宗族的12项标准：共同始祖、血缘纽带、谱系联结或昭穆世次、集体活动、聚族而居、宗族组织、族规家法、公有财产、同姓不婚、祭祀场所、宗族认同、亲属网络。[③] 无疑，这对于认识汉人宗族制度实践是有意义的。但我认为，这样过

① 　陈其南：《方志资料与中国宗族发展的研究》，陈其南：《家族与社会：台湾与中国社会研究的基础理论》，215—257 页（具体见 219—220 页）（原文刊于《汉学研究》，1985年总第 3 卷第 2 期），台北：联经出版事业公司，1990 年。
② 　Arthur.P.Wolf, "The Origins and Explanation of Variation in the Chinese Kinship System", li Kuang-chou, Chang Kwang-chih, Arthur P. Wolf, and Alexander Chien-chung Yin, eds., *Anthropological Studies of the Taiwan Area: Accomplishments and Prospects,* pp.241-271, Taibei: Department of Anthropology, Taiwan University, 1989.
③ 　兰林友：《论华北宗族的典型特征》，《中央民族大学学报》，2004 年第 1 期。

于弥散，反而抓不住要害。事实上，现实中的宗族很难完整具备这些因素，不同人群根据所处不同场域里的条件和惯习在实践宗族制度时只是把上述一种或数种因素"装"进宗族里。武雅士和兰林友实际上是把各地汉人所实践的所有宗族的特征加起来构成了宗族特征，这种归纳有违实践特征，走向了本质化表述。我认为，"只要在内心深处他们觉得是某个父系祖先的后代且认为是同一伙人"这句话就足可以让人明白什么是宗族了。其他的东西，比如宗族组织、族谱、祠堂、族产和共同的活动等都是证明这个想法或理念的媒介物，或具体的物化与行为外化，通过这些要素来表述宗族而已。而且这些要素未必就属于宗族所独有（本书之所以把宗族组织、族谱、祠堂、族产等看作宗族的亲属要素，是从它们被宗族拿来表征自己并变成了宗族自己的东西这层意思来说的）。比如系谱这个要素，不唯宗族有，党派、学派也存在系谱现象。再如土地族产这个要素，其实其他的组织或人群同样也设有共同财产。若他们不觉得是来自某个祖先的同一伙人，也便不会为一个共同的祖先修建庙宇和族谱、建立组织、设置族产和采取共同行动。

当然，我们必须意识到，族产、祠堂、族谱、组织和活动等要素可以反过来加强或形塑宗族的认同感。因此我们在研究宗族社会[①]变迁时，又不能不考察族产、祠堂、族谱、组织和活动等宗族的外在形式要素，更不能忽视普通族众的内在认同感。特别要注重考察内在认同与外在形式要素之间的关系。两者之间既存在一定的相互依存关系，也各自保持一定的独立性。一般来说，特定的内在认同往往需要特定外在要素加以表述，但有时候外在要素变了而内在认同却未必变或消失，当内在认同存在时，一旦现实环境允许，其外在要素会立刻再生产出来。然而，这并不意味着我是单纯从主观性或主体性角度来理解中国宗族，实际上这种认同感是建立在先验认知图式基础上的。

----

① 本书说的"宗族社会"是指宗族制度在其中发挥重要作用的地方社会，然而这并不意味着中国是个宗族社会或宗法社会。弗里德曼虽然从宗族角度研究中国，但他并没有说中国是个宗族社会或宗法社会，他只是考察宗族在中国社会运转中的地位和价值。为此刘志伟教授多有阐发，我深表认同。

需要说明，虽然在有些情形下，一伙人声称来自同一个祖先，但是已经完全超越了"乡村"之地缘意义。比如，我们都承认是炎黄子孙。这时就不能再用村落宗族概念来把握了，因为我们不是一个姓氏。也许，这时候族群（ethnic group）概念是一个很好的分析架构。

功能论的宗族观和世系学的宗族观，在中国历史上各有本源。宋代范仲淹的义庄所设计的宗族理念及其实践所带来的日后广泛影响，使得功能论的宗族解释有其适应性。我以为，当年弗里德曼所看到的主要是这类宗族，或者说，是受了范仲淹的影响而造的族。《仪礼》《礼记》等关于大宗和小宗的世系阐述，以及宋代欧苏谱法的广泛而深远的影响，使得世系学说也不是没有根据。不论功能论和世系学理论两派之间存在怎样的争论，两者之间有一点是共同的，即都把宗族看作一个特定人群的父系亲属组织。我的观点是：宗族作为一伙人可以有组织，也可以没有组织，还可以在不同历史时段和场景中采取不同的组织方式。这本身是一个灵活的实践问题。

由于受到西方社会学和人类学影响，特别是弗里德曼的影响，人类学界，甚至绝大多数历史学家都把中国宗族当作一种社会组织来研究，实际上这在某种程度上偏离了中国文化的实际（除了少数学者外），或者说偏到一边去了。当我们把目光聚焦在村落社会内部时，往往很容易看到的是作为组织的宗族现象，但当把目光转移到儒家学者和以国家为代表的大传统立场或"立意"上时，我们就会发现中国宗族是一项文化制度。

本书首先把中国宗族理解为一项文化制度（包括"去宗族化"运动也是一种文化制度之实施）。当把宗族看作一项文化制度时，就可以注重其实践之考察，自然也包括被放弃的实践，以及宗族人群之外的他姓人群的参与实践等。其次将其理解为一伙人。如果把两者结合起来，则是考察该制度在该人群中的实践问题。

当把宗族理解成一种制度的时候，自然会注意到制度的变迁。现代化变迁理论视角下的中国宗族研究所讨论的主题——"变迁"——基本是指宗族制度的变化。但当把宗族看作一个人群时，除了代数的递增、人口规模的扩大、正常的死亡及迁徙等外，它基本就在那里。这就是为什么自晚清以来中国经历了现代化洗礼而宗族村落还存在于基层社会。

二、对"村落宗族"的界定

　　王斯福（Stephan Feuchtwang）在一篇发表于 2007 年的汉语文章中思考了什么是中国的村庄。他提出了"有边界的地方性感受"的观点。^① 显然，对于本书将要考察的村落来说，宗族塑造了该村落的"边界"。^② 因而，这样的村庄不妨叫作宗族村庄。但反过来，村落作为一个地缘性单位也可以塑造宗族。接下来让我们重新回到地缘性上来理解宗族问题。

　　正因为不仅闵村内部的闵氏族人把自己看作闵子骞的后代，而且从闵村分出去的族人也承认自己来自闵村，所以，我将它们处理为一个村落宗族。

　　诚如上一节梳理所见，区域宗族的研究大致有两种途径：一种是借助某个村落宗族的调查研究来窥视整个区域宗族状况，此种情形下，该村落宗族既是一个个案，然又有超越个案的学术意义；一种是在若干田野点资料、历史方志资料和大量族谱和碑刻等民间文献基础上，通过归纳概括方式从总体上把握区域宗族的特征。一般来说，人类学家偏爱第一种策略，历史学家多使用第二种办法。但是也有些人类学家采用第二种，比如，弗里德曼的东南中国宗族研究。从事宗族研究的人类学者深受拉德克里夫－布朗（Alfred Radcliffe-Brown）的"社会人类学的比较方法"^③之影响。本书将采用第一种途径。

　　地缘性对于认识氏族和世系群的价值，早在里弗斯（W. H. R. Rivers）那里就给予了重视。比如，里弗斯认为，氏族"住居在一个共同的区域内"。^④为了便于操作，在此有必要界定什么是"村落宗族"。

----

① 　王斯福著，赵旭东、孙美娟译：《什么是村庄》，《中国农业大学学报》（社会科学版），2007 年第 1 期。
② 　当然，就本书主体而言，这样的村庄边界也被国家所塑造。
③ 　A.R. 拉德克里夫－布朗著，夏建中译：《社会人类学方法》，91–109 页，济南：山东人民出版社，1988 年。
④ 　W.H.R. 里弗斯著，胡贻谷译：《社会的组织》，15 页，北京：商务印书馆，1990 年。

所谓"村落宗族"，又叫"宗族村落"。它包含两种情形。

第一种，具体是指一个宗族与一个村落相叠合的状态，即一个来自同一祖先的人群聚居而成村庄。这样的村庄里也许只有一个单姓而没有其他姓氏，这是最理想的情形，与称谓吻合；也许有多个姓氏人群，但其中一个姓氏占据了绝对优势，而其他小姓则很难对整个村庄拥有定义权和解释权。"村落宗族"并不是"村落里"的"宗族"或"乡村中"的"宗族"的意思。我在此并没有打算将"村庄"或"乡村"作为一个严肃的架构来赋予"宗族"以特别的内涵，或解释宗族的"村庄"或"乡村"特征。定居于同一村庄内的同一个宗族的世系裂变分支，在学理意义上可以看成是一个个次级的小规模宗族或世系集团，但不能被称作"宗族村落"，它仅仅是"村落里的宗族"或"村落内的宗族"。要是一个村落内具有多个姓氏人群或宗族，而且至少有其中两姓人群势均力敌的话，这样的村庄往往叫作多姓村落，自然也被排除在"宗族村落"概念之外。我的这个界定直接来自林耀华的灵感，但又有所调整。

林耀华在完成于 1935 年的硕士论文《义序的宗族研究》"导言"中说：

> 宗族乡村乃是乡村的一种。宗族为家族的伸展，同一祖先传衍而来的子孙，称为宗族；村为自然结合的地缘团体，乡乃集村而成的政治团体，今乡村二字连用，乃采取自然地缘团体的意义，即社区的观念。[①]

林耀华在《义序的宗族研究》的第一章开篇又云：

> 义序是一个乡村，因为全体人民共同聚居在一个地域上。义序是一个宗族，因为全体人民都从一个祖宗传衍下来。前者为地域团体，后者为血缘团体。义序兼并前后二者，就是一个宗

---

① 林耀华：《义序的宗族研究》，1 页，北京：生活·读书·新知三联书店，2000 年。

族乡村。①

1936 年林耀华在《从人类学的观点考察中国宗族乡村》一文中进一步重申：

> 宗族乡村乃是乡村的一种。宗族为家族的伸展，同一祖先传衍而来的子孙，称为宗族，村为自然结合的地缘团体，乡乃集村而成的政治团体。今宗族乡村四字连用，乃糅取血缘地缘兼有的团体的意义，即社区的观念。义序一方面全体人民共同聚居在一个地域上，一方面全体人民都从一个祖先传衍下来，所以可称为宗族乡村。②

我调整的地方就在于不满意林耀华用"血缘"来界定宗族。宗族不是一个生物学意义上的概念，它属于文化性的规定，尽管它建立在生物性基础上。退一步说，如果非得承认血缘性的话，那么，这个"血缘"应该是一个文化建构出来的血缘。多年来汉人宗族研究已经把这一问题讲清楚了。比如，钱杭说："与强调生殖结果和同胞事实的'血缘关系'不同，'世系关系'强调的是相邻时代的连接规则和连接形式。与中国宗族的建构过程密切相关的'世系关系'，特指包含夫妻婚姻关系在内的'父系世系关系'，以及经由此类关系而认定的亲属系统（宗亲），而非'世系关系'中的'男系世系关系'或'母系世系关系'，更非生物学意义上的'血缘关系'。"③ 因而，在此无须多论。钱杭的观点很清楚，它能把什么样的女性是宗族成员、什么样的女性不是宗族成员，交代得明明白白。当然，纯粹基因意义上的鉴定，不论文化人类学家还是历史学家都未曾开展过。这一点必须

① 林耀华：《义序的宗族研究》，北京：生活·读书·新知三联书店，1 页，2000 年。

② 林耀华：《从人类学的观点考察中国宗族乡村》，林耀华著，张海洋、王晔整理：《社会人类学讲义》（原载《社会学界》，1936 年第 9 卷），346—360 页（具体见 348—349 页），厦门：鹭江出版社，2003 年。

③ 钱杭：《宗族的传统建构与现代转型》，69—70 页，上海：上海人民出版社，2011 年（原文见钱杭：《宗族建构过程中的血缘与世系》，《历史研究》，2009 年第 4 期）。

在此指出。

第二种"村落宗族"是指，一个宗族的人口绝大多数都居住在一个村子里，而一小部分人口因为战乱、逃荒、谋生、职业流动、家族分支间的矛盾等原因而外迁，居住于别的村落或城镇，甚至县域或省域之外，外迁的人口结构也许在当地达到了小规模世系群体的要求，也许人口只有一个家族规模，但他们并没有什么宗族活动，若参加宗族活动必须回到原来的"老家"。这种情形下，诸多散落在其他村子或城镇的宗族人口并不具备完整的宗族"实体"意义，从道理上讲，理应把"老家"人群和散落的成员合起来看作一个"村落宗族"。

费孝通分析过一种情况：

> 很多离开老家漂流到别地方去的并不能像种子落入土中一般长成新村落，他们只能在其他已经形成的社区中设法插进去。如果这些没有血缘关系的人能结成一个地方社群，他们之间的联系可以是纯粹的地缘，而不是血缘了。这样血缘和地缘才能分离。但是事实上这在中国乡土社会中却相当困难。我们常在各地的村子里看到被称为"客边""新客""外村人"等的人物。在户口册上也有注明寄籍的。在现代都市里都规定着可以取得该地公民权的手续，主要的是一定居住时期。但是在乡村里居住时期并不是个重要条件，因为我知道许多村子里已有几代历史的人还是被称为新客或客边的。[①]

在闵村我发现，那些小姓，比如杨、邵、武、陈等就被闵人称为"外地户子"或"外来户子"，而闵人则被这些"外地户子"称为"坐地户子"。同样的道理，我调查闵氏外迁族人时，他们也被当地的人群称为"外地户子"或"外来户子"。这些人在心理认同上，仍然心向着"老家"。老家是一个永远抹不去的"籍贯"。因而，在文化实践意义上应该仍然把他们看作与老家人口是一个村庄宗族的。

---

① 费孝通:《乡土中国生育制度》，71-72 页，北京：北京大学出版社，2005 年。

因而，我的"村落宗族"概念是在两重意义上使用的，一种是指林耀华意义上的"乡村宗族"或"宗族乡村"，一种是弗里德曼意义上的"分散性世系群"（dispersed lineage）。前者指宗族与村落相叠合，后者指某个宗族以某一村落为中心，但又有部分成员分散到其他村庄或市镇里，而这两者又存在极其密切的关系。我把前者称为狭义性"村落宗族"，把包含两者的称为广义性"村落宗族"。

弗里德曼说，由居住在一个聚落内或稳定的聚落群内的父系成员所构成的自律性集团是地域化世系群（local lineage）；当宗族超越一个聚落体或聚落群，并在外部加以扩展时，就形成了分散性世系群（dispersed lineage）和上位世系群（high lineage）。分散性世系群和上位世系群的区别在于：前者指一个地域世系群中的一部分成员分散居住到聚落之外，后者指若干个地域世系群根据系谱关系组成联合体。①

弗里德曼"地域世系群"概念是不大合适的，因为它实际上包含了两种情形：一种是一个村庄和世系群严格吻合，这样的又可以叫作single-linegae community 或 single-lineage settlements；② 一种是一个村庄内部的一伙父系成员，他们是一个集团，除他们外，当还有别的小于村庄规模的父系集团，包括与之来自同一祖先的，并聚居于村落内某个特定空间的、在地位上与之平等的其他世系群。弗里德曼还给出一个 multilineage villages ③ 的概念，翻译成汉语即"多宗族村落"。按道理闫村可以归属这个类别，但上文我已经指出，有些村庄内部虽然有多个姓氏，但村落的各种空间为一强姓定义，其他小姓不具备空间支配能力，所以，该村庄在此种情形下仍应该被视作这个大姓人口

① Maurice Freedman, *Chinese Lineage and Society: Fukien and Kwangtung,* pp.20-22, London School of Economics, Monographs on Social Anthropology, No.33, London: The Athlone Press, 1966.
② Maurice Freedman, *Chinese Lineage and Society: Fukien and Kwangtung,* pp.5-6, London School of Economics, Monographs on Social Anthropology, No.33, London: The Athlone Press, 1966.
③ Maurice Freedman, *Chinese Lineage and Society: Fukien and Kwangtung,* p.5, London School of Economics, Monographs on Social Anthropology, No.33, London: The Athlone Press, 1966.

的庄子。考虑到这种情况，我不把闵村列在 multilineage villages 类型之内。

"上位世系群"这一概念也不适于以闵村为中心，且散布于周围村落的闵氏宗族，因为上位世系群构成的基本单位是一个个独立的宗族或世系群，且经过"合"的途径成为一个"整体"。也就是说"上位世系群"构成的基本单位是宗族或世系群。而分散在闵村周围村落里或城镇里的闵氏宗族并不具备独立的世系群或宗族意义。

弗里德曼的"分散性世系群"概念比较适合闵村闵氏宗族，因为其有一部分人口分散在周围的近三十个村子[1]内部。散居于外村的闵氏族人，他们并没有建立独立的分支祖先大厅，也无单独的系谱，甚至建立独立的族产，他们的宗族行动跟闵村族人是在一起的。

所以，本书当单指闵村的时候，会称之为"村落宗族"或"宗族村落"；当把闵村之外的周围若干村子里的族人加起来的时候，就叫作"分散性世系群"。但有时候出于表述的方便，也会笼统称之为"村落宗族""乡村宗族"或"闵氏宗族"。这也是一个弹性的实践的概念。

三、宗族作为一个实践中的权力场域[2]

宗族的实践包含两个层次：第一个层次就是上文所言的"从制度到实践"；第二个层次是指，在具体的各种关系中的操作与实践。前一个层次意味着从精英到大众、从高层到基层、从国家到社会；后一个层次意味着在由各种社会关系构成的特定场域中，宗族如何被创造以及如何运作等问题。前一个层次意味着"化民成俗"；后一个层次就像"一锅粥"，精英与大众、国家与社会混交在一起，纠缠在一起，彼此界定。

---

[1] 我在过去的著述里说是 26 个村落，这不太准确。
[2] 张佩国先生提醒我，"场域概念用在中国社会中须谨慎"。在他的提示下，我重新翻阅了布尔迪厄的有关著述，当然，也再次翻阅了张小军的博士论文，最后决定维持我原稿中的用法。

张小军在研究福建阳村时曾提出"宗族作为一种实践"的观点。在他看来，宗族并非简单的、自然生长的宗祧群体，它不仅作为文化创造之共同体，本身也是文化的日常实践和实践的产品。① 这个定义有若干好处。第一，它告诉我们，宗族是一个文化象征的创造和实践，因而不能单纯从自然发育出来的宗祧和亲属制度角度简单地对它下定义。我在《九族与乡土》研究中表明，每一个五服九族房支最后并不能向上发育为大规模的宗族群体。这有力地证明了张氏的判断。第二，宗族作为一个文化象征的产品，今后宗族研究不能再仅仅停留于组织、族产等实体性理解，应该把宗族大量实体性要素看成是一系列象征之物或表述媒介。也就是说，人们头脑中先有了对宗族的一套象征性理解，然后根据这个理解将宗族付诸现实。这也是此前施奈德（David M.Schneider）的见解。② 第三，研究中国宗族而寻求文化模式（把不同区域、不同人群实践的宗族作为一种文化类型或文化模式）理解的同时，要注意其实践性。在这个观念下，以往将中国宗族单纯划分为不同类型的研究策略，将遇到巨大挑战，因为在实践中人们会"模糊"各种类型之间的界限。但一味追求"模糊"又似乎不适合。就是要看模式与"模糊"之间的交流。

布尔迪厄的实践论（practice theory）意涵非常丰富，由于讨论兴趣使然，张小军着重强调了其中的几个方面：第一，着重参用习性（habitus）、场域（field）、象征资本（symbolic capital）和实践者（agent）等几个概念，关注宗族具有象征和实体的双重结构，以及习性与场域的二度存在（既存在于习性中，又存在于场域中）。第二，强调实践者的前结构（pre-structure）的习性和文化先验图式（cultural schemas）的重要作用，这样既达到反对主观理性解释路径之目的，又能克服功能性观察的局限性。第三，看重宗族作为象征资

---

① 张小军：《再造宗族：福建阳村宗族"复兴"研究》，3 页，香港中文大学博士学位论文，1997 年。

② David M. Schneider, "Kinship, Nationality and Religion in American Culture: Toward a Definition of Kinship", in Victor Turnered., *Forms of Symbolic Action,* pp.116-25, New Orleans: American Ethnological Society, Tulane university, 1969; David M. Schneider, *American Kinship: A Cultural Account,* Englewood Cliffs:Prentice-Hall, 1968.

本建构社会空间结构的意义，即宗族作为一种象征手段在重构地方社会秩序中的价值，因为人们可以在重新整合的象征权力关系中再生产出自身。第四，注重场域位置与人们的流动。宗族是一个场域（由不同位置之间的客观关系构成的一个网络），也是更大场域中的一个部分；宗族是一种历史文化手段和文化资本，是一种权力资源，人们可以借着它改变自己在空间中的位置，因而随着宗族这个场域中人们位置的流动，场域也在流动。[①]

张小军的宗族实践观看到了以往其他理论难以看到的宗族的一面。它首次将一个一般化的西方人类学理论（实践论）运用到中国宗族研究领域里。在读到他的博士论文之前，我也试图用布尔迪厄的实践论摸索了很多年，但自始至终都没有他理解得深透和全面，因为我不知如何具体地结合中国大规模宗族来使用实践理论，尽管在考察九族这个概念时我使用实践论有所心得。张小军的研究具有方法论示范意义。

鉴于本书目的，在张小军已有研究基础上，我着重把宗族理解为一个实践中的权力场域。在这个场域里有两个"磁极"，一端是"国家"，一端是"亲属群体"。国家和地方人民共同建构了这个场域，并在场域中找到他们各自生活的意义。实践中的权力场域能够格定乡村社会秩序，同时也是格定乡村秩序的产物，并非单纯由宗桃群体所界定，同时亦由国家的各种人员参与。而参与宗族建设的宗族成员并不一定完全是宗族成员，同时，参与宗族制造的国家权力场中工作人员也不纯粹是国家人员。

但是，不同的宗族成员由于占据了不同的社会位置，拥有不同的社会资源，他们本身也构成了一个场域。

宗族作为一种实践中的权力场域并不是杜赞奇所讲的"权力文化网络"。权力文化网络学说建构出来的是一个类似人体内的神经网络，缺乏对实践者的必要尊重，而宗族作为一种实践中的权力场域是由实践者建构出来，同时也把自己建构进这个架构中，并在这个场域中实践自己。

[①] 张小军：《再造宗族：福建阳村宗族"复兴"研究》，4页，香港中文大学博士学位论文，1997年。

建立这个概念以后，再研究宗族就不是单方寻找族谱、祠堂、族产、宗族组织等因素，同时开始探寻权力场域，看场域中的权力如何组织这些因素或符号来表述和实践宗族。从这个意义上说，亲属系谱、族产、祠堂等也都是由权力场域或场域中的权力定义出来的，它们不再是单纯而自然的血缘性东西。

在宗族实践的权力场域中，要注重场域、惯习和实践者三个概念。参与宗族权力场域建构的实践者既包含宗族成员，也包含非宗族成员。这些实践者往往根据各自不同的社会位置去行动，而每个位置上又占有不同的社会资源或资本。实践者也听任身体内寄存的惯习的召唤。然而，实践者又绝非惯习的奴隶或僵尸，又充满了能动性。他们在场域中无时无刻不在复制或创新着场域。

在这个话题里，我们不禁要问：国家由谁来实践？如果由宗族来实践的话，那么，宗族在地方社会中实践出来的国家，即"宗族国家"是什么？它是否等同于"国家"心目中的"国家"？当参与创造宗族建设的不仅是宗族人群时，而涉及方方面面的许多个体时，包括政府的官员，这些个体在宗族活动里所实践的国家难道与"国家"心目中的"国家"相一致吗？同样，当宗族由国家来实践时，那么，"国家宗族"，即国家实践出来的宗族与作为父系宗祧群体所期望的亲属制度意义上的宗族，即"宗族"心目中的"宗族"相一致吗？所以，国家会把宗族这个场域建构或吸纳进自己的场域，而作为亲属体系的宗族这个场域在实践中也会把比自己更大的国家场域建构或内化进自己的场域。内化的途径是通过一类关键的角色，这类角色作为乡村成员往往在乡村之外的国家场域中拥有较多各类资本，而一般的普通族众并没有这个条件。由于本身只讨论国家与宗族之间的关系，本书并不涉及宗族与其他场域的关系，比如，市场体系、民间宗教信仰体系、水利社会等。如果上述说的这类角色在市场体系、民间宗教信仰体系、水利社会等场域中也拥有较多的各类资本，他们同样也会把这些场域内化进宗族场域中，同理，也会把自己在宗族场域中积累的资本带入其他场域并影响其他场域的运转。

在实践中，我们将会发现，国家不是国家，宗族也不是宗族，国家和宗族的界限将会消弭或模糊，二者都可能是个假象。因为到达地方社会以后，国家被非国家的逻辑给置换了，而宗族同样也被国家的逻辑演绎和表演了，包括国家和宗族被个人操演了。在国家这个外显符号背后是另一种东西或个体，这种东西或个体在拿国家说事儿，或者说它们钻进了国家的芯里了。同样，宗族作为一个符号，也在背后被别的东西或个人拿来说事儿。这里大有禅宗"见山不是山"的味道。

另外，我们也会发现，在实践中，国家就是国家，宗族就是宗族。二者界限在消弭的同时又似乎有清晰的呈现。我们将会看到，亲属观念如何侵入国家权力网络，如何捕捉它、利用它和解释它。

张小军将宗族从亲属框架里排除出去，更多地强调国家权力对它的打造。[①] 如他说，"中国宋代以来的宗族不是自然生成的单纯亲属群体，因此无法从宗祧和亲属制度的角度简单定义"，"宋以来的宗族实践，主要是文化象征层面的实践。也就是说，宗族实体的财产和组织形态主要不是来自自然的亲属群体之发生，而是来自与国家密切相关的文化和象征层面的实践。实体和组织的宗族是宗族象征实践的次生产品"。[②] 虽然我借鉴了张小军的实践理论，但我与他又有所不同。我认为：宗族是游移于亲属群体与国家权力之间的一种东西，它是在这两个主导因素所编制的复杂网络里的一种制度与实践。又，象征的实践也会转化为实体和组织的宗族。这里存在一个互生和混生的问题。相比较张小军而言，我明确了宗族实践的两层意义。

四、历史实践论的宗族研究策略

上述对宗族和村落宗族的界定已经包含了基本的研究视角和方法论问题，这里再添置一些针对闵村闵氏宗族的具体研究策略。

本书把宗族以及宗族所居住的村落看作一个历史单位。所谓"历

---

① 张小军:《再造宗族：福建阳村宗族"复兴"研究》，35—37页，香港中文大学博士学位论文，1997年。
② 张小军:《再造宗族：福建阳村宗族"复兴"研究》，37页，香港中文大学博士学位论文，1997年。

史单位"，是指有时间过程的。但这种对村庄的历史解读在学术史上并不是从来就有的。

人类学家传统上采取结构－功能论的视角来研究中国宗族，将宗族置于一定的社区内观察，或者说把宗族理解为一种社会。结构－功能理论认为，人类学研究的主要任务是把文化作为一个有机统一体来考察，弄清楚这个有机统一体中各组成部分对整体的贡献及其相互之间的关系。结构－功能论的出现是针对西方人类学界以往的一种流行倾向，即从宏大历史的观点来研究历史，并且在缺乏历史可靠文献的情况下去臆测或虚构以往的历史。结构－功能论的"敌人"是进化论、传播论和历史具体主义。①

因而结构－功能论者笔下的汉人宗族是一幅全景观的文化图像。他们注重部分与部分之间的联系，所有的部分合起来构成一个文化系统，强调部分对于整体的功能与彼此的阐释。林耀华曾经明确地阐述过这种主张：社会学的描写宗族乡村的祠堂组织、家庭结构，甚至家庭和宗族的连锁，都不过是整个轮廓，好比生物学家叙述人体的骨架排布一般。进而考究祠堂家庭的功能，活动和亲属间的彼此关系，才是轮廓的内容，好像人体骨架中的肌肉，血脉和有机的互动。最后，抽出个人，详细分析他的生活、动作、变迁以及和家庭宗族的关系，又好像生物学单抓着细胞，解剖考核它的机构、活动和新陈代谢的作用。这么一来，无论是研究人体，还是研究社会，都能得到一个有机整体（organic whole）的观念。②结构－功能论的中国宗族研究在解释宗族现象的起源上，往往到社会结构或社会系统中去寻找，忽略了作为文化意义的宗族生成过程之考察。也就是说，从文化生成的角度讲，宗族并不一定是单纯出于社会结构或社会系统的需要而产生的，很可能是在漫长的历史过程中一步步做出来或演变出来的。当然，也可能是历史在"当下"的某种投射。

第二次世界大战以来，学术界对结构－功能论颇多微词。第一，

---

① 夏建中：《文化人类学理论流派：文化研究的历史》，117页，北京：中国人民大学出版社，1997年。

② 林耀华：《义序的宗族研究》，106页，北京：生活·读书·新知三联书店，2000年。

它在反对宏大历史叙事的情景下，走向了另外一面，即没有时间的考虑，呈现不出文化变迁的面貌；第二，由于过分注重微型社区，从而缺乏了一种跟外在世界相联系的学术考量，将所研究的村落或者宗族看成一个自在性或功能自足的实体；[①] 第三，社区不是整个中国社会的缩影，社区的代表性受到质疑。当然，就后面两点而言，后期的弗里德曼也曾试图做出理论思考上的突破，但缺乏民族志的成果做支撑。

结构－功能主义无历史的倾向到 20 世纪 90 年代中国人类学学界始有变化。这种变化主要体现在：采用历史变迁的角度研究一个村落社区和宗族。这方面有影响力的代表人物有王铭铭与庄孔韶。《社区的历程：溪村汉人家族的个案研究》《村落视野中的文化与权力》《银翅：中国的地方社会与文化变迁》等是这方面的代表作品。历史学家钱杭指出："社会人类学有两个重要的方法论传统，一为功能主义方法，一为结构主义方法，对于进行宗族的研究来说，这两个传统都是不可忽视的。这里只指出一点。无论是功能的还是结构的研究传统，它们注视的都是社会现象的一个相对的静止状态，至于这一状态之前、之后的状态，以及这些状态之间的发展过程，一般是不被重视的。因此有批评者说，功能的和结构的研究传统对于'历史演变'存在着一个盲区。这是一个性质极为严重的问题。"[②]

不过需要指出，庄、王并未完全抛弃结构－功能主义的做法，而是追求两者兼容。他们作品中的"结构"包含了两个方面：一个是传统功能论视野中的宗族结构，另一个是国家与地方关系的维度（后者往往被他们用来当作解构结构－功能主义的一种策略，这其实是另外一种结构）。王铭铭《社区的历程：溪村汉人家族的个案研究》书名中的"社区"一词，也准确反映出他没有完全抛弃结构－功能论。其实，钱杭和谢维扬在《传统与转型：江西泰和农村宗族形态》这部历史人类学专著中也仍然保留了结构－功能论的宗族观察。这些学者将结构－功

---

① 乔治·E.马尔库斯、米开尔·M.J.费彻尔著，王铭铭、蓝达居译：《作为文化批评的人类学》，第四章"叙说世界历史的政治经济过程：大体系里的可知社区"，113–156 页，北京：生活·读书·新知三联书店，1998 年。
② 钱杭：《中国宗族制度新探》，17 页，香港：中华书局有限公司，1994 年。

能论和历史变迁论较好地结合在一起了。这是 20 世纪末重建之初的新生代人类学家为中国宗族研究所做出的贡献和推进。他们的探索是有价值的，尽管依然存在诸多问题。

像庄孔韶、王铭铭、钱杭等人的关于中国宗族的变迁研究，实际上思考的是传统与现代的关系问题，尽管他们没有明确地在传统和现代之间画出一条界线（事实上，他们也不真正想在传统和现代之间画出鸿沟，相反，却要阐述一种弥合）。这样长时段的思考仍然是极其宏观的。即如司马迁所言，属于"通古今之变"的研究。从总体上来说，这类研究仍然无法叫我们在主体性上看到传统到现代的叙事问题。而集体记忆理论视野下的宗族研究则弥补了这一缺憾。

景军受莫里斯·哈布瓦赫（Maurice Halbwachs）、保罗·康纳顿（Paul Connerton）和弗朗西丝·叶慈（Frances Yates）等人相继发展出的集体记忆理论的影响，写作了《记忆的神堂》（*The Temple of Memories*）。景军在研究中国时提出了非线性时间观，即考察中国宗族的变迁不单纯是放置在线性时间框内，而应该通过宗族的非线性时间运动来理解宗族。非线性时间观里的宗族研究是通过集体记忆理论完成的。这一理论流派大体主张：1. 记忆是一种集体行为，是社会建构的产物，人们在社会中丢掉记忆，也在社会中重新拣拾记忆；2. 每一种社会群体都拥有一个属于自己的记忆，这些记忆构成了他们认同的基础，从而使群体得以凝聚和延续；3. 社会记忆不同于个体的认知记忆，它是借助于记忆形象（mnemonic images），也就是说，集体记忆必须依赖一定的媒介物和行为，诸如仪式、体化实践、实质文物（家祠、族谱、碑碣、坟墓等）、文献、传说、故事等来加以保存和传播；4. 社会记忆是有选择性的，它常常使人们当前的经验印象合理化，有时也会故意采取结构性忘却和扭曲。[①] 显然，集体记忆理论能够帮助我们找到家族记忆的表象，通过表象世界的探索寻求家族的集体认同。另外在集体记忆理论启发下，我们还可以探询"意义"层面的东西，追问"历史如何来到当下"等有趣问题，从而在认识论上

---

① 王明珂：《华夏边缘：历史记忆与族群认同》，50–51 页，台北：允晨文化实业股份有限公司，1997 年。

达到去实体化和本质化的目的。显然，集体记忆理论已经从研究社会事实走向研究集体心理事实层面。但是我们看到，也正因此社会记忆理论容易走向另一个极端，即否定"实在"，认为一切都可以"想象""发明""创造""虚构""扭曲"和"忘却"。王明珂曾清醒地指出："或许我们可将各种人类社会结群放在一根轴线上，一端是家庭，另一端是族群。愈靠近家庭的一端，生物的亲亲性愈强，团聚人群的集体记忆愈狭窄、真实，缺乏可选择性，因此亲情不易变化；愈靠近族群的一端，文化的亲亲性愈强，凝聚人群的集体记忆择自更宽广的'过去'之中，可选择性强，因此认同易随社会情景变化。"[①] 在这个轴线上，宗族应该是处于中间状态的。从事族群（特别是少数族群）研究的学者，由于受到工具论影响，往往过分夸大"不实在"的一面。近年来也有人主张，宗族是一种意识形态建构，"宗族组织是一种心理状态"。[②] 诚然，这是有新意的，因为可以觉察到结构–功能论所不能觉察到的意义。不过，不能走极端，以至于否认宗族是"一种实存的社会事实"。正确的态度是，既要看到社会事实，也要看到地方人民主观感受上所存在的事实，乃至宗族作为一种象征体系。真正需要我们思考的是：中国汉人为什么要通过"实在性"去实践那种心理状态？必须通过民族志工作去思考，而不是停留于单纯地思辨。

总体而言，景军的中国宗族研究属于"意义"的研究，即从主体性角度展示了传统或历史对当下人生存的价值和意义。而张小军的实践论视角下的中国宗族研究，则通过借助布尔迪厄实践论中的"习性"（habitus）、"实践"（practices）[③] 等概念，思考了文化先验模式（cultural schemas）或前结构（pre-structure）对中国宗族实践的意义，以此批判理性选择理论的研究（包括现象学的解释在内）。[④] 当

---

① 王明珂：《华夏边缘：历史记忆与族群认同》，59 页，台北：允晨文化实业股份有限公司，1997 年。

② 赵旭东：《反思本土文化建构》，95 页，北京：北京大学出版社，2003 年。

③ Pierre Bourdieu, *The Logic of Practice* (Richard Nice, trans.), pp.52–58, California: Stanford University Press, 1990.

④ 张小军：《再造宗族：福建阳村宗族"复兴"研究》，4 页，香港中文大学博士学位论文，1997 年。

然，他也批评了功能论和变迁论的宗族研究。张氏的研究是有语言学思路在里面的。他的研究内含着一个道理，即，这个世界是语言所造就的世界，其中不乏分析哲学的思路。

在大规模宗族研究上，张小军把宗族分成三个历史时段予以考察：第一，宋代一批士大夫的宗族创造和从宋至明清的宗族化过程；第二，晚清、民国直至土改的宗族衰落消亡；第三，20世纪80年代以来的宗族"复兴"。张小军发现，历史上福建阳村人民的宗族实践并不完全等同于帝国时代大儒们所设计的模式（按：庄孔韶的《银翅：中国的地方社会与文化变迁》则强调朱熹对农人宗族实践的影响），而20世纪所重建的宗族也不是传统历史时期的宗族样式。[①] 他说："在国家和地方社会的变化过程中，它不断被定义。'宗族'不仅在过程中被定义，也是一个不断被重新定义的过程。于是有了族谱中的宗族、自保的宗族，移民社会的宗族、闽粤的宗族、华北的宗族、封建的宗族，以至今天的宗族等。这个定义过程至今没有结束。"[②] 这看起来他的结论与变迁论视野中的宗族研究无多大区别，但实质上不一样。因为他看到了在变迁的宗族面貌之下，国家与地方互动的深层模式没变。即，国家与乡土社会中的宗族互动深受一个潜在的，也是先在的认知图式所左右。[③] 通过这一点，张小军也与景军强调主体性的集体记忆理论下的宗族研究划清了界线。

他曾经一方面承认变迁论有益于我们了解宗族，另一方面又对其保持了追问："过程的理论也涉及某些一般性原则的讨论，使我们看到了不同地方不同时期的宗族过程，然而为何类同过程不一定都产生宗族，而不同宗族发生会选择不同的过程？……另外，如何理解不同的宗族过程的普遍意义？宗族研究是否需要'从A到Z'的'过程'

① 张小军:《再造宗族：福建阳村宗族"复兴"研究》，香港中文大学博士学位论文，1997年。
② 张小军:《再造宗族：福建阳村宗族"复兴"研究》，38页，香港中文大学博士学位论文，1997年。
③ 张小军:《再造宗族：福建阳村宗族"复兴"研究》，13—18、22—29、31—33页，香港中文大学博士学位论文，1997年。

排列？"① 他想获得一个更加一般化的解释。

张小军这种既"流转"又"固守"的宗族态度，对于本书的研究启发是很大的。因而，我也想结合山东闵村的历史经验，观察不同历史阶段，该村落人民实践的宗族样态和他们对于宗族的理解，以及国家与地方在深层上所具有的合作模式。

相比较而言，当张小军在宗族实践的研究中强调"习性"和"先验文化图式"的时候，宋怡明在研究晚期帝国（1368—1911）的宗族实践时则强调能动性和主体性。他认为，作为父系亲属制度的宗族，是一种策略性的实践形式，其总是处于灵活的、可商谈的境地。无论个体还是集体在使用亲属制度及有关概念时，都试图重新界定它们而服务于自己的目的。比如，在处理族群差异、为权力和社会位置而开展争夺和形成对国家政策的格式化反应等方面，都有不同程度之体现。在促进新儒学运动、登记田产和户籍以及民众信仰控制方面，官方往往希望民间按照他们的意愿进行实践。但对于地方人民而言，他们总是努力使官方的政策合乎自己的利益诉求，这使政策不断打折扣，有时使得制定政策者也深感挫败。② 虽然逻辑推论的起点不同，但就结论而言，二人没有太大区别。不过，二人可以在观察角度上构成一种互补。

在小规模或有明确特定边界和范围的中国宗族（即九族或小宗宗族）研究上，笔者过去利用实践理论发现，山东闵村人民当下实践的"九族"或"小宗宗族"制度既有合乎传统文献界定的一面，又有不合乎经典文献定义的一面，表现出极强的场景性和个体性。③ 我强调了制度与实践的关系问题，突出了该制度的弹性。

所以，宗族研究不应该被目前任何一种宗族研究策略框住，应该撇开各种学术定义而首先从人民的文化实践入手。实践的宗族研究是

---

① 张小军：《再造宗族：福建阳村宗族"复兴"研究》，12 页，香港中文大学博士学位论文，1997 年。

② Michael Szonyi, *Practicing Kinship:Lineage and Descent in Late Imperial China*, California: Stanford University Press, 2002.

③ 杜靖：《九族与乡土：一个汉人世界里的喷泉社会》，北京：知识产权出版社，2012 年。

一个极具包容性的研究框架，将过往的各种宗族理论都囊括进去了，因为它们只是分别强调了不同的宗族要素而已。

我主张对各种理论要有所合理地吸收。既要注重宗族组织、功能等外在表征考察，也要注意宗族内在精神层面的考察；既要重视研究宗族的结构，也要研究它的历史变迁，做到共时与历时相结合；既要研究微型社区内的宗族，也要研究国家历史进程中的宗族；既要研究客观意义上的宗族，也要研究主观认同方面的宗族，实体主义与意义研究策略并重；既要把宗族理解为一伙人，看成一种文化制度，也要看到这群人及相关参与者在不同历史场景中去实践宗族，以实践统摄一切。

结合对山东闵氏宗族的研究，我主张要想了解一个华北村落宗族，必须把它置于一个四维坐标轴上来理解。横轴，亦称第一轴，把"宗族和姻亲"看作共同体，包括本宗九族共同体、整体性九族共同体和大规模宗族共同体，既考察其内部构造，也关注其功能。我已在拙作《九族与乡土》中进行了尝试性研究。纵轴，亦称第二轴，注重国家与地方社会的关系或互动，形成谷川道雄意义上的"国家共同体"，或张小军意义上的士大夫、国家与庶民共谋的"共主体性"，[1]既思考国家与地方社会之间形成的结构，也注意彼此之间功能上的互补。但是，在考虑国家与地方成为一个共同体的同时，也要意识到，在特定时段或历史场景下，二者并未达成一个共同体的事实，即两者间的疏离。这攸关共同体的实践问题（包含了其中的异质性和多元性）。前两轴包含了从亲属原则和国家意志两个视角的观察。第三轴是时间轴，从实践中的线性的历史观和意义的历史观双重视角来考察宗族问题：既放在"文化生成论"（布尔迪厄的理论实际上是一个文化如何生成的理论）和"文化变迁论"所理解的历史形成过程里去观察一个宗族，看其在不同时段里的演变和叙事，也从反对现代化线性思维的"意义的历史"观出发去思考宗族共同体如何将传统或历史引

---

[1] 张小军：《"文治复兴"与礼制变革：祠堂之制与祖先之礼的个案研究》，《清华大学学报》（哲学社会科学版），2012 年第 2 期。

入当下，在时间上的"连续体与变迁体"框架中理解宗族现象。[①] 这里尤其要注意考察：非线性时间与线性时间之间的互动与关系：非线性时间不单纯是批判、颠覆线性时间，大部分情景下也挂靠在线性时间叙事架构上。第四轴把宗族看作客观与主观、外在与内在相结合的共同体。这里的"客观"与"外在"是从实体意义角度来理解的，举凡组织、结构、形态、功能都在其视野之列；而"主观"和"内在"，多从人民赋予自己的行为或行动以"意义"的角度去考察，它们共同统一于实践。这四个维度之间彼此具有互补关系，同时也具有相互阐发的内在逻辑设计。比如，第三轴里的"意义的历史"与第四轴里的"主观"和"内在"，就存在这种关联。我在此称这种研究模式叫"历史实践论"。"历史实践论"并不是文化变迁论或过程主义与结构－功能论的简单相加，它更应该被理解为"历史被实践"和"结构被实践"，"历史在实践"和"结构在实践"，以及"实践出来的不是历史"和"实践出来的不是结构"，即"历史"和"结构"在实践中既可能被尊重也可能被突破的一种研究。现有的实践的中国经验研究仅仅强调"实践与表述"的背离[②]是不够的。

五、结构的交流——意义的并接

在这里，"历史"与"结构"具有某种相通的意义。因为这里的"结构"一词不仅仅指一种社会经验层面的"社会结构"（social structure），也指社会经验层面之下的一种深层次"结构"。在人类学发展史上，从知识系谱性上讲，深层次"结构"概念晚出于社会经验层面的"结构"，且是在不满意社会经验层面"结构"之解释力的前

---

① 杜靖：《意义的历史和历史的意义——庄孔韶人类学实践中的历史观》，《民族论坛》，2012 年第 2 期。

② Philip C.C.Huang, "Rural Class Struggle in the Chinese Revolution: Representational and Objective Realities from the Land Reform to the Cultural Revolution", *Modern China,* 1995, Vol.21, No.1 ; 张小军：《阳村土改中的阶级划分和象征资本》，《中国乡村研究》第 2 期，123-137 页，北京：商务印书馆，2003 年；张佩国：《财产关系与乡村法秩序》，1-26 页，上海：学林出版社，2007 年。

提下提出来的。所以，我的"历史实践论"之"结构"比结构－功能论之"结构"要更深一层，包含了经验结构与深层次结构两种内涵。因而，我也不像后来的学者那样简单地拒绝社会经验层面的"结构"，只有这样，才能与"结构－功能论"的宗族研究进行认真对话。我的研究重点既不想肤浅地落在社会经验层面的"社会结构"上，也不想一味抛弃社会经验层面的"结构"而只注重深层次的"结构"，我更喜欢观察和思考社会经验层面的"结构"与社会经验层面之下潜藏的"结构"之间的交流与对话。社会经验层面的"社会结构"容易发生变迁，而社会经验层面之下潜藏的"结构"总是表现出某种稳定性或连续性。当表面的社会经验层面的"社会结构"发生变迁时，深层次的、经验结构之下的"结构"总试图将其拉回来，对其发生制约，不想让它挣脱。打个比方，社会经验层面的"社会结构"就像一只风筝，社会经验结构之下的"结构"总有一根绳系着它，就这样在历史的时空中两者演绎着一种飘摇。当绳子断裂的时候，风筝就飘飞了，这可能意味着在经验层面与经验之下双重"结构"都发生了变化。如果绳子断裂的时间不是太久，那个深潜的"结构"在没有崩溃或死亡之前，有时会再生出绳索将飘摇的风筝系上。两个"结构"之间有时是互相附着的，彼此可以互相表达；有时两个"结构"之间又可以互相分离。如果从生成机制角度考虑，那么，社会经验层面的结构被实践久了就会慢慢积累成深层次的"结构"，成为一种行动的语法逻辑，成为一种认知模式或行动的指南。两种结构之间的交流、对话与转化，构成了人类的全部历史。因而，两个"结构"转化的过程恰恰是历史实践论大有作为的空间。

如此，使得我有机会吸收马歇尔·萨林斯（Marshall Sahlins）和布尔迪厄的智慧了。

首先，我要就"历史实践论"这一提法，与马歇尔·萨林斯的"历史结构主义"，特别是"并接结构"（structure of the conjuncture）[①] 理论进行比较。应该说，在很多信念上我是接受萨林斯的看法的。比如，

[①]　马歇尔·萨林斯著，蓝达居、张宏明、黄向春、刘永华译：《历史之岛》，11 页，上海：上海人民出版社，2003 年。

"历史乃是依据事物的意义图式并以文化的方式安排的，在不同的社会中，其情形千差万别"①，"不同的文化，就有不同的历史性"②，"文化在行动中以历史的方式被再生产出来"和"文化由此在行动中被以历史的方式改变了"③，文化具有搬演性（performative）和惯例性（prescriptive）④，等等。萨林斯强烈地反对将结构和历史二元对立起来，⑤其"历史结构主义"中的"结构"侧重被理解为"文化秩序的象征关系"。⑥

萨林斯的"并接结构"概念里的"并接"一词具体指的是"由于不同情境的遭遇而产生的一种状态"。通过阅读萨林斯的著述，我将其概括为两种情况：1. 一个"偶发"事件⑦与某种或数种结构的遭遇或对接；2. 一种结构与另一种或数种结构的遭遇与对接。它比布罗代尔之"并接结构"（某些中时段之间的关系：既不同于长时段，也有别于单个事件）更强调"事件"对情境结构化的作用。它指的是一套情境化了的关系，一套从操作性的文化范畴和行为者的利益中结晶出来的关系。两种或多种文化模式并接以后可能会产生两种结果：一是基于某种文化图式的意向所带来的双重性结构界定，二是由在其他文化计划与图式中得到补偿而产生的非意向性结果。⑧这意味着，一种社会在与其他社会遭遇时，这种社会的未来要么被双重结构所定义，

---

① 马歇尔·萨林斯著，蓝达居、张宏明、黄向春、刘永华译：《历史之岛》，3 页，上海：上海人民出版社，2003 年。

② 马歇尔·萨林斯著，蓝达居、张宏明、黄向春、刘永华译：《历史之岛》，7 页，上海：上海人民出版社，2003 年。

③ 马歇尔·萨林斯著，蓝达居、张宏明、黄向春、刘永华译：《历史之岛》，3 页，上海：上海人民出版社，2003 年。

④ 马歇尔·萨林斯著，蓝达居、张宏明、黄向春、刘永华译：《历史之岛》，7 页，上海：上海人民出版社，2003 年。

⑤ 马歇尔·萨林斯著，蓝达居、张宏明、黄向春、刘永华译：《历史之岛》，177–199、233–332 页，上海：上海人民出版社，2003 年。

⑥ 马歇尔·萨林斯著，蓝达居、张宏明、黄向春、刘永华译：《历史之岛》，3–4 页，上海：上海人民出版社，2003 年。

⑦ 所谓"偶发"是指其背后不具备稳定的结构。但萨林斯认为"偶发"事件背后其实也有一套稳定结构，我把此种情形归为第二类，即结构与结构的并接。

⑧ 马歇尔·萨林斯著，蓝达居、张宏明、黄向春、刘永华译：《历史之岛》，175–176 页，第四章"詹姆斯·库克船长或垂死的神明"之注释 [11]，上海：上海人民出版社，2003 年。

要么被外来社会所蕴含的文化图式给增添了某些新成分，但那个社会仍基本上以自己为主。这里萨林斯没有分析两种情况：一种是一个社会被外来社会结构所颠覆或改造；一种是在一个社会内部不同结构的遭遇与对接。由于萨林斯的本质化看法，使得他认为一个社会只有一种文化图式或一种结构，其实任何社会内部都是高度异质的。在我的这项研究里，既考虑到萨林斯已经考虑到的情形，也考虑了萨林斯没有考虑的情况。

结合萨林斯发表的系列成果来看，"并接结构"概念还是在呈现文化的稳定性与连续性方面有所擅长，能把握某种特定文化的深层次结构和思维方式，但对于一个社会和文化的变迁之洞察并非像它声明的那样："在行为上或者在世界上——从技术上说是在参照的行为中——文化范畴接纳了新的功能性价值。为现实世界所迫，文化意义因此而发生改变，随之而来的是，随着范畴之间的关系发生变化，结构也发生相应的变化。"① 我想，尽管萨林斯像布尔迪厄那样在结构与意义（或能动）之间寻找解释上的平衡，或追求辩证，但"并接结构"概念背后的"符号"概念却在更深层上约束了"并接结构"的阐释力，约束了它对人的理解，因为人不是符号的奴隶，相反，人是符号的主人。这正如大贯惠美子（E.Ohnuki-Tierney）所批评的：在萨林斯的描述中，夏威夷人的一切行为都是出于一种自然而然的状态，一种结构的使然，他忘记了夏威夷人的"历史性"（historicity）问题，即指对过去的意识与再现。② 萨林斯太相信语言对人类的摆布能

---

① 马歇尔·萨林斯著，蓝达居、张宏明、黄向春、刘永华译：《历史之岛》，179 页，上海：上海人民出版社，2003 年。在这本著作中，萨林斯在好几处则做了类似阐述："夏威夷人与欧洲人之间发展起来的交易综合体，即并接结构，让前者陷入内部冲突与矛盾的混沌境地。他们与欧洲人迥然不同的关系，也给他们自己相互关系赋予崭新的功能意趣。这便是结构的转型。在实践中获取的价值，作为其范畴之间的新关系反馈回结构。"（见《历史之岛》，301 页）。又如，"以禁忌为媒介的那套转型，表现了结构与实践之间恒久的辩证关系。范畴在实践中、在并接的关系中被修正，又带着已经更改过的相互关系回到文化秩序之中。但在另一方面，并接关系对文化秩序中的结构变迁做出回应，他们从一个历史时刻转变到下一个历史时刻"（见《历史之岛》，307 页）。

② Emiko Ohnuki-Tierney, "Introduction", Emiko Ohnuki-Tierney, ed., *Culture Through Time: Anthropological Perspectives*, pp.1–25, California: Stanford University Press, 1990.

力了，尽管他一再排斥语言分析模式，反对将结构 / 符号分析引进普通人类学中。① 我想，上述的话一定戳到了萨林斯的疼处：怎么能忽略当下的人对于他们过去的意识与再显能力呢？ 所以，本书线性历史与非线性历史（意义的历史）互动观的设计能解决萨林斯的这个问题。

为此我这里再设计一个"意义的并接"概念。意思是，当"偶发"事件与结构遭遇或结构与结构遭遇时，与不同结构相伴随的"意义"或"意识"也会遭遇与并接。由主体性张扬出来的"意义"或"意识"在并接时会有对话和交流。自然，同一社会内部的结构与意义或意识也会交流，而不同社会内的结构与意义或意识在遭遇时也会交流。

最后，我想就"历史"与"结构"之间的关系再啰唆几句。"惯习"（habitus）是布尔迪厄实践理论中一个非常重要的概念，其基本含义是，惯习是一种历史的产物，是一个开放的性情倾向系统，也是一种内化的"结构"。② 那么，更具体地来讲，"结构"是怎么形成的呢？ 布尔迪厄进一步阐明："惯习，作为一种处于形塑过程中的结构，同时，作为一种已经被形塑了的结构，将实践的感知图式融合进了实践活动和思维活动之中。这些图式，来源于社会结构通过社会化，即通过个体生成（ontogenesis）过程，在身体上的体现，而社会结构本身，又来源于一代代人的历史努力，即系统生成 (phylogenesis)。"③ 布尔迪厄"惯习"理论的要害处在于，它能深刻揭明人们行动或行为的原因，而不是简单或肤浅地停留于功能论、现代化理论和理性论等一般解释水准上。这里，布尔迪厄揭示了"历史"与"结构"之间可以通约的关系。就本项研究而言，山东闵氏宗族在 20 世纪末期至 21 世纪初年致力于重建宗祠，是某种惯习或结构使然，而这种惯习

---

① 马歇尔·萨林斯著，蓝达居、张宏明、黄向春、刘永华译：《历史之岛》，237 页，上海：上海人民出版社，2003 年。

② 皮埃尔·布尔迪厄著，李猛、李康译：《实践与反思：反思社会学导引》，157–186 页，北京：中央编译出版社，1998 年。

③ 皮埃尔·布尔迪厄著，李猛、李康译：《实践与反思：反思社会学导引》，184 页，北京：中央编译出版社，1998 年。

或结构又是长期的宗族实践的历史积累结果，宗祠重建活动本身也是对变迁的一种历史回应，或在特定场域中的呈现。读者将于本书中看到这种"历史"与"结构"之间的关系。有趣的是布尔迪厄的理论模型不能深刻揭示社会变迁问题，而闵氏族人的惯习或结构发挥作用恰恰是在历史断裂或变迁的刹那爆发威力的。正因为历史的突然断裂或社会的变迁，给惯习或结构提供了用武之地，从而导致人类的历史或社会看上去是连续的，惯习和结构在此发挥弥补作用，掩饰了断裂的曾经存在，让人们看到了社会或文化的"再生产"。同时，我们也看到，"再生产"出来的可能又是一种新历史，未必与过去的历史完全"合模"。更重要的是，我在上文已经提出了一种"意义历史观"的解读技巧，将"意义历史观"解读技术糅合进我在此提倡的"历史"与"结构"关系之中去研究山东闵氏宗族的文化实践。关于"意义的历史观"，我在《历史如何来到当下——人类学的历史人类学观》一文中有详尽的阐发。①我坚信，在这一点上，将深化并推动布尔迪厄的实践学说，当然，也包括萨林斯的历史人类学理论。这也同样会大大超越文化变迁论或历史过程主义的观念。

所以，我将带领读者进入田野地点，具体考察"历史如何被实践""结构如何在历史中被实践"，且"历史"和"历史中的结构"在实践中怎样被突破的问题。我们将会看到，从一个场域转换入另一个场域便构成了乡村世界的全部历史进程。这样的进程也是国家与宗族、国家与地方相互动的一部历史，更是一部流动的中国历史。

---

① 杜靖:《历史如何来到当下——人类学的历史人类学观》,《社会科学》, 2015 年第 10 期。

第二章　帝国礼仪视野中的祖先与村庄

尽管《九族与乡土》对闵村已有非常详细的地理、生态、经济和人口结构等方面的介绍，但为了能使阅读本书的读者有个系统的轮廓，我觉得还是有必要对所考察对象给出一个总括性的简单介绍。

闵村，位于山东省[①]费县东北角，紧邻京沪高速公路。向东南30公里可抵达临沂市，向西南25公里可到达费县城，西北距离曲阜市约120公里。2011年1月13日，山东省人民政府办公厅发文批准闵村及W镇部分村庄归属临沂市L区。[②]考虑到历史和文化上关联的程度，本书仍把它视作费县的一个村庄。

---

① 本书把山东理解为华北区域社会的一块，是从历史文化角度而言的，并不按照现在的行政区划来处理。长期的历史过程中，华北内部经济、社会结构、风土人情等逐渐同化，"华北"这个概念也就逐步产生，大致包括今天的河北、河南、山东、山西、北京、天津以及绥远（今呼和浩特包头一带）。北洋政府时期、大革命（指蒋介石叛变革命后，南京政府北伐进攻山东，山东军阀就是统帅所谓"直鲁联军"的张宗昌，可见当时山东是跟华北在一起的）时期、日军占领华北时期，山东仍然被理解为华北的一部分。但是到解放战争时期，山东和华东地区被华东野战军解放。解放后，这种按照原来"解放区"划分的大区被固定下来成了长期的区划，即华东区，为此国家还设了一个华东局。同样的理由，河南省被划到了华中。山东虽在经济上积极努力融入华东区域内部，并成为中国经济大省，但在文化上依然与吴越、八闽等有着截然不同的内涵，其仍然与华北诸省有着相当高的同质性。再者，在整个海外中国研究中，学术界已习惯把山东处理为华北的一块。

② 详见鲁政字〔2011〕9号文，《山东省人民政府关于同意调整临沂市L区费县部分行政区划的批复》。

该村目前 [①] 是一个传统种植农业和现代加工业并存的乡村社区。其拥有耕地 2697 亩，主要种植小麦、玉米，以及少量花生和大豆，另有部分农户种植大棚蔬菜。闵村现有 56 家木业加工厂，为附近其他木业加工厂提供生产胶合板的材料。村民称之为"镟皮厂"。村中还有 3 家小型企业，包括 1 个纯净水厂，1 个水泥预制件加工厂，1 个箱包厂。另外，村中还有 3 家旅馆饭店、2 家汽车或摩托车修理厂、1 个棺材铺。这些差不多都集中在村子北面的公路两旁。村民们主要从事农业种植、进入木业加工厂上班、少数村民外出务工或经商，以及从事一些零星服务业。在经济结构中，农业依然占据着重要的地位，因为即使开办加工厂或小型企业的农户也没有放弃原先承包的土地。

闵村曾在费县是一个人口大村，位居全县前 10 名。据 2000 年第五次全国人口普查，闵村总人口 2313 人，其中男性 1175 人，女性 1138 人；总户数 747 户。[②] 由于如此多的人口居住在一个村落里，因而从地理空间布局上看，这也是一个很大的庄子。南北距离有 2 公里，东西距离有 1 公里，仅聚落就达两百余亩，整个家族墓地达 98 亩，素有"百亩闵林"之称。尽管闵村是一个完整的自然村落，当然也是一个独立的行政村，但在日常生活里闵人习惯以家庙为中心，称家庙前的部分为前闵村，家庙后面的部分被称为后闵村，或者以"前街上的"和"后街上的"这样的语词来指称，从而形成一定的街坊认同。

作为一个强单主性村落，闵村大部分人姓闵，其次是邵、杨等几个小姓。根据当地派出所 2003 年年底提供的闵村居住人口资料进行统计，同时对小姓入户核实，结果表明，全村共 2411 人，[③] 闵姓 2193 人，小姓人口计 218 人。小姓分别是邵姓、杨姓、武姓、孟姓、李姓、刘姓、卓姓、陈姓。闵姓人口追认他们的祖先是孔子的弟子——闵子骞。村内建有闵子骞的专祠——笃圣殿，亦称"闵子祠"或"家

---

① 截至 2005 年。
② 由费县统计局提供，采录时间为 2004 年 6 月 9 日。
③ 据族人闵庆歆说，他小时候（20 世纪 20 年代）全村人口也不多，仅有 100 多户，约有 500 人，刚解放时（20 世纪 50 年代初期），全村有 900 多人。

庙"。因而，闵村符合本书导论关于"村落宗族"或"宗族村落"的界定。①

在这一章中，我将关心两个问题：第一个问题是考察历代帝国对孔子弟子——闵子骞的礼遇，第二个问题是考察帝国如何因修建闵子祠与祭拜闵子而下乡的，并留心于国家与族人如何解释闵子祠。

第一个问题亦即国家再创造"祖先"的问题，第二个问题是国家根据自己的景观学主张再设计乡村问题。

第一节 帝国与闵子骞

元代郭居敬辑录《二十四孝》，其第四则"单衣顺母"曰：

> 周，闵损，字子骞，早丧母。父娶后母，生二子，衣以棉②絮；闵损，衣以芦花。一日，父令损御车，体寒失鞭，父察知其

---

① 钱杭在研究"亲族聚居"时曾提出四种村落类型，"单姓父系亲属聚居""由拟制血缘产生的单姓亲族聚居""由联姻关系产生的双姓或多姓亲族聚居"和"由地缘关系形成的双姓或多姓亲族聚居"（钱杭：《中国宗族制度新探》，76—78 页，香港：中华书局有限公司，1994 年）。从现有闵村的姓氏结构来看（闵姓之外的其他小姓是后来者，且在以后与闵人结成姻亲），应该属于钱杭所说的"由联姻关系产生的双姓或多姓亲族聚居"类型，因为钱杭明确阐发道："这种类型的亲族聚居村落的前身往往也是单姓村落，以后在联姻关系的基础上发展成两姓以上的亲族聚居村落。"（钱杭：《中国宗族制度新探》，77 页，香港：中华书局有限公司，1994 年）但这只是从闵姓人口建立属于自己的村落开始说起的，如果从更长远的历史过程看，似乎又难以用钱杭的这个概念及其他三种类型来理解。村民说，闵村最初发家的是席家，然后是张家，再是杜家，等他们衰败以后，闵家才发展起来，因为村里至今还保留着席家林、张家林和杜家林（可参见拙作《九族与乡土：一个汉人世界里的喷泉社会》，62—63 页，北京：知识产权出版社，2012年）。据此而言，闵村的历史则是一个诸姓相继替的故事。而弗里德曼曾提出过"一些单姓村是从复姓村落（mixed settlements）中产生的"这一观念（Maurice Freedman, *Chinese Lineage and Society: Fukien and Kwangtung*, London School of Economics, pp.6–8, Monographs on Social Anthropology, No.33, London: The Athlone Press, 1966）。从诸姓相继替的故事看，闵村亦不属于弗里德曼所指类型，足见中国村落的复杂与多样。

② 有人说是另外一个字，即"绵"，因为闵子骞时代中国还没有棉花，据此来质疑这则传说的真实性。本节不对这一真实性做考证，只是研究这文字背后的历史性。

故，欲出后母。损曰：母在一子单，母去三子寒。后母闻之，卒悔改。系诗颂之。

诗曰：闵氏有贤郎，何曾怨后娘。车前留母在，三子免风霜。

（北宋闵子骞劝父砖雕，高 19.5 cm，宽 26 cm，厚 3 cm，现藏故宫博物院）

闵村人民对我讲述的"鞭打芦花"传说云：

相传闵子骞幼年丧母，父亲续娶了一位后妻，并给闵子骞生下两个弟弟。后娘疼爱亲生儿子，虐待子骞。但闵子骞心怀孝道，忍让侍母，毫无怨言。有一年临近年关，父亲驱车外出访友（另一个民间版本说是"赶集"），命三个儿子随从，并由子骞赶车。行到途中，天气变冷，寒风刺骨，子骞冻得打哆嗦，牛缰绳和鞭子都失手滑落到地上，牛车也翻倒在雪地里。父亲见他穿的棉衣比两个弟弟的厚，以为他故意发抖，气急之下，拾起鞭子就抽他。不料鞭子落下来，棉袄破了，芦花从中飞扬出来。闵子骞晕倒在地上。父亲非常吃惊，当即撕开另两个小孩的棉衣，里面尽是棉絮，这才知道闵子骞受到后娘虐待，便赶忙脱下自己的棉衣裹在子骞身上。父亲连友也不访了，调头回家，要将后妻赶出家门。苏醒后的子骞见状却哭着给父亲跪下，说："母在一子单，母去三人寒。"① 恳求父亲不要赶走后娘。父亲听了闵子骞的话，遂罢了休妻的念头。后娘也被闵子骞的话打动，自此后待三个儿子一视同仁。②

在滕州市闵氏另一世系群的族谱上还有一段书面体的记录。《滕州闵氏家谱》列有其先祖闵子骞"图像"事迹 16 幅，其中第一幅题名为《为父御车图》，其解说文字为：

> 七岁母齐姜氏丧，继母乐氏辄苦之，冬月以芦花衣之以代絮。至十六岁父令御车五父衢，体寒失靷。父责之，不自理；父察之，欲出后母。跪曰："母在一子寒，母去三子单。"遂止。其后母亦改悔，卒待三子如一。后从学孔子，孔子曰"孝哉闵子骞，人不间于其父母昆弟之言"。③

不论是民间传说还是族谱中的记录均与元代郭居敬《二十四孝》中闵子骞"单衣顺母"在文字上有着惊人的类似。结合下文将要提到的汉代画像石中的"闵子骞失棰"图，可知闵子孝道故事流传已久。

就一般族人而言，对祖先闵子骞的了解也多停留在这些传说中，他们很少具体知道闵子骞在各种传统书面文献和大传统里的位置，以及对中国文化的其他贡献。

中国最早记录闵子骞事迹言行的文献是《论语》。在《论语》中，孔子称赞其："孝哉闵子骞！人不间于父母昆弟之言。"④ 但为什么被孔子称赞其孝，《论语》并没有说明。也就是说，我们并不确切知道

---

① 同一母体的异文版本是：1.母在一子寒，母去三子单（《太平御览》卷三十四）；2.母在一子单，母去二子寒（流传费县的另一民间说法）；3.母在一子寒，母去四子单（《辞源》）；4.作者的故乡距离闵村 9 公里，有"宁叫一人单，不叫二人寒"之谚语，想必亦是源于闵子骞"鞭打芦花"的故事。

② 闵氏族人的讲述。

③ 《滕州闵氏家谱》卷一，37 页，滕州：滕州集文石印局承印，1994 年。

④ 朱熹注：《论语章句集注》，《先进》篇，44 页，见宋元人注：《四书五经》（上册），天津：天津市古籍书店，1988 年。

闵子骞的孝道事迹。也有人根据《论语》中孔子对弟子的习惯称谓来质疑这句话是否出自孔子。如果真是孔子所言，孔子当言："孝哉损！……"[①] 本节不做这种真实与否的考证，只强调《论语》中有如此记载。

孔子以下首赞闵子骞者为孟子，《孟子·公孙丑上》赞美闵子骞"善言德行"和"具体而微"。司马迁援引《论语》称赞闵损的孝行。[②] 王充在《论衡·知实》篇里认为闵子骞的德才已达到了"称圣"的程度。[③] 东汉陈群《孝经旧注》，[④] 三国时期魏王肃注《孔子家语》[⑤] 都给予闵子骞孝行以评价。山东嘉祥县孝堂山武氏祠汉画像石中有"闵子骞失棰"图，记载"鞭打芦花"的故事。这是迄今为止见到的最早的"鞭打芦花"的实物资料。内蒙古和林格尔汉墓壁画也有闵子骞父子的画面。[⑥] 晋代广济、师觉、徐广分别撰有《孝子传》，其中都收有闵损孝行故事。唐代《初学记》云："闵损与曾参门徒之中最有孝称，今言孝莫不本之曾闵。"《贞观政要》中唐太宗与魏征谈话多次提及闵子，称之为"孝子""德者""贤人"，并引以为学习的榜样。《太平御览》中多次介绍闵子骞。宋真德秀《性理论赞》中将闵子与曾子并提。[⑦] 上文已经说过，元代郭居敬记录《二十四孝》列入闵子骞，此后围绕《二十四孝》又出现了《二十四孝图》《二十四孝图诗》《二十四孝图说》《百孝图》《百孝图说》《二百四十孝》，这些书都收

---

① 见济宁学院王永超在 2017 年 3 月 11 日山东鱼台闵子骞诞辰 2553 年纪念会期间的学术报告。
② 司马迁《史记·仲尼弟子列传》："闵损，字子骞，少孔子十五岁。孔子曰：'孝哉，闵子骞，人不间于父母昆弟之言！不仕于大夫，不食污君之禄，如有复我者，必在汶上矣。'"
③ 王充：《论衡·知实》，见《诸子集成》第七册，259 页，北京：中华书局，1954 年。
④ 陈群《孝经旧注》："子骞上事父母，下顺兄弟。"
⑤ 王肃《孔子家语·七十二弟子解第三十八》（张涛注）："闵损，鲁人，字子骞，少孔子五十岁，以德行著名，夫子称其孝焉。"又，《孔子家语·六本第十五》："闵子三年之丧毕，见于孔子。孔子与之琴，使之弦。切切而悲，作而曰：'先王制礼，弗敢违也。'子曰：'君子也。'子贡曰："闵子哀未尽，夫子曰'君子也'。" / 孔子曰："闵子哀而未尽，能断之以礼。"以上分别见《孔子家语注释》392 页和 173 页，西安：三秦出版社，1998 年。
⑥ 盖山林：《和林格尔汉墓壁画》，70–71 页。转引自肖群忠：《孝与中国文化》，64 页，北京：人民出版社，2001 年。
⑦ 真德秀《性理论赞》："闵子言行见于论语者唯四章。合而言之，见其躬至孝之行，辞不义之禄，气和而正，言谨而确，此其所以亚于颜子而与曾子并称也欤。"

录了闵子骞"鞭打芦花"的故事。

历朝以来国家和地方官员给闵子骞写了许多"赞辞"。[①]这些赞辞也集中在他的孝行方面。唐开元七年（719）司业褚无量、北宋大中祥符二年（1009）大学士王旦、元朝大学士虞集、明代山东巡抚陈凤梧等奉命撰写赞辞：

> 闵子具体，怀珍处晦。乡党称孝，宗族称弟。汶水清流，长府旧贯。有德有言，尼父攸赞。（褚无量）
>
> 人无间言，道亦希圣。公衮赠封，均乃天庆。（王旦）
>
> 孝哉子骞，孔门纯粹。不仕大夫，不居危地。斯文兴丧，与道始觉。俎豆是新，昭忠曷已？（虞集）
>
> 维彼先哲，道德范围。百行首善，四科增辉。（陈凤梧）
>
> 却聘全贞德行列四科之首，悦亲有道孝哉沐二字之褒。（清湖南总督周天爵建坊联）
>
> 德足超政事文学之选，人不间父母昆弟之言。（清山东布政萧培元联）

另外，我在闵氏大宗世系撰修族谱中还发现了帝国时期另外一些中央和地方官员撰写过闵子赞颂之辞，如清初内秘书院大学士吏部尚书孙廷铨、南旺泉闸使邵于道、山西督学使张四教等人。[②]

> 运丁春秋，道废不行，圣则凤衰，贤斯鸿冥。倬彼闵子，如天丽星，墓奠齐域，三事蒸蒸。祠崇沂浒，万松稜稜，至德潜耀，塞渊莫名。览鄪敦薄，树以风声，躬行之教，百世以兴。驱车式墓，眷睠焉先型，爰咨哲胤，树此刻铭。（孙廷铨）
>
> 系彼先贤，道宗尼父。具体而微，与圣今古。孝感庭萱，

---

① 以下赞辞见闵祥麟:《藤阳闵氏支谱》卷一，55–58页，藤县集文石印局，民国二十五年（1936）。亦见江苏沛县闵堤口孝友堂:《闵氏族谱》(六修新编，内部出版物)，"历朝崇赞"，12–13页，江苏沛县，2009年。

② 闵祥麟:《藤阳闵氏支谱》卷一，55–58页，藤县集文石印局，民国二十五年（1936）。

清流汶浒。历代褒封，奕世樽俎。振振云仍，聿光东鲁。（邵于道）

德至惟孝，被文寝深。雏蓉之色，蒹葭璆琳，龙旂不视，污禄不食。其音切切，断之与琴，亦既磋止，亦既进止。于惟夫子之字之也，非君子莫谁与钦？（张四教）

其至有些帝王要亲自御制赞辞，如宋理宗绍定三年（1230）的赞辞、明太祖洪武元年（1368）的赞辞：

子骞达者，闾阎成性。德高四科，学先百行。天经地义，孝哉子骞。父母昆弟，莫间其言。污君不仕，志气轩轩。复我汶上，出处休焉。（宋理宗绍定三年御制）

闵氏有贤郎，何曾怨晚娘？尊前留母在，三子免风霜。（明太祖洪武元年御车图）[1]

雍正三年（1725）八月初五，皇帝亲自为闵子庙御书匾额"躬行至孝"，又御书赠闵氏后裔匾额"门宗孝行"。[2]《永宪录》卷三介绍得更为详细：

丙戌。上祫祭奉先殿。

御书生民未有四字额。悬先师庙。颁布天下学宫。赐颜曾思孟闵仲六贤庙及七姓后裔匾额。以示尊崇奖励。

至圣裔曰钦承圣绪。颜子庙曰德冠四科。曾子庙曰传道一贯。子思庙曰性天述祖。孟子庙曰守先待后。闵子庙曰躬行至孝。仲子庙曰圣道干城。复圣裔曰四箴常凛。宗圣裔曰省身念祖。述圣裔曰六艺世家。亚圣裔曰七篇遗矩。闵贤裔曰闵宗孝行。仲贤裔曰勇行诒范。乾隆元年今上御极。书与天地参四字悬

---

[1] 江苏沛县闵堤口孝友堂:《闵氏族谱》（六修新编，内部出版物），"历朝崇赞"，12-13 页，江苏沛县，2009 年。

[2] 《清实录·世宗》卷三十五。

先师庙。易太学大成殿以黄瓦。尊崇之礼，蔑以加矣。[①]

我在《九族与乡土》一书第二章第一节中，采录山东鱼台闵氏大宗第 78 代闵子嫡孙闵维军和山东滕州闵楼村闵氏族人说法，认为"清雍正帝曾经亲自给世袭翰林五经博士闵衍籀门庭题写'门宗孝行'匾额"，但又未能在《皇帝起居注》或《清实录》中证明此说法，看来有误，今更正。

明太祖朱元璋曾经颁布六谕，即"孝顺父母""恭敬长上""和睦乡里""教训子孙""各安生理""无作非为"六条道德标准。清世祖在顺治九年（1652）完全照搬明太祖的六谕，钦定《六谕卧碑文》。至康熙九年（1670），清圣祖亲自制定了十六条圣谕来代替原来的六谕。其中第一条就是"敦孝弟以重人伦"，第二条是"笃宗族以昭雍睦"。至清世宗雍正二年（1724）时，对十六条加以解释，遂定为《圣谕广训》。[②]联系这个背景，雍正给闵氏大宗及闵子庙题写"门宗孝行"和"躬行至孝"匾额完全是可以理解的。

在孔庙从祀制度中历代封建帝王将闵子骞供于孔庙大成殿，侍奉于孔子左右，为配享从祀的"十哲"或"十二哲"之一。[③]东汉永平十五年（72）三月，明帝东巡狩，"征琅琊王京会良成，征东平王苍会阳都，又征广陵侯及其三弟会鲁，祠东海恭王陵。还，幸孔子宅，祠仲尼及七十二弟子，亲御讲堂"。注云："七十二弟子，颜闵之徒。"[④]章帝于元和二年（85）、安帝延光三年（124），兴阙里，除祀

① 萧奭著，朱南铣校点：《永宪录》卷三，227 页，北京：中华书局，1997 年。
② 井上彻著，钱杭译：《中国的宗族与国家礼制》，176 页，上海：上海书店出版社，2008 年。
③ "十哲"之说当起源于《论语·先进》。《论语·先进》："孔门四科：德行：颜渊、闵子骞、冉伯牛、仲弓；言语：宰我、子贡；政事：冉有、季路；文学：子游、子夏。"（朱熹注：《论语章句集注》，44 页，天津：天津市古籍书店，见宋元人注：《四书五经》[上册]，1988 年 7 月版）。后人因而称"十哲"。以后，颜回进入四配，升曾子为十哲之一；曾子配享后，又升子张为十哲之一。清朝康熙年间又升朱熹为十哲之一。乾隆年间再升有若，故有"十二哲"之称。
④ 范晔著，唐章怀太子贤注：《后汉书·卷二·明帝记》，14 页，上海：上海古籍出版社、上海书店出版社，《二十五史》第二册《后汉书》《三国志》《晋书》，1986 年 12 月版，影印。

孔子，亦及七十二弟子。[①] 光和元年（178），灵帝置"鸿都门学"，即画孔子及七十二弟子像。[②] 兴平元年（194），高朕复修的"周公礼殿"，梁上亦曾画仲尼及七十二弟子。晋魏五代皆释奠于太学。东晋太元十年（385），国子学西边的"夫子堂"，即画有夫子及十弟子像，中有闵子骞。齐永明十年（492），成都刺史刘悛复修"玉堂礼殿"，其上亦画有"四科十哲像"。东魏兴和三年（541），兖州刺史李颐的《修孔子庙碑》，亦有"既缮孔像，复立十贤"[③]。唐开元八年（720）国子司业李元瓘上奏："京国子监庙堂，先圣孔宣父，配坐先师颜子。……又四科弟子闵子骞等并伏膺儒术，亲承圣教，虽复列像堂庙，不参享祀。谨按祠令：何休等二十二贤犹占从祀。岂有升堂入室之子，独不沾配享之余？望请春秋释奠，列享在二十二贤之上。七十子者，则文翁之壁，尚不阙如，岂有国痒遂无图绘？请令有司图形于壁，兼为立赞。"结果诏下："颜回等十哲，宜为坐像，悉令从祀曾参大孝，德冠同列，特为塑像，坐于十哲之次。因图画七十弟子及二十二贤于庙壁上。"[④] 唐开元八年（720）诏书中的"十哲"，即指孔门"四科"之后秀。"德行"：颜渊、闵子骞、冉伯牛、仲弓。"言语"：宰我、子贡。"政事"：冉有、季路。"文学"：子游、子夏。[⑤] 欧阳修《新唐书》卷十五《礼乐志》第五云："先时孔庙以周公南面而夫子坐西墉下，贞观中，废周公祭，而夫子位未改。至是，二京国子监、天下州县夫子始皆南向，以颜渊配，增诸弟子爵、公、侯。子渊兖公，子骞费侯，伯牛郓侯，……"[⑥] 晚唐之时，藩镇割据、外族

---

① 范晔著，唐章怀太子贤注：《后汉书》，卷三，17 页，卷五，23 页，上海：上海古籍出版社、上海书店出版社，《二十五史》第二册《后汉书》《三国志》《晋书》，1986 年 12 月版，影印。

② 范晔著，唐章怀太子贤注：《后汉书》，卷六十，上海：上海古籍出版社、上海书店出版社，《二十五史》第二册《后汉书》《三国志》《晋书》，1986 年 12 月版，影印。

③ 转引自黄进兴：《优入圣域》，266 页，西安：陕西师范大学出版社，1998 年。

④ 王溥：《唐会要》中册卷 35，637 页，北京：中华书局，1955 年。

⑤ 朱熹注：《论语章句集注》卷六，《先进》篇，44 页，见宋元人注：《四书五经》（上册），天津：天津市古籍书店，1988 年。

⑥ 欧阳修、宋祁、薛居正等：《二十五史·新唐书·旧五代史·新五代史》，第六册，44 页，上海：上海古籍出版社、上海书店出版社，1986 年（影印版）。

入侵，中州烽火弥天；五代十国，诸姓起落，发动干戈。两百年间，孔子祀礼废绝。后唐明宗长兴三年（932），国子博士蔡同文奏："伏见每年春秋二仲月上丁，释奠于文宣。以充国公颜子配坐、以闵子骞等为十哲，排祭奠，其有七十二贤图形于四壁，面前皆无酒脯。自今后乞准本朝旧规。"[①] 至此，从祀乃复行于世。宋代建隆元年（960）国家塑先圣、亚圣、十哲像、画七十二贤及先儒二十一人像于东西庑木壁。太祖亲撰《孔子赞》《颜子赞》，十哲以下命文臣分撰余赞。[②]大中祥符二年（1009），宋真宗诏文追封十哲为公。[③]

又，不同时代的皇帝给予闵子骞以不同的褒封。先贤闵子：唐开元八年（720）从祀。二十七年（739），赠"费侯"。[④] 至今族人有"唐王有荫"一说。宋大中祥符二年（1009），追封"琅琊公"。南宋咸淳三年（1267），改封"费公"。明嘉靖九年（1530），改称"先贤闵子"。清朝因之。[⑤] 这是一个闵子被纳入国家祀典的过程，或者称为正统化[⑥]的过程。

作为孔子七十二弟子之一的闵子骞之所以饱受历代文人关注和帝王褒封，乃因为其孝行体现了孔子儒学的孝道伦理，是孔子思想的一个"具体而微"[⑦]的实践。在传统时代，男人续弦是很普遍的事情，特别是士绅以上身份的人员。即便乡村世界内部，续弦在贫穷人家也很普遍。因而，继母和前妻所留子女之间的伦理关系是一个颇为棘手的社会问题，为许多民间故事和歌谣所关注。比如，中国传统"灰姑

---

① 王溥：《五代会要》卷八，北京：中华书局，1998 年。

② 潘相：《曲阜县志》卷二四，清乾隆三十九年（1774）圣化堂刻本。

③ 脱脱：《二十五史·宋史·上》第七册，卷 105，"礼志第五十八·礼八"，351 页，上海：上海古籍出版社、上海书店出版社，1986 年（影印版）。

④ 这一条记载与前文欧阳修的说法不一，欧阳修的观点是：贞观年间闵子骞就被授予"侯"了。

⑤ 文庆、李宗昉等纂修：《钦定国子监志·卷三·庙志三》（上册），59 页，北京：北京古籍出版社，2003 年。

⑥ 科大卫、刘志伟：《"标准化"还是"正统化"？从民间信仰与礼仪看中国文化的大一统》，《历史人类学学刊》第六卷，第 1—2 期合刊，2008 年。

⑦ 《孟子·公孙丑》："冉牛、闵子、颜渊则具体而微。"见朱熹注：《孟子章句集注》，22 页，宋元人注：《四书五经》（上册），天津：天津市古籍书店，1988 年。

娘"故事"叶限"①、民间歌谣"小白菜"②等。

闵村闵氏族人由此也格外重视孝道。闵人告诉我："如果人没有了孝道，也就不算是个人了。"孝道教育遍布于日常生活之中。我在调查期间，发现有一户人家张贴着一些条幅，尽是劝孝向善励志的话语。今采录如下：

第一幅"孝顺诀"：

父母恩情似海深，人生莫忘父母恩。生儿育女循环理，世代相传自古今。为人子女要孝顺，不孝之人罪逆天。家贫才能出孝子，鸟兽尚知抚育恩。父子原是骨肉情，爹娘不敬敬何人？养育之恩不图报，望子成龙白费心。

第二幅"励志文"：

---

① 《西阳杂俎》记载："南人相传，秦汉前有洞主吴氏，土人呼为'吴洞'。娶两妻，一妻卒，有女名叶限，少慧，善淘金，父爱之。末岁，父卒，为后母所苦，常令樵险汲深。时尝得一鳞，二寸余，赪鳍金目，遂潜养于盆水。日日长，易数器，大不能受，乃投于后池中。女所得余食，辄沉以食之。女至池，鱼必露首枕岸。他人至，不复出。

其母知之，每伺之，鱼未尝见也。因诈女曰：'尔无劳乎？吾为尔新其襦。'乃易其敝衣，后令汲于他泉，计里数里也，母徐衣其女衣，袖利刃，行向池呼鱼，鱼即出首，因斫杀之。鱼已长丈余，膳其肉，味倍常鱼，藏其骨于郁栖之下。逾日，女至向池，不复见鱼矣，乃哭于野。忽有人被发粗衣，自天而降。慰女曰：'尔无哭，尔母杀尔鱼矣！骨在粪下。尔归，可取鱼内藏于室。所须第祈之，当随尔也。'女用其言，金玑玉食，随欲而具。

及洞节，母往，令女守庭果。女伺母行远，亦往，衣翠纺上衣，蹑金履。母所生女认之，谓母曰：'此甚似姊也。'母亦疑之。女觉，遽反，遂遗一只履，为洞人所得。母归，但见女抱庭树眠，亦不之虑。

其洞邻海岛，岛中有国名陀汗，兵强，王数十岛，水界数千里。洞人遂货其履于陀汗国。国主得之，命其左右履之，足小者，履减一寸。乃令一国妇人履之，竟无一称者。其轻如毛，履石无声。陀汗王意其洞人以非道得之，遂禁锢而栲掠之，竟不知所从来。乃以是履弃之于道旁，既遍历人家捕之，若有女履者，捕以告。陀汗王怪之，乃搜其室，得叶限，令履之而信。叶限因衣翠纺衣，蹑履而进，色若天人也。始具事于王，载鱼骨与叶限俱还国。其母及女，即为飞石击死。洞人哀之，埋于石坑，命曰'懊女冢'。洞人以为禖祀，求女必应。陀汗王至国，以叶限为上妇。

一年，王贪求，祈于鱼骨，宝石无限，逾年，不复应。王乃葬鱼骨于海岸。用珠百斛藏之，以金为际。至征卒叛时，将发以赡军。一夕，为海潮所沦。"

② "小白菜呀地里黄呀，三两岁呀没了娘呀，跟着爹爹还好过呀，就怕爹爹娶后娘呀。娶了后娘三年半呀，生个弟弟比我强呀，弟弟吃面我喝汤呀，端起碗来泪汪汪呀，亲娘想我谁知道呀，思亲娘在梦中呀，亲娘呀亲娘呀。"

人生道路几十年，要想得志志在前。钢刀要磨人要炼，磨炼苦中自有甜。无志之人是懒汉，吃喝玩乐顾眼前。自古名人多磨难，全靠毅力争春颜。

第三幅"治家格言"：

大家成家容易，士君子立志不难。退一步自然优雅，让三分何等清闲。忍几句无忧自在，奈一时快乐神仙。吃菜根淡中有味，守王法梦里无惊，有人问我尘世事，摆手摇头说不知。宁可采深山之茶，莫去饮花街之酒。须就近有道之士，早谢无情之友。贫莫愁，富莫夸，哪见平常富久家，莫生气，人生就像一场戏，相扶到老不容易。为了小事发脾气，别人生气我不气。我若气死谁如意？邻居亲朋不要比，吃苦享乐在一起。因为有缘才相聚，是否更该去珍惜。回头想想又何必？气出病来无人替。况且伤神又费力，儿孙琐事由他去。神仙羡慕好伴侣。

第四幅"成功之路"：

日出要起身，早起就精神。欲达成功路，先不做懒人。懒惰终穷困，没有幸福存。等于将珠宝，抛若大海沉。做人有计划，光芒万丈升。须知生意义，不白度光阴。一年系于今，一世系于勤。绝不交白卷，幸福要追寻。现实好机会，快点下决心。不轻看自己，刻苦功必成。从今要发愤，尽献你所能，别人虽五两，自己有半斤。世上无难事，在乎有信心。还须德行好，努力便成金。凡事皆可达，促织没辛苦。有谋又有勇，苦干见精神。主要能吃苦，意志先要坚。哪怕风雨阻，成功浴身心。小心和谨慎。勿让志气沉，一雷天下生，不负有心人。

第五幅"知足常乐"：

人生原无病，不少因自作。想想病疾苦，无病即是福。想想饥寒苦，温饱即是福。想想生活苦，达观即是福。想想世乱苦，平安即是福。想想牢狱苦，安分即是福。莫美人家生活好，还有人家比我差，莫叹自己命运薄，还有他人比我恶。为非作歹肉久苦，多愁多虑病来苦。行善积德富泽多，吉人自有天相助。为人在世一生中，无病无灾应知足。烦恼都因想不开，有愁只为看不破。本是长寿人，自知命短促，奉劝世间人，知足便长乐。

主人说："三年前在板厂干活买的。当时看到很多人都买，他就买了。"这句话表明，张贴孝道格言一类条幅字画，在闵村是很普遍的事情。

对于闵人而言，祖先闵子骞身上所拥有的道德魅力是凝聚宗族的一个关键机制。这在以往的宗族研究中，要么强调功能，要么强调系谱，或多或少地把有人格魅力或功德凸显的祖先在宗族形成过程中所发挥的作用给低估了。今后中国宗族研究必须高度重视"祖先魅力"对于构建宗族的意义。

当然，这与强调祖先信仰对于宗族形成的意义[①]的理解也不一致，因为"祖先信仰"的研究只是强调"报本反始"和"敬宗收族"的意义，缺乏对一个宗族之始祖或始迁祖魅力的分析。

第二节　作为祖先的神明和作为地域的神明

1986年费县政府为闵村制作了一块村碑，上面刻写着"闵子骞故里"字样："据闵氏族谱记载，该村系孔子弟子闵子骞的故里，以姓氏命名。"实际上，闵村闵氏族谱一说没有根据，因为当年族谱已失。但从本节下文民国年间碑刻来看，似乎那时有过族谱。临沂市文化局在闵村北的公路上制作了一幅广告标牌，题写为：闵子故里。如今的闵村所在地 W 镇政府也在靠近公路边的镇政府广场上，树立着一块巨幅广告，同样大书着"闵子故里"四字。

为了进一步证明闵村是闵子故里，闵氏族人于2001年在闵氏宗族墓地——闵林——中修建了一座闵沃盈的坟墓。显然，这座空坟是一个文化的想象与发明之物。族人推测说，既然闵子骞的长子来这里定居了，闵子骞也肯定来过，所以应该看作他的故里。从县上到临沂市的地方文史工作者也持这一看法。其实，从下文将要介绍的资料可以看出，闵子骞长子闵沃盈来闵村定居的说法源自元代费县县尹邵

---

①　林耀华：《拜祖》，林耀华：《义序的宗族研究》，229-258 页，北京：生活·读书·新知三联书店，2000 年。

显祖的观点。

从闵子世家谱看，闵子属鲁人。唐太宗当年曾亲自校订过《闵子家乘》。据《闵子家乘》对闵姓的考据说："闵姓古无此氏，族出于姬姓。鲁闵（史作湣）公开（系作启）失位于鲁，以谥为姓。盖成季所赐也。子鲁生泽，泽生伯衍，伯衍鲁大夫，生子建，子建生子马，子马鲁监史大夫，行业著于春秋，生损，述文孔氏，居德行之科，称大贤。故别之为闵子家系。"①

《论语·雍也》记载："季氏使闵子骞为费宰。闵子骞曰：'善为我辞焉！'如有复我者，则吾必在汶上矣。"据清代学者冯云鹓考证，此事当发生在鲁定公九年（前501），时闵子37岁。公山不狃以费叛，季孙氏使子路（仲由）治之，三月无成，又使子羔（高柴）治之，九月无功。季孙氏召孔子，孔子欲往。然而卒不行。因此才想到聘请闵子骞。②

与这段史料完全相反，《孔子家语·执辔第二十五》却肯定了闵子骞做过费宰："闵子骞为费宰，问政于孔子。子曰：'以德以法，夫德法者，御民之具，犹御马之有衔勒也。君者，人也；吏者，辔也；刑者，策也。夫人君子执政其辔策而已。'"闵子骞又说："敢问古之为政？"孔子回答："古者天子以内使为左右手，以德法为衔勒，以百官为辔，以刑罚为策，以万民为马，故御天下，数百年而不失。"③

显然，《论语·雍也》和《孔子家语·执辔第二十五》存在着矛盾。光绪年间的《费县志》曾有过辨析：

> 按《孔子家语》，有闵子为费宰问政于孔子之事。《家语》为王肃所增加，未尽可据，不如《史记》所云：'不食污君之禄。'与《鲁论》合也。然元邵显祖碑记云，闵子长子沃盈④避桓魋之乱，迁居于费。避桓魋语，莫知其由。然沃盈迁费，其言必非无

---

① 《滕州闵氏家谱》卷一，73 页，滕州：滕州集文石印局承印，1994 年。
② 赵俊臣：《笃圣闵子骞与费县》，《联合日报》，2001 年 3 月 30 日。
③ 王肃：《孔子家语注释》（张涛注），281 页，西安：三秦出版社，1998 年。
④ 有些碑刻和地方文献也写作"沃赢"。

据。此碑亦云览费志，知费为闵侯恭桑之乡。岂子骞晚岁即居吾费欤？ [1]

不过，从唐朝开始，由皇家的封赠号"费侯""琅琊公"和"费公"等来看， [2] 国家正式把闵子骞与费县联系在了一起。金代资政殿大学士张万公在正隆年间官任费县尉时曾感于《鲁论》和《家语》中闵子的"忠孝"，拜谒过闵子祠，并留下《谒费侯闵子祠记》：

予家世东阿，居为近圣。昔在鸡窗读《鲁论》及《家语》，载侯之故实甚切，诚为忠孝名臣，心窃景慕。

初，余举进士，筮仕兹土，览《费志》，乃知费为闵侯恭桑之乡，遂释奠于祠，闾阎丰采，掩映几筵。缅想闵侯德行，班乎子耕；而追论遭际。孝友感格，当与虞舜同。揆宜庙享分颜、曾之席，春秋之祭同山川而■■也。例得勒诸石，而余不屑之名亦获以不朽云。

宋祥符二年孟春，资政大夫、参知政事、国公、前御史中丞张万公恭记。 [3]

这块碑刻的具体情形是："碑高四尺四寸，阔一尺六寸，前标题二行，后文及年月共七行，三十七字空，三十五字行书，在闵村闵子祠中。" [4]

张万公看到的《费志》当为宋代所修，可惜今已不传。有趣的是，

① 李敬修纂修：《光绪费县志》，《中国地方志集成·山东府县辑》第 57 卷《光绪费县志·宣统蒙阴县志》，374 页，光绪二十二年（1896）刻本影印。

② 文庆、李宗昉等纂修：《钦定国子监志·卷三·庙志三》（上册），59 页，北京：古籍出版社，2003 年。

③ 费县地方史志编纂委员会：《费县旧志资料汇编》（内部资料），112 页，山东省新闻出版局准印证号：（1993）2-007。凡能根据相邻字行，推断出文字个数而又漫灭不能释读者，均用■表示；凡文字漫灭严重，不能据邻行判断出文字多少且不能释读者，用"……"表示。全书以下同例。

④ 李敬修纂修：《光绪费县志》，《中国地方志集成·山东府县辑》第 57 卷《光绪费县志·宣统蒙阴县志》，373 页，光绪二十二年（1896）刻本影印。

张万公做的是金朝的官，却在碑末题写时间为宋朝，这不能不让人生疑。关于张万公立碑的时间问题前人也曾经怀疑，认为既然张万公是金朝正隆年间任官费县尉，他就无缘立碑于宋祥符二年（1009）：

> 按张公系金人，以正隆间官费县尉，无缘得立碑于宋祥符二年。谛观碑刻，"宋祥符"三字乃剥蚀之后，无知者磨去伪造。"宋"字为"金"字改，镌点画犹隐约可辨。[①]

光绪费县志的另一处也表示怀疑："张万公金史有传，正隆进士，曾为费县主簿，后章宗时官至参政，而碑末年号乃作'宋祥符二年'，细观'祥符'数字，系磨去前字另刻者，'宋'字下'金'字上截迹犹可辨，而原刻系何年号则不可知耳。文意简当，字体亦复不俗。殆万公景慕前贤，撰文后遂自书之以勒于石也。"[②]

从时间上推，这种怀疑不无道理。宋祥符二年是1009年，而正隆年间是1156至1161年，两者相差一百多年。从人的寿命上讲，张万公不可能活这么久。

但是，这块碑刻内容似乎与另一件历史事实有关。即宋真宗大中祥符二年（1009）进封闵子骞为琅琊公，并遣尚书陈尧叟到沂州祭祀，特荫裔孙守祀。[③]另据江苏沛县闵堤口族谱上记载，四十一世时，闵裔孙闵植"奉祀随尚书左丞相陈尧叟祭于沂"，且事后下诏派送到"制局孔家"学习祭祀礼仪，补太庙郎。[④]

陈尧叟（961—1017），字唐夫，新井县（今南部县大桥镇新井村）人。宋太宗端拱二年（989）己丑科状元。陈尧叟中状元后，授光禄寺丞，入值史馆。大中祥符元年（1008），真宗封禅泰山，尧叟奉诏撰《朝觐坛碑》，进工部尚书后，又撰《封禅圣制颂》。真宗西祀

---

① 李敬修纂修：《光绪费县志》，《中国地方志集成·山东府县辑》第57卷《光绪费县志·宣统蒙阴县志》，145页，光绪二十二年（1896）刻本影印。
② 李敬修纂修：《光绪费县志》，《中国地方志集成·山东府县辑》第57卷《光绪费县志·宣统蒙阴县志》，374页，光绪二十二年（1896）刻本影印。
③ 闵祥麟：《藤阳闵氏支谱》（石印本），53页，藤县集文石印局，民国二十五年（1936）。
④ 孝友堂编：《六修新编闵氏族谱》，70页，江苏沛县（内部印刷本），2010年。

汾阴，尧叟为经度制置使，判河中府，进户部尚书，又奉诏撰《亲谒太宗庙颂》。[1] 从这一系列有关祭祀的信息看，陈尧叟来当时的沂州闵子祠祭祀不无可能。

元代费县县尹邵显祖曾经来闵村拜谒闵子祠，留下的碑碣说："余案牍之暇，详览《费志》，邑之东北六十里许有其故宅，乃于桓魋之乱，长子沃盈迁于此而卜居焉。"[2] 邵碑全文曰：

> 尝思先圣大贤车尘马迹之所至，必有芳躅遗泽以垂不朽，后之学者景而尸祝之者比比也，况我至圣文宣王祖述宪章，周流天下，所为芳躅遗泽不可更仆，其及门德行之科与颜子比肩者，则大贤闵子无出其右。读《鲁论》者，知其孝之不间也，言之有中也，侍侧之訚訚也，及读"复我在汶"之言，遂以为真不仕矣。盖不仕者以季氏故，于费乎何尤？抑知《家语》所载，三都既堕之后，宰费而问政于孔子，闻以"德法为衔勒"之说，俾至无旷土、无游民，天地德之、兆民怀之者谁乎？当知闵子之仕费，盖在我父子相鲁时也。
>
> 今予承乏此邑，获与大贤先后守土，诚为厚幸。间与士大夫考溯芳迹，宇内之有闵子墓者，一在凤之宿州，一在濮之范县，要以历下之高原为确。昔开小清河于华不注山下，得一石棺，启之，诗云："孝哉闵子骞，死后葬黄泉。幸遇黄太守，起我在高原。"高原犹在华山之麓，而葬之者果为黄公。至近石棺具在，可吊可■；其在宿、范者，大都古人琴书诗物皆封为墓耳。复于沂水之闵公山睹其书院，奇峰环翠，古杨森层，是先贤厚德所在遗芳，均已崇祀尸祝之矣。而于费为最，其德法宜■，孝友为治，亿万斯年皆其遗泽。我朝追隆圣贤，典至重也。于费之名宦，虽季路、冉有、子羔、子游同享明禋，当以闵子为巨擘。
>
> 予案牍之暇，详览《费志》，邑之东北六十里许有其故宅，

---

① 搜狗百科："陈尧叟"，http://baike.sogou.com/v9789848.htm，2015 年 5 月 10 日。
② 费县地方史志编纂委员会：《费县旧志资料汇编》（内部资料），112–113 页，山东省新闻出版局准印证号：（1993）2–007。

乃遇桓魋之乱，长子沃盈迁于此而卜居焉。跻其处，见其殿宇倾圯，像容毁暗，断烟荒草，碣碎碑残，相为太息者久之。特捐微俸，倡使维新，行将表之当宁，制益恢宏，俎豆蒸尝，垂于世世。工竣而树以贞珉，约略言之，以志不朽云。

元至元元年仲春，费县尹邵显祖拜题。①

这里的"桓魋之乱"有些学者做了考证："桓魋是春秋时期宋国的大司马，属于一方强权人物，宋国国王有时都得听他的。他有个弟弟，叫司马牛，是孔子的弟子。……话说公元前 492 年，孔子 60 岁。时孔子在卫国，因为和南子的绯闻，同时卫灵公离世，卫国内斗，孔子秉着'危邦不入，乱邦不居'的原则，决定离开。这时，司马牛向他推荐了宋国，说自己的哥哥在那里，一定能照应好，并一再坚持。孔子答应了。到了宋境，见很多人在制作陶俑，一问，说是为大司马桓魋做殉葬用的东西。孔子感慨一句：始作俑者，其无后乎？又走了一段，见大批群众在修凿一座巨大的石室墓，已经凿了 3 年，还未完工。一问，还是桓魋所为。当时的桓魋只有 38 岁。孔子从此对桓魋产生厌恶感。当时宋国国王为宋景公，他一心想收留孔子师徒，委以重任，桓魋眼见自己地位不保，便屡进谗言，最后竟派人暗杀孔子。幸好有人提前通告，孔子先走一步，否则后果难料。孔子逃离宋国后说了一句话：天降圣德与予，桓魋能奈我何？"②

在这块碑的碑阴，邵显祖还在闵村留下了"先贤闵子祠祭祀文"：

千古道统，洙泗杏坛，多士景从，闵子大贤。衣被体寒，事母有道，旧贯之言，综厥治要。闭门不仕，颈节高风，既为费宰，德行是宗。厥孙祇通，曰笃不█，千秋祠庙，建诸蒙阳。余

---

① 费县地方史志编纂委员会：《费县旧志资料汇编》（内部资料），112–113 页，山东省新闻出版局准印证号：（1993）2–007；李敬修纂修：《光绪费县志》，《中国地方志集成·山东府县辑》第 57 卷《光绪费县志·宣统蒙阴县志》，145–146 页，光绪二十二年（1896）刻本影印。

② 《桓魋石室墓》，http://blog.sina.com.cn/s/blog_53928e100100w3gj.html，2011 年 12 月 15 日。

89

莅滋土，道范所钦，仰止景行，炙圣须亲。明禋惟虔，萧然瞻
拜，心源可接，闾阎如在。

■■年费县尹邵显祖恭祀

另外还有些资料能够证明，闵氏大宗及族人在汉末曾于临沂市境
内居住过。《藤阳闵氏支谱》中"闵子世谱"部分，提到闵子骞八世
孙郁之子业在沂南，绝嗣无后。[①] 今临沂市境内仍有沂南县，与费比
邻。而闵子八世孙时代估计是秦代。《藤阳闵氏支谱》同一部分在闵
子骞十九世孙（闵）然、（闵）浩处写道："曹操为兖州太守，征鲁闵
浩，不至，徙广陵。"[②]《藤阳闵氏支谱》又在这一部分说道："大宗在
琅琊，以曹操征闵浩去广陵，后宗子衢返滕。"[③] 今临沂市在汉代称琅
琊郡。三条资料相参照，则似可知秦汉时期，闵氏族人居住在今临沂
市境内，尤其是汉末时闵氏大宗居住于此。再结合上面一些史料，当
时闵氏族人在费县境内居住的可能性极大，即今闵村一地，因为别处没
有留下任何古代文献信息。闵氏族人来费地定居的原因和过程，也许如
邵显祖所论，闵子骞长子闵沃盈避"桓魋之乱"率族人迁居。

由这些资料或可做一个可信度较高的想象：闵氏族人或许早在春
秋时期就来费县闵村一带居住；至汉代大宗依然定居于此；唐朝可能
在费地闵村祭祀过闵子。有宋一代，闵村已有祠庙（从道理上推，唐
代极有可能就为闵子设庙了），自然有闵氏族人聚族而居住于闵祠之
下，朝夕供奉闵子。若能设庙供奉祖先，必然有相当的人口规模和
族产，可以想见宋代闵村为一个大村落，自是无疑。尽管北方经历了
宋金、金元易代，闵村闵氏族人由于战乱难免远走他方，但作为异族
的金和元为了迅速获得对北方和中原的统治权，便格外尊重儒家，所
以，对于文庙、闵子庙一类儒家建筑和符号会加以保护。自然也会招
孔氏、闵氏等圣人先贤后裔守庙。既然金代和元代的地方官能来当年
的闵村祭祀，我们仍可想象当时有闵氏族人居住于此，其村落规模依

---

① 闵祥麟:《藤阳闵氏支谱》第一卷，83 页，藤县集文石印局，民国二十五年（1936）。
② 闵祥麟:《藤阳闵氏支谱》第一卷，84 页，藤县集文石印局，民国二十五年（1936）。
③ 闵祥麟:《藤阳闵氏支谱》第一卷，86 页，藤县集文石印局，民国二十五年（1936）。

旧可观。

明代的情景并不清楚，今庙内唯独不见明代的碑碣。光绪费志也没有记录下有明一代的闵子祠的碑碣及其碑文情况。据村民说，"文革"时期还有些碑在改造农田时填埋到村东南的汪底下了，2003年重修祠堂时未能挖掘出来，估计其下有明代碑刻。不过，费县志记载明朝末年，闵贡曾经修筑过圩寨以实现自卫。明末清初，沂蒙山区爆发了王肖武领导的农民起义，估计闵贡修筑圩寨是为了对付王肖武的义军。这一事件表明，当时闵村闵氏宗族又具有了相当的经济能力来从事宗族重建活动。在闵人的记忆里，村子从前有个名字叫"铜安寨"。从名称来推断，当与战乱和修筑围墙有关。叫"铜安寨"的时代估计是在明末清初。采用铜安寨名称之后，闵村又一度改名为闵子庄。老年人回忆说，早先他们的先人到费县交纳钱粮，县里就写着闵子庄字样。当然，之后闵村又改称现在的称谓。闵子庄一词的使用，标志着闵人真正走向独立，因为村落文化的命名权已为他们掌控。

族人说，闵家正式从闵守配起家，整个闵村可能要追到闵守配那里。从闵林清朝的谱碑来看，闵守配是闵氏62代孙。目前该村最小辈分是76代的德字辈，共计15代人。假定25年至30年一代，根据这个数据评估，也就在375—450年间，闵守配属于明朝人是没有问题的。

2013年春节期间，我前往临沂大学拜访MFX副处长。MFX是费县薛庄镇白马峪人，该村闵氏世系群声称来自闵村。1963年MFX的父亲和族内其他成员修纂了《白马峪支谱》，2012年年底MFX发现了这份当年誊写在红布上的"软谱"。据这份"软谱"记载，始迁之祖由江苏宿县来到闵村，至62代时其中一个叫闵西溪的族人又迁往附近白马峪村：

> 支谱之立所以分支派也，别派分支，行辈排列，名字清楚，观者一目了然，岂非第一要事哉！始迁之祖由江苏宿县而来，聿字[1]

---

[1] "聿字"当为"寓自"，疑MFX教授对手写繁体行书毛笔字辨错。

闵村，至六十二代祖讳西溪又迁此白马峪村，结庐而居已数百年矣！又相传十四世，今有七十二代孙宪章、七十三代孙庆法、庆有、庆修、庆春等叔侄五人诚恐历年久远，遗后有不明模糊之弊，即为办事之首，同心立此支谱。书谱者学浅无以为文，但用白话举其大概，如此以志永垂不朽云。

公元一九六三年岁次癸卯孟冬月上浣吉日（按：落款于右幅）

从软谱绘制的世系图看，当年从江苏宿县迁来的祖先，即始迁祖，叫闵普，属于闵子骞第 61 代孙。闵普有两个儿子，长曰西溪，次曰西成，二人属于闵子第 62 代孙。西溪一支离开，西成生四子，长曰贵、次曰贡、三子曰宾、四子曰贞。我以为，这里的"贡"即《费县志》中记载的明末闵贡。闵贡在弟兄中排行居二，其墓及碑刻如今均保存于闵林中（详见本书第三章第二节，"魁梧"）。

又据本村已故闵庆歆先生介绍（他解放前读过八年私塾，20 世纪 60 年代曾尝试主修过闵氏族谱），目前整个闵村闵氏人口都是闵子骞第 62 代孙闵守配的后人。闵守配生四子，长曰容、次曰寓、三子曰宾、四子曰宴，宴去临沭，容、寓之子孙情况不明。他们确定，宾的后代在闵村，生两子，长曰先声，次曰先德。先声与先德是闵子第 64 代孙，第 65 代上只记得闵朴和闵枋两人，但是不知是属于先声还是先德的后代。在第 66 代上又有三人，分别是光缙、光绣和光环。

如果我们在此把闵西成和闵守配当成一人的话（比如，西成，字守配；或反过来），那么，"西成"名字下的四子（贵、贡、宾和贞）和"守配"名字下的四子（容、寓、宾和宴）只有一人名字重合，余者不同，而且均排行老三。也许其余三者不同，是因为一种情况记忆了"名"，一种情况记忆了"字"。当然，这里仅仅是一种比附性关联，尚需要今后有过硬的资料发现以验证之。

如果白马峪"软谱"和闵村闵庆歆提供的信息可靠，那么，这里便提出一个尖锐的问题来：今日生活在闵村的闵氏族人跟元代以前的闵村闵氏人口可能无关，也可能有关。如果属于前一种情况，人们必然会继续追问：金元时代生活在此地的闵氏族人为什么离开呢？这个问题很好推测。即很可能与明初"靖难之役"有关。

明太祖朱元璋死后，由其长孙朱允炆即位。当时由于藩王势力强大，构成了对帝位的威胁。为了巩固帝位，朱允炆听取大臣意见进行"削藩"。燕王朱棣是朱元璋四子，在诸藩王中势力最大。建文二年（1400），朱棣以"靖难"为理由，于北平起兵，发动了与朱允炆的争帝之战，这就是历史上著名的"靖难之役"。建文帝即位后（1398），升任铁铉为山东参政，负责督运粮饷。1400年，朱棣行军至济南，敦促铁铉投降而将书信箭射进济南城，而铁铉则将《周公辅成王论》射回，劝解朱棣效法周公，辅佐建文帝。朱棣大怒，强攻济南。铁铉奋力抵抗，数次大破燕军，竟与之相持三月，朱棣被迫撤军并改进攻路线，而先行攻打其他地方，以待日后集中兵力对付铁铉。济南解围后，建文帝升铁铉为山东布政使，不久又迁之为兵部尚书。同年，铁铉配合盛庸在德州、聊城等地大败朱棣。1402年，朱棣绕过济南，从东阿、汶上、邹县、沛县、徐州南进，在安徽灵璧大败朱允炆军队，突破淮河防线，攻破金陵，自立为帝，改号永乐。朱棣夺位成功后，提兵北上，再攻济南（民间俗称"燕王扫北"），铁铉死守拒降。但终因寡不敌众，济南城破，后在淮南被俘。就在这场战争中，朱棣在山东、河北大肆屠杀百姓。我曾询问闵村老人，在他们的记忆里，有所谓胡大海、常遇春屠杀山东一说。估计就在这两场战争中，闵村闵氏族人逃亡殆尽。所以，后来之人（即从宿县迁来的闵普）与先前聚守在闵子祠前的闵氏族人无关。

第二种情况是，燕王扫北时，原来的闵村闵氏族人因战争"跑反"，即南下了。待战争结束后，又回来了。闵普也许属于此种情况。当然，还有一个可能，即金元时代的闵氏族人留了下来（或暂时躲进北部的蒙山里，战争结束后，复从蒙山里下来，再回到闵村生活），而江苏宿县这支族人是从南边投奔他们来的，而后这支人口一部分留在了闵村，一部分又外迁白马峪。如果最后一种推论正确，那么，若就始迁祖而言，今日闵村闵氏族人并非有同一个世系来源。这一切都是假设与推论，今后尚待更多的资料以说明明代闵村闵姓世系群的情况。

有清一代当是闵氏家族进入又一轮鼎盛时代。还可以从康熙、乾隆年间闵氏族人重修祖祠（今残碑存于闵子祠内）事件和闵林中大量碑刻中得到印证（见第三章第二节）。其兴盛的原因，一是闵氏大宗再次落入帝国的视野，获得帝国的支持，[①] 二是随着康乾盛世的到来，闵氏家族的经济也得到了发展，人口得以扩增。

清乾隆年间的《沂州府志》卷首绘有"费县图"，图中标有"闵子祠"。[②] 光绪《重修费县志·封增》载："闵先声，先贤闵子六十七代孙袭奉祠生；[③] 闵植瑄，先贤闵子六十八代孙袭封奉祠生。"李景星《费县乡土志》"本境氏族"部分列有闵氏宗族："先贤闵子之后，现传六十八代。"[④]

闵子祠内有一块断碑，高度约 1.5 米，宽度约 0.75 米，厚度约 0.28 米。这块碑的文字绝大部分已经漫灭不可卒读，年代亦无法辨清，但能看清立碑人。上面记载"六十七代孙闵先声"为"生员"。根据第三章第二节所介绍的前三通碑刻来看，这通碑当在清顺治年间所立，当然也有可能是在康熙初年。

郭一元，直隶魏县进士，康熙二年（1663）主宰费县，康熙五年（1666）离任。康熙三年（1664）这位县令前往闵村祭祀闵子，并留下了碑刻。"文革"时期这块古碑被村民运至村东南大口井旁边，遭受损坏，致其底部遭毁，文字有缺失。碑名亦缺失。故整体难以断定该碑有多少文字。碑文用行草书写，2013 年 8 月 20 日我前往抄录时，该碑躺在闵子祠一个幽静的角落中，为荒草遮盖。其可释读文字为：

太史公曰，"余读孔氏之书，想见其为人低徊，为之不能去"云。孔子█《左传》十余世学者宗之，可谓至圣……久在兹之

① 杜靖：《帝国关怀下的闵氏大宗建构》，肖唐镖主编：《当代中国农村宗族与乡村治理：跨学科的研究与对话》，69—90 页，北京：中国社会科学出版社，2008 年。
② 李希贤修、蕃迁莘纂：《沂州府志》（36 卷），卷之首，乾隆二十五年（1760 年）刻本，临沂档案馆，档案编号 J.68。
③ 奉祠生即为负责祭祀圣贤的学生。这些圣贤后裔多为俊秀之才，皇帝外出巡行时可有资格觐见皇帝，还能到国子监听讲授，有机会随皇帝参加一些祭拜礼仪，他们往往被授予恩监生。（具体参见张仲礼著，李荣昌译：《中国绅士：关于其在 19 世纪中国社会中作用的研究》，14 页，上海：上海社会科学院出版社，1991 年）。
④ 费县地方史志编纂委员会：《费县旧志资料汇编》（内部资料），383 页，山东省新闻出版局准印证号：（1993）2—007。

意。后为鲁大夫适周问礼，而弟子益进。宣公元年，以鲁政旁移，退休诗书，弟子弥众。后虽……一年知■，终不行，以删定终身，弟子盖世千古，身通六艺者七十二人，四方英俊会集东鲁陈蔡……次颜渊者，闵子骞以事不可多见，其见之鲁论者曰"孝哉闵子骞，人不间于其父母昆弟之言"。季氏使，实■重为夫子所许。生■溢蹟■■事■■矣。圣贤实以忠孝尽之，处复而不失其……于斯耶。千百世■■，仰其高风，怀其绝德者，不仅于此一二。以此一二事，而闵子之高风绝德……庙祀无穷■，闵子为圣门德行高显，文■■■，身通六艺者■乎？余不■，次之，明年有其后裔奉祠生员……之损俸以百之劝输以赍之其族之乐事，超功蠲免优恤以激励之。■数而庙貌以新，墙垣门宇为……子不仕，季氏盖为■■之家，传而以四为■■贤远足亦称室耳。迨夫子堕三都，强公室，弱■家之……子德以众望不得不为之。捡■于《家语》"执辔篇"，闵子骞为费宰，有问政之语，是确然宰费之……数千百说成，闵生先声忠孝之志遂矣，先贤■■矣，■之矣者。入庙而思敬，向有踵事增华之……量也。然而之德千百年在人心，是以愈久而愈新也。隐然一时之盛逢，感恩万世之宗风，爰为之谱曰……而望也。■泣攸好守祠事，悠久无尽。

昚康熙三年岁次甲辰季春谷旦

赐进士文林郎原任湖广常德■■知■品费县事■■后学郭一元撰文

邑庠生■志岸薰沐书丹

（说明：由于碑身以及部分文字缺失，不能顺利断文，姑且做如上情形。又，碑文中的省略号表示不知有多少文字遭毁，并非笔者自己删略。）

这块碑文大致可以告诉我们：1. 康熙三年（1664）费县知事来闵村祭祀闵子骞；2. 闵氏后裔有人被封为奉祠生，奉职祭拜祖先；3. 闵子祠得到修复；4. 闵氏宗族获得赋税优免。

在闵村没有找到具体的优免碑，但在费县城西子夏后裔所聚居的安靖村却找到了卜姓宗族的优免税碑。碑文名称叫作《蠲免碑记》。其中也提到了帝国优免闵氏子姓的杂项差徭一事。卜姓的《蠲免碑记》后被收入《费县志》，具体内容是：

> 盖自汉兴以来，圣帝哲王莫不以重儒重道为先，而襃圣录贤，体恤周至，则未有如我朝之有加无己者。
>
> 自顺治八年，钦命户部行文：凡圣贤后裔及其庙丁礼生，正供而外，一切杂项差徭俱行蠲免。嗣后，康熙二十三年及四十年，俱蒙户部行文，转敕圣贤后裔，杂项差徭久行蠲免，如有复行派扰，详报究处，各遵在案。乾隆五年，蒙前宪硕题蠲免旧例宜立碑垂久，永禁扳扰。乾隆二十年三月十七日，蒙户部遵圣旨恩例：恐圣贤后裔蠲免旧例日久生弊，且其族人三处各州县，倘有捺案不行者，则有蒙恩不蒙恩之分，仍照旧例，移咨抚台移文衍圣公，转敕颜、曾卜、闵、冉、言、仲各翰博，使族人所在州、县立碑垂远，仍取具碑募，缴部鉴核，庶所在知有恩例，不至妄行扳扰，而圣贤后裔庶得均沐殊恩。等因在案。
>
> 我卜氏一族，自宋时迁居于费，祖庙在焉。莅兹土者，往往加以优恤之仁。兹值县父台杨公讳烛①莅任之始，上体皇仁，下恤贤裔，恩谕立石于仪门檐下，以免风雨之蚀剥。是蠲免之例，不惟上荷国恩，而县公父台维持之功，亦与金石并垂不朽云。②

康熙五年（1666），闵村又修了一次闵子祠。由于碑刻文字大部分漫灭，不知道族人当时修庙过程的具体情况，但从中能够看清当时山东盐政道署按察司事捐俸修祠一事。今将其可读文字录下：

> 余家世业■■尤当孝友……载放……矣碛……尤为……残碑端碣历历可观。问其子孙■■多人虽……复■建昌于……驻徐……出……祠奉祀……简司省盐政驻……原也及■署中■而且……与子遇子之眷我良深而我之报……闻余之咎也。先贤能■

---

① 杨烛，固安人，进士，乾隆二十年（1755）任费县知县。
② 费县地方史志编纂委员会：《费县旧志资料汇编》（内部资料），114页，山东省新闻出版局准印证号：（1993）2–2007。

憾■因捐■之薪俸彻底■修理。……以子■■■节■科■■行
■■■悚祭……余之……未……志。沂水之西北东李店有闵子书
院。闻其……枋，是为记。

圣大清康熙五年岁次丙午大■之吉

钦■总理省直山东等庆盐政道署按察司事后学魏■■■■拜撰

原■中书科中书舍人张■蕴沐手书丹

　　江南宝应县副贡生朱约于康熙三十九年（1700）到费县任县令，
至康熙四十年（1701）离任（或康熙四十三年［1704]）。[1]且翻遍
《费县志》卷三《职官表》也只有一位姓朱的县令。2013年6月9日，
闵氏族人打来电话说，又在闵子祠前广场上发现了一块新碑刻，我于
同年8月20日前往闵村考察。这块碑刻主题文字基本已经磨平，只
有横额"名熏千古"和碑中一行大字可以辨认，其文字为"邑侯朱
老爷实德实政阖族感恩碑"。联系第三章第一节有关内容看，即康熙
三十八年（1699）皇帝授予先贤闵子骞六十五世孙闵衍籀世袭翰林五
经博士，估计当时县令朱约到闵村重修闵子祠或祭拜闵子，当然也有
可能拨给祭田地一类事情，所以，闵氏宗族对此表示感激。从闵林现
今保存大量清初墓碑看，此时闵氏宗族也颇负势力。这足可见出，地
方宗族与国家的良好互动来。

　　乾隆三十五年（1770），宗族人再修闵子祠，并留下了《重修费
公闵夫子祠堂记》。可惜"文革"时期，村民把碑运到附近磨坊当机
器底座，断为两截，如今族人将其粘连在一起，立于闵子祠内甬道一
侧。今将可释读文字录下：

　　鲁有孔子为万世师表，■■至圣焉。其■大贤，惟闵夫子、

---

① 李敬修纂修：《光绪费县志/宣统蒙阴县志》，86页，《中国地方志集成·山东府县辑》
第57卷，光绪二十二年（1896）刻本影印。然而，据同书卷五（下）"祠堂附艺文"部
分，朱约儿子朱泽沄之《双忠祠记》云，康熙四十三年（1704），朱约重修了颜鲁公庙，
并进行了祭祀。可见，朱约任费县令当至康熙四十三年（1704）。如果此说为准，《费县
志》"职官表"里的相关记载就有问题。

颜子渊居最。费，鲁地也，闵夫子实生于此。人曰地灵，地以人传，岂不信然？读鲁论，其德冠四科，孝先百行。却费宰之召，其词何其■；长府之役，其语何其婉；侍侧訚訚，其气象何其深厚。■■■，道能希圣也。春秋迄今三千余年，想见其德行孝友，宛乎如接形貌，心情其感发后■……为何如衮增封，配享至圣祀典优隆，官……[1] 闵子里，相传闵夫子之长子沃盈避桓魋之乱居于此，其神嗣遂繁盛。然安知不即为当日闵……[2] 于中。每逢春秋，邑侯率属吏及荐绅先生来此，同其后嗣奉祀生员致祭，历有年代可考。……[3] 垣，俾焕然一新，以昭禋祀。夫非追念祖先德恙著，爰致其孝心也哉？爰勒诸贞珉，以志胜事于■■云云。

后学邑庠生孙玉白撰并书丹

奉祀生六十八代孙语、诏、举、"言竟"[4]，六十九代孙广佩、光奉、光鲁、光约、相义，七十代孙招、欣、倩、仟、传、贞、秀、希，七十一代孙秉仁、志学，立石。

石匠：七十一代孙闵端、王朝宰

乾隆叁拾五年岁次■仲秋吉旦。

这一通碑刻告诉我们如下几点信息：第一，金代张万公碑记载为"闵侯恭桑之乡，这里表述为"闵子故里"，其实一也。第二，该处闵子祠，为族人和地方官员及士绅共同祭拜。第三，碑上所提及人名，有几个见于闵林清初碑刻中，但大部分不见于碑刻和闵人记忆。

咸丰年间，笃圣祠中有一棵松树被雪压倒，闵氏族人扶正后立下一通"扶树碑"，碑文曰：

乐台西阶下有马尾松一棵，历年久远。

咸丰元年二月十八日夜间，被雷雪压倒。烦阁庄众姓人等百

---

[1] 此处少 15 字。

[2] 此处少 17 字。

[3] 此处少 22 字。

[4] 此字为一个言字旁，一个"竟"。

有余人，集力扶起，以存古迹。千百年后宜加保护。

这同样表明，该世系群有足够多的人口规模。

从康乾时代祠堂和墓地大量碑刻情况来看，这个时候闵村闵氏应该建有了宗族组织。一是因为全国闵氏大宗及其组织已经确立，根据当时的规定，闵村闵子祠不可能没有奉祠生；二是因为帝国鼓励宗族的建立。《费县志》卷首"谕旨"保存了一份康熙九年（1670）十月的上谕，其中说："举凡敦孝悌以重人伦，笃宗族以昭雍睦。"[1]这说明，这份圣谕当时到达了费县，且特别切合于闵村闵氏。可惜，当时宗族组织情况至今未找到相关资料加以说明，有待来日进一步挖掘档案或碑刻。

民国九年（1920）闵氏族人重修闵子祠，并请邑人李景星留下了碑文：

> 九年春，济南人士义修东关闵子墓，功既竣，省长屈六文氏为文以记于褒扬先贤之忠，寓激励之旨意，甚善也。其夏，吾县东之乡闵村闵子后裔闵昭乐等亦倡重修闵子祠。落成，具牒于县，请记以垂久远。时长吾县者，为商丘陈侯实铭，系明赠少保孟谔先生之裔。家世倡文学，名至侯尤著。是祠得其一言，以为阐发，当与屈记前后辉映，乃谦让不居而以命余。既而昭乐等诸君子又捧其族谱，以■重要余，余辞不获，乃作。已而言曰，案《史记·仲尼弟子列传》，闵子少孔子十五岁，不详里居，而鲁论记，季氏使闵子骞为费宰，则有'如有复我者，必在汶上'之文，闵子之于费，仍无甚关系矣！然考之《家语》，闵子为费宰，问政于孔子，孔子告曰：'以德以法。'又邑志记载，闵子之长子沃盈以避桓魋之乱，聚族而居于费，费之有闵子祠也宜也。故自金元以来，县之贤士大夫对于是祠皆表扬。
>
> 闵村■■，凡为闵氏子孙，其著名儒藉者多■修德匪懈，媲

---

① 费县地方史志编纂委员会：《费县旧志资料汇编》（内部资料），9 页，山东省新闻出版局准印证号：（1993）2-007。

廉■■，即降为编民，躬耕自给，亦皆朴野质直，■■■■好，不染于■■，陶■，第以安居乐业为贵■。信乎，先贤之流风余韵所及者远，而德行之大可恃也。抑余尤有感者，当全国■改风俗，人心皆随之变，海内之士乘机应运如恐不及，即号为圣贤后裔亦多以泥古为戒，■■其奋更新是图。至于先代宫墙，致任其颓废而无暇过问。闵氏子孙岂能有所未闻欤？抑用意别有在欤？则既■祠墓之修茸与■■，令人有世道■污之叹。此省长屈氏所以不能忘情，而我陈侯之不肯为记，或以有所伤于彼，或有所新于此耶？诸君子■以记请于陈侯，如以余言为不弃，则请归而刊诸石可耶！

费县高等小学校校长兼教员邑人李景星拜撰

一等金质奖章山东陆军混成第五旅步兵第一团书记官莒县周兴南敬书

代理世袭翰林院五经博士临朐县先贤六十九代孙继立、应世袭奉祠官鱼台县先贤七十五代孙祥麟，委派家长奉祠生昭乐、昭乾、继■、广■、广■、广■、昭文、昭新、宪彝、庆锡等敬立

中华民国九年岁次庚申■■榖旦

督工奉祠生宪彝、宪■

塑像工凌德生、木工孙孝德

泥工朱相德■■襄

石工刻字闵继斌、崔■邦

民国二十八年（1939）再修笃圣祠，有碑记之。如今碑已残缺，斜斜地躺在家庙的院落里。其文曰：

重修笃圣祠碑记

……嗣而茸者，但记其年……不能详其所……如间一有二……终不免臆断之弊。其游移鲜据如一也。总之，古圣先贤德明行修，如日月星辰之……有人心莫不尊亲祠而祭之，必非无谓而然也。本尊祖敬宗之义，为崇圣尊贤之典，其意亦良厚矣！民国岁在丁丑，祠久失修，瓦屋渐多渗漏，板壁将就剥蚀。长此因循是不敬也，亦非礼也！继甫、宪彝等慨商同族，修而茸之。凡

属一切不甚整饬之处，皆去其旧而另易一新。不惟可以肃观瞻，其妥神明而伸孝思者，亦可以劝人心而厚风俗矣！其关系不綦重哉？工即竣，将勒石以记之。窃思笃圣一生盛德至行，载在典籍，读书之士类能称道之。其孝一节，几于妇孺皆知，均无烦赘述也。故亦但记其工程年月云。

署理费县县长赵滨拜撰

俊士朱宗瑗敬书

世袭翰林院五经博士七十五代孙鱼台县祥麟

奉祠人继甫、继兰、广恩、昭公、宪贡、宪彝、宪瑞、先圣、宪春、庆祥、庆锡、庆法同合族敬立

木工邵理俊

泥工孙贵

石工闵继斌

塑工张化普

中华民国二十八年岁次己卯三月谷旦

　　从上述的考辨与叙述中可以看出，作为宗族村落的闵村因为闵子骞的孝道与帝国政府始终保持着密切的关系。唐宋两代，从已有资料信息推测，该村落曾进入帝王视野，所以才有"费侯""琅琊公"和"费公"等封号，并派大臣前来祭拜。金、元、明、清，以至民国，地方政府官员都曾亲自到达闵村祭拜闵子。

　　那么，为什么一个乡村宗族的祖先被国家，特别是帝国时期的地方官员祭拜呢？我认为，首先是这份崇拜有利于维持地方社会运转秩序。诚如艾尔曼所言："我们不难理解国家支持地方性宗族发展的原因。儒家系统化的社会、历史、政治观点都是围绕祖先崇拜展开的，宗族关系被奉为道德行为的基础。忠孝等宗法观念又被外化到国家层面。因此，宗族秩序的道德影响作为地方社会的建设基石，被国家认为是有意的。"[1]关于清代宗族建设与孝道关系问题，常建华也有过深

────────────

① 艾尔曼著，赵刚译：《经学、政治和宗族：中华帝国晚期常州今文学派研究》，18页，南京：江苏人民出版社，1998年。

入探讨。①

不过，美国历史学家罗友枝（Evelyn S. Rawski）的研究似乎更为深入。她认为，清代皇帝之所以重视孝道建设是为了增加执政者的道德魅力，以避免因世袭带来的问题。世袭者往往凭祖上荫功获得地位，未必具有良好的品德。清代的统治者从明朝的教训里已经看出世袭带来的问题，他们的政治试图结合"由美德获得执政资格"（rule by virtue）和"由世袭带来统治权"（rule by descent）这两者，并努力解决两者之间存在的张力。而孝道被视为一个主要的执政美德。② 那么，由此说来，作为孝道载体的宗族被清政府重视也是理所当然。

除了闵子骞所创造的孝道文化具有公共资源品性外，我觉得还可参考里弗斯所讲的"职分传递"（succession）概念来理解。所谓"职分传递"，即公职或地位的传承。③ 由于《孔子家语》主张闵子曾做过费宰，又加之唐宋两代帝王册封其为"费侯""琅琊公"和"费公"，所以闵子被视为费县的一个区域性神明。从职分上讲，后来的历任费县县尹或县令都是这个地方官职的"嫡系后代"，既然作为前任官僚的后代，就必须给"前任祖先"提供庙堂和食物，因而帝国时期的费县地方县尹或县令等有权祭祀。

地方官员祭拜闵子的灵魂本身也是一种类似巫术的宗教仪式，因为在"接触"中他们可以获得闵子某种品格或人格，即孝道。邵式柏（John Robert Shepherd）说："皇帝和他的官员们往往是最高道德学问的化身，他们有义务使得自己的道德修养高于他们所引导的无知的大众，这些大众的道德水准往往低于帝王和官员。"④ 这里的道德主要是儒家的伦理价值观念。显然，地方官员通过祭拜仪式而"触染"闵子的孝道品格有利于获得执政的资格，做生民的表率和模范。

---

① 常建华:《清代的国家与社会研究》，1–119 页，北京：人民出版社，2006 年。

② Evelyn S. Rawski, *The Last Emperors: A Social History of Qing Imperial Institutions,* pp.197–230, p.297, Berkeley: University of California Press, 1998.

③ W.H.R. 里弗斯著，胡贻谷译:《社会的组织》，77 页，北京：商务印书馆，1990（1940）年。

④ John Robert Shepherd, *Statecraft and Political Economy on the Taiwan Frontier: 1600–1800,* p.371, California: Stanford University Press, 1993.

　　如果从传统礼制角度考察，闵子祠作为先贤祠或乡贤祠，其修建和祭祀，也是守土者的责任，是儒家的一项制度设计。同时我们看到，闵子祠对于闵村闵氏族人而言，也是供奉自己祖先神明的庙宇，即祠堂。所以准确地说，闵子骞在此既是一个地域性神明，也是一个祖先神明。国家与地方互相建构。

　　郝瑞（C.Steven Harrell）曾提出私人性质的鬼神和公共鬼神的概念。前者是指与特定的男性或女性有特定亲缘关系的超自然存在，如祖先；后者虽然与特定的人有关，不是由于特定的亲缘纽带，而是因为他们是一个地方社区的成员或是作为一个整体的社会的成员，神和鬼属于这类超自然存在。[①] 对于闵人而言，闵子骞即是私人性的又是公共性的。

　　在南太平洋的许多地区，特别是美拉尼西亚（Melanesian Islands）和巴布新几内亚（Papua New Guinea）地区，西方人类学家发现了"大人物"（big man）对超越村落之上地域社会运转的影响。这类人物是当地社会的政治领袖，通常为男性。他首先是一个村庄的头人，但又与村落头人有别，因为好几个村庄的人都支持他。他是一个意志力很坚强的人，通过自己的努力工作积累了财富，并将财富分发给其他成员（以举办盛宴的方式，也可以提供别的经济帮助，让其他人分享自己的劳动果实），由此获得了广泛尊敬和支持。[②] 所以，我们看到，"大人物"成为地区政治组织的管理者的执政资格是通过财富转化而来的，是通过交换机制获得了声望，这与闵氏族人的祖先闵子骞不一样。闵子骞对区域社会的影响不是来自财富，而是自己的道德魅力所致。他是给予的，是奉献的，不是借由交换而获得声望，他没有充满算计。在这一点上，也许中国汉人社会存在跟其他社会不太一样的运作机制。

　　科大卫毕其一生之功力，试图证明：华南地区儒家所提倡的祭祀

---

① Steven Harrell, "When a Ghost Becomes a God", Arthor P.Wolf edited, *Religion and Ritual in Chinese Society,* pp.193–206, California: Stanford Unversity Press, 1974.

② Leopold Pospisil, *Kapauku Papuan Economy,* Newhaven: Yale University Press, 1963.

礼仪是从明代中后期开始做的。[1] 但山东闵村的经验却告诉我们，这里的礼仪至少从宋代就开始了。据此，华北社会应该与华南具有不同步的历史进程。这也正是科大卫等华南学术共同体所期待和看到的地方模式。[2]

另外，从民国九年（1920）和二十八年（1939）两次闵子祠重修中我们发现留守在乡村的知识分子依然热衷于传统文化的拯救与赓续工作。他们通过祠堂的重建来应对日益变化的世界。这与投身沿海城市的知识分子在现代中国的历史进程中所扮演的角色不一样。第一次世界大战前后，有影响力的学者与富足的买办、富有的商人，以及新兴的富人与小资产阶级、手艺人、劳工、教师和记者混在一起，促进了沿海的地区的繁荣与发展。[3] 当时，乡村知识分子和城市知识分子具有不同的兴趣。城市乡村知识分子对历史、经典、迷信、传统的伦理等进行了重新评估与攻击。[4] 宗族制度是其中的内容之一。民国年间的这两次闵子祠重建应该看作是对城市新兴文化的一次"反动"，是乡村知识分子与城市知识分子之间的一次对话。这也看出，乡村与城市在现代化过程中的不同步。

[1] 科大卫著，卜永坚译：《皇帝和祖先：华南的国家与宗族》，南京：江苏人民出版社，2009 年；科大卫：《明清社会和礼仪》，北京：北京师范大学出版社，2016 年。

[2] 科大卫：《告别华南研究》，见华南研究会编：《学步与超越：华南研究会论文集》，9-30 页，香港：文化创造出版社，2004 年。

[3] 冯客著，杨立华译：《近代中国之种族观念》，115-116 页，南京：江苏人民出版社，1999 年。

[4] 冯客著，杨立华译：《近代中国之种族观念》，116 页，南京：江苏人民出版社，1999 年。

第三章　康熙皇帝、衍圣公府和闵氏族人

国家与宗族的关系同样体现在国家如何参与宗族组织的建设工作。对于一般的中国乡村宗族而言，国家很少直接干预，但对于闵氏却是个例外。但国家与宗族关系并非国家单方面地向下渗透，而是地方主动连接国家，并把国家的"意志"或"精神"吸纳进宗族里面。其吸纳的细腻程度甚至可以展现在民间命名上。

这一章讲了两个故事和一项统计性的分析。第一个故事讲，闵氏大宗当年如何在运河上觐见康熙皇帝，并被康熙封为世袭翰林五经博士。第二个故事讲，闵村闵秀才到衍圣公府取孔氏辈字作为自己宗族成员命名之用，而这些辈字都经皇帝批准。讲完历史故事后，笔者顺便考察了闵村闵氏族人姓名最后的一个用字，试图找出曾受到帝国文化和现代国家所实施的现代化变迁影响的痕迹。

当名字里都包含了国家精神或意志的时候，也就是国家在个体的身体里复制或再造了国家。

第一节　觐见康熙皇帝

就全国范围而言，闵氏宗族的建立有文献可考追溯至晋代，此前则出于一定程度的民间自在自为状态。据《闵氏族谱》记载，当时由晋尚书闵鸿（即凫鸿）"上氏族谱"。闵鸿所上族谱名为《闵氏家乘》，后经唐太宗订阅（这实际上是第二次修谱），保存于唐四库之中。具

体见于子库，有"闵子宗传一卷"。① 这说明：第一，闵氏宗族的最初建立是在重视门阀制度的魏晋南北朝时期；第二，在唐代闵氏大宗还落在帝国的视野之内。

闵姓族人追认自己的祖先为鲁国显赫的公族——鲁闵公（亦作鲁湣公）。据《济宁直隶州·闵子世家》记载，闵子属于鲁人。唐四库《闵氏家乘》只录至 33 世。此时闵氏大宗尚居于山东（34 世宗子闵相居鲁）。然而，后来山东闵氏族人经历了两次迁徙，一次是唐开元二年（714），一次是南北宋之际。开元二年（714）山东发生饥荒，闵相之弟闵玉在歙州做刺史，族人多投奔歙州。北宋末年，金人南下，46 世的嫡长系统闵襄与闵端随康王（南宋高宗赵构）南渡，当时闵端被"礼补"为太学生。② 之后，闵氏大宗从帝国的视野中暂时消失了。

明代宗景泰二年（1451）皇帝下诏，圣贤子孙免役复业。闵氏大宗宗子 58 世闵显通响应号召，复业萧县，并返回歙州。至 60 世时，宗子闵三茅携子闵寿保复业曲阜，寄籍济宁州，即今天的鱼台县大闵村。闵姓族人多复归鲁。③

明嘉靖以前，孔子、孟子、颜子三人的嫡长后裔可以享受两项优渥：一可以获得奉祠生和世袭翰林院五经博士身份；④ 二可以入学读书，即著名的"三氏学"（后增曾子后裔，遂演化为"四氏

---

① 闵祥麟:《藤阳闵氏支谱》首卷，86 页，藤县集文石印局，民国二十五年（1936）。

② 见《武台乡志》第十编"名人传"部分，打印本，1993 年；同时亦可参阅《藤阳闵氏支谱》。

③ 见《武台乡志》第十编"名人传"部分，打印本，1993 年；同时亦可参阅《藤阳闵氏支谱》。

④ 孔继汾《阙里文献考》第二册卷十八记载，诸圣贤裔"皆世官所以分承祀事者也"。自汉高帝过鲁封孔子九代孙孔腾为奉祠君，始创推恩之例。明孝宗时期，颜、孟子孙获得奉祠生身份。世袭翰林院五经博士始设于明朝景帝时期。景泰二年，命礼部召取颜、孟子孙长而贤者各一人，至京师见之。明年（即景泰三年）授予颜子裔颜希惠和孟子裔孟希文为五经博士，此博士之创所由始也。武宗正德元年，用衢州知府沈杰言，授孔彦绳五经博士，主衢州孔子庙祀事。于是南宗始有博士矣。二年五十八代孙三氏学录孔璜奏言……择孔氏次嫡之贤者授以世职。帝允其请而述圣又有博士矣。明世宗嘉靖十三年学士顾文鼎上奏本称："孝宗时，官颜、孟子孙各奉祠事可谓盛举，而曾子之后独不沾一命之荣，亦古今缺典。"乃召求曾子后人，得曾质粹于江西。十八年授为五经博士，令迁山东嘉祥，奉曾子庙祠。

学"）。① 种种特权促使闵子嫡长系统想从帝国手里获得孔子、孟子、颜子三氏后裔一样的待遇。而要想获得这些待遇，大宗嫡系的位置就必须得到帝国的认可。

明嘉靖元年（1522），闵子61代嫡长孙闵寿保官知济宁州，并奉祠于济南闵子祠、墓。闵寿保以为条件已经成熟（自己的身份、各种人际关系、家族的声望都已有相当的积累），遂请求以世袭博士资格奉祠（当时是以"闵廷珪"的名义申请的，闵廷珪不知何许人也，待考），但是明朝不知出于什么原因没有准允（族谱与孔府档案均没有记录）。

清康熙三十八年（1699），皇帝圣驾南巡归至济宁城，时间是阴历的四月五日，地点在京杭大运河济宁段南石佛闸下。闵氏64代孙济宁州学学生闵炜的儿子——闵衍籍（闵子65代孙）和闵衍籍的叔父四氏学奉祠生闵煌（闵子64代孙），② 捧着族谱和奏章，在船上觐见了康熙皇帝。他们要求援照四氏（孔、孟、颜、曾）惯例，恩准以博士身份崇祀祖先闵子骞。

康熙回京后，发部行查，看是否为闵子嫡传正宗。从孔府保留的档案《闵子后裔选补奉祠生》③、大闵家祠碑记④、静海知州赵藩的墓

① 魏武帝黄初二年（221）下诏修孔子庙，"于其外广为屋宇，以居学者"，孔府开始有学社。宋真宗大中祥符二年（1009年），重建学堂，改称庙学。元祐四年（1089），学堂添入"颜、孟二氏子孙"，遂改变了单纯有孔氏子孙读书的状况，成为孔、颜、孟三氏学。明洪武元年（1368）改为"孔、颜、孟三氏子孙教授司"。成化元年（1465）明宪宗颁给信印，"三氏学"之名正式确立。明神宗万历十五年（1587）又增入嘉祥曾氏，该铸"四氏学"印（见高建军：《孔孟之乡民俗》，济南：济南出版社，2002年）。

② 不知何因，此时闵子后人进入了四氏学。

③ 孔府档案管理中心的相关资料详见：《先贤闵子后裔选补奉祠生》，档案编号：0000532，0000538。

④ 闵氏修建家祠碑记：先大贤闵子，字子骞，系出鲁公族，闵马父家嗣，为余合族之始祖也。生于曲阜，葬于高原，为东鲁一席高弟，德名光著，敢赞且袭，独是。自古圣贤道德高厚，莫不食报无穷，垂于奕世弗朽。而始祖先大贤即历代从祀圣庙，四科与四配并享，追赠立庙齐州，从未有如我皇上之崇儒重道、优恤后人、赐爵饩糈、恩渥特盛者。先是余叔祖煌系四氏学奉祠生员，因先大人现在制中，于康熙三十八年二月恭奉圣驾南巡，至四月初五日回銮济城南石佛闸下，持谱进章，援四氏例求准博士崇祀。钦惟天颜喜动，进京发部行查确派。蒙937主吴公据我鱼邑合族公结，以先大人讳衍籍系嫡长支，详会同衍圣公具题，得邀令职于戏自光。刺史子姓多迁歙，四十六世祖讳襄与端理祖，值康王发齐州，鲁宗随驾南渡。而我先世多徙南矣。逮六十世祖讳三茅及子寿保祖复籍，间而我族姓乃得归鲁。至我祖炜实六十四世嫡孙也。余小子既痛先 （转下页）

志①等来看，吏部的行文下发到衍圣公府，责成衍圣公府查实。衍圣公府又责曲阜县衙核实（足见当时衍圣公府并不知晓闵氏大宗在济宁鱼台），结果，曲阜县衙于境内查无闵氏族人。曲阜县衙的回文中表明，闵子先贤的后裔早期确系在鲁，但后来由于战乱，皆散居他处。而闵姓嫡派族人在得知消息后，及时跟地方官员联系，在济宁知州吴柽的帮助下，三方一起论定了他们的大宗身份。之后衍圣公府报请吏部，吏部正式下文授予闵子骞65代孙闵衍籀为"世袭翰林五经博士"，取得了跟"四氏"同样的资格。这件事情最后进入了《清史稿》，在《清史稿·职官制二》中这样记载道："康熙三十八年（《济宁直隶州志》记载为康熙三十九年）授予先贤闵子骞六十五世孙衍籀世袭翰林五经博士。"②

那么，宗子身份确立以后，闵氏大宗除了获得世袭爵位的荣耀外（终止于民国三十六年［1947］），还获得了哪些实际的好处呢？

第一，族产，即祭田地。当时国家赏赐了25顷土地作为闵子祠祭祀之用，这有祭田碑为证：

> 四科之选首重德行。百行之原，厥惟孝道。古往今来，以德著而德与颜子媲美，以孝闻而孝与曾子同传者，圣门诸弟子中惟闵子而已。他若坚辞费宰，知报道自重，权门难屈。其节婉讽长府，具爱国情深，孔子特嘉其言。一生梗概类此者，莫可殚述。其俎豆千秋，固其宜也。故夫历朝均宠先贤。我朝既一，六合偃武修文，视先贤尤尊，是以降旨，俾闵嫡世袭翰林院五经博

（接上页）大人之甫叨，宠眷而遂不禄，乃复愧以冲龄而辄膺宗子，类之有惭祖德。而鱼台族众有六十五代孙衍政等，乃纠倡会盟，聚族吒村，而有建立祠堂之举。未几殿宇荒□，丹垩淡施，今事告竣以志之。余日唯唯，是诚根本追远敦宗睦族之善轨也。爰溯水悉委源，俾后之苦子孙登堂拜瞻，犹将僾然忾然，如见如闻，则世德赖以不替云尔。是为记。

大清康熙六十年岁在辛丑仲冬谷旦
六十六代孙主邑闵兴汶

① 《武台乡志》第十编"名人传"部分所透露消息，笔者没有查阅到原文，故缺疑。
② 见赵尔巽、柯劭忞：《二十五史·清史稿》（上）第十一册，《职官志》（二），440页，上海：上海古籍出版社、上海书店出版社，1986年（影印版）。

士。又，钦拔南旺湖地二十五顷二十九亩十■余田。时余摄州符蒙喻，逐段丈量，以清界址。俾闵氏世供祀典。呜呼，盛哉此举！我朝偃武修文之事于此始，崇儒重道之风亦于此兴矣！是为记。

知济宁州事后学　吴桎撰文

谨知祭田亩数、步工界址详开于后：

南段祭田十一顷七十九亩五分。北宽四百五十六步，南宽三百八十四步，南靠坝堤，北靠坝北；东长七百三十八步，西长六百一十八步，东靠坝草，西靠堤。

北段祭田十三顷五十亩。东西宽四百五十步，南北长七百三十步，北靠湖底，南顶南段。

大清康熙四十三年九月中浣　立石

此外，还可以获得优免徭役的待遇。

第二，可以获得一些政治、教育、文化等特权。首先，他们"凡遇临雍大典，则随衍圣公后观礼"[1]。有清一代，帝王经常到太学视察，即"临雍视学"，诸圣裔往往获得恩赐，参加典礼。顺治九年（1652），世祖第一次临雍视学，就先期安排"衍圣公五经博士率孔氏暨先贤各氏族裔赴京观礼"[2]。其次，他们可以恭迎圣驾。乾隆十六年（1751）皇帝来曲阜祭孔。早一年，即乾隆十五年（1750）十一月十八日，衍圣公府上报接驾及陪祀人员职名清册里（即参加接驾人员报送清册）就有"闵氏翰林院世袭五经博士闵克峻、应袭五经博士闵传基，以及陪祀族人附生闵兴沛、监生闵鸿文、奉祠生闵继宗、奉祠生闵毓珠"，同时闵克峻又在"执事各员职名清册"里。乾隆十六年（1751）二月初九，祭孔完毕，皇帝"赏十三氏博士大

① 文庆、李宗昉等纂修：《钦定国子监志·卷十五·学志七·五经博士》（上册），276 页，北京：北京古籍出版社，2003 年。
② 赵尔巽、柯劭忞：《二十五史·清史稿》（上）第十一册，《选举志》（一），412 页，上海：上海古籍出版社、上海书店出版社，1986 年（影印版）。

缎各三卷……赏陪祀十三氏子孙、贡、监生员银各二两"①。再次，可以接受特殊的教育。"顺治九年，五氏子孙观礼生员十五人送监读书，准作恩贡。乾隆后，恩赐临雍观礼圣贤后裔廪增附生入监以为常。至康乾间，天子东巡，亲诣阙里，五氏十三氏子孙生员贡成均则加恩。"②

除此之外，还可以获得其他的文化特权。如禁止民间编演闵子"鞭打芦花"的故事。此亦有碑文可证：

> 钦加同知衔赏换花翎抚院营务处在任候补直隶州特首济宁直隶州鱼台县正堂史，为出示禁止，以端风化事。近有优人演戏侮慢圣贤，致干例禁。兹据世袭翰林院五经博士闵祥麟具禀在案，实于人心风俗极有关系。原夫古圣先贤之行事载在经传，昭若日星。本无事表扬，亦非庸夫俗子所能摹拟于万一，况出自局戏之场，谬传优人之口，尊之而实以侮之，誉之而适以毁之也。现在梨园子弟多有演："在陈绝粮"，不避宣圣之讳；"鞭打芦花"，并彰继母之愆。以圣贤艰难困苦之遭快恶少轻薄谈笑之口，侮慢圣贤，实伤风化。业经抚宪示有禁例，恶习仍然未除，再为出示晓喻。自示之后，仰合邑绅、民人等知悉，如有以古圣先贤演做戏排场，准人告发，定将该首事是问，责令重罚，并优人重惩，诛一警众。即着大闵庄承袭族众等将示勒石，垂戒后世，切切特示。

> 　　　　　　　　　　　　　　又喻通知

> 光绪二十七年十一月　　实立闵子庙

以上两碑如今均存于鱼台大闵村闵子祠内。

大宗身份被确立以后，一个全国性的闵氏宗族组织也得以迅速建立。《阙里文献考》卷十八记载，根据清朝规定，凡有闵子庙的地方

① 孔繁银、孔祥龄：《孔府内宅生活》，51—55、61页，济南：齐鲁书社，2002年。
② 赵尔巽、柯劭忞：《二十五史·清史稿》（上）第十一册，《选举志》（一），412页，上海：上海古籍出版社、上海书店出版社，1986年（影印版）。

都应该设一个奉祠生来负责祭祀。[1]雍正四年（1726）全国共有 12 个奉祠生。从鱼台大闵村、滕州闵楼和费县闵村的情况来看，每一处闵子祠都坐落在一个村子里，该处居住着大部分闵姓人口，另外有少许外姓人口，构成强单主姓村落。在这个家庙周围的数个、十数个，甚至数十个村落里散居着部分闵姓人口，他们声称祖先来自这个村落。这样每一年他们就会回到有家庙的村落里去祭祖。显然，有家庙的村落构成了一个核心，周围村落形成了卫星状而环布周围。这样，家庙所在的村子可以是一个村落宗族，但围绕着家庙由周围村子里散落的宗族成员共同活动所形成世系群则构成本书导论所言的另一类村落宗族。[2]这说明，在清代初期全国至少就有如闵村这样的 12 个闵子后裔世系群体了。但对于全国而言，12 个世系群当构成一个宗族联盟。这个宗族联盟十分类似科大卫所分析的广东麦氏宗族。[3]

不过，这 12 个祠堂并非都处于平等地位，其中以鱼台大闵村的祠堂为首，其余在其管理之下彼此是平等的。鱼台闵子骞 77 代嫡长孙闵德运回忆说："解放前我们全天下的闵氏有三个官：执事官、奉祠官和家长官。我的祖父闵祥麟是翰林兼奉祠官，是总头。"广东香山郑氏宗族族规则设立了族长和族正：族长根据年龄选出，族正根据办事能力选拔，他们在祠堂内共同管理宗族事务。[4]

这样，我们可以大致勾勒出闵氏宗族的状况来：衍圣公府统领天下诸圣裔的世袭翰林五经博士。闵氏家族的五经博士又统领全国 12 个奉祠生，而每一个奉祀生又管理一处宗庙，统领宗庙周围闵氏族人。足见帝国设立衍圣公府和诸圣裔世袭五经博士的目的绝不止于礼祀孔子及诸圣贤，实乃要达成对天下控制的企图。当然，这并不是本

---

① 孔继汾：《阙里文献考》第十八卷，乾隆二十七年（1762）刻本。

② 我在《九族与乡土》一书中理解为"上位世系群"（high order lineage）（参见 Maurice Freedman, *Chinese Lineage and Society: Fukien and Kwangtung*, p.21, London School of Economics, Monographs on Social Anthropology, No.33, London: The Athlone Press, 1966），现在看来这样理解不是完全合适。

③ 科大卫著，卜永坚译：《皇帝和祖宗：华南的国家与宗族》，216–217 页，南京：江苏人民出版社，2009 年。

④ 科大卫著，卜永坚译：《皇帝和祖宗：华南的国家与宗族》，220–223 页，南京：江苏人民出版社，2009 年。

书的论证目的。不过，从这种宗族组织的建立中，闵氏族人可以获得一种集体认同与凝聚。这可以说，是闵氏族人获得的第三个益处。

山东省费县闵村的闵氏便是这其中一处，自此闵村闵氏宗族自认鱼台闵氏为大宗，而自己为小宗，至今未变。两边若有事，则互相到场。如，前些年闵村闵子祠复兴筹建过程中，鱼台闵氏大宗捐助了部分款项，并于 2003 年的落成典礼上前来参加仪式；而闵村在筹建过程中，也曾派遣代表团抵达鱼台闵氏大宗处，参观鱼台闵子祠的样式、寻访闵氏宗谱，以及与大宗家讨论重建问题，并叙宗亲情谊。2009 年鱼台闵氏大宗闵子骞第 77 代嫡长孙闵德润去世时，鱼台大宗发来讣闻，闵村闵氏宗族亦派遣以村支书闵庆风和村主任闵繁东为代表前往吊唁。2012 年 10 月我回闵村进行调研，当闵庆风从我口中知道鱼台正在修庙时，便告诉我，过些日子要去一趟鱼台大闵，给他们捐助一点钱。闵庆风在说这个话的时候，还特别加了一句话似乎给我听："因为我们建庙时，人家都来了，人家建庙，我们不能不去。"从第二章第二节一些碑刻信息也可以看出，历史上闵氏大宗就与闵村保持着密切的来往。

从这个大宗地位被确立的过程可以看出两点：第一，闵氏大宗经历了一个富有波折的家族历程，即从民间自生自在状态进入帝国的视野，然后从帝国的视野中退出，复又回归进帝国的权力网络结构中；[①] 第二，闵氏嫡长系统的认定需要三方面：国家、孔府和宗族自身。

闵氏大宗确立的过程亦即小宗得以确立的过程。像闵村这样的世系群（一个多村落宗族群）被处理为"小宗"显然并不等同于周代宗法制度中的小宗概念，因为小宗宗法框架中的小宗不会超过 4 个（继父的小宗、继祖的小宗、继曾祖的小宗和继高祖的小宗），有着严格的世代限制。[②] 就现有闵村世系群的历史情形看，假定从 62 代闵守配计算，那么，到现在最低辈分也有二十余代了。闵氏大宗与小宗的

---

① 参阅杜赞奇著、王福明译：《文化、权力与国家：1900—1942 年的华北农村》，南京：江苏人民出版社，2003 年。
② 钱杭：《中国宗族制度新探》，117 页，香港：中华书局有限公司，1994 年。

结构与孔氏是一样的，是仿照了曲阜孔氏而造的宗族。钱杭说："孔氏宗族有'百世不迁之大宗'又称为'衍圣公府'（亦即衍圣公的直系家族），是阙里孔氏六十宗户的中的'大宗户'，其余为'小宗户'。孔氏小宗还分散在全国不少地方。每当有重要事件，孔氏大宗主都会行文各地，布置相关事宜。孔氏小宗们也会发出诸如'屡奉宗主明示'之类的文件表示听取号令。"① 不过，钱杭认为，山东曲阜孔氏宗族是后世"极个别的汉人宗族内部仍然保存有大、小宗族制度（按：周代宗法制度）"的例子，是"被中国历代政府有意识保存下来的专给人参观的一个展览橱窗和模型"。我并不同意钱杭的意见，因为不论孔氏还是模仿孔氏的闵氏，其小宗都不是根据周代宗法原理而设计出来的。

帝国时代大传统之所以重视闵子骞，并不单纯止于规劝人们做一个孝子，将孝子的文化身份和人格安装在每一个社会成员的身体之内，更重要的是借此达成对社会的控制。中国很长一段时间的国家政治建立在宗族政治基础上，而宗族政治的核心在于一个孝道。汉代统治阶级实行"移孝作忠""以孝治国"政治策略。早在曾子的《孝经·开宗明义》中就说："夫孝，始于事亲，中于事君，终于立身。"《大戴礼·曾子大孝》说："事君不忠，非孝也！莅官不敬，非孝也！"秦代重用法家，企图"以法为教""以吏为师"建构国家的统治秩序，从而弃"孝"不顾。到汉代知识阶层和国家层面开始意识到孝文化的价值。陆贾在《新语·无为》中说："夫法令者，所以诛恶，非所以劝善。故曾、闵之孝，夷、齐之廉，岂畏死而为之哉，教化所致也。"这种思想代表了一种新的社会伦理秩序的设计倾向。他们"把家庭作为'治国''平天下'的出发点，一方面强调血亲观念，以加强小农家族内部团结，防止小农破产；另一方面，把小农家庭伦理观念引申扩大，强调'忠孝一体'"② 。因而我们看到，汉代皇帝普遍比较重视孝道，带头行孝。除了高祖刘邦和世祖光武之外，自西汉惠帝至东汉明帝以降皆以"孝"为谥号。他们提倡孝道，褒奖孝悌。此

---

① 钱杭：《中国宗族制度新探》，125 页，香港：中华书局有限公司，1994 年。
② 肖群忠：《孝与中国文化》，58 页，北京：人民出版社，2001 年。

后，历代皇帝都皆重视于此，例如唐太宗就曾亲自注释过《孝经》。又如，雍正亲自为闵子祠题写匾额：躬行至孝。[1] 梁漱溟说："中国文化是孝的文化，自是没错。"[2] 他认为中国文化重视孝道的原因有三：一是因为中国文化是家族主义而非国家主义；二是因为中国文化与伦理文化处处是一种尚情无我的精神，这种精神自然必以孝悌为核心而辐射出；三是因为中国社会秩序靠礼俗而非西洋靠法律，厚风俗之本在于孝的提倡，一切道德均由孝中引申发挥出来。谢幼伟认为，中国社会是彻始彻终、为孝这一概念所支配的社会。[3] 中国社会是以孝为基础而建立起来的。孝浸入了中国社会的每一部门，渗透到中国人的一切生活中。中国社会的一切习惯，皆充分体现着孝的实践，孝影响了中国社会的一切。这实际上是说，孝道是封建宗法等级制度的伦理精神基础，是"家天下""家长制"伦理政治的基础，是传统社会、政治稳定的伦理精神基础，一言以蔽之，是中国古代政治的伦理精神基础，是封建王朝建立国家的思想基础。因而，我们看到在中国人的族谱中，凡有族规的都少不了"孝道"这一条。在这样一种情况下，作为儒学孝道的实践者——闵子骞——受到崇祀也自在情理之中。

帝国对闵子骞这种崇祀实际上是一种对民间文化资源和符号的征用，并成为建构整个国家的一种文化凭借。闵氏族人则从帝国手里获得社会地位、荣耀和财产。闵子因孔子和儒学而荣，以儒学为代表的道统在两千年来跟政统又是一种合谋关系，即彼此都承认对方的合理性和合法地位。因而，我们认为，帝国跟闵子及其后裔所建立家族的关系实际上是一种文化合谋关系。正是在这样一种合谋性的互动中，国家模塑了闵氏宗族。

---

① 闵祥升、闵令波修：《鲁豫闵氏宗谱》（鱼台·微山·范县）卷二"传文"部分，21页，手写本，山东鱼台大闵村，1995年。
② 梁漱溟著：《中国文化要义》，307页，上海：学林出版社，2000（1987）年。
③ 谢幼伟著：《孝与中国社会》，转引自肖群忠《孝与中国文化》，131页，北京：人民出版社，2001年。

第二节　闵秀才到孔府取辈字

钱杭说："以'佳言善字'来编排行辈应视为行辈字号的第一要义，但绝不止此。行辈字号一旦确定以后，其意义就从文字载体上游离出来；通过对这组文字的持续使用，可以反映宗族结构在一个时期内的稳定程度。反之，如果既定的行辈字号从某一世代发生了中断或重编之类的变形，就意味着宗族结构从那时起出现了分化……"① 钱杭的意思是，行辈字号起到了凝固宗族的作用。秦燕也非常注重字辈的这种作用，② 兰林友在华北的考察也同样重视字辈。③ 在此笔者认为，完全可以把使用与不使用行辈字号作为衡量一个宗族其宗族化程度高低的重要指标。

当年笔者初到闵村就问他们的行辈字号，结果一个普通的闵人脱口而出："兴毓传继广，昭宪庆繁祥，令德维垂佑，钦绍念显扬。"这让我非常吃惊，因为它与孔府孔氏家族的行辈取名竟然如出一辙。

乾隆九年（1744）二月十七，孔府诗礼堂张贴了一张告示，是历代皇帝赐给孔府的三十个字作为行辈字，凡孔氏家族都要遵照这三十个行辈字命名。如果有不依顺序，随便乱起名者，不准入谱。这三十个字是：希言公彦承，宏闻贞尚衍，兴毓传继广，昭宪庆繁祥，令德维垂佑，钦绍念显扬。北洋政府期间，闵令贻又排了"建道敦安定，懋修肇益常，裕文焕景瑞，永锡世绪昌"二十个字。④

随后我便进一步询问其中的来由。我的"线人"闵庆歆告诉我，起先闵氏宗族取名没有什么规律，清朝时候闵村出了一位秀才，他前往曲阜从孔家抄来字辈，从此闵氏有了固定的行辈。那么，闵秀才是哪一年到孔府取得字辈来的？闵村无人能说得清楚。2011 年 10 月和

① 钱杭：《血缘与地缘之间——中国历史上的联宗与联宗组织》，224 页，上海社会科学院出版社，2001 年。
② 秦燕、胡红安：《清代以来的陕北宗族与社会变迁》，80–84 页，西安：西北工业大学出版社，2004 年。
③ 兰林友：《庙无寻处：华北满铁调查村落的人类学再研究》，43–44、52、56 页，哈尔滨：黑龙江人民出版社，2007 年。
④ 孔德懋：《孔府内宅轶事》，14 页，台北：千华出版公司，1989 年。

11 月我和闵氏族人、中学教师闵令勤进入闵林，试图通过以往留下的碑刻寻找答案。

闵林现今保存着闵氏的 10 通清代墓主人碑刻以及 3 通谱碑。现把田野调查来的 10 通碑刻文字根据立碑年代先后排列如下（括号内的公元年代乃笔者添加）：

第一通：先贤六十六代孙惺吾闵三公之墓 / 男:先德、先声;孙:楷、权、柏、楠、枋、朴;曾孙:光继、光缙、光经、光纶、光绅、光缡 / 赐进士出身行人同行人眷生王正敏顿首拜题，邑庠生眷晚生朱衣顿首拜书。清顺治十六年（1659）岁次己亥冬至谷旦。

第二通：清故乡介魁梧闵二公之墓 / 生于万历三十年（1602）九月初八寅时，卒于康熙九年（1670）二月初四日戌时 / 侄:先声、彦标、彦福、彦曾、可敬、先德、尚敬;孙:楠、楣、竹、楷，仝立 / 蒙阳逸士刘兴炎顿首拜书 / 顺治（1659）岁次己亥褉月吉旦。①

第三通：清灿然闵六公之墓 / 男:守泰、受乐、守俸;孙:璞、珏、瓒、玺、琼、璜、珔、玠 / 康熙十六年（1677）岁次丁巳暮春吉旦。

第四通：清故显考兴玄闵三公之墓 / 男:竹;孙:光绂、光绍、光纬;垂孙:催、杰、俊、仪 / 康熙三十七年（1698）岁次戊寅年仲春吉旦。

第五通：先贤六十七代孙太玄闵大公之墓 / 男:桐、楸;孙:光统、光纪、光纯、光纹、光荣、光然，立 / 康熙四十三年（1704）岁次甲申十月孟冬吉旦。

第六通：清故显考毓秀闵三公（公字，纯一），妣韩氏、王氏、吕氏之墓 / 男:闵诰、闵谦;孙:学曾、学孟、学尹;曾孙:偕、传、岱、仙 / 雍正十三年（1735）岁次乙卯桐月十二日谷旦。

第七通：先贤六十七代孙天笃闵大公，唐氏、闻氏之墓 / 奉祠孝男:光纯、光纹、光约;孙:伸、恢、仟、侯、俪、俊;曾孙:秉公、秉忠、秉懿、秉孝 / 乾隆十年（1745）岁次乙丑年仲春吉旦。

第八通:先贤六十八代孙闵二公讳诰，妣张氏之墓 / 孝男:闵学孟、

---

① 该碑文字刻写有误，何以墓主人死于 1670 年而立碑于 1659 年的? 顺序颠倒。窃认为，墓主人当卒于 1659 年，立碑于 1670 年，并以此排序。

闵学曾；暨孙：佺、偕、岱、侯／清乾隆二十九年（1764）季春立。

第九通：闵二公讳光绣，王太君合葬之墓／二公生于雍正四年（1726）三月十七日吉时，卒于乾隆五十四年（1789）正月廿三日亥时；王太君生于雍正九年（1731）四月十七，卒于乾隆五十五年（1790）十月初六戌时／男：僡；继嗣孙：秉直／（碑角残破，缺年号纪年）次甲戌季秋谷旦。

第十通：皇清闵二公，闫太君之墓／维费东南闵氏者，先贤笃圣后裔也。公讳秉常，以勤起家，乡里称善人。娶妻闫氏，生子继庆、继登。继娶马氏，生子继乐、继东、继圣。其名继庆、继登、继东者已先故，皆有后。今欲刻石以垂不朽／奉祀男：继乐、继圣；孙：广深、广安、广济、广傅、广达、广泗、广伦；曾孙：昭生、昭成、昭朋、昭公、昭德、昭润、昭会、昭礼、昭义、昭智、昭府、昭仁、昭忠、昭信；元孙：宪武、宪文、宪祖，叩立／咸丰己未（1859）荷月谷旦。

以上 10 通碑刻，顺治年间 1 通、康熙年间 4 通、雍正年间 1 通、乾隆年间 3 通、咸丰年间 1 通。顺治、康熙、雍正和乾隆四个朝代均没有出现孔府孔氏宗族字辈，直到咸丰年间的碑刻才完全按照孔氏族人的行辈字命名。即，依次出现了继、广、昭、宪四个行辈字。而且还可以证诸闵村土地上的另一块碑刻。这块碑刻现在闵村南部田间道路上，被村民用来铺路架桥。该碑立于咸丰己未年（1859），也是从闵林中运来的。其文字为：闵太公讳传家，元配王氏之墓／男：继曾；侄：继路、继冉、继思、继颜、继宗；暨孙：广和、广明，仝立／清咸丰岁次己未（1859）谷旦。这块碑刻的字辈是：传、继、广三个。这绝不是巧合，恰恰说明：咸丰年间闵村闵氏族人已按照孔府孔氏族人的字辈原则对整个宗族加以排序整理。会不会更早，比如，在嘉庆、道光两朝就已经采用孔氏字辈？闵林及闵子祠中没有碑刻可以证明，而且民间记忆亦无。但我觉得嘉庆年间的可能性没有，也许道光年间有可能。即，孔秀才可能在道光年间去的孔府。这可以根据孔府字辈的建立来分析。

徐建华说："明朝初年，有的说法是朱元璋，有的说法是建文帝，赐孔府自五十八代之后用字'公、彦、承、弘、闻、贞、尚、胤（清代时因避雍正皇帝讳，改为衍）'，孔府自己再加上五十六代的'希'和五十七代的'言'字偏旁，形成第一个十代字辈用字'希、言、公、彦、承、弘、闻、贞、尚、衍'。到明代天启年间，这 10 个字已不够用，由五十六代衍圣公孔胤（衍）植奏请皇帝，又续上 10 个字'兴、毓、传、继、广、昭、宪、庆、繁、祥'。清道光年间，经朝廷同意，又续 10 个字'令、德、维、垂、佑，钦、绍、念、显、扬'。进入民国后，七十六代衍圣公孔令贻于 1919 年咨请北洋政府核准，又制定了 20 个字辈'建、道、敦、安、定、懋、修、肇、益、常、裕、文、焕、景、瑞、永、锡、世、续、昌'。这样一来。孔府就有了 50 个字的字辈用字。"[1]（按：前揭孔德懋作"绪"，这里徐建华作"续"，二人不同。）我们看到，徐建华的结论与孔府孔二小姐德懋的说法更大的不一致在于：按照孔德懋的说法，"令德维垂佑，钦绍念显扬"这 10 个辈字用字早在乾隆九年（1744）就已经告示了；可根据徐建华的考证，这 10 个字是在道光年间经皇帝同意后才续上的。虽然孔二小姐是孔家自家人，熟悉孔府内宅的历史和人情，但其说法的著作是一部具有回忆录性质的书籍，而徐建华的作品是一部严肃的谱牒学著作。本节接受徐建华的意见。那么，既然如此，"令德维垂佑，钦绍念显扬"这 10 个字辈用字是道光年间孔府才采用的，闵氏宗族取这 10 个字至多也是在刚刚公布的道光年间。所以，比较稳妥的说法是，闵秀才可能于清代道光或咸丰年间到孔府取的字辈，但可以肯定地说，咸丰年间闵氏族人已经使用了孔府有规律的字辈了。

其实，我们细细对比则发现，即便闵氏族人在没有采取孔府辈字前，其命名也是有规律可循的。第一，有数代同一辈分弟兄们之间，取用同一偏旁部首的字做字辈，如有木字旁的、单人旁的、绞丝旁的、玉字旁的；第二，同一辈分弟兄们采用同一个字做字辈，如光字、学字、秉字等；第三，还有些兄弟除了字辈用字一样外，就连最后一个名字用字也具有同一偏旁部首，如光绍、光纬等。

现在再说闵林中的谱碑问题。

---

① 徐建华：《中国的家谱》，43–44 页，广州：百花文艺出版社，2002 年。

闵林西南部，在密林茂草中并排竖立着三块石碑，是属于村中一个世系群裂变分支的谱碑（前闵村的）。三块谱碑可分为两组，一组是于光绪二十二年（1896）所立谱碑，一组是1962年所立谱碑，均题名为"贤裔支谱"。光绪年间的谱碑只有一通，位于西面；1962年所立谱碑位于中间和东面，凡两通。光绪年间谱碑只记录到宪字辈，1962年谱碑则记录到祥字辈。这是一个很大的世系群分支，几乎囊括了闵村前半个庄子人口。

光绪二十二年（1896）支谱碑上，上首竖着刻写三排字辈用字，并标明从五十六代开始：洪文贞尚严，兴毓传纪广，昭宪庆繁祥，令德维垂佑，钦绍念贤扬。落款时间：大清光绪二十二年（1896）岁次丙申仲冬上旬谷旦。闵氏这块谱碑上的"洪文贞尚严"与乾隆九年（1744）孔府告示的"宏闻贞尚衍"有出入，但字的读音是相同的。尽管如此，也没有发现碑刻资料说明闵氏族人曾使用过这五个字辈用字。

这些字辈用字的下方刻写着该世系群裂变分支的第三支和第四支的男性人名。碑文说，闵子66代孙闵光缙有两子，长子闵俨，次子闵价。闵俨只一子，叫作闵秉德，但闵价却有四个儿子。长子闵秉常，次子闵秉乾，三子闵秉恒，四子闵秉纲。举例第四支闵秉纲的一支人口为例。第四支秉纲有五子，长子是继孔、次子是继贤，三子是继禄，四子是继祥，五子是继福；继孔有三子，长子为广顺，次子为广启，三子为广让；继贤有三子，长子广锡，次子广怀，三子广桐；继禄一子，名广彦；继祥两子，长子广瑄，次子广宝；继福一子，名广谦；广顺三子，分别是昭江、昭海、昭淮；广启有三子，分别是昭杰、昭楠、昭新；广让一子，名字漫灭不清；广锡一子，名曰昭乾；广怀有两子，昭元和昭宽；广桐有三子，分别是昭椿、昭检、昭桂；广彦一子，名曰昭瑞；广瑄两子，分别是昭仲和昭才。昭字辈的人均有后，为宪字辈，但碑文埋在土中，只露出一个宪字。如果把闵光缙的所有后代都统计出来，该是何等可观！

对于本节来说，我们并不是要一一抄录下这些人名，目的在于展现光绪年间闵族人所用字辈情况，以看出孔府的影响来。

重要的是，1962年在重立谱碑时，该世系群分支竟然聘请了当地的一位博学之士庄建中撰写了《闵氏重建谱碑序》，闵人将之勒于石碑。这则谱碑序对于研究地方人民的宗族观念和宗族实践甚有价值，今将全文录下（标点符号由笔者添加）：

> 吾县风俗淳厚，多半聚族而居。又或族必有祠，宗必有谱。其尊祖敬宗之心于此可见一斑矣！今闵村闵姓者，先贤笃圣之后裔，户口繁盛，为他姓所不及，真可谓望族也。村内尚有闵子祠在焉，至今奉祀不绝。惟考其创修之始与先至者均不明瞭，且无碑碣可考，搔首踟蹰，徒唤无奈。何询问再三，亦未得其端倪。只云现在居此地者为伊之六十二代祖守配公之后。究竟出于何地？来自何年？则又无从证明。继闻在此数百年之间，往往有因生活困难，散而之四方者，亦所在多有。年复一年，难免声气不通。幸中有一二好事者，各处采访，数建谱碑始有头绪可寻。今该族中又恐年湮代远，人口日增，将来不易整理，乃公推闵君宪德主持一切，而以族长宪全及宪恒、宪同两君副之。当即征求阖族意见，无不极端赞成。遂将祖茔柏树仆而不能起者卖去数株，以供立碑之费。于是掘土得石，琢磨成型。凡在广字辈以下者无不胪列于上。其所以然者，不特一劳永逸，而且俾后之再从事者，有所遵循言。迨其碑成之日，主者以序文见属，余不辞谫陋，仅就事实略述梗概云尔。

岁谊庄建中敬撰并书

公元一千九百六十二年岁次壬寅仲春上瀚　谷旦

阖族公立

这份《闵氏重建谱碑序》：一是揭示了修谱的意义，流露出当年族人敬宗收族的内心理念；二是坦承了对闵子祠创修时间，以及宗族村落历史的悬疑；第三，说明了当时修谱的一些情况。当然，碑序的作者也有个错误，即认为该石谱是全村阖族的，事实上它反映的只是闵村前半个村庄的谱系。

孔府孔氏宗族的字辈用字或由历代帝皇赐予，或上报经皇帝批准，闵氏族人复从孔府那里取来放在每个人的名字里。这从人类学的理论来讲，帝国的意图也便被转喻进每个宗族成员的身份与意识里。国家借此渗入闵氏宗族成员每个人的名字和信念中，也由此赋予了闵氏宗族独特的文化品格与气质，并内化为一种惯习。

第三节 藏在名字里的秘密

2004年我从当地派出所户籍科获得一份完整的闵村人口资料，把其中的闵氏族人单独析出，去掉姓氏和辈分字，仅保留最后一个字，获得结果如下：

1903 年 女：义、苓

1904 年 男：得。女：秀

1907 年 女：俊

1908 年 男：楼。女：无名氏

1909 年 男：修

1911 年 男：同。女：荣

1913 年 女：春、荣、美

1914 年 女：秀

1915 年 男：台

1916 年 男：德、善、太、申。女：霜、秀

1917 年 男：才、忠、胜。女：田

1918 年 男：川、增、田。女：明、芝、无名氏、德、吉

1919 年 男：存、新、运、改、艾、柱、如。女：玲、福

1920 年 男：太、伦、德、申。女：来、兰、芝

1921 年 男：松、秀、从、存。女：英、敏、芝、英、堂、连

1922 年 男：替、善、智、伦、彬、冉、路。女：瑞、春、德、英、兰

1923 年 男：永、荣、银。女：春、美、秀、德、莲

1924 年 男：祥、明、新、章、义、远、月、艾、敬。女：明、荣

1925 年　男：荣、成、瑞、友、亮、文、洪。女：苓、英、兰、彩、平

1926 年　男：德、银、兴、惠。女：彩、兰、英、运、英、宽、爱

1927 年　男：余、存。女：才、聚

1928 年　男：折、元、礼、问、总。女：荣、美、富、发、荣、友、存

1929 年　男：来、京、吉、营、田。女：梅、英、英、华、英、芝、普、兰、芝、固、美

1930 年　男：进、普、言、连、党、高。女：荣、荣、银、荣、德、友、秀、荣

1931 年　男：资、刚、营、举、前。女：彩、瑞、英、兰

1932 年　男：永、珍、时、信、相、柱、宝。女：秀、英、春、英、荣、连、德、兰、香、富、水、兰

1933 年　男：顺、德、才、启、运、文、峰、明。女：英、春、荣、英、玉、美、贵

1934 年　男：利、俊、普、玉、连、才、信、合。女：兰、兰、荣、荣、如、美、兰、秋、臣、华

1935 年　男：普、金。女：美、兰、荣、兰、兰、兰、兰、芹

1936 年　男：明、然、信、斌、祥、科、续。女：芝、英、英、英、兰、荣、英、英、兰、德、兰、珍、兰

1937 年　男：国、青、义、平、普、会。女：秀、荣、兰、英

1938 年　男：红。女：花、荣、莲、英、兰、荣、兰、美、平

1939 年　男：存、村、印、华、江。女：英、兰、荣

1940 年　男：岭、祥、磊、财、宗、臣、岭、吉、远、五。女：兰、兰、兰、兰、兰、荣、荣、荣

1941 年　男：永、松、占、海、怀、苍、晓、信。女：兰、勋、娥

1942 年　男：林、富、富、常、吉、远、来。女：芝、荣

1943 年　男：项、林、章、如、平、士、山、折、富。女：兰、英、兰

1944 年　男：利、柱、从、来、文、吉、俊、怀、省、臣、良。女：粉、英、英、聚、美、英、芝、英、凤、香、英、芳、英

1945 年　男：恩、增、之、星、岭、金、学、才、才。女：兰、松

1946 年　男：修、如、春、仓、珍、银、军、厚、普、启、富。女：利、兰、蕊、兰、英、红

1947 年　男：奇、志、如、迎、斗、延。女：英、英、美、俊、英、爱

1948 年　男：兴、良、同、富、一、金、华、杰、祥、户、忠。女：英、英、英、彩、兰

1949 年　男：学、普、亭、文、芹、玉、配。女：法、兰、银、兰、爱、荣、荣、英、香、美

1950 年　男：兴、军、西、平、才、达、玉、于、安、来、用、祥、金、进、等。女：英、花、秀、香、香、英、英、兰、柳、英、彩、叶、爱

1951 年　男：条、伟、学、行、坤、方、举、田、传、银、伦、增、柱、新、景、银、连、省、远。女：花、瑞、霞、芝、兰、英、学、兰、玲、珍、花、芝、美、芹

1952 年　男：富、杰、进、村、中、开、红、田、华、常、强、德、勋、杰、相、乾、收、令。女：芬、花、英、荣、兰、霞、娟、荣、芝、英、英、兰、花、秋、花、芝

1953 年　男：庆、启、法、柱、磊、志、军、国、祥、东、礼、红、顺、文、合、忠。女：英、云、云、华、云、云、香、秀、荣、芝、凤、英、银、桂、荣、荣

1954 年　男：进、建、东、新、连、景、唐、泽、立、田、富、里、友、振、代、立、新、桂、红、才、利、伦、总、连、占、立、芹。女：花、花、秀、兰、英、兰、兰、娥、英、芹、兰、花、兰、法、莲、花、英、花、兰

1955 年　男：礼、兵、文、见、远、宝、扩、红、公、顺、举、想、苍、利、青、坦、青、箱、增、良、强、申、友、金、如、论、杰、忠。女：芬、芹、银、香、花、兰、梅、军、芹、

霞、玲、梅、霞、玲、玲、英、情、玲、英、兰、月

1956 年　男：府、连、新、祥、杰、胜、岭、珍、仁、存、岭、杰、怀、来、合、来。女：芹、美、荣、花、花、英、芝、霞、荣、秀、春、红、荣、芝、兰、英、粉、花、香、花、花、香、爱、兰

1957 年　男：全、杰、信、恩、彬、京、照、启、富、亲、义、连、社、固、云、田、传、奎、同、传、富。女：云、荣、兰、花、英、田、英、芹、英、芝、云、荣、兰、荣

1958 年　男：成、沂、长、如、之、富、习、桥、松、廷、总、言、等、恩、坡。女：云、霞、花、美、芹、霞、彩、霞、芝、花、兰、华、芝、英

1959 年　男：义、府、平、星、启、珍、信、友、来、同、金、如、委、振、配、金、同。女：花、香、芹、秀、平、兰、爱、春

1960 年　男：连、军、臣、坤、符、青。女：花、芝、芝、英、英、荣、秀

1961 年　男：顺、连、崇、金、礼、喜、友、爱、钦、卫、进。女：荣、兰、银、芝、辉、连、玲、荣、霞、花、秋、荣、芹

1962 年　男：普、柱、富、来、仁、贞、金、顺、东、尚、平、海、总、宗、代、树。女：兰、花、芹、英、美、芳、秀、娟、荣、民、芬、英、香、英、兰、英、英、英、英、芝、美、兰、玲、玲、爱、银

1963 年　男：立、忠、欣、柱、峰、青、申、运、资、论、国、亮、银、如、怀、写、雷、怀、顺、恩、轩、贵、玉、松、军、扩、田。女：芳、花、芹、娜、娟、霞、兰、芳、粉、英、香、兰、花、香、玲、香、霞、荣、芹、法、英、如、芝

1964 年　男：周、对、如、东、义、学、俊、等、申、礼、国、行、顺、庆。女：云、兰、霞、金、菊、芝、英、凤、花

1965 年　男：波、宣、立、柱、礼、路、立、金、岭、伟、吉、明、欣、洗、平、连、全、欣、如、雷、柱、芝、斗、波、军、兵、舟、友、府、德、真、启。女：花、花、花、霞、梅、

花、英、梅、美、花、凤、芳、兰、真、云、春、香、凤、兰、法、秀、梅、芹、荣、英、兰、兰、兰

1966 年　男：连、军、江、全、田、立、伟、贞、存、保、勇、存、科、合、伦、总、东、富、如、慧、金、学、贞。女：兰、兰、兰、芝、云、启、霞、勋、彩、英、粉、香、花、素、翠、霞、香、粉、美、芍、均、玲、花、银、兰、彩、凤、银、荣、花

1967 年　男：宏、启、金、英、松、林、新、论、聚、树、勋、山、平、树、文、成、会、伟、军、海、猛、柱。女：霞、美、芬、英、云、花、彩、英、霞、菊、玲、荣、芝、玲、如、花、玲、俊、香、玲、花、花

1968 年　男：军、进、金、岭、于、广、文、吉、祥、存、果、玉、仁、连、孔、连、军、成、存、征、财、胜、印、富、军、喜、如、义、启、达。女：梅、爱、花、英、花、香、美、秀、荣、莲、英、丽、清、花、玲、玲、英、芹、珍、君、芳、香、会、芝、荣、芳、芹

1969 年　男：富、海、龙、江、业、学、雷、江、印、鹏、利、国、柱、民、行、伦、富、苍、全、利、义、胜、富、理、军。女：秀、娟、荣、荣、泽、英、爱、云、凤、香、春、珍、芝、芝、英、莲、彩、春、美、花

1970 年　男：金、明、来、红、会、宝、胜、文、宝、友、佃、伟、路、友、生、西、金、成。女：祥、霞、霞、秀、英、英、鹃、秀、玲、芹、云、玲、兰、英、芳、芳、芹

1971 年　男：军、旭、西、孟、生、学、伦、军、富、进、向、刚、会、利、强、营、山、朔。女：花、荣、荣、美、娟、荣、霞、芝、美、花

1972 年　男：分、华、文、广、法、廷、伦、昌、柱、义、琢、达、洪、起、平、华。女：香、梅、英、花、霞、英、秀、菊、花、芳、娥、芬、云、英、云、香、芳

1973 年　男：林、海、坤、礼、树、廷、柱、增、奎、周、法、廷、国、利、利。女：红、兰、芹、吉、花、玲、兰、红

1974 年　男：连、东、明、社、如、涛、瑞、昌、成、富、斗、启、军、宝、军。女：红、叶、芝、霞、凤、美、红、慧、芝、霞、丽

1975 年　男：宝、才、华、胜、银、来、新。女：朵、玲、珠、英、丽、兰、花、英、花

1976 年　男：凯、志、起、配、余、生、进、余、永、文、军、寻。女：英、梅、艳、芳、英、英、兰、秀、彩、英、芳

1977 年　男：乾、海、进、来、龙、林、杰、生、富、柱、明、增。女：美、梅、玲、云、霞、兰

1978 年　男：树、志、锋、全、树、五、建、键、配、生、顺、东、江、军、亮。女：云、苗、美、霞、花、玲、英、云、芝、秀、珍、霞、芹、花、秀

1979 年　武、成、林、法、启、龙、项、杰、富、松、利、法、慧、杰、顺、强、林、建、符。女：梅、英、转、换、霞、花、英、粉、荣、花、凤、玲、云、芳、兰、芬

1980 年　男：银、骞、成、山、宝、峰、富、锋、法、力、来、增、永、荣、胜、峰、慧、华、利、连、顺、林、东、顺、强、东、利、光。女：娟、英、娜、荣、英、芳、芳、贞、花、凤、珍、英、芬、金、云

1981 年　男：成、收、权、光、山、强、涛、余、学、峰、坤、俊、见、怀、宝、东、军、富、兵、才、刚、才。女：荣、英、娟、丽、喜、美、花、环、秀、梅、真、香、美、花、英、娟、慧、埃、霞、叶

1982 年　男：彬、学、来、军、全、雷、升、伟、军、超、军、锋、营、春、知、来、好、杰。女：花、霞、美、粉、花、雪、花、换、楠楠、芝、彩

1983 年　男：国、玺、委、军、欣、飞、富、龙、启、涛、国、伟、斌、军、树、伟、余、勤、德。女：英、欢欢、霞、玲、芹、春、芝、丽、玲、梅、兰、芬、娟、霞、霞、慧、梅、春、丽

1984 年　男：发、强、懿、坤、毅、会、虎、超、青、来、

配、星、勇、学、树、扩、峰、涛、生、伟、刚、芹、庚。女：芳、芹、慧、花、霞、银、会、粉、娟、云、英、柯、美、梅、兰、绢、荣、香、秀、花

1985 年 男：强、壹、华、兵、夫、涛、红、锋、奎、国、国、山、强、海、余、浩、军、烁、德、伟、存、代、伟、金、乾、虎、连、杰、存、伟。女：春、云、娟、云、花、艳、花、花、银、云、会、霞、真、花、芹、丽、玲、娜、艳、英、兰、兰、花、芹、娜、娜

1986 年 男：海、明、东、昆、岭、学、军、乾、军、彬、才、会、元、田、明、伟、玉、军、兵、山、才、宝、刚、利、成、银、宝。女：红、芹、芬、红、荣、敬敬、凤、洗、平、云、秋、雪、艳、慧、征、玲、玲、霞、云、英、颖、芳、梅、玲、玲、秀、春、花、庆庆、纳、梅、美、玲、萍

1987 年 男：强、印、杰、海、星、平、浩、辉、兵、金、瑞、孔、刚、敬、伟、春、春、伟、江、广、利、峰、超、营、武、景。女：霞、芹、燕、芝、芹、美、兰、芝、云、花、玲玲、香、乐、艳、芬、英、娟、霞、云、秀、秀、花、玲、英、荣、芹、芹、凤、凤

1988 年 男：军、强、志、君、轩、东、存、杰、兵、得、贵、兴、超、杰、军、广、航、超、伟、龙、斌、文、洋、见、军、鹏、征、军、东、民、宾、林、利、顺、伟、波、飞。女：艳、云、艳、真、芬、霞、凤、燕、菊、荣、梅、香、玲、红、秀、艳、霞、霞、兰、娟、霞、娟、丽、霞、霞、晗、英、荣、玲、玲、英、芳、静、荣、娜

1989 年 男：聪、钰、存、龙、龙、祥、平、德、龙、强、龙、行、军、强、龙、虎、强、军、东、军、健、杰、胜、余、波、东、波、超、升、生、冠、建、发、宝、栋、法、生、安、康、涛、军、群、真、朝。女：香、娟、芬、娟、娟、恩、霞、军、云、芝、英、红、英、芹、英、会、花、香、荣、艳、男、丹丹、花、辉辉、庆庆、笑笑

1990 年 男：坤、胜、全、才、成、才、坤、凯、奇、明、

生、龙、杰、尚、华、军、辉、法、磊、礼、福、江、峰、凡。女：芬、雪、云、娟、娇、情、梅、会、慧、玲、玲、香、丽、凤、霞、兰、霞、霞、彩

1991 年 男：刚、行、鹏、军、新、梅、永、龙、瑞、德、金、坤、伟、庆、凯、仓、吕、发、军、伟。女：照、芹、荣、英、娟、梅、真、霞、凤、凤

1992 年 男：猛、翔、涛、龙、超、利、哲、林、发。女：霞、君、雨、洁、云、蒙蒙、美、美、秀

1993 年 男：伟、斌、涛、毛、鑫、沛、军。女：花、雨、玲、红、凤、英

1994 年 男：学、词、春、强。女：兰、云

1995 年 烨、杰、郑、龙、瑞、伟、明。女：珊珊、晨、慧、玲、凤、韦、翠

1996 年 男：朋、杰、旭、升、法、伟。女：燕、艳、敏、秀、凤

1997 年 男：成、彬、华、文、仁、发、东。女：珠、情、媛、娟、妍、凤、芹

1998 年 男：占、成、雨、辉、磊、程、睿、强。女：雪、雨、慧、兰、美、笑笑、琪、雪

1999 年 男：义、伟、翔、照、超、武、杰。女：晨、丽、丽、玲、净、兰、美、晴、云、兰

2000 年 男：强、存、超、杰、龙、浩、辉。女：天、悦、红、春、笛、晴、越、娇、芹、鸿

2001 年 男：增、辉、磊、浩、龙、坤、欣、超、群。女：梦瑶、燕、雪、许、雨

2002 年 男：涛、磊、瑞、豪、文、恩、旭。女：蕊、晨、叶、淑萍、敏

2003 年 男：杰。女：涣

说明：这份名单包括现在（2004 年时）活着的闵姓男性人口及其配偶和子女（未出嫁的女儿），排除了死亡者和外迁及嫁出后外迁

的女性。虽然男性的配偶来自外村，但从整体考虑，她们名字最后一个字与闵姓因出嫁而离开的"闺女"没有什么差别。同样，居住在村子里的男性的最后一个字和未出嫁女孩的最后一个字也与周围世界没什么不同。因而，这份村落单一宗族的人口名字可以具有地域代表性。

从这份"名字表"中我们大约可以看出如下三个特点：

第一，男女两性有明显差异。男性名字涉及内容比较丰富而庞杂，有的从道德伦理秩序角度考虑，如"德""仁""伦""礼""义""信""智"等，这些主要是儒家所倡导的文化内容，而且是传统帝国所期望的人格特质。有的注重人生前途，如"富""贵""强""达""超""杰""志"等。有的采用动物名称，如"龙""虎"等。有的注重生命延续或具有巫术保护作用，如"柱""玉""存""续""传"等，还有些一时说不出具体含义，但多显示出阳刚之气。相反，女性的名字多与植物和天气等有关，有的直接采用植物名称，有的是形容植物花朵美丽的，还有些鸟类名字。少数字眼，如"荣""英""玉"等为男女通用。我以为，这些名字与家族宗族繁荣壮大有密切关联。涉及道德的有助于维持族内人伦秩序，涉及人生前途的有助于家族宗族事业旺盛，涉及生命保护的实际上有利于家族延续。至于女性名字的植物特征则有利于繁殖家族宗族人口，也具有弗雷泽（James George Frazer）所讲的"类感巫术"（homeopathic magic）的特征，同时也具有弗雷泽所讲的"触然巫术"（imitative magic）的特征，因为一旦拥有了某一个名字，就会获得那个名字所蕴含的力量和结果。① 我们可以设想，男性的富有阳刚的名字与女性的具备生育繁殖能力的名字二者结合在一起，定能繁育出足够多的家族人口。也许男女两性名字的差异内含着一种家族生育崇拜的思维逻辑，是列维－施特劳斯（Levi-Strauss）所言的集体深层结构意识。

---

① 石川荣吉主编，周星、周庆明、徐平、祁惠君译：《现代文化人类学》，149 页，北京：中国国际广播出版社，1989 年；芮逸夫主编：《云五社会科学大辞典（人类学）》，133、212、276 页，台北：台湾商务印书馆，1980 年。

第二，尽管很难分辨，但从这些名字还是能看出一些时代特征。比如，老年男性的名字取义多比较平和，而 20 世纪 80 年代以来出生的男性人口的姓名多突出竞争性，具有某种"霸气"的味道，如"超""强""涛""猛""翔"等这类字眼开始出现，且为许多男孩所采用，这大约与中国改革开放后进入市场社会环境有关。因为市场氛围要求与之相匹配的气质与生存能力，获得一份这样意义的名字就等于拥有在市场经济中超越于他者的人生结果。20 世纪 80 年代的女孩多用叠字命名，去掉了辈分字（此时许多男孩也丢弃了辈分字），如"闫楠楠""闫珊珊""闫笑笑""闫庆庆"等。这些叠字往往是她们的乳名。这些字听起来更加凸显女孩的"娇嫩"。20 世纪 80 年代以后出生的女孩，开始启用一些新的字眼，这些字眼为传统所不涉及。比如，像"情""晴""天""悦""娜"等。这是否与男性对女性的气质需求变化有关，有待深入研究。当然，部分男孩名字也有为传统所不用者。比如"鑫"字，希望自己积累更多的财富。这除了与市场经济环境有关外，也恐怕与对男性的社会身份要求有关。

上述第二个特点能够看出当代中国国家政策转移和社会转型对一个宗族的影响。但国家给宗族成员名字上留下的痕迹更容易在小名或乳名中加以体现，且具备时代特征。比如，20 世纪 50 年代出生的人口，有些就叫"社""公社""支援""保家""抗美""跃进"；20 世纪 60 年代和 20 世纪 70 年代出生的人口，有些就叫"立新"（与破四旧立四新有关）、"卫东"、"卫星"、"高潮"、"四化"、"新村"（与建设社会主义新农村有关）、"工业"、"农业"、"大寨"、"大庆"，还有些以城市名称命名，如叫"北京""上海""天津"和"青岛"等，这些大多是重要的政治或工业城市；20 世纪 80 年代和 20 世纪 90 年代出生人口，有的叫"农委""军委""政委""省委"，突出权力。

为了弄清楚这些富有时代背景的名字的意义，我曾访问过一个农户，并请他谈谈最初给孩子起名的想法。他告诉笔者：

> 我给女儿起名叫"繁荣"，意思是，中国受到外国的统治，1949 年解放以后中国永远不受外国的欺侮，变成繁荣的国家。我的大儿子叫"国强"，意思是，让中国在世界变为强国，变成国

强民富。另外，我还给一个侄子起名叫"国利"，目的在于希望他长大了做有利于国家的事情；我给另一个侄子起名叫"洪恩"，取报答共产党恩情之意。

第三，从"名字表"中可以看出，出生人口年份比较少的有1903—1919 年、1927 年、1960 年、1993—2003 年。为什么会有这个现象出现呢？1903—1919 年，主要是由于人口的正常老化，是人口的自然衰老与死亡造成了这个时段现存人口较少。1927 年人口较少需要结合本书第五章第二节来理解。民国十六年（1927）土匪袭破闵村，杀二十余人，山东军阀地方部队来闵村剿匪，复擒斩十余人。显然战争造成了人口出生的减少（一是战争年代本不利于生育，二是因战乱部分族人外迁）。1959 年和 1960 年闵人挨饿，所以造成 1960年人口出生急剧下降。那么，为什么 1959 年和 1960 年两个年份都挨饿，而 1959 年却没有看出人口出生减少呢？我估计原因是这样的：1959 年出生的人口通常是 1958 年怀孕的，1958 年能吃上饭，自然胎儿得到营养，可以出世；但是，1959 年的挨饿导致成年男女营养供应不上，身体素质差，大部分人恐怕已没有性欲望，连温饱都解决不了，自然性欲会降低，即使个别人有生理需求，可身体也不具备怀孕生育条件。1993—2003 年闵姓人口变少，是因为镇里严格控制计划生育，每年只给闵村有限的生育名额。也许有人会问，难道 20 世纪80 年代就没有实行计划生育吗？答案：实行过。20 世纪 80 年代也实行过严格的计划生育管理，但 20 世纪 80 年代出生的孩子其父母基本以 20 世纪 60 年代中后期出生的人口为主体，而 20 世纪 60 年代中后期是我国人口生育高峰期，所以，由于育龄妇女基数大，自然导致他们的孩子即 20 世纪 80 年代出生的人口规模也大。

总的来说，我们能够从闵人的大名和小名中看出国家及社会变迁的影子。这也是民间在地方制作国家的一种方式。

第四章　一个"村落宗族"：从村落内部宗族到地域社会分散性世系群

尽管弗里德曼的功能论宗族研究遭到了"狂轰滥炸"，似乎到了人人都想避之的地步，但我依然认为其有可取之处。从逻辑的角度而论，但凡一种东西存在总有其存在的理由。若不能满足社会或个人的需要，一件东西要想存在或流行，是极其困难的。

就像人体一样，作为一个生理结构，它由各种器官和组织组成。若这些器官和组织不能承担一定的生理机能，那么，要之何用？无论对于一个社会还是个人而言，宗族显然有其实际的价值或功用。

本章将按照本书导论第二节中所界定的"村落宗族"概念，来考察闵氏宗族。具体来说，要完成三件工作。

第一件，为了让读者系统而全面地了解北方宗族问题，请允许我把拙作《九族与乡土》第三章第一节全文转移过来。当然，我会在文字上加以调整并有所补充，以更好地呈现村落社区与宗族相叠合的文化现象。与原稿相比，增补的内容是讨论"从先贤祠到宗族祠堂转换"的问题，因为笔者此时比原来想得更加通透。

第二件，展现闵氏宗族与同一村落内的以及自身村落之外的更大地域社会中其他宗族的竞争关系。这种竞争是在国家权力场域中呈现的。本书还有一个历史事件能够说明闵氏宗族与周围村落宗族的关系，但考虑到全书的均衡性和每章主题的集中问题，笔者未将其放入本章中进行讨论，有兴趣的读者可以参阅本书第六章第二节。

第三件，呈现出一个区域性分散世系群（dispersed lineage）。具体而言，我将把闵村周围村落里的声称祖先曾来自闵村的闵姓人口逐一加以介绍，目的在于勾勒出一个以祖庙所在地村庄为中心，周围绕之以迁徙人群所生活的诸多村庄构成的区域性分散世系群。同时交代了彼此之间的联动和迁徙的原因。

本章想通过以上三件工作的追问呈现出一个实实在在的宗族。

第一节　先贤祠与宗祠：村庄内部的宗族组织与功能

先贤祠是帝国时期国家为历史上的先贤名人所建立的祠堂，多设立于地方社会或区域社会中，一般为地方史志所记载。这些先贤与享祭地域有着密切关联，或在该地域中起到保境安民的作用，或出生该地而对中国文化有杰出贡献，或以其他方式有功于一方社会，因而一般的平民百姓死后不能进入先贤祠接受祭拜。先贤祠是国家祀典的一部分。

而宗族祠堂多由地方宗族祭拜自己的高祖以上、始迁祖以下的历代祖先牌位，属于民间自己的行为，一般不会列入地方史志"祀典"类。就现有研究结论看，我们通常所说的汉人宗祠多是明代中后期以后建立的，与嘉靖大礼议有着密切关联。

弗里德曼以后，不同的学者对不同地方的宗族采取了不同变量予以考察。武雅士把汉人社会宗族的规模和内部结构归纳为 9 项指标：分支结构、族人众多、实质性共同财产、居住在一个或多个单姓村、祠堂、共同墓地、共同祭祀祖先、拥有表示关系的标志物（如族谱、名册或牌位）、社会连带关系，由此区分出三种宗族类型。[1] 兰林友研究华北宗族时列出了宗族的 12 项标准，即共同始祖、血缘纽带、谱系连结或昭穆世次、集体活动、聚族而居、宗族组织、族规家法、公有财产、同姓不婚、祭祀场所、宗族认同、亲属网络，提出了华北宗

---

[1]　Arthur.P.Wolf, "The Origins and Explanation of Variation in the Chinese Kinship System", li Kuang-chou, Chang Kwang-chih, Arthur P. Wolf, and Alexander Chien-chung Yin, eds., *Anthropological Studies of the Taiwan Area: Accomplishments and Prospects,* pp.241–271, Taibei: Department of Anthropology, Taiwan University, 1989.

族属于"残缺宗族"的主张。[①] 周大鸣重访葛学溥研究过的广东凤凰村时则采取了 5 项指标：有共同的血缘关系、居住于特定区域内、拥有共同财产、有祖先崇拜仪式、宗族观念。[②] 韩敏主要从宗族的居住模式、规制宗族结构的内部制度（包括族产、族谱、宗族的象征符号始祖、祖坟、祠堂、集体祭祖仪式和辈分命名系统、官僚和文化精英的作用等）和宗族认同三个方面考察了皖北李家楼的历史宗族。[③] 本节为了讨论方便起见，仍采用弗里德曼的宗族要素分析法来考察山东闵村闵氏宗族。

弗里德曼把东南宗族构建成一个自 A 型到 Z 型的序列变化模式。[④] A 型的主要特征是：1. 宗族成员较少，人口有两三百人，除一两位小店主和手艺人外，基本都是农民，分化程度不高；2. 宗族成员基本上耕种或租种小块土地，收入水平普遍较低；除了开基祖的小块墓地外，没有公共财产；3. 由于受到资源限制，宗族成员的婚配能力差，容易迁徙或流散；4. 常常依附于强大宗族；5. 没有祠堂；6. 只有家庭祖先祭祀和开基祖墓地简单的年度祭祀仪式；7. 没有族谱记载；8. 房与家户之间没有谱系单位，家户间经济与仪式合作不明显；9. 房长和族长由辈分最高、年龄最长的人担任，没有其他正式领导，宗族组织弱化；10. 纠纷由房长、族长处理，若不能解决纠纷，则交由社区里的士绅。Z 型宗族的特点是：1. 宗族人口有两三千人，人口结构复杂，分化程度高，有退休官员、官宦家庭、待职士绅、富商、小商人、手艺人及大量贫穷农民；2. 整个宗族拥有土地、碾米厂一类的共同财产，宗族集体经济力量强大，农民大部分耕种宗族内部的土地；

[①] 兰林友：《论华北宗族的典型特征》，《中央民族大学学报》，2004 年第 1 期；兰林友：《庙无寻根：华北满铁调查村落的人类学再研究》，51–52 页，哈尔滨：黑龙江人民出版社，2007 年。

[②] 周大鸣：《凤凰村的变迁：〈华南的乡村生活〉追踪研究》，155 页，北京：社会科学文献出版社，2006 年。

[③] 韩敏著，陆益龙、徐新玉译：《回应革命与改革：皖北李村的社会变迁与延续》，17–43、260–264 页，南京：江苏人民出版社，2007 年。

[④] Maurice Freedman, *Lineage Organization in Southeastern China*, pp.131–133, London School of Economics, Monographs on Social Anthropology, No.18, London: The Athlone Press, 1965 (1958).

3.人们往往待在社区内部，宗族凝聚力强；4.宗族自立，不需要依附强宗大族；5.整个宗族拥有祠堂，而且大部分房支也有；6.在祠堂内定期举行祭祖仪式；7.拥有族谱；8.大部分房支都拥有自己名义下的土地；9.族长由推举产生，但位置处在士绅之下，宗族组织强大；10.士绅集中管理宗族事务，纠纷往往交由宗族精英中推举出来的中人处理，极端事例由宗族精英和族长在祠堂上处理，犹如法庭一样做出判决。

弗里德曼所用心考察的 Z 型中国宗族，实际上是研究中国社会史的学者所讨论的宋代以来的近世宗族类型（其中又存在颇为复杂的不同时段或地域类型），[①]尽管弗氏所秉持的 lineage 这个概念不完全等同于汉人文献或社会里的宗族概念。一般来说，社会史学界所理解的近世宗族的基本特征有建立祠堂、型构组织、设置祖产、祭祀祖先、撰写族谱等，是宋明以来士大夫们为了应对分家析产等原因造成的亲族分崩离析状态，而托以复古并陆续推动庶民化的结果，目的在于收族。[②]在把宗族视作一个共同体方面，基本与弗里德曼没有什么区别。[③]因而，他们也多从宗族组织及其功能、祠堂、族产、族谱、祖先祭祀等角度来理解汉人宗族。[④]另外，中国社会史学者钱杭主张从"源于一宗的父系世系学原理"来考察汉人宗族，而不是从结构功能主义角度。如果从钱杭的理论视野出发，那么弗里德曼的 Z 型宗族就应当这样理解：Z 型宗族是一种大规模世系群，它既体现了"百世不迁"的大宗直系世系原理，也容纳了旁系世系相聚合的理念，"在整个宗族的'函数'对应关系中，直系世系相当于一个'常数'，而

---

① 杜靖：《弗里德曼为什么只重视中国宗族的功能而忽略系谱——兼论作为一种福利制度的中国宗族》，《青海民族研究》，2015 年第 1 期。

② 郑振满：《明清福建家族组织与社会变迁》，北京：中国人民大学出版社，2009 年。

③ 科大卫著，卜永坚译：《皇帝和祖宗：华南的国家与宗族》，216 页，南京：江苏人民出版社，2009 年。

④ 赵华富：《徽州宗族研究》，合肥：安徽大学出版社，2004 年；秦燕、胡红安：《清代以来的陕北宗族与社会变迁》，西安：西北工业大学出版社，2004 年；井上彻著，钱杭译：《中国的宗族与国家礼制》，上海：上海书店出版社，2008 年；冯尔康、常建华、朱凤瀚、阎爱民、刘敏：《中国宗族史》（该书为《中国宗族社会》的增订本），100 页，上海：上海人民出版社，2009 年。

旁系世系则相当于一个'变数'。此变数的大小不仅影响到整个宗族的规模和结构特征"。①

本节通过闵人的宗族实践去理解它究竟是一处先贤祠还是一座普通的宗族祠堂。

一、闵村的世系结构

目前闵村共有 41 个房支，前闵村 26 个，后闵村 15 个。这是整个闵氏宗族的实际房支状况。但这些房支大部分是本家五服－九族性构造，只有少数发育成更高规模的房支组织或不足五服规模的群体。但是，如果更换计算五服参考点的话，那些超越和不足五服父系亲属的结构依然是一个个五服群体。再者，即便暂时的超越或不足，但在运行一两代后，很快又回到理想的本家五服状态。每个五服房支之下，包含若干个核心家庭或少数主干家庭。这些核心家庭会沿着共父、共祖、共曾祖，最后是共高祖的不同认同范围或实际的生计合作等形成不同层级的家族组织，但核心家庭和少量的主干家庭是生计单位，而这些不同层级家族组织除了存有生计、仪式、祭祀高祖之合作外，它们并不是具有独立经济意义的核算单位。当然，这是指活着的单个人群的结构状况。

续修族谱时，我让他们尽可能追忆自己的祖先，从所忆起的最高辈分到现在每支人口的出生的最低辈分进行累计就获得一个亲等数目。从总体上看，上述 41 个房中（包含死去的祖先和现世活着的子孙），拥有 10 世支系的 2 个、9 世支系的 5 个、8 世支系的 11 个、7 世支系的 13 个、6 世支系的 5 个、5 世支系的 5 个。显然，拥有 7 世深度的房支构成了分布的众数。目前闵村健在的最高辈分是"广"字辈，最低辈分是"维"字辈，谱系的深度上下共包含 9 代。实际上，就任一房支健在的成员而言，除了村子西南角一户百岁老人的家支"五世同支"外，其余不是"三世同支"，就是"四世同支"，而以"三世同支"占据多数，男性亲属称谓结构表现为"祖父—伯、

---

① 钱杭:《宗族的世系学研究》，245 页，上海：复旦大学出版社，2011 年。

叔、父—己身—儿子、侄—孙"。这些房支中亲等距离越大的，越可能将各个小支追溯到一个祖先。而亲等越小的，往往是几个小支无法追溯到一起，只能采取合同式或依附式的团结，以构成一个仪式单位。

这些房支单位完全是出于现实的功能而存在的，并非按照陈其南的"房—家族"系谱体系理论发育出来。[①] 这是需要特别加以说明的。也就是说，他们之所以采取了灵活的策略，使其房支规模大小不一，实乃是出于现实礼仪服务和生计生活互助的需求。[②] 现实功利需求多大的房支规模，就"截取"不等世系而组成不同亲属集团。纳尔逊（H.G.H.Nelson）在对香港新界上村的祖先崇拜研究时发现，那里雷氏宗族的五个房支各自有自己所重点供奉的祖先，且这些祖先并非同代人。他由此领悟到：中国宗族的结构是由人们在世上的政治和经济联系所决定的。[③] 钱杭在山西沁县也有相同的发现。[④] 足见，闵村并非是一个孤例。

从世系学的组织成熟程度和功能服务水准讲，超越五服结构和规模的房支，在墓祭时具备一定世系性质，但在现实里他们作为一个小规模的宗族组织，发挥实体性的空间依然不会像大规模宗族那样。比如，拥有自己房支的祠堂和组织，对圈外世界发挥重要的影响力等。

从历史上和今天的情形来判断，如果严扣世系关系这一条，那么，整个后闵村并没有形成一个统一的分支世系群，相应地也没有明确的分支财产、宗族组织和分支祠堂等，内部只有一个系谱意义上规模较大的世系群单位（围绕闵倩的四个儿子而建立起来的，可参考本书附录一）。至于前闵村，虽然我能根据族谱并结合现在的人口调查

---

① 陈其南：《房与传统中国家族制度》，《汉学研究》，1985 年第 3 卷第 1 期。

② 杜靖：《九族与乡土：一个汉人世界里的喷泉社会》，297–306、363–366 页，北京：知识产权出版社，2012 年。

③ H.G.H.Nelson, "Ancestor Worship and Burial Practices", Arthur P.Wolf edited, *Religion and Ritual in Chinese Society,* pp.251–277,California: Stanford University Press, 1974.

④ 钱杭：《沁县族谱中的"门"与"门"型系谱：兼论中国宗族世系学的两种类型》，《历史研究》，2016 年第 6 期。

而重拟出系谱关系，但也仅仅是停留在一个世系图表上，跟后闫村一样并无实际的分支财产、宗族组织和分支祠堂。尽管如此，并没有影响闫村内部形成两大地域性世系群认同，或具有认同性的两大地域性世系裂变分支。这两大地域性认同一是围绕着地缘，二是围绕着地域内宗族"精英"而形成的。

过往许多学者都非常重视地缘对世系群存在的意义。提迪耶夫（Mischa Titiev）和克鲁伯（Alfred L. Kroeber）认为共同聚居是世系群得以形成的基础。[①]利奇（Edmund R. Leach）强调，人类学家应该从"活生生的现实（地方集团）而不是从抽象的现实（指世系群概念或亲族概念）开始入手"研究世系群问题。[②]福蒂斯说，如果宗族成员没有因活动的需要而聚齐起来的话，那么宗族就不可能作为一个共同集团而采取行动。在非洲社会中，世系群一般都是以地域为基础建立起来的。[③]在这些前人认识的基础上，沃尔夫（Eric R. Wolf）说："在通常情况下，共同聚居地重要性要大于谱系。"[④]

但是，我在这里还是要承认，闫村的两大认同性地域世系群仍极有可能存在着血缘系谱关联的基础，他们并非毫无血缘系谱根据。因为：第一，在传统村落内部，儿子们的房屋大多分布在父母老屋周围，久而久之，随着宗族人口的繁衍，就自然形成地缘性的扩散。这就是学界以往常说的"地缘与血缘"的叠合问题。后闫村虽然没有人能说清楚彼此之间的系谱关联（除了闫情支系外），但从长期聚居扩散的原理来看，它是有血缘系谱因素在里面的。至于前闫村我就不必在此论述了。

① Mischa Titiev, "The Influence of Common Residence on the Unilateral Classfication of Kindred", *American Anthropologist,* No.45, pp.511-530, 1943; L. Alfred Kroeber, "Basic and Secondary Patterns of Social Structure", in *The Nature of Culture,* pp.210-218 (see particularly p.210), Chicago:University of Chicago Press, 1952 (1938).
② R.Edmund Leach, "Rethink Anthropology", *London School of Economics Monographs on Social Anthropology*, No.22, p.104, London: Athlone Press, 1961.
③ Meyer Fortes, "The Structure of Unilineal Descent Groups", *American Anthropologist,* No.55, pp.17-41 (see particularly p.36), 1953.
④ 埃里克·沃尔夫著，赵丙祥、刘传珠、杨玉静译：《欧洲与没有历史的人民》，107 页，上海：上海人民出版社，2006 年。

费孝通说："血缘是稳定的力量。在稳定的社会中，地缘不过是血缘的投影，不分离的。'生于斯，长于斯'把人和地的姻缘固定了。生，也就是血，决定了他的地。世代间人口的繁殖，像一个根上长出的树苗，在地域上靠近在一伙。地域上的靠近可以说是血缘上亲属的一种反映，区位是社会化了的空间。"[①]费孝通讲的"血缘与地缘"相叠加的原理可以允许我们想象闵村两大地域世系群的形成。

王崧兴在弗里德曼实体性宗族概念和陈其南[②]系谱体系宗族概念基础上提出了两类宗族概念：一类是具有父系关系的社会单位；一类是以父系关系为基础而组成的社会单位，前者是纯粹系谱的，后者是建立在系谱基础上的，但又具有功能性质的，因而前者是汉人亲属关系中的系谱模式，后者是实际运作模式。实际运作模式的宗族并不如基于概念模式的宗族来的普遍，而后者在一个汉人社会成员心目中可说是根深蒂固。[③]

如果从王崧兴的这一理论出发，我们就会发现：后闵村基本上是一个地缘性的父系群体单位，尽管围绕着闵倩的四个儿子——作仁、依仁、体仁和弘仁——形成了一个较大的世系性单位，而前闵村是一个系谱意义上的父系单位，但两者都不是实体性的宗族组织。可是，如果把前后村两者合起来，则构成了一个实体性的功能父系单位，不过，它却并没有完整而清晰的世系关系加以支撑（只有一部分得到系谱支持）。

二、闵村的宗族组织

闵村历史上没有族长，但是有一个奉祠生，这个奉祠生管理家庙

---

① 费孝通：《乡土中国生育制度》，北京：北京大学出版社，2005 年。

② 其实，陈其南也承认两种宗族运作模式，一种是系谱性的宗族，一种是功能性的宗族，只不过他强调前者的优先性（见陈其南：《房与传统中国家族制度》，《汉学研究》，1985 年第 3 卷第 1 期）。

③ 王崧兴著，冯建彰、黄宣卫合译：《汉人社会体系的原动力：有关系，无组织》，徐正光主编，台湾编译馆主译：《汉人与周边社会研究：王崧兴教授重要著作选译》，21–40 页（具体见 24–25 页），台北：唐山出版社，2001 年。

的祭祀和一些族务，可以看成是一个"族长"，闵人叫"家长"。同时，从现在遗留下来的碑碣看，奉祠生也并不是独自一个人管理家庙，至少分成了前闵村和后闵村，也就说前闵村一个人，后闵村一个人。如果前闵村的人是奉祠生，那么后闵村的人就是个副手，反之亦然。一开始只有一位属于正常被官方批准的，但民间往往也把副手称为奉祠生。慢慢地大宗家也就接受了这个现实，并顺水推舟地批准副手也为奉祠生，目的在于使前后世系群在宗族管理组织中的地位获得平衡，从而有利于整个宗族管理与运转。这种情况发生在清末帝制坍塌以后，尤流行于民国初年。位于这两人之下还有一些族人，共同构成了一个家庙管理委员会的组织。这个组织是一个固定性的单位，尽管每一届都在更换人员。民国九年（1920）家庙树立了一块碑，碑尾说："……委派家长奉祠生昭乾、昭乐率族人广恩、广平、广宝、昭文、昭新、宪彝、庆锡敬立。"族人说，一旦遇到特殊大事，奉祠生和家庙管理会的人员就会集合在家庙里开会，商量事情。这就是说，存在一个实际的宗族组织单位，但这个单位并非由各房支长构成，在闵村无法找出像义序那样的由细密多层级房支构造出来的宗族结构。

弗里德曼接受了林耀华对义序的描述，并作为中国东南社会的一个类型（Z 型）介绍给世界学术界：

> 家庭是宗族中最小的单位，每一个家庭都有家长。积若干家庭组成一个家户（compound），每个家户有户长。积若干家户组成一个支（branch），每个支有支长。积若干支组成一个房，每个房有房长。积若干房组成一个宗族，宗族有族长。[1]

① Maurice Freedman, *Lineage Organization in Southeastern China,* p.34, London School of Economics, Monographs on Social Anthropology, No.18, London: The Athlone Press, 1965 (1958)；林耀华:《义序的宗族研究》，73 页，北京：生活·读书·新知三联书店，2000 年。

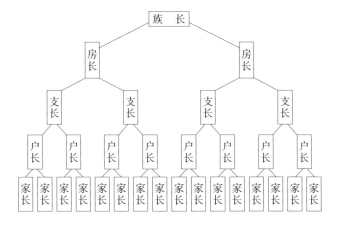

由此可见，中国东南的宗族是经由"家庭—户—支—房—宗族"这样"上下而推，有条不紊"的顺序逐步生成的。[①] 在《从人类学的观点考察中国宗族乡村》这篇文章里，林耀华更详细地描述为：个人—婚姻群—基本家族—组合家族—住户—小支—大支—房分—宗族。[②]

---

① 尽管弗里德曼对林耀华的某些描述不太满意，但他无疑接受了中国东南社会有这一类从家庭到宗族演化的宗族形式。贺喜认为，"弗里德曼强调宗族不是'膨胀了的家庭'，是为了反驳此前的论说。此前，大家以为通过人口繁殖，家庭膨胀到一定程度便会出现分支，每一分支称为'一房'，统合起来的整体就是族。弗里德曼认为这个过程是不可能的。其理由在于，从祭祖的仪式来看，家户祭祀的祖先，不包括距离家长四代以上的死者。超过了四代的祖先的神主牌位被移出家庭的神龛。因此，在家户的祭祀方式下，追根溯源不超过四代"（见贺喜：《亦神亦祖：粤西南信仰构建的社会史》，2 页，北京：生活·读书·新知三联书店，2011 年）。若从谱系建构和功能论（特别是祭祀信仰）角度来考察宗族建立的机制的话，贺喜的这番话大致没问题。若从组织演化角度看，贺喜的这番讨论恐怕是对弗里德曼的肢解。就 A 型宗族村落来说，弗里德曼的确是这个意思，但对于 Z 型宗族来说恐怕未必就像贺喜所理解的那样。考察弗里德曼《中国东南的宗族组织》一书，特别是贺喜所关心的第十一章"祖先崇拜和宗族结构"内容，发现弗里德曼真正的目的之一是揭示中国东南社会里有两类"祖先信仰"方式（一种是家户祭祀，一种是祠堂祭祖）和相应群体。他并非要导出在中国不存在从 family 到 lineage 的演化事实（从宗族组织角度言），因而其第二个目的是为最后一章所提中国东南宗族存在"自 A 型到 Z 型"系列光谱模式而张本或做铺垫。当然，弗里德曼之所以这样说也是呼应前面第五章，五服与宗族的建立原则不一样。

② 林耀华：《从人类学的观点考察中国宗族乡村》，林耀华著，张海洋、王晔整理：《社会人类学讲义》，346–360 页，厦门：鹭江出版社，2003 年。

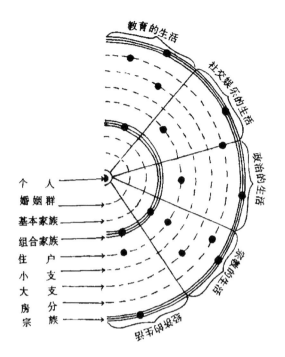

林耀华认为，"支"存在"祖父之支派""曾祖之支派""高祖之支派""先祖之支派"，然后到达"房分"，房分之上为宗族。

陈支平在福建的研究也大致支持林耀华的这个见解，尽管他没有提供具体的房支长等家族组织构造，我们从中不难推想：

> 福建民间家族及家庭相互裂变与组合比较正常的途径应当是这样的：当某一个迁居始祖带领妻子儿女在某一个地点定居下来之后，垦荒耕耘，取娶婚嫁，繁衍后代。儿子们长大成人后，便开始分家，儿子辈另成单独家庭，成为长房、二房、三房及更多房。孙儿辈成长婚嫁后，家庭再次裂变。家庭裂变的最佳时间是在二世同堂和三世同堂之间，三世同堂以上尚未裂变即属非正常情况。如此世世相衍，代代裂变，以夫妻为基本单位的个体小家庭日益增多，原先由某一迁居始祖开创的家庭，便逐渐扩展为家族。随着人口的繁衍和家庭的不断增多、家族的规模不断扩大，家族内部的分支、分房也不断增多，如果不遭受天灾人祸等外部因素的干扰，由某一个迁居始祖开创的家庭，就这样不断地演变

成雄踞一方的大姓巨族。[①]

闵氏宗族在村落一级的组织完全不同于东南中国的这种"上连下接的连锁结构"印象。

秦燕对陕北宗族调查后发现，那里的宗族存在着由家（家庭）到门（房支），再到族（宗族）的宗族构造。其中，门是陕北宗族架构中的重要支点，可进一步分为若干层次，比如老门（基础房）里有小门（扩展房），随着小门支派的增多，在门支内又有五服。[②]这个构造在形式上接近义序的情形，在机制上合乎陈其南的系谱体系理论自上而下的发育模型。显然，也与闵人的宗族组织构造不同。

义序的宗族各级组织首领产生的原则是年龄大、辈分高，并不是根据选举和委任，而是"世代递嬗自然演变的结果"。[③]闵氏家庙管理会的成员却并不是根据这个原则产生。闵村除了"族长"在理念上遵循这个原则外，其余则不同。"明白人"，顾名思义，就是比较明白事理。我在闵村调查期间于最初的一段时间帮助他们整理族谱，在我们每一天从闵庆歆家出发前，他们总是先商量去哪一支，然后讨论谁是那一支中最明白的人。一旦找出这个明白人，我们就奔向他的家。在41个房中，我发现这些明白人具有这样一些外显特征：1. 读过书（或念过私塾）；2. 在村子里担任过生产队长、会计或大队（村两委）干部；3. 当过工人，或者机关、事业部门人员，或者在这些部门工作过；4. 家庭经济条件比其他家好一些；5. 儿子混得也不错，或者有钱，或者在国家行政事业部门任职；6. 曾经多次代表本房支的家庭处理跟别的家庭和房支间的事情；7. 本房支的女孩出嫁，他可能被指定为"大客"去新郎家送女孩，本房支的某个家庭来了亲戚，比如男孩结婚，他被邀请去陪客人；8. 本房支中的家庭有什么决定不了的

① 陈支平：《近五百年来福建的家族社会与文化》，98 页，北京：中国人民大学出版社，2011 年。
② 秦燕、胡红安：《清代以来的陕北宗族与社会变迁》，65—72 页，西安：西北工业大学出版社，2004 年。
③ 林耀华：《义序的宗族研究》，27、188 页，北京：生活·读书·新知三联书店，2000 年。

事情，常常请教他，或者跟他商议；9. 人们爱去他家串门，他爱好喝茶，总是殷勤招待来玩的人喝茶。当然，这些条件并不是每一个人全都具备，大部分人只具备其中的一些。另外下面的一些条件是每一个人都具备的：1. 思维比较清楚；2. 语言表达较好，闵人称为"说话透思"；3. 记忆力较好；4 相对而言，见过世面，即经多见广。这些人实际上是每一个房支里的权威，他们大多人缘较好，很受房支成员尊重，他们常常代表房支的利益说话。他们并不是年龄最大，辈分最高。所以，他们属于一种如马克斯·韦伯所说魅力型权威[1] 或能干之人。

闵村闵氏宗族昔日的族谱没有传至今天，至少在 80 岁老人的记忆里没有印象。因而，我们无法了解闵村历代奉祠生的情况。孔府的档案馆内也没有闵村的资料。费县地方志中只在"荫袭"一栏中列出了清朝的两例闵氏奉祠生。一位是闵先声，先贤闵子 67 代孙，一位是闵植瑄，先贤闵子 68 代孙，他们都是"世袭"。[2] 县志的编纂者把他们跟宗圣曾参和孔子弟子子夏（姓卜）的所袭奉祠生的后裔放在了一起。曾氏列了 5 位，卜氏列了 2 位，曾氏涉及 3 代，卜氏涉及 2 代。从这简短的记录中，也不能得到其他的信息，比如具备什么资格才能当选奉祠生。即便是孔府档案馆内的其他闵氏奉祠生的资料也不能提供这方面的信息。不过，关于 20 世纪的几位闵氏奉祠生，从他们的后人口中可以了解到一些相关情况。

闵庆歆讲：

> 民国十三年（1924）前后闵村是一个体系，当时由家庙里的管理员闵昭乐和闵宪常当家。他们俩是奉祠生。奉祠生由大宗家——鱼台世袭五经博士——任命。任命时要给顶子。有了这顶

---

① 马克斯·韦伯著，林荣远译：《经济与社会》（上卷），241 页，北京：商务印书馆，1997 年。

② 费县地方史志编纂委员会：《费县旧志资料汇编》（内部资料），166 页，山东省新闻出版局准印证号：（1993）2-007。

子，见了县官可以不用下跪。① 一般涉及闵村的纠纷不在县衙大堂上审理，要单独私下商量。当然也由兄弟爷们推举。一般来说穷汉当不了管理员。闵昭乐当时有两顷多地。闵宪常也有四十多亩地，闵宪常之后是闵宪瑞当家庙管理员。闵宪瑞家有多少地，我记不着了。闵宪瑞之后是闵宪彝和闵继甫担任奉祠生，他们一直干到"汉奸市里"（日伪时期）。我的父亲闵宪彝当时有三十多亩地，他曾经跟着闵昭亮干过。不过，俺老爷（祖父）曾经办过窑厂，窑汪就是他当年取土造成的。他叫闵继芳，最后发展到两顷多地，也是一个奉祠生。闵宪彝给人家当过中介人，也就是担保人。马子（土匪）烧了村子后，当年县长赵滨叫闵宪彝做闵村的领袖，叫他重建闵村。赵滨在位时发话：若闵村丢失了东西，只要给他汇报一声，他给要回来。所以四周围的村子在马子狂乱时拿了闵村的东西都乖乖送回。小时候，我听见他们大人这样说。闵继甫因为缉拿马子有功，所以叫他做奉祠生。他是我们第八保的保长。"汉奸市里"又换成闵庆祥和闵宪刚。之后，日本鬼子投降，就没有了。

这段记忆碎片再度揭示出一个问题：鱼台的闵氏是大宗，而费县闵村的闵氏是小宗。大宗、小宗的确立之于世袭翰林五经博士和奉祠生有密切关联。

1946 年闵村进行土改，上级派遣了一个土改工作人员来闵村。1951 年镇压反革命，闵村重新划分阶级。当时的规定是：有 40 亩地以上，拥有两头牛，雇佣仆人妈妈和丫头的人家，划为地主；拥有 30 亩地至 40 亩地，雇佣长工者可以划为富农；拥有 10—30 亩地者，自己干，可以被划为中农；10 亩地以下的划为下中农；拥有一两亩土地的人家，并且给人家当雇工者，可以划成贫农。闵姓人没有多少人有

---

① 这与张仲礼的看法一致。张仲礼说："绅士一般被视为可与地方官平起平坐的。……当一个绅士拜会官员时，他不必行平民百姓必须行的特定的下跪礼。"（参见张仲礼著，李荣昌译：《中国绅士：关于其在 19 世纪中国社会中作用的研究》，33-34 页，上海：上海社会科学院出版社，1991 年）

很多土地，一般地主也就 25 亩左右，大部分人家只有 10 多亩地，甚至几亩地。后来经过详细调查，发现闫村的地主过去共有 5 户。其中一户拥有 40 亩地，另一户拥有 30 多亩地，第三户拥有 20 多亩地（一开始没有被划为地主，但是后来上级进行复查，结果被划为"漏划地主"），一户拥有 15 亩地（前闫村一户"小土地出租者"，由于家中没有男劳力，把土地包给别人耕种。她的外号叫"二寡妇"，"二寡妇"被划为地主的情况跟杨庆堃笔下的翁吴氏类似）。[①] 另一户姓杨，他家只有十几亩地，喂了一头牛、一头驴，另外拥有一个点心铺子。当然，村中有两户当时都有 50 多亩土地，但是村民告诉我，他们"会玩"（指会处理人际关系），结果没有被划为地主。尽管有些人是因为为人不好而被划为地主，但基本上可以看出地主的划分标准在 25 亩左右。

如果参考地主家的土地数量，那么我们能够看到担任奉祠生的人拥有土地数量在闫氏族人中是比较高的。闫广印当年是一名应考的"名童"，奉祠生，从附近朱汪村过继而来，属于"老书记一支"的祖先。这支族人讲道："闫广印曾经花钱捐了个奉祠生。"[②] 尽管前文提到族人所说的"也有兄弟爷们推举"的情况，从上述资料来看，担任奉祠生必须有一定的经济基础。这就印证了闫庆歆的讲法：穷汉当不了管理员。另外族人告诉我，奉祠生的威信应该比较高，能够给大家办事。通过对这些奉祠生的后人的访谈，我还发现，这些奉祠生都有一定的文化水准，懂得祭祀礼仪，比如闫庆歆的父亲闫宪彝就是一位乡间私塾的教书先生，同时也是一位服务村民的民俗知识专家，他会查皇历，会算账，经常给人家当保人，书写地契、过单等各种文书。我想，他们之所以能接受一定的教育还是因为他们家庭有一定的经济基础，能够供应他们读书。

---

① C.K.Yang, *A Chinese Village in Early Communist Transition,* pp.142–143, Cambridge, Mass: The M.I.T. Press, 1959.

② "孔府档案"编号 397 讲述了东野氏的一个五经博士私捐奉祠生一事（见中国社会科学院近代史研究所民国史研究室、山东省曲阜文物管理委员会编：《孔府档案选编》上册，57—60 页，北京：中华书局，1982 年），或许闫氏大宗当年亦有过类似的行为。

从族人的记忆中得知，奉祠生具体管理家庙里的一切，包括祭祀祖先，管理庙产和阊林中的财产，以及祭田地等族产。这个奉祠生实际上所起到的作用相当于族长。本书导论中曾经提到常建华关于族正的研究观点，他认为，族正不是族长，由族人选举最后由国家认定。阊村的奉祠生同样也是要由地方政府、阊氏大宗世袭翰林五经博士来确认的。通过对阊子祠和阊林清代碑刻的仔细研究发现，从来没有提到族正这一角色。之所以造成这样一种现象，我认为，对于有礼生（比如奉祠生）的乡村宗族，清代可能不设族正一职，因为奉祠生等一类礼生完全替代了族正而发挥作用。另外，家庙里还有一个人常年住在里面，负责看管家庙，包括打扫卫生和购买祭品等，多是跑腿的事情。这个看管家庙的人，往往是族中的穷光棍。族里照顾他让其住在家庙里，并且给他一部分祭田地耕种。

通过上述梳理可以发现，这明显跟义序的宗族图景不同。在家庭层面，阊人有家长；在宗族层面阊人只有奉祠生，却没有各房支长。在义序各房支长和族长构成祠堂会，族老通过祠堂会处理族务；在阊村，却是由奉祠生、家庙管理会成员构成宗族组织，如果遇到突发事件，各房支再出一个"明白人"和家庙管理委员会共同决定族务。地点多数时候在祠堂内，少数时候在奉祠生家里。处理族务的时候，也没有什么具体的文字依据，即没有族规，而是根据乡间社会的民俗习惯决断是非曲直。一般阊氏宗族也没有什么大事需要商量，除了年度祭祖仪式外。特别大的事情几十年间只有一次，那就是20世纪20年代"黄旅"（指军阀黄凤歧的队伍）来阊村剿匪，商议砍伐家庙和祖林的树木开过一次会议（关于此事下面还要详细叙述）。那次会议是在奉祠生的主持下，家庙管理会的成员参加，每一房支出了一个"明白人"来讨论的，但最终还是由族长做出了决定。阊子祠自宋代就有，被阊氏族人实践为家庙，形成宗族不仅不会被帝国禁止，还会得到国家的支持。在这样的情况下，它都没有发育出一套完整的像东南社会那样的宗族组织结构。这不能不说有着地缘上的重大区别和理念上实践的丰富性。当然，这也与阊子祠是一处先贤祠的性质有关。

对于阊人而言，日常的族务就是每年的春秋两次祭祖。组织祭祀主要是到附近的小草沟村把钱粮要来，加上自己的祭田地所产。在祭祖前几天，奉祠生和家庙管理委员会的成员会在本村和到草沟收地租，在祭祀的前一天恰逢 W 集，会安排管理委员会的一两个成员和那个看管家庙的人到 W 集上购买肉鱼等各种祭品。每年阴历二月十四和八月十四是老祖的祭辰。另外，大宗家有时回来住上一段时间，奉祠生要负责安排他的吃住，均由族产中所出。然后就如上文砍伐庙中和林中的大树这样的事情，需要这个组织做出决定。至于族人作奸犯科之类的事情，并没有发生奉祠生和家庙管理委员会在家庙里处理的例子，因为这类严重的事情多由官府处理，而小的纠纷则由各五服房支或者娘舅来解决。在交纳钱粮方面，也不是由奉祠生下达命令，而是由庄长通知各街长，街长再通知各户。交纳钱粮多由一个联合家庭的家长前往县上"完课"，亦不需要更大的房支长首领代交。由此可见，整个组织的功能也不如东南那样突出。

晚清到 20 世纪 40 年代末的闵村地方组织，[①] 在今天的闵人记忆

---

① 唐致卿先生曾经对清代以来至民国期间的山东"乡里制度沿革"有过较为详细的考证和研究。为了方便读者理解本节下面将要介绍的费县及闵村一带的乡村组织，在此简要介绍唐致卿的相关研究成果如下：清代中期以前，清政府主要利用保甲制（管治安）和里甲制（征收赋税）来控制乡村；乾隆以后，逐渐由里甲制过渡到保甲制。清初在乡村还有里、社、图的设置，直至清末仍然存在，成为山东乡村机构的第二级，其唯一职责是征收赋税，由县知事直接统治民户。"里"包括 20—40 个村庄。从 18 世纪到 19 世纪随着里甲制的被破坏，"里"逐渐成为乡之下的一个地理区划，管赋税。"图"，到 19 世纪末，取得了与"里"相同的辖区和职责。"社"，导源于元代劝课农桑的组织，清末在华北一些地区也逐渐成为赋税单位。清代保甲制还是一种户口管理制度。嘉庆、道光年间，白莲教起义，地方官加强了保甲组织。太平天国起事后，山东各地兴办团练。甲午战争后，东抚李秉衡通饬各属一律举办保甲团练。光绪年间不断加强保甲团练制度。

清末新政以后，1905 年各县办巡警，取代团练，保甲废止。代保甲和都图里社而起的是城、镇、乡自治区。县下设"隅"，"隅"下设"乡"，"乡"下设"社"，或遵循县—乡—里—甲—村制度，村治有首事、地保和村长。

民国时期实行保甲乡闾制度。清末民初，北洋政府县以下设城、集、乡建制。1914 年袁世凯下令严行乡村保甲制，即以自然村为单位设保，保下设若干；保长为一村之长，山东即照此办理。民国实行保甲制和闾邻制，民国实行的保甲制与清末保甲制大同小异。1928 年后山东各县开始设区的行政编制，县下设区，区内设区公所，设区长和区监察委员会，村（里）民大会，村（里）公所；村（里）公所设村里长和村监察委员会，下设闾，设闾长，闾下设邻，设邻长。区公所设准武装团，区团长 1 人。在乡镇编为甲，设甲长，闾编为牌，由居民出团丁。在青岛部分农村，村庄设有庄长 1 人，街长 1人（即副村长），首事若干人，地保 1 人或 2 人。1929 年 6 月国民政府颁布《县组织法》，出现了"镇"这个概念（百户以上之街市，不满百户者为乡）。1930 年 7 月，（转下页）

中非常混乱，也许由于年代久远造成了遗忘和记忆的相互干扰而叠压，也许由于人们根本不太在意这些东西，当然有些情况是他们没有经历，而只是听老人言谈的。下面是由 89 岁的闫庆申和 87 岁的闫庆歂两位老人提供的情况。他们是今天保存闫村旧日记忆较多的两位老人，而且记忆力也较好，头脑思维还比较敏捷。尤其是闫庆歂老先生，他的曾祖父、祖父和父亲都曾是乡村地方政坛上的显要人物，自小他就听祖父、父亲讲述过，而且祖父、父亲处理公务的很多事情他都经历过。

片段一：当年整个东汪社分成青、黄、兰、白、黑五旗，负责村庄联防。闫村属于白旗。一个旗相当于现在的一个管理区。闫村的圩长是由县长任命的。通常文书格式是："任命某某为闫村圩长。县长某某某。年月日。"圩长管圩子里边的事情。在闫昭亮下去后，闫宪彝接管了后闫村。

片段二：闫村过去有圩长的时候，也有庄长。当时闫村分成前后两个庄，各有一个庄长。庄长负责全面工作。例如圩子外面

（接上页）国民政府又颁布《乡镇自治施行法》，各县重新分区编乡，乡村社会纳入一级行政区划，成为最低一级的行政单位。山东县以下的区乡设置，一般是 1 县设有 10 个左右的区，1 个区设 10 个左右的乡。区公所设区长 1 人，助理员 2 人，雇员 1 人，区丁 2 人；乡（镇）公所设乡镇长 1 人，副乡镇长 1 人或 2 人。1933 年颁行《山东省实行编查保甲户口暂行办法》："保甲之编组，以户为单位，户设长，十户为甲，设甲长，十甲为保，设保长，保属于乡镇。"甲长实际上是几个家庭的家长代表；保长负责征税、摊派和村庄日常事务。也有的村不称保长而称村长，甚至沿用清代的地保名称。七七事变前，在保甲基础上出现了"联保"（二保以上者，设保长联合办事处）。其实，山东各县乡里组织非常凌乱，明清时代大有如下若干模式：1. 乡—社—屯—村；2. 乡—保—村；3. 乡—约（号）—村；4. 乡—图—村；5. 乡—图（里）—地方；6. 乡—牌、社—村；7. 区—乡—社—村；8. 区—保—屯—村；9. 里—村；10. 区—约—村；11. 区—村；12. 路—约—村；13. 路—村；14. 社—村；15. 都—里—村；16. 都—设—村；17. 堆—村。1939 年日军占领济南后，伪政府仿照保甲制在全山东推行保甲制。其间共产党在敌占区或接近敌人的游击区实行"两面政策"，即利用日伪承认的保甲制为抗日服务（当然，他们也为日伪服务）。但在解放区，1941 年 10 月山东省战时工作推行委员会颁布《关于村政组织与工作的新决定》，修正了间邻制，取消邻级，于村镇与间之间设里，缩小间的范围（15 家为间），形成县—区—乡—行政村（或镇）—里—间体制（详见唐致卿：《近代山东农村社会经济研究》，34-107 页，北京：人民出版社，2004 年）。

第四章 一个「村落宗族」：从村落内部宗族到地域社会分散性世系群

住的人家，庄长也管着，但圩长只管圩子内部。有一段时间前闵村没有人愿意干庄长，后闵村的人来前闵村当庄长。

片段三：东汪社的社长是谁我们想不起来了。俺庄里闵昭元是地保。地保传达上面的文件，催钱粮就是地保的。当时，一个社下设若干地保，有时一个地保负责几个村子。地保大于庄长，庄长必须听地保的。地保是社长的使用人。他是通信的，是一个耳朵。另外，地保负责官司。

片段四：当年，东汪社的民团团长闵广维就是这个庄的，他带领着人去东埠打马子，死在那里，后来东埠的王家做了口好棺材抬着送来了。

从这四个看起来有些凌乱的记忆碎片中，我们大体知道，地方社会有两种官方的组织。一种是乡村的地方政权组织，即：社长—地保—村长。另一种是地方的军事自卫组织，即：团长—旗长—圩长。如果考虑到宗族组织，那么当时闵村的组织共计三种。宗族的组织用图式可以表示为：奉祠生—家庙管理员和临时各房支的"明白人"—守祠者和族众。

那么，这些乡村社会的"当官的"都存在什么关系呢？让我们先来看这些记忆片段。

片段一：奉祠生的地位和权势比村中的圩主大。奉祠生是家族封的，圩主是乡里封的，只负责防卫。一般来说，圩主需要听奉祠生的话。闵昭乐就是奉祠生，当年闵村的圩主就听闵昭乐的。

片段二：管理员更得听奉祠生的，同时他也听圩长的。但是就像北京市的市长管着金銮殿一样，圩长也管着家祠。奉祠生有功名，而圩长没有功名。

片段三：奉祠生不问庄里的事情，只管宗族事务。但是他大于庄长。庄长负责钱粮。奉祠生和庄长有事常常商量。他们说，庄长相当于现在的村主任，因为当时没有书记。

这里涉及奉祠生、庄长、圩长和家庙管理员四种乡村社会的身份。按道理，宗族的组织和村庄的组织应该互不干扰，但是我们发现这里交织在一起构成一个权力场域。不妨把奉祠生理解成乡绅，这个乡绅的权力实际比庄长要大，也就说对闵村社会的干预和影响，奉祠生要比庄长大得多。张仲礼就把奉祠生列为士绅的一类。[1] 出现圩长管理家祠的事情，是因为一个特殊的情况，即当年家庙里也有一个圩子。这个圩子是前闵村的一个人发动建起来的，自然在那段战乱时期，他比奉祠生有着更多的影响。

其实，我在调查中还发现，宗族组织和村落里的政权组织人员以及民间军事防卫组织是重叠的。比如上述所举民国九年（1920）的那块碑碣，其中的族人即是家庙管理员，也是村里的政权人物，闵宪彝就是后来任后闵村的村长，当然他也是后闵村的圩长。这是三套相互叠压的组织。杜赞奇曾经指出："……19世纪末20世纪初，宗族势力与保甲组织相混合，成为权力文化网络中的一个重要环节。"[2] 造成这种状况的原因是国家权力向乡村社会的渗透，"保甲首脑全为宗族首领所充任。宗族首领利用官府赋予保甲组织的权力进一步巩固和扩大其对村庄的控制。可以说，血缘团体和行政区划是同一乡村社会实体的两个侧面，它使宗族组织更为'正统化''官方化'"[3]。从闵村的案例来看，杜赞奇说对了一半，两者在对村落和族人实施管理的时候确实有含混不清的地方，但是，闵氏的奉祠生和庄长还是明确能够分开的。

下面让我们借助地方志和民间记忆来进一步理解整个乡村社会的组织情况。

李景星《费县乡土志》说："全境之内，旧设四乡，六十二社。后分为七十五社，又并为四十二社，寻改为四十八社。至乾隆年间，

---

① 张仲礼著，李荣昌译：《中国绅士：关于其在19世纪中国社会中作用的研究》，14页，上海：上海社会科学院出版社，1991年。

② 杜赞奇著，王福明译：《文化、权力与国家：1900—1942年的华北农村》，71页，南京：江苏人民出版社，2003年。

③ 杜赞奇著，王福明译：《文化、权力与国家：1900—1942年的华北农村》，72页，南京：江苏人民出版社，2003年。

复为四十二社。"① 东汪社属于东北隅七社之一，闵村隶属东汪社。②
由此可见，社长一职是当时介于县和乡村之间的一级机构的首领。除
了这些记载之外，其余资料没有，所以难以知道乡村社会里面的情
况。但据一般常识而言，乡村里面存在两种组织，一种是保甲，一种
是里甲。保甲负责治安，里甲负责催收钱粮。庄长应该归属里甲制里
面的成分，但事实上，地方治安也离不开庄长。

《费县志》中没有明确详细记载保甲制的资料，只能从零散记录
中推知清朝费地的情况。据《清文献通考》卷二十一记载，顺治元
年（1644），"置各州县甲长、总甲之役，各府州县卫所属乡村十家
置一甲长，百家置一总甲。凡遇盗贼、逃人、奸宄、窃发事件，邻
佑即报知甲长，甲长报知总甲，总甲报知府州县卫，核实申解兵部。
若一家隐匿，其邻佑九家甲长总甲不行首告，俱治以罪"。③康熙九
年（1670）皇帝特谕建立保甲，联保甲以弥盗。④咸丰六年（1856）
"匪乱"四起，"户部员外丁守存奉檄来沂，倡办团练"。钦差大臣
又札饬邑绅、前江西瑞州府知府王嘉麟总司沂郡团防。"嘉麟复举
从弟、前广西知县殿麟及候选训导陈家树、王肇俊为之助，而团练
之法乃行。"一开始，县令在差役中挑选精勇，建立"班勇"。咸丰
十一年（1861），费县知县王成谦在"班勇"的基础上，扩大规模，
建立五旗，每一旗数十人。"民间知团练之进可以战，退无以守，乃
各筑圩寨，为御敌之计。若东埠、东固、天宝山、徕庄铺各圩长，

① 李景星：《费县乡土志》卷下，载《费县旧志资料汇编》（费县地方史志编纂委员会
编，内部资料），384页，山东省新闻出版局准印证号：（1993）2-007。当时的费县包含
现在的费县和平邑两县。

② 费县地方史志编纂委员会：《费县旧志资料汇编》（内部资料），24页，山东省新闻
出版局准印证号：（1993）2-007。

③ 张廷玉等奉敕撰，后嵇璜、刘墉等奉敕撰，纪昀等校订：《清朝文献通考》卷二十一
《职役一》，5043页B，上海：商务印书馆，1936年。

④ 张廷玉等奉敕撰，后嵇璜、刘墉等奉敕撰，纪昀等校订：《清朝文献通考》卷
21"职役一"，5047页A，上海：商务印书馆，1936年；费县地方史志编纂委员会：《费
县旧志资料汇编》（内部资料），9页，山东省新闻出版局准印证号：（1993）2-007；又，
据光绪《大清会典事例》卷一五八记载，清朝的保甲是：城乡十户立一牌头，十牌立
一甲头，十里立一保长，给印牌一张，备数姓名丁数，出则注明所往，入则稽其来。

皆毁家纾难，苦战坚守。"[①]一般来说，县以下地方设民团（各社），其首领称"团长"。咸丰年间，费县有地方团、东埠团、东汪团等民团。具体到村庄，就是各自筑圩，当时费境比较有名的圩子有33个。圩子的负责人就是圩长。圩长的主要职能就是率领族众守圩拒匪。但是，上边如果需要又可以加以调遣，进行联合剿匪。当年时任东汪社乡团团长的闵广维就奉命，率领乡勇前往东埠联合攻打"乱匪"。[②]可见民间关于地方军事自卫组织的记忆是清咸丰以来的状况。

那么，民国以来闵村地方社会的军事组织又该如何呢？可惜费县的档案资料历史上两次被焚，无从具体知道。我们只好根据民国年间的《续临沂县志》来参照。民国年间的民团是指县警备队。《续临沂县志》曰："属于官者曰警察，曰武装警察，曰民团大队；属于民者曰保卫团，曰自卫团，曰联庄会。"[③]但是在民间的记忆里，他们仍然把乡社和村庄圩子里的民间军事组织叫作"民团"。民国二十四年（1935）七月临沂奉令成立联庄会训练处。训练处设主任一员，由县长兼任。当时临沂全县分8区192个乡镇，全县编制为一个联庄总会，总会会长由县长兼任。每一区编为一个分会，由全区乡镇长选出3人，由县长择委其中1人，并呈报民政厅备用。如果地方确实需要，往往每一区再增设副分会长1人。每一乡镇编制为一甲，甲长由乡镇长或富有军事常识且有相当职业者充任。每甲会员568名，甲分四牌，牌分3组，组分3伍，每伍会员15名。各牌组伍长由各庄长及闾邻长充任之，或选有军事学识，富有身家者充任。凡18岁以上45岁以下之男子均有充当会员之义务。凡会员在25岁到40岁的人为常备会员。召集会员的办法：各区按照"出夫"方式轮流训练。训练费用由拥有30亩地以上者承担。这个联庄会的组织系统表如下：

---

① 费县地方史志编纂委员会：《费县旧志资料汇编》（内部资料），169–170页，山东省新闻出版局准印证号：（1993）2–007。

② 可参阅费县地方史志编纂委员会：《费县旧志资料汇编》（内部资料），"兵事纪略"和"人物志"部分，山东省新闻出版局准印证号：（1993）2–007。

③ （民国本）范筑先等修纂：《续临沂县志》卷十一《防卫》，3页，临沂档案馆，档案编号：J1/47。

总会长（县长兼任）—分会长（由一个区中的某一乡镇长兼任）—甲长（乡镇长兼任，每乡镇一甲）—牌长（由数个村庄中的一个庄长兼任）—组长（由庄长在村中挑选村民任命）—伍长（由庄长推选村民担任，正副伍长各一员）。[1] 这个保甲制度一直延续到国民党退大陆。不过，抗战以后，民间又把牌长称为保长或联保长。当时东汪社分为八个保，闵村闵继甫担任八保的保长。据村民说，一保相当于一个小乡，即现在的管理区。从这份地方史志资料中还可以看出，当时的地方政权组织是：县—区—乡镇—小乡（牌或者保）—村庄—闾邻。不过村民的记忆里却说：

> 解放前，前后闵村各分成五个旗，即"青黄兰白黑"五旗，每一个旗有旗长，旗长归属庄长管辖。这些小官，多是村里选举，上边任命。这个时候，W是一个社，下边设有若干小社，相当于后来的管理区。这个小社的头也叫旗长。当时闵村所在小社是"白旗"。

民间的记忆有点混乱，跟地方志的记载并不完全吻合。不过，这种情况一点都没有什么奇怪之处。这就像现在的情况一样，虽然人民公社制度废除有20年了，但是乡村世界里仍然把乡镇叫作公社，把村民委员称为大队，把村主任称为村长，把村民叫作社员。

抗战胜利后，共产党接管了这一地区，乡村体制又呈现出另外一种情况。村民说，1946年的八路军在闵村建的组织是：庄长、农救会会长、自卫队队长、儿童团团长、妇救会会长。国民党进攻山东解放区被打败以后，一直到20世纪50年代初期，前后闵村又各分成5个街，街有街长，街就相当于现在闵村的小组。

在民间的记忆里面，庄长除了负责乡村的防卫外，他还要做些什么呢？让我们来看民间记忆层面的东西：

---

[1] （民国本）范筑先等修纂：《续临沂县志》卷十一《联庄会》，8页，临沂档案馆，档案编号：J1/47。

片段一：

1940 年，W、方城、诸满安上了鬼子的据点。闵昭公、闵宪高干完庄长以后，是闵庆祥（管理后寨）干。闵庆祥不干了，又换了"麻党"①。"麻党"曾经对一户催粮，恰是一户穷汉（闵宪永），交不起粮食，只好上吊而亡。几乎天天有人要粮，不论黑白。有时候一天好几部分人来要。"麻党"当时是旗长。"麻党"干了不到两年，也干不了了（被闵宪勋告了，八路军把"麻党"逮去了，闵宪勋参加了八路）。②结果又让给"壶嘴子"（闵庆运，后来当了八路）。"壶嘴子"以后是闵宪平。没多久又让给了闵庆聚（闵繁荣的父亲）干。闵庆聚之后就解放了，成立了初级社。闵庆聚跟八路军关系不错。他之所以完成任务，大部分情况下是自己垫支的。闵庆聚有四十多亩地，有牛。如果不应付他们，这些要粮者就把庄长带走做肉票。闵庆申也曾被当过人质。八路军的人跟他们好一些，一不硬逼，二不绑人。八路军当时跟庄长说："别的人来要粮，你们就少给一点。咱们该怎么办的还怎么办！"八路军也明知道庄里给其他力量催办钱粮，但是并不对庄长怎么着。其他股要粮的人经常打骂庄长。当时，有些痞子充任庄长（"麻党"），他们借机逼迫百姓，目的想跟着吃喝。汉奸来闵村，经常扒老百姓的衣服穿。

片段二：

前闵村闵宪刚当完了庄长后，闵宪芝接任，闵宪芝干了一段时间，结果被汉奸打了一顿，之后闵庆照干，不到一年，闵庆照就不干了。之后就成立了社。

片段三：

各种力量都来闵村催要钱粮，老百姓都要拿出一部分应付他

---

① "麻党"是一个诨号。闵令勤老师及其他族人建议我把"麻党"的事情删除，原因是，他是我一个同学的外祖父，这个同学给我的田野调查以莫大的帮助，我考虑再三，还是决定保留下来而不予更改。

② 村民说，闵宪勋什么都干过，就像今天的痞子，军人、汉奸他都当过，霸占妇女，后被政府在附近芝麻沟村镇压。

们。汉奸、王洪九、中央军、乡公所、八路军，还有冒充者都要应付。当时在闵村当庄长很不容易，不敢得罪任何一种力量。

片段四：

当时正经人没有人想干庄长，因为各方面来要粮，你必须交上。你交不上就得自己垫支，所以没有点东西的，不敢当庄长。他们在要钱要粮上有点像现在的大队干部的做法。

可见，这个庄长的主要功能是替各种力量催要钱款。这与刘志伟所呈现的华南情景不同，因为在华南，宗族组织和里甲结合在一起。也就说，宗族组织承担了里甲的功能。[1]

其实，地方村政需要应付各方面的事务。唐致卿的研究表明，当年在敌占区和游击区，日伪建立的保甲组织，主要功能有二：一可以向农民征收田赋、征发兵役，清查户口和传递情报；二可以成为向抗日根据地进行蚕食扫荡的基地，隔绝农民与抗日军队和抗日政府的联系。为了打破敌伪封锁线与"囚笼"政策，变敌占区和游击区为抗日前哨，各解放区领导机关，遂采取了对敌占区和游击区的"两面政权"策略，即让那些由日伪政府任命组织起来的乡村保甲体系，在为日伪服务的同时也为抗日政权服务。[2] 结果，这个策略给地方人民留下了上述的集体记忆。

三、闵氏祠堂——笃圣殿

闵氏祠堂历史上或毁于战火，或年久失修而自然破败，或毁于人为拆除，但屡毁屡建。闵人记忆达 11 次之多（不算最近一次）。其究竟重建多少次，谁也不得而知，只是族人代代相传而已。

反复的调查与核实表明，闵子祠的基本情况是这样的：大殿三间，硬山式人字坡建筑，高度 11 米余，比现在的祠堂矮 2 米。闵子

---

① 刘志伟：《在国家与社会之间：明清广东里甲赋役制度研究》，258-275 页，广州：中山大学出版社，1997 年。

② 唐致卿：《近代山东农村社会经济研究》，72-80 页，北京：人民出版社，2004 年。

祠原址包括现在的村委会办公室的院落、村委会办公室后面的闵村卫生室、现在的祠堂及其院落。它的院墙东面穿越东街到龟龙沟是一片空地，现在被三户居民的院落占据着。它的门前有一个广场，即现在的闵村集市场所。过去从沂州府到达蒙山前的小镇和村落都要路过闵子祠前。从四至情况来说，西到南北大街，东至家庙东面的龟龙沟，北界现在家庙后墙，南包括现在的整个广场。整体面积有四千多平方米。大殿内塑有闵子骞塑像，高3米，须生文面，端坐，面南，双手持笏，冕前后各有九旒。左右两童子，一人持官印，一人持书卷，侍立两旁。族人告诉我，"田志章给子骞抱印盒子，周颜帅捧书"。显然，这是一位官员形象。塑像前放置案几，案几上设闵子之神主。旧时殿内北墙壁之东北上方嵌前文提到的宋代王旦的闵子赞辞碑。

祠内并没有供奉闵村各房支的列祖列宗的牌位，即先祖之神主。根据北宋程颐的见解："祭始祖，无主用祝，以妣配于庙中，正位享之。祭先祖，亦无主。先祖者，自始祖而下、高祖之上，非一人也，故设二位。"（《二程遗书》卷十八《伊川先生语四》）虽然，把闵子作为始祖来祭祀符合大宗宗法的特征，但是大宗宗法的特征在于构造"百世不迁之宗"，因无先祖之祀，故又不符合大宗宗法原理。这个情况跟上文介绍的闵村闵氏宗族组织构造是相对应的。即：

> 奉祠生：始祖闵子骞
>
> 无房支长：无先祖之祀

我想，闵子祠在祭祀制度上严格恪守了先贤祠的规制。

这一点显然不同于中国东南部，如义序那样的祠堂（有20个阶层，每层列祖宗牌位27位）。[1]准确来说，闵子祠不应该算作一个"南方近世"（日本中国史研究中的一个概念）以来意义上的祠堂，不符合宋明以来的作为士大夫推行的祠堂之制（比如范仲淹和朱熹所设计的祠堂概念），它只能是一个庙宇，因为里面崇奉的是一位文化英

---

① 林耀华：《义序的宗族研究》，29页，北京：生活·读书·新知三联书店，2000年。

雄。换言之，它是另一类祠堂。闵子祠的正式题名是：笃圣殿。意思源于闵子骞"笃圣备道"。从祠堂之制上言（如果暂不考虑其宗族的办公功能），它应该属于专祠或"名人特庙"①一类的祠堂形式。光绪《费县志》卷五（下）"祀典"将闵子祠列为"先贤祠堂"类。

族人说，笃圣殿这个名字是乾隆赐的，但我并没有查到它的出处。当闵子祠重修成功之时，闵人在闵子骞塑像的背后写了一篇文章，介绍了笃圣殿的由来。在庙院子里重建闵子祠碑刻中也提到了乾隆赐名之事。这说明：一、族人想用皇帝或国家的名义来突显并确认自己；二、祠堂是展示国家在乡村存在的一种手段，表达的是国家的意志。如果再联系他们祖先被历代帝王册封，家庙前树立"文官下轿武官下马"碑等情况，这个结论更为稳妥。

古代设专祠大抵是因为所被崇奉者生前属于忠臣烈士或文化英雄，其功德成就大惠于后世。杨庆堃在讨论"地方性崇拜与祠堂"时指出：1.除了全国性的崇拜以外，每个社区都有祠堂专门供奉那些生前为公众利益做出过杰出贡献的地方官员与地方领袖——那些为地方公共利益做出贡献，甚至献出生命的人。这些男人（偶尔也有女子，正如史瑞克所指出的）因其对地方的善举而成为后代效法的楷模，于是被供奉在祠堂之中，从而在公众眼里获得神圣性。2.供奉先贤的建筑通常并不称作"庙"，而是称作"祠"。"祠"中设有神主牌位，在这里定期举行祭祀仪式；而"庙"里则供奉一个主神或多个神，普通百姓可以随时来朝拜上香。3.绝大多数地区性人格崇拜的政治伦理性质，反映在祠堂的名字上，如"忠正祠"……祠堂里的石碑或方志里的记录，都能透露出这些信仰背后的政治伦理意义。4.对公众做出杰出贡献的人常常在死后受到朝廷敕封，或者当地人会为其建立一座纪念的祠堂。5.凡是对一方社区有突出贡献和善行的人，死后都会享受公众祭祀，但是地方官员比一般百姓更容易得到这一殊荣。通过追忆死去的模范官员，使其所象征的道德价值和政治伦理准则永垂不

---

① 常建华：《明代宗族研究》，37 页，上海：上海人民出版社，2005 年。

朽。① 杨庆堃谈论的这些特点符合闵子祠。

如果把闵子祠或笃圣殿定为专祠的话，这里似又出现了一个解释上的问题，即为什么在清代初期全国竟有 12 个专祠，而不是 1 个？我觉得这可以用"公祠"和"行祠"的关系来略加说明。徽州学者程敏政说：

> 古忠臣烈士有俊功大惠于世，有国者比崇祀之，著于令，有家者常祀之外，亦别有先祖一祀。著于礼，礼法并行不可偏废，而况有俊功大惠于世者，置弗祀者可乎？专祠矣而复祀于家则衰，置弗祀则简。于是中古以来，有行祠之设，卜地为之，其之视公祠则杀，视家礼则隆，亦犹民间不敢僭称社稷而曰义社也。②

闵子骞"鞭打芦花"传说所体现出的儒家孝道对于每个王朝而言，要想治理好社会与国家，无疑都是非常重要的，所以给闵子建专祠符合程敏政的观点。常建华根据程敏政的话分析说："从形式上看，行祠是作为'公祠'之'专祠'的分祠存在的，实际上行祠除了具有地域性外，主要是作为子孙立祠祭祀始祖或先祖存在的，是一种宗祠。"③ 那么，照此说来，清初全国 12 个闵子祠中必定有 1 个专祠或公祠，其余 11 个当为行祠。显然，从当时康熙帝所关心、国家最终之所确定情形看，闵氏大宗所定居的济宁鱼台大闵村之闵子祠当属公祠，④ 而费县的这个闵子祠自然就在行祠一列。但是如果考虑建祠时间之早，以及早在宋代费县闵子祠也得到帝国的关怀和确立的话，那么，费县闵子祠当是最早的闵子骞"公祠"，因为鱼台闵子祠毕竟是

---

① 杨庆堃著，范丽珠等译：《中国社会中的宗教：宗教的现代社会功能与其历史因素之研究》，157-159 页，上海：上海人民出版社，2007 年。
② 程敏政：《篁墩文集》卷十四《休宁汉口世忠行祠记》，四库全书第 1252 册，245 页，台北：台湾商务印书馆，1986 年。
③ 常建华：《明代宗族研究》，37 页，上海：上海人民出版社，2005 年。
④ 事实上，济南市历城区的闵子祠才是总祠，而鱼台的闵子祠也只是一处行祠。有兴趣的读者可以参看笔者将来的另一部著作《寻访圣域》。

清初才建的。对于费县闵村闵氏宗族的祠堂而言，发生了一个由公祠到行祠的身份转换与衰落。对此，我曾经在《帝国关怀下的闵氏大宗建构》一文中进行了较为详细的考证，[①] 只不过当时我脑子里并没有公祠与行祠的概念。不过，我的分析中尚缺乏足够的证据表明，宋代费县闵子祠在当时是一座公祠。这需要未来进一步稽考。

不过，据常建华的研究，"遍布东南的世忠行祠是作为子孙的宗祠存在的，而篁墩的世忠庙可以视为程氏的总祠。篁墩的世忠庙最初具有乡人信仰的地域性质，至宋被国家纳入祀典，宋以来其行祠分布各地"[②]。

从总体上看，今日所看到的闵子祠当是从宋元时代的专祠或名人特庙演变而来的，并非从近世以来的宗祠直接建构出来的，但又在形式上没有完全演变成近世宗祠。所以，在祠堂的形式上依然保留了早期的祠堂意涵，没有始祖以下高祖以上的先祖神主之设立，如果不考虑祠堂的功能的话（在演变过中，闵子祠又吸收了近世以来祠堂的某些功能，比如作为宗族的办公场所）。从元代邵显祖以"今予承乏此邑，获与大贤先后守土，诚为厚幸"（见本书第二章第二节）的心态前往闵村祭祀闵子来看，的确把闵子视作费县一域的一个地方保护神。若此，山东闵氏宗祠之情形堪与徽州程氏祠庙系统南北呼应，相互阐发也。

关于从专祠到宗祠的演变问题，迄今为止，也有不少讨论成果。如郑振满的《明清福建家族组织与社会变迁》[③]、常建华的《宗族志》[④] 和《明代宗族研究》（见上面所引）、林济的《"专祠"与宗祠——明中期前后徽州宗祠的发展》[⑤] 等。从他们所呈现的材料和获

---

① 杜靖：《帝国关怀下的闵氏大宗建构》，肖唐镖主编：《当代中国农村宗族与乡村治理——跨学科的研究与对话》，69–90 页，北京：中国社会科学出版社，2008 年。

② 常建华：《明代宗族研究》，85 页，上海：上海人民出版社，2005 年。

③ 郑振满：《明清福建家族组织与社会变迁》，157–158、230–231 页，长沙：湖南教育出版社，1992 年。

④ 常建华：《宗族志》，93、94、151、386 页，上海：上海人民出版社，1998 年。

⑤ 林济：《"专祠"与宗祠——明中期前后徽州宗祠的发展》，《中国社会历史评论》第十卷，31–56 页，天津：天津古籍出版社，2009 年。

得的结论看，专祠向宗祠演化的时间点是自宋元以后，其中由杰出祖先个人性专祠向宗祠转化是元代祠堂形成的一个重要特点，但大规模的转化发生在明中后期以降。从闵村的案例看，其一开始就兼备了名人特庙与宗族祖先祠堂的性质。①

当然，我们还可以从不同群体角度来理解闵子祠。从帝国立场看，笃圣殿或闵子祠应该是帝国及其地方政府的叫法——先贤祠；从闵氏族人角度看，那它就是"家庙"或"宗祠"。同一个符号应该可以满足多元声音诉求，这是实践的特征。

闵子祠及其周围究竟有多少树木没有人进行具体统计过，70岁以上的人只记得祠堂内和院子周围全是家庙的树木，有四百多棵。这些树木主要是柏树、松树和银杏树。银杏树共计4棵，其中3棵皆有成年人三四抱粗，最细的一棵也有成年人的两抱粗。三棵之一在树杈上又长出1棵榆树，榆树也有成年人的对掐粗。柏树和松树粗者也需两三个成年人合抱才能围过来，细的也有笆桶粗细。高者达四十余米。在闵人的印象里有两棵树最有名气。一棵是在家庙里院子西南角的柏树。20世纪40年代八路军伐之做铁路枕木时，里面居然有许多图案，形状像鸟雀，颜色深红。这棵树下曾经有一通明朝时的古碑，碑帽比较高大。于是，村民认为，凤凰曾从柏树上落下来，并在碑帽上停留过。在"凤凰不落无宝地"的民俗心理驱使下，有人偷走了碑帽。传说那人把碑帽砸开，里边居然有一个"石蛹"。第二棵树是在家庙前面的一棵柏树。柏树干上长有一个树瘤子，形状颇类猴子，时时望着东南沂州的方向。平顶庄在闵村南部，清代该村出了一个举人，闵人以为是"猴子天天看"的原因。闵人把自己村子的好风水编成一句顺口溜——"铁板桥龟龙沟，望天猴子照沂州"。另外祠内有一棵马尾松树，咸丰年间曾经为雪压倒，后被扶起，闵人将此事勒之碑碣（现存于闵子祠内）：

---

① 我在《九族与乡土》一书中如是说："目前尚没有确切的资料可以说明山东闵氏宗祠由专祠向近世宗祠的转变时间点，但估计应该是在宋元时代。"但据新的考察资料特予以调整。

乐台西阶下有马尾松一棵，历年久远。

咸丰元年二月十八日夜间，被雷雪压倒。烦合庄众姓人等百有余人，集力扶起，以存古迹。千百年后宜加保护。

此外，传说闵子祠前旧时有"文官下轿，武官下马"碑。这块碑刻使过往官员必须停下更衣祭拜闵子。又，在蛤蟆桥西边，闵子祠前的柏林中还有一块"鲤鱼跳龙门"碑。这两块碑刻同样给闵氏族人带来荣耀，因为这些象征符号可以增加闵族在地方社会中的权力，成为对付地域社会中其他宗族群体的象征武器。同时，把国家的符号摆放在祠堂内外还可以表达国家的意识形态。

四、祖茔和族产

家庙和祖林中树木、祖林的地面和祭田地等都归属闵氏的族产。我在这一部分里先描述闵氏的祭田地和学田，次及祖林。

现年 87 岁的闵庆歆小时候听老人家说：

从前笃圣祠有 8 顷祭田地，其中包括 80 亩学田。这些田地是祖先留下来的，还是富户捐献的，我们并不清楚。由于缺钱用，当时的当家人闵欣、闵秀暂时抵押（当钱）给附近村庄小岭赵家。小岭赵家缺钱以后又抵押给诸满邵家。后来全族人一直要求闵欣、闵秀把土地赎回来，可是诸满邵家不同意。闵欣、闵秀给诸满邵家做活，管理这些土地。这两个人看见东家整天愁眉苦脸，便问其中的原因。诸满邵家说："现在你们闵家想把地再赎回去。要是赎回去，咱就没有地种了。"闵欣、闵秀考虑到今后没活干了，就说："不给他们行不行？"诸满邵家说："不行！你们大宗家也不同意。真要打官司，我们也得输，因为你们还有鱼台大宗。"闵欣、闵秀说："大宗说了算不错，但是谁有钱谁说了算！咱带着钱去鱼台面见大宗。他只要收了钱，从中调停一下，咱这地也就不用给了。"于是，邵家备好马匹，驮着银子去了鱼台。于是，鱼台大宗来费县调解。大宗向着钱替邵家说话，并建议邵家买通县官。县官把 8 项土地判给了邵家，同时判道："闵子自古无学田，草沟是学田。"大宗也承认这一事实。不过，还是把 80 亩学田给了闵人。后来由于闵村一个成员制作假博士印，到处招摇撞骗，被人告发，又因赔偿丢失了 40 亩地，后来还有丢失的，三来二去，最后只撇下 24 亩 6 分地。每一年要救济一些穷汉，给他们一家 1 亩地耕种，除交一小部分祭祀外，余者用于贴补家计。到了 20 世纪 40 年代土改那会儿，24 亩 6 分地被分完了，也不知流落到谁家手里。老年人估计，这些祭田地最终还是在办公人员（村长）手里弄没有的（按：意思是被村里的当时领导自己耕种了）。附近草沟村的土地税收由县官判给闵家，也就是说草沟的老百姓不用去县上交纳钱粮，交给闵人就可以了。闵家把收入作为学校和祭祀祖先使用。草沟拥有三千多亩地，每年收的钱粮不少。过去我们每年都去附近草沟收取"钱粮"。草沟的这份钱粮截至日本鬼子来沂蒙山区，此后八路军来了，我们再也不能去人家村庄收他们的钱粮了。

此事估计发生在清代乾隆年间。乾隆三十五年（1770），族人重修闵子祠，并留下了《重修费公闵夫子祠堂记》，今立于闵子祠内院落中。该碑上同时出现了"闵欣"和"闵秀"两个人名，均为闵子第 70 代孙。

闵人的这份记忆表明，早先祖上是有祭田地的，至于祭田地是由族人捐献的，还是清初册封闵氏世袭翰林时国家给予的，[①] 都不清楚。从这段口述资料中得知，闵氏后来出了"叛徒"，加之闵氏大宗"胳膊肘往外"，遂丢失了族产。至于鱼台大宗是否真得如此，没法进行考证，但是如今闵人的记忆就是如此。而且闵人还告诉我，20 世纪 20 年代鱼台的闵祥麟想在老林里伐树，有一人想用枪打闵祥麟，结果把闵祥麟吓跑了。加之其他原因，终未遭伐。20 世纪 20 年代的事情是一个历史事实，今村中很多人都曾经见证过。据此似乎可以推

---

① 康熙四十三年（1704），清政府曾赠予闵氏大宗（鱼台）百余顷祭田地。当时济宁直隶州政府所刻"祭田碑"今保存于鱼台大闵村家庙旧址内。

断，这个故事里所讲的鱼台大宗的形象应该是真实的，鱼台大宗有权力处理闵村闵氏小宗的族产，但在利益面前，小宗在态度上并不遵守宗法礼制，丝毫不顾及大宗的地位与权威。邵家在闵村过去有 2 顷多地。我怀疑这些土地就是当年闵人丢失的一部分。

2012 年 10 月 14 日，我到闵村新发现了关于闵子祠祭田地的碑刻文字。这些文字刻写在第二章第二节所提《重修笃圣祠碑记》（碑立于 1939 年）之碑阴。由于石碑材质不好，许多文字多有脱落，无法计算出具体亩数，所以我不敢妄断是否就是上文闵氏族人所言 24 亩6 分否？现把能释读出来的文字，抄录如下：

> 兹将祭田仗■■■勒石以志之
> 计开
> 泉汪堰祭田相连四段：
> 南一段，南北地，■■长■十六杆 [1] ■，……式寸，……地式亩■分三厘三毫。
> 中一段，东西地，长十六杆式寸，■■拾……
> 北一段，南北地，长三十六杆，……
> ……南，十六杆十■杆
> 长富庄……田■■四段：
> 南一段，东西地，……
> 中一段，东西地，长■十八杆四寸。
> 北一段，东西地，长■十杆……
> 又，南北地，长式十杆，……

在闵村东 7 公里的地方，一个叫石庄子的村落，该村石姓宗族把他们的祭田碑用来做了桥面。我抄录下这份碑文可以作为了解闵村祭田地的比对与参考：

---

[1] 旧时计量土地 1 亩为 240 杆，每杆为 5 市尺，俗称"五尺杆"。

祭田记

我族向无祭田，亦无公产，民国十七年春，将林树变卖，即以树价置地四十二亩，着全村人之贫苦者租种。租价寥寥。今春卖去北岭二亩七分、下胡庄八亩作树谱碑之用。现存三十余亩，经同族人公议，就中提出十亩作为先茔公共祭田，招人承种，看守坟墓，并负责完纳该三十余亩之钱粮。下余二十余亩作为公产，由五支佃种，各支长经管按季分粮，所得籽粒择族人之公正者储蓄之，作济贫恤孤之用。此系合族共议作为定例。凡我族人务宜世世遵守，不得妄生异议。是所厚望。

该碑以下文字模糊不清。然从其所能辨识的文字来推断，大约记录的是每一块田地的位置和大小。可见祭田地都兼有扶危济贫的功能，合乎范仲淹的宗族意涵。这种作用对于加强宗族的凝聚力是非常重要的，同时它也应该看作宗族自身的一种自我救助。这份自救是国家正式救助制度框架之外的一项社会福利设计，当国家不能包揽一切的时候，应该允许并鼓励这种类民间组织的产生。其实，对于中国社会中的绝大多数百姓而言，宗族组织是最实际可以利用的关系资源。如果这种乡村社会自生的组织制度的功能发挥好了，它不仅能起到救助作用，还能够有利于稳定社会。生活在社会底层的平民百姓，国家对他们太遥远，他们自觉认同国家的身份似乎没有多少现实的需要，而宗族性认同则不同。有了这个宗族性认同，等于在他们的内心找到了依归，从而也解决了人的精神生存层面的东西。也许正是因为这个缘故，国家要想办法挤进宗族场域之中。

闵氏祖林，有三种习惯叫法，一个是"闵林"，一个是"南林"，一个是"老林"。第一个叫法来源于姓氏，第二个叫法是因为其位于村子西南，第三个叫法是闵村一带村落称呼祖茔的普遍叫法。闵林在村子西南方位，约有2公里距离，呈长方形，南北长，东西宽。闵林的设计依山傍水，颇有风水章法。他们叫"金飘玉带林"。

闵令勤老师详细考察地形和林中的坟墓与碑刻后认为，闵林当发源于闵林中一片叫"椅子圈"的地方，而且有两个"椅子圈"：先有南"椅子圈"，后有北"椅子圈"。首先，南"椅子圈"如今位于整个宗族墓地的中间，在闵沃盈墓前，闵人认为最具风水。清代早期的坟墓和碑刻多集中于此。也就说，最初是这里先有坟墓。其次是闵林最北部的位置，俗称北"椅子圈"。北"椅子圈"是后闵村"老三支"始祖、椿树园闵竹的墓穴位置。

闵林现有 98 亩土地（原先老亩丈量是 80 多亩地），号称百亩闵林。现在闵林中埋满了坟冢，几乎没有空隙。闵林在 20 世纪 70 年代以前，并没有多少坟茔。那个时候，只有少数的人家才埋葬于闵林之中，绝大多数人家都有自己的茔地。各房支把死去的祖先埋葬在他们自己的世代继承下来的土地里。几十年前，村东、村西的土地上，甚至村子南部的土地上到处都有茔地，少则三五个，多则十几个、二十几个。20 世纪 70 年代平整土地，"退林还耕"才把散布于四处的坟墓归拢到闵林之中。虽然现在对外称呼上叫闵林，实际上是整个村子的所有姓氏的公共墓地，当然大部分是闵人祖先的坟墓。

邵姓是闵村的另一个较为重要的世系群体，他们如今也把自己的祖先埋藏在闵林里。邵家在清代曾出过举人，做过县级的教谕。大概那个时候，邵家的地位在地方上应该高于闵家。尽管邵家的坟墓立在闵林的最西边，但也无疑属于现在闵林的一部分。他们高大的墓碑耸立在闵林之中特别显眼。难道闵林是一种现在闵人的建构，历史上并不存在？在我询问了邵氏族人后才知道，原先闵林没有这么大。邵氏祖先的墓地也不在这里，是在 20 世纪 70 年代村中规划公共墓地时迁葬于此。不过，今日邵氏的墓地却是解放前他们自己家族的土地，且这块土地紧挨着原来的闵林。在闵村一带旧时一般要把死去的祖先埋在自己的田地里，埋在别人家的土地上多不会获得同意。后在 20 世纪 50 年代末时期，闵村规划公共墓地，就顺势将其跟闵林划在了一起，且沿用了闵林这个叫法。

但是，从前述"椅子圈"的考察里可以看出，这块墓地最早是由闵姓使用的，故他们称为"老林"。在这个意义上，叫"闵林"也大致没错。

从前闵林生长着成片的杨树和橡树。究竟林中有多少树谁也没数清。89 岁的闵庆申讲，小时候他们放牛，曾经每一棵树下放一棵高粱秸，然后把高粱秸收回来查点，每一次数目都不一样。在林地的北端，当时有 4 排大杨树。族人说，当时瞎子"搂了八搂才搂过"一棵树来。其实杨树也就跟碾台那么粗。其中一截树根可以用来玩牌，周围可以围坐四个人。橡数也长得很粗，后来树木全被伐光。现在是一片栗子树，三年困难时期过去以后栽的，而今有 40 多年了，枝繁叶茂，每年要产下不少栗子，如今为一闵人所承包。20 世纪 70 年代临沭的外迁闵人来老林上坟，他们声称老林的树还有他们的。可见，闵林的族产属于整个宗族。

闵人的族产除了用于教育投资、祭祀祖先使用之外，还有一个重要的功能，就是可以用作跟外边的人打官司。早年有一闵人跟费县第三区的人打官司，曾经"杀"过两棵树。闵人凭借自己强大的族产——家庙和老林中的树木，保持了对周围一带村落宗族的威慑性地位。闵人说，过去人们打官司实际上是"拼钱"：谁家钱多，谁就可能赢得官司；谁家钱少，谁就可能输掉官司。闵村祖林和家庙中的树木常常使周围的村子和人在跟闵村人发生纠纷时而有所怯场，因为闵族只要"杀"上两棵树，就够打上半年官司的花费。一般的村子和个人没有足够的经济后盾是很难跟闵村人在法庭上论辩的。权衡之后，他族总是要放弃。老人们说，每当闵村有官司时，就伐闵林中的树卖钱跟人打官司。可见，宗族族产既被看作一种能发挥实体作用的资源，又被作为一种象征武器加以使用。宗族族产当面对外部竞争压力的时候，能够给宗族带来凝聚力，但是在外部压力消失时，可能会产生相反的结果，导致族内的矛盾和冲突。他们说："过去不论谁当了家，都想顺手捞取家庙的财产。当时，家庙的土地有常富庄八九亩、家前几十亩，草沟的人还纳钱粮。"在他们看来，过去前后闵村的人彼此都想压倒对方，争夺家庙里的财产。

从要素主义出发，如果把上述 A 型的第一个特征标为 A_1，第二个特征标为 A_2，那么，就会依次得到 A 型宗族的 A_1……A_{10}10 个特征；同样可以获得 Z 型宗族的 10 个特征分别是 Z_1……Z_{10}。我在上述对弗里德曼 A 型和 Z 型宗族特征进行分条叙述时，实际上已经有意识进行对照列举，即相同序数为同一内容，比如 A_1 和 Z_1 叙述都属人口规模与结构问题。结合前文的相关叙述，下面根据这 10 项指标对闵氏宗族的诸特征列表比较如下：

	A 型宗族	Z 型宗族	闵氏宗族	备注
人口特征	A_1	Z_1	Z_1	
宗族经济	A_2	Z_2	Z_2	
凝散状况	A_3	Z_3	Z_3	
宗族自主	A_4	Z_4	Z_4	
有无祠堂	A_5	Z_5	Z_5	
祭祖仪式	A_6	Z_6	Z_6	
有无族谱	A_7	Z_7	A_7	
房支分化	A_8	Z_8	A_8	
组织强弱	A_9	Z_9	A_9	
功能大小	A_{10}	Z_{10}	Z_{10}	

　　需要做四点说明：一、关于宗族的凝聚力问题。虽然历史上，特别是清代咸丰同治年间族人外迁比较严重，但大都是因战乱而起，因此不能说明该宗族的凝聚力问题。访谈发现，闵氏族人十分守土重迁，具有较强的凝聚意识，故处理为 Z_3。二、20 世纪 60 年代闵氏族人曾经修过族谱，但由于各种原因未能纂修成功，故"有无族谱"项处理为 A_7。三、房支分化问题。下一节的考察将表明，山东闵氏宗族没有东南宗族那样发达的宗族分化层级，所以该项指标统计为 A_8。四、闵氏宗族没有东南社会那样细密的由房支构成的宗族组织，故宗族的强弱程度处理为 A_9。但是它却具备另一类组织结构，如果不以弗里德曼的标准衡量，也许应该说闵村闵氏宗族具有较强的宗族组织。

　　那么，就 10 项指标而言，山东闵氏宗族具有 Z 型宗族的 7 项特征，而 A 型特征仅具 3 点。所以基本上可以断定其为一个 Z 型宗族。具体来说，就人口规模、族产、祠堂、宗族领导成员的社会身份、祭祀祖先的精细仪式，以及部分功能等看，它符合 Z 型；但从它没有族谱，没有宗族裂变分支及其裂变分支有无支配与被支配关系，小的房支单位的更精致的家祭和墓祭、宗族领导人不是族内辈分最高的最年长等要素，闵氏祠堂内部没有供奉所有房支的祖先、生育、婚姻等个体成员事件不在祠堂内举行，好多东南宗族组织的功能则由其他社会组织代替完成等因素看，则又属于 A 型。从总体上判断，闵村闵氏宗族具备宗族组织、祠堂、族产、祖先祭祀仪式，以及部分内外功能，应该视作一个典型的汉人宗族。也许弗里德曼的分析模型存在某些不合理的问题（主要指涵盖性上），才导致其归类上产生困难。当然，也可以从另外的角度来界定闵氏宗族。即，从祭祀者的资格角度出发，闵氏宗族当属于一个礼生所建构的世系群体。这一点又不同于一般意义上的庶民宗族。

按照学界通常的理解，有清楚族谱记载的属于宗族，没有清楚系谱记录的则属于氏族。其实，对于大部分宗族成员来说，即使有族谱书写，往往也无法明了自己跟其他各派分支成员之间的具体系谱关联（他们的系谱认识大多仅仅局限于一个五服群内，甚至有些成员对本五服群内的系谱关联也不大清楚）。若想搞清其间的血缘远近，往往需借助阅读族谱才能完成。现在假定有一个宗族的系谱由于某种历史原因丢失或毁坏了，而新的族谱又没有纂修出来，可是大多数人由于记忆力的原因无法弄清楚跟祖先的关系，那么，这个宗族还是不是一个宗族呢？显然，福瑞德的模型无法回答这个问题。我以为，在族谱丢失后的一段历史时期内，如果不是过于久远，还应该承认它是一个宗族。

闵村闵氏宗族从其历史情形来看，有族谱的可能性极大，由于某种原因而丢失可能是一种历史的真实。不过，上文仍然按照没有族谱记录来处理，这丝毫不影响把它作为一个宗族结构来理解。据冯尔康等考证，宋代始设石谱，即将族谱刻于石碑之上。[1] 如此说来，即便闵氏没有整个村落的家谱，单就前半个闵村而言，应该是有族谱的。光绪年闵林所立谱碑就是个明证（下一节亦有涉及），只不过这个谱碑立的时间较晚而已。

中国闵姓氏族与宗族的关系与非洲努尔人[2]的氏族与宗族的关系相比，中国闵姓全国氏族联盟与闵氏宗族的关系非常类似努尔的亲属制度。但也有相当的不同，比如，中国闵村闵氏宗族可能由于历史上

---

① 冯尔康、常建华、朱凤瀚、阎爱民、刘敏:《中国宗族史》（该书为《中国宗族社会》的增订本），18 页，上海，上海人民出版社，2009 年。
② 埃文斯－普里查德著，褚建芳、阎书昌、赵旭东译:《努尔人: 对尼罗河畔一个人群的生活方式和政治制度的描述》，221 页，北京: 华夏出版社，2002 年。

族谱的散失，现在无法确认宗族内部成员之间的系谱关系，不过，对山东滕州另一个跨村落闵氏世系群的考察表明，那里的系谱关系被记录得相当清晰。又如，山东闵氏宗族的全国性联盟，是在官方干预下形成的，而非洲努尔人的体系却是自然发育而成的。

罗友枝认为，1949年之前的华北宗族，一般来说规模比较小，多被发现于多姓宗族村落里，其拥有的共同财产也比较少，与南部宗族相比较，特征比较衰弱。[1] 山东闵村案例发出了一种与罗友枝观点不协调的声音。

弗里德曼在《村庄、宗族与氏族》这篇文章中指出：一个地域化世系群（local lineage）生活在一个定居点（one settlement）上，他们密密地拥挤在一起。其内部的次一级分支往往分布在该定居点内不同的空间里（一个定居点还可以被再细分为若干聚居单位）。当然，有些地域化世系群也会与其他姓氏世系群分享一个村落。[2] 那么，是什么定义了大大小小的各类地域世系群呢？弗里德曼回答道："they are corporation groups of agnates (minus their married sisters and plus their wives)living in one settlement or a tight cluster of settlement." [3] 根据弗里德曼的这个说明，无疑闵村应该被理解为一个地域化世系群。

通过上述详细的考察和讨论，我们可以看出：山东费县闵村闵子祠它既是一座先贤祠，同时也是一座承担着宗族功能的乡村宗族祠堂。它一开始被帝国的地方政府设计为先贤祠，但地方人民却把它"实践"成自己村落的宗族祠堂。就宗族制度而言，它既被实践为礼制单位，也被实践为功能单位。从世系和功能的关系来考虑，世系为功能服务，因而世系被功能因素所操纵。但不论怎样变换，都在儒家

---

① Evelyn S.Rawski, "The Ma landlords of Yang-Chia-Kou in Late Ch'ing and Republican China", in Patricia Ebrey and James L.Watson, edited, *Kinship Orgnization in Late Imperial China, 1000–1940*, pp.245–273, Berkeley: University of California Press, 1986.

② Maurice Freedman, *Chinese Lineage and Society: Fukien and Kwangtung,* pp.1–42 (pp.19–20), London School of Economics, Monographs on Social Anthropology, No.33, London: The Athlone Press, 1966.

③ Maurice Freedman, *Chinese Lineage and Society: Fukien and Kwangtung,* p.20, London School of Economics, Monographs on Social Anthropology, No.33, London: The Athlone Press, 1966.

文化的笼罩之内。所以，闵子祠是先贤祠与一般人类学意义上的宗祠的合二为一。这再次表明，实践并不严格遵循某种模式或先在结构，地方人民有地方人民的聪明与智慧。

第二节　分散性世系群：闵氏宗族在区域社会中的迁徙与分布

闵村闵氏宗族成员并非完全居住在闵村村落内部，历史上由于各种原因，部分人口四外迁徙，有的分布在本县境内，有的分布在附近县域，还有的到了邻近省份，更甚者远徙东北。本节的主要任务就是考察他们的迁徙和分布情况，探讨乡村宗族迁徙的原因。需要说明，以下统计的人口规模和代数以截止到 2005 年为准。由于访谈对象的记忆和房支间的矛盾而故意回避等问题，这一部分数据定有许多的不准确，比如，有些村落遗漏了一些房支人口，有些人名出现了错误。但这并不影响探索闵人在区域社会中的散布问题。

一、本县境内的流动

本部分按照闵村之东北、正北、西北、正西、西南、正南、东南、正东方向，且由近及远加以叙述。

（一）东北方位

1. W 镇后楼村。后楼村在闵村东北 4 里，总人口六百余人，人均土地 1 亩。族人说，从兴字辈来了弟兄两个，一个有后，一个无后，至于谁有后代谁无后代，族人并不清楚，后人只知道这弟兄俩有 6 个孩子。同样在毓字辈上，虽然有弟兄六个，但均失去名讳，也闹不清谁有后谁无后，只知道在传字辈上有弟兄四个。这里只从传字辈上叙述谱系。

具体世系是：

闵传增生继●（老大）、继●（老二）、继●（老三）、继●（老四）、继●（老五）、继●（老六）、继全（老七）、继●（老八）。继

●（老大）、继●（老二）乏嗣；继●（老八）去东北，后代情况不详；继●（老三）、继●（老四）、继●（老五）、继●（老六）后代情况不详；唯继全（老七）有后，生广鹏，广鹏生昭荣，昭荣生宪昌。

传文生继发、继●和继树。继发生广顺，广顺生昭喜、昭玉和昭现；昭喜生宪来、宪启、宪堂和宪国，昭玉生宪瑞，昭现生宪府。继●和继树乏嗣。

传友生继仓、继泰和继才。继仓过继二弟之子广德，广德生昭启和昭如，昭启生宪军和宪民，昭如生宪东。继泰生广德和广路，广德出继给伯父继仓，广路生昭成、昭柱和昭峰，昭成生闵超，昭柱有女孩而暂时无子，昭峰生宪斌。继才生广义和广喜，广义生昭福、昭文和昭存，昭福生女孩闵珊，暂时无子，昭文生闵涛，昭存未婚，广喜生昭祥、昭发和昭来，昭祥生女孩闵玲，暂无子，昭发生宪强和宪永，昭来生宪男。

传●（老四）生继周和继才。继周生广奎和广胜，广奎生昭伦和昭田，昭伦生宪刚，昭田生宪金和宪银，广胜未娶。继才生广财，广财生昭云、昭安和昭秋，昭云生宪玉，昭安生宪法，昭秋生宪东和宪现。

后楼村闵氏与闵村闵昭田一支房份近，在兴字辈上能联系在一起，入石匠家一伙。迁徙原因不详。

2. W镇小草沟。在闵村东北上，相距7里。该村有人口580人，人均土地1亩。族人说，祖先从继字辈迁来，与闵村石匠家一支较近，男女凡36人。当初迁来的原因是逃荒。

具体世系是：广学生昭荣、昭廷和昭●。昭荣生宪堂、宪友、宪田、宪存、宪法和宪德；宪堂出继给三叔昭●；宪友生庆春、庆才和庆海，庆春生繁国和繁忠，庆才生繁运，庆海未婚；宪田和宪法乏嗣；宪存生闵坤、庆利；宪德生庆刚和庆强，庆刚生闵旗，庆强未婚。昭廷生宪成、宪伦和宪航；宪成生庆华、庆余和庆彬，庆华生繁军，庆余生繁勇，庆彬未婚；宪伦在东北，生四子，具体名字及后代不详；宪航无后。昭●过继大哥长子宪堂，宪堂生庆学，庆学生闵宝宝和繁涛。

3. 竹园乡解峪子。解峪子距闵村东北10里，目前闵姓人口共有

21 人，4 个主干家庭。

迁居的具体年代不清，族人只记得来自闵村椿树园。现有族人对已往的祖先已说不清名字，仅记得是昭字辈祖先。迁徙原因不详。

闵昭伦、闵昭祥、闵昭德弟兄三个，昭伦、昭德乏嗣。昭祥有子曰宪奎，宪奎有三子，分别是庆普、庆海、庆田；庆普有子名唤繁广，繁广有子名唤祥栋；庆海有二子，长曰繁钢，次曰繁林；庆田亦有二子，长子名唤繁华，次子名唤繁坤。闵昭善与闵昭祥乃堂叔兄弟（三从兄弟）关系。昭善有子曰宪福，宪福有子曰庆忠，庆忠有子曰繁武。

他们目前是一个五服的礼仪单位。

4. 竹园乡竹园村。[①] 竹园村在闵村东北 14 里，目前该村只有两户闵姓人家，即闵宪俊和闵宪友各自建立的家族，计 13 口人。

清朝末年，闵传忠一个人从前闵村迁徙而来。闵传忠好武术，有一把铁枪和一把剑，诨号叫"闵铁头"。之所以有这个诨号，是因为初来竹园村时，该村大姓赵氏欺压外姓，于是闵传忠便捐了个武官，因官帽是用锡做的，故名"闵铁头"。闵传忠最初来竹园村的原因不详，族人只云此人"不正干"。

继字辈弟兄几个情况不详。但广字辈的人去了附近 W 镇杨庄村一个，目前乏嗣。在竹园村，昭字辈有两人，分别是昭发和昭才，二人关系为叔伯兄弟。

闵昭发有一子，名唤宪俊，宪俊又生三子，分别是庆德、庆田、庆礼；庆德有子曰繁强，庆田有子曰繁杰，庆礼之子曰繁祥。昭才有二子，长子死于东北，后人情况不详；次子宪友有一子，名唤庆军，庆军有子繁●[②]。他们目前为一个服制单位。

据该支人口回忆，他们与闵村闵昭芳关系很近，到昭字辈时还经常回老家闵村，但目前已基本不大回去，不过，前闵村的闵昭如经常到竹园村来看望他们。

---

① 竹园乡原本属于 W 镇，20 世纪 80 年代从 W 镇析出单独建乡，2011 年年底后又并入 W 镇，从费县析出归属临沂市 L 区。

② 本节凡●均表示子孙不知道祖先名讳，或者失名。

5. 竹园乡上富彩。该村在闵村东北 20 里处。闵人从闵村迁来亦有一百余年历史，但具体来自闵村哪一房支不详，迁徙的原因亦不详。目前闵姓人口有五十余人。由于被访谈人除了对自己家庭熟悉外，对其余家庭结构及大部分年轻人名字说不上来，因而访谈时未能完全记录下具体房支关系和人口情况，不免遗憾。不过，据被访谈者云，目前他们共用一个家堂轴子，亦是轮流请家堂。另外，族人说，红白喜事还在一起。所以，由此判断仍然是一个服制单位，维持着基本的礼仪意义。

6. W 镇临沂庄。临沂庄介于费县、L 区和沂南三县交界处，费县最东北端，距离闵村 25 里。该村有 1000 多口人，人均土地 1.7 亩，多为丘陵地。

该村闵姓人口从后闵村椿树园一支迁出，与闵村闵庆宣一支较近。他们说，祖上可能自广字辈迁来，当时来了弟兄三个，迁来的原因是在老家过不下去了，逃荒要饭至此。

广字辈的祖先，除了记住一个闵广兰外，其余不清楚，关于他们的后裔亦不详，因而下面所叙谱系均广兰后裔。

广兰生昭●，昭●生宪●，宪●生庆发，庆发生繁文，繁文有四子，分别是祥林、祥贵、祥才、祥生；祥林生令宝和令春，令宝生德英，令春生德华；祥贵生令军和令友，令军生德润，令友未婚；祥才生令余；祥生产令●（线人不知名字）。

20 世纪 60 年代左右，闵村闵庆宣曾经来临沂庄联系过，但到 20世纪 60 年代后期，宗亲活动中止。由于人口过少，他们红白喜事不得不借助同村外姓帮助。现在，他们还想着迁回老家闵村生活。

（二）正北方位

7. W 镇李寨。李寨比邻闵村，在闵村北 1 里。全村人口 1503 人，人均土地 8 分。这支人口与后闵村闵庆瑞一支房份近，早年广字辈奔亲戚而来，具体是丈人（岳父）门上，已历六代。他们又具体分为三个亚房支。

第一支：广字辈和昭字辈祖先名字已不清楚，从宪字辈以下记忆清楚。具体是：宪远生庆玉和庆明；庆玉生繁宝和繁来，繁宝生祥军，繁来生祥●；庆明生繁敬和繁亮，繁敬生祥东，繁亮生祥连。20 世纪70年代退林还耕时，该支祖先的坟墓迁来李寨而未放入闵林。这一行动表明，其与老家的独立性。

第二支：庆字辈以上祖先失考。具体世系是：庆田生繁英和繁祥；繁英生祥存、祥法、祥增、祥宝和祥友；祥存生令●，祥法生令富，祥增生令●，祥宝和祥友未婚；繁祥生祥贵。

第三支：庆字辈以上祖先同样失考。具体世系是：庆和生繁德和繁义，繁德生祥彩，繁义去东北，具体不详。

这三支房份一样远，庆字辈是堂叔伯兄弟，20世纪80年代以前还与闵村闵庆瑞一支在一起进行婚丧嫁娶活动，但目前已与闵村分开，而是自己独立成为一个礼仪行动单位。

此外，刘庄、冯庄均在闵村北面，或1里或3里之隔，均有一支规模较小的族人散布，余未作调查。

（三）西北方位

8.方城镇诸满村。诸满村距闵村西北（北偏西）10里，古临沂之孝悌里（《通志》和《府志》）。昔日曾有颜鲁公书院，传为鲁公故宅。仅有颜鲁公墓。[①]诸满村目前有两支闵姓人口，其中诸满一村这支闵氏人口自白马峪迁来，具体迁徙年月和原因不详，从宪字辈迁来，已历四代。具体世系是：

宪高生庆才，庆才生五子，分别是繁贵、繁友、繁存、繁福和繁军，繁贵生祥刚、祥成，繁友生祥华，繁存生祥虎，繁福生祥龙，繁军生祥丽（女孩）。

诸满五村还有一支。具体情况是：闵昭新生闵宪树和闵宪斗。宪树后裔外迁，村内族人不详。而宪斗生庆臣和庆法两子；庆臣生繁才、繁成、繁红三子，繁才生祥成，繁成生祥田，繁红未婚；庆法生繁信、繁刚和繁强，繁信生祥军，繁刚生祥龙，繁强生祥栋。这一支人口与后闵村闵庆杰一伙房支较近，他们当年直接从闵村迁去，而不是从白马峪过去的。

---

① 费县地方史志编纂委员会：《费县旧志资料汇编》（内部资料），353页，山东新闻出版局准印证号：（1993）2-007。

9. W镇大神牛栏。[①] 大神牛栏现有人口 358 人，闵、尤、夏为三大姓，人均土地 3 亩，为丘陵山地。该村位于闵村北（偏东），距离闵村 8 里。该村有闵姓三支。

第一支：闵宪江一支。该支人口在本村闵姓人口中占比最大。清代道光初年，闵毓宁从大神牛栏（现在的大神牛栏，疑最初当是"石牛栏"而不是"神牛栏"，久之厄传）沈家买了 21 亩岭地，自闵村迁来，其父闵兴镇与前闵村闵昭如的先祖闵兴贵是同一祖父。闵毓宁生闵传祺，闵传祺生闵继文，闵继文生闵广德，至此三代单传。广德生昭全、昭彬、昭理和昭户四男；生三女，大女嫁方城闫庄侯氏，二女嫁方城高家岭李氏，三女嫁 W 双山前朱氏。

昭全 1899 年生，1969 年病逝；生宪财、宪兰（女）、宪花（女）和宪江；上过五年私塾，1920 年至 1937 年当庄长。宪财娶妻方城镇闫庄律氏，生庆远、庆成、庆存、庆兰（女）；宪兰嫁支家庄刘氏；宪花嫁吴庄王氏；宪江娶本村尤氏，生庆中、庆松、庆海、庆燕（女）。宪江生于 1941 年 2 月 24 日（农历正月二十九），1960 年参军，1972 年复员，1979 年至 1994 年任村支部书记。

（1）庆远娶方城镇韩村（官庄）吕氏，生繁军、繁华、繁银；庆成娶方城镇闫庄律氏，生繁琴（女）、繁杰和繁义；庆存娶 W 镇下福彩丁氏，生繁花（女）；庆兰嫁颜庄颜氏。

a. 繁军煤气中毒，30 岁亡，生一女，随母改嫁；繁华娶云南傣族女，生一女，去云南定居；繁银嫁北京。

b. 繁琴嫁韩家沟张氏，在方城小学工作；繁杰娶云南傣族女氏，生闵恩彤（女）；繁义娶方城镇诸满村李氏，生闵傲。

（2）庆中去临沂，娶方城镇盐店刘氏，生繁林；庆松未婚；庆海生繁丽（女）、繁彬；庆燕嫁西朱汪刘氏。

---

① 大、小神牛栏两村闵姓人口世系叙述体例不同于本节其他村落房支叙事模式，其原因是这两份资料是在我原来调查基础上由大神牛栏房支的闵庆中先生帮助修订而成。闵庆中先生反馈回的资料包括该族出生而外嫁的女子，其资料十分珍贵。笔者不忍割弃，故稍作文字处理，保留于此。我当年调查时大、小神牛栏属于方城镇，今属于 W 镇，特此说明。

繁林娶临沂城王晶，生祥轩。

昭彬生宪文、宪彩（女）、宪贵和宪圣。宪文1956年去黑龙江省甘南县长山乡长伍村，娶小神牛栏王氏，生庆常、庆春、庆巨、庆宝、庆合；宪彩嫁韩家沟李氏；宪贵娶韩家沟李氏，生庆花（女）、庆菊（女）、庆来、庆年、庆资（女）和庆广；宪圣娶妻方城镇姚家寨姚氏，生庆香（女）、庆莲（女）、庆修（女）、庆美（女）、庆林和庆军。

（1）庆常娶大草沟刘氏，生繁红（女）、繁临、繁海、繁启；庆春娶北石沟王氏，生繁辉（女）、繁伍、繁永；庆巨娶竹园赵氏，生繁成、繁玲（女）；庆宝娶中杨庄杨氏，生繁芹（女）、繁均、繁青（女）；庆合娶支家庄刘氏，生繁莲（女）、繁霞（女）、繁玲（女）。

a. 繁红嫁黑龙江本村赵氏；繁临娶本村赵氏，生闵晶（女）、闵蒙（女）；繁海生闵小月（女）、闵祥瑞；繁启生闵燕（女）、闵祥立。

b. 繁辉嫁哈尔滨；繁伍生祥维；繁永娶北石沟王氏，生祥栋。

c. 繁成生闵杰；繁玲嫁佳木斯朱氏。

d. 繁芹嫁张氏；繁均生闵祥楠（女）；繁青出嫁。

e. 繁莲嫁W镇沙岭村王氏；繁霞嫁W镇颜家庄刘氏；繁玲与菏泽地区的王氏结婚，生闵祥俊。

（2）庆花嫁小神牛栏王氏；庆菊嫁方城镇高家岭高氏；庆来娶W镇曹庄曹氏，生繁波；庆年娶吕寨吕氏，生繁峰和繁杰；庆资嫁曹庄曹氏；庆广娶W镇支家庄吴氏，生繁玲（女）、繁萍（女）。

a. 繁波娶临沂尤家村于氏，生祥恩。

b. 繁锋娶贵州华艳，生祥鑫。

c. 繁杰娶平邑毛氏，生祥坤。

（3）庆香嫁W镇许家寨许氏；庆莲嫁方城镇古城村韩氏；庆修嫁本村夏氏；庆美嫁本村尤氏；庆林娶W镇许家寨许氏，生繁芝（女）、繁美（女）、繁征；庆军娶W镇许家寨许氏，生繁达。

繁芝嫁朱保周氏。

昭理生宪法、宪怀、宪明和宪宝。宪法于20世纪50年代去吉林辉南县红旗林场，娶卢氏，生庆兰（女）和庆梅（女）；宪怀（30岁去世）娶W镇吴庄王氏（30岁去世），生庆芹（女）；宪明娶吕寨吕氏，生庆如和庆华；宪宝娶 W 镇颜庄刘氏，生庆鹏和庆友。

（1）庆兰、庆梅嫁吉林本地。

（2）庆芹嫁李家寨孙氏。

（3）庆如娶云南傣族女，生繁营；庆华去西安，妻湖北京山邓氏，生繁萱（女）。

（4）庆鹏娶颜庄刘氏，生繁宇；庆友娶南坊镇高庄赵氏，生闵杰。

昭户娶方城镇高家岭高氏，生宪珍、宪香（女）、宪瑞、宪芝（女）和宪云（女）。宪珍娶下盐店刘氏，生庆娥（女）、庆俊（女）、庆保、庆芬（女）、庆艳（女）；宪香嫁方城镇张庄李氏；宪瑞娶 W 镇曹沟刘氏，生庆春、庆芳（女）；宪芝嫁 W 镇宋庄宋氏；宪云嫁方城镇邵村邵氏。

（1）庆娥嫁方城镇小神牛栏王氏；庆俊嫁方城镇同庄徐氏；庆保娶云南傣族女，生繁龙；庆芬嫁方城镇官庄汉氏；庆艳嫁颜庄刘氏。

（2）庆春娶赖氏，生繁绪；庆芳嫁罗庄。

第二支：闵宪德一支。目前，该支人口和第一支在一起行"人情世事"。由于两支世系关系不清，无法判断它们是否属于一个五服框架。传字辈时从闵村迁来，闵传●生继仁，继仁生广运，广运生昭田、昭翠（女）；昭田生宪德和宪军，昭翠嫁本村李氏。

宪德娶支家庄孙氏，生庆法、庆贞、庆花（女）。庆法（2011 年去世）娶 W 长镇夫庄冯氏，生繁路；庆贞娶 W 镇后楼村王氏，生闵慧（女）、闵浩然；庆花嫁 W 镇集前村王氏。

宪军娶 W 镇下福彩村张氏，生庆园和庆波。庆园娶 W 镇上曹沟孟氏，生繁静（女）；庆波娶本村尤氏，生闵硕、闵博。

第三支：闵繁全一支。第三支始自昭字辈从闵村迁来，最初迁来的原因是"做活"（当长工）和放牛。这支人口与闵村闵繁总、闵庆增、闵繁文一支近，红白喜事与他们在一起。目前能回忆的最高辈分祖先是庆字辈。其世系是：庆志和庆梓是弟兄俩；庆志娶本村夏氏，生繁全、繁堂和繁勇；庆梓娶本村尤氏，20 世纪 50 年代移去黑龙江省甘南县长山乡长伍村，育有六儿一女。

繁全在深圳工作，娶 W 镇韩家沟张氏，生祥建（女）、祥萍（女）和祥礼。祥建嫁深圳黄氏；祥萍嫁深圳；祥军娶方城镇义山埠王氏，生令瑞和令文。

繁堂娶 W 镇许家寨许氏，生祥财、祥利、祥峥、祥海、祥红（女）。祥财娶方城镇张庄杨氏，生令杰、闫婧（女）、令朝、令存。祥利娶 W 镇解家峪李氏，生令琪、令山。祥峥娶云南女，生令莹、令彬。祥海娶 W 镇许家寨许氏，生闫玲（女）、令达。

繁勇娶 W 镇吴庄巩氏，生祥军、祥忠、祥花（女）；巩氏去世后，娶 W 镇李家沟李氏，生祥杰。祥军娶 W 镇颜家庄刘氏，生令辉；祥忠娶 W 镇颜家庄刘氏，生令雪（女）；祥花嫁 W 镇颜家庄刘氏。

10. 方城镇小神牛栏。小神牛栏在闫村西北（西偏北），两村相距 10 里。全村人口 200 多人，人均土地 3 亩，为丘陵山地。村中主要大姓为闫、王二姓，闫姓有 100 多人。

小神牛栏闫姓人口与后闫村闫昭芳、闫宪杰一支较近。当年从毓字辈迁来，迁徙原因不详，目前已在村中定居 10 代。广字辈以前的世系是：毓才娶高氏生传发，传发娶李氏生继松、继德，继松生广志、广福、广有和广俊，广俊生昭来，昭来乏嗣，于是第四支不传，这样实际上从广字辈计算只剩下三支。起先他们在一起是一个五服单位（将闫继松看作顶点），但 2000 年由于外出参加姻亲礼仪活动而产生矛盾，导致了昭字辈弟兄三个的后代分支。分支原因和过程我在《九族与乡土》第八章第一节中已有过分析。下面从广字辈进行分支叙述。

第一支世系：广志娶王氏生昭春，昭春娶刘氏生宪武和宪启，宪武娶闫士荣生庆祥、庆友和庆胜，宪启乏嗣，过继庆友为子。庆祥娶刘春红生繁军，庆友娶刘洪英生繁征，庆胜娶罗桂英生繁营。繁军娶张勉生闫祥龙。

第二支世系：广福娶高氏生昭兴、昭文，昭文乏嗣。昭兴娶顾永芹生宪合、宪海和宪龄，宪合娶张玉玲生庆顺和庆兴，宪海乏嗣，宪龄娶李富荣生庆修、庆理和庆连。庆顺娶马京恩生繁杰、繁信和繁成，繁杰娶宋清梅生祥军和祥伟，繁信娶马士青生祥国，繁成娶李德玲。庆兴娶李赵芝生繁增，繁增娶李秀玲生祥举。庆修娶李振月生繁东，庆理娶董连红生繁涛，庆连娶马士秀生繁义。

第三支世系：广有娶刘氏生昭财、昭成和昭如。

（1）昭财娶刘氏生宪成、宪盈和宪永。

宪盈娶李玉清生庆文、庆新、庆堂、庆富、庆江、庆金。庆文当兵去惠州转当地，娶李丽荣生闵捷（女）和闵繁瑞；庆新娶王广秀生繁昌和繁明；庆堂娶刘京芹生繁朋，繁朋娶卢士艳生祥宇；庆富娶宋文芬生繁亮；庆江娶王夫英生闵烨，庆金去广东娶赖丽荣生繁乐。

宪永娶丁维凤生庆华和庆杰，庆华娶陈佳慧生繁烁，庆杰娶杜娃生繁昊。

（2）昭成娶王氏生宪奎、宪如、宪传和宪德。

宪奎娶王中兰生庆利和庆山，庆利娶马士彩生繁堂，庆山娶尤维兰生繁达，繁达娶王逢梅；宪如娶李振荣生庆田，庆田娶徐芬芝生繁华，繁华娶蒋丽丽；宪传娶许士苗生庆全，庆全娶徐百爱生繁广；宪德娶宋庆兰生庆忠、庆森、庆国、庆锋，庆忠娶刘爱凤生圣文，庆森娶张传玲生嘉豪，庆国娶邵泽芳生繁龙，庆锋娶王桂珍生繁礼。

昭如娶姚敬修生宪福、宪军和宪臣。

（3）宪福娶李淑生庆存和庆明，庆存娶王孝芹生繁平，繁平娶彭振花生祥浩，庆明无嗣；宪军娶刘少荣生庆贵，庆贵无嗣；宪臣娶葛文兰生庆聚，庆聚在费县城工作，娶邵宇生繁圣。

另一支系。其实，该村还有一支闵姓人口，但这支人口面临乏嗣，原本与上述三支在一起参加"人情世事"活动的，由于最后一个男孩溺水而亡，也终止了与上述房支礼仪活动的合作。其世系是：昭顺生宪进、宪良和宪生，宪进出继到石沟村，宪良子庆学溺亡，而宪生乏嗣。这一支人口与上述三支来源不一样，他们来自新桥乡姜庄村。

11. 薛庄镇白马峪。白马峪在薛庄镇政府驻地东 5 里，闵村西北 20 里，其北 5 里是蒙山黄草关。该村现有人口 1980 人，其中闵姓人口四百余人。该支人口于明末清初自闵村迁徙而来，族人对于具体的迁徙原因不甚了然。从白马峪又有族人四外迁出，近者如胡阳乡北山阳村、薛庄镇火山后村等，远者如沂南县韩家庄、平邑县的沈庄等。族人说，外迁人口男丁也有三百余人。外迁大多是因为贫穷和战乱，到其他地方落居的方式是投亲靠友。就人口规模而言，白马峪村应该有着较长时间的迁徙历史或定居历史了，要不然，短暂的一百余年内难以繁育出如此多的闵姓人口。

从本书下文看，在民初匪乱中，白马峪闵姓人口遭受重创。又，在 2003 年祠堂建成后，白马峪世系群献整猪一头至闵村来祭拜祖先。

2004 年我访问白马峪，由于时间匆促，只是做一大概了解，未能详细统计每一支人口世系情况。所幸 2013 年我回临沂过春节遇到临沂大学 MFX 副处长，他是白马峪人，而他父亲和其他族人于 1962—1963 年完成了白马峪及其从白马峪又外迁的族人的分支谱（具体见本书附录二），从而使得我们大致可以了解该支人口的世系与规模情况。

据 MFX 先生介绍，早在 1983 年他大学毕业那会儿，就在老家白马峪看到过族谱。2012 年 12 月 15 日（阴历十一月初三）他到韩家庄闵宪礼二老爷家，经过二奶奶翻箱倒柜终于找到当年所修支谱。闵宪礼告诉 MFX：“此谱的建成多亏了你爷和你庆春叔操心跑腿，你爷在闵村住了十几天。内容弄得差不多了，却没有红布，我以护林防鸟做红旗为由申请了这点布。”[1] 白马峪族人称之为“软谱”。

整份软谱实际上是一个分支世系图，外加一篇简短序言构成。红布墨字，分三幅书写，中福顶书“闵氏支谱”字样。三幅红布上都画满世系图，但拼接起来却世次井然。这份软谱还配有对联，右幅右边竖写“诗书继世诒厥孙谋”（上联），左幅左边竖写“孝弟传家克绳祖武”（下联）。

可贵的是这份软谱写有一篇短序（左幅）：

> 支谱之立所以分支派也，别派分支，行辈排列，名字清楚，观者一目了然，岂非第一要事哉！始迁之祖由江苏宿县而来，丰字闵村，至六十二代祖讳西溪又迁此白马峪村，结庐而居已数百年矣！又相传十四世，今有七十二代孙宪章、七十三代孙庆法、庆有、庆修、庆春等叔侄五人诚恐历年久远，遗后有不明模糊之弊，即为办事之首，同心立此支谱。书谱者学浅无以为文，但用白话举其大概，如此以志永垂不朽云。
>
> 公元一九六三年岁次癸卯孟冬月上浣吉日（按：落款于右幅）

---

① MFX：《家谱与家父——谨以此文敬奉笃厚家人》，《闵氏家族报》，2013 年第 1 期（总第 1 期），2013 年 1 月 26 日第四版。

如果此份谱序可信，那么，这对于探索闵村闵氏族人的来源及世系具有重要的参考价值。

2004 年我在闵村调查期间，白马峪一老人到闵庆歆家做客，由我作陪。2012 年 10 月《少年闵子骞》电影开拍仪式在临沂举行（这也是一次中国闵氏族人聚会的机会），MFX 是其中的一位热心组织者。其间，他陪同外地族人、国家广电部相关领导前往闵村。上面刚刚介绍过，1962 年 MFX 的父亲去闵村修谱住了十几天。又，1964 年闵庆歆曾前往白马峪修过族谱，那时白马峪族人与闵村有些房支之间在丧葬仪式上还在一起。这些情况表明，白马峪世系群并没有中断跟闵村的联系。

12. 胡阳乡北山阳村。该村在闵村西北方向，约有 25 里。目前该村闵姓总体人口数目不详，只知其中一支人口有 92 人，余者不愿接受访谈，只好阙如。

这支人口从附近白马峪村迁来，但具体迁徙年月不详，族人只记得昭字辈祖先来此定居，来此以后也是自昭字辈上分的家。具体的迁徙原因是逃荒要饭流落到此。

祥字辈线人闵祥明和闵祥五告诉笔者，其祖父叫闵庆祥，其父亲叫闵繁起。闵繁起生有 6 子，分别是祥成、祥举、祥明、祥胜、祥五和祥宇。祥成有二子，名唤令军和闵强，令军有一子曰闵鹏，闵强有一女曰闵瑞；祥举生三子，长曰令刚，次曰令富，三子曰闵伟，令刚有子闵晓，令富与闵伟未婚；祥明生闵勇，闵勇有一子，名唤闵冲；祥胜有二子，长曰闵峰，次曰闵帅，闵峰有女曰闵然，闵帅未婚；祥五有子曰闵总；祥宇有子曰闵杰。目前这一支人口，在国家行政事业单位工作者有 3 人，其中一名博士，一名硕士。

另据线人云，闵繁起有叔伯兄弟 6 个。其中有因赌博至家穷而下东北者。村中另一亚房支人口，被访谈人不愿意提及，故阙如。余外，方城镇驻地方城街亦有一两户闵姓人口居住。方城街距离闵村 3 里。

（四）正西方位

13. 方城镇张寨。张寨比邻闵村，在闵村正西方向，两村相距仅 1 里路。该村人口接近 900 人，人均土地 7 分。目前有两支闵姓人口。

第一支世系：昭兰生宪全，宪全生庆元、庆胜和庆贞。庆元生繁义和繁田，繁义生祥达，繁田生祥文和祥武；庆胜生繁信、繁玉和繁营，繁信生祥军和祥银，繁玉生祥同，繁营未婚；庆贞生繁利、繁堂、繁成和繁金，繁利生祥新和闵亮亮，繁堂生闵轲，繁成生祥霞（女），繁金未婚。族人云，当初祖上来此是因为"恼心得慌"。可见，是族内纷争伤了感情所致。

第二支与闵村闵庆杰一支关系很近，他们在一起行人情世事，可见是一个礼仪单位。该支当初来张寨的原因是给人家做活（长工）。具体世系是：

昭立生宪荣，宪荣生庆明，庆明生繁胜、繁伦和繁军。繁胜生祥
●，繁伦暂时无子，繁军生祥鹏。

（五）西南方位

14. 新桥乡吕寨。该村位于闵村西南10里，有1400人，人均土地1亩1分。该村主要人口为吕姓，闵姓在此是"外来户"。具体世系是：

闵继续生有两子，长曰广增，次曰广圣。广增乏嗣，所以该村人口为广圣子孙。广圣生昭芳，昭芳生三子，长男曰宪增，次男曰宪福，三男曰宪瑞。宪增无子，过继宪福长子庆俊。宪福生五子，长曰庆俊，出继给宪增，次男曰庆连，三男曰庆德，四男曰庆友，五男曰庆法。宪瑞生三子，长曰庆环，次曰庆华，三男曰庆令。庆俊生繁亮和繁路两子，庆连生繁田，庆德生闵杰杰，庆环生繁运，余者或未婚，或新婚无子。

该支人口来此地有120年，自继字辈从闵村外迁，当年奔亲戚而来。闵继续当年在闵村出继，承受了1顷多地，但由于赌博导致家道败落，无奈迁徙。这支人口与闵村闵昭才、闵昭珍和闵庆勤一支较近，同时与马庄乡马庄村闵姓人口亦属于近支。

调查中发现，他们仍把闵村叫"家"或"老家"。"回闵村"，他们叫"家走"。

15. 新桥乡姜庄村。该村位于闵村西南13里处，现有1500多人，人均土地1.5亩，翟、郑为大姓，王、张、吴、闵为小姓。该支人口从昭字辈自闵村迁徙而来，迄今已有5代。其世系是：

　　昭字辈有弟兄三个，分别是昭●（老大）、昭发（老二）和昭顺（老三）。昭●（老大）生宪●，宪●生庆山、庆如和庆田。庆山子去东北；庆如生繁强，繁强生祥雨；庆田子繁华和繁义，繁华暂无男孩，繁义生祥龙。昭发（老二）自12岁来姜庄，后生庆绪，划成分时，庆绪担心被划为地主，遂去东北，庆绪在东北生繁祥，繁祥生祥杰。昭顺（老三）去了方城镇小神牛栏村，昭顺生宪进、宪良和宪生，宪进出继给附近石沟村，小神牛栏一支最终乏嗣。

　　这一支与附近石沟村是近支，石沟有丧事，姜庄闵氏前往石沟跪棚。同样，石沟村闵氏也来姜庄行孝子之礼。又据该支闵氏宗族成员说，他们与闵村闵祥友一支关系很近，他们在一起"行人情"（外出参加姻亲吊丧活动）。姜庄闵氏、石沟闵氏和闵村闵祥友一支每年春节期间互相去对方村落拜年。每年春节和清明姜庄闵氏都要回闵村老林给祖先上坟。又由于他们人口太少，红白喜事多依靠村中外姓帮忙，但依然觉得有本家帮忙最好，所以一直有想迁回老家的念头。这些表明：姜庄、石沟和闵村闵祥友一支是一个五服九族构造，许多礼仪需要在一起才能完成。

　　另外需要补充说明，姜庄闵氏觉得，他们在闵村应该归属东五支和西五支系谱。足见他们的更大一级房支认同观念。

　　16. 新桥乡糊涂岭村。糊涂岭村在闵村西南8里，因昔年族人闵昭堂在岭上卖糊涂（粥）而得名。族人说，兴字辈带其两个儿子从闵村迁来，具体来自椿树园。目前该村闵姓族人合起来有一百五十余人，分两支。以下从继字辈叙述世系。

　　第一支世系：继宝生六子，族人对于继宝之长子、次子、三子、四子房支不详，仅知五子为广殿，六子亦失名。广殿生昭圣，昭圣生宪堂，宪堂生庆梓和庆军，庆梓生繁明，庆军生繁锋；继宝六子广●生昭友，昭友生宪厚和宪臣，宪厚乏嗣，宪臣生庆兴，庆兴生繁德。这一支因为发源糊涂岭村东胡同，又称"东胡同支"。

　　居住在该村"东厂"附近有一支，只知道属于继宝派下，却并不清楚具体归属继宝的哪一个儿子之后。其世系是：昭生生宪伦和宪仁，宪伦生庆增，庆增生繁旗，宪仁生庆田和庆利。

　　第二支世系：继●生广奎和广连。广奎生昭成、昭●、昭连和昭贵。昭成生宪东、宪启和宪德；宪东生庆余和庆法，庆余无后，庆法生繁学、繁利和繁堂；宪启生庆富和庆芝，庆富生繁玉，繁玉生祥伟，庆芝生繁波，繁波生祥雨；宪德生庆宝和庆贤，庆宝无后，庆贤生繁田和繁才，繁田生祥华，繁才生祥永。广奎之次子昭●生宪章和宪●。宪章生庆彬、庆才（出继给叔父宪●）、庆如、庆修和庆奎；庆彬生繁位和繁来，繁位生祥国，繁来生祥业；庆如情况不明；庆修生繁山和繁生，繁山生祥华，繁生暂时有女无子；庆奎去新疆，情况不详。宪●过继兄宪章之子庆才，庆才生繁忠、繁聚和繁义；繁忠生祥军，祥军生令杰；繁聚生祥增和祥来；繁义暂时有女无子。昭连生宪公和宪成；宪公生庆太和庆珍，庆太乏嗣，庆珍生繁华；宪成生庆祥、庆海和庆波；庆祥生繁臣、繁友和繁龙，繁臣生祥哲，繁友和繁龙未婚；庆海生繁孟；庆波生繁贺。昭贵生宪瑞，宪瑞生庆春和庆洗；庆春生繁成、繁太、繁祥和繁杰，繁成和繁杰未婚，繁太生祥海，繁祥生祥坤；庆洗未婚。

广连生昭堂，昭堂生宪福、宪清和宪法。宪福生庆松、庆林、庆树和庆俊，庆松生繁杰，庆林未婚，庆树生繁俊，庆俊未婚；宪清生庆山，庆山生繁广、繁强和繁成；宪法生庆航、庆军、庆忠和庆来，庆航生繁宝，庆军生繁涛，庆忠和庆来未婚。

17. 马庄乡西马庄村。该村位于闵村西南60里（西偏南）。具体谱系是：广如生昭才、昭福和昭●。昭才无子，过继其弟昭福之长子宪成。昭福生宪成、宪启和宪法。宪成过继给伯父昭才，生庆国、庆军和庆坤（现在东北，但孩子在家）；庆国生繁巧，庆军生繁龙，庆坤生繁华。宪启生庆金和庆银。宪法生庆宾和庆科。均在五服之内。

这支人口于民国十六年（1927）自闵村迁来。当年闵村被烧，闵广如投奔刘庄岳父家，后给马庄高姓地主家当长工，遂来西马庄。当时闵昭福才7岁，父亲用扁担挑着所有家产和幼小的孩子，母亲肩上背着、手里领着孩子一步一步来此。

目前闵村仍有他们的较近房支。有一年，该支人口男丁骑着自行车去闵村上坟，其较近房支连一顿饭也没管，而且老家的近房支逢年过节也不给该支人口的祖先烧一点纸，这让他们对老家很伤心（他们的近支是闵庆智一系，他们不知道闵庆智已经信仰耶稣，是不祭祖先的）。但是，他们期待着闵繁康把家庙弄好以后，给划一份宅基地仍迁回老家生活。

（六）正南方位

18. W镇平顶庄。平顶庄在闵村正南，与闵村比邻，两村相距3里。该村有1400人，人均土地1亩。闵姓从继字辈自闵村迁来，属于椿树园一支，与闵村闵庆选房支较近。他们同样对于"老三桌"故事记忆犹新。

该支人口世系：

广字辈有弟兄三人，人名均失，各自单传。昭字辈叔伯兄弟三人，长支昭奎，二支昭●，三支昭成。昭奎生宪忠和宪和；宪忠生庆余，庆余生繁增、繁启、繁任和繁文，繁增生祥贵，繁启生祥成，繁任生闵刚，繁文生祥国和祥才；宪和生庆堂、庆法和庆福，庆堂去东北（后代具体不详），庆法在奥地利经商，生繁江和繁玉，繁江生祥军，繁玉生祥宝；庆福生繁龄和繁●，繁龄出继L区义堂镇义堂村闵氏（后代具体不详），繁●在台湾（后代具体不详）。二支昭●生宪海，宪海乏嗣，过继三支宪文之子庆连。三支昭成生宪文，宪文生庆连、庆全、庆德、庆友、庆宝五子；庆连出继给三支宪海，生繁军和繁明，繁军生闵梦（女），繁明生祥瑞，繁明在东北；庆全生繁田和繁亮；庆德生繁凯；庆友生繁亮；庆宝生繁欣（女）。此外，该村还有闵昭瑞一支，线人庆连具体不熟悉，暂时阙如。

平顶庄闵氏每年都要回闵村老林给祖先上坟。这是一个较大的五服单位，如果从庆字辈计算，他们还在一服制内，如果从繁字辈计算，则刚出五服，但目前整个平顶庄闵氏仍然作为一个礼仪单位，共同完成红白喜事。

19. 新桥乡东朱汪村。[①] 该村位于闵村南16里，在笔者故乡正西6里处。该村有1600人，五百余户，人均土地1.4亩，但大部分村民从事木业加工，仅板皮加工厂就有82户。目前闵氏共有4户，凡49人。

---

① 2011年年底后新桥乡从费县析出归属临沂市L区。

这支人口从后闵村闵庆杰支系分出。据说祖上卖菜种子，看见这个地方好，就来定居了。村中现存"闵家井"和闵家碾。初来乍到时，村中大姓欺压外来闵姓，如今此类现象消失。

东朱汪闵姓具体世系为：继全生三子，广印、广然和广●。广印出继回闵村，后来成为奉祠生。广印生宪安，宪安生庆祥，庆祥无子，复从东朱汪过继庆瑞之子繁成，繁成生祥东，祥东生令杰。广然生昭坦和昭●，昭坦生宪宝，昭●生宪海；宪宝生庆国和庆法，庆国生繁星，庆法生繁银；宪海乏嗣。昭才生宪安、宪堂和宪庆。宪安出继闵村接替闵广印一支；宪堂生庆瑞和庆顺。庆瑞生繁成、繁德和繁田，繁成出继给闵村庆祥，繁德生祥才，祥才生令豪，繁田生祥坤。庆顺生繁生、繁奎和繁礼；繁生生祥军，祥军生●；繁奎生祥勇，祥勇生令伟；繁礼生祥杰，祥杰生令华。目前东朱汪村最高辈分为庆字辈，即使繁字辈也仅剩一人。

目前该支人口红白喜事在一起举行。20世纪60年代还与闵村闵庆杰一伙有互动，目前已与闵村不再有往来。

（七）东南方位

20. W镇东常富庄。该村在闵村东南6里处，人均耕地1亩4分。东常富庄现有人口2000人，其中闵氏两百余人，分两支。

第一支从前闵村西南角迁徙而来。继字辈有弟兄四个，分别是继彪、连捷[①]、连用、继业。当时，这里有160亩地，每人分得40亩。现叙述他们的世系如下：

继彪生广居，广居生昭隆，昭隆生宪●，宪●生庆元和庆友。连捷生广业，广业生昭钦，昭钦生宪堂和宪起，宪堂生庆余、庆善、庆印和庆田，宪起乏嗣而过继宪堂之子庆印。连用生广昌，广昌生昭扬，昭扬生宪用、宪如和宪成；宪用生庆祥、庆锡和庆福；宪如生庆尊和庆全；宪成生庆东、庆国和庆德。继业生广胜，广胜乏嗣，从三哥连用处过继侄子昭扬。繁字辈以下人口，线人不清楚，只好阙如。

东常富庄另一支闵氏有100多口人，他们从闵林"椅子圈"迁

---

① 闵连捷，清嘉庆二十四年（1819）岁贡。

来。所谓"椅子圈"是闵村祖林中心地形像一把椅子（两边扶手和靠背拱成一个圈），这就是传统风水术中所说的"马鞍形"构造，被认为是有风水的地方。族中安排的被访谈人是第一支的，他对于自己一支小辈都不熟悉，结果可想而知他对于第二支世系的了解，这里也只好阙如。第二支人口每年清明节和腊月下旬都要回到闵村老林中给祖先烧纸上坟。

虽然由于时间仓促未能详尽采录到第二房支的世系，但额外发现了另外一些宗族文化现象。首先，我发现了有个叫闵繁启的老人七十大寿时别人送给的对联：福星朗照千秋月，寿域光涵万里天。这种士人阶层所追求的文化在我调查过的农人身份闵氏家庭中很少见到。其次，我在这一支里还发现了他们至今还挂家堂轴子（1994 年做的）和神主楼子（"文革"劫后残余）。其形式如我在《九族与乡土》一书中所讲的。① 这里举两个神主牌位，以说明其情况。每一个神主有两部分文字内容，外表写明神主及奉祀之人，内里写明生卒年月日时。

第一例：

外：显妣例增孺人史太君神主（右起，竖写，字体大于下一行）
孝男连科奉祀（左一行，字体小于上一行，且缩两字格）
内：母史太君行一神主（居中，竖写，字体大于下面两行），乾隆八年癸亥六月十八日午时生（右一行，竖写），嘉庆十六年辛未三月初八日亥时卒（左一行，竖写）。

第二例：

外：显考西皋恩寿员闵二公神主（右起，竖写，字体大于下一行）
孝男连科奉祀（左一行，字体小于上一行，且缩两字格）
内：父讳佺字文仙神主（居中，竖写，字体大于下面两行），乾隆七年壬午十一月二十三日辰时生（右一行，竖写），道光五

---

① 杜靖：《九族与乡土：一个汉人世界里的喷泉社会》，133-148 页，北京：知识产权出版社，2012 年。

年乙酉八月十七日亥时卒（左一行，竖写）。此位男神主生前是位拔贡。

此外，W镇大柳树庄也有一支闵姓人口居住，规模不大，余未作调查。大柳树庄在闵村东南，两村相距6里路。

（八）正东方位

21. W镇西W村。西W村在W镇政府驻地，位于闵村东2里处。该村有1400人，人均土地7分。闵姓人口接近100人。这支人口从广字辈自闵村迁来，有100多年的历史。跟后闵村闵庆领、闵繁艾一支近，仍在一个五服之内，因而红白喜事还在一起进行。由于未能找到合适的线人，结果没获得具体世系。

2013年1月，山东临沂市闵氏家族联谊会创办了《闵氏家族报》，在总第1期中西W村书记闵祥生写了一篇《临沂L区西W村闵姓简介》，这篇文章交代了更详细的信息：

> 19世纪末，西W村的闵姓先人闵广廷，生于闵姓祖居地闵村。闵光廷兄弟三人，家中排行老二。老大闵光顺，老三闵光汶。闵光廷孤身一人，来到离村十多里外的方城镇向阳村开荒种地。几年以后，又迁至西W村。因该村有集市，闵光廷以生意为生，后定居下来。先人闵光廷在西W村结婚成家后，生一子名昭良。闵昭良先后生三子，二女。此三子分别是闵现周、闵现公、闵现顺。也是如今西W村闵姓的老三支。历经百余年，西W村闵姓繁衍兴旺，已发展至200余人。闵氏后代，人才辈出。第74代凡字辈有老干部数名：闵凡田、闵凡堂、闵凡成、闵凡增、闵凡立、闵凡荣等。第75代祥字辈80%以上都在外工作，科级以上干部数人：闵祥贞、闵祥花、闵祥宏、闵祥斌、闵祥连、闵祥玉、闵祥华等。第76代令字辈，多数都是大学生，继承了先人的优良品德，成为各行各业的人才。[1]

---

① 闵祥生：《临沂L区西W村闵姓简介》，《闵氏家族报》，2013年1月26日第四版。

这篇短文提及西 W 闵姓人口 200 余名，我 2004 年调查时族人说 100 余名，扣除人口自然增长，其规模出入仍较大，其原因是：当时族人报的是村落内的农业现居人口，而现在这份数据是加上了从这里出去参加工作的人口。这篇短文中的辈字"光""现""凡"应该是"广""宪"和"繁"。其中第一个字"光"是闵祥生或族人弄错了，第二和第三个辈字是族人为了书写方便，故意采用的，这在闵村世系群里很普遍。

22. W 镇东 W 村。W 镇东 W 村也在镇政府驻地，与西 W 村一路之隔。该村有 1000 人。该支人口与前闵村闵昭仓和闵宪等一支较近。传说从广字辈迁来。其具体世系是：

闵广安生昭聘，昭聘生宪法和宪福，宪法生庆礼和庆才，庆礼生繁军，庆才未婚，宪福生庆玉。

东 W 村一支人口较少，与附近小草沟村一支未出五服：宪字辈上，与草沟是堂叔兄弟，小草沟为二支。目前，在一起"行人情"。

23. W 镇东石沟村，在闵村正东 8 里地。该支人口规模是一个共曾祖家庭。笔者未能前往该村调查，具体资料不详。只好阙如。

此外，W 镇吴庄子亦有一支闵人居住。吴庄子与闵村比邻，两村相距 1 里。

二、本省附近县市迁徙

1. 沂源县双堠镇吉拉子村，闵村东北向 40 里，因在吉拉子岭下得名。据村碑记载，康熙三十五年（1696）闵氏自费县迁此，迁徙的原因是逃荒要饭，迄今以历十世。闵姓是吉拉子村的最早开垦者和定居者。

他们自称来自后闵村椿树园，属于"老三桌家"。他们对当年祖上清明节扫墓，每家出一代表，整够三桌人数的记忆尤为深刻。可见，"老三桌是一个祖先祭祀的父系单位"。

族人说，最初头几辈都是闺女，不断通过招赘后获得男性子嗣。目前，该村自宪字辈分支，分别是由弟兄三人各自建立的房份。

长支闵宪成有子一人，名唤庆友，庆友又得三子，长子繁胜，次子繁宗，三子繁文。繁胜有四女而无子，繁宗无妻，繁文仅一子名唤祥龙。

次支宪德有三子，长子名唤庆玉，次子名唤庆富，三子名唤庆如。庆玉生繁义，繁义有三子，长子祥军，次子祥贵，三子祥发。祥军子令帅；祥贵有子二，一唤令军，一唤令国；祥发子令辉。庆富有子二，长曰凡存，次曰繁营。繁存有子，被访者不知名字；繁营一子，被访者亦不晓知名字。庆如子一唤繁友，繁友生二子，一曰祥峰，一曰祥阳。

三支宪宝有三子，长曰庆●，次曰庆春，三子曰庆山。庆●，有子曰繁顺，无妻。庆春有四子，分别是繁祥、繁启、繁军和繁海；繁祥一子曰祥国；繁启一子，曰祥●；繁军仅有一女，叫祥花；繁海刚结婚，暂无子嗣。庆山有二子，长曰繁喜，次曰繁堂；繁喜一子名唤祥军，繁堂有一子，名祥●。

宪宝一支去附近沈庄，是因为该村有土地，再迁时间为20世纪50年代初。宪成、宪德、宪宝为弟兄三人，目前繁字辈当家。如果从昭字辈算起至令字辈，凡7代，实际上仍为一个五服单位。他们的红白喜事在一起举行。又，三支轮流请家堂，轮到那家一连做三年祭祀仪式。

2. 沂南县双堠镇旺家庄。旺家庄在闵村东北方向55里，有土地1000余亩，多为山地。旺家庄现有人口1000多人，村中有十七八个姓氏，刘姓人口较多，其中闵姓77人。

族人说，最初老祖一人逃荒要饭挑着一个挑子来此落脚，但具体什么时间来此，来自闵村哪一房支，族人并不清楚。如今他们都说沂南当地口语了，发音不同于闵村，但是他们仍然把闵村称为"老家"。2003年8月14日他们组织两车多人前往闵村祭祖，并参加了闵子祠募捐仪式。

由于所找族人对于世系不清楚，无法在此叙述谱系。但他们告诉我，目前已经在五服上分成了两支了，因为以繁字辈为参考点，刚好分服。具体而言，闵繁五一伙有17人，闵祥玉一伙有28人，他们合起来是一个五服单位；而"东庄"上有32人，他们是一个五服单位。

3. 临沭县。这是一支在人口规模上与费县白马峪闵氏宗族规模大体相当的世系群，接近400人。然而，他们也没有建立单独的宗族组织、分立的支谱、祠堂和族产。1964 年闵庆歃修纂族谱时，曾亲自到临沭加以考察。2004 年我在闵村及上述村落着手开展闵氏世系调查时，他们曾把自己村落里的世系图表誊写清楚交给我，我随后就按照闵氏之一支重新做了新的绘制。虽然没能把出自闵村的所有闵氏宗族成员系在一起，但我把每支分别绘制在一张八开纸张上，合起来散叶有 40 多份。我当时手绘了两份，一份我自己保存，一份交由闵庆歃保存。由于我搬家数次，从一个城市到另一个城市，我所保留的那一份丢失了（我后悔没有在调查记录本上备份），而闵庆歃所保留的那一份也随着他的去世不知所终。所以，在此很遗憾不能详尽叙述该支人口世系。

临沭闵氏究竟来自前闵村还是后闵村？来自闵村哪一支？当年移民临沭的具体原因是什么？这些问题都不清楚。

但是有一点，他们在历史上与闵村并没有中断联系，上面修谱就是个证明。另外，2003 年闵村重修闵子祠时，他们还捐助了钱，且事后参加了落成典礼。这一切均表明，他们仍然是闵村闵氏宗族的一个房支。

4. 莒县一个村子（在莒县最西南，与临沂市 L 区搭界，距离闵村 30 余公里）有族人 700 余人，估计是闵守配的某个儿子迁去而繁衍下的人口。但该村亦无法把所有人口通过系谱连缀在一起。不过，据该村闵姓老人讲，他们祖上来自费县闵村，且云闵林中的树木和财产当有他们一份。这表明，莒县这个村子与闵村是一个共财单位（corporation）。现临沂市城管局局长 MR、临沂市机关服务局局长和临沂市妇联主任闵慧玲都出自该村。但这支人口具体外迁的原因不详。

三、外省迁徙

1. 江苏邳州岔河镇大良壁村三组和邳州四户镇道口村。邳州两村庄闵氏是一支人口，总共有六十余人，清末逃荒要饭流落至此。他们从前闵村迁徙而走。2002 年年初夏我访问闵村时，还遇到了一位从大良壁返回闵村居住的族人，他与我一起讨论闵林的风水问题。第五章第二节将提到，由于闵村族人在民国初年通过大良壁的族人，有机缘担任山东军阀驻临沂地方军管的文书，因此闵村遭受北伐军攻打。2003 年重修闵子祠时，邳州闵氏族人还捐助资金。另外，在我调查期间，闵氏族人希望借助我的力量重修族谱，大良壁还寄来了谱系（写在一张信纸上）。这些说明，邳州闵氏族人依然跟老家闵村宗族之间保持着宗亲来往。

他们的具体世系是：

宪文生两子，长曰庆顺，次曰庆余。

庆顺生两子，长曰繁志，次曰繁友。繁志无子。繁友生三子，长曰祥云，次曰祥林，三子曰祥雨。祥雨生两子，长曰令军，次曰令建。

庆余生三子，长曰繁文，次曰繁坤（本书附录"闵村各房支世系"作"繁印"），三子曰繁伦。繁文无子。繁坤生两子，长曰祥超，次曰祥友。祥超生一子，名唤令玺；祥友生一子，名唤令惠。繁伦生三子，长曰祥贞，次曰祥永，三子曰祥忠。

另外，还有些人名不见于或有些情况不同于闵村"继堂"一支世系（见本书附录一），但为了以后进一步考证或有利于闵族下一步修谱，在此亦把大良壁村闵祥超提供的其他人名列在这里："祥雨生两子，长曰令辉，次曰令建"；"途子忠，忠子存，存子柱，柱子如"；"庆乾生两子，长曰顺，次曰苓"；"庆田子繁德"；"宪同无子"；"昭位生四子，宪正、宪中、宪义和宪文"。

2. 个别族人迁至东北。历史上由于迁徙到东北谋生的族人及其后代究竟有多少，目前尚缺乏准确的统计资料。但从本书行文以及文末所附"闵村各房支世系"情况可以了解到一些信息。族人迁徙到东北的原因主要有两条：一条是逃荒至东北，可以参考本书第八章第二节闵庆章之有关情况；一条是新中国成立后个别地主富农及其后代迁至东北。

四、总结与讨论

通过上面简要考察可知，闵氏族人主要聚居在闵村，同时又分布在闵村周围的村庄里，少数跨出了县界，甚至省界。其密集分布的地域范围在 15 公里之内，距离中心或祖庭所在地越近，分布越多，反之越少。这样的距离适合族内联动。

闵氏族人迁徙的原因主要有：1. 逃荒（隐含着人口增长与有限土地资源之间的生存压力）；2. 战争匪乱；3. 家族矛盾；4. 分家去附近村落继承田产；5. 为了更好地发展事业；6. 新中国初期的成分划分或批斗；等等。一般来说，迁徙到闵村周围相比邻村落里的族人多是分家继承田产，但不排除为了生活投奔亲戚的可能。

自然灾害、战争匪乱、家道败落等原因造成了"逃荒要饭"，但是部分外迁族人以及居住在闵村的部分族人却往往喜欢用风水加以解释。由于洪水的侵蚀和破坏，当然也有可能是人为取土，导致了当年闵林在南部边缘出现了一个"瓢形"的水沟或汪塘，闵人把它叫作"要饭瓢"。出了要饭瓢，自然要饭逃荒是老天爷的安排，是命里决定的事情。这种解释也许可以给在逃荒路途上或流落在外的闵人以心理上的安慰吧。

卡内罗（Robert Carneiro）认为，村庄人口的分裂现象与生计无关，而是与村庄内部的有效政治管理机制有关。在他看来，群体规模越大，内部发生争斗的频率极可能越高。当群体内部的压力和紧张状态达到相当程度时，公开的派系的斗争马上出现，导致持不同意见者纷纷出走，另觅他处居住。[1] 马歇尔·萨林斯也赞同卡内罗的意见，并在此基础上进一步做了研究。萨林斯主张，由于缺乏有效管理机制，原始社会便通过社会分裂来化解这一危机。[2] 从闵村的经验看来，并非缺乏有效的管理机制，因为他们有宗族制度和组织，而且有"守望相助"[3] 的宗族理念，分散或迁徙的原因还是具体的生计层

[1] Robert Carneiro, "Slash-and-Burn Cultivation Among the Kuikuro and its Implications for Cultural Development in the Amazon Basin", in Y.Cohen ed., *Man in Adaptation: The Cultural Present*, p.136, Chicago: Aldine, 1968.

[2] 马歇尔·萨林斯著，张经纬、郑少雄、张帆译：《石器时代的经济学》，110–115 页，北京：生活·读书·新知三联书店，2009 年。

[3] 班固《白虎通》卷三曰："族者何也？族者凑也，聚也，谓恩爱相流凑也，上凑高祖，下凑玄孙。"班固《白虎通》卷八《宗族》云："大宗能率小宗；小宗能率群弟，通于有无，所以纪理族人者也。"

面的东西。

从地理方向看，闵村闵氏宗族成员迁徙有两个特别突出的方向，一个是东北方向，一个是西北方向，这两个方向都是蒙山腹地。虽然部分村庄里的族人说祖先是逃荒要饭来的，但我推测更可能是躲避战争和匪乱，因为山区更适合躲避和隐藏。至于到什么地方落脚，主要是投奔姻亲。但是，当一些族人在某地扎下根后，便会有另外的族人离开祖庭闵村奔他而来。

在迁徙的过程中，我们看到有些村落成了进一步迁徙的中转站，也就说，闵氏族人离开闵村到达一个村子，若干年后，又从落脚的村子再四散到周围其他村庄。一般来说，这样的中转站今日族人比较多。比如，白马峪就是这样的村落。我想，在东北方向上，也会有一个这样的村子，所以才一步步到了沂南县境。

闵氏族人迁徙还有一个特点，即，由于出继和过继原则的存在，迁出去的族人还会因为承受家产而返回闵村居住，也有些因为过继而在外迁的村落间流动。

笔者在调查中发现，从后闵村椿树园外迁的族人比较多。我想，椿树园当年是一个很大的支派，很可能由于人口过于稠密而为了生存，减少家族内部的竞争而不得不外迁。

虽然这些外迁的族人形成的村庄有的达到了数百人口，内部又裂变成若干五服房支单位，但均没有建立单独的宗族或世系群组织、分支祠堂、分支谱和族产，他们依然保留了跟闵村祖庭或老家在修谱、祭祖、修祠方面的合作，甚至若干村落房支依然跟闵村近支在一个五服九族之内，维持着红白喜事或"人情世事"上的往来与互助，共同参加礼仪活动，自然包括回闵村祖茔地给祖先上坟。庄士敦（R.F.Johnston）曾说过，当一个人从一村庄迁移到另一村庄，他祭拜的土地庙会所改变，但他在祖先崇拜上与老村的联系没有削弱。[1] 种种迹象表明，这是一个弗里德曼意义上的区域社会中的分散性世系群。

弗里德曼有过一段话说："There are two different sets of conditions

---

[1] R.F.Johnston, *Lion and Dragon in North China*, p.173, New York: E. P. Duton and Co., 1910.

in which the members of a local lineage may be linked by lineage honds to people not living in their local community. First, as will be fairly common among poorer groups, some of the descendants of the ancestor who difines the local lineage will be resident in other local communities; we have in such cases what may conveniently be called dispersed lineages. Those of its members, forming a local lineage, who occupy the main settlement (where the ancestral hall and its associated property are likely to be found) are, so to say, the headquarters group of the dispersed lineage." [1] 据此判断，以闵村为核心的闵氏宗族，加上其外迁并散布于周围村落的闵氏族人，何其符合弗里德曼关于分散性世系群的定义！15公里的分布范围，是十分有利于分散性世系群联动的。当然，我们也必须看到，由于各种历史原因，有些闵氏族人播迁远远离开了乡土社会。

弗里德曼曾从地形学（topography）角度分析过分散世系群产生的原因。弗里德曼认为，对于一个生活在狭窄空间（比如某个山谷）里的地域化世系群（村落宗族）而言，由于没有开阔的地带而缺乏大量相连续的土地，结果导致了一部分人口外迁，他们极有可能进入邻近的另外一条山谷。在一段时间内，他们也许会维持着老家宗族成员身份，这样，一个分散性世系群就形成了。又过了一段时间，如果他们繁荣了，他们的子孙后代就会在新的定居点建立一个新的独立的地域化世系群（村落宗族），他们就有可能与最初的老家的地域化世系群形成上位世系群。可见，缺乏足够的相连续的土地能够促进分散性世系群和上位世系群的建立。[2] 我想，弗里德曼讨论的是一种边界移垦社会，但是对于有着悠久农业耕作文明史的闵村地域社会来说，其理论未必合适。因为闵村周围都是开阔的平原地带，根本不存在弗里

---

① Maurice Freedman, *Chinese Lineage and Society: Fukien and Kwangtung,* p.20, London School of Economics, Monographs on Social Anthropology, No.33, London: The Athlone Press, 1966.

② Maurice Freedman, *Chinese Lineage and Society: Fukien and Kwangtung,* pp.36–37, London School of Economics, Monographs on Social Anthropology, No.33, London: The Athlone Press, 1966.

德曼所讲的山谷问题。相反，闵村周围存在大量村落宗族或地域化世系群，这些村落宗族占据了周围的大片土地，造成了宗族边界。闵族不可能任意向四周别的世系群的土地上扩展。所以，要想解释华北平原上的分散性世系群问题，不能仅从地理学角度考虑，还应该从不同村落宗族间的关系问题入手。

第三节　村庄内外的族际互动

闵村并非严格意义上的 single-linage community，实际上是一个 multilineage village，尽管村落内部的政治空间、文化空间，包括一定程度的经济空间及整个村落历史进程被强大的闵氏宗族支配着。因而，在这种情况下，我们不能不对闵氏宗族与村内其他宗族的关系有所考察。同时，作为闵村内部的最强大族群体——闵氏宗族，不可能不与周围村落其他宗族在地域社会中有所互动。全面了解闵氏宗族与村落内外的宗族的关系是本节的任务。

一、村落内部的族际互动

从闵人现在的记忆里，闵姓跟他们的同村落里的其他几个小姓宗族没有发生过什么冲突，当然，像卓、刘、孟、陈四姓也只是停留于家庭的层面，还未成长为一个宗族的五服房支，所以也难以谈得上是一个宗族。能够具有宗族意义的小姓只有邵、杨、吴、李四姓，而李姓又不是来自同一个地方，也就说同姓不同宗，而且也没有主观认同。闵姓跟这些异性宗族皆能够和睦相处。武姓的人说，两姓之间从没有矛盾，闵姓不欺负外姓人。如果武姓有红白事就找闵姓人帮忙。武姓的讲述是符合实际的。当然，绝对意义上的没有冲突是不存在的。过去的时候闵姓跟这些外姓的家庭就发生过冲突，但这些冲突涉及的人员只限于双方的家庭，而没有波及各自的五服房支。所以在闵村内部不存在如南方那样的宗族械斗和冲突。

这其中的原因有两个。一个是得济于闵姓世代以来的儒学教育。

他们因了祖先的缘故接受儒家的思想，讲究忍让、和睦相处的精神。我在闵村发现，他们之间彼此以兄弟爷们相称，也就说发展出了一套拟亲属称谓。这种拟亲属称谓表明，他们是按照宗族内部的关系来相处的。他们说："我们都是乡里乡亲的，抬头不见低头见，有什么大不了的事情过不去？能忍让就忍让点。"这又表明他们已经发展出一套成熟的街坊关系。第二个原因要归功于他们之间世代以来保持的姻亲关系，而且婚姻的交换是双向的，闵姓的女子外嫁小姓，小姓的女子嫁给闵姓。通过超越各自宗族的界限，实现姻亲联盟而结成一个共同体。邵氏族谱说，明朝末年他们来自洛阳，初居费县方城镇韩家村，落居费县的一世开基祖是邵康节。后迁诸满邵家村，22世时（包括洛阳的谱系，非从费县开基祖计算）邵家弟兄6个，其中的邵元府和邵革梅弟兄俩迁来闵村，如今世居闵村已有八代。最初来闵村是因为邵姓在闵村有2顷多地，当时分家，其中一支人就来了闵村。而同来闵村的邵姓人还包括给邵家同宗地主耕种庄稼的"种地户子"。从邵姓的会字辈开始跟闵姓人通婚。第一种情况，闵家女子嫁到邵家：会字辈娶了后村的1个闵姓女子；兴字辈娶了3个闵姓女子，前村2个，后村1个；理字辈没有娶闵家女子；士字辈娶了3个闵姓女子；泽字辈娶了4个闵姓女子。第二种情况，邵家女子嫁给闵家：兴字辈邵姓3个女子嫁给后村的闵姓族人；理字辈1个邵姓女子嫁给后村的闵家；士字辈没有；泽字辈有一个邵姓女子嫁给后村的闵家。目前，常字辈的人口才几岁，自然没有婚姻。

杨家来此定居是逃荒的结果。他们最初是在邵家的菜园子里要了一点地建了房子。他们来闵村居住已有八代人了，来的地方是东南10多公里的阎屯（属于L区，距笔者的故乡3.5公里）。解放前杨家没有专门的圩子，一般都在闵家总圩子里避难。当然，有时候他们也去附近村落里避难，而那个时候闵人也差不多走光了。比如，马子作乱时，他们跑到了附近郭庄老娘门上避难。在最近的两代人中，闵家女子嫁到杨家的有5人，杨家嫁到闵家有3人。杨姓人说，2003年闵氏建家庙时，杨家还捐了钱。杨家捐钱是考虑到：在闵村居住，一切都依靠闵家，如果不出面捐助一点不太妥当；他们也是奔着这个大家族来的，再说很早就有亲戚关系，理应帮助。

在闵子祠东北角住着武姓人家。他们共有 6 户，25 人，男 10 人，女 15 人。武姓娶闵姓女子 2 人，闵姓娶武姓女子 5 人。两姓之间也没有矛盾。武姓说，闵姓不欺负外姓人。如果武姓有红白事就找闵姓人帮忙。武姓人说，他们是从山西喜鹊窝迁来的，一直就居住在闵村。刚解放那会儿，武姓也就 25 人。这么多年来，他们的人口没有增加，目前也没有大学生，解放时武家人均土地才合 1 亩。

闵村李姓来自三处，一处来自西北 10 公里的古城村，一处来自东南 14 公里的北屠苏村（笔者外祖父就是该村的，这伙李姓与我的外祖父是同宗），另外一伙来源不详。来自古城的李姓，他们是奔着姥娘门上来定居的，闵姓是他们姥娘门上。来自北屠苏的李姓历史上娶过 2 个闵姓女子。来源不清楚的李姓，其中 1 个女子嫁给闵姓。

另外几个小姓的情况分别是：陈姓 4 年以前由于费县许崖水库淹没，搬迁了一家姓陈的来村中居住，共 5 口人，包括一对中年夫妻、老母亲和 2 个儿子。卓姓一户，一对老年夫妇，一对青年夫妇和一个幼儿，祖子孙三代，凡 5 口人。刘姓一户，弟兄俩，大哥未婚，并经常外出，老二已婚，育两女。孟姓乃一理发的老头儿，暂居人口，父女二人，老家是沂南的。目前这几个小姓与闵氏没有联姻。不过，他们都十分注重与闵姓修好。比如，从许崖水库迁来闵村的陈姓移民跟村民保持着较好的关系。一开始来的时候，左邻右舍的都帮助他们，如给一个小盆，给一把菜，等等。他们也积极而努力地融入闵村社会。如谁家有了丧事，他们也作为乡邻积极随份子去礼。他们的对门母亲去世，他们就付了 20 元作为吊礼。

通过对闵村诸姓之间的婚姻交往史考察可以看出，整个闵村除了血缘共同体之外，还存在多个姻亲共同体，在这两种共同体基础上达成了一个乡村共同体。

在诸小姓中，邵家的人口最多，社会力量也最大。

邵奉诏和邵元辅父子俩于咸丰同治年间在当地名倾一时，加之儿孙的努力，家世显赫。《费县志》有传：

> 邵奉诏，诸满人。生而聪颖，有实学。孝友端方，为一时所推重。早岁游泮食饩，不得志于乡闱。由廪贡生就职训导，司铎

199

历城，颇膺卓异。历任高苑、滋阳教谕。子元辅，副贡生，号玉坡。工诗，博览群书。郡守熊遇泰见其文，大奇之。后仅中副车，士林惜焉。著有《要月赋草》。①

今闵林中有邵奉诏之墓。墓前树立着一座高大的墓碑，非闵姓墓碑可比。这充分显示了邵家的社会身份和地位，足可以傲视闵氏群墓。邵碑刻有双龙的碑帽子，闵村一带叫"龙头碑帽子"。碑帽子用满汉两种文字书写，落款用篆体：

奉天承运

皇帝制曰：风化先于一邑学校宜崇，人材出自诸生师儒是重。尔山东兖州府滋阳县教谕邵奉诏，持躬有素，奉职无惭，教以诗书文义，实资于讲习，谕之礼让，士品■藉以陶成。兹以覃恩授尔为修职郎，锡之敕命。于戏！前劳已著用，襃训诲之能，后效方长，益砺渐摩之术。

道光三十年叁月初二日

敕命之印

碑刻正文是：

公姓邵氏，讳奉诏，字春帆，世居古孝悌里。父克宾，太学生。公同怀五人，行居次。天性孝友，学问博通。幼与弟星使砺志读书，并蜚声胶庠，先后食饩，里党皆懿美焉！以乡师频滞，由廪贡生报捐训导，初署高苑县教谕，既选历城县训导。上宪多公才能，委监赈济粮饷，经理景贤都院兼查沂署监务。历试之下，随在见功，因大计卓异，保荐奏准，奉旨加一级，注册候升。适丁内忧，服阕后，选兖州府学训导，旋升滋阳县教谕，蒙覃恩加一级。所任之处，宣明圣教，严课士子学校，无不振兴。

---

① 费县地方史志编纂委员会：《费县旧志资料汇编》（内部资料），236 页，山东省新闻出版局准印证号：（1993）2-007。

咸丰三年，发匪陷临清诸州县，抚军于兖州设粮台，委托帮办。又，差办练勇局，监制军装，复作随员，往本县劝办乡团，虽烦剧杂，投而公，措之裕如也。公品端学粹，干略兼优，是以屡动上宪，青顾迨三次。俸满保荐以知县升用，未莅任而公卒。惜哉，长才竟屈于短驭矣！配刘孺人，恭俭持家，内助称贤。子元辅，博学能文，善四六体，申壬科副举人，候选直隶州判。元印、元祺皆名诸生。孙会绅、会沣相继采芹，箕裘克绍，兰玉并森。迨今登其堂，想起流风余韵，不胜景仰之思也！爰谨序巅末，用勒贞珉。

同治癸酉科拔贡光绪己丑科副举人陵县教谕兼理临邑训导事覃恩加一级愚侄婿朱晙拜撰并提。

宣统巳酉科拔贡朝考分发直隶试用直隶州分州愚外孙桂山顿首敬书

二年庚戌仲春皇清敕封修职郎，晋封微仕郎春帆邵二公墓 [①]

长子男壬子朝举人，直隶州通判；次子典籍；四子增生；五子庠生；六子六品军功。

——邵奉诏的重孙邵理才讲，邵奉诏把地卖了以后捐了个滋阳县教谕。太平天国时期，邵奉诏在临清管过粮财。邵元辅中举后，建了一座举人堂。他们居住在闵村中的南观音堂子附近，虽然近些年来个别家庭远离这一块开基地，但大部分仍然聚首在一起。而且当年以举人堂为中心筑有圩子，叫邵家圩子。马子来的时候，全体邵姓人住在邵家圩子里。平安以后，人们从圩子里出来，恢复了原来的样子。邵家林原本在村内钱家汪西边，1964 年迁往闵林，原址已盖成房子。尽管邵家已经分成了两支，而且也出了五服，但是红白喜事仍然在一起，没有分支。邵姓人的功名和血缘群体的凝聚在跟闵姓宗族相处中也是一个制衡因素，闵姓宗族也不敢轻易得罪邵姓人，从而维持了一个乡村社会的平静。这是儒学教化和姻亲关系之外的又一种制衡

---

① 此一行字体颇大，揭明墓主也，按道理应该析出，但为了保持碑面文字的完整性，自右往左录出。

力量。

现年 82 岁的邵理才先生解放前也饱读私塾，家中存有大量古籍。近年来为他人画上题诗一首云：

> 青松白云河枕山，几多老人叹世舛。养心斋里学长生，陶性轩中炼延年。白石千岁无托术，庄生一梦超自然，笔多传真神韵俱，更喜今世待尧天。

由此可见，邵家犹有流风余韵。而且邵家自新中国成立以来，两代人多在国家部门工作，其比例之高，非闵人能望其项背。具体说，有 1 人做了费县劳动局局长，1 人在商业局工作，目前有 6 人当老师（有的是民办转正的，2 个是考大学和中专出去的）。另外有一个女孩考取了研究生，已经毕业在济南工作。

尽管如此，现实生活中仍然能感觉出诸姓氏宗族之间存在一种潜在的紧张关系。这种潜在的紧张关系，自然要求小姓宗族应该处处谨慎小心。当我请求邵姓的人讲讲昔日前后闵村人的恩怨与争斗时，他们不愿意讲述，因为一是跟自己没有关系，二是担心给自己带来不必要的麻烦。他们说："姓闵的纷争，如果他们自己谈论就罢了，如果我们谈论的话传到人家耳朵里，他们会找我们。毕竟邵姓是外姓。"邵理才用了一句话："一样一的事，搁在人家身上行，搁在咱的身上就不行。作为'小姓人'得时时刻刻小心点。"当然，这种小姓对于自己的约束，反过来却维持了乡村社会的和平与宁静。

近年来邵理才频频跟闵姓人在闵林中寻找风水，引起了闵庆歆等人的不满。闵庆歆认为，他作为一个外姓人不应该涉牵闵家的事情。他认为邵理才在逞能。不过，表面上两个人仍然一团和气，毕竟都是 80 多岁的老人了，何况又是解放前的私塾同学，论起来也有姻亲关系。邵理才并没有觉察出闵庆歆内心的忧虑。2004 年 5 月的一天，邵理才去闵庆歆家里玩，说话聊天之际，叫闵庆歆的妻子李儒敏老太太骂了一顿。李指责他没有好心眼，糟蹋人。邵理才悻悻而去。

原来闵林多年来所用的风水方向有两个：一个是东北—西南的"艮—坤"向，一个是略微西北—东南的"壬—午"向，即闵人经常言说的"头枕东北，脚踩西南"和"头枕西北，脚踩东南"。闵庆歆的五子几年前自杀，埋于闵沃盈坟墓的前方，采用了"壬一午"向墓穴。后来村中一个寡妇去世，邵理才把穴位选在了闵沃盈和闵庆歆五子的两墓之间，而且采用东西向，即死者"头枕东方，脚踩西方"。显然，从风水设计上来说，闵庆歆五子的墓穴风水来自西北，秉承老祖闵沃盈，而邵氏点穴切断了闵庆歆五子的墓穴风水，也即地脉。这是两人发生争执的根本原因。不过，闵庆歆并没有出面跟他闹僵，而是他的太太与之撕破了脸皮。

其实，邵家在历史上曾经与闵家打过一场官司。这在本章第一节里已经介绍过了。这可以算是村内族际冲突比较严重的一类情形。

二、村落外部的族际互动

闵人跟闵村世界之外的他姓宗族打交道，多是通过姻亲关系而连接成一体。拙作《九族与乡土》在贺生、婚礼和丧葬等部分已经做了充分展示，故此略过。但是在历史上闵人也跟村外的其他宗族发生过竞争、冲突，甚至械斗。

闵子骞"鞭打芦花"的故事本是劝人行孝，有着积极的社会功能。过去的戏剧家把它排演成地方戏剧，有利于把儒学思想播化到民间，统治阶级应该是提倡的。但是闵人认为，"鞭打芦花"戏剧是对祖先的一种侮辱，于是在帝国时期诉诸地方政府，得到了批准，并下文告以昭示天下禁演"鞭打芦花"的故事。闵人将其刻写在石碑上，今存于鱼台县武台乡大闵村闵子祠内。这在上文已有交代。

清末民初，东汪乡（旧时的 W 乡）的社长是闵村东边一个村落——桃花店子——的王敬。民间传说认为，他是一个"皮子胡子①财主"。

传说一：

> 王敬是怎么发财的呢？原来每到夜间，一个个黄鼠狼用小车

---

① 闵村把黄鼠狼称为"皮子胡子"，这一带普遍信仰黄仙。

推着铜板往他家里送，一辆车推一个铜板。有人见了黄鼠狼就问："你上谁家去的？"它回答去王敬家。这些动物给他家送钱，王敬很快就富裕起来了。后来他儿子娶了一个媳妇，有一年年五更里媳妇起来下水饺。煮好水饺后她往桌子上端。等返回锅屋的时候，她发现一个黄狗大小的动物蹲在梁头上正往锅里吐包子。她觉得水饺很脏，就不吃水饺，但其他人吃了。后来她讲出了看到的一切，结果王敬家里很快就败势了。

传说二：

有一年，一个长工天不明就在地里给王敬干活。他看见一些黄鼠狼拉着一溜小车，每辆车推两个铜板。他就问："你们去哪里？"黄鼠狼回答说："去桃花店子王敬家。"长工生气之余，拿起锄头把小车都给杂碎了。一看，小车居然是用高粱秸做成的。从此，王家破了财。唉，这真是说富容易，说穷也容易。

显然这是同一母体的两种异文。两则故事都讲述了解放前东汪乡社长是如何发财，又如何败家的。尽管财主破财的说法不一，但都反映了闵人的一种历史心性，即畅快于王敬的破财。那么，是什么导致闵人对王敬持有这样一种记忆呢？

当年王敬任东汪乡社长期间，乡里请人演出《鞭打芦花》。闵人不同意演唱，把戏子给打了。王敬就同闵人去县衙打官司。那个时候，闵村出了一个叫闵宪礼的读书人，此人颇有些学问，而且很有个性。当年闵村三官庙、观音堂子的许多字都是闵宪礼写的。其人书法颇像他的个性：撇如刀，点如桃，写的字有杀气。另外，这个人性情刚直。有一年考试，人们劝他花四两茶叶钱去临沂给主考官送礼，他拒绝送礼，说："有本事就点，没本事不求！"后来他做了临沂军阀方宗昌的秘书。据说，当年他戴着闵昭乐被封的小帽（奉祠生）去见县长，到了那里不用下跪，但是王敬却要下跪。王敬从此认为，闵村不好对付，应该尽量不跟闵村打官司。

其实，闵家跟桃花店子王家的仇恨，早在此前就已存在。咸丰年间，鲁南发生灾害，人们没有粮食吃。闵村闵继芳（闵庆歆的老爷爷）担任这一带的"行头"[1]，同时也当闵村的家。他个人拥有2顷多地。有一天某人说："街上没有粮食，就桃花店子王敬家里有粮，他就不卖。"闵继芳说："不卖，咱们会抢！"只这一句话，就叫王敬抓着辫子了。王敬到县衙告了闵继芳的状，说是闵继芳抢他。结果，闵继芳的官司输了，丢了1顷多地。从此闵继芳也烧不起窑了。还有一件事，当年闵村遭马子焚烧，马子跑后大刀会乘机抢劫了闵村。大刀会会员王保生是桃花店子的，也是王敬的族人，他抢去了闵子骞祠堂的两个灯笼给了王敬。待平静后，闵人去王敬家索要，王敬回答："没见！"当时就气恼了闵人，但是苦无证据，只好忍气吞声。所以等到后来王敬请戏班演唱《鞭打芦花》，闵人借助国家许给他们的特权，报了先前的仇恨。

闵家跟王家的矛盾，既包含个人的恩怨，也包含地域世系群之间的纷争。作为行头的闵继芳，一旦拥有财富以后，他就想跟桃花店子的王家争夺东汪社的地方控制权，即都想压倒对方。显然，两家的恩怨因此而起。不过，我们看到，这两家矛盾的解决办法并不像南方的家族那样诉诸家族械斗，而是借助官方的法律调解。

施坚雅在把标准化集市看作一种地理空间和经济体系的同时，也将其视为一个社会与文化体系。他提出一个"合成宗族"（composite lineage）概念。这个概念的指涉对象与弗里德曼的上位世系群和钱杭的联宗[2]大致一样。在施坚雅看来，"合成宗族"是由若干个独立的地域化世系群（localized lineage）合成的，这些地域化世系群分散在一个标准化集市体系内部的不同村落里，它们作为一个合成单位影响甚至控制了标准化集市的运转。[3]闵村所在的W社或W镇也应该被视作一个标准化集镇，从历史上闵人担任"行头"这一现象来看，应

---

[1]　指牙行的总头。

[2]　钱杭：《血缘与地缘之间：中国历史上的联宗与联宗组织》，上海：上海社会科学出版社，2001年。

[3]　G..William Skinner, "Marketing and Social Structure in Rural China", *The Journal of Asian Studies,* Vol.24, No.1, pp.3–43, 1964.

该能够验证施坚雅的这番观点。不过，闵氏宗族是作为一个地域化世系群来发挥作用的，而不是如施坚雅所说的乃一合成宗族。另外，就闵氏宗族与桃花店子的王氏宗族的竞争来看，地域化世系群还在标准化集市体系内争夺政治性话语权和文化象征权，意图全面影响地方社会秩序。

闵村闵氏宗族与邻近村落宗族冲突的另一类方式是争夺风水。这将在本书第六章第二节"宗族争斗与水利建设"中予以介绍。

总之，闵氏宗族在日常生活的绝大部分时间里，都能跟村里和村外的其他宗族和睦相处，他们世代以来通过姻亲而形成一个姻亲共同体，进行婚姻和礼物的流动与交流。但在一些特殊的历史场景下，又存在竞争和纷争，而竞争和纷争的方式多数情况下不卷入整个宗族，只涉及宗族少数成员和家庭或者房支。但是，当宗族整体性利益得到侵犯时，深植于他们内心的宗族整体意识便会复萌，如果现实条件允许，便会付诸行动以公开的武力冲突方式得到表达。如果从地域社会运转的角度审视，闵氏宗族闵继芳、闵宪礼与本社内桃花店子村王敬的官司之争，实际上是在争夺地方社会秩序的界定权和象征资本。

第五章 战争年代，闵族的命运

"战争"或"社会动荡"是观察汉人宗族的一项非常好的社会变量，因为它会引起一个平静社会的急剧变动，重新打乱、调整、组合一个社会的内部结构。从某种意义上讲，林耀华的平衡论[1]未尝没有一定的道理。

本章将闵氏宗族放在清末至 20 世纪中期近百年的历史进程中给予考察，具体涉及爆发捻军起义的咸丰、同治年间，军阀统治与革命军北伐的民国初年，抗日战争到解放战争的三四十年代等三大时段，以此了解一个村落宗族如何由一个统一的结构内裂为两大对立地域世系群的过程和原因。

庄孔韶曾经提出一个"'汉堡包'结构"分析模型，[2]用来解释动荡中的中国地方社会运转。这一模型主要包括军阀、军人集团、县镇当局、保长、新绅、旧绅、地主、宗族和乡村等因素或变量，但格外突出军人集团在特定年份的作用。他说：

> 就一个基层县镇行政与文化系统而言，这是一个有运作规律的多层次社会关系结构，于是我们能分辨出省府在县镇行政系

---

[1] 林耀华：《金翼：中国家族制度的社会学研究》，207–214 页，北京：生活·读书·新知三联书店，2000 年。
[2] 庄孔韶：《银翅：中国的地方社会与文化变迁》，40–73 页，北京：生活·读书·新知三联书店，2000 年。

统抵达草根社会时，宗姓、乡村社区礼仪集团与各阶层的反应方式，新绅的崛起，新绅与县政权之结合与整合，绅士（新旧）地主的社会地位，以及保长的夹缝角色。然而当军人集团出现的时候，他们干涉地方财政和地方事务，以武力凌驾于文化与行政制度之上。一般来讲，军人命令总可以贯通至基层，少有违抗。这时候军人集团势力就如同上图顶部面包盖的"汉堡包"一样，在很大程度上控制了地方社会制度。军人不仅可以借助县镇行政系统执行军事命令，还常常根据不同情况向县镇当局、保长、地方绅士、宗族族长乃至农民家庭直接要求军需、人马，打破了地方社会秩序……我们看到地方军人集团是唯一可以穿透政府与乡族社会体系的力量、推拉地方社会制度运作的超级干涉力量，并改变旧日地方社会阶层、机构和人员角色之间的张力均势。[①]

相比较社会史研究侧重士绅作用，[②] 庄氏的理论解说有着更深透与全面之处。本章将借鉴并参考庄孔韶的这一理论解说框架来考察深处战争之中的闵村和闵氏宗族之命运。庄孔韶设定此一理论学说的目的在于跨越以往人类学只关注一个或数个村子的狭隘视域研究，着重在于理解一定区域社会。本章在参考其理论框架的同时，也将深化他的认识，即"汉堡包结构"分析模型不仅可探照一定区域社会，同样也可以运用于一个村落的研究之中，从而在理论上突破和拓展了其适用范围。

对于科大卫来说，明清时代华南人群做宗族礼仪很大程度上是为

---

① 庄孔韶:《银翅：中国的地方社会与文化变迁》，67-68 页，北京：生活·读书·新知三联书店，2000 年。

② 魏斐德著，汪小荷译:《大门口的陌生人：1839—1861 年间华南的社会动乱》，北京：中国社会科学出版社，1988 年；孔飞力著，谢亮生、杨品泉、谢思炜译:《中华帝国晚期的叛乱及其敌人：1796—1864 年的军事化与社会结构》，北京：中国社会科学出版社，1990 年；王先明:《近代绅士：一个封建阶层的历史命运》，天津：天津人民出版社，1997 年；徐茂明:《江南士绅与江南社会（1368—1911 年）》，96-103 页，北京：商务印书馆，2006 年（2004 年版）；裴宜理著，池子华、刘平译:《华北的叛乱者与革命者：1845—1945》，北京：商务印书馆，2007 年；王先明:《变动时代的乡绅：乡绅与乡村社会结构变迁（1901—1945）》，北京：人民出版社，2009 年。

了应对战乱所带来的秩序破坏。传统士绅试图通过礼仪运动来重新解决地方社会运转问题，并将地方链接到国家一体化结构中。[1] 因而，本章的研究也为后文描述和讨论闵氏宗族在当代的祠堂礼仪重建做了一些铺垫。

第一节　咸同年间、"马子来了"

这一节关注的时段是从清咸丰三年（1853）到同治二年（1863），主要考察幅军民乱给地方社会和闵氏宗族带来的动荡，看国家、士绅和闵氏宗族如何应对这场战争，以及由此给闵氏宗族所带来的影响。当然，也包括对这场战争爆发原因的分析。

一、费县全境内的幅军暴动

当儿童哭闹时，闵人常常用"马子来了"这句话来威吓小孩。此语居然有魔咒一般的神力止住了他们的哭闹。我起初不知"马子"一词如何拼写，就请他们写出来，闵人写出的也就是上面这两个字。后来由于一个偶然原因才使我意识到"马子"就是"马贼"一词，因为"贼"在古语或者方言里还可以是一个入声字，读作"ze"，发音短促，这样听起来就是"马子"。马子来自哪里？闵人答曰"西南山里"。"西南山里出马子"，这是闵人经常聊天说起来的一件事情。西南山里指的就是费南山区，其范围大约是临沂 L 区艾山以西、费县 /平邑南部、苍山西北部、枣庄市峄城北部、滕州东北部这一片山区地带，属于尼山山脉的一部分，东西约有 100 公里，南北约有 50 公里，

① 科大卫:《动乱、官府与地方社会：读〈新开潞安府治记碑〉》，《中山大学学报》，2000 年第 2 期; David Faure, "The Heaven and Earth Society in the Nineteenth Century", in Kwang-Ching Liu and Richard Shek eds., *Heterodoxy in Late Imperial China,* pp.365–392, Hawaii: University of Hawaii Press, 2004; David Faure, "The Yao Wars in the Mid-Ming and Their Impact on Yao Ethnicity", in Pamela Kyle Crossley, Helen Siu and Donald Sutton eds., *Empire at the Margin: Culture, Ethnicity, and Frontier in Early Modern China,* pp.171–189, Berkeley and Los Angeles, CA:University of California Press, 2006。

以鲁南七十二崮之一的抱犊崮^①为中心。在历史上，今天的平邑也是费县的一部分。除了南部的崇山峻岭外，费境北部就是山东省著名的第二高峰蒙山山脉，蒙山山脉东西纵贯约有120公里，南北有50余公里，峰峦叠嶂，山山相套。这样的地理环境非常适宜窝藏"马子"，或"土匪"占山为王，此处也是历来战争中各种力量的必争之地。

清代咸丰三年（1853）费县始有幅军起义。至六年（1856）境内"土匪四起"，捻军进入苏北、鲁南地区，费县境内幅军和农民群众各据村寨，以捻军为榜样，"巾额蓄发，祭旗会食，四处攻抄，为自昔所未有"。十一年（1861）"匪势大张"。同治二年（1863）平定动乱，费境遂定。在这先后十余年间，阖境未曾安宁过一日。根据县志中的记载，兹将大大小小的幅军起义和官方对幅军的围剿开列如下：

咸丰三年（1853）六月，仲村集陈更池等数十人结幅聚众，后被勇役民团扑灭。

咸丰六年（1856）四月，棍匪贾玖等数十人结幅扰及费境，后为官吏逐散。

咸丰六年（1856）冬，棍匪翟三秃子等聚合与幅匪勾结。

咸丰七年（1857）二月，邳州幅匪马汶标为幅匪李廷中报仇纠党屯驻费境西南。

咸丰七年（1857）三月，马汶标屯蒙山，后被费县知县会同蒙、滕、泗水各县令将其驱散。

咸丰七年（1857）三月，县民宋德升为团长，擒贼数名，贼衔恨，幅首李希梦等率党四百余围其家，最后将宋德升肢解。

咸丰七年（1857）四月，官军追缴，匪中自县西境进入费县，窝住蒙山，后被逐散。

咸丰七年（1857）五月，被擒之匪余党结幅起义，扬言报仇，巡

---

① 抱犊崮介于苍山县与枣庄市接壤处，为鲁南72崮之一，民谚曰："抱犊崮，万丈高，钻天的瑶子，三翅飞不到半山腰"。山左有灵峰寺，其中今有元至正五年碑，碑文记载，相传东晋葛洪来此怀抱一牛犊隐居而得名。其山四周陡峭，垂直高度40米，山顶平整如削。灵峰寺相传为道教三十六福地之一。从残碑来看，始建于汉代，为"如来行宫"。山之右有巢云观。1934年冬，罗荣桓、陈毅、陈光等先后在此指挥作战。

抚崇恩檄道员陈显彝弹治。幅匪梁光松等如费县柏林。蒙阴县令率团练据守蒙山九女关、白马关。

咸丰七年（1857）七月，宋德升弟宋德基赴都察院诉状，奉旨按名查拿。"自是，匪党日盛，劫掠良民，勒取赎金，盈千累万。睚眦之怨，辄肆杀戮，凡充团长之家，多被其害。"[1]

咸丰八年（1858）二月，知县周鸥擒李希梦、吴江等幅首。

咸丰八年（1858）六月，捻匪北犯，股匪进入费县境内，巡抚崇恩调兵进剿。

咸丰八年（1858）八月，知县周鸥擒匪首周克志等人，匪纠党犯郯，官军邀击，奔费。

咸丰九年（1859）春，翟三秃子和新起幅匪周韭等乘捻军之势，活跃于滕、峄一带，五月崇恩奏留宁古塔副都统德楞额领黑龙江奇兵剿幅。于是，滕、峄等匪众多趋兰山、费县，匪势复盛。

咸丰九年（1859）六月，幅匪攻陷平邑，威逼费县城，充兵来救，得免。

咸丰十年（1860）二月，万甲申、赵二麻聚众结幅。周鸥率兵、团进剿。在费南新庄遇伏，民团先溃，官军不敌。千总王寿椿、外委段纪先阵殁。

咸丰十年（1860）四月，济东道黄良楷统勇袭贼于县境抱犊崮，后部曲娇纵，良楷夺职。麾下惧罪多亡，散勇伏匪，勾结为一，所过之处，鸡犬皆空。匪党日盛，团练渐不能支，于是，各筑圩寨以避其害。费县西南诸山，各村各私其地，星罗棋布。首事之人，又无出众之才。逆氛一炽，不能自守，转使悍贼据为巢穴。

咸丰十一年（1861）春，匪势大张。当时，皖匪深入安徽东北部接近鲁南地区。山东幅匪借势而起，"各据村寨，巾额蓄发，祭旗会食，四处攻抄，俨然捻匪行经，为自昔所未有。匪首暗遣其党，向迤北各圩寨散旗，逼令出队。各圩不敢拂其意，往往暂行收受，再观时事。而东南一带朱保李八、中村张太基、耿家埠李宗棠等纷然并起。

① 该条见费县地方史志编纂委员会：《费县旧志资料汇编·费县志·卷八·兵事纪略》（内部资料），170 页，山东省新闻出版局准印证号：（1993）2—007。

西乡有曹州黑旗贼同峄县匪首孙葆身等，劫练长逼调乡练，拥众数千，向东北掳掠，直至青、莱，捆载而归，人心益动。西南山寨不下数十，转瞬皆为贼夺，惟余一天宝山。"[1]

咸丰十一年（1861）二月，匪首周韭率众两千攻打东埠。

咸丰十一年（1861）三月，匪破关阳圩，候选训导李默及其全家殉难。

咸丰十一年（1861）四月，地方团总朱兴邦剿贼失利而死。西乡团练渐散。

咸丰十一年（1861）五月，李宗棠、李八、张太基等攻打兰山北城子圩，东埠王殿鳞之子王肇鼎赴援阵亡；匪首张九仔夺费县城南15里利尖崮山寨，多次攻打县城；匪攻打平邑集；匪率党两千余攻打。

咸丰十一年（1861）六月，东埠团调集迤北诸圩团破耿家埠贼巢，李宗棠等弃圩而走；东埠团破兰山西古城圩内之贼；知县王成谦调集民团攻东南方山寨，克之；匪围东埠八日，东埠团连克兰山之古城、武德两地圩寨后，西攻旺山，旺山乃幅匪孙化祥所守，民团初失利损伤近百人；孙化祥距岐山。

咸丰十一年（1861）八月，南匪万余人攻费境西南东固圩，未下。

咸丰十一年（1861）九月，匪攻打天宝山。

咸丰十一年（1861）十二月，匪首贾二纠众数万围天宝山。

同治元年（1862）二月，匪攻朴里圩、太平庄圩；东埠团克利尖崮。

同治元年（1862）五月，知县王成谦在民团配合下攻县境西南南泉圩，破程四虎等贼，程四虎遁；又攻距离平邑南30里处水寨一处。

同治元年（1862）六月，官军在温水、大井、平邑、仲村等地民团协助下，共七八千人克水寨一处，程四虎又遁。

同治元年（1862）七月，匪众抢守秋禾，知县王成谦以及部分民团击之。

同治元年（1862）八月，匪首宋斌扰费境，宋斌合藤县匪众数千

---

[1] 该条见费县地方史志编纂委员会：《费县旧志资料汇编·费县志·卷八·兵事纪略》（内部资料），171页，山东省新闻出版局准印证号：（1993）2-007。

入费之古城、方城等地，然后北趋沂水；曹属长枪会匪王广继扰及费境，总兵绪伦剿贼失利，死（绪伦，满洲人，奉檄来费剿匪），官军千余人全部覆没。

同治元年（1862）九月，匪首孙化祥率众千余人和宋三冈率众万余援助淄博幅匪刘德培；兰山县令长庚调东埠团勇攻打武德匪巢；王成谦擒费境西南叶庄、王庄匪首刘焕章、董廉。

同治元年（1862）十月，岐山匪夜袭圩。

同治元年（1862）十一月，县境白莲池教匪扰滕、邹。

同治元年（1862）十二月，捻匪过境。捻匪李成大股东犯，回过县境，其众不可胜数，屯驻薛庄附近；城阳关圩邀请东埠圩夜袭其营，后贼撤；匪首孙化祥纠旺山、武德、唐棣林众匪千余袭破南尹寨，知县会同东埠、石珩、徕庄铺等团攻之。

同治二年（1863）二月，匪首孙化祥破仲村宋三冈，义军自相残杀；总兵黄国瑞率两千人马师次仲村，宋三冈联合车辋匪首宋斌降黄国瑞，进兵仲村。

同治二年（1863）三月，黄国瑞克仲村，破孙化祥等，县境各匪圩（240余圩）以此就抚，匪平，费境随定。

我们看到，从咸丰三年（1853）到同治二年（1863）的13年间地方志上居然记载了36起与匪乱有关的事件，这些事件波及费县全境。民生状况可以想见是何等的艰难。

二、爆发民乱的原因

那么，造成这场连绵不断的起义的原因是什么呢？从外部来看，是由于南方太平天国起义，尤其是山东邻近省份安徽的捻军起义影响所致。鲁南跟安徽相接壤，跟捻军的接触以及捻军的渗入自是难免，以致酿成后来的捻军和山东鲁南幅军的联合以及"捻匪过境"。从内部来看，有两个原因，一是自然灾害，一是社会的贫富不均。在自然灾害面前，穷人可能无法应付突如其来的生存危机，而富人则可以安然无恙。当我问及闵人什么是马子，一个人怎样就成了马子这类问题的时候，闵人告诉我：

答案一：一遇到旱、涝、蝗虫，穷人家就没得吃。没得吃就去有东西的人家借。一开始看着乡里乡亲的面子上还给，后来借的人多了，或者他见你借了无能力偿还，就干脆不借给你了。人不能饿死，他就要去偷，要去抢。偷抢人家的东西，人家就去告状。这样就抓人了，甚至打架出人命，就结下了冤仇。然后就是报仇呗！

答案二：你打了人或抓了人，人家难道就自己吗？谁都有个一家一户的，他们就联合起来，就像现在谁家有事，近门和亲戚都要去帮场。有东西的人家也是这样，也有近门的、相好的。这就发展成这一支跟另一支斗。就是这样。

费县政协文史委研究幅军的专家王有瑞说：

在山东鲁南，老百姓叫"民乱"，当时旧统治阶级叫"土匪"或"贼"。在这个地方一共经过三次大乱。一次是明朝末年，迎接李自成，以王肖武为首的农民起义军，持续了八九年；第二次是清朝末年咸丰—同治，发生于朝代更换的时候，十几年时间，这一次是幅军起义；第三次清朝一倒台，宣统结束，民国时期。这三次大乱，前两次实际记载都比较少。民国这次记载比较多了，特别是《续临沂县志》记载得较为详细。作家李存葆曾在 20 世纪 90 年代末期来费县找我进行研究过鲁南匪患。后来李存葆在《中篇小说选》中有一篇小说，描述鲁南匪患。该小说涉及刘黑七。临沂有个赵启研究过。清代幅军研究，我做了二十年，目前写有二十多万字的书稿。我经常下去调查。蒙山前两省四县交界处，主要研究范围。我发现，幅军起义的人物很多是明朝末年王肖武起义队伍的后裔。——这是传统的影响。当然首要因素是自然灾害，因为没有饭吃，就要抢。先是问富人借，富人不给，就萌生了抢的念头。我曾经访问过当年马子的后代，他们说："1962 年挨饿的时候就想抢。你不知挨饿的那个味儿。"可见，他们还有这个观念。他们认为，与其饿死，不如先抢，真要是打死了，那也没有办法。

　　姜国俊是费县地方上的一个开明绅士，博学有才，好学深思，有《乡团善后议》和《保富论》等文章传世。从人类学的观点来看，他的文章可以看成一种主位的观察。他指出匪变的原因是富人不修德不行仁，"招怨贾祸"所致：

　　　　呜呼！富之有祸，非富之必能致祸，乃富者之自取其祸也。盖今之富者，其结怨于天人也，非一日矣。富何以结怨？其刻薄者，即其结怨者耳！富何以刻薄？其积二不散者，即其刻薄耳！夫富者之得为富也，亦自其锱铢蓄积以致之，辛苦忧劳以成之，岂必劫掠于人以得之哉！顾不必劫掠而得，而究其处心积虑，视劫掠者殆有甚焉。姑无论其平日之渔利为心、放利而行也，即如凶荒之岁，十室九空，闾里之间，饿殍相望。此时有数十石之粟者，出而贷之，则可以救数十人之命，有数百石之粟者，出而贷之，可以救数百人之命，有巨万之资者，出而贷之，则可以救数万人之命。夫能救数万人之命，则阴德大矣！嘉名且标于史册，余庆且留于后世，尚何祸之不能免哉？而今之富者不然，乐天灾之流行，方且乘机为利；幸饥馑之洊臻，必待昂价而估。即骨肉亲族忍饥待毙，欲出其升斗之余以活命而不得也。夫一人能救万人之死而坐视不救，此其心之残忍刻毒岂止土匪哉！呜呼！平昔既以刻薄而致富，今日更以富济其刻薄，天人交怒，积孽已深。即无土匪之横行，天灾人祸谁能免乎？欲其长保此富也得乎？

　　　　且夫掳人勒富之事，前此未闻，始于道光之季年，至今日而甚。此其为事甚奇，其为计甚巧，而其为理甚平。何者？以予所经见，自道光二年岁饥谷贵，贫者饿而富者一富。亦越十三年，岁饥谷贵，贫者死而富者又一富。至咸丰二、三年，岁大祲，贫者死无数而富者愈益富。率是以往，更遇凶岁，将使贫者尽死，富者独存，富者贻子孙而贫者靡孑遗乎？有是理乎？故昔日饥馑之祸，贫者独受之而富者自若，则今日掳人之祸，富者独当之而贫者无恙也理也，亦势也。昔之日，贫人之命在富者；今之日，富者之命在土匪矣。昔之日，一二富者居奇之会，乃千百贫人并命之秋；今之日，千百富者乞命之秋，乃数十土匪居奇之会矣。

虽非推刃以相加，实为情理之允当。己实为之，其又谁尤？试观今之被掳者，赎命之资多则巨万，少亦数千，皆括据凑办而不遑，拱手奉献而恐后。财殚矣，土匪固不必蒙情；家破矣，即旁观亦不闻怜惜。若早以其数千之资，散之凶岁，其能有此祸乎？若早以其数万之资施之饥民，其能有此祸乎？ ①

除了姜国俊的这段言论外，在官方的记忆中，丝毫没有提及地方富绅的"为富不仁"，而是历数"幅匪"给社会带来的灾难和祸害，骂幅军为"匪""贼"，同时记录下地方豪绅剿灭幅军的"英雄事迹"，以及部分绅士的周济与施舍行为。构造出另一面历史记忆。在上述民间口述记忆传统里面，揭示出一个事实：咸、同年间的这场斗争实际上表现为一种阶级性冲突，包括富有宗族和贫穷宗族之间的矛盾。

显然，富裕者没有向贫穷者提供斯科特（James C.Scott）意义上的道义经济帮助。② 国家从农民那里征收多余的粮食，目的在于应付紧急，自然灾害便是其中之一。咸、同年间，国家无力做好生存资源的再匹配，③ 遂引发了农民起义。

晚清时期一直推行保甲制。这种制度的要害处在于联户相保，对于族内或比邻出了奸邪之徒要积极检举，否则予以连坐。按照通常的道理，善良百姓一般不会走到"偷抢"的道路上去，但是当面对饥饿时，任何以往在身体内起到约束作用的礼法都失去作用，因为人首先要活命。当族内或邻居（事实上，在中国乡村比邻而居者往往是最近的血缘人群）作奸犯科时，地方政府往往要追究相关血缘群体的罪责，这样一个群体由于天然的血缘纽带，自然会站在跟地方政府相对立的一面上来，而导致起义。从这个意义上说，帝国晚期的敌人乃是国家一手制造的。在咸、同年间这场变乱中，大部

---

① 费县地方史志编纂委员会：《费县旧志资料汇编·费县志·卷十一·人物（二）·国朝》（内部资料），236–237 页，山东省新闻出版局准印证号：（1993）2–007。

② James C.Scott, *The Moral Economy of the Peasant: Rebellion and Subsistence in Southeast Asia,* pp.1–11, New Haven: Yale University Press, 1976.

③ E.R.Wolf, *Peasant Wars of the Twentieth Century,* p.279, New York: Harper & Row, 1969.

分人都是兄弟、父子和族人共同举事起义，例如最著名的幅军领袖孙化清、孙化祥就是弟兄俩。王有瑞在注意幅军史料口头采录的同时，也注意研究族谱。据他说，大部分幅军起义队伍都是一个宗族或者数个宗族合在一起。参加幅军的人大多出身于社会下层（个别也有士绅，例如进士刘淑愈，他们要么看不惯政府的统治，要么是被幅军相胁迫参加了幅军），[①] 例如孙化祥、孙化清弟兄俩就是雇农，很多人是贩卖私盐的穷人。[②]

费县地方政府是如何应付或者借助什么力量来应付这场社会危机的呢？途径有二：第一是派专人兴办团练。太平军起义，金陵失陷后，清廷派遣户部员外丁守存来沂州倡办团练。相继"江南邳州、宿迁、海州、沭阳、山东兰山、郯城、滕、峄等邑，幅匪结百为千，次第蜂起，夺攘矫虏，吏不能制。邑中桀黠闻风相效，劫焚掳掠，逼索货财"[③]。清廷派遣钦差大臣杜乔来山东剿匪，杜乔"札饬邑绅、前江西

---

① 刘淑愈与东埠王家之间的士林矛盾是他参加幅军起义的重要原因。刘淑愈（1796—1863），费县刘庄乡毛家河人，清道光丙午科进士，曾任顺天府房山县知县，因忤上被借故革职，赋闲在家。刘淑愈后充任孙化祥的军师，后为东埠王家勾结地方官所谋杀狱中。刘淑愈十多岁中秀才，23岁中举，30岁中进士，响震沂费，士林仰慕，引起地方豪门氏族东埠王家的嫉妒。王嘉麟、王殿鳞叔兄弟二人，才学逊于刘淑愈，却以门阀自矜；刘淑愈虽然出身寒门，但却恃才傲视王家。王嘉麟长刘淑愈1岁，都是辛卯科举人。刘当年去北京参加会试，王嘉麟讥讽说："顶着一头高粱花子去北京，真是癞蛤蟆想吃天鹅肉！"不料三场考毕，刘淑愈得中金榜，而王嘉麟却名落孙山。王家甚为丧气，苦读9年后，王嘉麟48岁始中进士。王家为了庆贺，邀请地方上的头面人物赴宴。被邀者多送诗作联，歌颂王家祖宗荫庇、积善成德之语。作为乡间老资格的进士刘淑渝亦在被邀之列。他送对联讥之曰："远望旗杆，半截黑半截红，呀，无穷富贵；近视匾额，一字钦一字赐，噫，有限功名。"席间王嘉麟自题一联："美哉轮，美哉奂。"刘淑愈当众又赠一联："民之旨，民之膏。"王家兄弟恼羞成怒，宴席不欢而散，自此两家构怨。幅军起义失败后，刘淑愈被捕，囚于沂州府狱中。王家买通狱卒，"蒙其口鼻四五层，气悶而死"（见王有瑞：《幅军军事刘淑愈事略》，中国人民政治协商会议临沂市委员会编：《临沂文史集萃》第二册，54—68页）。民间传云，"捶睾而死"。当然，这也与刘淑愈的个人立场有关。刘诗云：房山三月，两袖清风；泰岱半载，一堂化雨／圣主本仁慈，都被赃官污吏破败二百年基业；我是真，全靠强兵猛将扫清十八省山河／东灭麒麟西灭凤，南灭苗蛮北灭清，天下一统／东狩获麟，食其肉寝其皮；中原逐鹿，大者王小者霸（按：麒麟暗指东埠王家）。

② 唐士文等编著：《沂蒙历史名人通鉴》，433页，澳门：澳门人文出版社，1993年。

③ 费县地方史志编纂委员会：《费县旧志资料汇编·费县志·卷八·兵事纪略》（内部资料），169—170页，山东省新闻出版局准印证号：（1993）2-007。

瑞州知府王嘉麟总司沂郡团防。嘉麟复举从弟、前广西知县殿麟及候选训导陈家树、王肇俊为之助，而团练之法乃得行"[1]。第二是修筑圩寨。一开始，费县知县招募"班勇"，教之战阵，剿灭幅军起义。待四处匪乱大起，有限的班勇已无力顾及，于是"县衙传令：为防御南捻，村民可联村结团筑圩，或上山立寨，一时县内奉行"[2]。费县东埠王家等地方望族"毁家纾难"，修筑圩寨，并担任各自圩长，自在情理之中。从口述传统来看，这些普通村落修筑圩寨也并非一般百姓所为，而是由那些经济富余人家出钱出物建成的。这样有了团练，有了圩寨，"进可以战"，"退可以守"。[3]足见，国家利用绅士及其宗族兴办地方武装弹压幅军起义的原因是国家兵力不足以应付这场突如其来的危机。

上举费县地方志资料已经揭示出东埠王家是士绅身份，为了更充分地说明这一点，兹根据县志（同时参照《东埠王氏族谱》）统计说明如下：王氏自汉魏以来，为琅琊望族。至清代，祖埙为顺治乙未进士、中书舍人。埙子佩璠丙寅拔贡、教习、知县。佩璠子者聘，温江县知县。其子有四：钽候选州同，余为监生。者聘兄弟者任为邑增生。者聘孙王淑经是附贡生。淑经有子四人：楠为增贡生；梓邑增生；楷于嘉庆丙午举于乡，以大挑知县签分江西，后升定南厅同知，旋署南康府知府，后解组归田，咸丰乱，捐资筑圩；枚有古人风。楠之子为玉麟，廪贡生，例受训导，历署新泰、齐东、朝城教谕，补潍县训导。王梓有子三：慕麟道光领乡荐，乙未大挑二等，授登州招远县学博，后保知县，分发广西；嘉麟嘉庆乙卯以经魁领乡荐，大挑授教职，选峄县训导，乙未成进士，以知县签分江西，后补宜春邑，再后署瑞州府，咸丰九年请养回籍，为山东团练大臣杜乔奏请督办七属团练；偿麟监生。枚子有二：振麟岁贡生，锡麟岁贡生，候选训导。

---

①　费县地方史志编纂委员会：《费县旧志资料汇编·费县志·卷八·兵事纪略》（内部资料），170 页，山东省新闻出版局准印证号：（1993）2-007。

②　王有瑞：《费县历史百人传》，31—32 页，北京：中国文联出版社，2000 年。

③　费县地方史志编纂委员会：《费县旧志资料汇编·费县志·卷八·兵事纪略》（内部资料），170 页，山东省新闻出版局准印证号：（1993）2-007。

殿麟乃嘉麟从弟，父杞，廪贡生，博平县训导；殿麟道光一抹举于乡，乙巳成进士，知县广西，后丁祖母忧，归，奉檄筑圩。王兴麟，拔贡，朝考入选，以知县分发湖北，长子肇振，以办团剿匪功，由庠生保荐江南知县，后擢邡州知州。慕麟次子肇俊，随叔父嘉麟办理粮台，以功候选训导。①从中不难看出，东埠王家的确是地方望族，也是绅士。在国家危难之际，奉檄办团筑圩征剿幅匪。他们所依靠的也是强大的家族宗族力量。

马庄圩的创修者亦是费邑望族。创修人王凤文由附贡生选受贵州天柱县知县，后改顺天顺义县知县，兼理平谷县事，道光二十二年（1842）以终养归。他接受知县王成谦委办乡团，筑圩防守，咸丰酉戌之交，捐重资以助军饷。②凤梧之子荫远，庠生，咸丰末奉檄办团，荫远捐资募勇。③其兄王凤梧由监生援例报捐同知，署石楼县事，补张兰镇分防同知护理、汾州府知府，道光壬辰科分校山西乡试武闱。丁忧回籍，捐修"胜伦堂"、监修费邑"崇文书院"。弟弟凤至善医，捐受河南卫辉守备。可见，这也是一个宗族群体。

咸丰、同治年间费县境内几乎村村有圩，但在十数年防御幅军过程中，"防御有方，战功卓著"者共33处。这33处则被国家记忆保留在县志里面：

圩寨名称	创建者或领导者的身份	备注
南关圩	邑绅倡议、知县王成谦督修	
东埠圩	前广西知县王殿麟偕其叔楷、枚、从兄前江西瑞州知府 / 总司沂郡团总王嘉麟修	嘉麟父王梓邑增生，楷
徕庄铺圩	前滋阳教谕陈步若倡修，子家树破贼有功	道光丁酉举人，其兄坦若是监生；与东埠圩相呼应

---

① 费县地方史志编纂委员会：《费县旧志资料汇编·费县志·卷八·兵事纪略》（内部资料），226-234 页，山东省新闻出版局准印证号:（1993）2-007。

② 费县地方史志编纂委员会：《费县旧志资料汇编·费县志·卷八·兵事纪略》（内部资料），229 页，山东省新闻出版局准印证号:（1993）2-007。

③ 费县地方史志编纂委员会：《费县旧志资料汇编·费县志·卷八·兵事纪略》（内部资料），229 页，山东省新闻出版局准印证号:（1993）2-007。

续表

圩寨名称	创建者或领导者的身份	备注
石珩圩	张九思、张有荣修	
马庄圩	前顺义县知县王凤文同侄子懋远倡修	助官军攻寨，懋远以功得六品顶戴，懋远兄荫远得五品衔候选州同
崮子圩	前诸城教谕王庆远倡修	庆远壬辰科举人，其父凤冈道光丙戌武科进士，用为守备，居乡未赴选
东崮圩	监生、候选翰林院待诏杨敏济同从孙武生安堃以及族人振三倡修，奉官府檄办团	长子傅廷与安堃奋力击贼，协助官军剿匪，事后傅廷获得五品顶戴／议序六品加一级，安堃获得蓝翎把总；父士螯县志有传，兄敏正邑增生，侄树廷道光己亥副榜
大平安庄圩	孙成聚倡修	成聚与其子克立、馥廷督众御贼，事后克立获五品蓝翎
朱尹圩	巩绪言、李荣第同武氏修	
地方圩	唐兆基督修，兆基是村内医生、公举练长	兆基因功获得五品蓝翎，后随王成谦襄办营务，得府经历职衔
天宝山圩	廉兴孟、姜书麟倡修	肃清后，兴孟获得五品蓝翎，杨振山得七品顶戴，姜书麟得五品军功
资邱圩	张士俊倡修	士俊得六品军功
安靖圩	贡生卜青云、庠生高玉琇倡修	
贾庄圩	援例管沟李德一同侄子成俊倡修，例贡生奉檄办团倡修	知县曾设钱粮柜于圩内
温水圩	监生彭广泽倡修	广泽得五品蓝翎
朴里圩	汪魁先同庠生王者瑞倡修	知县曾救圩
武安圩	岁贡孙象鼎与弟大伦倡修	
大井圩	庠生刘鸿进创修	不详
平邑圩	李克爱、陈凤阁倡修	克爱获五品蓝翎，克爱族弟和侄破贼事迹有录；凤阁得五品花翎，凤阁子武生
仲村圩	葛云岩、管世道倡修	葛云岩以军功得千总并赏戴蓝翎
南泉圩	牛沦与侄允吉倡修	知县曾经救圩
上冶东岭圩	任德明同侄毓瑗倡修	
聂家庄圩	从九品朱鹤鸣倡修	朱鹤鸣与廪生聂凤腾督众防守

圩寨名称	创建者或领导者的身份	备注
城阳圩	孙汝翼倡修	
白马峪圩	张睦和倡修	
南石沟圩	李泮林倡修	赏蓝翎，又加运同衔，换花翎
诸满圩	不详	
颜家城圩	庠生韩昌泰倡修	本防城人，避乱颜家城，众推为练长
安固庄圩	庠生金池倡修	
长庆庄圩	庠生王邦杰倡修	
岐山寨	姚应辰倡修	
龙窟顶寨	刘殿扬倡修	殿扬与岁贡生朱鹤盘、例贡胡丕基防守
青云崮寨	姬隆梅倡修	

从表中可以看出有 18 位圩寨创建者、倡修者或者领导人是地方绅士，另有 15 位不详，但其中 6 位在幅军被平后获得赏赐，成为绅士。大部分倡修者实际上是主要出资人，而且多是父子、叔侄一类的关系。这就看出，家族宗族作为一种主要的力量被国家所利用。

地方绅士兴办团练的目的：一是"响应国家号召"，二是确保自己的安全与财富。从调查的情况来看，很多穷人根本就不住在圩子里面，因为他们没有财富，他们既不担心马子来抢，也不担心被马子绑票。真正担心的是地主、士绅等富人。尤其在幅军起义蓬勃发展的时期，为了解决军需，幅军不得不向富人"借钱借粮"。这一点，姜国俊看得很透彻："匪变以后，富者惴惴不安，朝不保夕，亟亟焉求免祸之策，于是修圩寨、兴团练。"[1] 当然，另外一部分穷人则相反。一般来说，绅士们出钱建圩和购买武器，同族的贫穷人家出力修建圩寨并充当防御力量。这些贫穷人家，一是可以在圩子里面躲避土匪，二是出于一种血缘而产生的感情，使他们依附于士绅，站在了跟贫穷宗族相对立的立场上。不同的乡村道德原则，战争期间使得同一阶层的

---

① 该条见费县地方史志编纂委员会：《费县旧志资料汇编·费县志·卷十一·人物（二）·国朝》（内部资料），236 页，山东省新闻出版局准印证号：（1993）2-007。

穷人也存在分化。

孔飞力认为："氏族内部的侵犯行为一旦转向外部以反对邻近氏族，这里就出现了一种富有氏族压迫贫穷氏族的特殊类型的阶级斗争。氏族间的冲突可能导致的结局是，较大的和较富有的邻近氏族将持久的经济剥削强加于较穷的氏族。这里存在的简直是一种氏族帝国主义。"[①] 白文刚在研究近代淮系集团时也发现了这一规律。他认为，曾在近代中国产生过重要影响的淮系集团，发端于近代皖北乡村具有浓厚宗族色彩的地主团练武装。宗族组织提供团练武装的首领和骨干，为团练提供基本的成员，在团练组建和武装的过程中提供物质支持。不同的社会地位是宗族组织采取不同政治态度的根本原因。

具有相同制度特征的皖北乡村宗族组织在 19 世纪中叶皖北社会大动荡中站在了不同的立场上，分为两个截然不同的阵营。这主要是由掩盖在同一制度表面下的各个宗族在乡村社会中的不同社会地位，以及由此导致的应付社会危机的不同能力决定的。在皖北社会中，矛盾主要表现于富有宗族和贫穷宗族之间的矛盾。拥有功名地位的官僚富绅领导的宗族和一些豪强地主把持的宗族，能够通过剥削其他宗族来应付社会危机的挑战，在 19 世纪中叶这两个阶级的殊死搏斗中成了清王朝和旧有社会秩序的维护者。他们感激清王朝并且希望在它的庇护下继续光耀宗族。清王朝也把办团练镇压农民起义的希望寄托在这类宗族身上，并"如能杀贼出力立与论功"。所以淮系集团的主要将领们更是以兴办以宗族为基础的团练武装成为参与镇压农民起义的急先锋。贫穷的受官府和豪强宗族剥削压迫而无力应付各种社会危机的宗族，则成了斗争的另一方，站在了清政府的对立面。捻军宗族就是这类宗族的典型代表。——从淮军和捻军这两支崛起的农民军队与同一块土地上的死对头的宗族背景中不难看出，主要是由于社会经济地位以及应付社会危机的能力不同而造成了宗族在 19 世纪中叶采取

---

① 孔飞力著，谢亮生、杨品泉、谢思炜译：《中华帝国晚期的叛乱及其敌人：1796—1864 年的军事化与社会结构》，81-82 页，北京：中国社会科学出版社，1990 年。

了不同立场和政治态度。[①]

三、这场民乱中的闵氏宗族

幅军起义爆发之际，闵村修建了自己的圩寨。起初先是一些五服房支修建了自己的圩寨。待后来为了有效御敌，遂把全村圩子联结在一起，成了一个统一的整体防御工程。闵人成立了村庄自卫组织，把青壮劳力组织起来，平日每夜轮流站岗放哨，一旦马子来掠，则鸣锣以告全庄。这个村落自卫组长的首领，叫"圩长"。

咸丰十一年（1861）五月，幅军张花和新庄"几辈崖"寨主王洪平联合攻打费县城，回旋城下四日。费县知县赵惟崝不敢出城，急调闵村、古城、石沟、曹车、上冶民团增援县城。[②]咸丰末年，花旗土匪占领了方城街，方城距闵村仅1.5公里。韩昌泰约会邻团攻剿。东汪民团自在被邀之中。[③]据《费县志》记载："闵广维，闵村人。为东汪团长，助韩昌泰诛花旗匪有功。许田城被围数日，广维率数百人驰往，杀贼无数。贼欲遁，广维追之。贼怒，反攻，炮如雨下，广维死之。肃清后，祀昭忠祠。"[④]但是，闵广维之死也有另一说法。"咸丰十一年二月，周九、宋三冈等幅军2000人包围东埠。王殿麟（任费县全县团练训练事务）依靠几尊土炮坚守，幅军撤围。五月，耿家埠刘淑渝等围困土城圩子，围困六昼夜。眼看攻破，王殿麟令子王肇鼎为队长，率东埠团出兵援救，结果被俘兵杀死。王殿麟痛失独子，对幅军恨之入骨。当时费县知县不敢出兵，他就亲自向蒙阴知县王成谦哭诉乞援，并调集祊河之北诸满、方城、W三社乡团，杀奔耿家埠，血洗焚烧一空，然后东去攻打古城圩，杀死通幅圩主高二猴。又西转

---

① 白文刚：《近代皖北乡村宗族与淮系集团的崛起》，见王先明、郭卫民主编：《乡村社会与权力结构的变迁——"华北乡村社会史学术研讨会"论文集》，323-334页，北京：人民出版社，2002年。

② 王有瑞：《费县历史百人传》，95-96页，北京：中国文联出版社，2000年。

③ 费县地方史志编纂委员会：《费县旧志资料汇编·费县志·卷十一·人物（二）·国朝》（内部资料），239页，山东省新闻出版局准印证号：（1993）2-007。

④ 该条见费县地方史志编纂委员会：《费县旧志资料汇编·费县志·卷十一·人物（二）·国朝》（内部资料），241页，山东省新闻出版局准印证号：（1993）2-007。

攻下武德，最后攻打旺山孙化祥部，结果大败而归，团丁 100 余人被
杀死，东埠团练保安团队长孙正、W 团团长闵广维被杀死。幅军乘
胜追击，包围了东埠，志在必克。"[1] 族人说，他们的祖先是到祊河南
岸支援东埠王家死的，事后王家做了上等棺木将死者运回闵村：

> 闵广维是蒙山前的一个旗——白旗——的旗长。当年这个
> 人才 18 岁。他自小有病，许给庙里，后来又用一头驴子换回来。
> 闵广维攻打过南毛子，即保卫过东埠。闵广维死后，东埠的大进
> 士、二进士抬了一口棺来。当时包围时，我们庄死了 18 口子人。
> 包括攻打旺山，在西南抱犊崮一带。再后来，庄上人给闵广维报
> 仇又死了不少。

闵氏宗族究竟在费县境内征战多少次已经不能确切统计，县志亦
无准确记载，不过县志中记录了闵村闵氏族人共献出了六条生命：闵
继烈、闵继祥、闵昭美、闵继荃、闵广武、闵广凌。[2] 光绪本《费县
志》注明他们为"忠勇团 W 团丁"。我当年的线人闵庆歆告诉我，闵
昭美即族人闵庆歆的大伯祖，闵广武即闵广维，县志上写错了。从中
不难看出，闵氏家族站在了国家立场的一面。时至今日，幅军在闵人
的记忆里仍然是马子，是长着红胡子的南毛子。从牺牲的人员姓氏和
字辈结构看，他们是一个宗族的成员，这一点也为今日的谱系调查所
证明。至于闵氏宗族为什么离开自己的村落而外出参加战争，地方
志和闵人的记忆里都没有保留。推测起来可能有两点：第一，听从国
家的调遣，因为县志中多处记载了知县和东埠王家调遣其他乡团的事
例；第二，幅军有可能绑架过闵氏宗族的成员，勒赎钱财，激起了闵
人的愤怒。不过村人说，晚清一段时间，蒙山前的村庄实行自卫联
防。由于闵村的族产和庙产（树木）多，这一带的村庄公推闵村的村
长为首，进行剿匪。当然，从历史上闵氏宗族跟国家的关系来看，也

---

① 王有瑞：《费县历史百人传》，256 页，北京：中国文联出版社，2000 年。
② 该条见费县地方史志编纂委员会：《费县旧志资料汇编·费县志·卷五（上）祀典·昭
忠祠》（内部资料），106 页，山东省新闻出版局准印证号：(1993) 2-007。

有某种惯性与必然。

但这个时期，整个闵氏宗族仍然是一个整体，并没有分裂成两个群体。他们作为一个村庄自卫组织来共同面对幅军之乱。下一节将揭明，此一时期全村共拥一个圩子，这便是明证。

第二节　军阀与北伐军也来了

这一节考察的时段是从民国初年到抗日战争前夕。首先介绍闵村所在区域社会的匪乱与战争情况，其次再聚焦于闵村社会内部，看闵人如何应对匪乱与战争。

一、民国初年临沂县境内的匪乱与战争

咸丰、同治以后，清王朝再度进入了一个风雨飘摇的年代。外国势力的侵入、国家控制力的减弱，致使各种民间组织和力量浮出水面，虽然从大的方面考察有几股主要力量，但就整个中国社会而言，却呈现出紊乱状态。清光绪年间，费、邹、滕、兖、曲、泗等地，兴起了社会下层组织"家礼会"。家礼会初是一种民间下层人的自卫组织。随着家礼会在社会上影响的扩大，入会者的成分也日益复杂起来。三教九流、士农工商、红胡绿林、军官士兵、土匪恶棍、醉汉赌棍等也混杂其中。临沂地区的王洪九[①]、费县的左国榑（左宝贵的

---

① 王洪九（1906—1977），临沂人，出身于小地主家庭，民国十七年（1928）组建自卫团预备团，自任团长，带领民团剿匪。抗日战争全面爆发后，组织临费边区联庄会，被推选为会长，进行抗日，所部被国民党第三区专员张里元编为第四支队。民国二十九年（1940）与抗日军民制造摩擦，破坏抗日，进行反共活动。民国三十一年（1942）勾结敌伪，发展到七千余人。民国三十二年（1943）与敌顾问本木、部队长松冈等订立"互助联防、共同防共"协定，任伪沂州道"皇协军"司令。日本投降后，王部被人民军队消灭，只身逃亡济南。民国三十五年（1946）夏，网罗旧部500余人，组成"还乡团"，于次年2月随国民党军队进攻山东解放区。2月15日在临沂城屠杀民众一万余人。1949年逃往台湾，1977年6月病逝（参见唐士文、姜开民等编：《沂蒙历史名人通鉴》，478-479页，澳门：澳门人文出版社，1993年）。

长子左大少）、刘黑七[①]、邵子厚等都加入了该组织，并取得了较高的位置。左国楫是费县县长，属二十一级。费县一带还有“四爷三龙”一说，其中三龙均在蒙山之前。家礼会在费县一直活跃到解放时期。[②]家礼会人员或者被国民党所收编或者被八路军所改编，或者又还原成村落社会中的农民或手工业者，但大部分成为危害地方社会的土匪。而有些家礼会成员的一生似乎又很难界定，比如王洪九，他有过抗日但后来又成了临沂地区的“皇协军”总司令，他当过八路军而后又成为八路军的敌人，他打过国民党而又成为国民党的师长，最终跟随蒋介石去往台湾。刘黑七、邵子厚也差不多有着同样的人生经历。自然，他们的“手下弟兄”（当年的家礼会成员）也就难以界定其成分。按照老百姓的话说，他们这类人是谁有奶就管谁叫娘。民国初年，山东为奉军的领地，安徽、江苏为皖系军阀的地盘，临沂地处鲁南，介于奉系与皖系二者之间，颇受兵祸。自古言“兵匪一家”“兵过如篦”。《续临沂县志》云：“民国成立，事变迭更，影响及于社会。至奉军入关，张宗昌都鲁，与苏、皖严同帝国。临沂毗连江苏，尤居兵事要冲。由兵祸而致匪患，由匪患而致饥馑，民命轻于草芥，兵事威于虎狼。”[③]从总体来说，这些力量构成了对中国社会乡村的一种破坏。

由于费县的历史档案被毁，民初这一段时间的匪患除了口述资料

---

① 刘黑七（1892—1943），本名刘桂堂，费县铜石镇人（今属平邑），巨匪。自幼讨饭，民国四年（1915）入蒙山为匪，民国十七年（1928）率匪众千余人投奔何应钦，被编为第四师，任师长。民国十九年（1930），蒋、冯、阎中原大战叛蒋投靠阎锡山，任二十六军军长。同年7月投奔东北军，任第六混成旅旅长。翌年投奔韩复矩部，任山东警备司令。半年后又投靠日本军，充任伪满军第三路军总指挥。民国二十一年（1932）六月投宋哲远部，委为抗日同盟军察东副司令。民国二十三年（1934）春窜回山东，被韩复矩消灭大部，带领残股再次投奔日本人。卢沟桥事变后，刘桂堂随日军侵入山东，任“皇协军”前进总司令。翌年投靠国民党苏鲁战区于学忠部，被编为第三十六师，任师长。该部盘踞鲁南山区，配合日军，疯狂进攻八路军及抗日根据地。民国三十二年（1943）十一月号称“搟扰五省的大土匪”刘桂堂被八路军击毙。（见唐士文、姜开民等编：《沂蒙历史名人通鉴》，457–458页，澳门：澳门人文出版社，1993）

② 费县文史资料委员会编：《费县文史选辑》，175–180页，廉成灿、孙以欣：《家礼会的由来及发展》，鲁临出准印证号：99·2，1999年。

③ 范筑先等修纂：《续临沂县志·卷三·大事记》，临沂档案馆，档案编号：J1/47。

外，几不可以觅得。不过民国本的《续临沂县志》有着较为详细的记录（但修志者云："采访者不及十五六也"），这些记录可以作为了解当时费县匪患的资料。之所以有这样的一个权宜之策：第一，闵村当时归属临沂县四区；第二，临沂与费县相邻，当初的相当一部分记录就发生在今之费县境内；第三，匪寇流动无常，所录土匪也窜至费县，有的就以费县为巢穴；第四，土匪四处绑票，以下所录土匪不扰费县者不多。同时也包括军阀。今整理如下：

民国五年（1916）二月，抱犊崮股匪王为等掠第八区，全县匪患自此始。四月，沂防营营长张华亭击毙王为于鲍家庄。

民国六年（1917）四月，驻沂第七旅团长孔昭义剿股匪王四麻子于南桥镇西，会民团击毙之。十二月股匪郭安等劫车辋村。

民国七年（1918）三月股匪张梁、于三黑等破南曲坊村，掳男女四十余人。八月股匪胡宗银等破八区之横山镇，掳三十余人。十一月抱犊崮张继先等由县城北大掠四区、三区各村，屠五区之枣棵村，杀八十二人，复自南境之六七八各区窜回老巢。

民国八年（1919），八区太湖村周成自外回家，言能以符咒避枪炮，用大刀杀贼，设坛传习，蔓延全县，分红旗、皂旗等会。土匪劫车庄、傅家庄等处掳二十三人。三月改编第五旅营长张华亭诱诛匪首张继先等五人。

民国九年（1920），土匪破太湖村，杀红旗会首领周成及徒百余人。匪首赵成志等人分居八区，恣行抢劫。

民国十年（1921）七月，徐大鼻子、徐黄脸、赵成志、徐牛等土匪占据芦唐山，附近村民多逃亡。

民国十一年（1922），督军派遣旅长吴长植来临沂会剿抱犊崮土匪，向临沂各县派筹给养。股匪孙安仁等破五区姚家官庄，杀七人，焚烧房屋五百间。

民国十二年（1923）六月，股匪赵妈妈等破二区的叠衣庄，杀七十余人，房屋尽焚。七月第五旅旅长李森围赵妈妈于五区的涝坡圩，匪遁，顺及劫掠三区的汤头镇。

民国十三年（1924）一月，兖州镇守派张华亭来剿匪，擒斩匪首徐大鼻子等。三月第五旅团长张烈擒斩匪首赵妈妈等。临沂匪患暂时肃清。

民国十四年（1925）九月，第五旅旅长徐源赴曹州，留守第三营。督军张宗昌派征大车四百辆，县长彭一卤请求减免，被撤职。九月二十四日，奉军孙钵传率溃军至临沂，二十五日奉军邢士廉、倪占魁、黄凤岐率溃军至临沂，分住城内外商号、民宅，粮草、衣装悉派城户供给。十月初二日溃军北去。初三日，临沂道尹王铭珍出巡，留守第三营追道尹，囚营中，索饷六千元。初四日，袁永平[①]率红枪会数百人引警备队入城，放狱囚，纵积匪。宋东泰、解王志等禁抢劫，招各县会匪，郑嘉平率匪百余人至，警佐王毓玑降。袁电苏军（江苏的地方军队）协助。初八日，苏军白宝山派蒋毅率第一支队至。十八日蒋毅驱袁永平等出城。被号召之会党已未入城者悉合为匪，分六股抢劫。全县糜烂，来城避难者多露宿檐下。会匪贾玉魁等掠五区东部五十余村。股匪孙安仁、董福楼等占八区之兴隆镇。十一月股匪解王志等破五区之南沙窝村，杀二十三人，焚屋百余间。股匪宋东泰破四区之许家庄，掳三十余人，杀五人。匪破五区之翟家官庄，杀八人。会匪劫掠三区四区北部三十余村。会匪孙复堂、张鸿恩等占五区朱家村和柳庄，威逼各村出银钱给养。苏军剿匪于卞庄。十二月匪焚三区之庙前闵村。股匪孙复堂、田思青等屠五区之穆家瞳，杀一千一百余人，遂盘踞苍山一带。会匪万福沛等占五区之白茅村，威逼各村出银钱给养。

民国十五年（1926）一月，苏、鲁两军苟合，蒋毅收编留守第三营而去，奉军预备军军长王翰鸣率队来沂。总计溃军过境用洋三万一千四百一十元，袁永平入城用洋二万七千九百一十四元，苏军用洋十四万零四百九十一元。股匪破五区之楼子村，杀五十二人，全

[①] 袁永平（？—1926），同盟会会员。民国五年（1916）参加"山东新军运动"被捕，民国十四年（1925）出狱。同年在L西南部地区组建"红枪会"，七月被改编为国民革命军，任山东游击第一支队司令。九月三十日袁永平于苍山率部迎战鲁军黄凤岐部，并挫败黄部。十月四日率部攻打临沂城。民国十五年（1926）一月翟文林任沂州镇守使，是年春闹饥荒，袁永平不得已投靠翟文林部，被委任支队司令，驻守青陀寺（今属沂南）。七月为翟文林所诱杀（见唐士文、姜开民等编：《沂蒙历史名人通鉴》，461页，澳门：澳门人文出版社，1993年）。

村焚尽。大股土匪来窥城，至城南十里堡被王翰鸣击走。股匪孙安仁等破六区之沙墩一带十余村。二月翟文林派支队长杨镇藩剿匪于五区刘家屯，擒斩五十余人。股匪宋朝胜、刘天增、张黑脸、刘黑七等破四区之大山寨，杀六十三人，掳三百余人。宋朝胜遂占领程家屯。三月，杨镇藩剿匪于四区北部，擒斩四十余人，匪遁。直鲁军派补充旅长刘荆山收编孙安仁、董福楼、刘二、万福沛等股匪，由所在地方供给，并索开拔费。镇守使翟文林招降袁永平、侯六合、郑嘉平、赵玉琢等，袁永平为第三支队队长，余为各营营长，暗中仍旧劫掠。支队长杨镇藩诱土匪三百余人，囚狱中，陆续斩之。四月三日晚，狱中土匪四十余人逃去。六月道尹周仁寿复请一百二十六旅旅长黄凤岐来沂驻防，给养益增。七月杨镇藩杀郑嘉平等十八人，翟文林于今 L 区俄庄杀袁永平、杀侯六合及其党五十余人于城内。八月黄凤岐派队在七区勒罚款项。

民国十六年（1927）一月，匪焚四区铁山坡十余村。股匪毛学田破四区库屯村，杀五十余人，掳四十余人。三月翟文林被刺死。股匪刘作五、陈锡保等劫掠五区十余村。避匪难民赴关东。山东同乡会会长迟子祥等在大连、营口设收容所，并请求铁路局免老幼车票。第四师师长方永昌来沂，取消镇守使。股匪刘天增、宋东泰、宋朝胜等破四区南曲坊村，杀十余人，掳二百余人。四月方永昌杀驻防莒县、沂水的旅长王恩毓，囚旅长杨镇藩。匪破四区之闵村（即闵村），杀二十余人，方永昌剿匪于闵村，擒斩十余人。股匪徐宝献、王连庆、吴凤志、赵承学等攻入八区之鲁坊村，数村民团联合击之，毙匪数十人。股匪徐宝献等破二区守义庄，杀四十余人，掳二十余人。股匪刘天增破土城子掳四百余人，旅长申策武夺回百余人。五月孙传芳溃军五六万人由淮北遁，过境，派遣筹小麦二千石，沿途遗弃枪支弹药多为土匪所得。道尹周仁寿提用上海印票三十万吊作犒赏及给养。

国民革命军北伐，二十三日破郯城，二十四日攻临沂城。匪破四区庙疃村，杀八十三人。股匪赵家枌、徐宝献、谢主德等破二区之峰山村，杀二百余人，又破小丁庄，杀四十六人。六月，股匪徐振声等破二区之富义庄，杀五人，掳一百四十余人，遍掠城西各村。股匪围五区之山西头村，村民死四十九人。十三日，国民革命军以换防退。

十四日开城门派兵士赴各乡搜粮，十里内无遗。十六日北伐军又至。方永昌以贻误军食囚县长董汝俊。二十四日，国民革命军解围，退。二十七日自称苏、鲁义军之匪首刘竹溪、高近斯、武占山等焚劫五区之白茅村，杀五人，掳十余人。二十八日股匪陆宝山等破二区后东门村，掳十一人。驻军派遣兵士出城搜粮，并派各村及商店缴粮。七月匪破兰陵镇。方永昌派商民办军鞋军裤各一万。匪破二区之城子村，杀二十余人，掳三百余人。股匪刘天增等破二区王家庄，村民与匪肉搏，匪死一百四十七人，村民死一百八十二人。八月股匪刘麻子破四区尖山寨，杀二十一人，掳三百余人。督军张宗昌派专员勒派鸦片种子。股匪刘天增等攻破四区庄家村，杀八十余人，房屋焚尽。股匪相克受、丁大祥等破五区之西潘村，杀四百余人，焚屋七百余间。匪破二区南大桥等村，死伤二十余人。股匪李斗金、李斗银等焚掠兰陵镇西五六十村。十月匪破五区之刘家湖，杀二百余人。十一月二十七日，直鲁军十三师过境，二十八日直鲁军十一军过境，派各乡出粮草、车马、民夫。

民国十七年（1928），匪攻五区之马腾庄。二月股匪史思聪兄弟劫掠五区之济庄一带，各村杀四十余人。三月股匪破四区之旦彰街，杀十四余人，掳四十七人。派民夫千余人修补临沂南关围墙。国民革命军十七军北伐至临沂，十八日大战于城南沙沟。十九日方永昌杀商会会长。二十日方永昌率军北遁，县长刘镜瑶逃。二十三日十七军入临沂城。总计预备军用洋三万零三百零九元，补充旅用洋五千六百三十元，镇守使用洋六万二千零五十九元，警备副司令用洋万余元，一百二十六旅用洋一万五千余元，方军用洋十七万余元，及其派自各乡给养倍是。五月十七军奉令拆城，去城堞及外砖十之五。八月股匪劫掠六区、五区东部。警备队副队长王云腾于苍山剿匪，擒斩积匪袁照文兄弟及其党二十余人。招安之先遣队武占山、赵家粉分别在汤头、相公索要给养勒罚枪支款项。法院审判官诈民取财。县政府以警饷无着落为由特派员向全县借款四万元。嗣后二年连借六次。县政府派员到各乡催缴去冬欠缴鸦片种子债。股匪丁大祥等破六区之挂剑乡民圩七处，杀五百余人。第九师剿匪于五区东部。匪首刘黑七招安过境，沿途骚扰，送款三千元始免入沂城。九月刘志陆来沂收编武占山、赵家粉，招安旅刘福隆部来沂驻防。刘福隆剿匪于五区陈家庄，擒匪首刘四顺、二平把等四十余人，毙三十余人，救出男女五十余人。第四区北部暴发瘟疫，土匪乘势破四区王蝠鼻子寨，杀二百余人，因寨有积粮据为巢穴。刘福隆收编六区、五区散匪为教导团。十月股匪破二区之杭头村，杀五人，掳三十余人。匪破四区俄庄，杀七人，掳二十余人。县务会议因相公庄、汤头南河村三区未出给养，各派款一千五百元赔偿刘福隆。十一月二十二日，刘福隆旅开拔，索开拔费四千元，杀未赎之幼女七人、男二人。十二月股匪丁大祥等焚掠五区之郑旺庄、大小尤家一带，并占据小尤家村。刘志陆率军自城东南下，沿途索给养。薛家宾率民团剿匪于小尤家村。第十军长杨虎城派队来沂剿匪。自北伐成功后，凡驻军及招安军队过境，共用洋十五万余元，给养称是。第十军剿匪于五区小官庄，擒斩八十余人。第十军团长郭景堂剿匪于八区之王家场，毙匪首王连庆及其党四十余人。

民国十八年（1929）一月二十日，二十一师（第十军改编）剿匪于费境薛南村，追之于朱柳屯，毙匪一百十八人。匪破五区之埠上村，掳一百五十余人。二月，杨虎城剿匪于五区东北部，歼丁大祥股匪于莒县夏庄，并破刘黑七部于大店镇，毙匪二百八十余人。三月大饥，流民多往关东。区长薛家宾逃，卸任县长周琼林吞公款四千余元。

民国十九年（1930）九月，五十八师剿匪于八区店子街，击毙匪首刘四及其党二百余人。

民国二十年（1931）七月，第四区山水爆发，自 W 村沿柳清河至岔河淹十余村，塌房屋万余间。九月，八十一师师长展书堂剿匪于五区之白常河里等村，擒斩五十余人。八十一师清乡。

民国二十一年（1932）九月，马陵山股匪赵连峰等破二区之三重村，掳小学师生三十八人，死者二十四人。八十一师追剿至马陵山。

民国二十二年（1933）七月，撤销军事招待处，自设招待处后各区摊派招待费八次，达二十余万元。九月，六十六旅旅长李占标清乡，擒诛积匪高近标、宋五、郭五、赵家粉等三十余人，余多远逃。

民国二十三年（1934）二月，六十六旅擒诛巨匪刘殿选等二十余人。三月巨匪刘黑七自河南窜山东南部，经六十六旅在青陀镇截剿，刘窜入五区东部。刘匪连破穆家疃、蔡庄、刘家庄、李家埠十余村，杀二十余人，劫掠一空。四月师长孙同萱、谷良民、展书堂各部会六十六旅歼刘匪余党于五区北部。八月参谋长郭鸿儒、县长范筑先剿匪于三区之疙瘩墩，擒斩四十余人。

民国二十四年（1935），全县联庄会成立。二月十六日李占标派队擒斩土匪四十余人于五区之欢疃沟村。①

此外，再附一段费县白马峪村民国十五年（1926）的惨案。民国十五年（1926）刘黑七股匪多次向白马峪村摊粮派款，民人无力应付。庄长吴开久和闵先泰带领民人修筑围墙，制造武器，日夜防守。当时白马峪村有 107 户人家，人口 632 人，加上周围村落避难者，共计 745 人。其围墙南北长 910 米，东西宽 720 米，墙高 5 米，墙上设有 11 个炮楼，围墙四面各开一个大门。民国十五年（1926）一月二十三日夜，刘匪偷袭白马峪，直打到次日下午，最后圩寨被攻破，开始了一场血腥屠杀。白马峪惨案被害民众达 396 人，其中本村 307 人，被绑 152 人，掠走妇女 7 人。这次惨案闵氏族人伤亡严重，其中闵宪林、闵先泰等人家全部被杀绝。当然，土匪伤亡代价也很惨重，死 193 人。②

二、闵人的应对

由此可见，上文所引《续临沂县志》一段资料迥非虚语，匪患引来兵祸。但是它并没有指出，"土匪变兵，兵变土匪"的事情。在这样一种情形下，土匪来闵村绑票，匪、兵、地方政府等来闵村催粮、催钱，危害匪浅。更何况方永昌曾于民国十六年（1927）直接来闵村剿匪呢？闵村及闵氏族人所承受灾难可想而知。那么具体的过程如何。而在十数年的乱世中，闵氏宗族又有哪些具体的内部故事呢？不

---

① 范筑先等修纂：《续临沂县志卷三·大事记》，39–48 页，临沂市档案馆，档编 J1/47。
② 吴士寿、孙士成撰：《白马峪惨案》，中国人民政治协商会议临沂市委员会编：《临沂文史集萃》第二册，93–97 页，济南：山东人民出版社，1997 年。

过，在叙述之前，先交代一下闵村的圩寨情况。

闵村的圩寨应该有相当长的历史。县志"闵贡"条记载："闵贡，字魁吾，闵村人。先贤闵子裔也。性忠厚纯笃，施舟楫，修桥梁，建寨堡，捐粟振贫，有善人之目。殁后乡人立碑以志感，邑人王政敏手书焉。"[1]费县志把闵贡列入明代。考"王政敏"其人，县志同样将其列入明代。光绪《费县志》卷七《选举》云：王政敏，崇祯六年（1633）癸酉科举人，崇祯十六年（1643）癸未科进士，官行人司行人。

光绪《费县志》卷十一《人物》云："王政敏，进士，授行人。鼎革后不仕，讲学明道，时称介节先生。"王政敏是明末清初的人物，显然，闵贡也生活于明末清初。本书第三章第二节所介绍闵林墓碑中，"清故乡介魁梧闵二公之墓"当为"闵贡"之墓，只是"魁梧"写成"魁吾"而已。墓碑记载，闵贡"生于万历三十年（1602）九月初八寅时，卒于康熙九年（1670）二月初四日戌时"。斯又是一证明。

费县志上的这段文献记载了闵村当时修筑了圩寨。结合当时的历史情况也是可信的："大清龙兴之初，吏民安堵，惟九山贼王俊时薄城下，农桑尽废。山贼王肖武攻陷郯邑，费城告警，天戈所指，其患旋销。"紧跟此段文字，原著者加了一段"按语"：

> 按：黄志："顺治二年，滕、峄土寇啸聚掳掠，九山贼王俊焚劫，时薄城下。农桑尽废，官僚枕戈城头。至八年，总督张公平之。"而不言王肖武。李恕作《高梦说传》载："顺治五年，王肖武啸聚苍山。"而不言其所以平。《府志·记事》："顺治八年春二月，沂州西山贼王肖武攻陷郯城。其年秋，发旗兵讨灭。"近有得屋壁中藏书者，名《明季逸史》，乃沂人李某所作，略谓："王巨，字小吾，梁邱人，好涉猎。有田在开明山下之吴村，招佃垦荒，积粟甚富，意图纳粟得官。崇祯十三年岁祲，被劫。其党无

---

[1] 费县地方史志编纂委员会：《费县旧志资料汇编·费县志·卷十一·人物（一）·国朝》（内部资料），213页，山东省新闻出版局准印证号：（1993）2–007。

食，遂为盗。复拒捕，杀县役。小吾惧罪，据山以叛。死党八人，各结一寨，筑宫室、修磴道，自号'九山王'。十六年，劫济宁入贡御衣，遂称皇帝。顺治九年春，大兵围之两月，小吾死，其党降。"此说尚为有据，小吾即肖武也。或谓肖武未死，乃乘夜潜逃耳。或谓王俊即肖武，未知是否。惟攻陷郯城事《逸史》不载，"九年"之说亦异《府志》，其详不可得闻已。[1]

此段文字既可以证明闵贡等闵氏族人何以修筑圩寨，又在时间上印证闵贡乃明末清初的人物。但是在今日闵人的记忆里，他们已经说不清究竟何时祖先修了圩寨。他们说："闵广维打南毛子[2]时候就应该有圩子了。打南毛子前后一个圩子。这段集体记忆是很晚近的事情，可见上文。闵昭乐、闵昭乾当家时，圩子已经修起来了。"民国初年再度整修。显然，自闵贡修筑以后，生逢动乱年月，闵人会一次次加以补修。尤其在咸丰、同治年间更是如此。自光绪以来，一直到八路军进入闵村，闵氏族人的圩寨一直得到巩固。据闵庆歆说，民国十七年（1928，他八九岁，父亲任庄长，同时兼任后闵村的圩长）圩子就颇具规模。从南门到北门有 2 里长，围墙 4 米多高，4 米多宽，把整个村子圈了一圈。圩墙内外有坡度，外边坡度小，内里坡度大。现在的门市部以西是小西门，北门在观音堂子当中。围墙上每隔半米就有一个垛口，垛口中有炮眼。当时有两门大炮。蛤蟆桥处是东门，东门上有两门大炮——"大将军"和"二将军"，炮有 5 米长，炮身是用家庙里的柏木做就。当年"大将军"曾经在闵村把三里外一个村子的碉堡炸塌了。闵村当时配有 300 多门小土炮，洋炮（洋枪）200 多条（几乎一户一枪）。洋炮又叫"灰筒子"，这种枪打灰药，灰药前放铁沙子，后头一个引信，用香火点燃引信放枪。民国十九年（1930）闵继甫上台又购买了 2 条枪（一条"套筒子"，一条"南洋快"），并指挥修了家庙的围墙，目的在于躲避战乱和土匪，他因此也成为村中的权威。以后闵

---

[1]　费县地方史志编纂委员会:《费县旧志资料汇编·费县志·卷八·兵事纪略》(内部资料)，169 页，山东省新闻出版局准印证号: (1993) 2-007。
[2]　指太平军，这里具体应指捻军与幅军。

继甫在前闵村又单独修了一个小圩子，而后闵村也修了自己的圩子。同时邵家也有了自己的圩子。这一时期闵村两个大圩子又裂变成几个小圩子。八路军来了以后把圩子拆掉了，时间是 1937—1938 年。八路军所过之处都要拆除这种建筑。

今将民间记忆中的匪乱与战争编辑如下：

最早进入闵村的马子是张先，时间发生在民国十年（1921）。张先的人马从西南而来，穿越闵村向北而去。在闵人的记忆里张先只是打劫富户，不骚扰穷人。

民国十一年（1922）至十二年（1923），赵妈妈路过闵村，去攻打八里巷。为什么赵妈妈没有攻打闵村？闵人说，当时我们庄有大圩子，不宜攻破。

民国十三年（1924），前闵村闵宪礼当了临沂袁司令（袁永平）的书记官。最初闵宪礼一人当马子，他是前闵村的人物。当时闵宪礼认识南乡一个叫闵昭怀的族人（江苏大良壁的），闵昭怀跟官、匪都有接触。在闵昭怀的介绍下，闵宪礼成了临沂奉系军阀书记官。袁司令属于奉军，又叫北军，坐镇临沂。北伐军攻打沂州，袁司令失败后，闵宪礼带来袁司令和其残兵败将一百余人住进了笃圣祠。他们穿着一身黑衣服，叫每一家给送饭吃。后来袁司令住了一段时间听到风声不好，又跑了。跑的时候闵村人有四五十口子跟着袁司令走了，这些人是吃粮当兵，后来又回来几个。这一年秋天，袁司令拉着闵村的两门大炮——"大将军"和"二将军"攻打附近界湖镇（今沂南县城）。袁司令兵败后，将"大将军"和"二将军"遗弃于战场上，事后被人们辨认出有"闵村"字样，以为闵村人来攻打界湖。自此，"闵村出了马子"一说在这一带民间广泛传闻开来。闵人出门上店不得不隐瞒庄名和姓名，否则无人敢于收留。

民国十四年（1925）七月，"黄旅"（指黄凤岐的部队）来剿。黄凤岐是一支被招安的队伍，坐镇临沂。闵村最先闯马子的人是闵庆镇。[①] 之后前后闵村都出了马子。如后闵村闵宪瑞弟兄七个（他们是

---

① 闵庆镇后被投入监狱劳动改造，服刑完后转正，其后人现定居于青海。

马子头儿，其五弟和七弟都跟他们闯马子，老五绰号"五赖户子"或"五滥子"，老七绰号"七赖户子""七滥子"或"七耿子"），还有一个玩鹰的；前闵村有"小黑林"、泼皮闵宪勋①、闵庆风的伯父②和闵昭位家的"大少爷"、"二少爷"、"大鼻子"等人。这些马子大多出在前闵村。闵人告诉我，按今天的话说，就是些小痞子而已，他们结成把兄弟，横行乡里，抢劫、拦路、偷盗，不干正事。黄凤岐来闵村的原因是：一、先前他的部队捉拿了几个闵村马子（包括本村一个刘姓马子）解到了临沂；二、闵村的庄长邀请他们来剿匪。"七滥子"跟闵庆歆是近支，与当时的后闵村庄长闵昭亮有矛盾。这一年闵庆歆的奶奶故去，闵昭亮在闵庆歆家里当执客，"七滥子"骑着马回家"跪棚"，而且背着枪进灵棚，有违地方风俗礼制，闵昭亮看他不顺眼，两人便发生了口角。"七滥子"背着枪跑到大街上，骂闵昭亮："闵昭亮你出来，我毙了你！"闵昭亮说："我不能让土匪做了天！"闵昭亮一气之下，把闵村三十余家不太安分的（当然，这些人也并不是真正的马子，只是不清不白的人家）人家告了。他要求没收马子的财产，把土地归属家庙的老祖，并希望借助于"黄旅"力量铲除"七滥子"等闵村土匪。据闵庆歆说，当时杀了有十七八个。

那一年闵宪芝看守家庙，他把祠堂打扫得非常干净来接待"黄旅"。据说，头一天晚上"黄旅"驻扎 W 和桃花店子。"黄旅"来的那一天早上，闵繁胜的姐姐结婚。结婚的队伍一离开村子，"黄旅"的部队三千多人就开进来了。当时，闵人把东大门打开的。"黄旅"把前闵村的村长闵宪常和后闵村的村长闵宪彝等绑起来，叫他们提供本村的马子名单。闵宪彝说："老总，你们别绑我们，我们都准备好了饭菜招待你们了。""黄旅"把他们松绑了。"黄旅"的到来，吓跑了"七滥子"等马子。庄长们把马子户挨家贴上封条，以便于"黄旅"查拿。"黄旅"只好把村里剩下的他们的家人和牲口等押到 W 街作质，包括闵宪礼的大儿和"七滥子"的母亲。闵宪彝通过地方的熟人（W 社社长）往外保人，除了闵宪礼的大儿和"七滥子"的母亲

---

① 后入还乡团，被八路军给打死了。
② 后被八路军枪毙于闵村的南湖里（村南的土地）。

两个重要匪属未敢担保外，其他人全部担保出来。社长说："你们保谁我就放谁，不保我就不放！"闵宪彝怕连累自己也就没有敢保马子的家属。闵宪常（前闵村的村长）把前闵村闯马子的家门上全部贴上了封条。之后，"黄旅"派了法官在家庙里居住，审理案子。审理的结果是，凡是闯马子者的家产一律没收。于是把马子家的家具都抄了，集中堆放在家庙里，另外也把他们的地产没收了。可是"黄旅"带不走这些东西，便折价要钱。前后闵村的村长在没有办法的情况下，就先让全村其他人家出钱给垫上，待以后变卖了闯马子的家产再予以偿还。当时的分派是 1 亩地 1 块多银圆，甚至一头牛、驴子都要摊钱；大户多拿一点，小户少拿一点。比如当时闵昭文家就有 80 亩地，交了 80 多块钱。总共是三千六百块现大洋。"黄旅"带走钱后，闯马子的就相继回到闵村。他们把家具又搬回家里，同时也开始耕种土地了。闯马子的人家也没有钱还。显然善良百姓家的钱是没有指望归还了。闵昭亮、闵宪常决定砍伐闵林中的树木偿还其他人家的钱（今天后闵村的人说，杀树木的人是前闵村的——暗含指责）。最后树被砍伐了，可是钱却被办公的（村长）贪污使用了。善良人家仍旧没有得到补偿。而且由于贪污不均，致使前后两村的领导人（闵宪常和闵昭亮）发生纷争，并引起了一场官司。——闵村至今有句流行的话语：坏人作恶，好人受罪。闵人告诉我，此语就是因此而起。他们彼此互相指责和辱骂。鉴于此种情况，后闵村的人不再想跟前闵村的人在一起，遂导致了闵村一分为二，即分成前闵村和后闵村，也叫前街和后街。前闵村、后闵村的界线就是家庙前的东西大街。此种情况直至 20 世纪 50 年代中期。老人们说，没有闵林的这些树木，前后闵村不会引起矛盾。

　　民国十五年（1926）正月初七来马子，他们只是路过，从西南方向来往东北方向走。前闵村闵广伦 [①] 的油坊和闵昭乐家被烧。清明节从东北上又来了一股马子，有数千人。他们在闵村驻扎了一个多月，

---

① 闵广伦曾是蒙山前的白旗长。小的时候有病，家里许愿，如果病好了，就送到庙里出家做和尚，后来果然病好了，他就进了寺院。再后来，家里买了三头驴将其赎回。闵广伦曾经弄了个假五经博士印，后来被闵村的闵广印、闵广平和白马峪的闵昭和三人告了。

闵人大多四处逃散。一个多月后马子走了，闵人重又回到村里。人们发现村中每一个水塘里都有死尸（马子从别的村里绑来的肉票）。这一年挨饿，很多人下了东北。

民国十六年（1927）下半年闵村分成了两个圩子，刘黑七的部队宋文臣（也有说是苍山一带的马子）烧了闵村，闵人称为"放红牛"。当时马子回来想捉拿闵昭亮。当然闵昭亮的人缘关系也不好，前后没有特别要好的。显然，闵村闵昭亮的仇家勾结来的马子。闵昭亮夜间加强防守，规定凡年龄 15 岁以上的男子都要夜间站岗，如果谁睡觉就要遭受严厉的惩罚。当时有 2000 马子包围了闵村。后来马子花了三百多块现大洋买通了三个村民，从圩墙的西门阳沟进了闵村。那一天是阴历七月二十四，闵庆歆家收割高粱。第一天晚上，马子进来才几百人，他们住在百姓家里。闵昭亮看形势不好就跑了。马子在这个村住到八月十五，一个多月后他们才走。马子走，是因为周围村子的大刀会（也就是各村民团，喝符箓，刀枪不入）不断围攻闵村。闵昭亮跑到社长（王作卿）家里，社长调集四周民团攻打闵村。民团有迫击炮经常打进闵村，加之粮食缺乏，马子就撤了。马子走后，大刀会担心以后马子再度驻扎，就把闵村的房屋全部烧了（闵子祠除外）。闵宪贡烧了前闵村，闵昭亮烧了后闵村。闵昭亮当时发话："只要把我的人救出来，见一个杀一个，见屋烧屋。"大刀会多是穷人参加，在烧闵村时把家家户户的锅碗瓢盆等收拾了个精光。闵昭亮接着也不敢待在家里，担心马子回来报复，遂远走他乡。

民国十七年（1928）年初，闵昭梓建洋学校，同时负责村务，成了家庙管理员。闵昭梓弟兄四个，闵昭国是其三哥。闵昭梓的次子和闵昭国的儿子被闵昭亮带到南湖地里给砸死了。当时闵昭亮共打死了八个人，前闵村七个，后闵村一个。当然这也是有过节，因为闵昭亮的孙子叫闵昭梓的儿子和侄子给劈了。闵昭梓一当家，很多从前闹马子的人成了教徒，并被保护起来。闵昭亮就害怕，跑到了外地。闵昭梓曾经砍伐过家庙里的榆树，用来做学校的桌椅板凳。村民回忆，闵昭梓是好人，但是儿子不是个东西。

后闵村的闵昭亮当时有四五十亩地，家境比较富裕。闵昭亮的叔兄弟闵昭习是当年费县管理财粮的先生。闵昭亮仰仗其叔兄弟的势力做了圩长和村长。由于他得罪了前闵村出身的马子，马子就想除掉他。可是闵昭亮跑了，于是他们就把闵昭习杀死了。闵人至今还记得马子当时的说法：看看闵昭亮还仗什么势力行事！据说闵昭习死得很惨：马子把他弄到闵林前边的地里，给活扒了皮。[①] 从此这块地名就叫"八块地"，意思是"大卸八块"。该块地至今仍叫此名，但村民只知其名，而不晓得何以得名。闵林曾经是当年闵村马子隐藏的地方。马子拦路抢劫时，往往规定时间叫人把钱送到闵林中，否则就要撕票。

民国十九年（1930）闵继甫上台。为了防匪，闵继甫整修了家庙的围墙，同时又购进两条枪。石成富（他先是马子身份，后被招安）代表官方军事力量清剿蒙山土匪。有一小股土匪（二十多人）流窜至闵村躲避，当时由闵昭国的儿子领来，并住在闵昭国（闵昭国窝藏马子，最后儿子被马子打死了，闺女也被马子抢走了）家里。另一说认为是闵广梓的两个闯马子的儿子闵昭席、闵昭勤带来的。闵村的圩主调了四周村子的民团包围了马子。结果马子跑得跑，亡得亡，最后只逮住了一个土匪。W 社长借机告了闵村，说闵村的圩主逮马子没有逮自己姓闵的马子。那个时候闵继甫是前闵村的圩主，闵庆歙的父亲闵宪彝任后闵村的圩主。于是两个圩主又商量准备捉拿漏掉的自己族里的闵姓马子。一天有人发现村里闵昭席家属给马子送饭，就尾随着她发现了马子。当年村子里被烧得没有房屋，马子就躲藏在废屋框子里。那个时候村里恰好有个当奉军刚刚回来的闵姓族人，叫闵宪东。圩长就派他打头阵。闵宪东用钢枪打死了马子闵庆信和闵昭席。当天傍晚，闵昭席的哥哥闵昭福也回来了。闵继甫等人乘机捉拿了他。闵昭福当时戴着礼帽，穿着大褂。闵继甫等人要把他押送 W，闵昭福不愿意去。闵继甫两枪把闵昭福击毙。经过两个圩主商量，把马子的头割下来悬挂在街头示众。割头的人是闵村姓杨的一个人，此人很愣，好酒。圩长招待完毕后，叫他铡下了人头，一个人头赏一块大

---

① 我的报告人叮嘱我，不要把这段写进书里，因为他们的后人都在，否则会再度掀起仇恨。他说，如今村里少数记得这段往事的老人没有敢说起此事的，年轻一代不知道就不知道吧！一切都过去了。

洋。第二天，把人头挂在各自兄弟家的屋后面。这一天恰恰是 W 集，附近村子的人们看到闵村自己杀死了马子，闵村遂改变了包庇马子的名声。W 社的社长也比较满意，认为这一回闵村是真心打马子。从此，闵村洗清了出马子的名声。

民国二十年（1931）至二十七年（1938），闵村呈现太平景象。闵庆歆、闵庆申、闵庆纶等人读书。前闵村闵继甫主政，后闵村闵宪彝主政。这一时期给闵人的印象较好，他们记得市面上没有了纸钞，又流行银元和铜钱。

此外，国民党 57 军、69 军，杂牌队伍有老胡团、梁马子的队伍、王洪九（南观音堂附近就是当年王洪九缝制兵服的地方）等都路过闵村，确切年代已经记忆不清。

《续临沂县志》记载民国十六年（1927）方永昌来闵村剿匪，今日闵人记忆中没有。闵人记忆中，民国十四年（1925）"黄旅"来剿，但不是方永昌。不过，闵人又言，方永昌跑到北乡里为了补充给养，攻打界湖，当时叫官兵、民团给打跑了。方永昌丢下了闵村的两门大炮。人们认出了是闵村的大炮，于是就认为闵村人支持方永昌，闵村出了马子。结果民国十四年（1925）"黄旅"来剿。这就造成了两种记忆的出入与距离。《续临沂县志》修于民国二十四年（1935），此距离事情发生为近，当不会有误，我怀疑是闵人的集体记忆发生错乱。第一，民间本就对时间不太关心；第二，今天能够记忆历史的老人当时才七八岁，加之年老，记忆与事实有出入。我在调查期间，就经常发现老人们对同一事件，在不同的时间里讲述，其具体发生的年月并不一致。不过，这一切并不重要，因为人类学的兴趣并不是要写村史，尽管大量地涉及历史。

关于袁永平的历史情况，临沂地方文史工作者根据当年他的部下的口述资料撰写了另外一份集体记忆，这有助于了解袁永平跟闵氏族人以及闵村灾难的原委以及上面的一些史实。今摘要如下：

> 红枪会也称大刀会，其派系甚多，如红旗会、黑旗会（即清旗会）、黄旗会、五旗会（也叫五带子会）、铁板会、黄沙会、金钟罩、铁布衫等，群众俗称大刀会。临沂红枪会成立于 1925 年

夏，张宗昌督鲁之际。其组织主要来源于两个方面：一是袁永平自建武装及收编地方大刀会众共 500 余人；一是侯六合在抱犊崮山区收拢孙美瑶旧部 200 余人。是年八九月间发展到 1700 人，多是临、郯、费、峄、邳等县的农民。最盛时达 4000 余人。袁永平、侯六合是主要首领。袁永平生于临沂八区（今属枣庄），1916 年参加山东新军被捕，囚禁 8 年，1925 年 3 月因特赦出狱。出狱后以反奉为号召组织民众，并与侯六合等联兵。后反奉运动兴起，国民联军进攻山东，委袁永平为山东游击队第一支队司令，第一支队是在原红枪会基础上组建的。侯六合，临沂人，在辛亥革命影响下信仰三民主义，国民党党员。1921 年春从上海返籍在鲁南苏北交界处的枣庄秘密从事宣传三民主义、反对独裁专制的活动。1925 年 9 月 30 日，袁永平率所部第一、二支队与鲁军一二六旅黄凤岐部战于向城，大败黄部。10 月袁永平率红枪会众数百人开进临沂城，开牢门，放囚犯，并以"山东国民自治军第五路军"名义发布公告，声讨北洋军阀。入城后，袁永平电邀苏军来临沂共抗张宗昌大军。苏军蒋毅入临沂境，袁永平始觉不妙，急派大刀会众前往抵御，但被苏军击回。袁与苏在抵抗奉系方面意见不一，发生争论，后苏军司令白宝山电令苏毅"不惜代价将袁、侯所部赶出临沂城，继而分兵略定沂州七属，以扩大苏军势力范围"。当时谣言云："白统领将以 1.2 万兵力从东陇海段趋进临沂消灭袁、侯部属。"10 月 18 日袁被迫退出临沂城，入抱犊崮山区。1926 年 1 月奉鲁军第十一军王翰鸣部 3 个旅屯于临沂西部，蒋毅率部南窜。王翰鸣部进入临沂后，琅琊道尹周仁寿、沂州镇守使翟文林奉令会同该部围歼袁、侯红枪会残部。后袁、侯迫不得已，暂投翟部，以保实力。所部 1600 余人驻临沂西北青陀寺（按：距离闵村 20 公里），委袁永平为支队司令兼一团团长，分侯六合部兵力驻临沂西南乡卞庄。之后袁、侯两部仍秘密联系，为翟文林所觉察。翟密电张宗昌，张复电翟"当速按便易行事"，同时派遣一二六旅黄凤岐部开临沂以助翟文林一臂之力。翟文林设计将袁枪杀于临沂城北俄庄（按：今属 L 区枣沟头镇，于作者故乡同为一镇）。袁永平部第一、二大队驻扎 W，翟文林又派人前往围歼，所部撤入蒙山。侯六合亦被黄旅所杀。袁、侯被杀害后，枭首示众于临沂城南门。临沂红枪会组织活动至此告终。①

结合闵人的记忆不难看出，红枪会最初活动于鲁南苏北地区。显然江苏邳州大良壁的闵氏族人先参加了红枪会，后介绍闵村闵氏族人闵宪礼参加红枪会袁永平军。由于袁永平讨奉，隶属奉系的鲁军必然要消灭袁部。早期袁于枣庄一带击败鲁军黄凤岐，遂与"黄旅"结怨，后"黄旅"来剿，于是引起袁部撤至沂南（即界湖）青陀寺以及 W 一带，并最终引发了"黄旅"来闵村剿匪一事，由此造成了闵氏宗族的悲惨历史。对于袁永平及其红枪会，后世却留下了不同的社会记忆。《续临沂县志》和闵氏族人都将其视为"匪患"，而现在的地方文史工作者将其看作农民起义和 20 世纪的进步社会力量。上文对"黄旅"来闵村剿匪一事的怀疑当又可以推翻，W 距离闵村仅 1.5 公里，黄部来 W 消灭袁部，又进入闵村极有可能。历史发生的事情可能是方永昌和黄凤岐部同时来临沂北乡围歼袁之残部，或者前后相继来歼，这是造成民间记忆模糊的主要原因。

从上文这段民间口述资料来看，我们对于此一时期的情况有一个大致了解：当年闵氏宗族有些成员参加了马子，作为被地方政府任命的村长和圩长肩负着村落治安的责任，他们必然要治理马子。这就势必激起了村长、圩长，甚至包括奉祠生等人与马子的矛盾。双方各自都有房支，因而单个人的矛盾可能演化成为宗族内部房支之间的矛盾。"村官"引来官兵剿灭马子，事后马子为了报仇又引来更多的马子，这些马子开始更为残忍的报复。这就造成了宗族内部的互相残杀和整个宗族与村落的悲惨命运。这也就是梁漱溟所谈论的乡村破坏问题。

大部分闵人成为村落的防御力量，一方面出于保卫自己生命财产的动机，另一方面跟这一时期国家主导力量有关。1912 年在孙中山

① 侯贞纯口述、唐毓光撰：《临沂红枪会始末》，见中国人民政治协商会议临沂市委员会编：《临沂文史集萃》第二册，305-310 页，济南：山东人民出版社，1997 年。

"唤起民众"的倡导下，临沂各地陆续出现了民众教育。1936年，根据山东省政府指示，临沂各县停办民众教育馆，建立了乡农学校。区长即校长，凡乡村的政治、经济、文化教育、军事训练、社会治安都要管。以土地多少为限，自备枪支，对18—25岁的青年分批进行训练。以军事训练为主，也学点政治、文化，兼管抓差办案，至1937年全面抗战停办，每校办3—4期，共计13000余人接受训练。①

部分闵人成为马子，大概有几个原因。一是自然灾害，造成饥饿。为了活命就要偷抢，后逐步走上土匪道路。二是有些人家庭教育不好，仗着自己的"胳膊粗"，或者弟兄们多，平时有些痞气，加上后来结交匪类，渐为土匪。三是民初实行的保甲制，有些马子的房支成员本无意闯土匪，但惧怕株连而走上土匪道路，或者有些人从血缘感情出发曾经替小痞子或者马子出面顶撞或对抗"村官"，后来"村官"或者官兵究治将他们连带而上，权衡之计，沦为马子。如果从建构的意义上讨论，可以说，马子之所以成为马子，一方面是自我的建构，另一方面是社会的建构。从后面一层而言，帝国的敌人乃是帝国自身创造出来的。

闵村出马子的原因，闵人有两种解释。第一种是：闵子祠里有两棵白果树，正常年月一般不会结果实。如果结了果实，就表明闵家要出大官。谁吃到，谁家门里就出人才。民国十三年（1924），老白果树结了两嘟噜白果。前闵村的闵庆堂（即现在闵繁俊的爷）当圩主，他把两嘟噜白果摘下来，烧熟吃了。哪里想到：没出人才却出了马子。第二种是：闵村之所以遭受兵匪之灾，是因为"怨报怨，仇换仇"。清朝咸丰、同治年间，闵村闵广维（村民说，他相当于后来蒙山一带各庄自卫队的总头。前文说过，闵广维是清末W乡团团长）领着闵氏族人前往剿马子。在方城街叫闵村的人杀了好几百马子。皆因为闵人杀马子太多，马子死后阴魂不散，所以下生来闵村报仇，让闵氏的后人也成为马子。

当地人的解释是很有趣的。

---

① 尹书斗：《近代临沂教育》，中国人民政治协商会议临沂市委员会编：《临沂文史集萃》第三册，222—224页，济南：山东人民出版社，1997年。

第三节　一边是"国统区"，一边是"解放区"

这一节考察的时段从抗日战争到解放战争，再到新中国成立初期。主要包括三块内容：第一，抗战期间的区域社会状况；第二，抗战期间的闵村情形；第三，解放战争时期的闵村以及对宗族内部裂变原因的分析。

一、抗战期间的区域社会状况

这一时期，构成对闵村社会干预的主要社会力量有日军、汉奸、国民党和共产党。尽管日本人曾经来过闵村，但闵人并没有直接跟着日本人做事。不过，有部分闵人为汉奸王洪九做事，而王洪九时任鲁南"皇协军"总司令。

1938年，日军来临沂。是年年底，日本侵略军占领费县城。1939年1月10日（农历腊月十一）驻临沂日军西侵费县，遭重创。1940年，W、方城、诸满安上了据点（闵人口述）。蒙山东西百余公里，南北50公里，峰峦叠嶂，峡谷纵横，是坚持抗战的天然堡垒。1941年春闹饥荒，从3月5日至12日，日寇趁机进占其山、成里庄、W等重要山头村镇，企图构筑西起其山、东至林子百余里的封锁线，打通临沂至蒙阴的公路，以此封锁蒙山，破坏八路军抗日根据地。[①]1941年至1942年，日军大规模扫荡沂蒙山区，实行"三光政策"，在蒙山前修碉堡百余个（见下文刘文宣文章）。1945年8月7日，费县日军逃回临沂（见下文孔宪志文章）。

1929年2月，费县成立了第一个党小组。1932年费县师范讲习所先后组建党小组并成立中共费县工作委员会。1937年成立"中国抗日救国第七师"。1938年1月和5月山东省委两进蒙山，创建沂蒙山区抗日根据地，办公地点距离闵村十余公里。1938年年底，费县人民在八路军山东支队领导下先后建立了9个抗日游击大队，同敌、

---

① 陈华鲁：《我的名字与革命生涯》，费县政协文史资料委员会编：《费县文史选辑》，72—99页，鲁临出准印证号：99·2，1999年。

伪、顽、匪进行斗争。1939 年 1 月，日军一部从兖州东侵，共产党员赵光等人组织群众在地方镇打死敌人十余名。1939 年秋至 1940 年，日军开始武装扫荡，于交通要道和重要集镇安设据点，费县抗日根据地被分割为蒙山山区等三大块。在山东纵队、115 师领导下，费县的抗日武装建立政权，并开创抗日根据地。1939 年 6 月，115 师彭雄支队进入蒙山山区，上冶乡乡长马鸿祥变卖家产组成抗日第八大队。在蒙山东部一带，诸满邵子厚（后投靠国民党）的独立支队和 W 朱廷文的抗日游击队，也屡次打击敌人。1940 年 7 月，山东省战时工作推行委员会在沂南青陀成立，距离闵村 15 公里。1943 年，蒙山抗日根据地人民武装不断壮大。1944 年至 1945 年，地方武装配合鲁中军区老四团连续攻克蒙山前上冶、薛庄、诸满、W 等敌伪据点，毙俘敌伪数千人，祊河以北全部解放。1947 年春，国民党占领费县，解放军干部家属北撤渤海，县大队、区中队、民兵或撤出或隐蔽，反动地主武装一时甚嚣尘上，杀人、倒算，无所不用其极。[①] 这就是老百姓经常回忆的"还乡团"。

然而，另一篇地方学者撰写的关于革命史的研究文章也交代了一些当年闵村周围区域社会里的情况。1939 年马鸿祥率众 150 人，攻克古城伪据点。1944 年 9 月 W 日伪据点到草沟抢粮。W 据点是王洪九的一个中队，筑有围墙、碉堡。还挖有 4 米宽、2 米深的壕沟。10 月县大队攻打 W 据点，县大队队长牺牲。王洪九增援部队在大官庄与八路军交手。1944 年 10 月费东大队改为费东独立营。1945 年初春，八路军抗日根据地力量（区中队、独立营和鲁中十一团）拔掉了 W 据点。1945 年 7 月夺取诸满、上冶日伪据点。1945 年 9 月临沂城解放，10 月 30 日临沂孟村据点被拔，11 月王洪九溃逃。[②]

三番子兴盛于日伪时期，闵村当时有很多人加入了三番子。三番子是明朝时反清的力量，后被清朝利用，后来又为国民党利用而反对

① 刘文宣：《近现代费县人民革命斗争史述略》，费县政协文史资料委员会编：《费县文史选辑》，28-36 页，鲁临出准印证号：99·2，1999 年。
② 孔宪志：《英雄连长李玉海》，费县政协文史资料委员会编：《费县文史选辑》，46-63 页，鲁临出准印证号：99·2，1999 年。

共产党。[1]

二、抗战期间的闵村情形

民国二十七年（1938）阴历十月十四日，是日大雪。有三四百日军路过闵村村头。他们本打算穿村而过，据说到了蛤蟆桥东边，发现前方有一个白胡子老头，马匹怎么也不肯前进。他们只好沿着龟龙沟东岸的小路北去，是夜驻扎张寨。当时，日军叫闵人挑水饮马，饮马前先让闵人自己喝一口，以免闵人往水里投毒。"鬼子的仁丹胡子""鬼子的大笑"，以及给挑水的人抽烟和小孩糖块吃，在闵人的脑海里留下了深刻的印象。之后日军又数次从村旁路过，始终没有骚扰闵村。闵人认为，白胡子老人是闵子骞显灵，祖先保佑了他们。

闵人今天有个说法：前闵村是国民党的地盘，后闵村是八路军的根据地。当然这并不是说前闵村就没有人跟着共产党干革命。比如现年 77 岁的闵宪样，当年就曾担任过闵村青救会会长，村联防队队员，打击过还乡团。又如闵繁宝、闵庆元两人都曾任过村儿童团团长。从时间上来看，后闵村较早接触了八路军的力量。当时山东纵队的一个八路军干部杜元岭[2]来到后闵村招兵。有一天他率领着八个人（都骑着马）来到闵村。很多人吓跑了，但闵庆歆没有跑，因为杜元岭是他的叔伯舅子。他叫闵庆歆给他当财务科科长，并组织人参军。在闵庆歆的动员下，闵村（主要是后闵村）当时五十多人参加了八路军，其中一个后来当了营长。不过闵庆歆没有跟着八路军走，因为当

---

① 三番子又名家礼教。当时蒙山前面的家礼教首领为我的一位族高祖，名字叫杜殿轩，20 世纪 50 年代初被枪毙。

② 杜元岭，即费县新桥乡朱汪人。朱汪位于闵村南 6 公里，位于我的故乡西边 3 公里。1940 年任八路军某部卫生部科长（见王西献：《王洪九怎样走向历史的反面》，《临沂文史集萃》第二册，447 页，济南：山东人民出版社，1997 年）。族人说，新中国成立后他任国家第七工业部部长（闵繁路告诉笔者，新中国成立后他担任纺织工业部某厅厅长）。我们临沂杜氏共分四支，杜元岭和我都归属第四支。从行辈上而论，他是我的族伯父。1939 年 6 月—1940 年 6 月，徐向前在沂蒙山区就任八路军第一纵队司令员，杜元岭为徐向前的部下。

时鬼子、汉奸都还驻扎在 W，他害怕自己走后日军和汉奸会报复家人。有一年，杜元岭路过 W 被汉奸（王洪九的部下）捉拿了，他们用铁丝把他手脚都拧起来。杜的父亲先后托了乡长、王洪九的舅舅等人作保，都没有成功。从 W 出来之后，杜的父亲顺便来到闵庆歆家里，愁眉苦脸地想：自己的儿子这回完了！他本没打算闵庆歆有什么办法能够救出儿子，因为闵庆歆毕竟只是一个乡间的教书先生。但是闵庆歆写了一封信叫杜的父亲秘密送到蒙山前的八路军手上。不出一个月时间，八路军攻打了王洪九的两个大队，俘虏伪军七十多人。最后双方通过谈判，八路军把杜元岭换了回去。再后来，八路军把王洪九给打跑了。[①] 原来在那一封信中，闵庆歆把 W 一带的敌伪情况报告给了八路军，并且附上了一份地图。闵庆歆一生都没有向外透露这件事情。他说，如果当时王洪九知道了这消息，会剥了他的皮。再往后，敌伪又来抓他，他又跑了，于是敌伪将其妻子（前妻）捉到，在家门口用乱棍打死。从救出杜元岭以后，八路军的人来闵村都奔后闵村，而前闵村参加八路的人回家时白天也往往要藏在后闵村，只有到了夜间才敢回家看看。由此可见，共产党的力量渗入闵村最初只是通过一个姻亲关系，然后逐步将半个村落变成根据地。后闵村在战争年代里，共发展了 5 个共产党员。1945 年，闵庆文、闵庆年、闵庆修、闵庆成、闵繁举的父亲加入了中国共产党，而前闵村直到 1949 年年底才有 1 个共产党员，而且是在部队加入的。

　　2010 年 10 月份我回闵村调查，村民们给我讲了另外一个关于闵庆歆的故事。他们说，当年闵庆歆与临沂义堂乡城子村的董学礼拜了

[①]　临沂地方文史工作者这样保留了这段历史记忆：1940 年 4 月 22 日，王（王洪九）部驻费县 W 的刘来恩大队，无故抓捕了八路军某部卫生部科长杜元岭、会计韩祥云及通信员、战士等 7 人，关押在古城监狱。4 月 23 日，在费县诸满附近，王部将八路军某部侦察员王希忠、耿秀文、陈纪合 3 名同志扣押。八路军派人交涉，王置之不理，并变本加厉地对抗日军民发动武装进攻。在遭到八路军严正回击后，气焰一度有所收敛，但不久又故态复萌。5 月 29 日夜，王洪九部袭击八路军驻孙沟（今属 L 区半程镇）地方游击队。……对于王洪九的倒行逆施，八路军山东抗日纵队在鲁中地方部队的配合下，给予坚决还击。1940 年七八月间，八路军发起了第一次"讨王"战斗。古城一役，王部大部兵力被歼，只剩下 900 人逃往祊河以南（参见王西献：《王洪九怎样走向历史的反面》，《临沂文史集萃》第二册，447 页，济南：山东人民出版社，1997 年）。

仁兄弟，而董学礼是王洪九的人，于是借助董学礼的帮忙，闵庆歆成了 W 乡伪政府的文书。期间，闵庆歆买了一辆洋车，董学礼想借着骑骑（实际上就是想要），闵庆歆不给，因此董学礼就觉得不够哥们意思，两人发生了争吵，最终关系破裂。这样，闵庆歆也没干多久就被开除了。在董学礼看来，闵庆歆的乡文书工作是他给弄来的，别说借辆自行车骑，只要一开口，闵庆歆也得送一辆给他。董学礼前思后想，觉得此人不可交，遂反目成仇，最终下决心要"教训教训"闵庆歆。于是，就带着人来闵村抓闵庆歆。来了几次都没能抓到他，因为争吵后闵庆歆也有所防备。但终于有一次，董学礼将闵庆歆捂在被窝里捉住，并把他绑上了。村民们回忆说，当时是四个大汉把他像抓小鸡（闵庆歆身子瘦小而清秀）一样绑起来的，从家里架出来，到了大街上，闵庆歆挣扎叫骂。四个壮汉，抬起来一抛，将闵庆歆重重摔在地上。闵庆歆被捉到 W 街吃尽了苦头，因为董学礼给他施了不少刑罚。其中一种刑罚是，让闵庆歆双膝跪在砖头上，小腿上还叫两人压扁担。W 乡伪政府传信给闵庆歆的父亲，叫他拿钱来赎人。闵庆歆的父亲闵宪彝，从亲戚中东拼西凑，用 80 元大洋将闵庆歆赎回。可是，此事并未能了结，后来董学礼三番五次来闵村摸闵庆歆，几次他都逃脱了。不过有一次，董学礼捉住了他妻子（按照谱系，她属于笔者杜氏宗族的女儿，按辈分笔者要称呼其为族姑，即上文杜氏岭的妹妹）。董学礼的人没有捉到闵庆歆，就拿其妻子出气，对她连踩带揍。时值闵庆歆妻子正在行经，经此暴打后不久，肚子肿胀，死了。

显然，来自闵庆歆的讲述和来自村落中其他人的讲述是不一样的：前者是一个敌我斗争的故事，后者似乎是敌伪内部的"黑吃黑"。我后来怀疑闵庆歆的讲法，但也有少数老人告诉我，闵庆歆的回忆同样是真实的。问之原因，村中耆老说，当时就是这样的，"许多人为两面做事"。见我仍有疑惑，他们进一步解释说："闵庆歆表面上为伪军做事当文书，但暗地里也给八路当差。"我忽然有所领悟，这正是上文第四章第一节所讲的，当时采取的"两面政策"。

之所以说前闵村是"敌占区"或国民党统治区，是他们有 4 人参加了还乡团：闵继甫和闵广兴父子俩、闵庆镇和闵庆成兄弟俩。闵继甫的姐夫是王洪九临沂警察所的中队长，他的另一个姐夫刘经理是当年 W 乡的乡长，闵继甫是日伪 W 中队的副官。后来闵继甫成为 W 乡第八保的保长。这个保的范围相当于 20 世纪 50 年代后的吴岭寨乡，即今天闵村工作管理区的范围，其办公地点就设在前闵村。闵庆臣是当时共产党的公安特派员，专门处理那些不三不四的坏人，同时也处理纠纷问题，向上级汇报地方上的情况。他跟还乡团自然结成仇恨，于是前闵村的闵继甫等还乡团不念同姓同宗的情分将其出卖，结果他在附近村子神牛栏被闵继甫等逮去打死了。解放以后，后闵村的党员做主把闵继甫逮捕了，于 1951 年枪毙。另外一个理由是，国民党的人或王洪九的部队来了，就驻扎于前闵村。南观音堂子附近（即现在供销社前边）人家当年为王洪九缝制兵服，也就说前闵村组织妇女给王洪九准备军需。① 闵宪梓、闵庆元、闵繁宝等虽是前闵村人，且家住前闵村，但由于他们跟着共产党干，所以不敢在家里睡觉，每晚都跑到后闵村住。正如八路军驻后闵村一样，国民党和还乡团有事来闵村，都投奔前闵村。此一时期，闵人说："前闵村干坏事的多，还乡团、马子多，后边也有，但数量少，干坏事的也少。"由于这些历史原因，自然就造成了前闵村是敌占区这样一个民间印象。

这里插入一段跟汉奸有关的趣事。W 街的汉奸经常来闵村骚扰，如果他们看见老百姓的衣服和鞋帽好就抢了自己穿。闵村有一个愣种，叫闵宪同。有一天两个汉奸来闵村看见他的鞋子好，就给扒下来了。他当面骂汉奸："妈的，我一不欠粮，二不欠草，你们上乡村胡

---

① 1943 年 11 月，王洪九率部从费县崗口东移至 IS 区李家宅（距闵村东南 12 公里，距离笔者故乡 2.5 公里）。此时兵力共 5 个支队 13 个大队，总兵力在 7000 人以上，达到鼎盛时期。1944 年 10 月王洪九投敌当上了伪沂州道"皇协军"司令，1945 年 1 月国民政府委任王洪九为"山东省第三行政区督察专员"。1945 年年初，为扩大解放区保卫抗日胜利果实，鲁南军区决定开展春季讨王战役，分别于 3 月 30 日至 4 月 7 日、7 月中旬至 7 月 21 日给王以打击。1945 年 7 月底，王开始收缩兵力，所部集中于 L 城及城北 7 个据点内。司令部和二十八支队驻李家宅，二十九支队驻孟村，三十支队驻花园，三十一支队驻后乡、王庄（王庄一部实际上分布在李宅、孟村、花园、王庄四个村子内，四村各相距数十米，后乡距李宅 1 公里）。1945 年 8 月初，八路军鲁中军区开始讨伐王洪九，11 月 22 日王率两百余名残兵败将逃亡泰安。至此，王在抗战期间多年苦心经营的队伍土崩瓦解（王西献：《王洪九怎样走向历史的反面》，中国人民政治协商会议临沂市委员会编：《临沂文史集萃》第一册，449–452 页，济南：山东人民出版社，1997 年）。

作非为，连鞋都给扒下来了，你们快还鞋！"汉奸也怕他，就把鞋脱下来又还给了他（按：也许当时汉奸没有摸清他的底细）。闵宪同经常骂街："奶奶的，八路十六路汉奸，南军北军，我都不怕怹！"显然，这是一个混混儿。由于骂人，后来王洪九的人把闵宪同灌了屎汤子。不过，这个人也有些侠客精神。如果谁有了难，他也慷慨助人。他自己是穷人，也并不糟蹋穷人，好打抱不平而已。这份民间记忆给我们呈现出了有关乡土社会的一种复杂影像。

关于闵继甫也有另外一份家族记忆的面相。他原先是前后闵村的家庙管理员，虽然不当庄长，但是庄长得听他的话。他嘴如钢刀，伶牙俐齿，跟外人打官司很有一手。20世纪40年代，闵宪梓与别的小伙伴一块拾子弹壳玩耍，被国民党军队逮去了，后被闵继甫取保。闵村治保主任闵庆元有一天去赶集，被还乡团抓去了（另外还抓了一个人）。还乡团说他参加八路军（事实上，闵庆元就是给八路军做事的）。闵继甫的儿子也在还乡团，知道后就告诉还乡团头目说："闵庆元跟我一样大，是个精神病，没有当八路军。"由于他担保，还乡团把闵庆元给释放了。调查期间村民说："还乡团并不怎么可恶，闵继甫就是个很耿直的人，要不是后来当保长也不要紧。1946年解放，八路军把他的牛分给了穷户。1947年6月还乡团回来以后，他又问人家要。要不是如此，后来也不至于被枪毙。如果是现在，闵继甫的这一点罪过也死不了人。"族人对于早年他消灭马子一事比较赞赏，他们的评价是："早年闵继甫打过马子，但后来走错了路。"另外也有人告诉我，他曾经也给八路军干过很多事情。

匪患已经没有了。虽然在闵村附近展开过不少战争，也波及了闵人，但抗日战争时期并没有在闵村发生什么战斗。对于广大闵人和一个村落而言，此一时期各种力量的催要钱粮和出夫造成了日后久远的家族记忆。国家、国民党军、乡公所、汉奸、王洪九、八路军，还有各路冒充者都来要粮要钱，有时候上午来了一拨，下午又来了另一拨，不论哪一部分都要应付。当时邻县沂水的农人所交税种和负担计有：田赋（国家征用）、契税（买卖土地的手续费用），乡丁费、教育费、训练费等（上三种由乡公所收）、办公费、招待费、修公路费、小学办公费、小学教师烧柴灯油费、民众夜校费、演社戏摊款、和尚道士化缘钱、县里征田赋催征人（皂、块、壮）的生活费等（上九种由村办公处收），这些费用均按地亩摊派。此外，还有屠宰税、花生税、花生油税、油榨税、油篓税、烟叶税、卷烟税（手工卷烟的税）、烧酒税、鱼行税、山会捐等。[1] 费县的情况可见一斑。

让我们来看看相关的口述材料：

材料一：

日本鬼子占领山东时，韩复榘当家，当年闵宪彝曾经领着200多个人去修临兖公路。

材料二：

闵昭公、闵宪高干完了以后，是闵庆祥（管理后寨）干。闵庆祥不干了，又换了"麻党"（闵昭德）。闵昭德曾经对一户催粮，恰是一户穷汉（闵宪永），交不起粮食，只好上吊而亡。几乎天天有人要粮，不论黑白。有时候一天好几部分人来要。闵昭德当时是旗长。闵昭德干了不到两年，也干不了了（被闵宪勋告了，八路军把闵昭德逮去了，闵宪勋参加了八路）。结果又让给"壶嘴子"（闵庆运，后来当了八路）。"壶嘴子"以后是闵宪平。没多久又让给了闵庆聚（闵繁荣的父亲）干。闵庆聚之后就解放了，成立了初级社。闵庆聚跟八路军关系不错。他之所以完成任务，大部分情况下是自己垫支的。闵庆聚有四十多亩地，有牛。如果不应付他们，这些要粮者就把庄长带走做肉票。闵庆申也曾被当过人质。八路军跟他们不一样，一不硬逼，二不绑人。八路军当时跟庄长说："别的人来要粮，你们就少给一点。咱们该怎么办的还怎么办！"八路军也明知道庄里给其他力量催办钱粮，但是并不对庄长怎么着。要粮的人经常打骂庄长。当时，有些痞子充任庄长（"麻党"），他们借机逼迫百姓跟着吃喝。汉奸来闵村，经常扒老百姓的衣服穿。前寨闵宪刚当完了庄长后，闵宪芝接任，闵宪芝干了一段时间，结果被汉奸打了一顿，之后闵庆照

---

[1]　孔繁学：《略述沂水的田赋税捐》，中国人民政治协商会议临沂市委员会编：《临沂文史集萃》第三册，383–395页，济南：山东人民出版社，1997年。

干，不到一年，闵庆照就不干了。之后就成立了社。

材料三：

解放前闵庆昌等几人参加过王洪九的部队。还乡团来的人扰乱村子。刘家成来给王洪九催给养，闵昭厚不想交。结果刘家成把闵昭厚的头打破了。闵宪芝任庄长，胳膊被刘家成打破了。解放后，刘家成被闵村人斗争得不轻，被儿童团用泥涂满了脸（1946 年）。1941 年至 1942 年，临沂行署专员张里元也来闵村征收钱款，没有得到钱粮的情况下，他们把闵庆歆当作人质。第二天闵村人用一千斤"锅饼"换回了闵庆歆这个人质。他们要不出粮食，只好采用此法。王洪九、刘黑七、张里元、老县政府、老乡公所、胡团、临沂县的柴子敬、国民党 57 军、邵子厚等十几下里问老百姓要钱。只要他们来要，你就得给办，否则要挨揍。当时没有人愿意当庄长，没有工资。没有人干的，只好有几亩地的人当庄长，大家公推没有办法。甚至有时候要互相轮流。庄长往往贴上自己的东西，如果其他人拿不上的话。有地保也要钱。过年要帮助困难户。庄长所赚的"相赢"①就是给村人办事接一点礼物而已。

这些资料透露出三点：第一，当时的催粮、催款、要夫子对乡村社会而言是一种掠夺与破坏；第二，在这八年的时间里，前后闵村的庄长更换得极其频繁，从一个方面证明了第一点看法；第三，当时人们并不愿意当庄长，闵人说，不像现在这样大家争着干。

1945 年临沂城解放后，王洪九退缩到临沂乡下孟村、花园、李宅、后乡、沟东五个村落据点内，其中前三个村子各相距数百米，互为掎角，是王苦心经营的堡垒。当时八路军攻打王洪九没有大炮，就花钱买了闵子祠中的 2 棵松树做成木炮。闵人说："一炮就把王洪九的碉堡炸掉了半边，从此他出水跑到徐州，然后去了台湾。"起初族人有的护着不让伐树，将树钉上铁扒子，防止用锯锯木。结果闵庆元

① 方言，"好处"的意思。

等村干部说服族人，族人最终还是支持了解放事业。时至今日，闵人有着不同的评价，有人认为是破坏老祖留下的东西，有人认为打败王洪九家庙里的两棵松树立下了汗马功劳。

三、解放战争时期的闵村以及对宗族内部裂变原因的分析

20世纪三四十年代，在沂蒙山区当时占农村人口10%的地主、富农却拥有40%的土地，占农村人口90%的贫农、雇农和中农占有60%的土地。抗战胜利后，沂蒙解放区在共产党的领导下进行土改。土改运动大致分为三个阶段：1945年8月至1946年6月进行反奸清算、减租减息；1946年6月至12月进行土地改革；1947年进行土改复查。反奸清算是解决民族矛盾，斗争对象是汉奸和恶霸地主，政策是没收他们的土地和财产，斗争方式是批判、控诉和清算，对有血债的予以镇压。"双减"则针对封建地主，斗争方式为说理、算账、减租和增加工资，以和平方式进行。为搞好反奸清算、双减斗争，华东局、山东省政府和鲁中、鲁南、滨海区各党委及各地委抽调了大批干部到沂蒙新区，协同当地党政机关开展工作。这次八个月的运动基本上摧毁了沂蒙解放区的日伪残余势力，惩处了汉奸恶霸，减了租息，地主土地减少一半以上，富农土地减少1/4以上。

1946年5月国民党全面进攻解放区。中共中央5月4日发出土改指示，把"双减"政策改为没收地主的土地分配给农民政策。6月国民党向沂蒙解放区发起全面进攻，因此沂蒙解放区土地改革是在反击国民党全面进攻的同时穿插进行。广大人民群众一边参军参战，支援前线，一边斗争地主分田地。

"五四"指示发出后，鲁南区委决定费县等解放区争取在秋收前完成土改。土改工作大体分五步进行：1.进行土地、物资统计；2.继续进行"大家翻身"教育，反复征求干部、群众意见，确定合理的分配原则和标准；3.逐户审查，平定各户分配土地、物件数量，制定初步分配方案，张榜公布，不合理者调整；4.将调整后的方案在群众中宣读，再次征求意见，以求公平合理；5.分配果实，解决秋季庄稼的收割和土地清丈问题。同年9月华东局发出《关于彻底实现土地改革

的指示》，要求年底以前全部或大部分完成土改，号召"一手拿枪，一手分田"，迅速把田地分给群众。经过大半年的斗争，到 1947 年年初，沂蒙山区初步完成了土改。1947 年年初到 6 月沂蒙解放区进行土改复查。在此期间，国民党在继全面进攻后发起对山东解放区的重点进攻，还乡团跟随国民党回到沂蒙山区开始复辟倒算。因此，复查是在极其艰难的环境下进行的。到 1950 年年底沂蒙山区基本上完成了土改任务。①

闵人说，1946 年闵村解放，上级派遣了一个工作人员来村工作，进行土改指导工作。这名工作人员进村之前已经在上级那里得到培训，他的目的就是要扶植贫苦农民，打击地主、富农、土豪劣绅等的权力和影响，保障公粮征收的完成。土改干部是外在于村庄的成员，与地方性的关系牵扯不多，因此能更严格地执行党的方针。②闵人成立了农救会等组织，其中农救会会长、青救会会长、妇救会会长、治保主任、儿童团团长、自卫团团长等都是闵氏族人自己担任。他们在八路军的领导下，开始斗地主③、恶霸和汉奸。当时的主要斗争对象是：闵宪宽、闵广钦、闵继甫（恶霸）、闵昭永、闵宪贡（富农）、闵昭星、杨树德、闵庆法、闵宪俊的婶子（小土地出租者，才十多亩地，雇人耕种）。其中前闵村 6 人，后闵村 2 人（一人为杨姓地主）。另外有 4 家汉奸（后被划为反革命分子），闵广兴、闵宪营、闵庆镇属于前闵村，闵宪勋是后闵村。其他汉奸被吓跑了，只剩下闵庆镇和闵宪营挨斗。

土改工作组把地主、富农的土地和家产分给群众。一开始族人并不想斗争他们，因为都是一个祖先的，有的上溯七八代就是一个老

---

① 崔维志、王立：《沂蒙解放区土地改革》，中国人民政治协商会议临沂市委员会编：《临沂文史集萃》第一册，479-488 页，济南：山东人民出版社，1997 年。
② 朱晓阳：《罪过与惩罚：小村故事 1931—1997》，100-101 页，天津：天津古籍出版社，2003 年。
③ 闵人另外保留着一份对地主的社会记忆。他们说，闵村的地主过去只有 5 户，多的二三十亩地，少的十五六亩地。他们顶多雇一个做活的，比起地少的人家强一点而已。土地也多是省吃俭用买来的。"头二年，当地主也吃得稀碜。"闵宪宽是个地主，做活的吃麦子煎饼，自己儿媳妇得吃穄子煎饼。村民说："他们也是当一回地主。这还不如现在要饭的、赶喜的。"

祖，而且平常也待他们不错。但抗战时期，共产党领导的抗日根据地内，广泛开展了冬学、识字班、常年民校等形式的民众教育。他们结合政治运动，在参军、建政、减租减息、开展大生产运动中起到了宣传群众、提高群众信心的作用。[①] 闵村成立了抗日小学，闵庆歆此时是该村的教师。当时把青年妇女也组织起来，教她们识字，因而有识字班一说，村民至今把未婚年轻妇女称为"识字班"[②]。群众也自此知道自己的贫穷是由他们剥削造成的。当时重点批斗对象是闵继甫。闵继甫等人吓跑了，投奔了国民党军。批斗的情形是：家庙月台上摆放着一张桌子，审判者和记录者坐在桌子后面，地主和恶霸等跪在桌子前，群众站在两边，地主的后边是儿童团。群众揭发地主的罪行，"反奸诉苦"，儿童团跟着喊口号，如"打倒地主"之类的。批斗完，儿童团给他们糊了两个高高的"纸帽子"游街。这些族人是怎么当上乡村干部的呢？闵繁宝说，他当时是儿童团团长，由区公所区长任命的，他认识区长是通过本村两个区工队队员介绍的。

1947 年 6 月国民党重点进攻山东解放区。原先的汉奸、地主等杂牌武装乘机返回老家，进行"反攻倒算"，因而他们被称为"还乡团"。[③] 还乡团"对解放区的人民疯狂地反攻倒算，大肆屠杀共产党员、基层干部和农村积极分子，杀害人数每县均在千人以上，有的达数千人。王洪九回临沂后在不到两年时间内，屠杀群众达两万以上"。有

---

① 尹书斗：《近代临沂教育》，中国人民政治协商会议临沂市委员会编：《临沂文史集萃》第三册，224 页，济南：山东人民出版社，1997 年。

② 闵村识字班创办于 1946 年，专收女青年，闵庆歆当老师。从此，闵村人民把未婚青年妇女称作"识字班"。当然，另一流行的泛称是"花木兰"，中国古代一位女英雄的名字。

③ 1946 年年初，王洪九在徐州九区安设"驻徐办事处"，后组建"山东省第三行政区督察专员公署"。8 月间王收罗旧部和解放区外逃的反动分子组建"区训大队"，会同临沂、蒙阴、莒县、沂水四县"还乡团"，集结于徐州东北的大赵庄。1947 年 1 月底，国民党南线兵团由欧震（第十九军军长）指挥的 8 个整编师、20 个旅，分三路向临沂大举进犯。王随国民党军队于 2 月 24 日由徐州返回临沂，进行血腥报复。1948 年 9 月解放军兵临临沂城下，10 月 10 日临沂城解放，王逃往郯城。11 月 6 日解放军挥师南进，王逃到江苏。解放后辗转逃亡台湾（王西献：《王洪九怎样走向历史的反面》，载中国人民政治协商会议临沂市委员会编：《临沂文史集萃》第一册，453—458 页，济南：山东人民出版社，1997 年）。

些县的地主竟然挑着割下的人头赶集上店。① 当时 W 乡编为一个大队，一个保编为一个中队。闵继甫任 W 第八保保长，闵庆镇当中队长。还乡团盘踞于闵村南约五公里的大官庄村。他们把治保主任闵庆元抓住后交给了王洪九，被关押二十多天。儿童团长闵繁宝则跑到附近村子的坟地里藏起来。还乡团一直"嚣张"到 1948 年的夏天。

1946 年解放时，族人闵宪庆分得了闵继甫的一头怀着驹子的耕牛。1947 年还乡团回来以后，闵继甫问闵宪庆要两头牛的钱，没有办法，闵宪庆只好照办。他把一年前八路军分给族人的土地重又要了回来，并殴打要他土地的人。1948 年下半年闵村重又获得解放。闵继甫等人再也"无路可逃"。批斗闵继甫的大会在闵子祠里举行。闵宪庆上台叫着闵继甫的小名并数落他的"罪恶"，其他族人也是如此。批斗的结果是，闵继甫被宣布为恶霸，投入监狱。刑满后出狱，重又回到闵村居住。

1950 年 12 月至 1951 年 10 月在全国范围内进行清查和镇压反革命分子。为此，中央人民政府先后颁布了关于严厉镇压反革命分子互动的指示、法令和条例，如《关于镇压反革命活动的指示》。这一运动集中打击土匪、恶霸、特务及反动会道门等各类反革命分子，目的在于肃清反革命残余势力，稳定社会秩序。②

1951 年 W 一带的镇压反革命主要体现在：重新斗地主、斗恶霸。在这次批斗中，闵继甫被定为"反革命分子"，于"五一"节被人民政府枪毙。当时保长一律定为反革命，要执行枪决。族人闵庆元向我具体讲述了闵继甫被捕的经过：

> 费县公安局来人，庄上干部叫一个预备党员逮捕闵继甫，他是闵继甫的近支族人，没有经受住党的考验，打了退堂鼓，当即被开除预备党员。后来由我（治保主任闵庆元）和另一名族人闵

---

① 崔维志、王立：《沂蒙解放区土地改革》，中国人民政治协商会议临沂市委员会编：《临沂文史集萃》第一册，487 页，济南：山东人民出版社，1997 年。
② 行龙、马维强、常利兵：《阅档读史：北方农村的集体化时代》，49 页，北京：北京大学出版社，2011 年。

宪梓两个人把他绑起来。当时闵继甫正在屋里扒麻。我说："大老老爷（乡间普通的宗亲称谓，相当于高祖的意思），怎么样，得把你绑起来啊！例行公事，到了W街就像以往一样批斗批斗你，就回来了，不会有大事！"说完，我和闵宪梓把闵继甫绑起来押送到W街乡人民政府。在路上闵继甫似乎预感到了什么，对我们说："这一回，咱爷们今后就见不到面了！"说真的，我当时并没有感觉会有这种结果。

从谱系来看，闵继甫属于老四支的成员，闵庆元（含闵繁宝）属于东五支的二支，闵宪梓归于哪一支并不很清楚，但是他们的名字在闵林的三通谱碑上都能够找到，他们都居住于前街上。后闵村的人往往用"前街上那一伙"来称谓之。这表明是一个很近的世系群体。从谱碑来看，他们都是闵守配的后人。闵守配是62代，闵继甫属于69代，闵宪梓属于72代，闵庆元属于73代，闵繁宝属于74代。虽然彼此确切的世系已经不清楚，但亲等距离并不很远。从闵继甫被捕的过程来看，闵庆元、闵宪梓和他的关系也没有什么冲突，甚至染有一层浓厚而温和的宗族亲情。但毕竟是他们抓捕了他，那么其中是什么导致了对血缘群体的不忠诚，乃至违背宗族内部的最基本的伦理呢？我们以为，就是同一宗族的成员跟随了不同的社会力量造成的。闵宪梓、闵庆元、闵繁宝等，甚至包括分得闵继甫耕牛的闵宪庆，本来跟闵继甫没有什么仇恨，而且人家还救过他的命（如闵庆元）。不过，前者跟随八路军和共产党走，后者跟随国民党和汉奸走，由于国共的矛盾，造成了宗族内部的分裂。

如果从另外一个方面加以审视，则又会呈现出另外一种解释。闵继甫为什么要跟随国民党和汉奸走，而闵宪梓、闵庆元、闵繁宝等为什么要跟随共产党走呢？除了个人的社会关系（亲属关系、社会交往等）起作用外，恐怕还与他们各自的经济地位有关。当时前闵村人均土地2亩多，而后闵村不足1亩。通过调查发现，虽然闵村没有大地主，但一般会有25亩左右的土地，个体家庭人均数量要超出整个村落。闵继甫虽然没有被划为地主，但祖上有两个是奉祠生，他本人也是，并且拥有几十亩土地。而那些参加八路和当村干部的人家，当时人均土地也就 1 亩多，最多的不超过 12 亩。国民党把自己的乡村政权建立在相对富裕人家的基础上，共产党把自己的乡村政权建立在较为贫穷人家的基础上（早在 20 世纪 20 年代共产党在南方各省就碰上了以土豪劣绅为主体的比较严密的宗族形式）。[①] 国民党之于地主、富农，共产党之于贫农，各自存在一个"互惠"性机制。具体说，富裕人家往往站在国民党一边，比如给他们提供钱粮，反过来，国民党要保护这些人的利益；共产党则从穷人那里获得支持，反过来也保护穷人。这并不是说，前一个圈子里没有穷人，事实上，富裕人家的本房支中的贫穷者往往跟他们站在一起。这两个组织各自代表了不同的利益，自然导致了同一个宗族成员跟随并追逐了不同的力量。

中国社会内部存在两种富有张力的结构，一种追求平等和关爱，一种追求分化和支配。当分化和支配过度发展时，平等和关爱的呼声就会高过一切，要求去分化和去支配；当分化的社会被推翻时，可能带来暂时的平等和关爱，但是不多久，中国社会又滑向了分化和支配状态。在这样的交替过程里，彼此以对方为存在的前提，并从对方汲取存在的智慧和资源。因而，中国社会的"变迁"不过是这两种结构的摇摆而已，无论在不同的时代如何冠以新鲜的名词或思想。就本节话题而言，土改斗争不过是并接在中国社会的内在深层结构上而已。[②] 我的意思是说，共产党的革命只是建立在中国社会内部呼声基础上，有着深刻的、内在的历史诉求。

因而，我们必须认识到，土改最初的意图并不是要改变中国乡土社会的关系或基层秩序，它只不过是 20 世纪 40 年代后期，国共双方大决战前的战争准备工作中的一环，目的是动员战争资源和力量。20 世纪 50 年代的土改同样应该被理解为社会主义革命的铺垫。

---

① 安德烈·比尔基埃、克里斯蒂亚娜·克拉比什－朱伯尔、玛尔蒂娜·雪伽兰、弗朗索瓦兹·左纳邦德主编，袁树仁等译：《家庭史：现代化的冲击》第二卷第四章"中国家庭的漫长历程"（该章作者是米歇尔·卡尔蒂埃），232 页，北京：生活·读书·新知三联书店，1998 年。
② 杜靖：《土改中的宗族与宗族社会内部的土改——以 20 世纪 40 年代中后期至 50 年代初期山东冈氏宗族为例》，《中国社会历史评论》，2014 年总第十五期，天津：天津古籍出版社，2014 年。

土改"改"的是经济问题；而宗族，根据陈其南的研究是系谱性的制度，而不是如弗里德曼那样认为的建立于经济基础上；如此说来，土改之设计并没有改变中国乡土社会中的宗亲关系，尽管它在一定程度上改变了其运作模式（如改变了庇护/依附模式[1]，变家族生计为集体生计等），所以，我们看到20世纪60年代初期，全国性的续谱活动一度很活跃。以往，"革命"分析范式和现代化分析范式下的中国现代史研究[2]均主张，"亲不亲，阶级分"式的土改运动，改变了中国乡土社会秩序，是值得再研讨的。吴毅认为："土改前后广泛的社会动员使村民在政治身份的自我认定上完成了由家族化的农民向国家的社区政治人转化。"[3]他进一步具体分析说："在土地改革中，工作队反复灌输的阶级意识从村庄内部和村庄外部两个方面改变了村民的自我政治角色认定。从村庄内部看，村民们根据土地占有状况被划分为不同的阶级，这使村民原有的村庄秩序观有了新的变化。……从村庄外部看，阶级意识的灌输又有助于村民的政治眼界超越村落家族的藩篱，投射向更为宽广的社会和国家领域。"[4]这个结论显得过于理想化，闵村闵庆元与闵继甫的故事虽然在一定程度上能说明乡村农民对于新国家的认同，也能一定程度地说明"阶级"观念确实在当时发挥了作用，但家族宗族意识依然很强劲，族亲关系依然温和而浓烈。

我们看到，此一时期出现了一种"拉锯战"式的社会面貌。由于双方的复仇心理，彼此都出现了过火行为，"对地主富农、地主中的大中小和恶霸非恶霸不加区别，一律扫地出门，有的地方甚至一度发生了乱打乱杀现象"。所以，1947年11月华东局在五莲县召开会议，

---

① 在集体化时期，生产队长、生产小队长实际上起到了传统宗族士绅庇护本族成员的作用，只不过这种庇护方式被潜藏在集体制度之内。
② 张佩国：《财产关系与乡村法秩序》，2-9页，上海：学林出版社，2007年。
③ 吴毅：《村治变迁中的权威与秩序：20世纪川东双村的表达》，111页，北京：中国社会科学出版社，2002年。
④ 吴毅：《村治变迁中的权威与秩序：20世纪川东双村的表达》，111-112页，北京：中国社会科学出版社，2002年。

发出了《关于暂停土改及禁止乱杀的指示》。① 国共两党这类拉锯战并不是发生在中国的每一个角落，所以，闵村的土改是与特定区域的历史进程有关的事情。

灾荒的发生，导致了饥饿的降临。贫穷的家庭和宗族就不能渡过生存难关，而富裕家庭或者宗族利用积聚起来的财富得以自保，将生存的危机转嫁给贫穷家庭或宗族。为了生存，贫穷的宗族掀起了斗争，遂引起原有社会秩序的破坏。五服及其姻亲团体只能解决日常生活、生产中的问题，在此困境面前也束手无策，甚至整个宗族及其村落都难以对付。于是，国家出现在乡村世界，动员和组织力量来维持原有的社会结构。这里从乡村社会的内部需求出发，提出了国家进入乡村世界的理由。

清咸丰、同治年间，社会力量格局是国家、"匪乱"；民初的社会力量格局是军队派系（军阀结束后是国民党）、各种"匪乱"；20世纪30年代末期以后，尽管日本人曾经进入，乡村世界也产生过汉奸，但随着日本投降，社会力量格局逐渐明朗化而成二元结构：国民党、共产党。在第一个时期，闵氏宗族及其村落站在国家立场上；在第二个时期，闵氏宗族及其村落开始裂变，大部分人认同奉军的统治，而后认同国民政府的控制，少数族人走上了"土匪"道路；在第三个时期，闵氏宗族及其村落继续走向更大的裂变，或追随国民党，或追随共产党，以至于出现了"国统区"和"解放区"。一百年间，闵氏宗族经历了从追求一元力量到多元力量，最后到二元力量的历程。从宏观叙事角度讲，其裂变的原因就在于追随了不同的社会力量。若从内部来看，又跟宗族的经济地位和族产的纷争等有关。若从现代化文化制度规划来看，最起码存在两种设想。闵氏族人认同不同的文化选择，自然造成内在分裂。

闵村的案例并非孤例。青年历史学者赵树国最近考察了山东莒南大店的庄氏宗族。他发现，在明清王朝革故鼎新之际，有的族人站在反清复明的立场上，有的族人站在新王朝——清朝——的立场上，

① 崔维志、王立：《沂蒙解放区土地改革》，中国人民政治协商会议临沂市委员会编：《临沂文史集萃》第一册，487-488 页，济南：山东人民出版社，1997 年。

他们宗族内部的裂变、分支间的矛盾通过明政权与清政权的矛盾展现出来。反清复明的族人杀死了近房支的若干名成员，受害房支侥幸躲过浩劫的族人则帮助政府捉拿了反清复明的族人，并最终予以处死。在国家和受害族人眼里，反清复明分子被视为"匪类"。[1]在动荡之际，大店庄家也呈现二元结构。

对于从清末到民国这段变乱的历史，张小军从文化象征系统演变角度也看得较为渗透。他认为，这段历史时期，整个文化象征体系发生了重要变化。文化象征体系发生改变的原因是激进的近现代知识分子设计了一些与原来的社会文化脉络不相衔接的概念，并获得了格定社会秩序的话语霸权地位，造成了内乱与外扰。在这样一个文化意义转变的过程中，作为旧文化载体的宗族衰败了。[2]张小军的这番看法及时吸收了西方学术界有关文化研究的新成果。杜赞奇说："受解构分析和后现代主义的影响，文化研究开始探讨文化与权力的之间的关系。他们认为，象征符号、思想意识和价值观念本质上都是政治性的，从这个意义上来说，它们或者是统治机器的组成部分，或者是反叛者们的工具，或者二者兼具。"[3]我们从民国九年（1920）闵氏宗族重修闵子祠的碑文中的确可以看到，文化象征意义发生变化的情况（民国九年碑文曰："抑余尤有感者，当全国■改风俗，人心皆随之变，海内之士乘机应运如恐不及，即号为圣贤后裔亦多以泥古为戒，■■其奋更新是图"）。当然还可以从"五四"时期打倒孔家店和国民政府没收孔府土地的情况中了解到。闵氏族人参与战争、内部分裂均不符合宋儒的宗族概念。

20世纪50年代以后，改造社会的宏大力量又变成了一元，那么闵氏宗族的命运又将如何？

[1]　赵树国、宋华丽：《王朝鼎革·民族冲突·宗族纷争——明清之际大店庄氏族人庄调之抗清的"历史"和"历史记忆"》，《中国社会历史评论》第15卷，175-191页，天津：天津古籍出版社，2014年。
[2]　张小军：《再造宗族：福建阳村宗族"复兴"研究》，第102-135页，香港中文大学博士学位论文，1997年。
[3]　杜赞奇著，王福明译：《文化、权力与国家：1900—1942年的华北农村》，"中文版序言"第2页，南京：江苏人民出版社，2003年。

第六章　集体化"化"什么

20 世纪 80 年代以来，海外中国经验研究以及本土中国经验研究，一个很鲜明的特征是：抛弃以往静态的结构－功能论的研究模式，转向一种文化变迁或过程主义视角来观察中国。学者们把 1949 年建立的新中国看作一个变量，仔细地观察这个变量投入基层社会所激起的各层面的社会文化变迁，这实际上是在回答现代中国的生成问题。

这股从经验主义出发的乡村研究思潮不仅在人类学领域内部，还波及政治学、社会学、民俗学、法学，甚至社会史相关研究领域。但所有这些人类学之外的研究领域，在研究乡村问题时都或多或少地借鉴了人类学的方法和技巧，有些作品直接提出了人类学的问题或跟人类学进行讨论。可以说形成了当代中国经验研究的"泛人类学"现象，值得中国人类学史在未来做一认真的通观比较研究。

然而，这里并不是要泛泛地分析集体化时期山东闵村的乡村诸种变化。我这里只是聚焦于宗族问题：第一节观察集体化时期，闵村人民的生计和生活礼俗方面的一些变化，以此了解国家力量向下渗透的问题；第二节通过一个集体化时期的村落宗族械斗故事，来思考国家水利概念如何替换民间风水概念的问题。

那么，何谓集体化？迄今为止，学界似乎没有人给出过认真的定义。就连以专门搜集集体化时期档案资料和研究为专长的山西大学中国社会史研究中心的学者们也不曾明确阐述过这个问题。他们只是对

"集体化时代"或"集体化时期"给出过说明。[①] 吴毅在研究川东双村时说："集体化意味着传统村庄经济秩序的深刻变化，这种变化表现在土地所有、劳动组织与经营和产品分配形式的变化三个方面。而以土地的集体化为标志，实际上意味着农村传统的家户经济向国家经济的转变。"[②] 我在网上搜索获得这样一句话："农业集体化的主要特征是，农村农民的生产资料集体所有制，生产、分配活动由生产队集体组织实施。"[③] 这句话只是从生计方式上对"集体化"进行了简要说明。

其实，我们仔细想：集体化"化"什么？王铭铭在《社区的历程：溪村汉人家族的个案研究》中分析这一段的时候，他注意到了社区的组织方式、经济方式、乡村人观和传统文化等的改变，[④] 但是他并没有在理论上对"集体化"给出阐释。实际上，当代乡村政治学的大量研究在讨论集体化给中国带来的影响时，都不止于经济学意义的理解，一般均涉及了社会与文化的变迁。如于建嵘的《岳村政治：转型期中国乡村政治结构的变迁》[⑤]、吴毅的《村治变迁中的权威与秩序：20 世纪川东双村的表达》[⑥] 等。

如果我们把"集体化"当成一个动词来理解，从文化人类学视角出发也许可以这样来把握：所谓集体化，就是中国农民从传统家族营生方式向集体生计方式转变的过程，同时也是一个从传统社会人观向集体主义思想观转化的过程，这自然也是一个从传统社会结构和文化

---

① 行龙、马维强：《山西大学中国社会史研究中心"集体化时代的农村基层档案"述略》，《中国乡村研究》第 5 辑，273–289 页，福州：福建教育出版社，2007 年；行龙、马维强、常利兵：《阅档读史：北方农村的集体化时代》，"关于本书"，北京：北京大学出版社，2011 年。
② 吴毅：《村治变迁中的权威与秩序：20 世纪川东双村的表达》，117 页，北京：中国社会科学出版社，2002 年。
③ 佚名：《什么叫农业集体化》，http://zhidao.baidu.com/question/44439023，2008 年 1 月 23 日。
④ 王铭铭：《社区的历程：溪村汉人家族的个案研究》，82–115 页，天津：天津人民出版社，1996 年。
⑤ 于建嵘：《岳村政治：转型期中国乡村政治结构的变迁》，218–308 页，北京：商务印书馆，2001 年。
⑥ 吴毅：《村治变迁中的权威与秩序：20 世纪川东双村的表达》，112–174 页，北京：中国社会科学出版社，2002 年。

网络向新的社会结构和文化网络变迁的历史进程。这份关于集体化的定义，将成为以下数章的一个操作性分析工具。

这样一个关于集体化的定义扭转了过往只从经济学意义上理解集体化时期的问题，因为它也结合了新的文明工程而考虑了文化因素。如果把过往的汉人社会理解为一个儒学化的世界的话，那么，集体化时期的乡村研究应该注重经济的集体运作、古老的儒学文化和社会主义文明工程三者之间的互动。

从以下数章的相关内容里可以看出，国家所推动的集体化实际上存在一种理论预设：它把国家或国家权力置于高端地位，而不是与中国的基层社会处在平等的状态，它自己赋予国家或国家权力以引领和改造小传统的历史重任。在它的眼里，小传统，即中国的农村是一幅生产力低下、技术落后、思想保守、愚昧迷信、不讲卫生，总之，文明欠发达的图像。这个基本的"逻辑"假设使得国家获得了变迁乡村的合法性与合理性，由此奠定了中国自 20 世纪 50 年以来的国家与地方互动的基本历史叙事格调。

集体化是一场真正的象征体系意义发生转化的文化运动，它使得中国乡村从一种文化场域转向另一种文化场域。国家权力和乡村社会内的另一批精英重新格定了社会秩序。

具体到这一章，主要集中在生计意义上的考察与讨论，在此基础上迈入文化和精神层面进行分析。

第一节　新的生计方式与文化实践

集体化时期的社会主义中国引导整个社会向单一结构转变，多元和二元力量在乡村社会并存的局面随着社会主义中国国家秩序的确立而消失。在一元力量主导格局的形势下，闵氏族人如何调整自我并追随新的主流叙事话语？从 20 世纪 50 年代开始，新中国开始了自己的现代化建设，把乡村世界作为建设力量的来源。为了动员乡村社会里的各种现代化资源，当然也是为了把乡村社会有效纳入新中国的管理框架内，国家力量必然要向下渗透。新中国借助什么样的机制进入乡村？渗透的过程中，都激起了什么样的文化反映？本节主要讨论这两个问题。

20 世纪 40 年代末期以来，在中国随着新的民族－国家的建立，一场宏大叙事拉开了序幕。由于新型民族－国家的强渗透性，因而地方社会现代化的过程呈现出某种程度的高度同质性。这种同质性的造成，一方面是新型国家要把地方社会从传统中解救出来，将其变成自己系统的一部分，[①] 但另一方面也要看到，地方社会在经过了长期的战乱与动荡之后，也渴求一种安静的社会秩序以谋求发展。地主、富农等占农村少数的富裕阶级在这一时期被"无产阶级专政"，占农村多数的穷人则在国家力量的支持下于乡村社会"掌权"，因而全社会产生了一种对领袖和新政权的集体崇拜。"爹亲娘亲，不如党的恩情深""毛主席是大救星""我把党来比母亲"等音乐话语逐渐在全社会流行开来，"翻身解放"的穷人以一种本土的亲属关系去解读国家与地方社会的关系。1976 年 9 月闽人在悼念毛泽东逝世的公共仪式上的痛哭流涕，是这种心态和情感的真切流露。"与党中央保持高度一致"的呼声虽然来自国家上层，但在"感恩"或"报"的心理作用下也自觉成为一种民间社会自下而上的追求。在这个意义上言，国家的渗透也是民间在创造新国家的过程。新国家力量在乡村社会的扩展，是在乡村主流话语拥抱与欢迎的情势下进行的，当然这一过程是伴随着部分传统民俗的解体而推进的。

新中国渗透的第一条途径是建立自己的乡村政权基础，即将权力的触角延伸至社会底层。传统时代，国家在闽村的权力基础由三方面构成，即宗族组织、乡村管理组织和保甲组织，三方构成一个共同体。20 世纪 40 年代末期则打破了这种格局，将权力基础夯筑在村落共同体上。从经济意义上理解，传统时期的权力构筑在富裕阶层身上，而新政权则建立在贫穷农人（如后来的"贫协"）的基础上。随着孟良崮战役的结束，1948 年下半年闽村重获解放。农会会员和部分党员组成骨干，于 1949—1950 年，配合国家工作人员清丈土地数

---

① 王铭铭：《社区的历程：溪村汉人家族的个案研究》，82—115、171 页，天津：天津人民出版社，1996 年。

亩。[①]1949 年 3 月份，闵村周围 9 个村庄成立小乡——"吴岭寨乡"（过去的一个"保"），办公地点设在闵村，后闵村一名闵氏族人担任乡委委员。在基层管理单位上，这实际上是把国民党所划分的"保"变成了"小乡"。闵村的青少年于 1950 年 3 月份成立"中国新民主主义青年团"（前身是儿童团）。贫穷的农人于 1951 年再次把地主和恶霸弄到家庙的月台上批斗，并配合着"忆苦思甜"的诉说。1951—1953 年以土改中的先进分子和党员为基础进行整党，闵人有了自己的党组织。[②]1952 年春天，闵人尝试成立互助组（是年秋天失败）。但是，真正运作成功是在 1953 年，[③] 第一个互助组的负责人任小乡的乡委委员兼小乡团支部书记，他隶属于后闵村。由于城市粮食总供给不足，1953 年 10 月国家对粮食等主要农产品采取了计划收购和计划供应，即实行"统购统销"。统购统销在闵村引起了农民的不满：

> 粮食统购统销时期，来了一个蹲点干部。由于农民把大部分粮食卖给了国家，致使饿死了一部分人，闵村十分之八的人家都要外出讨饭。有一村民写了一副对联描述当时的情景：劳动一年没面吃，有钱买不到一粒粮。横批是：日子难过。因为这副对联，上级认定他破坏社会主义，要逮捕他，结果小乡乡长把他保了下来（他当时吓跑了），后来上级把这个乡长给开除了。

农民不愿意售粮怎么办？温铁军指出："构成中央决心推行合作化的主要原因是国营粮食部门不可能强制农民售粮，统购统销在农村基层因为没有相应的组织载体而运转困难。"[④] 在这一国家主导叙事下，1954 年前后两个闵村合并，结束了长达 30 年的分裂状态。在互助组基础上成立初级农业合作社，闵村共成立了 5 个"小社"。部分村民

[①]　从 1950 年秋季开始，国家在广大地区进行土地革命，剿匪反霸，镇压反革命。

[②]　1954 年才建立起村党支部。

[③]　毛泽东从 1953 年 9 月到 1955 年十二月就农业合作化问题多次发表重要讲话和指示。

[④]　温铁军：《中国农村基本经济制度研究："三农"问题的世纪反思》，146 页，北京：中国经济出版社，2000 年。

回忆:"当时入社是被逼迫的,不入不行,入晚了不要。"1955 年闵村共分成 10 个"街",原来的前后闵村各设 5 个,"街"设街长。"街"基本上以居住于一条街上的村民为主,兼有周围零星散户构成的一个最小的乡村组织单位。村民说,相当于现在的小组。1956 年春天,5 个初级农业合作社合并成一个高级农业合作社。1957 年,如今的 W 镇成立了人民公社,闵村的高级社变成闵村生产大队。

当然,促进合作化运动的机制还有意识形态的因素在里面。诚如朱晓阳所说:"合作化的开始和推行在国家层次行动者那里,既有意识形态的种子早已埋在心里,也有临时的政治上的见机行事和不得已的危机解决策略交织着。"[1]

新政权渗透的渠道之一是国家派遣干部或者工作组下乡,他们利用族人中的"积极分子"(亲和新政权的族人)作为骨干来展开工作。尽管前闵村的人也有参与,但这些积极分子大多出生在后闵村,因而整个村庄最终为后闵村人管控。这表明以往的底层势力没有做好及时的文化调适,被新兴的乡村力量抓住机会并成功进入权力网络。在新国家力量的干预下,长期分裂的村落整合为一。

新国家渗透的渠道之二是动员乡村社会力量与资源进行现代化建设。国家对土地的丈量、组织互助组,成立高级农业合作社和纺织社,让农民交纳公粮,从乡村社会中抽调大量劳动力从事兴修水库、改山治河等,这些都是为现代化建设组织资源的。闵人向新国家"供赋"以及劳力,实际上是一个变传统身份为新国家公民身份的过程。缴纳公粮或农业税在法律上成为每个农人的义务。当然具体来说,又分两个时段:集体化时期,缴纳公粮的单位是生产大队;而后集体化时期,实行家庭承包责任制后,则以单个农户为单位上缴公粮或农业税。

这里有两个事件可以说明新国家的具体渗透过程。第一件事是闵村成立纺织工业社,名称叫"闵村棉织社"。1956 年费县联社在闵村

---

[1]　朱晓阳:《罪过与惩罚:小村故事 1931—1997》,115 页,天津:天津古籍出版社,2003 年。

设立了一个工业纺织社。① 费县棉织厂的前身就是"闵村棉织社"。20世纪三四十年代蒙山县十五区闵村织布户闵庆恩、闵庆杰、闵庆歆、邵立凤、闵繁荣、闵庆利、闵庆瑞、闵庆申等，他们有纺织机三十多套，大多是以家庭为单位，个体经营。1952年春，临沂专署纺织品公司——"华纱布公司"——派人到闵村搞社会主义公私合营，改造织布工业，形成了跟临沂华纱布公司加工联营的局面。后来，附近村庄的纺织户也主动响应国家号召来闵村参加公私合营。一开始叫"棉织组"，有40台机器，分成四组，后改称"闵村棉织社"。当时的领导人是闵庆杰、闵庆恩，会计为闵庆歆，保管是闵庆瑞。棉纱从临沂城和南坊（今属临沂市L区）进，而织出的大白洋布送给临沂华纱布公司。劳务计件，多劳多得。1953年，县上领导对棉纺织社公私合营进行接管，而费城织布业又成立了一个组。同期上冶、东蒋、大官庄等附近村落和乡镇亦成立了纺织社。社会主义工商业改造搞了两年，加之县上领导对棉织行业进行整顿和重新组织，因而全县的纺织业由县上统一领导，产品、进料、加工、出售等环节也由政府统一安排。1955年，搞农业合作化，织布社又一度改名叫"闵村棉纺织合作社"，共有机器50多台，人员80多人，加上后来进的工人近百人。1956年棉纺织社机器70多台，从业人员近百人，人年均利润近千元。

到了是年3月"闵村棉纺织社"被国家批准转成国营工厂。当时公私合营理事会仍有闵氏族人担任，主任闵庆恩、副主任闵庆杰、会计闵庆歆，而这些农民也在身份上转成了国营工人。从业人员计144人，闵村占100人。国家开始供应粮食。原来的工人转正定级，每人投资入一股份。正式职工最低级20元，到三级工、四级工30多元、40多元，投资入股年利息按五厘分红。利息有时随工资一块发。私人投资入股剩余部分折价为存款，定息分期还本，资产少的三年（到1959年）还清，多的分期十年还本付清。1957年县上领导到棉织社进行肃反工作。1958年"闵村棉纺织社"迁厂费县和县针织厂合并成为"费县棉纺织厂"，1960年以后正式改名"费县国营棉

① 1956年国家完成对手工业、对资本主义工商业的改造任务。毛泽东于1953年9月做了《改造资本主义工商业的必经之路》的谈话。

织厂"。县政府把闵村的棉织厂搬迁到县城里去（当时附近上冶、东蒋等地的纺织社也被集中到了县城）时，一部分人并不愿搬迁入城，他们连人带织机只好留在了乡村社会里面，或者把织机低价转卖给他人，或者任织机暴露在院子里，风吹雨淋，任其损坏。另外很多闵人则想进入城市生活，转为城市工人，同时纺织社的领导也梦想着成为国家干部，便顺应了县一级人民政府的要求。[1] 从农民自己的棉织组到国营棉织厂的过程，显然也是一个公民被纳入新国家经济体制内管理的过程。

第二件事是吃食堂。"大跃进"期间全村一开始共有 5 个食堂，后来有些食堂过大，共分解成 8 个食堂。最多的 300 多人，最少的 101 人。当时每一家户的烟囱里都不冒烟了，磨、碾都掀了，全部集中到食堂里就餐，或者从食堂里领取饭菜回家吃（人们排着长队拿着碗或瓢子领饭）。当时食堂的粮食分成粗粮和细粮，小麦面粉是细粮，其余全部归属粗粮。村民凭着粮票（有粗、细之分）到食堂领取饭菜。每个人粮食的分配根据三个因素：是否整劳力、年龄、性别。吃食堂的时候，上级号召（也是命令）把粮食集中到集体食堂里去，结果每一家都把存粮交上去了。村民说，运动形势很紧。为了"赶英超美"，发展以钢铁为主的国家重工业，临沂地区开展了大炼钢铁运动，家家户户把自己的锅、鏊子等厨具也全部捐献给国家，冶炼成钢铁。

折晓叶等认为，合作化实际上是外来行政力量进入乡村社会的重要组织手段。合作化的过程，是中央行政关系在乡村渗透、扎根和深化的过程；在外部行政力量的推动下，合作化范围不断扩大，最终将村庄从组织到人员，从生产到日常生活，全部置于行政网络的监督和

---

[1] 此时恰逢三年困难时期，搬进城里的棉织厂一年多（1960 年）以后居然停产。城里很多工厂的工人也开始被下放。当时社会上流传：七级工八级工不如社员一沟葱。刚刚进入城市不久的一部分闵人重又回到了乡村。1961 年闵庆杰被调往费县城负责棉纺厂，困难时期，他回家看到自己的孩子三天没饭吃。他谢绝了县政府的再三挽留，从县城又回到了土地上。恰巧那一年，农业丰收，他家收入 3000 多斤瓜干子（红薯干），叫他满意。但是也有一部分人留在了城里，并定居下来。几十年后的今天，这些留在城市里的闵人及其子孙们在费县城里已经有一大帮子了。据说，有人曾做过估计，全县村落中居住在费县城里人口数来自闵村的最多。

制约下。[①] 闵村的经验基本上验证了折晓叶的观点。

紧跟着吃食堂之后的乡村最大事件是三年困难时期的挨饿。挨饿的集体苦难记忆至今没有被抹去。

村民告诉我:"1959 年整个闵村只生育了两个孩子,因为挨饿。"这实际上有些夸张。不过,从前面第三章第三节所列"人口姓名表"中可以看出,三年困难时期,闵氏人口出生均少于前后的年份。

新国家的渗透渠道之三是,对农人的日常生产进行现代化的管理与组织。这改变了传统的家族生计方式。

1962 年闵村食堂散伙,全大队共分 14 个生产小队。这个体制一直延续到 20 世纪 80 年代初实行生产责任制时。生产小队是在初级合作社的基础上成立的,但也遵循社员的自愿,叫"挑队"。最大的生产小队 200 多人,最少的 100 多人。本书导论部分曾介绍过波特夫妇的观点,他们在广东的调查发现,那里的生产队是建立在传统家族和宗族分支基础上的。王铭铭在福建溪村的调查同样获得类似的看法:"……在大队或行政村以下,所设的行政单位,基本上符合明清时期家族聚落的划分,房支聚落在高级社时期即是'高级社',而在公社化时期被划分为生产小队,以亚房或'房份'为基本单位。"[②] 而在云南滇池边的小村,由于那里的宗族不是太发达,其生产队组建的机制又呈另外一种历史进程。

据朱晓阳研究,从 1952 年开始,小村按照上级要求先建立了"变工队",后更名为"互助组"。互助组的基础是传统的农户互相换工的组合,参加变工队的农户主要是经过经常互相换工的人家,或是同一个会所的会户,或者干脆是"我家人"(按:"我家人"又称"本家",但这里的"本家"并不同于闵村的五服九族制"本家"。[③] 闵村的本家是个纯粹父系单位,而云南小村的"我家人"在父系上小于闵

---

① 折晓叶:《村庄的再造:一个"超级村庄"的社会变迁》,252 页,北京:中国社会科学出版社,1997 年。

② 王铭铭:《社区的历程:溪村汉人家族的个案研究》,91 页,天津:天津人民出版社,1997 年。

③ 杜靖:《九族与乡土:一个汉人世界里的喷泉社会》,106—115 页,北京:知识产权出版社,2012 年。

村的本家，且"我家人"里还有姻亲，因为该村落内部通婚现象较为发达）。小村人同样经历了从互助组到初级合作社，再到高级合作社的历程，但在 1958 年下半年并入了当地一家国营农场。1961 年国家的农村政策是"三级所有，队为基础"。小村与国营农场脱钩，成了官渡人民公社下的一个生产大队。1961 年 6 月在昆明市委工作组的主持下，小村大队被分为 7 个独立核算的生产小队。工作组并不了解农村基层的生产、生活和社会关系，因此按产品类型将村里人分为 3 个蔬菜生产小队和 4 个粮食队。这份小队的划分是在国营农场时期以小村 12 个工作小组做基础进行的，因此与合作化时期，甚至解放前的村内经济合作方式毫无关系。①

为了弄清楚山东闵村的生产小队的由来，我专门对此做了口述史访谈。调查结果表明：大部分生产小队是建立在较近房份家族基础上的，因为生产小队来源于初级合作社，而初级合作社又来自最早的互助组形式，互助组往往是由亲等距很近的一些房份组成的。这样看来，生产小队实际上是若干较近房份的组合体。但是由于当年允许"挑队"，也造成了部分生产小队内的家庭与其大多数房份有着较远的血缘系谱关联，或者说无法说清楚其间的系谱关联。

那么，为什么少数家庭不与自己绝大多数较近房支的人组成一个生产小队呢？理由有二：一、与加入的生产小队负责人或一些家庭"关系好"，他们的方言叫作"在一起乖强"；二、与自己近房支间的家庭居住比较远。但是也有些生产小队不是建立在血缘系谱关联基础上，完全是地缘因素促成的结果。家庙东北上一小片院落组成的生产小队，既有闵姓人口，也有吴姓人口。同样的例子也见之于邵姓家族与闵姓家族组合成的生产小队，以及由杨姓人口与闵姓人口结合在一起的现象。至于其他小姓，也多与闵姓组成一个生产小队。

在 14 个生产小队中，有 5 个生产小队是建基于较近房份组合的基础上，有 6 个生产小队其下属家庭绝大多数有较近的房份关系，但其中又杂有较远房份的个别闵姓家庭，甚或闵姓之外的其他小姓家

---

① 朱晓阳：《罪过与惩罚：小村故事 1931—1997》，111-112、116、120、122-123 页，天津：天津古籍出版社，2003 年。

庭；另外 3 个生产小队，主要是武姓与闵姓、杨姓与闵姓、邵姓与闵姓组合而成的。调查中发现，并非所有的邵姓都在一个生产小队里，同样，杨姓、武姓也有个别家庭游离出其宗族多数家庭所在的生产小队。即使那 5 个纯粹由闵姓较近房份人口构成的生产小队，其组成单位——家庭也是因为房屋院落相连成片而组合成的。这就是说，在闵村地缘性因素似乎更重要。虽然绝大部分生产小队由血缘系谱上较近关联，但从生产安排和消费等方面考察，它们也不再是传统意义上的家族生计模式了。下面的考察将说明一切。

常规的生产活动往往是由生产小队具体组织实施的。有时偶尔也由大队，甚至人民公社进行安排。通常是头一个晚上几个小队长碰头，商量明天干什么活儿，明确各自的分工是什么。每一个生产小队劳动力都有一块地方供他们在出工前集合。每天早上，生产小队的正队长会当着大伙儿的面宣布并安排当天一整天的劳动内容。他往往会把人分开，各自（既包括正队长，也包括副队长）领着一群人分工干活儿。由于乡村劳动的季节性和周期性特点很强，往往在没商量前各个带队的小队长就会在前一天傍晚收工时吩咐明天会继续干。一般来说，社员们都知道早上、头午和下午干活的集合时间，大部分社员会自觉按点到达集合地点。当然，为了以防万一，在早饭和午饭后，队长会敲锣，并且沿着大街高喊"干活儿的走了"。

大部分劳动都是在白天进行的。但在麦收季节和秋收季节，许多当天收割的庄稼无法在傍晚及时运回打谷场里，只好堆放在农田中。可是，当突然变天要下雨的时候，整个生产小队就会临时紧急集合，几乎是所有有劳动能力的人全出动。推的推，拉的拉，抬的抬，迅速将庄稼搬运回打谷场里，然后堆成垛，用薄膜盖上。如果薄膜不够用，就直接把庄稼垛的顶部码成顺水的形状，尽量减少雨水渗漏进庄稼垛中，这样可以防止下连阴雨。天一旦放晴，就立刻组织劳力摊开晾晒。

我搜集到了一份当年一个生产队记工员留下的工分簿，它写在一个小本上，其中有许多错别字。这份材料横跨三个年份，虽零碎而不完整，但我们仍能从片段中看出闵氏宗族成员被集体安排生产的情况：

时间	早上	上午	下午	时间	早上	上午	下午	备注
4月22日	头粪	头粪	出汪泥	25日	空	卖瓜	卖瓜	
23日	扒果子	拖坯	补薯苗	26日	空	卖瓜	卖瓜	
24日	下雨	桃花石地溜粪	溜粪	27日	拔高粱	旷工	上化肥	
25日	锄瓜	点粪	点粪	28日	旷工	锄花生	锄花生	
26日	按场	（山上）压薯	压薯	29日	打高粱叶	锄豆子	锄豆子	
27日	锄谷子	锄高粱	推麦	30日	锄豆子	锄豆子	锄豆子	
28日	推麦	推麦	推麦	6月1日	锄薯	锄地瓜	锄地瓜	
29日	推麦	推麦	推麦	2日	锄薯	锄地瓜	锄地瓜	
30日	推麦	推麦	推麦	3日	锄瓜	空	送公粮	
5月1日	推麦	推麦	出汪泥	4日	雨	雨	雨	
2日	出汪泥	推麦	锄高粱	5日	雨	雨	雨	
3日	分麦杆	推麦	补薯苗	6日	空	卖瓜	摘绿豆	
4日	锄花生	山坝上扒水沟	扒水沟	7日	领麦种	苫屋	摘绿豆	
5日	后楼村顺水	顺水	顺水	8日	锄豆子	上岭锄薯	上岭锄薯	
6日	锄花生	锄花生	锄花生	9日	空	送公粮	送苫子	
7日	锄花生	锄豆子	锄豆子	10日	空	空	空	
8日	锄豆子	锄地瓜	上玉米	11日	推煤	推煤	推煤	
9日	锄地瓜	锄地瓜	锄地瓜	12日	上化肥	打高粱叶	锄薯	
10日	锄地	扒洋参	锄洋参	13日	庄前打高粱叶	赶集	锄薯	
11日	锄地瓜	锄地瓜	锄薯沟	14日	林前锄地瓜	平公分	买布	
12日	下雨	压薯	压薯	15日	西沟锄薯			
13日	搂豆子	耕地	跶麦					
14日	旷工	搂地	压薯					
15日	割苫子	培薯沟	培薯沟					
16日	培玉米	培玉米	压薯					
17日	下雨	培玉米	压薯					
18日	锄花生	锄花生	锄花生					

时间	早上	上午	下午	时间	早上	上午	下午	备注
19 日	锄花生	锄花生	压薯					
20 日	下雨	下雨	压薯					
21 日	压薯	种豆子	压薯					
22 日	锄花生	上山锄花生	上山锄花生					
23 日	下雨	下雨	下雨					
24 日	空	卖瓜	卖瓜					
—	—	—	—	—	—	—	—	—
1967 年 9 月 21 日	林西推粪	林西推粪	石汪西					
22 日	推粪	林后推粪	石汪西					
23 日	投粪	投粪	出粪					
24 日	杨林后推粪	投粪	出粪					
25 日	杨林后推粪	投粪	推粪					
26 日		推薯	推薯					
27 日			倒粪					
28 日			推粪					
—	—	—	—	—	—	—	—	—
1968 年 9 月 11 日	推石头	推石头	推石头	12 日	摘花生	泼葱	出葱	
13 日	推土	送公粮	送豆子	14 日	按场	卖葱	卖葱	
15 日	卖葱	半程卖葱	卖葱	16 日	推条子	割苇子	量花生	
17 日	摞条子	沤牛粪	沤牛粪	18 日	赶集	赶集	分花生	
19 日	没干	自己支小锅	出葱	20 日	卖葱	卖葱	卖葱	
21 日	没干	垒薯洞墙	牛屋后锄地	22 日	剜地	北岭扯瓜秧	西湖打坝	
23 日	没干	西湖打坝	打花生					

很明显，闵村社员在集体化时期每日分早晨、上午和下午三个时段工作。这与他们一日三餐的节奏是相配合的。一般来说，早上工作时间为 2 小时，即 6 点到 8 点。早饭大约 1 个小时。上午工作时间一般从 9 点到 12 点，在三个小时左右。下午一般从 13 点半或 14 点至 17 点左右，时间为 3 个多小时。加起来在 8 小时左右。但是为了考虑妇女回家做晚饭，往往会对妇女提前半小时左右放工。在麦收和秋收秋种季节，劳动时间会适度延长。传统的农闲时节及冬季，在集体化时期也不会休闲。自上而下发动的农田水利基本建设工作多安排在冬季开展。社员们可以在自己村庄的土地上挖条田沟、填汪造田，或者把塘泥运送到田地里去。

记工员每天也要参加劳动，但快近傍晚时，他要到每处工地，以便记录工分。每个月要公布 3—4 次工分，公布地点就在干活儿集合的地点，一般是张贴在墙上，目的是让社员能够核对。

每个生产小队配有正副两个生产队长，一个会计和一个记工员，还有一个保管员。另外每个生产小队都要有两人专门负责打扫各家各户的厕所、积肥，两个看场的，两个喂牛的，两个看瓜或菜园子的。他们有常年的劳动任务，多是固定的，不用临时安排。生产队劳动分工有一定的规律。一般来说，青壮劳力要干重活儿，比如运肥、运庄稼或运土。当时男劳力推小车，"花木兰"（女青年的通称，又叫"识字班"）拉车子——这叫"男女搭配，干活不累"。男劳力和花木兰也会一起挖汪泥或挖沟。妇女或女孩多从事采集工作，比如，夏天翻红薯秧，秋天摘棉花，或到地里砸坷垃。在秋天收红薯时，往往半大男孩或半大女孩割薯藤，男劳力和花木兰刨红薯，中老年妇女捡拾，半大男孩往大筐里倾倒，生产小队长和会计用称分量给各家各户。还有些中老年人专门负责犁地。生产队里还有很多农活儿，以上只是举若干案例。从这些例子中可以看出，在生产队时期，劳动分工有性别因素、年龄因素、技术因素等。

一般来说，每个生产队有一个牛栏，一个仓库，一个粪汪（用来沤肥和积肥），一个专用打谷场，一块瓜田，一块专门的菜园子。特殊时期，有一个公共食堂。

每户人家挣工分的情况有三类：第一类，是根据参加劳动量获取工分。工分的评定由生产队队长开会决定，分成整劳力、一般妇女、花木兰、老头儿、老年妇女、半大劳力（二半吊子男孩）或女孩（男孩、女孩一般介于十五六岁到十八岁之间），还有少年等几个档次。一般情况下，一个青壮年劳力一天收入 10 分，叫一个工；一个普通妇女，一天挣 8 分；花木兰或识字班，也是 8 分；老头儿一天挣 7 分或 8 分；老年妇女，一天挣 6 分；半大劳力或女孩，一天挣 6 分或 5 分；少年一般一天挣 3—4.5 个工分不等。但在麦收和秋种特别劳累季节，工分会略有上浮。比如，每天每人增加 2 分。第二种工分来源是家里积攒的人畜粪便。生产队每天早上都安排专人每家挖粪，记上斤两，规定几斤 1 分；而牲畜粪便主要是猪粪，通常一个月一打扫猪圈，生产队由会计量方定工分。儿童少年们每天放学后，可以沿街捡拾家禽粪便，积累到一定阶段也被生产队收去，记一定工分。过去人们割草喂牛还能挣工分。一定数量的草可以给一分。给分的标准随着季节的变化和草的生长而变化。比如春天，一斤草要挣 1 分，因为都是草芽。到了夏天，杂草茂盛就得 10 斤给 1 分。但是有一个限度，不能超过劳动力一天的工分。

在生产队里，粮食按照"人、劳、肥"三者比例进行分配，"人"占 70%，"劳"占 20%，"肥"占 10%。不过，最初一段时间只按劳动量来分粮。以生产队为核算单位，有的生产队分粮多，有的分得少，因为土地的数目和质量、经营等也不一样。但在生产队时期，每人则保留了 1 分自留地。分粮食，如地瓜和麦子等，每一家要分成一堆，写上个名字。生产队里经常分柴草，一般相同人口的家庭会排成一溜，让各家各户去挑，并不写名字。有时生产队里收获了花生，地里也会遗留一些，就根据人口把地平均分成一家一块，让人们捞花生。楼豆叶也是如此。如果剩下一点，多半会"放门子"——谁抢到是谁的。

让我们再次考察交纳公粮的过程。每一年在夏季和秋季收获后，闵人都要把最好的粮食交给国家。这叫"交公粮"，也有人戏称"交皇粮"。交公粮的数额由上级统一分配，最多的一年整个闵村仅瓜干[①]

---

① 又叫地瓜干，即把红薯或地瓜切成薄片后晒干而成，便于贮存。

一项就上交 120 万斤。交公粮由具体各生产小队进行，由公社粮站统一给大队结算，大队再给各生产小队结算，年终各生产小队再给各户结算。通过上交公粮的方式把每一个农民的劳动吸纳进国家的结构里面，由此将每个农民变成国家的公民。而分配口粮的过程体现了生存资源掌握在国家政权手里，这改变了传统上由家长分配的方式。其实质也是把农人从传统的家族宗族身份中拖出来，安装进一种新的身份。

在生活资料分配上，也改变了传统家族安排的方式。

计划经济时期，在肉、布匹方面国家对农民实行供应制度。在供应布票方面，一开始每人每年 1 尺 8 寸，后来每年 3 尺，再后来每年 8 尺，甚至 1 丈 2 尺不等。如果某家闺女出嫁，常常要借好几家的布票才能做成两个袄面（一个是红袄面，一个是绿袄面）。集市上有买卖布票的现象，贵的时候可以卖到每尺 2 元。买猪肉必须凭票购买，再贴补一定钱款。肉票当时很贵，有些年份可以卖到 3 元钱 1 斤。这就出现了"1 斤肉票 3 元钱，花 7 毛钱就可以买 1 斤肉"[①] 的怪现象。农人不喂猪不发给肉票。生产队里为了鼓励养猪，还要每养一头猪配给一定的自留地，后期还往往给提供一定数量的化肥。对于特别困难的农户，每年都有一些救济粮（多在 100 斤以下），一般一个生产小队也就一两户人家得到救济。救济粮往往在年底或每年春荒时间分发。这改变了过去单纯由家族或宗族办福利的局面。那时的百工都属整个集体所有，如铁匠铺（1 人）、木匠铺（2 人）、磨坊（有粉碎机、钢磨、轧花机，闵庆钧管理）、粉坊（闵庆会管理）、染坊（3 人）、缝纫机组（6 台机器）、油坊（两组小饼闸）、养猪场（"大跃进"时期建的，后来猪都饿死了），个人不许经营。当时不准人们赶集上店卖东西。每一个集市仍然有很多人偷着卖东西，交易所（就是 20 世纪 80 年代以后的乡镇工商所）常常没收很多木杆称。闵村的铁匠有在家里"敲铁锤"，叫别人听见了并报告给交易所，最后被罚款。当时，全村只有一个人被批准赶集卖颜料。

---

① 买 1 斤肉要用 1 斤肉票，外贴 7 毛钱。

当然，如"四清""破四旧"等是新国家渗透的又一种形式，这将在下文讲述。调查中发现，国家意志向闵村地方社会的渗透主要通过三种方式：第一，上级政府通过开乡村领导人会议，把国家意志贯穿到基层；第二，通过蹲点或者开现场会的方式将国家力量达至基层；第三，通过各种党的喉舌将国家意志贯彻下去。《红旗》《人民日报》《参考消息》《大众日报》《党的通讯》（活页文选）等杂志直接发行进闵村，同时，"文革"时期国家红头文件（中共中央文件）也直接下发乡村。这就是村民所说的"一竿子到底"。

王铭铭说，"从'土改'到公社化，家族经济逐步转化为集体经济"，"从'土改'到'文革'终止，溪村经历了从家族到集体的转变"。[①] 这一观点同样符合山东闵村的经验。

以上从乡村政权的组织方式、生产组织的安排以及分配与消费的情况简要说明了新国家如何渗透入闵村，对这个乡村宗族所造成的影响。然而，新国家对乡村的更普遍的渗透是对过往民俗生活及礼俗的改变。拙作《九族与乡土》已对闵村人民亲属制度实践方面许多受新国家文化影响的新变化做了考察，有兴趣的读者可翻阅。在此再补充几则新的资料，以看出在特定年代闵人的日常生活具有高度的政治化和仪式化色彩。

第一则："文革"期间，村民每一次吃饭，要先喊"起立"，再喊"向我们伟大领袖毛主席敬礼"，然后背诵一段毛主席语录或者马列语录，或者高唱《大海航行靠舵手》，最后坐下来吃饭。

第二则："文革"时期给亲朋好友写信也要体现出政治色彩。以下是"文革"时期上述那位保留工作日记的生产队记工员留下来的一封信。该信以作者自己父亲名义给他在东北的大伯父写的一封信：

> 最高指示：领导我们事业的核心力量是中国共产党，指导我们思想的理论基础是马克思列宁主义。宪采兄你好，首先我们共同敬祝我们伟大领袖毛主席万寿无疆！前几天兄长的来信已收到

---

① 王铭铭：《社区的历程：溪村汉人家族的个案研究》，107、115 页，天津：天津人民出版社，1997 年。

了，知道兄长退休了。这也很好。兄长的全家人口都很平安，工作都很顺利，生活也很好，我很高兴。特别是大侄子结婚，更是指望（字迹不清）。关于房子的问题，叫大队管理员负责。（字迹不清）现在我全家的情况都很好。全家工资（应为"作"）顺利，身体健康。现在，我家你的三个侄子都结婚了。你（疑心漏掉了"大"字）侄子八九口子人，二侄五六口人，三侄三四口人。我手下还有一个你的小侄女（写信人的女儿）没有出嫁。全家二十多口人正是欢天喜地，热闹非常。小孩都很活泼，身体都很好，生活没困难，都很好。一切顺利，请兄长放心吧！

　　此致

敬礼

这位记工员说："当年如果不这样写，就看不起主席。"许多村民告诉我，过去见面的时候彼此要说一声"毛主席万岁"。

　　第三则：集体化时期就像战争年代一样对人口实施管理。比如，人们出门（包括赶集上店、走亲戚）时，一定要经过生产队长批准。生产队长不批准，就不能随便出入村子。出门赶集，要携带生产队长批准并盖章的路条，因为在集市的村口一般都设有专人验收路条。据村民回忆，村子里当时控制劳力外出，每天都要点名。不过，这一举措，也将村民约束在传统宗族的圈子里劳作与生活，尽管祖先祠堂曾被拆除了。

　　总之，新国家的渗透是全面的。但是渗透的过程又是一个乡村世界拥抱的过程。如，集体化时期生产小队是建立在传统房支和地缘基础上的，因而也是地方脉络反渗透进国家场域里的过程。当然，国家下渗过程中，也是一个抵制并产生苦难记忆的过程。但无论如何，都是一个在乡村世界"制造国家"或"国家编程"的过程。

　　明显地，这样的过程不能被理解成是地方社会挣脱国家的过程。只能说成是，挣脱一种国家框架进入另一种国家框架的过程。这正如福柯所言："我们今天的政治、伦理、社会和哲学问题就不是将个人从国家、从国家体制中解放出来，而是将我们从国家和与国家相关联的个体化类型中解放出来，通过拒绝几个世纪以来强加于我们的这种个人性形式，我们必须促发新的主体性形式。"[1]

正是由于 20 世纪 40 年代后期的土改运动和 20 世纪 50 年代的集体合作化运动破坏了宗族赖以存在的经济基础，同时也不同程度地触及了宗族社会的各种乡土关系，20 世纪 60 年代初期，闵氏族人进行了一次修谱活动。也许他们无法从功利、组织等角度重建宗族，只能选择修族谱作为一个"突破口"。当然，新建一座祠堂也没有必要，因为原祠堂还在，只是移作他用。当时以闵村闵庆歆为首的族人，同时附近散布着闵氏族人的村落每村出一两名代表组成了修谱委员会。谱局就设在闵庆歆家里，尽管整个地域世系群的谱没有完全建立起来，但部分分支世系群的谱系却弄清楚了。如，前闵村在 1962 年立谱碑，白马峪世系群在 1963 年年底修了软谱。

据徐扬杰的研究，20 世纪 60 年代初宗族活动在全国进入了一次高潮："本世纪 50 年代末……农村社会生产力遭到了极大的破坏，农民的生活水平急剧下降，国家处于经济困难之中。这就给那些没有改造好的家族势力和宗法思想严重的人以可乘之机，他们鼓吹宗法思想，恢复家族活动，因而出现一个宗法思想和家族观念比较活跃的时期，主要表现为不少地方出现的建祠堂、续家谱活动。"[2]2005 年，冯尔康先生也同样认为，20 世纪 60 年代初，全国出现了一次民间纂修族谱的小高潮。[3] 这次"小高潮"引起了毛泽东的高度关注，为了解决家族制度的残余问题，1963 年 5 月毛泽东亲自主持制定了《中共中央关于目前农村工作中若干问题的决定（草案）》，并由他签发了几个附件。[4] 这些文件在全国的发行，影响了中国宗族的命运。如果从文化反映角度看，这显然是一次民间对国家渗透的"不满"和"反

① Hubert I. Dreyfus and Paul Rabinow, *Michel Foucault: Beyond Structuralism and Hermeneutics,* p.216, Chicago: The University of Chicago Press, 1983 (1982).

② 徐扬杰：《中国家族制度史》，472 页，北京：人民出版社，1992 年。

③ 冯尔康：《18 世纪以来中国家族的现代转向》，322—329 页，上海：上海人民出版社，2005 年。

④ 徐扬杰：《家族制度与前期封建社会》，197 页，武汉：湖北人民出版社，1999 年。

动"。[①]但这次活动极其短暂，"随着1964年陆续开展的农村社会主义教育运动，及接着而来的'文化大革命'，家族文化再度遭到严厉批判，家族组织重新消失"[②]。

徐扬杰和冯尔康等人的解释里似乎暗含着一种功能论的思路。即，20世纪60年代初期的宗族活跃现象与整个国家的经济困难有关，而传统宗族作为一个利益共同体有望解决生计的问题。这次宗族活动高潮实际上是农民身体内的惯习或先验认知图式发挥了作用：当他们遇到困难时，就自觉不自觉地依靠传统的办法或策略来解决问题。

深入历史的脉络中发现，此次活跃期前恰是"三年困难时期"。新的生计方式给人民带来了饥饿，人民不再相信它，遂转过身来，希望诉诸传统的宗族或家族生产生计模式。但历史是回不去的，即无法回到过去的经济模式中，因为新国家不允许地方社会回转，何况此时整个乡村生产生计已被新国家完成了新编程，成为新中国经济的一部分。此种情形下，民间只好借助族谱这种文字的"虚幻"形式来聊以自慰。

因而，思考1960年代初期这段中国宗族建设"高潮"应该从"三年困难时期"这个社会背景入手，甚至要放在整个20世纪50年代以来社会主义农村经济模式转换中来理解。同时，要考虑文化惯习的作用。

第二节　宗族争斗与水利建设 [③]

对中国风水的研究始终是国际中国研究所关注的问题。20世

---

① 但钱杭最新发文指出，这股宗族"复兴"热潮并不像《中共中央关于目前农村工作中若干问题的决定（草案）》所说的那么"热闹"。参见钱杭：《中国现代谱牒性质转变的重要节点——以"前十条"附件中的"河南报告"为中心》，《清华大学学报》（哲学社会科学版）《清华大学学报》，2015年第6期，1-15页。

② 冯尔康：《18世纪以来中国家族的现代转向》，328页，上海：上海人民出版社，2005年。

③ 本节曾发表于《中国农村研究》2013年下卷（具体见杜靖：《宗族风水与国家水利——关于"文化置换"的一项历史人类学考察》，《中国农村研究》，2013年卷［下］，95-123页，北京：中国社会科学出版社，2013年）。

纪以前，西方人，特别是欧美的，如露福琼（R.Fortune）、叶纳清（F.Genahr）、叶茨（M.T.Yates）、艾约瑟（J.Edkins）等人主要是出于猎奇心态对中国的风水习俗进行记录，当然也是向西方介绍中国。但至后来，却主要集中在两个问题的讨论上。

第一个问题涉及对风水的定性，即，风水是一种迷信还是一种科学？19世纪后期，在欧美从科学的角度予以研究，将其视为前科学的东西，也就是说视为迷信。英国传教士欧德理（E.J.Eitel）把中国风水看成"中国自然科学的萌芽"。荷兰学者高延在《中国的宗教体系》一书中称风水为"疑似的科学"。[1] 进入20世纪以后，"大家仍将风水术看成一种非科学，继续和西洋的古人—现代科学对比，一直倾向于讨论其独自性以及反面的迷信性"。李约瑟（J.Needham）对风水持有矛盾性见解：一方面认为，风水促进了中国科学，另一方面又认为，风水阻碍了科学的发展，是一种迷信。另外，弗雷泽曾从类感巫术论的角度，涂尔干与其学生莫斯（M.Mauss）从象征的宇宙分类论角度，韦伯则亦采用巫术分析视角，纷纷探讨中国风水。然而，这些共同的倾向都是站在欧美文化中心论的角度，以高高在上的西方科学态度评价中国的风水文化，自然免不了许多的偏见。

直到20世纪60年代以后，国际学术界才从根本上扭转了对中国风水的认识和估价，并开始认识到中国的风水是一种不同于西方科学的知识系统，理解到中国文化的独特性，并予以肯定。这一时期的代表人物有弗里德曼（M.Freedman）、裴达礼（H.Baker）、王斯福、芮马丁（Emily.M.Ahern）、李亦园、渡边欣雄等人。其中渡边欣雄做得最为出色。渡边的观点与李亦园先生的"传统文化三层次和谐论"[2]相近，提出了"宇宙调和型社会理论"。其根本目的在于：从"具有生命的有机整体"出发，从东洋文化的内在脉络出发，质疑以西方科

① J.J.M.De Groot, *The Religious System of China: Its Ancient Forms, Evolution, History and Present Aspect,* pp.949–970, Vol.3, 4, leyden: E.j.Brill, 1901 (1987).

② 李亦园"传统文化三层次和谐论"主要包括"自然系统（天）的和谐""有机体系统（人）的和谐"和"人际关系（社会）的和谐"（李亦园：《人类的视野》，148–151页，上海：上海文艺出版社，1996年）。

学为核心的知识体系，强调天人合一，强调中和位育，并以此应对人类在以西方科学价值观念为导向从事环境开发而带来的大自然破损以及和谐的天人关系的破损。这实际上牵出了第二个有关风水的学术问题。

第二个问题主要是关于风水的"机械论"（Mechanistic view）与"人格论"之争。

机械论的代表人物是弗里德曼，他的风水学思想主要展现在《中国的宗族和社会》一书中。他将风水置于中国文化核心的位置给予解释，提出了"傀儡"祖先说理论，又叫"机械论"，即子孙通过把祖先安在一个好地方而福佑自己。弗里德曼针对的是此前中国人类学家对风水的看法。当年杨懋春发现，山东台头村的村民认识到：如果把祖先埋葬在一个风水好的地方，祖先将从地底下吸取神秘的富饶给予他们。[1] 许烺光最早提出"祖先是仁慈"的观念，即祖灵永远保佑子孙。[2] 弗里德曼以后，武雅士认为，中国人的祖先基本上对子孙是仁慈的，只有当子孙疏怠祭祀他们或没有适当地延续家系时，祖先才会惩罚子孙。[3]

芮马丁在台湾北部溪南地区的田野调查反驳了弗里德曼，认为根本不是弗里德曼所说的情况。芮马丁发现，当地人都认为祖先具有自己的意志，并非随便由子孙操演，从而提出了"人格论"说；风水的目的是如何使祖先居住得更舒服。[4]

韩国社会人类学家任敦吉则通过调查，认识到东亚风水文化的多样性，试图缓和弗里德曼和芮马丁之间理论上的紧张。

李亦园则在子孙和祖先关系基础上提出了"互酬说"或"互惠

① 杨懋春著，张雄、沈炜、秦美珠译：《一个中国村庄：山东台头》，88页，南京：江苏人民出版社，2001年。

② Francis Hsu L.K., *Clan, Caste and Club*, pp.45–46, New York: Van Nostrand, 1963; Francis Hsu L.K., *Under the Ancestors' Shadow: Kinship, Personality and Social Mobility in Village China*, pp.244–245, New York: Doubleday, 1967.

③ Arthur P. Wolf, "Gods, Ghosts and Ancestors", in Arthur Wolf, ed., *Religion and Ritual in Chinese Society*, pp.131–182, California: Stanford University Press, 1974.

④ Emily Martin Ahern, *The Cult of the Dead in a Chinese Village,* pp.175–189, California: Stanford University Press, 1973.

说", 即互相照顾。一方面, 祖先崇拜在强调政治-法律的取向上被信奉; 另一方面, 风水的影响又在感情-扶养关系上被操作。[①] 而华若碧则又回到"机械论"来质疑李亦园。

叶春荣在《风水与报应: 一个台湾农村的例子》中根据葫芦村的例子支持弗里德曼的观点, 认为是天理而不是风水为影响子孙凶吉的最终因素, 因此祖先的骨骸是被动还是主动的根本不重要。风水只是报应的手段而已。他还认为地理是个机械式作用的机制, 葬在好地方就庇佑子孙, 葬在坏地方致祸于子孙。但是葫芦村人普遍相信地理之外还有更高的天理在干预, 也说是天理昭彰善有善报, 恶有恶报。[②]陈进国《信仰、仪式与乡土社会: 风水的历史人类学探索》一书通过对福建乡土社会历时性的分析认为, 单独强调"机械论"或"人格论"都是片面的, 而应该是人、自然、神灵、祖先的"有机"结合。[③]

黄树民在《林村的故事: 1949年后的中国农村变革》一书中, 讲述村支书叶文德用风水的理论向作者解释自己家族的兴衰荣辱。[④]

在此有必要交代一下, 早在1931年, 林耀华就在《拜祖》一文中分析了祖灵是敌是友的问题。比如他说, "视死者为友: 崇拜祖先献祭食乃视其祖灵能爱护其子孙; 是以拜祭乃欲显明其高尚的敬爱, 且古人之崇拜奉死者, 更能陶冶其族人之德性"[⑤]。关于"视死者为仇敌"的看法, 林耀华分析道: "古人对于死者也怀着畏惧之心; 这因为一方面爱其戚族之灵, 而另一方面也畏着非戚族之灵。此外对于惨死者也非常的怕惧。如战死, 则于其遗体运回原籍时, 亲戚族人必得对

① Li Yih-yuan, "Chinese Geomancy and Ancestor Worship: A Further Discussion", in William Newell, ed., *Ancestors*, pp.329–338, The Huang: Mouton Publishers, 1976.

② 叶春荣:《风水与报应: 一个台湾农村的例子》,《民族学研究所集刊》, 1999年总第88期。

③ 陈进国:《信仰、仪式与乡土社会: 风水的历史人类学探索》, 北京: 中国社会科学出版社, 2009年。

④ 黄树民著, 素兰、纳日碧力戈译:《林村的故事: 1949年后的中国农村变革》, 北京: 生活·读书·新知三联书店, 2002年。

⑤ 林耀华《义序的宗族研究》, 附:《拜祖》, 229–257页 (具体见233页), 北京: 生活·读书·新知三联书店, 2000年。

之行一特别敬礼，然后可免死灵之作祟。"[1] 庄孔韶认为，林耀华先生是最早讨论祖先灵魂与子孙关系的人。[2] 但可惜，弗里德曼当年没有看到林耀华《拜祖》一文，因而"机械论"与"人格论"之争也自然不从林耀华开始。

显然，"机械论"与"人格论"之争有一个共同点是围绕着"子孙"与"祖先"关系的讨论，也正因此风水成为宗族凝构的一种文化手段。

以上构成了本节讨论的理论背景。

20 世纪 60 年代一场洪水淹没了闵人的祖先墓地和邻村的庄稼，一个为了保护祖先墓地，一个为了保护自己的庄稼，两个宗族村落几近发生了械斗，最后由地方政府出面调停而解决。我的兴趣是，观察社会主义中国如何用一个"水利"和"农田改造"概念来"置换"宗族"风水"的问题，地方社会与国家的关系是聚焦的中心。这个目标决定了上述有关风水问题讨论的两大看点之研究构成了本案例分析工作的基础。具体来说：一、观察村落宗族如何利用祖先墓地风水来保护自己的利益；二、考察新国家用科学的"水利"和"农田改造"概念置换其定性为迷信的"宗族风水"过程及其文化后果。

为了工作上的方便，我启用中国古典文论中的一个概念——意境——作为本案例的分析工具。所谓意境，就是主观的情感、心志与客观的外在自然景物的融合，是一种主观对客观选择与建构的产物。这在中国文学界和美学界已经很清楚，兹不详细梳理。[3] 我认为，风水和改造后的农田水利都是一种意境。

一、村落与风水

闵村北部五里有山，一股脉气——土龙（所谓土龙是一条黄土

---

① 林耀华《义序的宗族研究》，附：《拜祖》，229–257 页（具体见 233 页），北京：生活·读书·新知三联书店，2000 年。
② 庄孔韶：《附记：林耀华早期学术作品之思维转换》，林耀华：《义序的宗族研究》，259–276 页（具体见 260–261 页），北京：生活·读书·新知三联书店，2000 年。
③ 可参看唐代和尚皎然的《诗式》、近人王国维的《人间词话》等著述。

带，但闵氏族人却称之为"土龙"）从山中下来直入闵村。闵村整个坐落在黄土带上，黄土带向村子南部延伸至闵林东部停止，继之以黏性黑土。实际上，全新世时期黑土地是一片沼泽地，水退后，才变成黑壤。自闵村村东南角延伸出一条黄土带至吴庄子，另外一条出村子西南角延伸至吕寨。这样，整个风水局形类似一个人：从山上下来的黄土是头，闵村是身子，向周围两个村子延伸的是两条腿。若从村子内部考察，闵氏宗族的祠堂在中心，两边各有一水系，村内呈两水夹流结构；若从外部观察，村子中心，东西各有一河流，整个村落及其土地亦呈两水夹流状。而且西大河从西北乾位来，向南流经闵林西部，由闵林西南东折而流向巽位之平顶庄，整个村落及其土地又在山（岭）环水抱之中，一个典型的风水格局。

闵人认为，自己的风水发源自泰山，由泰山东南而至蒙山，蒙山之下出黄草关，然后沿诸山绵延而下，势若奔羊，至闵村北面三里之地刘庄水库的山岭转折，脉气南下直贯闵村。这些山构成了闵村及闵林的"靠山"，即风水中的"祖宗山"。他们视村南的平顶山之高岗为案山，东部十数里外的东石沟村之山岭为苍龙，西边五里外一村的西岭为白虎之位。以上叫"前朱雀，后玄武，左青龙，右白虎"。村西河流入闵林，折向东南奔平顶庄，他们解释为"水自乾位入，至东南巽位出"。整个闵村和祖茔地在风水局位内。由于整个风水局势定了，至于闵林里具体什么位置风水最佳没有太大讲究，但一般来说，墓地中央，即闵子骞长子闵沃盈墓穴周围的地段最好。

蒙山前的河流沿着山脉而走。更为奇特的是，有一条或明或暗的黄土带也追随着山脉和河流走势而下，与闵村的黄土带相连接。邵理才老人曾亲自寻找过。在他的指点下，我也有意识对其源流有所考察。结果发现，的确有一条黄土分布带，有时表露在外，有时潜伏于地下。这正符合古代地理大全上的风水理论：龙或出于表，或行于下。

闵人告诉我，闵林风水局势叫作"金飘玉带穴"。"金"指闵林里有深厚的黄土层，"玉带"指闵林前的河流。他们还告诉我：闵林的风水早年经风水师堪舆：后代可以出"一斗二升芝麻粒子官"。具体说是指，"芝麻粒子官"即县官，取"七品芝麻官"意，"一斗二升"言其人才多也。他们举例论证祖先闵子骞就是费县县官。但是后来被南蛮子给破了风水，从此以后闵村再也没有出过县官。当然，并没有完全破坏尽，所以近些年来也多多少少出了些人才，如大学生、乡镇中小学教师、大学教育工作者、附近乡镇党政事业干部等。

闵人墓穴里的对祖先的葬法，大部分是头枕西北，脚踩东南。这个对祖先身体的处置方式实际上是根据祖宗山和案山的风水局势而定的。墓圹呈壬午向，也许是获得阳气的一种最佳手段。这种壬午向的葬法与闵人关于自己村落风水之"来龙去脉"的解释是相一致的。

冯尔康在一篇讨论宗族村落建设的文章中说，"选择合适人群居住的地方，而且还应虑及日后人口增长的需要，用今天的话说，要有可持续发展的条件，因此开始建设居民点的人要考虑两大因素。一是农业社会，有适宜耕种的大片田园；二是在耕地附近水源丰沛"[1]。闵氏先民选择这处依山傍水的冲积扇平原建设村落，符合冯尔康所提两点。但冯氏的解释按照人类学的相关理论来说，属于一种客位（etic）的解释。马文·哈里斯（Marvin Harris）说，客位文化表示科学的判断，可经由任何受过训练的观察者来加以证实，或者说把旁观者在描述和分析中使用的范畴和概念作为最终的判断。[2] 但是闵氏族人却用"土龙"这样的主位（emic）概念加以解释。闵人认为自己的祖先在选村落时充分考虑了风水因素，这将使得闵氏宗族人丁兴旺，事业发达。所谓主位的观点就是文化实践者或负载者的观念与范畴，以本地提供消息的人的描述和分析的合适性为最终判断标准。[3] 主位与客位的理论上溯派克（Pike Kenneth）的"局内人"（insider）和"外来人"（outsider）视角的理论，[4] 下迄格尔茨（Clifford Geertz）之"地方性知识"（local

① 冯尔康：《宗族与村落建设述略——以明清徽州为例》，93–107 页，朱炳国主编：《家谱与地方文化》，北京：中国文联出版社，2008 年。

② 马文·哈里斯著，张海洋等译：《文化文物主义》，36–38 页，北京：华夏出版社，1989 年。

③ 马文·哈里斯著，张海洋等译：《文化文物主义》，36–38 页，北京：华夏出版社，1989 年。

④ N. Thomas Headland, L.Pike Kenneth, and Marvin Harris, eds., *Emic and Etic: The Insider/Outsider Debate,* see "Introductions", Newbury Park, Clalif.: Sage Publications, 1990.

knowledge）理论。① 以往研究始终把客位认识和主位认识看成是两种不可调和的观念。事实上，就闵村村落的选址问题，闵人自己的解释符合冯尔康的客位理解。闵人把理性认识深藏于风水观念之中，或者说变成了风水理论，他们不会根据冯尔康考虑的两点意见去选址，只能按照风水理论去寻求，结果却觅到了一处适宜生存和发展的自然环境。

由此可见，闵人并不是生活在纯粹的自然生态环境里，而是生活在由他们的"意"和"自然生态环境"相生成的风水意境里。

二、村落宗族械斗

与本案例有关的村落是闵村的邻居郭庄。在介绍村落宗族械斗之前有必要先说明一下该村的情况。郭庄，隶属费县新桥乡，与闵村不在同一个乡镇。② 该村有2400亩土地，主要是一个传统农耕村落，近年来也跟闵村一样兴办了一些木业加工厂。现有人口2300余人，其中郭姓人口有1100余人，其他杂姓（主要有李、王等）1200余人。郭姓人口聚族而居于村子的东部、东北部，与闵林隔河相望。1976年该村改名"郭兴庄"，意思有二：一、郭姓人口兴旺发达；二、要靠郭姓人口兴隆村庄。这次改名实际上反映了村中内部郭姓宗族意识的进一步萌发。

在郭庄的东北角，闵林的正西与郭庄土地搭界处，有一个叫作三岔口的地方。这个三岔口实际上是三条自然河流相交汇的地点。一条是来自刘庄水库的西大河，另两条是来自方城镇—张庄—闵林西南角方向的河流（具体说，两条都穿越张庄的土地，但南边那一条在流经张庄后，又经过郭庄的土地，最后奔向闵林），通过闵林前面向东南平顶庄流去。其实，过了三岔口汇聚之后，又分成两股：一股是继续

---

① 王海龙：《导读一：对阐释人类学的阐释》和《导读二：细说吉尔兹》，见克利福德·吉尔兹著，王海龙、张家瑄译：《地方性知识：阐释人类学论文集》，北京：中央编译出版社，2000年。
② 如今新桥乡也被取消，郭庄也划归临沂市L区。

沿着西大河南流；一股是绕闵林西南角，然后又在闵村的土地上分成两股而分别向东南流去，在最终穿越一段土地后这两股复又合流。平时水流量小的时候，三岔口的河水基本上通过西大河南段而流泻；若是雨天河水暴涨，流向闵林的水系就会帮助分流。流向闵林的水系在干旱的年份就变成了河床，所以两村人民叫作"干河子"，不过，平时都会有水流淌，实际上是一条溪流。这些自然的河道在经过集体化时期的农田水利基本建设改造后业已消失。

据双方村民回忆，1962 年春季（闵村人说在阴历三月份，郭庄人记忆在四五月份）大雨数日，春水暴涨。蒙山前的山洪沿着数条古老的河道一下子泻下来，直袭闵林及闵村北部土地。其实，此前几乎每年夏季都会发生这样的事情，但山洪从来没有像这次一样暴虐。闵氏族人觉得自己的祖先泡在水里，心里深感不安。当然，也是为了保护自己的庄稼，以免被洪水淹没。为了让祖先能够安息和保护庄稼，闵人就在闵林西南角修建了一条拦水坝，让水道向外流去而不得进入闵林，并最终向东南平顶庄流淌。堵截之后由于西大河郭庄段河床狭窄，泄洪能力差，郭庄的土地就被淹没了一部分，洪水直逼村庄。如果任由其发展，郭庄很快就会成为汪洋泽国。

20 世纪 60 年代之前，当夏季洪水肆虐时，闵人也会修建拦水坝来保护宗族墓地，但除了淹没两村的部分庄稼外，不会威胁到郭庄。由于山洪来时迅疾，其流泻亦快，基本不会带来太大的破坏，但这次不同。郭庄人于是跑到闵林的上方把水坝给搅开了（主要是村子东部、东北部的郭姓族人，由于郭庄地势西高东低，还没有危及其他姓氏的聚居地）。这样，洪水就又冲进了闵林，两村发生了争执。

事件发生在一个清晨，天雨不止。郭姓人起床一看，整个村子东部庄稼全被淹没，洪水业已逼近村头。于是有年轻力壮者 12 名蹚水至三岔口处郭庄土地一边，其中 4 名渡过西大河，将闵人所筑拦水坝掘开。不久，有一个闵人很快发现了此种情形（他当时去查看集体的庄稼被淹没的情况），迅速回村报告了族人，当然也包括大队领导人和小乡乡长（小乡，即现在的乡镇下边的工作管理区，介于村庄和乡镇之间的一级行政机构）王永泽。这名族人当时说："郭庄人把大坝掘开了，洪水又淹没了我们的老林和庄稼。"于是王永泽（当地老百姓都叫他"王永贼",因为"泽"按普通话与"贼"音近,而在闵村方言里读如"贼")就率领 500 余闵人至三岔口处阻止掘坝(也有一部分本村外姓人口加入)。当时闵人手里各自持有铁锨、镢头和抓钩一类历代农民起义使用的"农具武器"。

郭庄 4 名青年一直在下边掘土,"王永贼"就在上边用铁锨往豁口处填土。自然,土散落在郭庄人头上。"土散落在头上",在这一带意味着"用黄土埋人"。于是更加激怒了郭姓青年,他们用铁锨拍王永贼的头颅。王的头颅流出了鲜血。

其实,当时郭庄也有四五百人(以郭姓为主,间杂以其他姓氏人口)云集在村头,只是远远地站着,并没有到达三岔口,但是他们手里都拿着和闵人同样的"武器"。一旦形势危急,即发生械斗,很快就会冲上去。当时郭庄的民兵连长已经把枪架在了祖先的坟头上,距离三岔口有数十米,随时准备扣动扳机。这一年,石桥人民公社(后集体化时代改名叫"新桥乡")也恰派武装部长彭燕山在郭庄蹲点,而当时石桥人民公社团委王书记也来到郭庄。据郭庄人说,为了保护郭庄利益,彭、王二人也出现在三岔口处。其实,彭也曾在 W 任职过,与闵村关系不错,他主要担心两村械斗会出人命。当然,我们不难想象,他们的立场还是站在郭庄一边,因为后来的形势发展越来越凸显出这种行政单位认同。彭部长当时看见双方剑拔弩张,且少数人有扭打现象,就对天举枪,声言:"如果谁真的动武,别怪我不客气!"就在彭努力控制局面的同时,W 人民公社、石桥人民公社,以及费县县委、县政府及武装部、水利局等单位领导到达了现场,因为在两村发生冲突的时刻,有人打电话给县上了。幸亏县政府有关部门及时赶到并进行了处理,才避免了一场血战。

之后,两村进入了"打官司"状态,当年并没有现代法律意义上严格诉讼制度和程序。首先是郭庄人向县政府"告状",即提出掘开闵人自己修建的拦水坝,理由是:应该考虑活人,而不是考虑死人。一个叫郭宗领的人,当年 40 多岁,孔武有力,好争讼。于是郭村专门请他到县里并住在旅馆里打官司,村集体给他每日都像在家里劳动那样记上工分,吃住费用完全由大队里负责。最后经过公安局、武装部和水利局多方"会审",郭庄赢了这场所谓"官司":洪水按照原来的自然河道流泻。

输掉官司后闵人认为，他们（郭庄）政府里有人。可是郭庄人告诉我，他们村当年县上并没有什么关系。虽然后来有几个科级以上领导，但当年都还是小毛孩子。他们之所以能赢主要赢在道理上；闵村之所以输，而输在他们迷信上。

从这场乡村冲突中，可以看出三点内容：

第一，仔细分析这起事件，这实际上反映了地方的一种风水观念。棺木被水浸泡乃是风水大忌，这种观念深植于闵人的内心深处。从当时闵人设计的拦水大坝造型来看，也是一种风水考虑。拦水大坝被设计成了一个弧形，拱绕在闵林的西南角，这样闵林就在弧形的内部，而郭庄则在弧形的外部，并为弧形所冲。拦水大坝修筑好后，洪水自西北来，绕闵林西南角而向东南方流淌。水口在东南方向，这符合风水理念。洪水不淹闵林，自然就淹了郭庄的土地，郭庄人不高兴，此其一。拦水大坝的弧形冲着自己村子，对自己的村子不利，为郭庄老人所深虑，此其二。鉴于这两种考虑，郭庄人把大坝给掘开了。

第二，粗看起来，可以把这起水坝争执看作两个村庄的一场冲突，因为不论闵村还是郭庄都是以全村的名义参与的，其中都不乏其他小姓人口介入。问之闵姓族人和郭姓族人，皆承认不是宗族械斗，因为并非族长干预下进行的（其实，此时乡村中已没有族长了），亦非宗族组织之策划。从其他姓氏介入和由村庄领导挑头发动的冲突看，的确应该做出这样一个判断。但是从参与人员的家族身份看，他们又绝大多数归属于各自的宗族，所以更应该视为一种血缘共同体的争执。我询问当年参加这场纷争的闵人行动的理由。他们告诉我："那是我们祖先的墓地，不为了别的，只为了让祖先不被水淹了。谁也不愿意躺在水中睡觉，何况我们的祖先。我们就为了这个要去打仗。"可见，信仰是维持闵氏宗族存在的一个重要原因。从大坝争执的原因来看，虽然郭庄有考虑到淹没庄稼的因素，但双方都顾虑到了风水，而风水的设计又是为了各自宗族的利益。把这场冲突解释成闵氏宗族跟村落外的其他宗族的冲突也未尝不可。在这里可以印证张小军、石奕龙等人的观点：风水成为宗族生存的一种策略与文化手段。①当然更为恰当的解释是两者兼而有之，既有村落竞争的成分，也有宗族竞争的成分。由此可见，宗族的观念皆深植于各自的内心深处，不过平时的友好交往难以表达出来，只有在一些特殊的场景或事件，一个外来的文化观察者才能够窥察到宗族意识和力量。特殊事件往往在此时此景中发挥凝聚宗族的作用。

王铭铭通过对福建溪村进行考察后认为，公社制度造成了对传统社区和家族认同的取消。②从闵村的经验来看，我不敢贸然认同这一观点。因为从为祖先坟墓发生械斗一事看，宗族意识、理念和认同仍然是很强烈的，且深深地隐藏于表面上看起来富于变化的事相之下。

第三，需要指出，1962 年的这场争执，是在双方的大队领导和小生产队领导介入下展开的，而相邻的两个人民公社也都卷进来。最后的解决方式，不得不由县政府出面干预与调解。足见，地方宗族力量、村落共同体和国家三方如何通过这一事件而纠缠在了一起。

三、兴修水库、农田水利基本建设与风水的破坏

然而，县上的临时调停并不为闵村人民所接受，因为同年 7 月份另外一场雨水爆发，闵林及其村庄南部的庄稼再度被淹没。闵人于是继续建坝，并主动要求政府给予解决。县上三方（政府、武装部、水利局）在附近张庄和两个人民公社及两个村庄的领导考察并讨论，最后决定在上游兴建水库蓄洪，因为只有这样才能控制突然暴发的洪水。

在经过了三四年的水利勘察后，终于在 1966 年 11 月开始动工修建刘庄水库。翌年春天，即 1967 年 5 月该水库竣工。刘庄水库处于现临沂市柳清河上游，控制流域面积 11.45 平方公里，总库容量为 1002 万立方米，兴利库容 649 万立方米。刘庄水库南北、东西均约 2 公里，由大坝、溢洪道和放水洞组成。其灌区位于水库南，即涵盖闵村周围村庄，设计灌溉面积为 1.2 万亩。1967 年 6 月原临沂地区水利

---

① 可参看第九章第一节有关内容。

② 王铭铭:《社区的历程：溪村汉人家族的个案研究》，112–113 页，天津：天津人民出版社，1997 年。

建设指挥部批准，1968 年 5 月开灌。[1] 刘庄水库基本上把来自闵村正北和东北方向的洪水控制住了，而来自西北方向的洪水则需要另外的水库加以调节。

方城镇比邻 W 镇，古城水库现坐落在方城镇古城里村北，古城河上游。1970 年 10 月，古城水库开始动工，1971 年 8 月建成。控制流域面积 16.7 平方公里，总库容量设计为 1412 万立方米，兴利库容881 万立方米。水库枢纽工程由大坝、溢洪道、放水洞三部分构成。该水库灌区位于南部，南与费县许家崖水库[2] 干渠相接。古城水库设计灌溉面积 1.4 万亩，于 1972 年 4 月开灌。[3]

20 世纪 90 年代中期以后，费县政府考虑到防洪，就把这条两村存在争执的河流改造成了位于闵村后部的刘庄水库的溢洪道。改造后的河流，自北贯南。闵林也淹不到了，郭庄也淹不着了。

今天漫步于闵村的田间地头，可以观察到"土地平整""沟渠纵横"：有着非常发达的科学农业灌溉和排涝系统。那么，这些基本的农田水利建设与上述水库建设是否存在着历史关联呢？让我们先回顾闵村村落内部的农田水利基本建设工作。

1957 年和 1958 年冬季，闵村组织社员到刘家大沟（在闵村北面刘岭村的地界内，刘庄水库溢洪道上段的原名）开"引水灌渠"，即在沟边上开渠引水至闵村南部土地上。当时还不能自动引入耕地内，而是让水流进自然的水沟，社员提水或担水灌溉。

1957 年冬至 1958 年春，在村中耕地上挖掘 27 眼机井，用西洋老水车往上绞水。当时一块地段设一井，井深 5—6 米不等；用附近李寨"五花子石"（沉积岩之一种）砌成，每眼井需要百余方石料。

1959—1969 年闵村并没有什么水利建设项目。

1970 年春天，修村后许家崖水库石渠，为县里统一工程，闵村

①　政协山东省费县委员会编：《费县水利》，98 页，香港：世界华商文化出版社，2007 年。
②　许家崖水库位于费县城南 13 公里处，流域控制面积 580 平方公里，总库容量 2.93亿立方米。1958 年 1 月开工建设，1959 年 9 月竣工（政协山东省费县委员会编：《费县水利》，58 页，香港：世界华商文化出版社，2007 年）。
③　政协山东省费县委员会编：《费县水利》，84 页，香港：世界华商文化出版社，2007 年。

负责自己界内一段石渠建设。闵村自动将村子和西大河之间的一条自然水道与之衔接，以便灌溉村中土地。

1972 年在村中土地上修建若干眼"大井圹子"，又名"大眼井"。

1972—1973 年闵人自己修建"家西水库"。

1974 年许家崖水库配套工程"石渠"修建完工，闵人在村子西北角，今文泗公路之"闵村桥"南面完成"压水桥"工程，村民称之为"倒呼吸"（应该是"倒虹吸"）。

1991 年春季，修建村前东西向的灌渠，上级政府每一米资助一袋水泥。

1993 年冬天在 1974 年水利工程的基础上，改建村后和文泗公路间的许家崖水库灌渠。此工程属于县里，各乡镇管各乡镇所辖属地段，而每一个乡镇内部各村又负责各村地段之修筑。

1996 年冬季修建村子西部南北向灌渠，属于镇里工程。之后，再无水利建设项目。

自然状态下的土地往往被河流汪塘所分割，大小不一，形状多样，呈碎块化分布，适合传统家庭小规模耕作，却不便于集体劳作。田间道路弯曲、窄小也不便于运输肥料和庄稼；而且各家各户只考虑自己的利益，没有形成统一的排涝系统，容易积涝。为了解决这些问题，20 世纪六七十年代的 20 年间，闵村几乎每一年都要从事农田基本建设运动。20 世纪 60 年代的主要工作是：将一些河道和汪塘填埋，平整土地，修建农用道路，挖掘"条田沟"（排水沟），使原本在自然分割状态下各种形状的地块变成横平竖直的棋格子。20 世纪 70 年代开展"退林还耕"运动，"让死人让出良田"，每个家族将自己的墓地迁往闵林。

我们可以看到，村落内部土地的规划调整、灌渠和排水沟的安排与河流、水库的整治、修建一起形成一个农业耕作系统。"旱可灌，涝可排。"但是今天的闵村人认为，新修建的河道把风水都流向郭庄了，因为郭庄出了一个外省的县委书记、一个本县人大主任、两个局长，还有大学教授。闵人告诉我，闵村风水自那时起也就彻底败落了：大学生没有几个，当局长的也没有，只有一两个乡镇干部和教师。他们说，应该叫河水从老林的西南角往东南流淌，这样老林的风水就好了。目前闵村的人们仍然盘算着，将来条件成熟，要在老林的西边把河堰搅开，开一条水道，叫河水绕闵林向东南流淌。

问之土地灌溉情况，闵人答曰："最初那些年份的确能够到水库上要水灌溉，但后来天气越来越干旱，灌渠基本作废。"事实上，田地上那些横平竖直的排涝灌溉系统，替换了曲里拐弯的自然河道和汪塘，虽然有利于排除"水害灾涝"，但是也使本可以蓄养在土壤层的水分很快流失，从而引起干旱。传统风水包含的思想使人类与自然和谐相处，呈现出结构的一致性，尽管也出现部分的人造风水，但更主要的是人类寻求与自然结构之间的匹配。当代中国"水利"概念强调的是人类对水患的控制，使之朝着有利于人类的方向发展，显现出人的意志性。所谓"愚公移山，改造中国""大搞农田水利基本建设工作""水利是农业的命脉"等标语口号无不彰显了人的主体性。这是特定时代的集体意志的反映。客观上言，水既包含了"利"，也包含了"害"。新中国成立后的"水利"实践主要是针对自然的"水害"而设计的，以排涝为主的农田水利建设对干旱的情形考虑不足。农田水利基本建设运动在一定程度上毁坏了基本的自然地理面貌和生态平衡，也破坏了作为传统文化的风水。因而，地方人事后并不认同这种作为。

由上可知，闵村附近水库的修建、村落内部农田水利基本建设均是在县、人民公社（或乡镇）、村庄三级地方行政网络组织下推动的。为了更好地理解闵村人民的集体化时期以来的水利实践，有必要考察县以上更大区域的水利活动和农田改造运动，乃至特定时代整个国家的战略思路。

四、厉家寨与沂、沭河治理

山东莒南县厉家寨原本是一个土地比较贫瘠的小村庄。1955 年冬，农民厉月举带领社员"削岭填沟，把 1000 多块零碎地块，整成 70 块，计 1520 亩的'三合一'水平梯田。同时修建小型库塘 11 座，谷坊 1600 座。1.18 万亩荒山全部植树，1956 年亩产 229 公斤，比治理前增长4倍多"[1]。田兆元与邱硕在一篇题为《愚公移山:20世纪的民族精神建构及其问题》的文章中,对当年山东莒南县厉家寨的故事有着比较清晰的叙述,[2]但有些数据有出入。据田兆元等研究,厉月举于1955年冬被推选为由13处初级农业生产合作社合成的大山农业生产合作社社长兼党支部书记。为了提高粮食产量,他提出"让河流让道,叫土地翻身"的口号。到1956年,全社粮食亩产达到276.4公斤,提前实现全国农业发展纲要指标,被誉为"英雄的大山社"。

1957年10月9日,《山东莒南县厉家寨大山农业社千方百计争取丰收再丰收》的报告立刻得到了毛泽东批示"愚公移山,改造中国,厉家寨是一个好例"。批示4天以后,《人民日报》于1957年10月13日发表《开山劈岭填沟挖渠改造自然——大山农业社做出建设山区的好榜样》这一文章。之后,《人民日报》连续宣传厉家寨的故事。如,1957年10月30日发表《英雄社战胜穷山恶水——介绍大山农业社建设山区的丰功伟绩》。又如,1965年3月14日,刊登了《新愚公畅谈移山》之报道和《做社会主义时代的新愚公》的社论,介绍了厉家寨大队的治山治水经验。除此以外,《人民日报》还对各地的农田基本建设工程和水利工程进行了报道,比如20世纪50年代河南济源县的蟒河综合治理和60年代河南林县(今林州市)的红旗渠建设工程。[3]1957年12月国务院水土保持委员会主任陈正人在全国第二次水土保持会议报告中也大加赞扬大山社的精神。[4]

国家的推广,促使全国各种参观团在几十年里络绎不绝来到厉家寨。如,1965年12月9日,山西昔阳县大寨大队党支部书记陈永贵率57人参观团来莒南县大山公社参观;同年12月15日,参加共青

---

[1]　临沂地区水利志编纂办公室编:《临沂地区水利志》,11页,鲁临准印证号:92-1-005,1992年。

[2]　田兆元、邱硕:《愚公移山:20世纪的民族精神建构及其问题》,《华东师范大学学报》(社会科学版),2009年第1期。

[3]　《人民日报》编辑部:《水利建设要有愚公移山的毅力》,《人民日报》,1957年10月31日第四版。

[4]　临沂地区水利志编纂办公室编:《临沂地区水利志》,11页,鲁临准印证号:92-1-005,1992年。

团中央会议的全国 235 名团干部来莒南厉家寨大山公社参观。[1] 无疑，厉家寨的村落历史契合了 20 世纪五六十年代国家的"以改善农业生产条件、解决全国人民吃饭问题为主要目的的生产活动"的宏大叙事。厉家寨的故事实际上是在大传统启发下的文化自我创新与实践，而后又被大传统所吸纳与弘扬，并最终返回基层小传统中去。因而，不难想象，在这一特定历史场景中，作为"近水楼台先得月"的费县闵村是如何模仿同一地区厉家寨故事的。

早在 1955 年 10 月，闵村所在 W 区委"领导"全区人民整缓坡梯田 3.4 万亩，三面筑地埂，挖排水沟（称"二合一"梯田）。[2] 这表明，闵村一带的农田改造一点也不晚于厉家寨，但是厉家寨的"成功"则会促进他们的农田改造实践。

1957 年 6 月 4 日—8 日，临沂地区行政专署水利科在莒南县厉家寨乡大山农业社召开全区灌溉丰产现场会议，推广"三合一"梯田。[3]1957 年 10 月 16 日，临沂地委、专署召开冬季农田基本建设动员大会，各县县长、区长，农、林、水单位负责人参加。同年 10 月 20 日，山东省委、省人委组织全省参观团到大山农业社（厉家寨）参观学习。[4]1958 年 3 月 5 日，临沂地委提出全区"一年搞好水土保持，三年赶上大山社，五年根治沂沭河"的口号。[5]1958 年 7 月 16 日，临沂地委制定了 1958 年冬至 1959 年春水利建设规划。要求"彻底控制水土流失，把大小河的长流水拦起来；大力挖掘地下水源，实现平原河网化，沟豁川台水库化，河道阶梯化、工程系统化、荒山荒坡'四旁'绿化，灌溉面积达到 1640 万亩"。至 1959 年年底，全区

---

① 临沂地区水利志编纂办公室编:《临沂地区水利志》，18 页，鲁临准印证号: 92-1-005，1992 年。
② 临沂地区水利志编纂办公室编:《临沂地区水利志》，9 页，鲁临准印证号: 92-1-005，1992 年。
③ 临沂地区水利志编纂办公室编:《临沂地区水利志》，10 页，鲁临准印证号: 92-1-005，1992 年。
④ 临沂地区水利志编纂办公室编:《临沂地区水利志》，11 页，鲁临准印证号: 92-1-005，1992 年。
⑤ 临沂地区水利志编纂办公室编:《临沂地区水利志》，12 页，鲁临准印证号: 92-1-005，1992 年。

建成大型水库 7 座，中型水库 8 座，水土流失彻底得到控制，有效灌溉面积实际达到 123.1 万亩。[1]20 世纪 70 年代临沂地区大规模开展"退林还耕"运动。这样，由地区到县，由县到公社，由公社到村庄，层层组织传达并在本辖区内进行农田改造规划与实践。

事实上，W 公社也曾组织包括闵村领导在内的大队干部前往厉家寨参观学习过。村庄在上级动员、鼓舞、规划与具体组织下，也就在各自的地理范围内开展农田水利改造工作。这样的改造一旦被主流媒体报道和各级组织表彰，如，1965 年 3 月 1 日，《解放日报》发表了《改造自然，大有可为》社论，对临沂地区各级党组织领导广大干部群众，治山治水，改造自然条件，使农业获得大丰收的事迹进行了报道，[2] 就会反过来进一步刺激地方政府和村庄从事这项农业活动。从上述所介绍的闵村农田改造实践看，我们不难发现其中蕴含了 1958 年毛泽东根据我国农民群众的实践经验和科学技术成果而提炼出的"农业八字宪法"中的"土"与"水"两种精神。[3] 所以，把闵村的农田水利建设工作最好放置在这样的国家与地方的历史叙事脉络来理解。

除此以外，闵村及其周围的水利工程的实施还与国家的治淮工程有关，应该被看作国家治淮的一部分。假定把国家治理后的整个淮河水利工程视作一个神经网络，那么闵村土地上的水利项目和周围水库建设就是这个网络中的神经末梢。

闵村的水系一股向西南流入朱龙河，然后汇入沂河的最大支流祊河；另一股奔向东南由沙岭子、吴庄子入 W 河，然后入沂河的支流——柳青河；这样古城水库和刘庄水库的水最终流入了沂河；而沂河和沭河均是淮水系统的一部分。整个临沂地区（今临沂市）归属淮河流域。淮河流域的泛滥是非常出名的，同样淮河的支系沂河、沭河

---

① 临沂地区水利志编纂办公室编：《临沂地区水利志》，13 页，鲁临准印证号：92-1-005，1992 年。

② 临沂地区水利志编纂办公室编：《临沂地区水利志》，17 页，鲁临准印证号：92-1-005，1992 年。

③ 土：深耕、改良土壤、土壤普查和土地规划。肥：合理施肥。水：兴修水利和合理用水。种：培育和推广良种。密：合理密植。保：植物保护、防治病虫害。管：田间管理。工：工具改革。

在历史上同样泛滥频仍。这方面的内容在地方志记载中相当丰富。

元、明、清各朝虽然曾各自对沂河两岸筑堤，清乾隆年间沂州知府卢宪观奉旨建沂河江风口滚水坝。[①] 但谈到真正的治理，恐怕是进入 20 世纪以后的事情了。1913 年《条议全国水利约举四端》提出"导淮而不兼治沂泗，淮即治而功不完，此骞[②] 所谓除害之大者，莫如导淮而兼治沂泗二水也"。1918 年《江淮水利计划第三次宣告书》中说："沂不治则病泗，沭不治则病沂；中运里运不治，则沂泗无共同行水之道，灌溉、交通两失其利。"1919 年发表的《江淮水利施工计划书》主张"七分入江，三分入海、兼治沂沭河"方案。[③]1915 年民国政府苏鲁两省讨论水利统筹合作事宜，决定：沂泗流域之改良。[④]1947 年 7 月国民党领导的沂沭区工程队成立。20 世纪 40 年代以来，共产党的地方政府也积极参与到该区水利建设事业中来。1948 年中共中央华东局批准导沭工程方案，山东省沂沭河流域水利工程总队成立。1949 年 2 月山东省政府批准《导沭经沙入海工程全部计划初稿》。[⑤]中华人民共和国成立以后，加强了对沂沭河流域的治理。

1949 年 11 月华东军政委员会水利部在徐州召开沂、沭、汶、运治导会议，决定导沂入海、导沭入海。1950 年 1 月华东水利部在上海召开沂、沭河治导技术会议，同年 7 月临沂专区防汛指挥部成立，9 月山东省人民政府将导沭委员会改为导沭整沂委员会，12 月 14 日，省导沭委员会召开评模大会，其中费县指挥所等被评为模范单位。1951 年春水利部派专家前来指导，同年 5 月《人民日报》发表毛泽

① 临沂市水利史志编纂办公室编：《临沂市水利志》，75 页，鲁临准印证号：92-1-003，1994 年。

② 即"张骞"，时任北洋政府工商部部长。原先农林工商各为一部，民国二年（1913）秋，张骞将它们合为一部。

③ 临沂地区水利志编纂办公室编：《临沂地区水利志》，2 页，鲁临准印证号：92-1-005，1992 年。

④ 临沂地区水利志编纂办公室编：《临沂地区水利志》，3 页，鲁临准印证号：92-1-005，1992 年。

⑤ 临沂地区水利志编纂办公室编：《临沂地区水利志》，4-5 页，鲁临准印证号：92-1-005，1992 年。

东题词"一定要把淮河修好"。①1953年水利部长傅作义来本区视察导沭整沂工程。1954年11月淮河流域社会经济调查团对沂、沭等水系进行调查。1955年水电部副部长张含英与省人大代表一起来本区视察水利建设和水土保持工程。1956年山东省省长谭启龙到费县视察泥龙汪小水库。1957年3月苏鲁两省配合淮河治理委员会完成《沂沭泗流域规划报告（初稿）》凡8卷，乃新中国成立后综合治理沂、沭、泗流域最全面而系统的文件。同年10月，临沂地委下文推广临沂县开展的"三通"（沟河、沟沟、沟汪相通）、"三闸"（闸河、闸桥、闸沟）、"三下泉"（沟、井、汪下泉）开源节流之经验。同年12月恢复临沂专区治淮工程指挥部。1958年2月临沂专署水利科首次制定了《临沂地区沂沭河流域水土保持规划》，经省人民委员会批准而成立"临沂专区水利建设指挥部"。1959年10月国务院副总理谭震林赞扬本区一年修建6座大型水库，是月31日《人民日报》发表《人民公社锁蛟龙》一文。1961年7月中央水电部副部长刘澜波、钱正英来本区沙沟库区视察。1965年钱正英再次来临沂视察。1970年钱正英在徐州主持召开治淮规划查勘碰头会第一阶段即沂沭泗阶段会议，主要讨论新沭河和沂沭河洪水东调问题，会后苏鲁豫皖四省与会人员视察临沂地区水利工程。1971年临沂地区水利指挥部革命委员会改为临沂地区革命委员水利局。同年8月5日，山东省革委会水利局召开淮河流域水利会议，讨论沂沭河洪水东调工程，同时传达了水电部关于"今冬明春治淮骨干工程安排意见"。8月13日，临沂地区革命委员会沂沭河东调工程指挥部成立。11月15日，沂沭河洪水东调工程第一期开工。1972年3月15日，山东省省委决定成立省治淮沂沭河洪水东调工程指挥部。1972年6月钱正英带领"淮办"和苏鲁豫皖四省水利机构负责人检查江苏邳县和山东苍山县洪道清障工作。1980年7月10日，沂沭河洪水东调工程第19期开工，至次年，即1981年3月结束。②

---

① 1950年毛泽东提出了"一定要把淮河治理好"的号召。可参见中共中央文献研究室：《建国以来重要文献选编》第一册，355、426页，北京：中央文献出版社，1992年。
② 临沂地区水利志编纂办公室编：《临沂地区水利志》，6-21页，鲁临淮印证号：92-1-005，1992年。

纵观集体化时期，临沂地区大规模的水利工程主要有两项：一是"导沭整沂"，一是"沂沭河洪水东调工程"。就"导沭整沂"工程而言，从 1949 年 4 月到 1953 年 11 月，历经 10 期导沭、3 期整沂工程，每期皆调民工 0.4—1.5 万人，先后调集 18.3 万人次，完成土石方 804 万立方米，完成工日 709 万个。[①] 而"沂沭河洪水东调工程"从 1971 年 11 月开始至 1981 年 3 月结束，历时近 10 年，凡 19 期工程，先后调集民工达 14.28 万人次，完成日工 611 万个，工程总量 487.3 万立方米。[②] 可惜由于之后国家经济发生转型，国家压缩了基建项目，10 年东调工程只完成了原计划的 50% 左右。

闵村土地改造、河流治理不仅是上述宏大国家叙事之一部分，而且他们还被抽调去参加"导沭整沂"和"东调工程"。据村民回忆，有一次由闵繁举带队，80 余名闵村青壮劳力赴临沂县的毛河和临沭的沭河去"扒河"。他们谓之"出夫"。除了外县区工程调动闵人外，本县境内，由县、公社两级政府组织的水利工程、农田改造工程，也往往抽调闵人参加。

顺便附带说几句。弗里德曼认为，种植稻米而有农业盈余，容许稠密人口的生长，而水利灌溉系统的建立需要更多的劳力合作，因此促成土地的共作与宗族的团结。[③] 针对这个观点，石峰提出了批评，认为有水利工程的地方未必就会产生宗族。石峰在关中水利社区发现，那里真正发挥作用的是政府组织和民间组织，如水利协会、水老会、宗教组织和社火等。在关中水利系统中，特别是官渠中，政府组织起着主导作用，因为大型水利工程量极大，协调也至为复杂，民间

---

① 临沂市水利史志编纂办公室编：《临沂市水利志》，76 页，鲁临准印证号：92-1-003，1994 年。

② 临沂市水利史志编纂办公室编：《临沂市水利志》，77—79 页，鲁临准印证号：92-1-003，1994 年。

③ Maurice Freedman, *Lineage Organization in Southeastern China,* p.9, pp.156–159, London School of Economics, Monographs on Social Anthropology, No.18, London: The Athlone Press, 1958; Maurice Freedman, *Chinese Lineage and Society: Fukien and Kwangtung,* pp.159–164, London School of Economics, Monographs on Social Anthropology, No.33, New York: Humanities Press, 1966.

组织难以动员起有效的资源和力量。[①] 这也就是说，关中水利并没有刺激宗族发育出来，因为宗族有限的力量无法驾驭关中那些工程量巨大的水利项目。本书的研究告诉我们，沂沭河治理这样的浩大工程的确难以为宗族所完成，非由国家出面不可，这在一定程度上支持了石峰的看法。但这不能否定该地区宗族的存在，包括大族，像闵氏宗族这样的世系群在临沂地区比比皆是。也许石峰会进一步反驳和追问：我所观察到的当代中国治理沂沭河时，宗族已经被抑制了，这不恰恰印证了他的观点吗？那么，在历史上宗族制度不被压抑的时期为什么宗族在沂沭河泛滥时却不能有所作为呢？我以为，宗族与水利二者之间并不存在必然的相关关系：一个出现另一个就一定出现。功能论宗族研究范式恰恰犯了逻辑上的推导错误。就现有的民族志资料来看，宗族在小规模水利项目中是有发挥自己价值的空间的，但在大规模水利工程中却无能为力。事实上，秦燕等人在陕北详细地研究了清代以来的宗族问题，其中不乏大族、望族。[②] 那么，距离陕北如此之近的关中水利社会真的没有宗族吗？我想，关中的宗族一定另有作为及其表演场域，其兴趣不在水利事业上，因而在"水利社会"里面未必能够找到宗族的影子。

五、思考

从官方的规划设计意图看，水利建设是为了防洪排涝，加强灌溉，提高农业产量，造福地方社会与人民。这在官方的各种历史撰述中也是如此表达的，在一定程度上也为地方人民所接受。但仔细思考，问题恐没有这么简单。裴宜理（Elizabeth J.Perry）认为，1954年10月14日，毛泽东发出著名的治理淮河的号召不单纯是出于经济

---

① 石峰：《关中"水利社区"与北方乡村的社会组织》，《中国农业大学学报》（社会科学版），2009 年第 1 期（总第 26 卷）；石峰：《非宗族乡村：关中"水利社会"的人类学考察》，北京：中国社会科学出版社，2009 年。
② 秦燕、胡红安：《清代以来的陕北宗族与社会变迁》，西安：西北工业大学出版社，2004 年。

的目的，更多的是考虑政治因素。[①]

1950 年夏日，暴雨袭击了淮北地区，致使 4.3 万亩土地被淹，皖北 60% 的土地无法耕种，40% 的人口沦为灾民。为了同心协力解决灾后困难，援助农民，政府要求当地农民把余粮交到政府粮库。在蒙城县，政府把那些不愿遵从政府号召、藏匿余粮而被告发的人囚禁到一座监狱里。这一事件激起了反应：数百名红枪会秘密成员焚烧区政府，并暗杀了区长。至 7 月中旬，该县落入红枪会的手中。政府从阜阳调来一支公安部队镇压叛乱，但遭到埋伏在公路两旁的一千多名红枪会成员的伏击。后来政府不得不又调集来一支更大的部队，一个月后才夺回了蒙城县。裴宜理推测，官方正是担心自然灾害引起民乱，重蹈历史上捻军和红枪会那样的事件，才提出了治理淮河问题。[②]闵村和郭庄虽然没有发生安徽蒙城那样的事件，但两村及其宗族却因自然灾害发生冲突，如果不是地方政府制止及时，很可能会引起械斗和仇杀。为了解决这个问题，当地政府才在两个村庄河流的上游兴建了两个水库，并改造和拓宽水道，以消除自然隐患。这个措施与国家治理淮河的目的应该是一样的思路。

裴宜理的体察是一种洞见，一旦沿着这条思路走下去，把农田水利建设看成一种政治策略，那么，将有助于更深刻地理解闵村的土地与河流治理。

在互助组－合作社以前，土地产权隶属于各个家族，闵村的土地碎块化、不规整恰恰反映了家族各自为政的生计状态。因而说，貌似自然状态的土地格局实际上是村庄内部社会关系的投射和反映。互助组、合作社和村集体的建立取消了家族各自拥有和经营地权的状态，这势必要在土地上消除各个家族林立、互相隔阂，统一规划土地，填埋汪塘，对河流截弯取直，最终使土地呈棋格子状，以便于集体大规模地在上面耕种。集体耕种土地是一种合作，也有利于破除家族主义

---

① 裴宜理著，池子华、刘平译：《华北的叛乱者与革命者：1845—1945》，267 页，北京：商务印书馆，2007 年。
② 裴宜理著，池子华、刘平译：《华北的叛乱者与革命者：1845—1945》，266-267 页，北京：商务印书馆，2007 年。

劳作观念，树立社会主义村集体意识，从而培养出具有集体主义思想的农民。王铭铭说："'互助组'的推行，主要是为了克服'土改'留下来的以家为生产单位的私人农业的局限。"[①]集体化是在乡村世界制造新的家公民的过程。这里再次印证了上一节所引福柯关于"促发新的主体性形式"的话语。棋格子状的土地上道路四通八达，也有利于村政畅通。所以，大规模农田水利基本建设运动过后的村庄土地实际上反映了国家的意志，是国家的一个象征性表达，呈现的是新村庄秩序。这也可验证于村庄内部的规划与改造。新中国成立后中国村庄规划也呈千篇一律的棋格子状，房屋、街道纵横有序，颇类似古城西安的帝国结构和现代北京的结构，其设计意图同土地规划和改造目的应该是一样的。

朱晓阳在云南滇池边的一个村庄调查时，也注意到了国家意志对村落社区原有地理面貌的改造。他说："这个地方（按：小村）找不到弯弯的小河沟，也看不到果树园和'澄清的池塘'。到处可见是平坦的田野，笔直的沟渠，大的沟渠边上只长着犹加利树。它们都是70年代所栽。田野也是一样的单调，那个年代的平整土地建设，将所有零碎的田块都改成了十分规整的条田，所有可以拓为耕地的树林子、水塘、河沟和祖坟地都化成了条田和纵横的渠沟。小村的地貌就是集体化时代沧桑巨变的见证。它看上去像是人民公社留下的痕迹，是国家伸入乡村，按国家的现代化目标将旧有的生态环境改变的体现。"[②]朱晓阳只是没有进一步思考土地平整与农民思想改造的关系而已。

闵人在自己祖林西部建设拦水坝，阻止洪水进入墓地，从而使得洪水沿西大河南流；郭庄试图扒开闵人所修筑拦河坝，使洪水沿着原有的分流系统外泄；地方政府为了避免村庄宗族械斗，引发社会危机，于是在上游修建了两座水库，并将西大河挖深、拓宽，反映了村庄与

① 王铭铭：《社区的历程：溪村汉人家族的个案研究》，106页，天津：天津人民出版社，1996年。
② 朱晓阳：《罪过与惩罚：小村故事1931—1997》，45页，天津：天津古籍出版社，2003年。

村庄之间、宗族与宗族之间、国家与地方之间争夺对河流的定义权和解释权，而最终为国家所获得。因而，农田水利工程也反映的是国家的意志。1957年12月4日至12日，国务院水土保持委员会主任陈正人在全国第二次水土保持会议报告中说，大山社的农田水利建设体现了"愚公移山精神"。[1]田兆元与邱硕同政治家一样把莒南县厉家寨的"愚公移山"视作20世纪民族精神建构与实践，[2]可谓南其辕而北其辙。

　　既然风水和原有的农田与河流布局是一种"意境"，那么，新国家所推行的改造后的田地、河流、水库、汪塘等何尝不是另外一种"意境"？国家想造福于地方人民，即全心全意为人民服务，以及国家想达成对地方社会的安全和控制是一种"意"，闵村"原有"的自然地理面貌是一种"境"（实际上，它已经是一种意境了），那么合起来就成了今天我们在中国广大乡村看到的"意境"。所以，从一定意义上言，这个"意境"纯粹是一种主观创造物，即国家意志的外化，一个文化的发明与想象，颇类王国维氏所讲的"有我之境"。

　　从村落宗族原有的"意境"到现在的经过集体化运动以后的"意境"之过程，我称之为"文化的置换"。在这个文化置换过程中，闵村人民从一种"意境"进入到另外一种"意境"之中。原有的风水意念中的河流不单纯是农业灌溉的概念，还有保佑子孙繁衍并兴旺发达的意义，而新国家的科学水利工程考虑的仅仅是防害排涝和灌溉农作物。又，在过去老百姓的思想里"水是天赐的"，即"老天爷下的"，或"龙王爷赐给的"。水库建成后，国家控制了水资源，把水的分配权牢牢控制在国家手里了。闵村若想灌溉土地必须到北面的刘岭水库以每浇灌1亩地20元的价格购买水。这样的过程，同样也是一个科学战胜迷信的过程。如此说来，农田水利基本建设运动又是一场科普活动。由此可见，此"意境"非彼"意境"也。所

---

① 临沂地区水利志编纂办公室编：《临沂地区水利志》，11页，鲁临准印证号：92-1-005，1992年。

② 田兆元、邱硕：《愚公移山：20世纪的民族精神建构及其问题》，《华东师范大学学报》，2009年第1期。

以，闵村人民说他们祖林里的风水被破坏了。这难道不是一个很有力的象征表达吗？象征作为武器再一次被闵村人民使用。

文化置换也许存在多种方式，比如一种是激进的、武断的、不顾地方人民感受的置换，一种是悄然不觉地，甚至为地方人民所乐意接受的置换。相对于"破四旧"等过激文化行为来说，农田水利基本建设运动则属于后者。当时国家与地方人民找到了文化置换的契合点：国家让人民觉得它的做法是合情合理的，一切都是为了人民，人民也积极配合国家的行动。可就是在这样悄然无觉的情况下，国家进入了地方社会，乃至土地与河流。

第七章　孔子、基督与社会主义

中国传统乡村饱受儒学浸润，向来为中外人类学家所关注。

林耀华认为，"封建废宗法亦格而不能行。然宗法制度内礼仪风俗，仍保留民间的大家族中。宋代鼓吹恢复宗法，大有人在。欧阳修苏洵创议大宗小宗的谱法，无非想借助谱牒的记载来维系宗法制度。……程颐、司马光特别重视士仕的冠婚丧祭礼仪，朱熹《家礼》，影响民间尤盛。范仲淹氏又力倡族姓义田之制，凡此都可以说是意欲恢复宗法时代的遗制"。林氏继续说道："苏、欧之后，言宗法与谱法相互维系，或谱法内寓宗法者，历世不绝。……朱子之后，提倡家礼者，亦大有人在。"①

庄孔韶踵林耀华之武，在《银翅：中国的地方社会与文化变迁》中更是详尽地考察了一个村落内部的儒学理念及其实践（主要集中在第十章、第十一章、第十二章、第十五章中）。②在他看来，历代政府、儒者均比较重视将高层的宗法思想作为教育主题，不断向下疏导，并紧密与基层乡土风俗文化结合在一起。单就家族宗族制度及儒家人伦思想而言，庄孔韶提到的高层文化内容十分丰富。反映人伦思想的有:《周礼·师氏》中的"孝行""友行"和"顺行"，西周时期

---

① 林耀华:《义序的宗族研究》，详细参阅第四章注释②，北京：读书·生活·新知三联书店，2000年，第81页。
② 庄孔韶:《银翅：中国的地方社会与文化变迁》，246–352、401–424页，北京：生活·读书·新知三联书店，2000年。

的乡学（涉及父子、兄弟、夫妇、君臣、长幼、朋友、宾客等七类人伦之教），孔孟儒学所推崇的"五伦"（父子有亲，君臣有义，夫妇有别，长幼有序，朋友有信），《大学》里的"修、齐、治、平"，汉代董仲舒的"三纲"（君为臣纲，父为子纲，夫为妻纲），宋代朱熹的天理人伦观，宋末王应麟的《三字经》里的纲常名教，等等。反映家族宗族制度的有：西周时期的大小宗法制度，朱熹的"家礼"，张载的《宗法篇》等内容。此外，还有各个时代的各种"乡约"。这些有关家族宗族制度的高层文化设计实际上也是一种人伦的文化规定，因为它们全都讲述的是如何处理宗亲（宗族内部成员）关系问题。具体来说，庄孔韶从辈分（排行辈名和族谱的世代标记）、长幼顺序、祭（拜）祖的礼仪、贺寿、婚仪等多个角度进行了讨论。①

在英语学术圈里，何炳棣（Ping-ti Ho）的"中国化模型"（sinicization model,or sinification model）理论②、郝瑞的"儒学教化"模型（The Confucian civilizing project）③也都是强调儒学对中国基层社会的影响。而中外历史学家和人类学家组成的"华南学术共同体"，也都在强调传统士大夫如何把儒学推行到乡下，而乡民又如何主动模仿士大夫的儒家伦理行为，而宗族是个重要推动媒介。④

拙作《九族与乡土》详细描写了儒学濡化下的闵村人民的婚姻、

---

① 杜靖：《"理念先在"与汉人社会研究——庄孔韶人类学实践中的"理念观"》，《民族论坛》，2011 年第 12 期。

② Ping-Ti Ho, "The Significance of the Ch'ing Period in Chinese History", *The Journal of Asian Studies,*1967,vol.26, No.2,pp.189–195; Ping-ti Ho, "In Defense of Sinicization: A Rebuttal of Evlyn Rawski's 'Reenvisioning the Qing'", *The Journal of Asian Studies,* 1998, Vol.57,No.1, pp.123–155.

③ Stevan Harrell, "Introduction: Civilizing Projects and the Reaction to Them", in Stevan Harrell ed., *Cultural Encounters on China's Ethnic Frontiers,* pp.9–27, Seattle: University of Washington Press,1995.

④ 郑振满：《明清福建家族组织与社会变迁》，227–241 页，长沙：湖南教育出版社，1992 年；陈支平：《近五百年来福建的家族社会与文化》，98 页，北京：中国人民大学出版社，2011 年; David Faure, "The Lineage as a Cultural Invention: the Case of the Pearl River Delta", *Modern China,*1989, No.1,pp.4–36；科大卫：《国家与礼仪：宋至清中叶珠江三角洲地方社会认同》，《中山大学学报》，1999 年第 5 期；张小军：《"文治复兴"与礼制变革：祠堂之制与祖先之礼的个案研究》，《清华大学学报》（哲学社会科学版），2012 年第 2 期。

生育、丧葬等礼俗，且个别地方与《朱子家礼》和《孔氏家仪》做了比较。本章在这一基础上，对 1949 年后中国的《婚姻法》和外来基督教的输入给以往儒化过的闵村传统礼俗实践的影响进行考察。

这里实际上将展现的是传统儒家文化、集体化时期的新文化和西方基督教文明三者之间的关系。是一个谁"化"谁的问题。完全是一个动词意义上的"文化"问题。

第一节　法律下乡与娘家的丢失 [①]

法律移植是法律人类学讨论的一个重要议题。[②] 它大致包括两种情形：一种是外来者将自己的法律移植进他者社会之中，一种是当地人将他者法律移植到自我社会之内。晚清以来为了照应现代化 [③] 诉求，中国人设计的《婚姻法》实际上属于后一种情况。即，通过部分地引进或移植西方的法规来变革自己的社会，规范和调整自己的亲属关系。

尽管新中国时期的法律极力摒弃西方的意识形态和价值观念，但晚清以来的西方现代化所布扬的法理社会或法治社会理念已深入人心，因而在起草新的婚姻法时仍难以彻底摆脱西方的深层影响。西方的现代化法律意识会在潜意识里影响新中国法律制定。换言之，西方的现代化法律意识会潜藏在法律拟定者的深层集体意识中并通过其拟定出来的法律而得到表达。《婚姻法》也自在其中。因而，法律移植的理论也适合解说 1950 年新中国的历史情形。

---

① 是节曾发表于《长春市委党校学报》，2010 年第 2 期，收入此书后，做了部分增删与调整。

② 劳伦·本顿著，吕亚萍、周威译：《法律与殖民文化：世界历史的法律体系（1400—1900）》，7 页，北京：清华大学出版社，2005 年。

③ 关于这场现代化运动西方学术界存在争论。"冲击－回应论"、"传统－近代论"、"帝国主义批评论"都主张，中国的现代化肇始于跟西方的碰撞，柯文却并不赞同上述诸种说法，力倡"中国中心观"，即在中国社会文化内部寻找现代化的动力（参阅柯文著，林同奇译：《在中国发现历史：中国中心观在美国的兴起》，北京：中华书局，2007 年）。我想，这两种理论都有其合理性。但就本节议题而言，我赞同柯文的立场。

　　早期的法律多元研究一直关注的是殖民地社会的法律并置现象，但 20 世纪 70 年代以来法律多元主义视角转向欧美社会自身时，就将这种"西方法律与非西方本土法"的关系转换成了"国家法与非国家法"关系的研究。莎莉·梅丽（Sally Engle Merry）认为，"法律多元结构中的相互关系主要表现为国家法与非国家法之间的博弈关系"①。

　　本节讨论的问题就是：新国家将自己的法律移植进乡土社会之后与原来的"本土法"发生的"文化争论"。

　　同姓不婚制度始于西周初年。《左传·僖公二十年》云："男女同姓，其生不蕃。"《国语·晋语》亦称："同姓不婚，恶不殖也。"春秋至唐代虽有禁忌，但未严格执行。唐、宋、元三代复归古制，对同姓为婚者"干杖而离之"。明、清两代《律例》虽有同样之规定，但实际上只是禁止同宗婚姻，违者"各杖六十离异"。

　　1950 年公布施行的《中华人民共和国婚姻法》第二章第五条规定，"为直系血亲，或为同胞的兄弟姊妹和同父异母或同母异父的兄弟姊妹者"禁止结婚，"其他五代内的旁系血亲间禁止结婚的问题"遵从习惯。1980 年通过的新《婚姻法》第二章第七条规定，"直系血亲和三代以内的旁系血亲"禁止结婚。2001 年通过的《关于修改〈中华人民共和国婚姻法〉的决定》维持了这个意见。

　　两相比较可以看出，古代法律禁止同一宗族内部的婚姻，新中国的法律虽禁止了直系血亲和五代以内旁系血亲（1980 年后是三代以内）间的婚姻，但是对于这个范围以外的同宗婚姻则赋予了合法性。新国家的婚姻法有一个理论上的预设，认为幸福的婚姻应该植根于男女双方的爱情基础上。

　　传统帝国的婚姻法律规定作为一种小传统被保留于乡村世界内部，同时冈村自 1949 年以后也落入了国家的管理与控制，自然它也落进了新《婚姻法》的实践范围。本节所叙述的故事是一则合乎新婚姻法叙事的同宗婚姻，但是却违背小传统的意愿。尽管如此，它还是被新的地方政府赋予了合法性。本节的主旨就是试图展现这桩婚姻给

---

① Sally Engle Merry, "Legal Pluralism", *Law and Society,* 1988, Vol. 22, No.5, p.870.

地方人民带来的所谓"幸福感"，落脚于探索现代化叙事的旨归。

一、婚姻叙事：离婚与再婚

故事中的两位主角，一位是闵子第 74 代孙闵繁康，另一位是闵子第 75 代孙女闵祥惠。闵繁康出生于 1950 年 7 月 19 日，早年父亲去世，后来母亲改嫁，弟兄三人，闵繁康排行老大。1967 年秋末冬初，17 岁的闵繁康参军，1970 年冬季复员回归闵村。同年 12 月经人介绍，跟附近村落一吕姓女子订婚。闵繁康参军前是一文盲，服役期间学习了点文化，能够读书看报。回到村落以后，任闵村治保主任兼民兵连长，1990 年当选为村主任。吕姓女子是闵繁康的第一任妻子，与闵繁康同龄，两人于 1971 年 10 月结婚，不久后大儿子出生（现年 35 岁[①]，开车）。1972 年第二个孩子出生，是一个女孩。1977 年跟前妻生育第二个儿子，现年 29 岁[②]。如今三个孩子都已结婚。闵祥惠出生于 1960 年 3 月 14 日，与闵繁康相差 10 岁，二人是邻居，一墙之隔。她排行老大，下有 4 个兄弟。闵祥惠毕业于闵村联中，20 岁时与附近村落一名男子订立婚约，23 岁在本村当民兵，25 岁嫁出闵村。

闵繁康口述材料一：

> 杜博士，我先说说跟第一个老婆的事。俺俩都属虎，20 岁（虚岁 22 岁）结的婚。1985 年跟第一个老婆离婚。当时到附近方城镇法庭离的。老大判给我，老二和闺女叫她带走了。
>
> 1984 年[③]，全管理区在俺庄大队部里存放了 60 万斤小麦，叫我看护 60 万斤小麦库，打那以后就跟原来的老婆关系破裂了。当时，我每晚都要看铺，不在家里住。
>
> 说起来还有件丑事，按说家丑不可外扬，我从未跟任何人讲

---

① 本节初稿完成于 2005 年，文中保持了当年的全部数据，并没有因时间的推移而修改。

② 同上。

③ 据闵繁康的离婚档案记录，前妻自 1983 年开始经常因一些小事跟他争吵，感情越来越差（见山东省费县法院 1985 年度民事档案 146 号，"离婚事实和理由"部分）。

过，您是第一个知道这件事情的人。你知道俺庄北村口处那个修车的吧？（我点了点头）他真坑人！当年他家境差，经常在我家玩，我当大队二把手也经常照顾他，后来我把他弄出去当了兵。那时我在外边站岗，他时常去我家玩，其间跟我妻子产生了不正当关系。当年院子西边有个小院，建了两个猪栏。有一次①，我发现自己家的厕所墙下有把老式的椅子，而且墙头也爬得溜滑。当时我就怀疑有人偷我的妻子，打那以后我心中留意。正好有一次，那个东西抱着小孩上我家，我老婆也没有在家（我们刚刚吵完仗，她回娘家了）。我就对他说："你这个家伙怪坑人！我弄个家属，不管怎样，我动她也罢，不动她也罢。你和我是朋友，不能动俺家属。"他起初不承认，叫我摸起把棍子揍了三把棍子，他说出来承认了。唉，老杜（指笔者），我觉着：越是很好的人，越是出这样的问题。当时我马上叫他写下事实（山东省费县法院，8 页，1985 年）。打那我有了反感，拿着修车的写的字去打的官司，当时起诉离婚在方城法庭。

闵繁康口述材料二：

我再给你讲讲跟第二个家属的事情。她大约 23 岁才跟我接触，那时我是民兵连长，她是俺庄的女民兵。好像 25 岁出嫁的，具体这两个年龄我已记不大清，一会儿她就会来，再问问她就知道了。结婚后她整天也不在家。今天这里过亲戚，明天那里过亲戚。两个人没有感情，不待在那里。她不跟人家过日子，后来就跑回来了。她这个思想根本就不热他②。她老的包婚姻，自

①　确切的时间是 1984 年农历十一月二十九，材料来源同上页注释③。不过，材料是次年的正月初五写成的，并且有两名见证人。闵繁康的前妻并不承认自己有生活作风问题，她在答辩状中一再要求："得把我的作风问题弄清楚，我自己有数，我没有这个事情。是俺男的不要我了。"见同一卷宗，13 页。
②　闵繁康第二任妻子的第一任丈夫。

己不能自由做主[①]，那还管吗？我想想，1984年秋天她就跑回来了，上我家了。当时，她和我在家一起，可是时间长了，觉得也不行。我就把她送到东北去了。其间，男方提起诉讼，判决了离婚。她在东北待一个阶段是到了齐齐哈尔，去我们村下东北的一户人家。在东北时人家给她找一个主儿，她也不跟。以后她就回来了。因为时间长了，光待在人家也不好嘛。她一回来也没有敢回家，就上方城镇她姨家去了。时间一长，家里的父母也就知道了。她姨家就派人来闵村叫她一家去研究这个小孩咋弄？当时，祥惠想回家来，但是她的父母和兄弟都不叫回，也不要。娘家不叫进门，她犯难了。然后她去了三叔家。她三叔是附近一个乡镇的粮管所所长，她三婶子是那个镇的妇联主任。她就给三叔一家人做饭。时间长了，三叔等人就烦厌了。有一天晚上看电视，三叔说："看电视干什么，闲死！"她一看，三叔是冲着她来的。第二天她就拔锚开舟！记得那一天，我跟俺庄的闵繁习[②]在公路上看护树。她三叔骑着派出所的三轮摩托车来了，问："祥惠去哪里了？"繁习告诉他没有看见。10点多钟的时候，我回家（就是现在的这个家）发现她待在我的门口。从那她就不走了。我记得，当时她说："你把我弄到这个样，我已经无路可走了。你要不要，我就死在这里！"

这个段落就这么一个情况。实际上咱也不相信她，因为已经叫我送走了，所以我当时已经不打算跟她结婚的。当然我们之间有好感。

---

① 朱爱岚说："在1980年代的中国农村，妇女话语与策略的主旋律是自由的概念。农村妇女本身总是以直接而实际的术语谈到自由同她们具有或不具有的选择相关的东西，比如同结婚与离婚有关的选择。"（朱爱岚著，胡玉坤译：《中国北方村落的社会性别与权力》，185页，南京：江苏人民出版社，2004年）不过，朱爱岚却认为这种"自由"观念与数十年国家自上而下的运动之间关联微弱，也就说，这些运动的影响力是有限的。我并不同意，我认为民间今日"婚姻包办"和"婚姻自由"概念是国家导入的一个结果。当然，这个导入的过程中，我不排除地方在接受时具备能动性。

② 闵繁习是闵祥惠的堂叔。

闵繁康前妻吕氏的口述一（这是 1985 年 8 月 8 日法庭离婚调解时的记录）：

> 他（闵繁康）有作风问题。我生气劝他改好，他就不听。去年他打我一顿，把我眼睛都打得发青。他打得有病过年都没家去。看在孩子面子上，合起来拉巴小孩。小孩跟他掉后娘手里去了，没法过。作为我本人，他只要改了，我就想和好过日子。他别拿我不当人就行。因为我管他作风有问题，他不叫我管，我就要说管他。就因为这个闹的。只是我自己抓的，没有他人证明。他不改，我看不惯。[1]

对闵祥惠相关访谈如下：

> 问：嫂子，你现在在板厂里干，是吗？
>
> 答：对。不干没钱。
>
> 问：我今天来是想了解你和闵大哥的婚事。这半年我在村里搞调查，了解到你的婚姻当年在乡里有很大震动。你们一生一定受了不少难为，因而我想听你说说这些年来的苦楚。
>
> 答：谈这个做什么？不谈（她的脸低下来，不愿意提及往事）。
>
> 问：我很同情[2]你和闵大哥。我想写写，我觉得这么多年你们顶着很大的乡俗压力在过日子。
>
> 答：写那个干什么？没用（然后，就是沉默）。

我没再追问下去，然后她就去准备菜肴请我吃饭。事先我与闵繁康都已商量好了，他也做通了工作，答应配合我的访谈，可是临时又改变了主意，使我的学术访谈中止。事后，我对这次访谈进行了反

---

① 山东省费县法院：民事档案 146 号，18 页，1985 年。
② 这只是一个策略性的用词，目的是想让被访者给予合作，并不存心进行诱导性访谈。

思。我想，她拒绝的原因：一是往事给她带来的伤害太大；二是可能觉得这个事情难以启齿，虽然我与闵繁康已经成为朋友，但是毕竟我与闵祥惠是第一次见面，加之问这样的多少叫人有些尴尬的问题；三是学术研究的动机对被调查者并没有什么意义。

为了使讨论有充分的事实基础，让我们再听听村民的讲述。

村民口述材料一：

闵繁康当兵复员后家里给他订了一门亲事，女的是附近吕寨的。他回到村里任民兵连长。好像复员的当年定的亲事，第二年他与那女的完了婚。生了两个男孩一个女孩。一开始小家庭倒也幸福美满，后来在他当民兵连长的时候，跟俺本庄的一位女的"轧伙"①。他们两家邻墙，按照我们姓闵的辈分，女的赶男的叫叔，按房份也不多远。这个女的家里也给订了一门亲事，是附近新桥乡的。起初女的不愿意这门亲事，后来迫于家庭的压力出嫁了。闵繁康常利用自己夜间值勤的机会去这位女的庄上，继续跟她轧伙。再后来女的干脆离开了婆家回娘家住了，说什么也不去了。目的无非是想两个人天天混在一起。白天，闵繁康和这名女的不敢见面；晚上，两人常常偷偷摸摸。后来叫闵繁康的老婆发现了。闵繁康的老婆就跟闵繁康闹，又哭又骂，打仗。她识两个字，就写了字条放在这个女的大门（槛）底下，内容怪难听，说女的不要脸，是个骚货，跟闵繁康轧伙之类的话。目的想叫女的爹娘知道。再后来，闵繁康的老婆写了更多纸条，放在那女的家猪圈墙上等地方，目的仍然是想让她父母发现。再后来，干脆张贴在俺庄大街的电线杆上。就是那条南北大街，你（指本文作者）天天走过的那条。这一下闹得全村开锅了。女的父母天天堵着闵繁康的门上骂。骂归骂，两人仍然好成一个头。女子就是不回家，婆婆家就差人来叫，叫了好几趟，女方就是不回家。人家把这件事情告到镇政府。加上闵繁康当官有贪污集体的钱，镇政

① 村民读成：gā huǒ，意思是"相好"。

府决定处分他。在没有处分前他跑了，跑到附近村里的亲戚家住下。他老婆一看没有办法了，就跟他离了婚。法庭将大儿判给闵繁康，将二儿和闺女判给女方。在闵繁康外逃期间，女的也跟着逃了。后来，那女的也离了婚。接近一年，风声就小了，两人又偷偷摸摸回到村里。白天不敢露头，夜晚偷偷私会。再后来也就结了婚，现在生了一个小小子。他俩结婚的时间是 1987 年，儿子都已 17 岁了。听说，以前他们私生过两三个孩子，都给人家了。可是女的父母仍然不认这门亲戚。你想，能认吗？一切都乱了套，多丢脸的事！

　　从闵繁康口述资料中可以看出，他和闵祥惠以"封建包办婚姻"的理由来反对闵祥惠父母给其安排的婚姻。随着 1990 年闵繁康当选村主任，二人开始盘算借助婚姻法将这桩事实婚姻合法化。于是，在 1989 年春节前他们走进了 W 镇民政所，陈述了结婚理由。在陈述理由时，二人特别强调以前的"封建包办婚姻"给他们带来的痛苦。显然，他们试图借助新《婚姻法》的修辞技巧。正如闵繁康所言，他们的再婚合乎国法：第一，均已离婚；第二，他们俩是自愿的；第三，已经超越三代亲属（更不用说 1950 年老《婚姻法》规定的五代界限）。当地民政所在听取了两人的意见后给他俩办理了结婚证：

　　费字第 0009 号

　　闵繁康（1950 年 7 月 19 日出生）和闵祥惠（1960 年 3 月 14 日出生）申请结婚。经审查符合《中华人民共和国婚姻法》关于婚姻的规定，准予登记，发给此证。

　　发证机关：山东费县 W 镇民政所

1990 年 1 月 9 日

　　至此，可以得出一个大致轮廓：闵繁康跟第一个妻子有了三个孩子，后来跟她的邻居闵祥惠有了"男女关系"。时间发生在闵繁康当闵村民兵连长期间。从闵祥惠一方来说，这个时间应该包括当女民兵之前、当女民兵期间以及婚后到二人各自离婚的一段时间。从口述材料和法院卷宗来看，闵繁康的妻子又与他人发生了暧昧关系，事情终于败露。闵繁康一方面喜欢闵祥惠，另一方面又有了这样一个借口，第一桩婚姻就破裂了。当然，从女性的视角来看，婚姻破裂的原因在于：一方面，吕氏遭受了家庭暴力；另一方面她有跟他人通奸的事实，尽管这一"事实"她一再否认，但是闵繁康已经拿到了那个男子的"承认书"和物证（带血迹的裤子），而且这份承认书还有证人，她无力推翻这一切；此外她虽然目睹过闵繁康与闵祥惠的"通奸"，但是她找不到第三者的证明，也就是说，无法把破坏婚姻的第一责任推到闵繁康身上。加之通过长时间的努力都没有拉回那个从前的属于她的闵繁康，她担心拖延下去情况会更糟。于是她只好放弃了第一桩婚姻。这里存在一个事实：闵繁康与闵祥惠的暧昧关系发生在闵繁康跟前妻离婚以前，至迟不会晚于 1983 年。此属典型的婚外情。

二、村落世界的反应

闵繁康与闵祥惠的故事作为一个人类学变量被投入乡村世界之中，不可避免地激起文化反应。尽管上一小节口述资料对此已有所触及，但此小节将重点对此予以重构。

闵繁康与闵祥惠的相好并结成夫妇，在闵村社会引起了剧烈反响。用闵繁康的话说就是"当时像爆炸了原子弹一样，整个村庄都炸开了"。人们议论纷纷，但没有一个人会赞同他们俩的结合。人们认为闵繁康"胡闹"，是流氓，是在"玩弄妇女"，对待闵祥惠则用"浪"这样的字眼来辱骂。时至今日，当我深入闵村从事人类学调查之际，人们仍然难以接受这桩婚事。特别是老年人，更是对此嗤之以鼻。这可以从下边两则口述材料中得到印证。

村民口述材料二：

一开始，闵繁康的第二个老婆不出门，出门也没有人跟她搭腔。随着闵繁康这两年又当村主任，在庄里地位慢慢抬升，她也可以公开出来了。但是遇到人仍然不称呼什么，只是哼哼哈哈而已。

第二份口述资料来自费县法院的卷宗，是当年法院在判决闫繁康第一桩婚姻离婚时的证人证词：

> 我如实地反映一下真实面貌吧。过去他们之间的关系很好，1983 年搞民兵训练，他（指闫繁康）经常请假家走。因为他当伙食会计，离不开，我就不准假。他说："不走不行。小孩他娘自己在家，常有人爬墙头，得回家监视。"1983 年冬天他们夫妻二人到公社离婚。闫繁康说："您不给我离婚，脱不了大年初一去给我吊纸！"我觉得，他是我的战友，又是下属民兵连长，叫我一膀子、一锤（拳头）拱到门崖（崖头）下去了。
>
> 他夫妻关系问题，现在的已退休区长×××、人武部长×××、附近乡的乡长×××、本乡镇的派出所所长×××和民警×××都曾经亲自登门调解过，当时的乡文书也做了大量工作，总算勉强又维持了一年。
>
> 前××村大队书记×××等也都劝说闫繁康不要离婚，但说不服。他们就说："真离婚的话，你得对得起良心！"
>
> 吕××在 1983 年就觉得他们的婚姻关系危险，但没有打定主意离婚，前几天又到我这里来。我劝她"两口人分不出高低。你们互相承认一下错误，团结起来生活"。她说："我没错，我承认什么？我看谈不下去了，也就没有再给她谈更多的话。"①

当时法院所调查的证人是闫繁康的战友，他是一个乡镇人武部的部长，两家关系较好。闫繁康的战友和其他人都不主张二人离婚。这一点结合吕氏的讲述来看，很可能是考虑到家庭的稳定、孩子成长等问题。在过去，中国社会离婚率低很大程度上是出于同样的考虑。人们建立家庭主要是从家庭和宗族的延续角度出发，而不是考虑个人的感情。这一点迥不同于西式家庭。西式家庭大多建立在个人感情基础上，两情相悦，自然就会结合，感情不再，自然就会分离。中国人讲

---

① 山东省费县法院：民事档案 146 号，15–16 页，1985 年。

究"良心"，讲究责任，讲究照顾孩子。闵村的大量家庭访谈证明，很多夫妇之间许多年来都缺乏所谓"感情"，而且存在家庭暴力，但是大量妇女或者男性为了孩子，都暂时相忍以维持家庭的存在。这不能不说是中国民俗社会的一个特点。另外，尽管闵繁康的妻子也存在婚外情，但在乡村社会调查中，我们并没有发现乡民对她的舆论谴责（很可能是乡民并不知道这一事实造成的结果），相反乡民把她描述成一位受害者，一个婚姻失败的可怜的乡村社会女子。

那么，闵繁康和闵祥惠的婚姻为何不能被乡民接受呢？原因是他们俩触犯了两个乡村禁忌。

第一个禁忌是发生了婚外情。中国乡村社会很久以来已经建立起一种婚姻和性生活相一致的生活观念，即只允许在婚姻许可的范围内发生两性关系，尽管从来就有很多人并不遵循这一民俗规避而红杏出墙。这一点从村民口述材料的用词中可以看出。这种非正当关系从来就受到乡村舆论的讨伐。人们用"偷汉子""爬墙头""偷偷摸摸""轧伙"等字样来描述此类事件。这些语词具有一种特殊的贬义色彩。"相好"一词虽然颇具中性味道，但在乡村社会的使用中也充满了道德挞伐意味。在那个时代，不论是国家法律，还是民间道德规范都不允许此类事情发生。许多国家干部就是因为生活作风出了问题而被开除公职，从而影响了个人前程。闵繁康和闵祥惠二人均已经建立了家庭，他二人的"轧伙"终将双方的家庭拆散，这更是不为乡村社会所容忍的事情。如果一个人有婚外恋，在经过批评、教育而悔改后，随着时间的流失，乡村社会终将会原谅他（她）从前的过失。如果不顾众人的劝阻，继续向前发展而最终导致两个家庭的破裂，这种人必然被视为乡村社会的另类。这一点从闵繁康前妻的口述中可以得到证明，也可以从法庭就此案件所调查并由其他人所提供的取证材料中得到说明。

闵繁康和闵祥惠触犯的第二个乡村禁忌是同姓同宗不婚。闵村闵氏族人很久以来不跟孔、孟、颜、曾四姓婚配，他们觉得自己的祖先闵子骞是孔圣人的徒弟，跟其他三姓的祖先曾子、颜子等又是同学，而后的祖先也与孟子的后人存有密切的关系。更为重要的是，他们的姓氏辈分全都模仿孔氏。在他们看来，与四姓之间情同手足。所以，在山东一带这五个姓氏的人们见了面，在问清辈字的前提下，彼此以亲属称谓相称。显然，"同学"关系是一种对亲属关系的模拟，由此婚姻制度也得到了模拟。在这样一个历史情况下，不难想象闵村同姓同宗之间的婚配在闵氏宗族内部被禁止的程度。调查中村民一再告诉我们，他们两家刚刚出离了五服，而且"差辈"。意思是血缘关系很近，且非同辈，不该结婚。甚至有些村民认为他们二人属于"乱伦"。

下面的谱图准确地反映出闵繁康和闵祥惠在宗族中各自的位置：

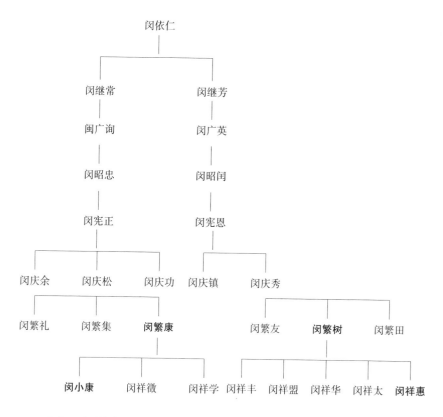

我们以闵繁康和闵祥惠的父亲闵繁树为基点来分析他们的五服关系。就他们二人而言，上溯第六代"传字辈"（闵依仁属于"传"字辈）就是一个祖先。这个祖先繁衍了两支。如果从闵依仁算起，那么到"庆"字辈就已经出离了五服，也就说"宪"字辈上这两支人口还在一起"行人情"，在一个五服内。所谓行人情，即丧葬仪式等要在一起举行。"庆"字辈是出离五服的第一代,"繁"字辈是出离五服的第二代。对于"繁"字辈的人而言,他们的祖父一代曾经在一起行人情,关系是很亲密。如果"宪"字辈的某个人去世得较晚,其他已经没有"宪"字辈的近房支中的"繁"字辈的人就有可能跟他们在一起参加丧葬、婚礼等仪式。至少他们曾经目睹过父辈或者祖父辈在一起举行过仪式。而在自家五服范围内的丧仪上,闵繁康与闵繁树作为"宪"字辈的孙子辈也在一起服孝参加葬礼。就乡村社会的实际情况而言,应该说这是一个并不太远的血缘亲属关系系统。闵繁康和他的事实上的岳父——闵繁树——曾经很长一段时间以"兄弟关系"相称,二人年龄也相差不是太多。突然间闵繁康跟他的女儿结婚,即一个"繁"字辈的人跟一个"祥"字辈的人结婚,这就打乱了乡村社会中的整个亲属网络系统,颠覆了世世代代以来人们所遵守的乡村规范与宗族秩序,自然会引起一片舆论哗然。这一点下面还要展开分析。

三、亲属身份在文化意义上的死亡

闵繁康与闵祥惠婚姻的最大受害者是他们本人、他们的孩子和闵祥惠的父母等重要亲属。

首先,我们来看闵繁康所遭受的痛苦。下面我将把对他的个人访谈展示如下:

> 问:你和嫂子的事情败露以后,她的家庭是什么反映?
>
> 答:我和她家是邻居,(她的)父母肯定早有觉察。我曾经在墙这边听她娘问祥惠说:"你这个事能不能行?艇(我的大孩名)那么大了,你当后娘行吧?以后他要翻眼呢?"我说呀,这个事怎么说?从这件事上(判断),她娘已经知道了这个情况。她的兄弟和妹妹结婚,正面上我不去,但背地里我都去礼金。逢年过节我就在墙这边递一点什么过去。当时的背景很好,那时我在大队里干,到以后我不干了。他爷枪炮火药的,是个孬

种。在别人将军[①]下，他爷以后又觉得不合适。他就闹。没有办法，我就出去躲了半年，当时小康都三岁了。我们去了沂南的双堠镇。

问：你们结婚后，整个村落什么反应？

答：好娘的，浑锅呢。这里也告，那里也告。告经济吧？检察院来弄了7天，但后来没有经济问题，给我平了反[②]。关键是因为这个（婚姻）事情。从民情上来说，不允许，从国情来说，符合。当时就是因为婚姻把我弄下去的，以破坏"民风"把我拿下去的。当时整个大街上大字报都贴满了。他们非拿下我去不行。闵××从中把我弄下去的。当时搞得翻天覆地，把我弄得臭不可闻。

其次，来看闵祥惠的遭遇。闵祥惠跟闵繁康相好的事件曝光后，她的父母就打她、骂她。在父母的逼迫下，闵祥惠嫁出了闵村。闵祥惠返回闵村后，父母"不让进门"。她就到各处躲避。等到1985年闵繁康跟前妻离婚，闵祥惠就跟闵繁康待在一起。当时白天不敢出门，只有夜晚才出来。由于父母、兄弟们的反对和乡村社会舆论的强大压力，他们又不得不四处躲藏。在外边流浪了一年多才回到村子。1987年闵繁康盖了现在的房子，闵祥惠成了屋里的女主人。1988年后有了闵小康，但直到1990年二人才补办结婚证。1990年闵祥惠的父母又闹，加之上级审查闵繁康村中财务问题，他们又再度离开闵村。也就说在1985年到1990年这段时间里，根据当时的婚姻法，他们二人属于非法同居。其间，他们也曾想过办结婚证，但是考虑到各方面的压力，担心村委会不给出具证明（尽管此时闵繁康仍然是民兵连长），也就没有申请结婚。闵祥惠的第二次婚姻没有仪式，没有亲朋好友的

---

① 即舆论或者议论的意思。
② 1990年4月，闵繁康被停职审查。关于他停职审查的原因有两种：一是"作风问题"，一是经济问题。关于经济问题，原大队书记和现任村支书有两种观点。原大队书记认为，他的经济问题是个冤案，后来把罚的2000多元又退还给闵繁康了。现任村支书说，他自己当时承认贪污了1000多元。

到场，孩子的出生也没有人前来贺生。闵繁康说，一切都像做贼一样，偷偷摸摸。起初的几年她不出门，等到后来孩子一天天大了，她怕把孩子关在家里影响智力发育，才顶着"唾沫星子"走出家门。十几年来，她不止一次听到父母骂街，尤其是她父亲喝醉了酒躺在街上，浑诀乱骂，她的心里很难受。将近 20 年了，她一直在闵村抬不起头来，父母也从没有来看过她，她也不能踏到父母的门槛上。因为娘家兄弟对她说过"再踏进这个门槛，腿给打断"的话。闵繁康说，2003 年她到附近村落干活，在路上遇见了他的前妻，两个人堵着路口大骂了一场。上述我们访谈她时，简短的对话以及谢绝流露了她的内心苦痛及相关记忆。

再次，观察闵祥惠娘家亲属的苦恼与不幸。从闵繁康的讲述中可以看出，最初闵祥惠的父母似乎可以容忍这桩婚事，尤其闵祥惠的母亲。但是也许后来闵村社会的舆论压力太大，闵祥惠的父亲闵繁树无法在村中抬起头来过日子。我曾试图努力采访闵繁树，但是均未获成功。我只能从闵繁康和村民的口中了解一些情况。村民们告诉我，闵繁树经常骂街，每一次喝酒都借着酒劲乱骂。最初事情发生的时候，他曾经带领着儿子把闵繁康家的门给踹了，把闵繁康家的一些物品毁坏了。我在闵村生活的半年中，曾经目睹过一次他的"发酒疯"。闵村的村委会和闵子祠相邻，前面有一广场。他来到广场上，先是不提名字地骂，再后来就指名道姓骂闵繁康。也许时间久了，没有人围观，因为大家都知道他因何而骂。从观察中发现，他的精神受到了高度刺激。显然，女儿的行为在闵村让他丢尽了脸面。

当初闵繁康与闵祥惠相好的时候，闵繁康的前妻吕氏咒骂闵繁树的几个儿子死掉[1]。不幸的是，这些年来，闵繁树的大儿子死了，大儿媳和二儿媳也死了，三儿子前年出了车祸，赔人家十几万，四儿子去年正月十四叫人家一棍子把脑袋给"开了花"，造成了脑震荡。村民说，这个家庭完了。在闵繁树看来，这些不幸都是因为一句咒语而起，而咒语又因为闵繁康与闵祥惠的不正当关系。因而，他痛恨女

---

[1]　山东省费县法院：民事档案 146 号，5 页，1985 年。

儿，痛恨闵繁康。

更为不幸的还有两件事情。第一件事情是，闵繁树最初骂街曾经招来人们的同情，但是现在却出现了不同的评价："小孩（指外孙闵小康）都十七八了，自己事自己不知道吗？诀（骂）什么？"或者"当初干什么来着，为什么不管严一点？"现在村里很多人认为，他这样乱骂实际上是在"败坏"自己的名声。第二件事情是，在我们的调查结束以后，费县县委在闵村办了一个"农村党支部学习整顿示范点"，在党员三天学习期间，闵繁树被评为落后党员。在这一天下午，他喝了点酒，又在广场上乱骂，哭爹喊娘。乡村社会的隔膜是最大的一种痛苦，又加之被官方评为思想落后，可以想象他的内心有多么痛苦。我曾经访谈那些投票说他思想落后的党员，他们告诉我，他们当时投票的标准是党的政策和国家的法律法规。他们觉得闵繁树的行为跟婚姻法相违背，故而投票。可是当问及他们是否赞同自己的孩子如闵繁康和闵祥惠那样在闵村选择对象时，他们坚决不同意。由此可见，这些党员以两种文化面孔生存于乡间社会。我曾经怀疑闵繁康利用现任村主任的身份从中干预选后进党员一事，但深入访谈的结果发现，他并没有在幕后主使。

最后，让我们看看闵繁康与闵祥惠的儿子——闵小康的遭遇。闵小康，1988年生，闵繁康的第三个儿子。2003年初中毕业，没有考上高中。如今整天待在家中看电视，显得很孤独，并且他还患有心脏病。他的外祖母家与他家只隔三条街道，但他17年来从未去过外祖母家。他知道外祖母家的门，也认得外祖母、外祖父和4个舅舅，但是他从没跟他们说过话，他们也从没跟他说过话。他说，有时候在路上碰到了外祖母、外祖父等人，彼此都不说话，就走过去了。有时候遇见外祖母、外祖父，他们会突然骂起来。外祖母、外祖父偶尔有几次骂街，也会骂到他。小时候他不知道他们为什么要骂他，等到大了，他明白父母的故事，才知道外祖母、外祖父为何骂他。他的舅舅们也没有跟他打过招呼，更没有买过好吃的给他，见面的时候就像陌生人。他到记事的年龄才从家中走出来玩。刚出来那会儿，他觉得院子外边的世界很"清亮"，也很开阔。他对此充满了好奇心。虽然也有邻居的个别小伙伴同他玩耍，但一直没有像正常儿童那样彼此称呼哥哥、姐姐、弟弟、妹妹。有时候，当他看见大人们抱着孩子教小孩称呼别人，他最初奇怪自己的父母为什么不这样教他，他奇怪大人们可以教孩子称呼跟他同龄的小伙伴，却没有教孩子称呼他。他觉得比别人矮了一截。他说，长到这么大，从没有称呼村里人为叔叔、伯父等，村里人虽然有时候喊他的小名，却从未有人称呼他。不过，他也没有听到别人当面议论他的父母的婚姻和骂他。

从谱系上推断，闵小康是一个文化上的怪胎，他的辈分处于一个极其尴尬的文化位置。如果按照父亲的行辈命名，他必然是一个"祥"字辈。这个辈分则与母亲等同，可以跟母亲以姐弟称谓而论。如果以母亲的行辈命名，他必然是一个"令"字辈。这个辈分则可以称谓父亲为祖父。如果向一个更大范围去推论，根据父亲命名，他就会跟舅舅以弟兄们相称，跟外祖父母以伯父母相称。如果根据母亲命名，则就会称谓叔父母为祖父母，称谓叔伯兄弟姊妹为叔叔和姑姑。——这一切称谓将全部乱套。行辈命名的制度设计在于给出每一个宗族成员以身份和位置。一个隔代同宗婚姻会将整个乡村社会长久以来缔结的亲属称谓系统搅成一锅粥，人们将在系谱中失却自己的宗族性文化身份。事实上，宗族的文化身份规定和赋予了人们的角色行为。不难想象，当这个亲属称谓系统紊乱以后，人们将变得如何地不知所措。闵繁康与闵祥惠的婚姻缔结，闵小康的出世，在闵村社会的乡亲看来，这是对他们所信守文化的一次挑战，是一次对原有的明朗的乡村秩序的颠覆。这种挑战与颠覆带来了对他们文化身份和宗族位置得以确立的危机，进而给世代以来所接受的文化规范带来危机，而这种文化规范是他们长久以来赖以生存的文化性资源。在这种情况下，必然遭到整个乡村乃至区域性社区的舆论的打击。鉴于此，闵繁康给他的儿子命名为"小康"，以此避开命名上的文化尴尬，避开同整个乡村社会的文化冲突。

其实，如果继续探讨，则发现有着更深层次的原因。中国传统民俗社会是一个比较重视人情往来的社会。所谓"人情"实际上是一种人们赖以生存的经济资源。人们拥有的社会关系越丰富，他所具有的"人情世事"也就越多，从而越拥有生存的经济资源。因为这种"人情"实际上是一种经济的互助关系。这就是布尔迪厄讲的社会人际关系资本可以向经济资本转换。① 阎云翔描述的下岬村就是一个礼物流动的世界，一个在互惠原则组织下的社会网络世界。② 婚姻是实现这种互助关系的最好的一种文化选择与策略。闵村社会的贺生、婚典和丧葬三大民俗活动，实际上都是亲朋好友参加的乡村的仪式。在这些仪式里，亲朋好友都要带着礼物和礼金前来。这些礼物和礼金的目的在于帮助主家完成这些仪式。同时，日常生产、建房等生计问题也需要亲属群体给予帮助。闵繁康和闵祥惠的婚姻由于没有得到乡村社会的认可和亲属的认可，致使他们失却了来自亲属的礼物性互助和劳力帮工。尤其闵祥惠，已经在文化上和经济上失去了娘家。要知道，娘家对于乡村社会的妇女及其家庭来说，是一个非常重要的亲属关系网络和生存资源。至于闵小康，他现在尚未发展成一个独立的乡村个体，也就说，他还不是乡村社会认可的一个独立文化意义上的生命存在。如果将来某一天他成家立业，他没有舅舅家这门亲戚，他会感到好多事情孤立无助。他在闵村的亲属关系天然是一个残缺，这一点在他没有出世以前就已经奠定。一个发育不出正常社会关系的人在闵村社会看来，是一个"残废"的人，一个文化畸形儿，不管他的身体有多么健康。这一点他会在不久的将来品尝到，除非他离开闵村而选择城市生活，因为城市生活似乎并不太倚重这些亲属关系链条③。

如此说来，闵祥惠丢失了娘家，闵繁树失去了闺女家，闵繁康失去了岳父家，在文化意义上，彼此的相关亲属皆死亡了。或者应该称为"活着的死亲戚"。

---

① Pierre Bourdieu，"The forms of capital", in John G.Richardson edited, *Handbook of Theory and Research for the Sociology of Education,* pp.241–258, New York: Greenwood Press, 1986 (1983).

② 阎云翔著，龚小夏译：《礼物的流动：一个中国村庄的互惠原则与生活网络》，上海：上海人民出版社，2000 年。

③ 事实上也远非如此，我们看到城里人的贺生、婚典和吊丧这样的民俗事件也少不了亲属的参与。

四、讨论

旧时期婚姻当事人的两个家族间只要缔结了婚契，经过明媒正娶，婚姻及婚姻所建立的家庭就取得了合法性。婚姻是地方社会里的民间行为，国家并不需要出具证明。新中国成立以后，国家建立了婚姻登记制度，如果一桩婚姻没有民政部门所颁发的结婚证，即使拥有了"父母之命，媒妁之言"，也将是非法的。也就说，此一时期婚姻配置资源掌握在国家手中。可是，为什么现代中国要将婚姻配置的批准权揽入自己怀抱？假定说国家的批准能给地方社区的人民带来幸福，可是上述的民族志报告似乎呈现出相反的经验。如果说国家在批准婚姻的同时也赠送给当事人一定的生存资源，可是我们发现除了一纸证明外，婚姻当事人并没有获得什么，相反，就本案例而言却丢掉了传统赖以生存的亲属关系网络。那么，现代国家究竟从中牟取到什么好处呢？我以为，这个问题应该回归到现代中国对自我的想象与建构上来才能找到答案。

吉登斯指出，现代化的民族－国家产生，其目的就是要造就一个具有明确边界的国家，该类国家的行政力量要全面渗透于社会，并对社会进行严密控制，使社区面对国家的全面监察与规制；同时，新的大众文化将全面替代传统文化。[①] 显然，1950 年以后的中国，步入了一个"民族－国家"现代化的建构过程，其现代化奋斗目标是要建立一整套新型的社会制度。这样，传统时代的制度和民间社会就被想象和预设为自己的障碍，成为现代化道路上所必须铲除的他者。婚姻登记制度实际上是新型国家制度向民间社会渗透的一个"吊诡式"的文化策略，换言之，是一个把公民从传统国家制度和宗法制度中解救出来的过程。对农民改写原有的文化身份，从而变成新国家的一个公民，这个过程的实质在于给其安装上新的一套社会规范，以此将其建构成新的国家共同体中的一员，从而完成"民族－国家"的现代化缔

---

① Anthony Giddens, *The Nation-State and Violence,* pp.41–49, Cambridge: Polity Press, 1985.

造任务。[①] 在这个意义上言，新国家的现代化运动是为了满足其自身的叙事逻辑。

现代知识精英配合新国家的叙事，不断地批判传统婚姻给青年人带来的悲剧命运，如对《红楼梦》的新的解读，巴金《家》《春》《秋》的出版，以及大量影视作品传播等，无不是给青年一代许下一个美好的诺言：婚姻自由，双方自愿，从封建牢笼里冲出来，或离开那个古老的屋檐，有了感情就有了幸福。大量的人类学田野资料证明，所谓"理想的"或者"理性的"现代化制度并不能包办一切，或者说现代化制度并没有如自身所许诺的那样包含人类生存所需要的全部资源，人们仍不得不借助于传统时代所遗留下来的文化资源而生存。这就是明明有了国家的合法证明（结婚证），还仍然要举行婚礼仪式的原因。

事实上，我们看到，如果一对夫妇获得了结婚证，如果没有得到父母的肯定，没举行一个结婚仪式，人们多半会对这桩婚姻有所议论。这种议论表明了人们对这桩婚姻的有效性产生了质疑。为了取得民间的认可，尤其是亲朋好友的认可，年轻配偶必须举办一个结婚仪式，通过一个仪式去向亲朋好友和社会宣布他们婚姻的合法性和有效性，而参加仪式和出席新婚宴席行为本身则构成了见证婚姻的一种文化策略。这表明了乡村文化自身拥有一种文化壁垒性，国家法律渗透是有限的，乡村已有的婚姻语法和新的婚姻语法仍然在竞争。

王启梁最近在一篇文章中指出，"任何过度疏离于社会的国家法律，无论它来源于对外国法律的移植还是本土性的创造性立法，对民众和社会来讲都可能是'外来法'"[②]。这句话对于理解本案例具有启发意义。

---

① 瓦茨拉夫·胡宾格尔：《人类学与现代性》，中国社会科学杂志社编：《人类学的趋势》，103—121 页，北京：社会科学文献出版社，2000 年。
② 王启梁：《法律移植与法律多元背景下的法制危机：当国家法成为"外来法"》，《云南大学学报》（法学版），2010 年第 3 期。

第二节　孔子与基督的辩论

在马克斯·韦伯的眼里，中国属于一个儒教与道教流行的国度。[①] 在《儒教与道教》一书的"结论"部分，他试图对二者做出区分。他认为，"清教是一种（同儒教）根本对立的理性地对待世界的模型"；在广义上，"清教"被理解为道德严格主义的、基督教禁欲主义的一般信徒共同体，包括浸礼会派、卫理公会派等。[②] 当然，梁漱溟并不赞成儒家是宗教的看法，并提出了"周孔教化非宗教"的观点，挑明了中国儒教伦理道德代替宗教的事实。[③] 而杨庆堃认为，儒家学说在有神论意义上并不被认为是真正的宗教，但从社会政治教义角度看，它具有宗教神学的某些面向和功能，因而具有宗教的特质。[④] 李亦园则从民间宗教信仰的角度来看待儒学体系中的祖先信仰问题。[⑤] 不论儒学是一种宗教还是一种思想体系，上述诸家都指明了一个事实：中国社会以儒家思想及其相关信仰为特征，儒家的东西构成了中国社会文化的底色。可想而知，在这样一个背景下，西方基督教传入中国自会有许多故事发生。

那么，迄今为止，关于儒家思想信仰与基督教在中国乡村世界中的关系的人类学探索都取得了那些学术成果呢？

美国公理会传教士明恩溥（A.H.Smith）在华北传教，他在 1899 年出版的《中国乡村生活》（*Village life in China*）一书中从西方文化的立场分析了基督教给中国带来的种种益处。比如，基督教能更好地关怀他们，阻止杀婴。基督教将在父母和子女之间唤起一种他们所不知的同情心，将向父母显示如何训练和控制孩子，变革中国的教育制度，促进孩子合理地运用自己的语言，给女孩提供跟男孩一样平等的教育机会；基督教会有利于姑娘们发展女子同伴之间的情谊，更合理

[①]　马克斯·韦伯著，王容芬译：《儒教与道教》，290 页，北京：商务印书馆，1995 年。
[②]　马克斯·韦伯著，王容芬译：《儒教与道教》，290 页，北京：商务印书馆，1995 年。
[③]　梁漱溟：《中国文化要义》，102-109 页，上海：学林出版社，2000（1987）年。
[④]　杨庆堃著，范丽珠等译：《中国社会中的宗教：宗教的现代社会功能与其历史因素之研究》，39-40、225-253 页，上海：世纪出版集团、上海人民出版社，2007 年。
[⑤]　李亦园：《人类的视野》，273-280 页，上海：上海文艺出版社，1996 年。

地选择男性配偶，促使婚姻的建立不是社会的需要，而是充分考虑个体的偏好；基督教将不与一夫多妻制和纳妾制妥协，将变革青年夫妻间的关系；基督教将净化和柔化中国家庭；基督教会促进卫生预防工作；基督教在中国人的朋友关系中将引进一种全新的要素；基督教能够培养中国人的爱国主义；等等。总之，基督教将会使中国的童性变得神圣，使母性变得崇高，使中国的人性变得有尊严，同时净化各种社会条件。[①]

相比较而言，E.A. 罗斯的观点相对中立一些。在 1911 年出版的《变化中的中国人》一书中，他辟有专章讨论"基督教在中国"的传播问题。[②] 其主要观点是：第一，中国宗教的发展水平难以抵挡控制中国人对西方文化的赞美，基督教因而赢得了大批信徒（传播纯洁、高尚道德的儒家孔教只是一种伦理制度，并不是真正的宗教，它除了在文人阶层内影响颇大外，对其他中国阶层影响不大）。第二，中国人偶尔袭击传教士，并不是因为排斥异教的情感而爆发的，部分原因在于鸦片战争、被强加的鸦片贸易、被迫开放通商口岸、领土主权受到破坏、民族自尊受到猛烈冲击等。第三，反对传教士的另一原因是一些文人和官员有目的地煽动，他们担心传教士引进的新思想会使维持旧的统治制度、剥削制度更为困难；由于基督教同物质文明联系紧密，中国为了生存被迫在整体上吸收它，并向中国社会输入了诸多文明因素。罗斯在他的研究中透露，那些不参加祖宗灵堂和坟墓上祭拜祖先仪式的人被迫从宗族中分离出来而成了基督教信仰者。

对于罗斯所提到的第三条主张，的确能在中国近代思想史中找到根据。当年文人和一部分官员主要担心"西人矜其教法，驱除异己，各小国有不从者，胁之以兵……今又欲此强中国，启非用夷而变夏哉！"[③] 庄孔韶认为，在恐惧以夷变夏方面，高层与基层有着共同的感受，"长久沉积的文化与心理和近代民族危机引起的恐惧感相结合，

---

① 明恩溥著，午晴、唐军译:《中国乡村生活》,335–347 页，北京:时事出版社,1998 年。
② E.A. 罗斯著，公茂虹、杨念群译:《变化中的中国人》，北京: 时事出版社，1998 年。
③ 夏燮:《中西记事》第 16 卷第 6 页，转引自庄孔韶《银翅: 中国的地方社会与文化变迁》，425 页，北京: 生活·读书·新知三联书店，2000 年。

遂构成了反映时代特点的‘摈洋’自卫意识”，“中国人从士大夫到民众有一个共同理念，即祭祖是维系宗族理念的象征仪式，故见基督教信仰者不祭祖十分反感”。[①] 这是近代史上反洋教运动的主要根由。

郝瑞在意识到基督教与帝国主义的扩张有关的前提下，将基督教传播活动与殖民主义相剥离，把基督教视作中国近代史上外来文明项目之一。[②] 庄孔韶看到了基督教文化项目向中国传统儒家道德礼制所发起的挑战，并在教育、新学的科学与文艺知识、医疗慈善事业等方面展开竞争。他在福建玉田县的历史人类学考察表明，自近代以来西方基督教分成三个阶段向中国导入。第一个阶段基督教靠兴办医院、传播科学知识、兴办教育等形式进入中国，而中国的士大夫和农人只依据儒家伦理作为武器来反对基督教。第二个阶段发生在中华人民共和国成立之后，20世纪50年代外国传教士离开中国，中国人自己成立基督教三自爱国运动委员会，与西方教会势力割断联系；后来受意识形态影响，在历次政治运动中，基督教被取缔。20世纪70年代末期以来，基督教进入了“复兴”时期，即第三个阶段。不论经历了怎样的波折，“基督教只是在近百余年间才抵达中国乡土社区，但其文明项目的进取性在县境文化景观中毕竟留下了清晰的印记”。[③]

其实，早在20世纪40年代，杨懋春就在山东海边的台头村详尽考察了基督教进入中国村庄所发生的一系列冲突。首先是基督教家庭与非基督教家庭之间的冲突。所有非基督教家庭都进行祖先祭祀，厨房里供有“灶神”，春节到土地神的祠堂烧香、磕头，而基督教信仰者显然不去做这些信仰。其次是族人加入基督教或天主教后，在族内引发了冲突。比如，潘族的几个加入天主教会的贫穷家庭就被亲属视作一群被遗弃的人。又如，后来潘族一个头面人物加入基督教组织，

① 庄孔韶:《银翅：中国的地方社会与文化变迁》，426—427页，北京：生活·读书·新知三联书店，2000年。

② Stevan Harrell, "Introduction: Civilizing Projects and the Reaction to Them", in Stevan Harrell ed., *Cultural Encounters on China's Ethnic Frontiers*, pp.2–27(pp.20–21), Seattle and London: University of Washington Press,1995.

③ 庄孔韶:《银翅：中国的地方社会与文化变迁》，425—436页，北京：生活·读书·新知三联书店，2000年。

潘族成员认为这丢尽了家族和祖宗的脸。再次是族际间的竞争与冲突。族际的竞争与冲突（包括家族世仇）、天主教会和新教教会在村落内的竞争与冲突、村学校和基督教学校之间的竞争与冲突，三者纠缠在一起，互相利用和表述。[①]

上述学者有一个共同关注点是：儒学观念及其本土信仰与基督教信仰之间发生了对立和冲突。那么，基督在什么时候到达闵村？并以一副什么样的面相出现？在这个孔子弟子的后裔所聚居的村落里，闵氏族人又是如何给这位外国的圣人腾出一张椅子叫他来坐呢？他曾经和正在给人们留下什么样的记忆？他的文化造访可否改变了宗族原有的文化结构和儒学信念与实践？总之，本节要验证以上梳理的中外学者的看法。这是本节要回答的问题。

一、早期天主教在费县的传播与文化冲突

这一部分搜集到的材料是当年在闵村所处地域社会中发生的，而且均是出自官方政协所组织出版的著作中。这些材料支持了西方传教士和中外学者所描述的有关早年西方宗教来华传播时的"文化冲突论"观念。

1894 年德国天主教圣言会由临沂（县）传入费县一带。[②]先后进入费县任教的主要有布恩溥、白明德、柏德华、华德胜（又名华得胜）、伯德禄等神甫。他们在费县创办教会，设立教堂，开设医院（或诊所），兴办学校，很快城乡就有 35 处教堂。教会利用清政府所给予的权力，占有了大量田产和财富。由于自然灾害等方面原因，民众发生饥荒。他们向比较富裕的教民家"借粮"，教民不给，遂发生哄抢事件。教民被抢以后转而求助于教会，教会与地方政府出面干涉，并站在教民一边，致使双方的摩擦加大，酿成"抢洋教，打洋

---

① 杨懋春著，张雄、沈炜、秦美珠译：《一个中国村庄：山东台头》，153—160 页，南京：江苏人民出版社，2001 年。

② 1863 年传入沂水县，1892 年始传入（见中国人民政治协商会议临沂市委员会编：《临沂文史集萃》第二册，541 页，济南：山东人民出版社，1997 年）。

人"的事件。光绪二十四年至三十四年间（1898—1908 年），费县民众发动了十数次攻击，他们捣毁教堂，赶走德国传教士，抢掠教堂和教民家的财产，杀死部分教民，这就是历史上有名的"沂州教案"。[1] 显然，沂州教案直接起源于经济的原因，但还应该看到，这里面包含了中国传统文化和西方教会文化之间的对立与冲突。

1898 年在费县发生了两次与宗族有关的反洋教事件。

第一件事发生在武安村。教民孙处谦病逝，经族人说合过继胞弟孙处纣的幼子为嗣。孙处谦生前游手好闲，不务正业，死后没有撇下家产。孙处谦的妻子孙阎氏好吃懒做，也是一名天主教信仰者。为了生活，孙阎氏以"夫故家贫"为由，多次在同宗中借钱。开始，族人出于怜悯借钱给她。可是，孙阎氏无力偿还债务，并继续借钱。族人觉得她根本偿还不了，是在"讹取钱财"，就决定不再向她提供帮助。事实上，族人也不是十分富裕。由于自己的儿子过继给嫂子，孙处纣显然借钱最多。时间久了，两家发生了矛盾。光绪二十四年十月八日（1898 年 11 月 24 日），孙阎氏以"强塞逼继"等缘由将孙处纣呈控知县陈瑗。知县陈瑗判准孙阎氏退继。孙处纣看到她家很穷，而且为人又不好，早就不愿意将幼子出继给嫂子了。当时武安村有一个教堂，一名女教士在此传教。孙阎氏在孤独无依、生活无着落的情况下，投向了天主的怀抱，整日和女教士生活在一起。不久，孙阎氏倚仗教会实力向孙姓族长孙处顺等人"敲诈勒索"钱财，引起了族人的不满与仇视。部分族人遂到教堂找孙阎氏讲理。孙处纣的族弟孙处经为人公正，常为人排忧解难，是乡村社会中的一个权威。他平素也看不惯教会的行为，及见孙阎氏引起了公愤，便想借机打击教会的势力。这年阴历十二月中旬（公历 1899 年 1 月中旬）他带领部分族众冲入教堂，寻找孙阎氏。他们寻找不到孙阎氏后，便当场质问女传教士，希望她日后要严格约束基督教信仰者。但是，女传教士对孙阎氏百般庇护，极力为之开脱。民众气愤之下，将女传教士邀至街上当众评理、论辩。族长孙处顺在教会传入武安后，自己的势力也受到了教

---

① 刘晓焕：《发生在费县的几次反洋教事件》，政协费县文史资料委员会编：《费县文史选集》第三辑，159 页，鲁临出准印证号：99·2，1999 年。

会势力的冲击。以前的"忠实的臣民"入教后，"性情顿改"，不仅欺凌百姓，而且连他这个族长也不放在眼里，甚至凌驾于他的头上发号施令，直接威胁到他在武安的权威。他平时也希望有人出面遏制教会。但是，孙处顺又担心在他地盘上把事情闹大，捣毁教堂，牵连到自己。所以，当他闻听孙处经等人将女传教士强行邀至街上讲理时，便带人前往制止，解散闹事族众。然后，又将女传教士邀请到家里宽待慰留。这次宗族与教会的冲突就暂时结束了。①

第二件事发生在距离闵村不到 6 公里的颜林村，即颜真卿的故里。清末，德国天主教圣言会传入颜林，吸收了一批教民，成为地方社会中一股不小的力量。颜林村的郑开元曾经说过基督教信仰者的坏话，基督教信仰者记恨在心。一天，郑开元的妻子到村中的石碾碾面，恰巧教民郑玉东之妻也前来碾东西。本来郑开元之妻先到，应该由她先碾，但是郑玉东之妻自恃教民身份，觉得比别人高一等，强行要求先碾面。郑开元之妻坚持不让，致使双方发生口角。事后郑玉东之妻添油加醋地对丈夫讲了一通，郑玉东更加仇视郑开元。从此，两家矛盾加深。光绪二十四年十二月上旬（1899 年 1 月中旬）一天，郑玉东找借口邀约一批基督教信仰者在半路上截住了正在回家的郑开元，并把他猛揍了一顿。郑开元的父亲郑玉南是郑玉东的族兄，上前讲理，也被基督教信仰者痛打一顿。事后，郑开元于阴历十二月初七（1899 年 1 月 18 日）前往县城，以"挟嫌截殴"等情将郑玉东等人控告。知县陈瑗验明父子二人所受伤情，正准备传讯郑玉东时，郑玉东闻讯赶来捏造事实，呈具诉状至县，状纸反而说郑开元父子是无礼寻衅所受伤，咎由自取。知县陈瑗便差人前往颜林调查，郑玉东见事情不妙就跑了。

陈瑗在受理两起教案后，本不打算追究教会罪责，想不了了之。不料两村教会相继派人至县报告在县城总堂坐堂传教的德国传教士伯德禄。武安村教会诬称孙处经纠众将教堂女传教士绑架，不知去向，"孙处经为首滋扰"，孙处顺等十余人随声附和，应一律拿办，要求伯

---

① 刘晓焕:《发生在费县的几次反洋教事件》，政协费县文史资料委员会编:《费县文史选集》第三辑，163-165 页，鲁临准印证号: 99·2，1999 年。

德禄出面向官府施加压力，以惩民众。郑玉东向伯德禄"诉苦"，告知颜林教民如何受平民欺压，如何被平民抢去粮物，以及被平民毒打致伤等情，要求伯德禄为他做主。伯德禄闻报后，即致函沂州知府定成，要求定成转饬费县地方政府"查寻女教士下落，并查明教民所失粮物，如数退还，严拿滋事匪徒究办"。定成于十二月初九（1899年1月20日）扎令费县知县陈瑗查找女传教士，赔还教民所失粮物，"严办为首之人"。接着又派人前往会同陈瑗查办。陈瑗奉命再次查阅相关案宗，得知实无教民所说情况，且又在孙处顺家接回女传教士，护送回县城，交给伯德禄。但是伯德禄仍坚持"严办为首之人"。陈瑗再次下令缉捕有关民众，但孙处经等人闻讯逃走。陈瑗立刻将武安、颜林两村教案据实上奏山东巡抚张汝梅，并致函有关德国教士。张深恐圣言会故伎重演，遂将教案情况向上移报总理衙门和德国驻华公使，以防万一。伯德禄再也无法找借口提出无礼要求。此事只好不了了之。[1]

　　武安孙氏家族和颜林郑氏家族的两个案例告诉我们，在19世纪末期德国天主教会进入费县以前，人们的关系主要表现为家族性关系，也就说，人们之间的互动都是在同姓同宗这个架构下展开的。乡村社会处理人际关系和家庭关系所遵循的原则也是儒学长期模塑出来的一套家族制度。但是，天主教的进入，导致一部分家族成员从原有的宗族关系下坼裂出来，皈依了洋教。这样原来单纯的家族成员关系便演变成了宗族成员和天主基督教信仰者之间的关系。武安孙氏和颜林郑氏各自两个家族的矛盾完全可以按照以往的原则去加以处理，如果村落社会内部处理不了，还可以诉诸地方官府。但是，教会力量的介入（实际上也可以说成是当时的中国部分基督教信仰者利用了西方宗教为个人谋取利益）以及被西方教会力量所操纵的晚清地方政府的介入破坏了原有的社会调解机制，企图把这个社会引入西方社会逻辑发展的轨道。这样，宗族成员内部的矛盾实际上变成了东西方两种文化的冲突。这就势必激起广大中国人民的反感，导致了沂州教案的

---

[1]　《发生在费县的几次反洋教事件》，政协费县文史资料委员会编：《费县文史选集》第三辑，165-168页，鲁临出准印证号：99·2，1999年。

发生。

地方社会的这种冲突日渐增多，自会引起双方高层关注。1704年，教皇克雷芒十一世（Pope Clement XI）发出禁约，其中一条规定："凡入天主教之人，不许入祠堂行一切之礼"。相应地，清廷也做出了严厉限制传教士活动的规定。

武安孙氏族长是一个复杂的历史人物。他一方面站在宗族的立场上，对洋教看待宗族的文化秩序的态度表示不满；另一方面又盘算着个人利益，出面袒护女传教士。这表明他这一类人物的"骑墙"个性，也表明这类介于乡村社会和乡村之外社会中间的中介身份不单是由宗族所界定的，他们还要借助乡村社会以外的力量，比如地方政府和教会去定义自己的合法性。

通过费县的案例我们可以看到，在汉人社会腹地，儒化工程（the Confucian project）与基督教文明工程（the Christian project）之间的竞争 ① 主要是在汉人宗族内部展开的，外来宗教试图与乡村宗族争夺成员，并试图干预汉人基层社会的内部运转。在汉人社会中心，虽然基督教试图想进入中国儒学文化中心地带，但这并不为中国儒学和历代饱受儒学浸润的民众所认可。

不过，在中国边界地区，儒化文明工程和基督教文明工程之间的竞争却是另外一幅文化图像。由于儒学比基督教先期到达中国边界地区，因而儒化工程与基督教文明工程之间的竞争主要表现在争取非汉人群或边缘人群身上。外来宗教首先假定自己比儒学处于更高的文明地位，这样它才能更吸引非汉人群。外来宗教往往站在边缘人群的立场上，并代表边缘人群的利益与汉人地方官员据理力争。由于儒学文明工程往往事先假定一些带有剥削性质的经济活动或事务（明显的是为汉人地主或汉人安排的土司或土目工作）具有道德的合理性和正确性，而传教士们的经济方法却表现得更具仁慈，或有时显得更加有益，边缘人群因而更倾向于选择传教士来保护他们，并借之抗议汉人

---

① Stevan Harrell, "Introduction: Civilizing Projects and the Reaction to Them", in Stevan Harrell ed., *Cultural Encounters on China's Ethnic Frontiers*, pp.2–27(p.24), Seattle and London: University of Washington Press, 1995.

压迫者或剥削者。这个时候，传教士往往也会更积极地评估边缘人群。[1] 当然，在边界上基督教文明工程也想归化汉人，但这与内地故事并无多大差异。

二、改革开放以来的重访

20 世纪七十年代末至八十年代初，随着国家的改革开放，宗教信仰自由政策的颁布，西方宗教又开始传入闵村（相比较庄孔韶的三阶段论而言，闵村基督教传播没有第二个进程）。但这一次不再是天主教，而是基督教[2]。对于教民而言，信奉基督教还是天主教，他们很清楚，但对于闵村社会的其他人员来说，他们并不清楚西方宗教分成基督教的三个教派，他们笼统地称为"耶稣教"。

经过二十余年的发展，目前闵村拥有五个基督教信仰小组，他们称为"五个教堂"。其实闵村并没有教堂，最近的教堂也是在距离闵村 1.5 公里的方城镇和 W 镇。闵村的每一个基督教群体都拥有一个固定聚会的地方，即到某一教民家里研读《圣经》、吟唱赞美诗、做祈祷等。有时候学问稍微渊博一些的教头会来这里布道，给大家讲解《圣经》，或者教大家吟唱赞美诗或灵歌。他们就是把这些聚会的家庭场所叫作教堂。

很难确切地计算出整个村落究竟有多少人皈依了基督教，也很难确切弄清每一个教堂里有多少信众，因为每一个教堂的人数并不是十分稳定。造成这种情况的原因是：有些成员在这些教堂之间游移；有些成员有时来参加聚会，有时不来参加聚会；有些成员"靠了一段时间的主又不靠了"，还有些人会随时加入进来。但是，每一个群体总又保持大致的稳定，因为有些成员是固定的。不过，他们还是给了我一个大体的数目：两百多人。第一个团体在村子的东北角，负责人告

---

[1]　Stevan Harrell, "Introduction: Civilizing Projects and the Reaction to Them", in Stevan Harrell ed., *Cultural Encounters on China's Ethnic Frontiers,* pp.2–27(pp.24–25), Seattle and London: University of Washington Press, 1995.

[2]　天主教本属于基督教的一部分，因为基督教包括罗马公教（在中国亦称天主教）、正教（亦称东正教）、新教（在中国亦称基督教或耶稣教）。

诉我，他们到齐的话（比如圣诞节）会有五六十个人。第二个组织在村子东南角，有 20 个人，最多可以达到 30 个人。在村子西部的一个组织最多三四十个人。村子西南角的一个群体有四五十人。第五个组织在村子的东部，是一个纯粹由老年妇女构成的信仰群体，共计 18 人，有时也会突破 20 人。在我 2004 年调查期间，就总体而言，闫村的信众多是老年人，以老年妇女为主，其次是中年妇女，老年男子和中青年人只占极少数。

庄孔韶在福建金翼黄村观察到"妇女基督教信仰者数量大大超过男人的数量"的现象。庄认为，一方面是文化传统、女性心理和宗教的有机结合，以及大多数男人外出务工且主要是无神论者造成了基督教信仰的性别偏离。具体到女性而言：第一，习俗上，妇女闲暇多，容易凑在一起互相诉说琐事、排解心理郁积，因而这种传统的习俗状况和心理背景易于使得妇女"带着生活中的叹息、挫折、悲伤、怨气以及归结于命运不好的心情听取宣教，终于在引人入胜的《创世纪》和令人同情的《路德记》中找到答案。女人罪的羞耻以及全心全意地听从神的命令才能受恩惠的宣教，使那些有软弱传统的中国妇女获得了力量"。第二，旧时闽东妇女"把会"各有自己的民间保护神，形成了大小不一的同侪团体，她们在神灵前面寻求寄托和保佑。可是，现在这类团体被视为迷信落后现象而被取消了，但时下基督教是被政府认可的正式宗教，因而，基督教倚重的"团契"活动如今刚好填补了一些妇女思想沟通场合的空缺。在团契中援引《圣经》、道义上和物质上互相扶持、互相感化。吸引了更多妇女入教，即团契之结合恰好是一个"妇女倾诉过程"或"传道与信奉过程"。[①] 这里，庄孔韶从心理学和民俗文化传统相结合的路径上分析了妇女皈依基督教偏多的现象，应该说有着相当深刻的洞察力。闫村的基督教信仰的性别结构和过程可以支持这个见解。另外，在庄的解释里隐含了"女性是弱者的观点，而弱者易于受到心理和情感问题的控制，因而更易于接近和进入信仰状态"。我的研究表明，这些信教的妇女，相比较来说确

---

① 庄孔韶：《银翅：中国的地方社会与文化变迁》，440–441 页，北京：生活·读书·新知三联书店，2000 年。

实是弱者，不论从心理和情感上的承受能力来说，还是从生理疾病状况来说。至于那些比较壮实，或者如村民所说的"恶得跟虎一样"的女人，很少靠主。

在这五个小组中，其中两个团体的负责人（人们叫"教头"）是来自附近的村落。闵村中的一个教头也到外村传教，范围达五十多公里。他在农忙之余常常做一些小买卖，比如下乡收购兔毛，或者贩卖小鸡崽等。他的教龄有二十多年，常常骑着自行车在夜里去外村给大家阅读并解释《圣经》。

闵村教民信奉基督的原因大致有如下几种情况：第一，大多是有些毛病（多慢性病），也就是身子不平安的人才靠了主；第二，当然也有一些是为了自己的亲人平安而参加的，因为亲人们曾经遭遇车祸之类的灾难；第三，有一些是平安身子，他们看到信教很好而加入的。我曾以"你是如何靠主的"这一问题进行过调查。现提供案例如下：

案例一：闵繁荣，男，现年 71 岁。

> 五年前我患有肩周炎，在医院治疗了很长时间也没有治好，于是我就请本村的一个神婆给看病。神婆说这病属于鬼魔缠身，并建议我"打送"一下。于是我就买纸，给鬼神烧纸，结果感觉好一点。但是后来毛病又犯了。我有一个外甥当医生，给我拍了一个 CT，诊断结论是神经受到压迫，病不好治。然后我又回到村里找那位神婆。神婆建议弄三碗菜来打发神灵。这三碗菜是：一个鸡蛋、一个小鲜鱼、一个是两片肉。神婆叫我用纸包裹三样供品，然后烧掉。我回到家以后，说给家属听。家属就建议我信耶稣（这时，我的家属还不靠主）。一开始，我怀疑耶稣也不能治好病，但是在家属的督促下，我去了教堂。我记得那一晚我一进去，教堂的人都发笑，问我是干什么的。我告诉他们想信耶稣。人家仍然怀疑，直到确信我要归依耶稣，这才准许我参加。最初的日子，我感觉比不信教前还要痛苦。但是半年以后，渐渐感觉好一些了。后来我就不断祷告，结果真的也就好了。好了我就"发光"。现在已经信奉五年了。我认为，信耶稣要诚心才起作用。

《圣经》上光有好事，一点孬事也没有。那上面不叫打仗，不叫骂人，也不叫偷人。如果不孝顺父母，不团结兄弟、庄邻，主是不允许的。按照《圣经》上的要求，要想做好一个人，不容易。今年，我的家属也开始信仰耶稣。她起初有些不舒服，央我祷告一下。在祷告完毕后，她真的感觉很舒服。我就乘机说，要是叫庆智祷告一下起的作用更大。于是，有一次我把庆智请来。闵庆智是这一带耶稣教的一个小头目，在周围村庄传教。自从庆智给做祷告以后，她每一天晚上都参加聚会。这个祷告呀，就是打无线电。主不在天上，不在地下，在每一个人的心里。只要你心里想着主，主就在你身边。

案例二：杨义荣，人们都叫她闵繁兴的母亲，真实的姓名在闵村社会中不被人们使用。现年77岁，18岁出嫁，生有两男四女，目前都已成家立业。

早年小孩他爸爸患肠癌去世，我一个人带孩子，受尽苦难。当时大儿和大女儿已经结婚。二闺女20岁，二儿子15岁，三闺女9岁，四闺女7岁。1982年麦收的时候，三闺女16岁患有黄疸性肝炎。当时家里很穷，无钱治病。我记得家里只有3块钱。听了别人的建议，领着女儿去了W街的教堂。有人给我们讲了道，并且教我们唱会了一首歌。这歌是这样唱的：心中有主，凡事不作难。心靠着耶稣得着平安。一切交托给主，主就担重担。耶稣当家，多么安然。回家后我每一天晚上和两个闺女一起跪在床前求神祈祷。当时，我一边祈祷一边流泪。多亏神帮助了俺娘们，一把把病给抓走了。也就一个多星期就好了。不论将来有什么逼迫，我都会信主，就是连我的头割去，我也不能不信。现在俺三闺女都38岁了，一大家子口人了，但是她已经不参加宗教活动了，凉了。只要俺闺女来看我，我就劝她要信奉主。现在我一日三餐之前，都进行祈祷，感谢天神。即使夜里醒来，也要说一声"感谢神"。有一年俺儿带着一家人外出，发生了车祸，玻璃都碎了，可是没有伤着他们。我觉得这是神在保佑我们，也是

340

我多年信仰神的结果。孩子不报答神的恩，我得报答神的恩典。唉，孩子原先都信神，现在都抓买卖，不信仰了。

起初我就接触一点。俺娘家就是您（指本文作者）附近的小官庄。弟兄，我经常回娘家。我母亲有病，为了母亲的病，我信了主，替母亲祈祷。但是后来又要劳动，又要忙家务，逐渐凉了。那时我也不懂耶稣能够给人生命。

老太太在叙述完毕后，接着唱了以下"灵歌"：

真爱死人，真是想他的。叫一切信他的。不是灭亡，还得永生，还得永生 / 主啊，你有永生之道，永生之道。我才归从（你），信你，归从（你），信你。我们已经信了，已经信了。就知道你是神的 / 你的恩典为什么得不着，我心有了耶稣欢喜又快乐。今天与主见面，要我们唱灵歌。我身有了十字架，魔鬼远离我 / 神是帮助我的，苦（难）是我命里。从一切劫难中把我们救出来 / 不要你银子也不要你钱，知过改过良心都改变。在家孝父母，出门多行善。修下道路灵魂好上天。天使打发天军来接咱，接在天堂坐在父右边。身穿系马袍，头戴衣冠冕。心想耶稣幸福万万年。

弟兄（对本文作者说的），你信耶稣吧，耶稣真好！世界苦海无边，只灵魂得救升入天堂，才能幸福。耶稣什么也不要，只要诚心。一个人信了耶稣，他又不敢承认信仰耶稣，灵魂将来不能得救。只要心里信奉基督，口头上也应该承认，不能说谎。

案例三：闵繁华的妻子，现年 52 岁，生育两男三女。

我虽然没有上过学，但现在能念《圣经》了。我是为了念《圣经》才开始识字的。读《圣经》时，如果遇到不认识的字，我就查字典（一本《新华字典》）。我最初靠主是因为身体有毛病，已经有二十多年了。我参加的教会人员最多，有七十多人，大多是妇女，不过像我这样的中年人也不少。一家人都信奉基督。

案例四：女，37岁。

  我最初信奉耶稣是因为经常去邻居家玩。邻居是一个信耶稣的，每晚她都参加聚会。起初她劝我信耶稣，我私下想：信那个干什么？没用！我夜里大部分时间都是在看电视，但是后来觉得光看电视也没有意思，就试着跟了她们一两趟，觉得她们唱得歌很好听，我就经常去了。不过，我不是每晚都去。她们说，这样不行，基督要是知道我这样"三天打鱼，两天晒网"，会不愿意（埋怨）我。

案例五：闵庆智，现年67岁，闵村一带的一个基督教小头目，初中文化程度，当过生产队记工员。他曾经骑着自行车到过泰安传教。

  我最初信主是因为读了《十万个为什么》，夜晚看星座，看着看着就种了"邪气"，身子就不由自主了。结果信了耶稣就好了。再后来听到《圣灵歌》很好。再再后来看到俺姐的婆婆"归天家"（死了）。我就想，普通人死了入地狱，信徒可以归天家，多好呀！我就打算好好修。

  闵村的教民聚会一般每晚有两三个小时，不论7点开始还是8点开始，但大多要在10点前散场。但是农忙的季节，为了等齐人（根本就等不齐）常常要推迟。有时候在白天你会发现，三两个妇女串门时往往会唱"圣歌"。除了重大节日，比如复活节、圣诞节到的人员多一些外，每个周末人员也到得比较齐，他们叫"过礼拜"。在这些礼拜日或者节日，他们会自动捐一些钱用于购买瓜子和糖块，然后每一个人会分一些带回家去。我在复活节的第二天走访这些家户，他们常常拿出前一天夜里分发的瓜子和糖果来招待我，并告诉我："昨天夜里发的。"

  闵村的教民给人印象最为突出的是，他们在任何时候、任何地方都会突然地冒出一句"感谢天神"的话来。我们无法在场景中分析出他（或她）何以说出那样一句话。从语气上分析，那句话并不像要表达某种内心的感激。语调悠缓，发自内心深处，充满了一丝儿哀叹，就像长长地舒了一口气一样。这一点并不像西方人，他们对主的感激似乎没有这么随便。第二个鲜明印象是，只要你跟他（她）攀谈上一会儿，他（她）就会说："弟兄（或者姐妹）靠主吧，主会保佑你的！"

通过这些案例和事项可以看出，基督教大致是靠亲戚、亲属、邻居和朋友等的相互引介来传播的。一般来说，他们每个人都买了一些宗教书籍：《圣经》《赞美诗》《伽难诗》《灵歌集》等。他们往往把书的封面、封底、书脊、书口涂成紫红色，他们觉得这样有一种神圣感。他们夜间睡觉有许多人就把这些书放置在枕头边，他们认为，这样可以驱赶魔鬼。这就像把一部《易经》放在枕边起到避邪作用一样。显然在他们看来这些书具有某种神圣的力量。

基督教于20世纪最后二十多年重访闵村。其总体原因有二：一是国家的宗教信仰政策再度允许民众信仰自由；二是在教民看来，基督教能够解决疾病痛苦。我们看到，在这里闵村人民对于宗族的信仰多是功利主义的考虑，很少涉及信仰层面。

三、基督与孔子的交流

民国十六年下半年至民国十七年上半年（1926—1927），洋教会进入闵村。教会宣布，不管一个人从前干什么，只要加入教会一切都既往不咎。闵昭梓负责村务，成了家庙管理员。村民说，闵昭梓一当家，很多从前"闯马贼"的人成了基督教信仰者，并被保护起来。也许他们是被天主或基督感化而向善了。这是天主教、基督教的一个魅力。

民国十七年（1926）年初闵昭梓砍伐家庙里的榆树用来做学校的桌椅板凳，建立了教堂学校。当时一个姓张的中国老师把闵村私塾里的师生赶走，办起了洋学。这是一个天主教学校，学生有七八个，有男有女，大多是信仰天主教的后人，有的学生是从外边带来的，闵村没有几个人信仰天主教。现年87岁的闵庆川当年才8岁，大人叫他们几个小孩子往洋学堂扔石头，目的在于赶走洋学堂。他们也觉得洋学堂不好，于是几个小孩便用石块向洋学堂的玻璃上投。第一天老师没有问，第二天他们仍然在大人的鼓动下投掷石块。这一次闵庆川被张老师抓住了。老师既没有打他也没有骂他，说："你是想来上学的。"然后就安排他在班里念书。当时村里有年纪的人说："毁了，这个小孩惹事叫人家逮去了。"闵庆川在学屋里吓得一天也没有敢吱声。等到下午放学，老师安排他明天继续来上学。他从学屋里走出来，人们都围上前问他："老师对你怎样？"他告诉了人们洋学堂老师的态度，村民都说"从此，你也成为神话了。"这以后大家给他起了一个诨名叫"神话"。意思是闯了祸，洋学堂还待他不错。这是闵庆川一生唯一的一次机会上学。时隔 80 年后，"神话"只记得一句话——天主我等主，天主玛丽亚。这所学校没有办几天就走了。村民说，那是塔山华神父（大青山下）派人来创办的。但是在早年闵村儿童的心里，我们是中国人，中国人不念外国书的观念却牢牢植根于他们幼小的心灵中。但这个事件显现，天主教并不是一幅可憎的面貌。

此外，闵村还有两件事情与天主教有关。一件是 1930 年一个女孩子被土匪绑去以后被迫参加了天主教。另一件是本村一户李姓人曾经参加过天主教。20 世纪 70 年代，人们拆他家旧房子时，发现了几十个天主教教友证。教友证是黄缎子的，上边有两个钢印，还有人名和一个十字架。

最近几年闵村一带在社会风俗上起了很大变化，有一部分基督教信仰者在婚丧礼仪上已经采取了跟传统不一样的文化实践。这些实践是闵村集体记忆中未有的东西，一定程度上激起了乡村社会的文化反映。

案例一：在家庙的东旁住着一户人家，全家人都信奉基督。2003年春节前，二女儿出嫁。临出嫁的早上，女孩的舅舅赶来当大客。这一家的女主人和女孩的舅舅发生了纷争。根据民间传统的习俗，新娘子在出嫁前，需要梳妆（盘头），并应该面向一定的方向（喜神的方向），这样才吉利。新娘的舅舅坚持传统民俗的意见，但其姐姐——新娘的母亲则反对，认为没有什么神灵，两个人发生了纷争。另外，送女客（把新娘送往男方的所有人）对于属相应有一定的回避，也就是说，在属相上跟新娘、新郎相克的人肩膀上要贴"青龙"字条（一绺红纸上写"青龙"二字）。舅舅坚持应该带青龙帖子，而新娘的母亲则坚决反对。母亲的理由是：有耶稣基督，一切神都压下了；基督给盖了大印了，保平安了，其余的都不需要。姐弟俩发生了长达2小时的争论，结果是舅舅做出了让步。所谓喜神方位和青龙帖子是民间先生根据新郎和新娘的生辰八字，按照皇历推出来的一些民俗禁忌，属于传统婚礼"六礼"之一的"查日子、递柬子"的内容。在"发嫁"（新娘和送亲的队伍出发）前，新娘家燃放鞭炮。舅舅在出门时，被爆竹炸伤了。姐姐说："这就是刚才你得罪神的缘故！"

案例二：闵庆扩，82岁，病逝。闵庆扩的妻子是一个基督信仰者，执意按基督葬仪殡葬老伴，但是儿子不同意，他想体体面面地按照传统民间丧礼殡葬父亲，结果在闵庆扩死去的第三天早上他与母亲发生了争吵。争吵的结果是儿子出于孝道随了母亲的心愿。按照闵村的风俗：如果男的死了，丧葬仪式的规模最终取决于死者姥娘门上（如舅舅或者舅家表兄弟）；如果女的死了，则最终取决于女子的娘家（如女子的娘家兄弟或者娘家侄儿）。闵庆扩的舅家表哥完全有资格左右这场葬礼。他们并不同意表嫂按照基督教方式，但是他们又不想过多干涉，并认为也只好如此，因为丧主家执意如此，他们不好硬作主张。据说，闵庆扩的姨子家先前就用基督方式殡葬过。

闵庆扩的葬礼与闵村传统民间丧礼有很多不同之处。首先不使用民间吹鼓手，使用了附近方城镇教堂里的音乐手。他们共计6人，四男二女。使用乐器也是中西结合：西洋乐器有音箱一个、电子琴两架；中式乐器有二胡一把、唢呐两个、小锣一个。所奏皆基督音乐，如《圣灵歌》一类。乐手使用乐谱。吹鼓手也不带孝帽。在丧葬仪式方面，不烧纸、不泼汤、不路祭、不摔老盆、不给亡魂下跪磕头、不用民间各种扎彩，不准放声大哭。有灵屋而没有灵棚，门上吊一块白布作为门帘。出棺前要有牧师布道，宣讲教义，多是祈祷灵魂回归天国之类。在墓地上有"撒土"仪式，即围绕圹穴撒土一圈。

但是在很多方面跟传统葬礼又没有什么区别。闵庆扩也是死了3天后被埋葬的，也就是说必须停灵三日。埋葬之前儿女和亲人守在灵前，教友也前来吊唁慰问。出殡的早上去县城殡仪馆火化，孙子捧着骨灰盒，在家里的儿女要出去迎接骨灰。出殡的前一天也要给死者的众亲友送信儿，告知他们哪一天出殡。出殡这一天，亲友们来到也是付上礼钱。出殡的时间如大多数葬礼一样安排在过午两三点钟。教堂的音乐队也给吊客们服务，演奏吊客所点的音乐作品，村民叫"卡戏"。孝子孝女和吊客的孝服照旧。死者的棺木与非基督教信仰者的棺木没有什么区别。他们也招待客人。丧席在院外的空地上摆设，客人分拨进行。丧葬的服务组织也还是红白理事会的那一帮子人，五服内的本家帮忙，各自分工明确。

显然，这个葬仪既不是传统中国的东西，也不是纯粹西洋的样式，而是中西丧葬文化的一种结合。我们说它是西洋丧葬的中国版本也好，中国化也好，或者说中国丧葬文化穿上了一件西装也好，但总的来说，它是两种丧葬文化的双向观照与阅读，但是却给予闵村社区最大的视觉冲击和感情信仰冲击。在基督教信仰者看来，死者灵魂回归天国，是应该高兴的事情。但在中国世俗来看，丧夫失父，哀莫大焉！对于死者的妻子来说，死者的去世是一种幸福——回归天国；对于死者的儿子来说，却是一种痛苦。妻子欲喜，儿子却悲；但妻子却不能喜出声来，儿子也不能哭出声来。更重要的是儿子会被人们看作不肖子孙，尤其是自己在内心里就这样审视自我。所以两种心情，两种感觉。这种冲突不但是文化意义上的冲突，同样也是情感信仰上的冲突。对于吊客而言，他们拿来火纸，目的在于燃烧后送给死者作为阴间的冥钱，但是丧主家不接受，即不允许他们在闵庆扩灵前烧掉。他们拿回去吗？如果拿回去，就意味着自己家中出了丧事（或到自家吊丧），大为不吉，实是民俗禁忌。他们在这种冲突中也表现出了茫然而无所适从。

案例三：村子西南角有一户人家采用了基督教葬礼。丧仪是村中的一个小教头给做的。死者停灵三天，第三天火化后埋葬。孝子没有穿孝服，也不给死者磕头，不烧纸。第三天他们家照常待客，客人多是亲戚和关系比较好的基督教信仰者。这家人家照常收取吊客的礼金等物品。众人到墓地上去，牧师拿着《圣经》念念，祈祷并祝福亡者安息。他们花费了七百多元雇佣方城镇教堂的乐队。亡者去世后，他们从来也不到坟地上坟。在进行这种仪式时，家人内心并没有多少压力。——这个案例基本上跟案例二相似，只是略有不同：第一，孝子没有穿孝服；第二，内心没有痛苦，看来家人的意见是一致的。另外村中还有一户也使用了基督教葬礼，基本上与本案例没有区别。

案例四：村里有弟兄三个，老大和老二信仰耶稣。母亲去世后，他们最初打算按照基督教的葬礼来埋葬母亲。但是，他们的舅舅并不同意，在舅舅的痛斥下，葬礼按照传统民间方式如期进行。在举行丧礼时，大儿子吓跑了，只有剩下的两个儿子殡葬了母亲。

在这个案例中，娘舅具有很大的决定权，致使这个丧礼回归到原有的文化轨道进行。大儿子不同意舅舅的做法，于是采取了回避的办法。二儿子迫于舅父的压力，放弃了最初的选择，重新回归到传统之中。

对于大儿子的行为，闵村的村民给出了自己的评价。一个基督教信仰者说："大儿子的做法是不对的。即使他不参加丧礼，也应该摊一份钱埋葬父母。"这个人没有出钱，显然受到了基督教信仰者的谴责。不信仰宗教的群众一说："这等于他母亲没有这个儿。"不信教的群众二说："一个人可以靠主，但是靠主后不要老的（指不殡葬父母）就不对。心中没有老的，不能给老的领棺下葬，罪莫大焉！"

他们不给自己的父母上坟、磕头引起了人们的不满。同样，当家庙兴建的时候，他们不捐钱，家庙建成以后，他们又不给老祖磕头，更引起了人们的不满。

总的来说，信仰基督的群众毕竟在闵村是一个非主流群体。他们虽然在关乎自己亲人的婚礼和丧葬礼仪上多有文化采借与发明。但这种采借与发明并不为主流人群所接受：主流人群把他们看成异类。广大村民在恪守一套标准化礼仪。[①] 实际上，这流露出新的文化制度引进对于传统儒学基础上形成礼仪的冲击，也透露出传统文化自身的危机、焦灼和关怀。传统的礼仪和价值观念是被儒学所长期模塑的结果。基督教信仰者与一般民众的争论与冲突可以解读为基督教与儒学观念之间的一场文化论争。

---

① 华琛著，宋刚译：《仪式还是信仰：晚期帝制中国的统一文化建构》，伊佩霞、姚平主编：《当代西方汉学研究集萃·宗教史卷》，329–350 页，上海：上海古籍出版社，2012 年。

闵村社会的主流人群认为，信仰基督的人"不要老的"，属于不孝，那么真的是否是由于基督教的教义影响所导致？我对他们的家庭进行了抽样调查，发现有些人很孝顺，有些人则不孝顺。继之对他们手头的《赞美诗》和《灵歌集》等作品进行了翻阅，试图寻找出相关的证据。我的翻阅不仅是徒劳的，而且还发现了与主流人群观点不同的东西：实际上，基督教是提倡孝道的。

《灵歌集》中的《把主靠》：

> 人生在世好好地把主靠，信了耶和华常常地去听道，孝敬了二双亲，接待了教友们，最要记住别骂人，千万可别偷盗，违反了十条诫，神人也不饶，肉体受遭就灵魂也苦恼，悔改就得赦免了[1]。《孝双亲》：弟兄姊妹应当孝双亲，世上难报爹娘的养育恩，老年人好操心，说话行为可别记在心。世上只有爹娘待儿亲，世上只有爹娘待儿亲。/弟兄姊妹从小长成人，一时一刻操坏了娘的心，盼望儿长成人，儿生疾病吓坏了娘的魂。埋怨他自己还不操心，埋怨他自己还不操心。/弟兄姊妹应当来对比，看看咱爹娘想想咱自己，世上都有儿和女，儿不孝心咱心可满意？好像热身掉在冷水里，好像热身掉在冷水里。/弟兄姊妹应当孝父母，爹娘的恩情，叫咱来记住，抓屎尿耐心好，下到功夫洗尿布。双手冻得痛入骨，双手冻得痛入骨。/弟兄姊妹应当想一想，老年之人，哪有好时光，转眼间鬓如霜灵魂离去身子埋地旁。再想孝心，哪有咱爹娘，再想孝心，哪有咱爹娘。/弟兄姊妹应当孝双亲，爹娘去世，千万别上坟，把纸烧当金银，瞎搭工夫枉花金银。自己犯罪得罪真神，自己犯罪得罪真神[2]。《十五步重恩》：一步的重恩哪恩哪，就是生身母，怀揣十个月，月月娘辛苦啊。饮食渐渐少啊遍体不安舒，临产之时性命都难顾啊。哈利路亚性命都难顾啊。/二步的重恩哪恩哪，母痛在心怀，周身血染，便把模样改呀。为儿惟娘啊坐些月子债，母亲的恩情胜似东洋海

---

① 黑龙江基督教协会编：《灵歌集》（内部资料），104 页，2001 年。
② 黑龙江基督教协会编：《灵歌集》（内部资料），197 页，2001 年。

呀。哈利路亚胜似东洋海呀。/ 三步的重恩哪恩哪，娘卧儿湿窝，毛衫裤子，件件用手搓呀。母不嫌肮脏啊做些个零碎活，种种样样为娘苦处多呀。哈利路亚为娘苦处多呀。/ 四步的重恩哪恩哪，儿吃娘陪伴，未曾入口，娘试好几遍呀。好的给儿吃啊孬的娘就咽，饥渴饱饿娘都想在前哪。哈利路亚娘都想在前哪。/ 五步的重恩哪恩哪，儿在娘怀里，笑言笑语，常扶儿站起呀，怎看怎可爱呀常看常喜欢，学话叫妈妈娘亲吻好几遍哪，哈利路亚娘亲吻好几遍哪。/ 六步的重恩哪恩哪，见儿母心宽，怕儿受饥寒，时时挂心间哪。饿了给儿吃啊冷了给儿穿，忙忙碌碌日夜不得安哪。哈利路亚日夜不得安哪。/ 七步的重恩哪恩哪，儿病母心忧，跪下祈祷，两眼泪交流啊。恳求我救主啊又把天父求，应许全愈感谢主成就啊。哈利路亚感谢主成就啊。/ 八步的重恩哪恩哪，儿往远方游，儿行千里，母担万里忧啊。贪花又恋酒竟往下贱求，撇下父亲又把母亲丢啊。哈利路亚又把母亲丢啊。/ 九步的重恩哪恩哪，想儿痛碎心，病卧床上，两眼泪纷纷啊。想儿不回转哪病体渐渐沉，恳求天父来接我灵魂啊。哈利路亚来接我灵魂啊。/ 十步的重恩哪恩哪，浪子转回家，见娘病重，慌忙无主张啊。儿想要说话呀母亲话无常，两眼一闭灵魂上天堂啊。哈利路亚灵魂上天堂啊。/ 浪子念母恩哪恩哪，悲伤更思量，我要早悔改，娘岂能早亡啊。从此要悔改呀体贴母心肠，收心礼志本分进教堂啊。哈利路亚本分进教堂啊。/ 浪子蒙主恩哪恩哪，长阔高又深，引领我重生我，处处见光明啊。救主搭救我呀悔改除罪根，信主上天堂必见我亲人啊。哈利路亚必见我亲人啊。/ 浪子蒙神恩哪恩哪，当与神亲近，圣父圣子，圣灵降凡尘啊。三位本一体呀自有永有神，创造天和地神最爱世人啊。哈利路亚神最爱世人啊。/ 因信蒙主恩哪恩哪，主为我舍身，十架流宝血，挽回我沉沦哪。早信早悔改呀报答主的恩，荣神益人随主享永生啊。哈利路亚随主享永生啊。/ 人人欠母恩哪恩哪，不孝是罪人，受罪牵引，不能孝双亲哪。人人都有罪呀人人亏欠神，奉劝天下人快快信福音啊。哈利路亚快快信福音啊。[1]

《赞美诗新编》中的《孝亲歌》：

1.人生世上谁无双亲？父母俱存是福分；想念父母教养苦心，我生何敢负亲恩？ 2.倘若父母未信福音，我当劝导尽诚心；恳求圣灵默感指引，同心合意服待神。3.如有父母不幸去世，当遵遗训善述继；更要敬神，尽心尽意，死后待逢永福地。（副歌）父亲母亲当孝敬，上帝诫命当遵行，孝敬父母，遵诫命，成全神旨乐天伦。（阿门）

《敬老尊长歌》：1.人生经历幼到老，事主爱人主引导，圣经自古有名训，敬老尊长常祝祷。2.青年旭日正东升，暮年白发添荣尊，人生百岁终须老，一生光阴是主恩。3.万里长江滚滚流，代代蒙恩人才多，前人辛劳后世福，铭感主爱峰硕果。4.继承父老创新业，齐心协力奔前方，主恩绵绵无尽期，颂主恩泽万年长。（副歌）求主赐福众儿女，引领行走天路程，身心康泰春常在，喜乐平安福无限。（阿门）。[2]

仔细研究这些歌曲便会发现，基督教已经本土化了，在孝的思想上几乎完全是儒家的观点。事实上，基督教信仰者也并非不讲究孝道，只不过他们追求"生孝"，而不是"死孝"，即讲究孝顺活着的父母而不"孝顺"已故的父母。这其中的原因恐怕仍归咎于东西方对灵魂信仰的差异。基督教歌词内容也多是劝人爱神行善，内容有利于社会风化。《灵歌集》中的《十五步重恩》可以说是中国劝孝民歌《老来难》的基督教版本。《赞美诗新编》在编写过程中有意识地突出"中国化"：在内容上如果是外国作品，在翻译时追求中国化；如果是中国基督教信仰者的作品就尽量保留原作品位。在音乐方面，"多数新创作都使用了中国民族风格的曲调，包括少量改编的民歌调（如

---

① 黑龙江基督教协会编:《灵歌集》（内部资料），203 页，2001 年。
② 中国基督教圣诗委员会编:《赞美诗新编》，172–173 页，1983 年（内部资料）。

《活出基督歌》）与古琴曲（如《神功妙笔歌》）。对于赞美诗的曲调如何走向民族化而仍符合教会音乐的传统，一些创作对此亦进行了有意的探索"[1]。许多曲子都是由我国前辈音乐家如赵紫宸、刘廷芳、杨荫浏、贾玉铭、朱葆元等谱写。自 20 世纪世纪三十年代以来，他们就曾在教会圣诗、圣乐中国化方面做过贡献，写过一些赞美诗词曲，如《新天地歌》《中华教会自立歌》等。庄孔韶说，"玉田的传教士除了实行医疗救助和宗教、教育外，还借助中国传统民俗与艺术形式唱颂基督教箴言（如用福建方言、民歌曲调唱颂赞美诗），推动基督教的中国化"[2]。闵村经验除了验证了庄孔韶的这个观点富有解释力外，我们还发现有一点不同，那就是耶稣教在当下进入闵村时还借助了传统儒家的一些"孝道"文化因素。不过，当年庄孔韶却在金翼黄村发现了几个青年基督教信仰者，他称为"未来的牧师"。其中有一位叫林元绍的，他畅想未来的基督教传播应该吸收中国五伦关系文化。这与高级神学学者董芳苑有着相同的认识，即宣教不能回避民间祭祖、孝祖问题。[3] 林元绍的这个畅想在今日闵村基督教实践中已经进入叙事状态了，不知今日福建玉田是否也同闵村一样有了同样的文化进程？

　　闵村主流人群的记忆扭曲显然是一种认同策略。通过有倾向地建构基督教信仰群体这个他者来建构自我，从而达到主流人群的凝聚，以及确保主流人群所拥有文化的完整性。杨懋春在考察山东台头村时，也较早注意到了由于皈依基督所塑造出来的"我们团体"的意识，一种村内的族群认同。[4] 这就是后来人类学界所谓的"我群"与"他群"概念。

---

① 中国基督教圣诗委员会编：《赞美诗新编》（内部资料），见"序言"部分，1983 年。
② 庄孔韶：《银翅：中国的地方社会与文化变迁》，433 页，北京：生活·读书·新知三联书店，2000 年。
③ 庄孔韶：《银翅：中国的地方社会与文化变迁》，443–446 页，北京：生活·读书·新知三联书店，2000 年。
④ 杨懋春著，张雄、沈炜、秦美珠译：《一个中国村庄：山东台头》，154 页，南京：江苏人民出版社，2001 年。

四、讨论

本节开头曾援引庄孔韶一个观点：基督教文化项目向中国传统儒家道德礼制发起了挑战，在教育、新学的科学与文艺知识、医疗慈善事业等方面展开竞争，所以，初期基督教靠兴办医院、传播科学知识、兴办教育等形式进入中国。首先，庄的这个观点实际蕴含着一个意思，即中国的社会福利制度不够完善和健全，甚至在某些方面存在空白。其次，庄的意思是说，相比较而言，中国文化里面科学知识含量不是太足。正是由于社会福利制度及文化上存在许多的空白处，基督教才因而进入。

对于当下基督教复兴，庄孔韶又补充了五点意见，除了上面介绍的信仰的性别比例女性偏高之原因分析外，其余四点简介如下（我把第一点拆分成两点，实际又变成了五点）：第一，新中国的政治运动使许多人心灵受伤，为了医治内心创伤，调整心理，遂引发了宗教复兴现象；第二，历史上传统家族主义长期被批判，结果减少了儒学思想和仪式上的障碍，使得青少年容易信教；第三，为了求爱情和升学就业顺，青年人信奉基督教；第四，乡村中小学课程缺少对实际生活的文艺生活、信仰的讨论与解释，教育方式呆板，缺少音乐教师和活跃的文艺生活，而教堂唱诗多使用令人宽慰的外来音乐旋律、新奇而神化的《圣经传奇》，基督教信仰者团契的紧密认同力，对农村年轻人皈依基督教颇具吸引力；第五，农人精神信仰之选择和与不同宗教接触的方式与机缘有关，取决于不同宗教活动的吸引力；就传道活动而言，以基督教之主动性最强。[①]

就闫村经验而言，上述第二、四、五点意见基本上可以获得支持。至于第一点，虽然"文革"时期，闫村两派斗争激烈，但大多是男人们的事情，与妇女关系不是太大（尽管广大妇女也背诵"老三篇"，在吃饭时手举红宝书而"向伟大领袖毛主席敬礼"）。我觉得"文革"等政治运动在乡村所造成心灵创伤远没有城市厉害，所以对

---

① 庄孔韶：《银翅：中国的地方社会与文化变迁》，438—443 页，北京：生活·读书·新知三联书店，2000 年。

于闵村农民来说，"医治他们的内心创伤"一说在他们听来可能很可笑。对当年信教的初高中生调查发现，第三点意见无法在闵村获得证明，倒是第四点可以得到他们的认同。第五点，农人信仰基督教确实与机缘有关，但这个机缘主要是利用传统家庭关系、邻里关系、同伴关系等原则促使人们加入基督教信仰。

另外，本节材料基本支持西方传教士和中外学者的"冲突论"解释。但是，我们认为这是很正常的，因为任何两种文化一开始接触都会发生这类故事。在经过一段历史时间的摸索或彼此适应后，它们也许会融合成一种新的民间民俗信仰，至少两者相安无事。冲突（只要不是大规模地、流血性的冲突），也是交流的一种方式。不要把适度的冲突看成是一种"问题"。把适度的"冲突"看成"冲突"，才是问题的真正所在。

就闵村而言，西方宗教与本土祖先信仰等之间的冲突由清末至当下正在逐渐变淡。在当下，也只是观念上和习俗上的冲突，并没有发生激烈的政治性冲突乃至局部的武装冲突，所以并未构成值得忧虑的社会问题。与早年天主教初来蒙山前的情形迥不一样。当下闵村所反映出的低度的、民俗意义上信仰行为及观念上的"冲突"看来与宗教管理智慧有莫大关联。我们必须得回到特定历史场景和脉络中才能准确理解，不可一味宣扬或夸张两者之间的冲突。

第八章　破坏与重建

　　弗里德曼在《中国东南的宗族组织》一书的第十一章认为，祠堂是建立和维系宗族的重要手段。[①] 而社会史的大量研究也都把祠堂制作为理解中国宗族的要点予以考察，特别关注祠堂的演变与生成。[②] 本章首要的任务是考察 20 世纪中后期以来，闵子骞祠堂被拆除和重建的历史过程。我们将看到集体化时期的文化礼俗革命，如何对传统宗族施加影响并予以消灭。同时，我们也可以看到后集体化时期，闵氏宗族如何捐弃分裂而共建祖先祠堂。在本章第二节中，我将提出一个"多元声音分析模式"。我相信，这一模式有助于我们更深刻地洞察中国基层社会的运转问题。

① Maurice Freedman,*Lineage Organization in Southern China,* pp.81–91, London School of Economics, Monographs on Social Anthropology, No.18, London: The Athlone Press, 1958.

② 钱杭:《中国宗族制度新探》,185–226 页, 香港: 中华书局有限公司,1994 年;赵华富:《徽州宗族研究》, 140–214 页, 合肥: 安徽大学出版社, 2004 年; 常建华:《明代宗族研究》, 164–181、222–230 页, 上海: 上海人民出版社, 2005 年; 井上彻著, 钱杭译、钱圣音校:《中国的宗族与国家礼制》,87–170 页, 上海: 上海书店出版社, 2008 年; 王日根、张先刚:《从墓地、族谱到祠堂: 明清山东栖霞宗族凝聚纽带的变迁》,《历史研究》, 2008 年第 2 期; 冯尔康、常建华、朱凤瀚、闫爱民、刘敏:《中国宗族史》, 224 页, 上海: 上海人民出版社, 2009 年; 钱杭:《中国宗族史研究入门》,158–194 页, 上海: 复旦大学出版社, 2009 年; 林济:《"专祠"与宗祠: 明中期前后徽州宗祠的发展》,《中国社会历史评论》第十卷, 31–56 页, 天津: 天津古籍出版社, 2009 年; 徐斌:《明清鄂东宗族与地方社会》,147–217 页, 武汉: 武汉大学出版社, 2010 年; 贺喜:《亦神亦祖: 粤西南信仰构建的社会史》,96–192 页, 北京: 生活·读书·新知三联书店, 2011 年; 张小军:《"文治复兴"与礼制变革: 祠堂之制与祖先之礼的个案研究》,《清华大学学报》(哲学社会科学版), 2012 年第 2 期。

过往的中国宗族研究从未涉及族众利用新的文化创造与传播形式——电影电视——来重塑祖先的故事。临沂闵氏族人筹划了电影《少年闵子骞》的制作，并在此基础上建立了一个家族联谊会。无疑，这一行动本身是当代宗族文化重建内容之一。本章第三节将考察闵氏族人酝酿和推动有关祖先电影拍摄的过程，包括在此基础上建立家族联谊会的事情。第三节同样贯彻了"多元声音分析"技术。在理论上，就宗亲会性质问题，我与历史学家冯尔康展开了对话。我认为，判断一个组织或架构究竟是宗族还是宗亲会，要从实践角度入手。从外在的客观特征入手进行概念上归类，很可能会忽略实践者的主体意志。

第一节　拆除家庙

祠堂是宗族文化最为显眼的表征，在 20 世纪后半期根除宗族文化过程中自是首当其冲，这给人们留下鲜明而深刻的集体记忆。本节的任务在于对祠堂的破坏做出人类学的深描，为下一节探讨闵氏族人身份重建和文化重建问题以及国家与地方社会的关系问题做铺垫。

甘肃省永靖县大川一带孔氏族人约于 17 世纪中期建立了他们的祠堂——孔庙，[①] 之后虽历经多次毁败，但没有一次比 20 世纪后半期以来的遭遇更为坎坷。1953 年庙产被没收充公；1958 年关闭；1961 年因盐锅峡水库修建，其庙基为上涨的地下水所浸蚀；1974 年，当地的公社干部决定拆除它，并用拆除的材料在公社驻地建筑一个仓库。当孔氏族人得到消息后，他们就自己提前悄悄拆除了它，将房梁、砖瓦、窗框等建筑材料掩藏起来。[②] 那么，位于山东的闵氏祠堂是否也有类似的经历？

闵子祠的根本用途是祭祀闵人祖先，同时族人也用作处理族务，

---

① Junjing, *The Temple of Memories: History, Power, and Morality in a Chinese Village*, p.24. California: Stanford University Press, 1996.

② Junjing, *The Temple of Memories: History, Power, and Morality in a Chinese Village*, pp.27–29, 51–55. California: Stanford University Press, 1996.

即闵人所说的"办公的地方",闵子祠也曾一度成为过往军队或匪类以及闵人在动乱年代的避难所。但是自20世纪50年代以后,闵子祠却改变了用途,演变成了学校和乡村政权的办公地点。尽管从前闵村也有私塾和抗日小学,但均未设在闵子祠内。1949年闵人始于闵子祠内建立闵村小学。1970年下半年闵村建立联中,同时照常招收小学生,因而当时初中、小学共处一个院落。1982年闵村联中初中部搬迁到村后的新学校,原址只留下小学部。1995—1997年联中移交给镇初级中学,闵村小学又断断续续地搬迁到村后联中。小学迁走后,只剩下幼儿园,到2000年幼儿园也搬迁到村后去了。20世纪60年代,乡村基层政权在闵子祠院内的西南角部分建了几间瓦房办公,至20世纪70年代初期又搬迁出去。2000年学校撤销以后,复又搬回来。

我们看到在近50年里闵子祠实现了功能的转换。大队部(包括村两委)的建立意味着传统的以奉祠生和庄长为基础的乡村权力格局的崩溃与瓦解,新式学校的建立意味着新知识的传播和新社会新人才的制造,新式政权及其教育成功地夺取了"封建政权"及其文化的阵地,这种转换意味着传统文化被驱逐出乡村社会的内部,一种新型的国家文化和社会秩序在乡村世界中得以生根成长。所以从这一意义上而言,即便闵子祠表面上还叫家庙或祠堂,实际上业已不再是家庙或祠堂了,它充其量只不过是一座有着祠堂模样的古代建筑而已,形在而神亡。

关于闵子祠的以上看法将在下文的叙述中得到清晰勾勒。

在当年砸碎闵子塑像的时候,闵村小学的师生起到了推波助澜的作用。当时闵村小学的老师胡俊卿经常在课堂上教育学生要反对封建迷信,要用科学知识武装头脑。他带领学生造反,吩咐每一个学生回家弄一根小木棍,把木棍的树皮剥去,涂上红色或者绿色,然后用这根木棍挑着一个小旗子,高呼:"打倒牛鬼蛇神!"就是在这种高呼声中闵子骞的神像被推倒了。每一个房支祭祀支祖的神主楼子、家堂轴子,甚至过年时家里张贴的"福"字都被列为"四旧"的范围,统统予以扫除。至今闵人还能记得清清楚楚:看护家庙的人养了一只小鸟,叫胡俊卿给放了,鸟笼也作为"四旧"之物被砸碎。他还给看守家庙的人画过一张漫画，并张贴在大街上。这张漫画的主人公跪在闵子骞跟前；边幅空白处写着"封建孝子贤孙"。据说，闵村大街小巷的所有标语都出自他的手笔。显然，1949 年后作为一名乡村教师的胡俊卿将科学的观念和国家的意志"运输"进闵村社会，并试图配合国家模塑一代新的公民。这场科普运动应该说是有所成功的，许多人改变了对祖先信仰的态度。当新世纪闵人重新建设家庙之际，仍有相当一部分人将其视为"搞封建迷信"。

尽管当时也有许多老人反对砸碎祖先塑像，但这种反对的声音只是在内心里盘桓，谁也不敢公开表达出来。整个的情形就像涂尔干所描述的一种仪式——集体欢腾（corroboree）。涂尔干说，这种仪式前，社会的分散状态使社会生活单调、萎靡而且沉闷。但是一旦进入仪式，一切便都变了。大众的情感和情绪机制不能被他们的理性和意志完全制约，很容易失去对自身的控制。任何有点重要性的事件，都可能促使他们完全出离自身，要是有了好消息，立刻化为狂欢。要是相反，他们就会像疯子一样到处狂奔，一个劲儿地任意胡为，哭号、尖叫、在土里打滚、四下乱撞、咬自己、猛烈地挥舞胳膊，诸如此类。集中行动本身就是一种格外猛烈的兴奋剂。一旦他们来到一起，由于集合而形成的一股如电流的激流就迅速使之达到极度亢奋的状态。所有人的内心都向外部的印象充分敞开，想表达的任何情感都可以不受阻拦。每个人都对他人的行动做出回应，同时也被他人所回应。最初的冲动就这样推进、加剧，犹如下落的雪崩一样在不断增强，最后爆发出来。[①] 当年砸闵子塑像就是这样一副狂欢状态。

若干年后，人们才敢回过头来评价此事。他们通过一些"后果"来表达对集体欢腾的不满。他们告诉我：当年，老书记闵庆杰的一个儿子也上去帮助闵老六拽老祖头颅，结果掉下来摔伤了腿，后来成了瘸子。族人都说是报应。

最初捣毁塑像的目的在于将庙宇变成一个小学，不过，闵子祠中的王旦赞辞碑并没有被破坏，而是保存了下来。"文革"初期庙里连

---

① 爱弥儿·涂尔干著，渠东、汲喆译：《宗教生活的基本形式》，206—207 页，上海：上海人民出版社，2006 年。

小学也不设了，大殿成了一个批斗场所。之后又将学生搬进去。随着闵村小学变成联中，遂在大殿前后各扩建了两排教室，这时又把大殿腾出来，里面堆放着村民家的棺材，而宋代王旦写给闵子骞的"赞辞"的小碑也存放于大殿内东山墙下。由于无人居住，大殿里面生有虫蛇，学生时常感到恐惧。

闵子祠被拆除的时间是在1971—1972年之交，闵村第一次兴办集市之际。当时拆除大殿的原因并不是什么运动影响所致，而是闵人考虑到大殿影响学校建设。闵人想在大殿西边再建几排教室，而家庙缩在里面，又不能当教室，反而影响搬运建筑材料，终将其拆除。不过，在闵村也存在另外一种说法：人们想把大队部从祠堂里迁出来，但是当时没有足够的资金，于是他们就把家庙给拆除了，用它的建筑材料盖了大街南边的一排房子作为大队部。闵人用闵子祠里当年的两根廊柱做了两张大桌子，每张像乒乓球桌那么大，至今摆放在村两委办公室里。这样，整个古代建筑只剩下三门子（即山门，共三间屋）、宋碑（前人对此怀疑，疑为金代碑刻）以及三门子内墙壁上的三通小碑，不过三通小碑的文字已经全部被人用凿子毁掉，不复辨识。2003年重修闵子祠时，闵人为了重建一个漂亮的大门，竟然连这劫后余生的三间三门子也拆除了，里面的三通小碑也在拆除中被砸碎。只剩下一架被熏黑的木梁弃放在进入大门的阴暗角落里。

千年古柏、银杏（俗称白果树）和青杨是闵子祠和闵林的又一个构成部分。家庙及其周围都栽满了柏树、银杏以及少数杂木。家庙中的树木高大一些，家庙外的则矮小一些，总计有四百余棵。闵林占地百亩，里面长满了青杨和橡树，树木之粗、之多，我在前文"族产"部分已有交代。早年间闵氏宗族偶尔杀伐一两棵树木用于跟周围的宗族打官司，乃是宗族制度设计内的正常现象，谈不上是一种破坏。民国十四年（1925）遭马子之乱，如匪一样的"黄旅"来剿，林木始遭祸殃。此后，历经多次战乱和人为砍伐。

闵子祠里只剩下一棵杨树。当年它只有对掐粗，两个木匠在树下歇凉，忽生恻隐之心：咱不能赶尽杀绝，家庙里要留下这棵树。如今它已参天之高，两人围拢之粗，微风吹拂，绿杨萧萧。因其细小和人性另一面的悲悯而得以劫后余生，它见证了一次次的砍伐灾难。

　　家庙院子西南角有一棵柏树，相传这棵树曾经落过凤凰。伐树做枕木时，闵人发现里面居然有许多图案，形状像鸟雀，颜色深红。在这棵银杏树下，曾经有一通明朝时的古碑，碑帽比较高大。传说当年凤凰从柏树上落下来，曾经停留在碑帽上。凤凰不落无宝地。结果没有多久，这个碑帽子就被偷去了。据云，那人把碑帽子砸开，里边居然有一个"石蛹"。闵人认为，家庙拥有良好的风水，可是这种风水并不能使其免于灾难。

　　石碑是宗祠文化的又一个重要构成部分。从宋代开始国家就派遣重臣前来闵村祭祀闵子，留有石碑，历经宋、元、明、清、民国，闵祠内共计有十七八通碑（确切数字已无人记得）。这些碑大致分成三类：第一类是国家赠送的，上多有雕龙，闵人称为"龙头碑"；第二类为地方官所立，此类碑碣最多；第三类为闵人自己所立，多记述历代重修的情况。其命运大致有四：1.被村民运到田野中铺路架桥；2.被村民填埋到村东南一处大坑里；3.被个别村民砸碎煅烧石灰；4.大队磨坊用来做安放机器的底座。今日重修家庙，闵人多方搜寻，共觅得大小五通（有些是断碑残碣），如今皆树立于新落成的闵子祠内。另外村民提供线索，有一部分被填埋到村东南大口井老官地附近一块地里，另一部分被填放在今天村后汶泗公路的地下被作为路基。

　　闵人还有一个关于家庙的传说：从前有一只白野狸①住在家庙里。三官庙到观音堂子和家庙之间，过去夜间人们不敢走路，因为经常遇到野物。当年，有一人夜间从三官庙往家庙里走，遇到了这只白野狸。他急忙喊了一声"咳呆"，白野狸也跟着喊了一声"咳呆"。民间认为，如果人不先喊一声"咳呆"，而被野狸抢先了，人多半会死去。所以后来人们把这个人取诨号叫作"咳呆"。家庙毁灭后，它去了老林，人们有二十多年没见过它的面。现在家庙盖起来，又有人见到它回来了。

　　这只白色的野狸真的存在吗？在闵村一带，民间认为野狸往往会成精。其实，这只白野狸应该看作一种文化的象征，确切地说，应该看作宗族文化的另一种象征。家庙没有了，传统文化就不复存在了，

---

①　即猞猁。

野狮就走了；但是，墓祭未断，所以闵人说，白野狮去了闵林；家庙重建了，传统文化又复归了，野狮又回来了。村中还有传言，当年闵子祠做教室时，在夜晚课桌经常自动乱转。以此神异故事，表明祖先灵魂对拆除祠堂有意见。

我在山东省滕州闵楼也发现了类似的故事。滕州闵楼是闵氏族人聚居的另一个村落，南朝陈文帝五年（564）始迁于此，隶属嫡长系统的一个分支。[①]他们也建了一处闵子祠。当地闵人传说，“文化大革命”期间，村民把老祖塑像砸毁以后，家庙变成了大队的小卖部。小卖部里经营生产生活日用品。有一天早上，售货员发现了一个奇怪现象：昨夜注满的一缸酱油早上却不见了。而后接连三天皆是如此。后来他又注满了酱油，然后一整夜待在一个黑暗的角落里监视。大约半夜十分，他终于发现了秘密：原来一条巨蟒闪烁着绿色的眼睛把它喝光了。当时村里的闯将们在砸完老祖圣像后，仍想把闵子祠拆除掉，但听说了这件事情后念头遂罢，因为人们都说大殿有圣物保护。所以，闵楼的闵子祠建筑至今仍被保留下来。

现在让我们看看，作为鱼台闵氏大宗的闵子祠的命运。清光绪《鱼台县续志》记载：“闵子祠在治北二十五里大闵村，康熙六十年奉祠生闵煌建。”[②]之后又加修缮，现今家庙内《修建家祠碑记》曰：“鱼台族众有六十五代孙衍政等，乃纠倡会盟，聚赀庀村，而有建立祠堂之举。未几殿宇荒■，丹垩淡施，今事告竣以志之。”

鱼台闵子祠大殿初建仅三间，1945年增补东西配房各三间，另外还有三间大门楼子。大殿内本无塑像，只有闵子神位一张，上写“先贤笃圣闵子骞之神位”。另外有雍正三年（1725）皇帝亲手题写的“门宗孝行”四字金色匾额，上有龙驮雍正玉印。[③]闵子祠长14米，宽8米，高12米。大殿雕梁画栋，重梁起架，有六根顶梁巨大圆柱，

① 新修《藤阳闵氏支谱》，第一卷序言，1995年。

② ［清］赵英祚纂修：《鱼台县续志》第一册，65页，该志残破已不见目录，档案编号：K109·0283，济宁市档案局。

③ 对雍正三年所赐匾额和玉印，族人有着深刻的记忆。他们说：“雍正三年赐予的一个匾——‘门宗孝行’，是很珍贵的。上面有雍正的一个小龙印。市里、县里来过几趟找过，也没有找到，至今不知下落。”

南壁为 24 扇樟木花枔木门。门两旁有两根木刻滚龙柱，其法式仿曲阜大成殿走廊内的 28 根盘龙柱，直径约有 50 厘米。祠上全覆琉璃瓦，脊上高耸"铁塔云燕"（铁塔上站立着一支云燕），巍峨挺拔，典雅高崇。家祠的整个院落及周围空地约有 8 亩。这一切显示着闵氏家族的崇高社会地位。

20 世纪 50 年代以后，鱼台大闵村把大殿变成了小学。闵子 77 代长孙闵德运把牌位搬到家里保护起来。1970 年春天，大殿被拆除。雍正的匾额被锯解成几个凳子，砖瓦木石被卖掉，大队成员对外宣布所得之钱买了化肥（村民估计余钱被革委会成员据为己有）。后利用剩下的残砖碎瓦建起了三间低矮的瓦房作为本村小学。所幸东西配殿没有被毁掉，并保留至今。院内原有碑碣十几通，20 世纪 70 年代后或者被砸碎，或者被运到田间地头铺路架桥，而今院内只剩下 3 通，两块康熙六十年（1721）的"闵氏修建家祠碑"和"祭田碑"，另有一通是光绪二十七年（1901）的"禁演鞭打芦花碑"。

人们至今清晰地记得，在拆除大殿的时候出现了八九条长蛇。他们说，这是保护大殿的龙。拆除大殿以后，当时参加的人员有几名腰酸腿疼，人们说这是得罪了祖先。当时有个老太太患精神病，经常说胡话："老祖来了！老祖说：'你们把我大殿拆了。'老祖有意见。"从前该村每一年都出大学生，但自从拆除了家庙后，人才出得少了。上了年纪的都认为，拆除家庙破坏了大闵的风水。

2004 年我去调查时，鱼台大闵村的整个家祠院落分成两进。第一进是村两委办公室，房子是后来大队建的。这排房子把整个院落分割为二。随着人口的减少，闵氏后生到外村上学，大殿原址上的三间学屋已变得空空荡荡。东西配殿年久失修，已经破败，面目沧桑，它们和三块古碑见证了三百多年来闵氏家族的繁荣与衰落。院内没有树木，杂草丛生，艾蒿遍地，没人膝盖，鼠鼬寄存，百虫竞鸣，人迹罕至。

从中可以看到，鱼台闵氏大宗的闵子祠也经历了同样的命运，甚至比费县闵村尤惨。

自 20 世纪 50 年代以来，闵氏三个世系群的闵子祠命运基本类似。同时它们的文化遭遇也极其类似甘肃大川的孔庙，除了个别的原因有所不同。景军的研究获得了验证。这表明特定时段中国家所推行的新文化实践具有普遍性。

在费县闵村民间口传里面，当年破坏家庙的人也遭到了"报应"。据说 MFY 的妻子事后得了一种"怪邪乎的病"，她一到晚上就看见一个白胡子老头儿蹲在她家的房梁上。MFY 的父亲，即闵庆歆，只好又烧纸又磕头地请求老祖饶恕小孩。最后，老祖不再缠磨，MFY 的妻子也就好了。MFY 的妻子得病是真，闵庆歆祷告老祖也是真的，但我更愿意相信，此则民间传闻在于告诫人们不要轻易拆除祠堂。

祠堂是一个文化符号，传统国家曾征用它"以教万民"、维系社会，而现代化的制度设计中已经没有它的位置，不仅如此，且又被视为现代化制度设计的障碍，这个符号必然要在大众记忆里消失，被废弃与被破除是这个符号的必然命运。

第二节　多元声音中的闵祠重建①

20 世纪 70 年代末期以来，伴随着乡村改革的推动，中国社会由以往激进的运动模式步入新的时代，乡村传统进入复苏状态，在此背景下宗族活动得到了复兴。② 而祠堂重建可谓宗族文化复兴的一个

---

① 这一节已发表在《中国研究》2008 年春秋季合卷中了［具体可参见杜靖:《多元声音里的山东闵氏宗祠重建》,《中国研究》,2008 年春秋季合卷（总第 7-8 期）,242-272 页,北京:社会科学文献出版社,2008 年］。
② 王沪宁:《当代村落家族文化:对中国社会现代化的一项探索》,65-66 页,上海:上海人民出版社,1991 年;徐扬杰:《中国家族制度史》,473 页,北京:人民出版社,1992 年;钱杭:《宗族重建的意义》,香港《21 世纪》,1993 年 10 月号;钱杭、谢维扬:《传统与转型:江西泰和农村宗族形态》,上海:上海社会科学院出版社,1995 年;庄孔韶:《银翅:中国的地方社会与文化变迁》,252 页,北京:生活·读书·新知三联书店,2000 年;肖文评、房学嘉:《经贸发展与宗族复兴:以乐安县流坑董氏及丰顺县汤南罗氏为例》,周大鸣等著:《当代华南的宗族与社会》,308-361 页,哈尔滨:黑龙江人民出版社,2003 年;周大鸣:《宗族的复兴与乡村治理的重建》,肖唐镖、史天健主编:《当代农村宗族与乡村治理》,32-39 页,西安:西北大学出版社,2002 年;周大鸣:《宗族复兴与乡村治理的重建》,周大鸣等著:《当代华南的宗族与社会》,19-29 页,哈尔滨:黑龙江人民出版社,2003 年;周大鸣:《宗族制度的变迁与调适:以潮州凤凰村为例》,周大鸣等著:《当代华南的宗族与社会》,48-64 页,哈尔滨:黑龙江人民出版社,2003 年;冯尔康:《18 世纪以来中国家族的现代转向》,329-358 页,上海:上海人民出版社,2005 年。

重要表征。

甘肃省永靖县大川的孔庙至 1991 年始得以重修。[①] 景军视大川孔庙为地方社会历史的一个记忆载体或文化纪念物，以其重建一事为研究对象，获得了两个重要认识：一、祠堂的复修是地方人民努力在劫后恢复传统的一个象征，是小传统因应现代化过程的一个结果，重建之时，国家反对祠堂重建，地方政府至多"睁一只眼闭一只眼"；[②]二、祠堂的重建是一个文化性的"赎罪"（redemption）[③]与"复仇或雪耻"（revenge）事件。[④]

钱杭认为，当代宗族的复兴现象主要是一种归属感造成的。钱杭考察了中国宗族的现代化变迁问题，[⑤] 他认为，"在当代农村组织的恢复过程中，一方面必然以传统的宗族形态、宗族规范和宗族理想，作为自己发展的基本动力与理论资源；另一方，它又必然要以现在的社会制度——政治结构、经济秩序、意识形态及占主导地位的价值取向——为自己自下而上的立足点，以现在制度环境的适应共存为发展的途径，功能的界限以及具体操作过程的内在规则"[⑥]。宗族在当代获得重建的原因主要在于农人追求自己的历史感、归属感、道德感和责任感。[⑦] "归属感理论"重在强调主体性思路研究。

本节通过对闵村闵氏祠堂重建过程的考察，从而对景军和钱杭

① Junjing, *The Temple of Memories: History, Power, and Morality in a Chinese Village,* p.11, p.16, California: Stanford University Press, 1996 .

② Junjing, *The Temple of Memories: History, Power, and Morality in a Chinese Village,* pp.57–68, pp.172–176, California: Stanford University Press, 1996 .

③ Junjing, *The Temple of Memories: History, Power, and Morality in a Chinese Village,* pp.83–86, California: Stanford University Press, 1996 .

④ Junjing, *The Temple of Memories: History, Power, and Morality in a Chinese Village,* p.11, p.100, pp.167–168, California: Stanford University Press, 1996 .

⑤ 钱杭、谢维扬：《传统与转型：江西泰和农村宗族形态》，上海：上海社科院出版社，1995 年。

⑥ 钱杭：《当代中国农村宗族联宗的性质、过程及其变化趋势》，庄英章：《华南农村社会文化研究论文集》，第 178 页，台北：民族学研究所，1988 年。

⑦ 钱杭：《中国宗族制度新探》，第 249 页，香港：中华书局有限公司，1994 年；钱杭、谢维扬：《传统与转型：江西泰和农村宗族形态》，上海：上海社科院出版社，1995 年；钱杭：《中国宗族史研究入门》，167–194 页，上海：复旦大学出版社，2009 年。

的观点进行验证。本节使用的"多元声音"方法，亦即罗萨尔多（Renato Rosaldo）所推崇的"复调"研究。[①] 当然，克利福德（James Clifford）和拉比诺（Paul Rabinow）也提倡复调研究。[②] 但我在民族志调查和 2008 年最初发表这篇成果时，并没有接触到他们的思想。

一、国家的参与和多方的介入

在景军的描述中，20 世纪八九十年代的官方按照惯习对民间信仰依然保持着高度的警觉，"中国的社会图景呈现出了相当紧张的气氛"[③]。大川孔氏族人鉴于以往的苦难记忆，担心孔庙的重建被看作"封建迷信死灰复燃"，于是把孔庙这一名称变成了"大成殿"，同时对殿内的灵牌也进行了调整，以祭祀孔子及其弟子为主，把对祖先的纪念与祭祀潜藏在背后。这样做就是为了造成一个尊孔的印象（纪念一位伟大的文化英雄），[④] 或变成一种公共文化资源而显示不出家族的私有特性，以防止被地方政府取缔。显然，大川孔氏族人这种小心翼翼借助国家修辞来兴建祖祠的策略透露出国家干涉的现实，至少说明当时大传统的话语氛围还不够宽松。这样，景军在《记忆的神堂》中给我们留下了大川孔庙重建的印象是民间单方努力的结果。

从表面上看，山东闵村闵氏祠堂重建过程中国家也持有类似立场。第一，在民间修庙舆论的促动下，闵村两委领导于 2001 年年底前往镇政府陈述了建庙的想法。初始，镇里的领导不同意，认为是搞封建迷信，担心封建势力会重新抬头。第二，山东省委党报《大众日

---

① 罗纳托·罗萨尔多:《伊隆戈人的猎头：一项社会与历史的研究（1883—1974）》，31—58 页，北京：北京大学出版社，2012 年。

② Paul Rabinow, "Representations are Social Facts: Modernity and Post-Modernity in Anthropology", in James Clifford and George E.Marcus edited, *Writing Culture: The Poetics and Politics of Ethnography,* pp.234–261 (see pp.244–247), Berkeley: University of California Press, 1986.

③ Junjing, *The Temple of Memories: History, Power, and Morality in a Chinese Village,* pp.171–176, California: Stanford University Press, 1996 .

④ Junjing, *The Temple of Memories: History, Power, and Morality in a Chinese Village,* pp.57–59, pp.64–68,California: Stanford University Press, 1996 .

报》鉴于"近年许多地方续家谱、修祖坟、建祠堂、认祖归宗、祭祖、立石碑等活动日盛一日，形成一个个不挂牌的宗族组织"现象，自 1996 年 7 月 26 日起用整整三个月的时间，以"坚决制止封建宗族活动，加强农村精神文明建设"为主题进行报道，连续刊发 13 期整版讨论文章。第三，还可证之以闵氏族人的重建家祠的募捐书：

闵氏后裔：

为恢复国家文物古迹，响应党中央两个文明都要抓的号召，同时也为弘扬圣贤遗德，继承我祖闵子骞圣人至孝之传统，改善今人民心之风貌，振兴闵村乃至费县之经济，使圣人闵子骞之于费县如孔夫子之于曲阜，受万世景仰，人心系之。

闵氏子孙，适逢盛世，安居乐业，忆祖之盛德，思之久矣，念之久矣，瞻仰祭祀，托以何所？故需重修家庙，再塑闵氏圣人闵子骞之金身，闵氏望族，孝子贤孙，烟火相传，从善如流，善心所至，金石为开，择期而动，圣祖之金身可安卧，家庙之巍峨可立于眼前矣。

所需弥丰，故需募捐，众心所向，集思广益，议立募捐委员会，公举 _____ 操办如此盛事。具体募捐事宜如下：

一、捐款数量不限，上不封顶，能者多劳，多多益善。

二、凡捐款数量在 200 元以上者，其名将被刻于碑文之上，千古流芳。

三、捐款数量最多者列碑刻之首，其次者列第二……依此类推。

四、捐款数量超过 1 万元以上者，将为其人立一碑亭，上书其人生平事迹。

五、在家庙修建之时，出工出力者，按天数计算捐款钱数，每天 20—50 元。

六、同时也欢迎社会各界人士给予支持，凡有解囊相助者，其名如上记载。

闵村募捐委员会

二〇〇〇年四月四日

从中不难看出，民间主动寻找国家话语的认同，以获得重建的合法性：第一，保护文物，抓精神文明建设，振兴经济；第二点，发扬闵子骞的孝文化传统，教育闵村年轻一代孝顺老人，解决目前农村养老问题；第三点，尊祖敬宗，寻找精神上的寄托。正如钱杭所说：

> 在当代农村组织的恢复过程中，一方面必然以传统的宗族形态、宗族规范和宗族理想，作为自己发展的基本动力与理论资源；另一方，它又必然要以现在的社会制度——政治结构、经济秩序、意识形态及占主导地位的价值取向——为自己自下而上的立足点，以与现在制度环境的适应共存为发展的途径、功能的界限以及具体操作过程的内在规则。[①]

但就实际行动而言，国家在地方的延伸——地方政府——却积极参与了闵子祠的建设工作。这可以用黄宗智的"表达性现实"与"客观性现实"相背离的理论模型予以解释。[②]

1. 祠堂重建的运作组织

2002年初春，闵氏族人建立了三个组织，它们均被镌刻在石碑上，立于祠堂之中。

（1）笃圣祠闵子骞纪念馆筹建委员会

闵繁路（新华社高级记者）、闵宜（临沂一中高级教师、全国劳模、作家）、魏宝玉（原费县政协副主席）、刘家训（费县文化局局长）、闵宪忠（胜利油田石油学校党委书记）、闵庆法（原盐城军区副师级干部）、闵庆柱（原费县县委宣传部副部长）、杨培品（W镇党委书记）。

---

① 钱杭：《当代中国农村宗族联宗的性质、过程及其变化趋势》，庄英章主编：《华南农村社会文化研究论文集》，143-190页（具体见178页），台北：民族学研究所，1988年。
② 黄宗智：《中国革命中的农村阶级斗争：从土改到"文革"时期的表达性现实与客观性现实》，《中国乡村研究》，2003年第2辑。

（2）笃圣闵子骞纪念馆筹建小组

闵庆歆、闵庆风、闵繁康、闵现等、闵小行、闵繁东、闵繁宝。

（3）笃圣祠筹建领导小组分工示意图

组长：闵繁康。

史料整理组副组长：闵庆歆。成员：闵小行、闵祥华。

财务管理组副组长：闵宪等。成员：闵繁东、闵繁开。

外事宣传组副组长：闵繁宝。成员：闵繁成、闵祥玲、闵宪喜、闵繁增、闵繁俊。

建设管理组副组长：闵繁东。成员：闵繁岭、闵繁孟、杨金松、闵庆风。

后勤管理组副组长：闵繁学。成员：闵祥启、闵宪华、闵繁柱、邵泽普。

对三个组织人员的社会身份考察可以看出，第一个组织主要由官方人员组成，他们生活在村落世界之外。其中的闵姓成员以官方和宗族成员双重身份参加，而闵宜、魏宝玉实际上又具有地方文人的身份。这种双重身份使他们游离于地方和国家之间，积极为地方寻找资源，谋求利益。第二个组织人员的身份均为宗族成员，他们目前全都居住在村落内部。但是在现实里，其中 3 名为村委主要领导，2 名在地方乡镇政府工作，另 2 名宗族成员是普通村民。显然，前两种身份也具有双重性，游离于村落与乡镇地方政府之间。第三个组织有 3 名宗族成员，2 名在地方政府上班的宗族成员和闵村村两委的所有成员，包括 5 个组的负责人（闵村按片下分 5 个行政小组）构成。因而我们看到有外姓人员参加，其主体是村落政权组织。

由此可见，参与闵子祠重建的骨干力量由国家工作人员（主要是县乡两级）、地方文人、村两委成员和族人构成。

甘肃大川负责孔庙建筑和管理的人员也构成一个组织，景军称之为"庙管群体"，当地人称为"愿主"。他们共有 14 人，其中：大愿主是村主任；二愿主是党员，当过管理几个公社的区长，1961 年被撤职；2 个庙管会计，一个曾经是当地小学校长，1954 年被撤职，一个是"模范厨师"，20 世纪 60 年代曾给县领导做饭，如今依然保持着跟县领导的人际关系；其他庙管均来自村落内部，多为六七十岁的老人，熟悉礼仪知识、掌握古典文字阅读与书写。另外，14个愿主中的五个来自大川，是庙宇的主要管理者。[①]通过比较可以发现，首先，大川孔庙重建的骨干力量中也有一部分人保持跟地方政府之间的密切关系，但他们在建庙的时段里已经失却了双重身份。其次，村委力量也介入了孔庙复修，[②]但远没有山东闵村介入之深之大。再次，另一个比较深刻的印象是，山东闵村闵子祠重建有大量国家身份的人员参与，而大川却没有。

2. 资金捐助者身份

在建成后的闵氏家庙笃圣殿的院落西侧，立着一长排石碑，碑上刻写着捐款人的名字，族人称之为"功德碑"。他们把捐献5000元以上的人单独刻写在一块石碑上（这种情况全部为一个家族单位），其余大体按照村落或者同一村落里的分组进行集中刻写。现把统计结果用5个表格将捐款人姓氏、单位及其数额大致开列如下。

表一　机关企事业单位个人捐款

单位	姓氏（不注明者为男性）	捐款（单位：元）
新华社	闵	1000
东营市委党校	闵	5000
临沂一中	闵（女）	2000
临沂市妇联	闵（女）	1000
临沂市人事局	闵	1000
临沂市政府办公室	闵	1000
临沂市农机公司	闵	2000

[①] Junjing, *The Temple of Memories: History, Power, and Morality in a Chinese Village*, pp.61–64, California: Stanford University Press, 1996.

[②] Junjing, *The Temple of Memories: History, Power, and Morality in a Chinese Village*, pp.95–96, California: Stanford University Press, 1996.

单位	姓氏（不注明者为男性）	捐款（单位：元）
临沂市干休所	闵	1000
费县政协	魏	500
费县政协	赵	500
费县土地局	魏	500
费县公路局	闵	1000
费县师范	闵（女）	500
费县一中	尹	500
费县钟山中学	田	100
费县建筑队	陈	2000
费县中京石材厂	张	1000
费县土产公司	闵	1000
蒙阴保险公司	张	1000
W镇政府	孙	500
W镇党委	杜	500
W镇党委	马	500
W镇派出所	盛	200
W镇派出所	李	200
方城镇政府	王	500
方城镇政府	邹	500
上冶镇法庭	凌	200
博兴饭店	闵	10000
沂南华星学校	刘	100
方城发达鞋业	李	500
W镇食品站	闵	1000
W镇照相馆	王	500

注：机关企事业单位个人共32人，最高数额10000元，最低数额100元。

表二　机关单位和附近村落村委会的捐款

机关单位和村委会	捐款（单位：元）	机关单位和村委会	捐款（单位：元）
费县劳动局	1000	W镇敬老院	500
费县旅游局	1000	W镇工商所	1000
费县文化局	1000	W镇食品站	1000
蒙山管理委员会	1000	W镇交管所	1000
W镇党委政府	2000	W镇信用社	2000
新桥乡医院	1000	闵村完小	500
W科华公司	1000	竹园食品站	1000
方城镇法庭	1000	大柳汪村委	100
W镇计生委	1000	许寨村委	100
闵村工作区	1000	沙岭子村委	100
W镇地税局	1000	吴庄村委	100
上冶镇法庭	1000	张寨村委	100
新桥派出所	1000	李寨村委	100
W水利站	1000	冯家庄村委	100
刘庄水库	1000	曹庄村委	100
W种子站	1000	许寨村委	100
W粮管所	1000	小胡村委	100
W一中	1000	刘庄村委	100
W二中	1000	西W村委	100
W完小	1000	后楼村委	100
W兽医站	1000	东长福村委	100
W镇邮政局	1000	W加油站	1000
W镇民政所	1000	W镇林业站	1000
W镇供电所	2000		

注：机关单位和附近村落村委会共计47家，最高捐款2000元，最低100元。

表三　闵氏大宗和散布于外省、市、县的村落族人捐款

	捐款（单位: 元）
鱼台县大闵村（闵氏大宗）	1500（1 人）
临沭外迁族人	1900（19 人，每人 100 元）
沂南县旺家庄	1200（7 人，最高 200 元，最低 100 元）
滕州闵楼村	200（1 人）
江苏邳州大良壁村	1200（12 人，每人 100 元）
江苏邳州四户镇道口村	800（8 人，每人 100 元）

表四　散布于闵村周围的费县村落族人（包括少数非闵姓族人）捐款

村庄	捐款人数	捐款（单位: 元）
白马峪	18 人	最高捐款 200，最低捐款 100
西王庄	1 人	100
东 W	3 人	每人 100
西 W	34 人	最高数额 600，最低数额 100
后楼村	14 人	张姓 1 人，余者闵姓，每人捐款 100
东长福	17 人	每人 100
西长福	1 人	100
沙岭村	5 人	孟姓 1 人，张姓 2 人，刘姓 2 人，每人 100
平和庄	1 人	100
大柳汪	3 人	王姓 1 人，闵姓 2 人，每人 100
吴庄子	1 人	100
解峪子	1 人	200
大神牛栏	3 人	每人 100
小神牛栏	3 人	每人 100
李寨	7 人	李姓 1 人，闵姓 6 人，最高捐 200，最低 100
许寨	3 人	霍姓 2 人，许姓 1 人，每人捐 100
北山阳	3 人	每人 100
上夫彩	6 人	每人 100
竹园	2 人	每人 100
诸满五村	2 人	每人 100

村庄	捐款人数	捐款（单位：元）
姜家庄	1 人	100
张寨	7 人	张姓 2 人，闵姓 5 人，最高 200，最低 100
冯庄	3 人	邵、李、闵姓各一人，每人 100
顺德庄	2 人	每人 100
吕寨	2 人	每人 100
韦寨	1 人	王姓，100
平顶庄	6 人	每人 100
吴庄子	10 人	巩姓 1 人，闵姓 9 人，最高 1600，最低 100
吉拉子	1 人	100
下草沟	1 人	100
后荫庄	1 人	200
曹庄	1 人	曹姓，100
刘庄	1 人	100
方城西街	1 人	张姓，100
方城镇张家街	1 人	100
小庄子	1 人	王姓，100
泉子崖	1 人	100
新桥乡东朱汪村	6 人	每人 100

注：外姓捐款人一部分是闵姓族人的姻亲，一部分是感于闵子骞孝道有助于乡里教化而慷慨捐助。这些族人外迁的原因，主要是战乱、逃荒等。其外迁村落散布于闵村周围，蒙山之前，方圆约 30 公里。

表五　本村及外嫁女子捐款

姓氏	捐款人数	捐款（单位：元）
闵姓	512 人	最高 10000，最低 100
邵姓	21 人	最高 1000，最低 100
杨姓	9 人	最高 1000，最低 100
武姓	5 人	最高 200，最低 100
李姓	2 人	每人 100

姓氏	捐款人数	捐款（单位：元）
刘姓	1人	100
孟姓	1人	100
卓姓	1人	110
外嫁闵姓女子	21人	最高1000，最低100

从捐款情况看，资金是由地方政府、附近村委会、机关、企事业单位个人、闵氏家族成员以及闵村和周围村落里的他姓成员捐助的，但主要来源于闵氏族人。他姓的捐款表明，闵子祠不单纯是一个世系群的信仰符号，这个信仰符号同时又为整个村落，乃至一定区域所共享。这里再次证明，闵子既是一个宗族的祖先，也是一个地域性神明。机关、企事业单位和邻村村级政权的捐助表明，重建一事不复是小传统单方的活动。这样的一次复兴重建与传统儒家所设计的宗族观念具有很大距离，这可以看出当下场域里的宗族文化实践特征。

这份捐款名单同样也再次印证了闵子祠是由国家力量和民间社会共同努力的结果，绝不是民间单方面推动完成的。国家力量的积极介入和多方的参与使得闵村传统重建的经验颇不同于大川。这充分说明了中国社会文化的多样性、差异性和丰富性。

那么，这些多元力量是如何互动的呢？而其中任何一方内部，比如民间社会，又是如何发生关联的？闵子祠从起意复修到最终落成前后历经二十余年，这二十余年里又有哪些动人的故事？下面将给予展开，而这种展开也是更为鲜活地讲述"国家的参与和多方的介入"。

二、互动的过程

除了纪念祖先以外，大川孔庙重建的内在动机有"赎罪"和"复仇雪耻"两个方面。面对20世纪后半期以来的各种强大政治运动（从人类学角度看，实际上是新国家调整社会关系的一种文化实践），特别是盐锅峡水库的建设，使得族人无力保护祖先的陵庙致使祖先受辱。尽管在 20 世纪 80 年代初期，他们临时设立了一个简单神龛，亦无法抵消内心深处的愧疚：不能体面地祭祀祖先。这种对不起祖先的敬祖意识使得他们决定重建家庙来进行赎罪，[①] 即补偿作为"不肖子孙"的罪孽、错事或罪过。庄孔韶有着类似的见解，宗教复兴是抑制内心创伤，调整失衡的心理。[②] 景军通过对庙管群体的个体生命历程追溯发现，这些愿主或部分愿主的父亲或祖父在原有社会结构中曾经是当地社会精英，但在 20 世纪 50 年代至 20 世纪 80 年代的中国特定社会时空中，由于各种历史原因他们被迫接受劳动改造，甚至有的被判刑坐牢。一旦平反，重新回到村落世界中的精英结构位置上去，"最有效的平反方式莫过于联合起来重建、保护和管理一个神圣的场所"[③]，以挽回自己的尊严。这样一个深藏的用心被景军称为文化性"复仇或雪耻"。

山东闵村闵子祠的重建背后是否也潜藏着这样两个动机？

1. 以族人为主体的酝酿

阎云翔认为，集体时代的结束导致了村落公共生活的退化，公共空间消失了。[④] 笔者以为，阎云翔忽视了乡村其他类型的公共空间，比如特定的聊天或打牌场所，因为这些地方具有公共空间的功能和特征。此外，他虽然注意到"休闲活动转而成为以家庭为中心"[⑤]，但是他把"串门子"一律排斥在公共空间活动之外，只称为"公共化的私

---

① Junjing, *The Temple of Memories: History, Power, and Morality in a Chinese Village,* pp.83—86, California: Stanford University Press, 1996.

② 庄孔韶：《银翅：中国的地方社会与文化变迁》，439 页，北京：生活·读书·新知三联书店，2000 年。

③ Junjing, The Temple of Memories: History, Power, and Morality in a Chinese Village, pp.95—100, California: Stanford University Press, 1996.

④ 阎云翔著，龚小夏译：《私人生活的变革：一个中国村庄里的爱情、家庭与亲密关系》，35—43 页，上海：上海书店出版社，2006 年。

⑤ 阎云翔著，龚小夏译：《私人生活的变革：一个中国村庄里的爱情、家庭与亲密关系》，41 页，上海：上海书店出版社，2006 年。

人生活"，[1] 显然忽略了乡村个别家庭成为乡民爱串门的去处，而且这样的家庭在集体化时代，甚至以前就已存在。闵村具有两个公共空间[2]，一处是家庙前的广场，一处是族人闵庆歆家里。农人常在闲暇之余到这样的场所（而家庙的南墙根则是冬日晒太阳的好地方），无意间彼此传递各种社会信息。比如20世纪80年代初期以来，曲阜孔庙再度开放给游人、附近很多村落里开始重修家谱、中国东南部普遍复兴家庙等等。公共空间是窖缸，敬宗收族与祭祖意识是酵母，这些信息最终于1987年被族人发酵成一个想法：重修家庙。

闵庆歆1919年生，12岁读私塾，1937年日军进入沂蒙山区被迫辍学，前后共8年，在乡村世界里算是一个有着较深厚古典文化修养的农民。1937年至1945年在闵村抗日小学教书，其间也曾任伪乡政权文书。解放后参加村里的纺织工业合作社，闵庆歆任该合作社会计。20世纪50年代末，这个纺织合作社被国家收购变成费县毛纺厂，他重回闵村并任大队会计，至1984年退休。闵庆歆共有5个儿子，长子和三子是附近乡镇的党政干部，次子是中国石油大学的教授，四子是兰州军区一名副师级干部，五子在附近乡镇中学教书。民国初年，其祖父就任闵村圩长，主持修过家庙，1937年，其父继承圩长位置，曾一度负责后寨事务，亦主修过家庙，20世纪60年代闵庆歆在闵村和附近村落编修过闵氏族谱（由于未能将所有族人联系在一起，结果仅停留于草稿基础上，后来丢失）。从20岁到80岁他一直是村里婚丧嫁娶的礼仪先生，老伴亦在闵村结婚礼仪上架了一辈子媳妇（婚礼中的女司仪）。闵庆歆还会看皇历、查日子、查丢失东西以及看风水。显然，他是一个服务乡村的民俗知识分子。由这份个体史素描可以看出，闵庆歆参与家庙重建具有如下几个因素：一、他继承了一份来自祖辈的历史象征资本；二、他拥有一份往昔村落精英的

---

① 阎云翔著，龚小夏译：《私人生活的变革：一个中国村庄里的爱情、家庭与亲密关系》，133–134页，上海：上海书店出版社，2006年。

② 本节使用"公共空间"一语并非西方政治学严格意义上的 public sphere。特此说明。其实，中国社会中有没有西方社会里那样的 public sphere，学界至今争论不休。从争论趋势看，大家越来越不相信中国社会内部曾存在西方的 public sphere，用西方的 public sphere 来分析中国社会未必合适。

历史;三、他拥有一份乡村礼仪知识资本;[1] 四、他拥有一份在村落之外工作的儿子们所赋予的社会关系网络资本，就某种意义而言，是儿子们的社会地位决定了他在村落世界内的身份[2]与宗族文化实践。

闵繁宝 1932 年生，1946—1947 年读过两年私塾，至今家里还摆放着《论语》。1947—1949 年任闵村儿童团团长，1950 年后任闵村团支部书记。1951 年参加"镇反"。1952—1955 年任村副主任。"文革"期间一度任 W 镇革委会副组长。20 世纪 70 年代后期任村支部组织委员，1989 年退休，凡 35 年的乡村政治生涯。其堂弟闵繁路原为新华社副总编辑。其长女现任费县妇联副主任。显然，他具备闵庆歆的二、三两条资格参与家庙建设。

1980 年闵繁宝去北京看望堂弟闵繁路，回来后告诉闵庆歆："上边跟过去不一样了。祖庙可以复修，其他的神庙不行。"二人遂打算修庙。1987 年闵繁宝第二次到京看望堂弟，在弟妻带领下走访了当时的国家文物局，咨询相关政策。有关方面考虑到闵子骞的情况，认为作为文物保护可以为之建祠。后闵繁宝又走访山东省文化局文物处，亦得到同样答复，不过要依靠地方力量建庙。

在公共舆论空间里，族人聊天时常忆起祖先闵子骞塑像的模样、鞭打芦花的故事、往日祠堂及相关传闻，以及给他们带来的荣耀。这跟大川有着惊人的类似：祠堂成为特定社会群体相关历史的记忆附着物。[3] 布尔迪厄讲的荣誉感等象征意义[4]也激励他们"一定要把老祖庙重修起来，哪怕是三间草房"。

闵子祠的重建离不开族中接受现代体制教育，并在地方政府中担

---

[1] 景军:《知识、组织与象征资本：中国北方两座孔庙之实地考察》,《社会学研究》, 1998 年第 1 期。

[2] 杜靖:《避难"非典"十四日——一位人类学博士在其故乡的文化遭遇》,《民族艺术》, 2003 第 3 期。

[3] 莫里斯·哈布瓦赫著，毕然、郭金华译:《论集体记忆》, 69, 122, 335, 381–383 页, 上海：上海人民出版社, 2002 年；王明珂:《华夏边缘：历史记忆与族群认同》, 50–51 页, 台北：允晨文化实业股份有限公司, 1997 年。

[4] Pierre Bourdieu, "The Sentiment of Honour in Kabyle Society", in J. G. Perstiany, ed., *Honour and Shame: The Values of Mediterranean Society,* pp.191–241, London: Weidenfeld and Nicholson, 1965.

任新闻宣传报道的人员。闵小行，村中称呼他闵宪庆，现年38岁。曾经在W镇干过代课教师，后辞职到镇里干临时性通讯报道员，现在苍山县法院从事新闻报道工作。他是目前闵氏族人搜集闵子骞资料最多的一个人，而且曾下过功夫研究过闵子骞。2002年他向镇政府起草《关于修复闵子故里闵子祠的报告》。闵子祠建成以后，闵子塑像背后墙壁上的介绍闵子骞的文字也是出自他的手笔。地方文史专家撰写闵子骞的文章也大多参考他的文字报告。他在20世纪80年代末就介入到酝酿闵子祠复修行动中，四处活动。《复修闵子祠报告》全文近3000字，主要包括四大块内容：1.介绍了闵子骞的情况，涉及孔子等人对他的评价；2.介绍了闵子祠以及闵子历代受祭祀的情况；3.分析了闵子孝文化所包含的现代价值；4.结合临沂市地面上的其他旅游资源来分析建祠的可行性。文中虽然有许多处错误和尚待通过考证而下结论的地方，但是他的行文流畅、陈词慷慨，足以打动人心。我多次接触闵小行，就我个人的印象而言，他之所以热衷此事：一是出于内心的"根结"；二是他作为一个地方文人，有文史爱好。

20世纪80年代以来，地方的一些文史工作者也经常来闵村观看家庙，拓印古碑，有时还采录一些口述史，写作有关闵子骞的文章。他们到闵村的行为本身具有某些象征意义：闵氏祖先、家庙、家庙里的古碑具有文化价值。这在一定程度上巩固了族人内心所想。

1991年腊月十八日下午，县委领导[①]来闵村观看闵子祠走后，村委领导和闵庆歆等老人在村委办公室开会，决定重修家庙。这个决定表明了民间社会和村级政权初步达成了一致意见，并于当时两者进行了简单分工，但时值春节，此事暂置一边。春节后正月初二，闵庆歆把族中老人再次召集于家中，座谈修庙一事。正月十二，附近村落一群闵姓族人前来闵村祭祀祖先，但没有可以寄托的祠堂，遂怏怏而回。这反过来刺激了闵村闵氏族人，更觉脸上无光，对不起祖先。闵庆歆当场许诺外迁族人明年老祖生日可来祭祀，届时将庙修好。

1992年初春，闵庆歆、闵繁宝、闵小行去费县有关部门请示建

---

① 县里领导陪同临沂市宣传部长丁凤云、临沂市政协主任刘家驷前来，当时还有已退休的费县领导魏宝玉。

祠。在到达县委时遇着一件事：有人写了一张大字报贴在县委大门旁，反映闵村老书记（即下文"八了歌"里的闵庆杰）和在闵村蹲点的一个干部有贪污行为。他们只好去了县政协，一名县政协副主席和一名宣传部副部长（亦是族人）接待了他们，吃饭时该族人建议他们前往临沂市拜访闵宜（闵宜的介绍详见下文）。

闵庆歆、闵小行和闵繁宝到临沂城闵宜家中。问清行辈之后，闵庆歆立即称呼比他小近 20 岁的闵宜为姑，闵繁宝则称呼姑奶奶，感动得闵宜流下了眼泪。闵宜在家里接待了他们。喝酒期间，闵庆歆跟闵宜谈起家庙的事情（之前闵宜并不知道临沂市境内有闵子祠），并表达了想重修家庙的心情和打算。闵宜当即表示支持，并打算联系临沂市的全国十四大代表、企业家王廷江，想说服王廷江在闵村建一个工厂并对家庙建设进行投资。同时，闵宜表示会与临沂市旅游局联系，取得资金上的支持。

从临沂城回来后，闵庆歆等人又去县旅游局和政协等单位联系资金支持。当时费县政府正在筹建颜鲁公庙（颜真卿），表示如果闵村修闵子祠可以先动用部分资金，但只给 5 万元钱，显然资金不足。

这一年麦收季节，刚刚当选山东省人大代表的闵宜果然把王廷江等人带至闵村。陪同前来的还有临沂市宣传部长丁凤云、临沂市政协主任刘家驯，以及费县县委书记和文化局、旅游局、政协史志办的有关领导。[①]

当时的村书记已经同意修建家庙，并把村委办公室的钥匙给了闵庆歆一把，叫他们随时商量意见，拿出方案。但由于后来热心的族人跟村委会计（即下文"八了歌"中的闵繁桐）发生误会，致使 20 世纪 90 年代初期的村领导班子失去了建设家庙的热情。后来闵村基层两委换届如走马灯似的，一拨上来，一拨又下，没有人对此热心。甚至有的村领导还极其小心，觉得兴建家庙是带头搞迷信。而面对族人热心去县里联系的行为，他们说："你们去是去，大队里一分钱也没

---

① 闵宜说，当时临沂市的部分省人大代表来费县视察工作，费县县委领导告诉闵宜"她的老祖宗在闵村"，并建议她趁机去看看。在这种情况下，闵宜与王廷江等一行来到闵村。

有，自己解决路费。"

1994 年正月，来了一车白马峪族人祭拜祖先闵子骞，可惜无庙，深感遗憾。

1996 年村委会换届，新班子上任又激起了族人的希望，因为村委会里部分领导也很热心家庙事业。但终因村支书嫌麻烦，没有展开行动。不仅如此，村委会还把原来家庙的地基划给村民建房。这一行政作为激怒了族中老人。

一天夜里，正当村两委开会之际，闵庆歆率领着 40 多名老人闯进了村委会议室（事先有村委成员悄悄告诉老人们什么时间开会了）。族人七嘴八舌地说："不许卖老祖的地！把钱退给人家！""如果你们不把家庙的两个门堵上，我们就不饶你们！"村里领导起初没有听从老人们的意见。买到房基的人家开始建房，但是刚刚砌起一人多高，闵庆歆等 60 多个老人排成长队，一齐把墙推倒了。村支书那天晚上主动跑到闵庆歆家里商量："二哥，卖的这个地方（庙地遗址）还得收回来吗？"闵庆歆答复："如果不收回来，闵村祖先不饶你！我带头不让你。反正这么大年纪了，要是犯法，就请逮我！"看到老人们坚决的态度，村两委做出了让步，把地基收了回来，并将"文革"破坏的家庙东院墙砌了起来。老人事后把这次行动称为"老人暴动"。[①]这个事件的象征意义表明，村落政权对民间力量的妥协。

闵子祠的重建与一个闵村游子有着密切的关系。他的"回老家"活动促进了闵子祠的问世。这个天涯游子就是闵繁路。

闵繁路的父亲闵庆章是在 20 世纪 20 年代末去的东北（具体年月不详），当时是战乱还是逃荒已经讲不清楚。他是旧时的一位私塾先生，去东北前在闵村教过书。[②]到东北后他最初做店里小伙计，20 世纪 40 年代初辞了店里工作，自己干起了买卖，最后发展到拥有两间房子的杂货铺，并在那里娶妻生子。闵庆章是一个典型的乡村知识分子，儒学浸润到他的灵魂深处。日常生活中他处处以儒家的理念教育

---

① "老人暴动"事件最初由闵庆歆老人讲述，后来随着田野调查的深入进行才知道这早已成为村中的公共事件，妇孺皆知。

② 征之现年 87 岁的闵庆歆老人，他说闵庆章没有教过。

孩子。比如，屋里常年悬挂着反映儒家思想的治家格言，如"闻鸡起舞""黎明即起，洒扫庭除"等。他经常给孩子们讲述闵子骞"鞭打芦花"、"乌鸦反哺"、"羊羔跪乳"等传统孝文化故事。他为人厚道，岳母跟着他们一家过，皆和睦相处。来东北后的最初几年里他独自回了一趟老家。结婚后还想再回趟老家，而妻子考虑到兵荒马乱，坚决不同意他的回归，为此夫妻俩还争吵过一次。1954年闵庆章抱憾离开人世。谢世前他叮嘱孩子，以后一定要回家看看。显然，叶落归根的念头在老人的内心世界烙印得很深。

1999年初夏的4月，山东省菏泽市开牡丹花会。4月24日受地方政府邀请，闵繁路夫妇一同前往观看牡丹。当时临沂市委宣传部长得知闵繁路来菏泽的消息，就主动跟他取得联系，并邀请闵繁路回临沂考察。闵繁路夫妇考虑到，费县老家近在咫尺，不妨借机回归故里看看。临沂市委宣传部派遣了一位副部长前往菏泽迎接他们。就在这种情况下，闵繁路到了闵村。这个情况跟闵繁宝等族人讲述的不一致。闵村族人说，是族里出面邀请闵繁路回家的。

当时中央派驻山东的新闻机构、临沂市委、费县县委和地方乡镇的领导都陪同闵繁路前往闵村。五六辆轿车行驶在闵村的南北大街上。乡亲们夹道欢迎这位多年流落在外的游子。他们纷纷说"闵繁路回来了！"有的老人则在记忆里寻找他跟父亲闵庆章的相似处，并指指点点。他走下车子，很吃惊地看到那么多人出来看他，禁不住问道："你们都姓闵？"闵人给予了他肯定的回答。他说："当时一看这么多姓闵的，都夹道欢迎，我就很感动。从来没有见过这么多姓闵的。"在闵村，他拜访了堂兄闵繁宝和一些近房支的乡亲，以及闵村邻村（郭村）的年迈亲姑——父亲最小的妹妹。他拜祭了闵氏祖林中的祖先坟墓。在闵繁路的眼里，老家比他想象中的要破落和贫穷。他当时想：我的父亲就是从这种村子里土路上走出去的？尽管如此，他还是觉得那里是"他的根"，一个曾经魂牵梦绕的地方。他的眼眶里噙着泪水。回北京后，他写了一首诗：沂蒙白山云水重，沧桑难改两代情，今归故里圆旧梦，闵林挥泪祭家翁。从这首诗中不难看出长期郁积在他们父子两代人心中的那个情结。显然，"寻根问祖"是闵繁路此行的目的。这首诗跟20世纪90年代初期费孝通前往费县寻根问祖后所写下的诗，有异曲同工之妙：寻根来鲁南，源流已千年，后裔遍海内，依依不忘先。[①]

此前，闵繁路有一次到济南出差，顺便观看百花公园中的闵子骞墓。他一路打听，市民皆曰不知。等到后来找到，他内心触动很大，大有"断碣残碑，都付于苍烟落照"[②]之感。作为山东省文物重点保护单位的济南闵子墓，竟然成了倒垃圾的地方。他当时颇有感慨："老祖宗的地方还不错，怎么弄成这个样子？"后来山东省政府的一个秘书长到北京拜访他，他乘机建议："你们的文物保护，也弄得太差了。闹市街头的一个闵子骞墓，应该再修修它。这不是我出于个人及宗族的意思啊！"山东省政府果然很重视，后来进行了一些重修。

这次回乡祭祖，他并没有向当地政府提出修建家庙的事情。后来有一天，闵繁康主动打电话跟他联系。他在电话里叮嘱闵繁康："修家庙可以，但要修成文物保护，搞封建迷信，把族人拉起来影响国家的政治不行。修复一个祠堂是可以的，作为一个历史的、文化的，有价值的东西，因为闵子骞也是历史名人。但是不要搞封建性的、弘扬宗族势力的东西。纪念孔夫子，纪念闵子骞。花一点修复，不要太劳民伤财。作为一个历史文物，还是有保存价值的。大家做一点纪念的。"闵繁康说："这个事我们会注意！"闵繁路回答："这样的话，我会支持你们！"并且捐款 1000 元。在我访谈闵繁路先生的时候，他告诉我："这不是闵繁康一个人的事，大家都有这个愿望：有一个家庙比较好。闵繁宝就多次来过这里，对我说：'不管怎么样，将来有了钱还要把家庙修起来。'他也是热心人。"

闵繁路作为我们国家一个从事新闻宣传工作的主要领导有着很开明的意识。他认为看待问题应该一分为二，要辩证地看待一切，不能用"非此即彼"的方式处理问题。对待传统的东西也不能全盘否定，

---

① 1992 年 5 月费孝通到费县考察时说："我姓费，我也是费县人。"回京后费先生写了《寻根絮语》一文，收入《费孝通杂文选集》中。有一次费先生在外地看到费县产的水果罐头，高兴地给人介绍："这是我老家的产品。"1995 年 3 月 16 日，全国八届人大三次会议期间，费先生特意到山东代表团问负责同志："我的族籍是山东费县，有费县的代表吗？"（魏宝玉：《费孝通深情系费县》，载 2000 年 12 月 4 日《联合日报》1 版）

② 云南大观楼上的一副对联中的一句。

迷信的东西，不好的东西要去掉，但是好的文化价值要保留。对于族群运动，不能各自搞一摊，影响社会的稳定；当然，有些团体也不能管得太死，社会需要，它又不干扰国家的进程，那就不要管它，比如同学会、同乡会等。他们在北京就成立了一个"通化中学北京校友会"，闵繁路曾任会长。他说："你有黄埔同学会，为什么不叫他有什么'北大同学会'或'通化同学会'？你搞了一个孔庙，为什么不允许他搞一个他们的家庙？他们只要不影响社会生活就不要过多干涉。"对于宗族问题，他也谈了自己的认识。他说："过去的家族有坏的东西，也有好的东西。家族族长权力过大，定有族规，私设公堂，像一个电视上所讲的南方的一个宗族，竟然族老议事把人淹死了，这肯定是不好的。但是，传统上由于大家是一根血缘上下来的，在一起聚会，并互相帮助，这有什么不好？他们一伙人在一起喝酒、聊天，只要不影响社会，没有必要警惕他。"

以人类学的眼光打量，任何一个具有国家身份的人员都掌控着一定的国家资源。除了业务和个人交往之外，我们不能排除这样一种可能：地方宣传部门邀请闵繁路来临沂，是想更多地得到一些国家新闻资源，扩大对临沂地区的宣传报道。当然，这也属"公务"。从上文的展示可以看到，闵繁路回闵村有某种历史和情感的必然。但我想，如果没有临沂市宣传部这份邀请所提供的契机，闵繁路也许今生就不会访问闵村。他不访问闵村，也许就不会有这个庙宇，或者说可能会迟建这个庙宇。闵繁路的到场实际上是一个文化变量，这个变量在客观上已经达成了对乡村社区的重要干预。

后来还发生了一件事情。闵子家庙保留下来的宋、元、明、清古碑较多，但大都散落在村中遭受风吹日晒，甚至被人为破坏。很多文化人看过后觉得，这样不加保护太可惜了。1999年农历二月十四——闵子纪念日，闵庆歆决定把几通暴露于外的古碑转移到家庙院子里，但是每一通古碑均达2吨余重，人数少了无法移动。他请村里一户有拖拉机的人家帮忙，那户人家很痛快地答应了，并且是义务。在移动碑碣时，族人只要看见，立即放下手边的活儿来帮忙，尤其是年轻人。结果到了七八十个青壮劳力，他们花了一个下午把这些古碑运进院子。还有人主动捐款400余元，闵庆歆利用这笔钱，招待了这些运碑的人。从这件事中，老人们看到敬祖意识在年轻一代心中的深深植根，热情、希望和力量促使他们决心再次发动建设家庙。

家族与宗族分析模式长期以来一直是国际上观察汉人社会的一个占据主流的框架，其逻辑假设的基本点是把家族和宗族看成一个共产或控产单位，即经济共同体。马克斯·韦伯将中国宗族视作一个"经济合股方式"（corporate group），[①] 弗里德曼最初引进宗族（lineage）概念理解汉人社会时，从功能论角度将之定义为环绕祠产的地域化宗祧团体（corporate property），即宗族需要建立在一定财产基础上。[②] 之后大量学者基本接受了弗里德曼的意见，如台湾学者庄英章认为，公共土地财产是维持一个宗族继续的重要原因。[③] 庄孔韶则提出"理念"观，认为祭祖的文化机制是宗族凝构的重要手段，祭祖的根本原理是理念而非功利，与财产继承无关。[④] 闽村的经验也使得庄孔韶的解释具有某种程度的合理性。但从一个更深的层面考虑，为什么是这样一伙族人代表来推动宗族重建，而不是普通族众？他们与国家的权力有着千丝万缕的联系，寄存于他们身体内部的惯习在发挥作用。[⑤]

2. "安装" 孝道

拜祖祭祖固然是孝道的一种，是宗族组织的一个对内重要功能，[⑥] 强调的是生者与死者的关系，而现实中闽人理解的孝道更多的却是对现世父母的孝顺。宋元明清以来，宗族制度的政治功能日益削

---

① 马克斯·韦伯著，王容芬译：《儒教与道教》，138-142 页，北京：商务印书馆，1995 年。

② 陈其南：《汉人宗族制度的研究——弗里曼宗族理论的批判》，《考古人类学刊》，1991 年第 47 期。

③ 庄英章，《台湾汉人宗族发展的若干问题》，《民族学研究所集刊》，1974 年总第 36 期。

④ 庄孔韶：《银翅：中国的地方社会与文化变迁》，246-353 页，北京：生活·读书·新知三联书店，2000 年。

⑤ 张小军《再造宗族：福建阳村宗族"复兴"研究》，203-219 页，香港中文大学博士学位论文，1997 年。

⑥ 林耀华，《义序的宗族研究》，48-52 页，北京：生活·读书·新知三联书店，2000 年。

弱，以孝道教化民间的功能日益凸显。^① 孝道成为宗族组织的一种普遍功能。但是对于山东闵氏宗族而言，由于老祖闵子骞以孝道闻名于世，故而孝道对他们却有着非比寻常的意义，这超出了一般宗族对于孝道的追求。

但现实生活里的闵村养老却成了一个十分严重的问题，代际关系紧张。中年以下夫妇较普遍做法是：舍得在孩子和他们自己身上花钱，而想不到年迈的公婆。笔者所接触到的几乎每个老年妇女都对笔者抱怨，说她们的媳妇对待公婆和娘家爹娘不一个态度。这个说法已经固定下来，叫作"公公婆婆不是爹娘，娘家爹娘才是爹娘"。深入访谈后发现：媳妇多十天半月走趟娘家，或买肉，或买鸡蛋去看望亲生父母；每年中秋节和春节前妇女多回娘家送节礼，但很少给公婆送；对比之下，年轻妇女有的终年不踏进公婆家里，有的即使出入也是空着手来，拿着东西走。生病的时候，多是闺女在床前伺候，儿媳多仪式性地看一趟后再无露面。为公婆看病，在诸子之间均分费用时，儿媳多十分不快，并伴随咒骂：老××还不死，可面对娘家父母生病时，凑钱则十分愿意。平时儿媳很少有给公婆缝洗衣服的，但在娘家却十分勤快。在日常礼物礼金馈赠中，比如结婚、升大学赞助等，女性明显偏重娘家兄弟姊妹，而对小叔子小姑子较薄。在多兄弟家庭之间，每年给失去劳动能力的父母粮食的时候，儿媳总有意见，她们认为诸子均摊不合适，理由是父母给各个儿子结婚时所盖的房子质量、规模不均衡，或其他理由，他们不考虑是由于时代或其他原因造成的结果。但迫于社会舆论压力，又不得不赡养，他们称此为"拔粮食"。一个"拔"字反映了老年人生存的困境，儿子们的不情愿。老人们常常思考：在孝顺父母方面，老祖闵子骞都能做到，而且还是个后娘，可是今日的年轻人却为何做不到？

20 世纪 70 年代末期以来，外来宗教文化传入闵村，并深刻冲击着儒学长期模塑的乡村习俗制度。客观上言，这些冲突强烈地考验并拆解着往昔的亲属关系和社区结构，同时也危及宗族信念。这些风俗

---

① 冯尔康：《18 世纪以来中国家族的现代转向》，20–22 页，上海：上海人民出版社，2005 年；常建华，《明代徽州的宗族乡约化》，《中国史研究》，2003 年第 3 期。

变化使得人们慨叹"今不如昔"，闵庆歆用"人心不古""世风日下"来形容。他们决定重建祠堂，缅怀祖先的孝道孝行来教育年轻一代。闵庆歆告诉笔者："这些年轻人身体里某些东西已经丢失了，魂儿没了，我们老人要帮助他们找回来。"

显然，闵子祠的重建是一次向年轻族人安装孝子身份的"成年仪式"。这也许是中国传统文化代际传递的一条重要途径。

这可以通过祠堂建筑上的文字、图画等反映出来。

大门门额题写为：笃圣祠。大门门联是：世袭翰林传万古，五经博士垂千秋。这是用黑漆写在木板上的可达到长久保留之目的。由于大门是拱形门，每年春节和清明节期间，闵人还用红纸再写一份门额和对联张贴于上面所提大门门联和门额之内。具体是：德冠四科；千古家风辞费宰，四科重望居德行。

笃圣祠大门又称山门，实际为三间房屋。在房屋内部东西山墙上各自题写着两首诗。其中西山墙上题写的是闵庆歆的诗歌：闵氏家祠孝为先，尊祖敬宗礼当然。芦花之事人钦敬，子孙后代万古传。

东面山墙上题写着闵宜作于2003年五月的一首诗：闵氏有圣祖，名损字子骞。生于春秋末，费邑有故园。孔门弟子列，佼佼足称贤。常侍夫子侧，情通袗肘间。为人恭俭让，德器匹颜渊。言谨声讷讷，愁愁语辞谦。不期事权贵，淡泊性宁娴。力谏修长府，体恤生民艰。父母与昆弟，孝悌两周全。鞭打芦花事，盛传双千年。丰碑辉日月，儒教重实践。闵字垂青史，熠熠照人寰。配享孔圣庙，历代伴香烟。帝王为铭碑，良士为赠言。音容勉当世，高标启后贤。多谢圣代人，钦振闵公山。中庭植嘉树，重修笃圣园。宇内诸儿孙，闻之泪沾衫。节衣且缩食，同心捐一椽。毫厘成巨数，滴水可盈川。翘首功成日，四海萃芳园。高歌感盛世，功业万古传。

闵子祠大殿在外面二层檐下，于木牌上竖写"笃圣殿"三字。从院门外广场上可以看到。大殿横额题写为：德冠四科。门联：至德感庭惟天生芦花全其美，大孝光梓里人同昆弟无间言。字用黑漆写在门柱和内门楣上，期做长久保留。

笃圣殿内部闵子骞塑像两侧的对联是：大孝感芦花天使慈亲成圣德，笃祠光梓里世传贤裔继宗风。

在大殿内部墙壁上绘有四幅图画，为闵子事迹图。分别位于西山墙和北面墙体西部（即闵子塑像后面西部）。

第一幅图题名"鞭打芦花"，所配文字为：闵子骞催马随父外出，因寒颤执鞭落地，父怒，以鞭打之，衣破飞出芦花，再剥其弟之衣，内为上等棉花。此图居西山墙南部。

第二幅为闵子骞父亲休妻图。此图所配文字为：其父方知，继母所为，怒写休书。骞跪求情：母在一子单，母去三子寒。此图在西山墙正中部。

第三幅为全家和好图。所配文字为：子骞作为感动了继母，倍加疼爱，全家和睦。此图位于西山墙体和北墙交接处，各占两面墙体一部分。

第四幅为孔子赞美图。所配文字为：后求学于孔子，孔子曰："孝哉闵子骞也，人不间父母昆弟之言。"图画内容为孔子讲学图。孔子居住，席于地，众弟子围以四周。

这次重建还把宋代王旦所题闵子骞赞辞复制了一块，一并立于殿内闵子塑像东侧。另外，在东山墙上还挂着两幅书法。其中一幅题写为：闵氏后裔昌百世，先贤成德颂万年。另一幅是闵广益请北京的一个书法家给题写的一幅字，大意是祝贺闵氏祠堂落成，希望闵氏子孙继承并发扬祖先孝道，由此造福子孙。

以上所提及的门额、对联及图画文字等内容，大部分出自闵庆歆的策划。这些文化符号围绕的主题均是歌颂祖先的孝道孝德，并希望子孙万代能够传承下去。

这次重建是为了安装孝道，斯一目的还可以通过重建后的碑刻文反映出来：

重修先贤笃圣祠碑记

闵子骞，名损，字子骞，春秋末期鲁国人，孔子著名弟子。中国古代著名思想家、教育家、政治家、儒家学说的创始人之一。被后人奉为笃圣。闵子骞的主要事迹是孝友廉洁，德行与颜回并称。

据史料记载，闵子骞59岁时迁至费。即今之费县。与其长子沃盈居住于"邑之东北六十里许"，即今之闵村。闵村是费县历史上最早的村落，其长子沃盈葬于此。

据考证，闵子祠虽在各地多有分布，但应以其长子闵沃盈所在地费县闵村的闵子祠为正统，此处又称笃圣殿，是闵子后裔祭祀供奉闵子的祠堂和其公认的续谱之处。

闵子祠最早修建于唐朝之前，北宋大钟祥符年间的封赠，宋真宗皇帝特别重视，特命集贤殿大学士王旦作《闵子赞》："子骞达者，闾阎成性，德冠四科，孝行百先，人无间言，道亦稀圣，公允封赠，均乃天庆。"

本次重修为第十二次，自前祠在"文革"期间被毁坏后，族人同心同德，立志新祠早日建成，为此辛苦奔波十数年。建设期间，全族人在闵繁康的带领下，踊跃捐款捐物，并自发成立了闵子骞纪念馆筹建委员会，社会各界人士也给予了大力支持和帮助，终至功成，故以碑刻以记之。

闵子骞纪念馆筹建委员会

撰文闵祥华，书郭运三

刻吕祥吉

二〇〇四年三月四日

又，闵庆歆率领全家四代 31 人捐款 6100 元，村民为之树一功德碑。碑文由闵庆歆的同学闵庆申、闵庆纶撰写。碑文曰：

祠堂重修落成，合族之幸。先祖以孝德重贤为根源，以致八十余代，人人敬仰。《论语》云："君子务本，本立道生。凡有人心者，莫不尊亲。"应如是也。后世瓜瓞绵绵，兴旺发达。孝悌里文明村育出争千人才，做孝忠友，为祖国建设作出贡献。全族敬重，代代相传。略述数言镌以贞珉，以致不朽。

二〇〇四年三月四日岁次甲申二月十四日

这里再次证明了拙作《九族与乡土》一书中的看法："……闵氏宗族组织并非对五服九族架构没有任何文化影响。事实上，这个宗族组织担负着向服内成员灌输传统孝道的教化任务，而孝道是九族成员的重要伦理原则。"① 由此，闵子祠的重建可以看作一场民间的自我教育运动。

刘晓东认为，礼是从外部对人的言行进行制约和限定，在这种制约和规范中，包含了很多礼的思想，最后形成了一种礼教，对人起到了教化的作用，从而能够使人产生君子意识。不是只求做良民，而是要做君子。而理学，是一种精神的自我肯定，特别讲究"内省"的功夫，向内去观察自己，即化而不制。它只是教化，没有一些刑罚的手段来制约和规定。礼学的功效是巩固社会秩序；理学使人的精神得到了升华。礼学是用来治世的，而理学是治心的，这是一种转变。② 这是从儒家学说演变的角度（即从早期儒学向后期儒学的转换）所做出的思考。但从闵村闵氏族人建庙及祭祖礼仪看，很难分出刘晓东所言的"礼学"和"理学"的差异，闵氏的礼仪活动是"内外兼治"。

3. 地方文人的介入

地方文人多次到达闵村的行为和他们撰写的关于闵子骞的文章在整个祠堂重建过程中起到了推波助澜的作用，甚至可以说祠堂是一种有形的文化重建，而这些文章却是无形的文化重建。

魏宝玉，1943 年生，费县人，早年毕业于费县师范，历任费县县委宣传部副部长、县委办公室副主任、费县政协副主席。魏宝玉是一个"费县通"，一般上级领导前往费县视察，多由他介绍费县的人文历史。20 世纪 90 年代初期，人类学家费孝通前往费县寻根就由他陪伴，并给费老讲授"古鄪"的由来，多年来"费县通"和费孝通保持着良好的个人关系。费去世后，魏曾亲自至京参加葬礼。

魏宝玉最早走进闵村是在 1981 年，一生有十几次踏入闵村。早在 1987 年魏宝玉和他人就在市里的报纸上发表《闵子骞与鞭打

---

① 杜靖:《九族与乡土：一个汉人世界里的喷泉社会》,462 页, 北京: 知识产权出版社, 2012 年。关于闵人孝道问题可参阅同书第 49–58、345–356 页。
② 刘晓东:《礼学与理学》,《光明日报》2016 年 1 月 4 日第 16 版。

芦花》。这篇文章介绍了闵子骞的孝行，叙述了"鞭打芦花"的故事，论证了闵村是闵子骞的故里，同时阐明了闵子故事的现代意义。①1997年魏又发表第二篇关乎闵子骞的文章《闵子与闵子祠》。此文较上一篇篇幅更长，论证上亦更充分，并增加了许多新材料。比如，对闵子在历代文庙中的从祀情况、闵子长子闵沃盈"避桓魋之难"定居于闵村、闵子祠——笃圣殿的建筑规模以及乾隆题写匾额等，都做了详细介绍。②

王有瑞，临沂师专毕业，费县政协文史委，高级编审，幅军史研究专家，注重社会口述史调查。王有瑞的故乡和闵村同属一个乡镇，他经常利用回家的机会对闵村进行采访，也多次陪同魏宝玉、赵俊臣等前往。除了在20世纪80年代与魏宝玉联名发表介绍闵子骞的文章外，还于2000年独立发表《先贤笃圣闵损》③和《笃圣闵子骞》④两文。王文除了介绍闵子骞的孝行、鞭打芦花故事和闵子祠的情况外，还介绍了孔子对闵子的评价、闵子的家世、闵子的墓穴以及闵子任费宰一事。

赵俊臣，临沂师专毕业，费县政协史志办公室主任，副编审。赵写过一篇考据文章《笃圣闵子骞与费县》。这篇文章依靠地方史志和闵氏家谱的材料发论，主要涉及闵子"辞郓宰与任郓宰""晚年一度定居于郓""历朝封赠、祭祀多与费有关""笃圣嫡裔世代繁衍于费"等问题。⑤

当笔者问及以上三位文史工作者为什么写关于闵子骞的文章时，他们回答如下：

---

① 魏宝玉、王有瑞：《临沂大众》，1987年1月17日第4版，总第2066期。

② 魏宝玉：《闵子与闵子祠》，中国人民政治协商会议临沂市委员会编：《临沂市政协文史集萃》第三册，102-104页，山东人民出版社，1997年。

③ 王有瑞：《先贤笃圣闵损》，徐国勤主编：《道古论今话费县》，41-42页，红旗出版社出版，2000年。

④ 王有瑞：《费县历史百人传》，31-32页，北京：中国文联出版社，2000年。

⑤ 赵俊臣：《笃圣闵子骞与费县》，山东省政协主办的《联合日报》，2003年3月30日第一版，总第1792期。

赵俊臣：2000 年以前写的那篇关于闵子骞的文章，是在《联合日报》发表的。当时省政协有个创意：想弘扬地方文化，打算把每一个地方的故国一个县一版。山东政协主席韩喜凯来过费县，感兴趣于鄪国。我写了一篇考据文章《古鄪初探》。后来他们想把费县集中介绍一下，结果，颜真卿、闵子骞等都入选进去了。

王有瑞：我写《先贤笃圣闵损》和《笃圣闵子骞》两篇文章，是县里编写《道古论今话费县》的约稿。大约是从 20 世纪 80 年代以来县里搞旅游，史志系统要配合他们的行动，挖掘地方的人文景观和历史资源，比如闵子骞和曾子等。当时提闵子骞，一是他是历史名人，二是他的孝文化。他的孝文化比较有名。通过提倡孝文化来教育后人。我们有这个指导思想。至于闵子骞是否在费县做过费宰，文献有过争论。但是他的后裔居住于此是肯定的。以前从宋代到清代历代费县的官吏都去过闵村，留下大量的碑碣。蒙山前，曲阜以东，这片地域对孝行比较重视。闵子骞、王祥、诸满孝悌里（指颜真卿、颜杲卿）、武城曾子、子路、老莱子。我们这一区域是圣人化行之邦。在这种影响下，历史典籍中就出现了许多孝义故事。《二十四孝》中所载故事在老费县中的就占了三则。方圆不足 200 里，就出了这么多孝义故事。我们当时想：开掘区域文化，弘扬民族精神。配合着国家"以德治国"的方针，宣传这些典型。

魏宝玉：《闵子与闵子祠》那篇文章是应临沂政协之约来写的。我们认为，颜真卿、闵子骞不仅仅是一个县里的事情，他们是我们民族的、国家的，也是世界的。再说，这也是我们文史工作者分内的事情。

另外必须指出，在这些"体面话语"背后也隐藏着地方文史工作者个人现实的功利：他们评审副编审过程中，上述提到的文章发挥了重要作用。当然，我们也无法排除他们借此获得自我情感的满足和表达。

闵宜（女），江苏兴化人，1937 年生，20 世纪 50 年代毕业山东师范学院，临沂市一中高级教师，全国劳模，山东省十三届人大代表，作家。[1] 自20世纪90年代以来共有5次来闵村，建祠以前曾经去过3次。第一次是作为人文资源考察团的成员去的，之后均以一个族人的身份到场。她为闵村写过一篇散文，一篇古体诗歌。在作品中，她讴歌了闵子骞的孝行，阐发了闵子孝行的意义，抒发了作为后裔的自豪之情。她的诗歌被闵村人题写在家庙大门的墙壁上。[2] 除了撰写文章扩大闵村、闵子骞的影响外，她还为闵子祠重建寻找各种资源。

闵宜的曾祖曾经住在江苏兴化的乡下（以上世系不详），单门独户，人丁稀少。祖父和父亲都是单传，到闵宜这一代则只她一人。闵宜不足一岁时父亲去世。祖上也不曾向闵宜介绍祖先迁自何处，只知祖先是闵子骞——孔子的弟子。

下面笔者将她的部分访谈抄录如下：

> 从小我爷爷就给我讲"鞭打芦花"，叫我为人要厚道，要孝顺，好像整个家族都有这个想法。爷爷领我去过南京的夫子庙，他指给我看，第一个站的就是闵子骞。后来我来山东曲阜，进大成殿，看见老祖站在那里，心中也有一种神圣的感觉。翻翻《论语》，我当时查到了13个地方提到闵子骞。我还联系外地的人，如贵州师院的闵军。我还在《名人大辞典》上找过闵姓人氏。比如，我知道南京大学有个博导姓闵。我自己一直有一种断了根的感觉。我父亲死得早，生下我他就死了，又没有男孩。我的孩子又没有姓闵的。我母亲1960年来的，跟了我30年。母亲临死都感觉遗憾："再也没有姓闵的了！"她活着看见人家有男孩，老是后悔自己年轻时没有抱养一个婴儿加以扶养传递香火。我有两个孩子，没有一个跟我姓闵。我经常说自己是"老绝户"。老是想：我这是干什么的，每天在家发牢骚？我经常觉得孤单，异乡

---

[1] 需要说明，2012年10月2日我来临沂闵村考察，得知她已于2011年去世。
[2] 闵宜:《寸心集》，137–138页，南京出版社，1995年；闵宜:《杏坛人生》，89–90页，长春：时代文艺出版社，2004年。

之感，漂泊之感，毕竟是外乡人嘛！有时我一想起自己是个老绝户，我就掉眼泪（说到这里，她哭了，哽咽）。我老头（闵宜的丈夫）看到这种情况就说，"叫他们都姓闵也行，我的孙子也是你的孙子，你叫他们姓闵也行"。我妈妈即使在临死的时候也有这种感情。后来我到闵村，闵村人都说："要是你家老奶奶看到有这么多子孙肯定会高兴的。"闵村来人或者我去闵村，他们一叫我姑奶奶，我心里就感到特别亲，心里酸酸的，要流泪。他们建庙，弘扬老祖的孝文化，教育年轻一代，我很支持。我现在准备写一个有关闵村的剧本，但是我缺乏材料，尤其是纵向的，我又不能像您那样住进去，杜博士（笔者）能给我提供一些资料吗？

闵宜第一次知道闵村是在 20 世纪 80 年代末期。当时临沂二中有个叫闵庆花的老师（她是闵村人），因职称的事情请她帮忙。她们两人论了辈分，自此她才知道临沂地面上有个闵村。1990 年，闵庆歆和闵繁宝来临沂找她。他们二人是通过现在苍山县法院从事新闻报道的闵小行介绍来认识的。闵小行此前也不认识闵宜，但是他知道临沂有这么一个女作家。那一天，他们跟闵宜论了辈分。闵宜不知自己是什么行辈，但是她记得母亲说过，父亲叫"闵 zhào 祥"，至于哪个字她并不清楚。根据读音，闵村闵氏族人的行辈中恰有一个"昭"字。于是，闵庆歆当场就叫她姑，闵繁宝叫她姑奶奶，而闵小行叫她姐。她心里很激动，尤其一个比她大 20 岁的人叫她姑，她平生第一次听有人这么亲切地喊她。那一天她在家里招待了他们。临走，他们叫闵宜回老家看看。自此以后，闵村就成了闵宜的"老家"，并且心里一直惦念着这件事。

1991 年她当选省人大代表，有一次去费县视察，费县的书记和文化局长对她说："这里有你的老家。"她听了很激动。当时费县文化局长和费县县委书记就陪同她到了闵村。之后，闵繁宝曾经托她帮忙办事，她就带着他们跑门子去找一个姓闵的干部。自此以后，闵繁宝也就知道这个闵姓干部虽然不是闵村人，但几百年前其祖上是从闵村迁出的。后来建设家庙，闵小行、闵繁康都曾来找过她。他们叫她去写诗歌，还叫她出面联系筹建家庙的资金。她曾经给临沂市财政局、宣传部、费县领导多次讲过，请求给支援一点，但没有引起很大反响。费县的领导说，他们正搞颜真卿，还没有把闵子骞提到议事日程上来。她多次参加过临沂市搞的颜真卿、曾子、王羲之等人的研讨会。她说："我看他们都舍得在颜真卿等人身上花钱，可就是在闵子骞身上舍不得花，我觉得心里不是滋味。唉！"她还曾经帮助闵村招商，但是人家"都看不中那个地方，认为那个地方很落后"。2003年春季动工那天，她把她们京剧票友带去唱了一天。她觉得，闵繁康弄一点钱很不容易，需要节省着花销。

我们看到，正是那种深植内心的"根结"和对孝文化价值的意识，才导致了闵宜这么多的行为。可以说，没有她的穿针引线，市、县两级领导在很大程度上并不会到闵村。

地方文人的出发点主要在于弘扬传统文化与孝道，肩负着风俗教化的职能，跟闵村老年人的意见不谋而合。同时，配合政府工作，开发旅游，发展经济，顺应了20世纪后半期国家的主流叙事。至于闵宜，由于一种文化性认同，则多了一份被认为只有男性才拥有的家族意识。地方文人关于闵子骞的作品后来成为族人向上级政府撰写建祠报告的重要依据。

4. 潜藏的声音

20世纪90年代由于提留集资加重，村务不透明，土地分配不公，加之少数干部利用职权贪种"黑地"，至2001年闵村欠债近110万元，引起村民不满，村领导多次更换。另一方面，镇政府对闵村领导班子亦不满意，因为他们没有完成乡镇下达的任务。此时，一个对于家庙重修起到关键性作用的人物在乡村政治舞台上复出了。

闵繁康，1950年2月10日出生，高小文化程度。1965年参军，1970年复员，任闵村民兵连长兼支部委员，1973年任村副大队长。农村体制改革后，1984年任村委副主任，1989年当选为村主任。由于闵繁康娶了同村同宗女子为妻（论辈分是他的侄女），这就违背了同姓不婚的宗族观念与制度。加之有人怀疑他贪污村里公款，被数人联名上告。[1] 上级政府遂勒令他停职，暂由别人代理。后经调查证据不足，撤销案件。然而，乡村政坛上已没有他的位置，他只好托人谋得一份护养村北公路的差事。这在第七章第一节已基本介绍。

新一届村领导班子选举以前，闵繁康在各种场合表示，如果他当选村主任可以完成三件事情：一是调整土地；二是修好村中三条农用道路；三是盖起老祖的家庙。结果在 2002 年村委换届中，他当选了村主任。

初始有人怀疑他没有资格主修家庙，因为他娶同族女子为妻。但他上任一年多就兑现了前两条诺言，并奇迹般地通过缴收十几年来个别村民所欠的集体债务，完成了 90 万元还贷任务。这使人们改变了对他的看法。访谈中，他对笔者说："我就是要把家庙盖起来，叫他们看看，我闵繁康有没有能力盖起家庙，要让三千族人都变成孝子。"可见，闵繁康的参与出于一种关于个人尊严的挽救与竞争，包含了雪耻成分。这跟大川建庙的发起人有着同样的动机。[2]

这个"他们"其实主要暗指村支书闵庆风，当然也包括 20 世纪 90年代初期那届村两委。在闵庆风第一次任书记期间，村两委把家庙遗址划拨给村民建房，引起了"老人暴动"。当时的村两委还曾把集体时代建筑的一排磨坊卖给闵庆风的近支成员，这排房屋属于规划中的庙前广场。在第一次捐款人均 20 元不足后，村两委商定人均再捐款 20元。镇领导担心农民负担过重酿成事件，令闵庆风停止募集资金活动，并告诫若出了问题要追究他一把手的责任。闵庆风借镇里组织各村书记到南方学习的机会退了出来，而闵繁康则趁机成功地组织了第二次捐款。在筹集资金困难的时候，一次会议上闵庆风亲口说出了"他打心眼里不想修庙"的话，并认为"修庙纯粹是一个形象工程，没有多少实际意义"。据此，族人认为闵庆风建庙不积极、不热

---

① 其中就有闵庆歆先生，闵庆歆之所以反对他，是因为闵繁康的第二任妻子是闵庆歆的本房女子。在闵老先生看来，这一行为破坏了宗法。不过，后来当闵繁康带头重修祖祠时，他却又站在闵繁康的立场上给予支持。当家庙建成后，闵庆歆亲口告诉笔者："我现在原谅他了，因为他将功补过了。"

② Junjing, *The Tempe of Memories: History, Power, and Morality in a Chinese Village*, pp.98-100, Stanford: Stanford University Press, 1996 .

情，关键时候打退堂鼓。[①] 闵庆风的"不积极"给闵繁康提供了一次竞争机会。

田野调查期间，民间社会，甚至包括地方政府和文人以及族人均认为，庙是闵繁康修的，不是闵庆风所为。[②] 应当承认，闵繁康是家庙修复的最主要组织者。从闵繁康建设家庙的深层动机看，他显然有与书记闵庆风竞争的成分在内，希望通过建设家庙一事获得更多村民的支持和信任，争取在下一届选举中击败闵庆风当选闵村书记。成功举行民间信仰活动成为一种在乡村社会中从政的文化资源。可见，个体间的竞争意识对祠堂建设十分重要。

其实，在建庙问题上，族中还有一位耆老也发挥了重要作用。其中的隐情不止于纯粹出于对祖先的尊崇和家族的历史惯性。这名族老在年轻时妻子去世了，并留下一个小男孩。之后，他又续弦娶了附近村庄的一名女子王氏，并生育三男一女。王氏像大多数农村妇女一样，"狗养的狗疼，猫养的猫疼"，对待前窝所留儿子并不亲热，不如待自己之亲出。其实，据村民说，这名耆老的长子（前妻所生）一生都很孝敬王氏，是个大孝子。即使在这名族老于 2009 年去世后，弟兄几个仍商量着轮流照顾老人（王氏所出的孩子多在外地工作），前妻所生之子跟其他几个人一样分值。这名耆老的长子如今退休后住在闵村，王氏从他身上得济最多。我于 2004 年在闵村做调查时，也曾问过其本人。他的回答的确是一个大孝子的话："虽然她待我不好，但我毕竟 1 岁多就失去了亲娘。没有她养活，我怎么能到今天？再

---

① 这是当年的想法，如今他却积极搞宗族文化运动。

② 公平而论，闵庆风的介入是不能抹杀的。第一，他是建庙组织中的一个重要成员，在初期，他四处奔波，参观学习别的庙宇，各处联系族人和地方政府各部门募捐资金。据他说，他到处散发募捐书，动员人捐款，他亲自跑到县上一些部委办局，跑本乡镇政府及各下属部门，还有附近乡镇政府和附近村落各村委。他们之所以来捐款，是看在他闵庆风的面子上，因为当时闵繁康刚上来，没有多少人认识他，人家是冲着闵庆风的私人交情来的。闵繁康也承认在初期闵庆风很积极。第二，他个人捐款 1600 元，在现居闵村的族人中是比较高的，据说是他倡导村委干部要多捐一些的。第三，在建庙过程中，钱款不够用，闵繁康提出旧时老祖的庙地（祭田地）是 24 亩，而如今闵村东面的板厂恰恰占地 40 亩（老庙 24 亩近于现在的 40 亩），把承包费 5 万元拿出来贴补到家庙上，闵庆风没有异议。这反映了村两委的共同意见。

说，我父亲续娶了她，我就得尊重她、孝顺他。何况我们弟兄关系很好，我作为老大，还要看在兄弟们面上。他们都在外边工作，我退休后回到村里来，我不照顾谁照顾？"在他的身上，我仿佛看到当年其祖先闵子骞的影子。由于这名族老觉得妻子王氏心胸不够宽广，待自己前妻所生不够公平，一生都不断与她争吵。显然，这是一个现实版的闵子骞故事。这名族老热衷于修复闵子祠，自然也有这个背景在里面。2008年夏天，我重访闵村，这名族老亲口告诉了我这份当初的想法。但同时他也告诉了我另外一件极具个人隐私的"家丑"，这件家丑也关乎孝道伦理，也是其参与建祠的深层原因之一。

他说："我现在就是天天熬日子，人老了，活不了几天了。有些事情我也不怕告诉你。其实，我大儿也有不好的地方，他千不该万不该那么做。当年他在附近一个乡镇当领导，跟计生委的一个临时聘用的女孩好上了，但他是有家室的人。他兴许是玩玩，可是人家女孩子认了真，非要跟着他不行。他没有办法，摆脱不掉，最后只好介绍给了他亲弟弟，就是我的小儿子。小儿子当年在附近一所中学当老师，他并不知情。但是后来知道了，他很难过，最后自杀了。这是家丑啊！作孽！"其实，这件事早在2004年我就知道了，是当时王氏告诉我的。王氏讲述完此事后，我记得还临了有一句评语："不是人，畜生！"但我听这名族老讲述时装作不知道。

在这对族老夫妇看来，这是一桩严重违背人伦的苟且之事，所以用"畜生"一词表达。该名族老认为，当整个社会长期疏于传统孝道教育，或者人为地故意切断与传统的联系后，可能会产生这样的后果。因而，有必要重新把以往祖先的孝道找出来。由于这名族老与闵繁康关系很好，在村政方面经常建言，闵繁康大多采纳了。他就利用这层私人关系，督促闵繁康盖庙。

5. 村落政权的行动、资金的募捐

钱杭指出，"在相当多的宗族组织中，基层领导人都直接参与进去，担当某些重要职务。他们对引导宗族活动在合乎法律的轨道上进行，起到了重要的作用"①。这在闵子祠重建组织之考察中已经获得了鲜明印象。下面再看村落政权如何组织募集资金，以及当事人的心态。

按照旧时惯例，闵子每年享受春秋两次祭祀，一次是阴历二月十四日，另一次是阴历八月十四日。族人认为，二月十四是老祖生日，八月十四是老祖忌日（实际是古代设计的丁祭日）。他们印发"闵子祠重建募捐书"进行广泛宣传，利用周围族人来闵村祭祖的日子募捐资金。2002 年 9 月 20 日，即农历八月十四，村两委主持召开了闵子骞诞辰 2536 周年暨重建闵子骞纪念馆募捐大会，同时邀请了闵氏后裔及县乡两级地方领导和社会名流参加。结果共捐献 4 万余元。

2003 年阴历二月十四日，即族人认为的闵子骞诞辰日，祠堂筹建委员会借助这个机会，再次开始募捐筹钱。他们明白：一定要镇政府领导到场，他们把钱一捐，民间就会认为"这回要来真的了"，族人才肯捐款。捐款日，镇里一把手在食堂里正吃饭。村书记闵庆风跑去请求镇书记到场，镇书记起初不愿去，但是经不住闵庆风的软磨硬缠，最后还是答应了。镇书记做了开场白（讲话稿是闵人自己事先写好的），表明了重修闵子祠的意义，然后以镇政府的名义捐献了2000 元。笔者事后询问这位领导为什么要参加，他先告诉笔者建祠的意义，但随着交流的深入，则道出了一个秘密："闵村是全镇的大村（也是全县人口规模最大的十大村庄之一），过去每年向国家交农业税等达六七十万元，贡献很大，我们当然要支持。"村领导（闵庆风和闵繁康）去县城邀请政协原副主席魏宝玉，但魏先生告诉他们："你们请，属于越级，叫镇里出面吧，然后我才能去。"回来后，他们两人又去镇里，镇里出面把魏约请到场。闵宜的到场是族人闵庆歙请的。除了镇里领导代表政府意见外，虽然其他县上领导也带着官方身份参加，但捐款却是以个人名义，而县政府、市政府并没有派人出席。一位族人告诉笔者："我们没有能力邀请到县长和市长。"

① 钱杭、谢维扬：《传统与转型：江西泰和农村宗族形态》，304 页，上海：上海社会科学院出版社，1995 年。

笔者在闵村调查期间有人写了一首"八了（音: liǎo）歌"，张贴在村委会的院墙上：闵繁桐开小铺了，闵庆杰有病住院了，闵庆钧上了三八线了，老干部穷光蛋了，修了闵子祠闵庆歆没意见了，两个戳子都不见了，会计又难干了，风康不想干了。从这首"八了歌"中可以看出，修建家祠是闵庆歆的一桩心愿。他说："过去那么穷，都能修起家庙，如今生活好了，为什么修不起来？要让老祖有个屋住。"他还说："'文革'期间，砸毁老祖像，拆掉家庙，我心里那个难受，别提了！当时心想，这一辈子完了，我再也看不到老祖的庙站在那里了。"由于他的儿子们事业有成，经济上允许，他动员全家共捐款6100元建筑祠堂。他希望长孙闵祥华（专科毕业，开游戏机房）能够继承这个"事业"，因此他引导孙子自开始就参与修祠，"重修闵子祠记"为其孙撰写。① 需要说明，闵庆歆次子并不愿意捐款，他坚持修祠是迷信行为。他曾经在"文革"时期带头毁掉老祖的塑像。之所以捐款，完全是因为孝顺"老爷子"，不想让父亲偌大年纪扫兴而已。

对于中国人来说，叶落归根的念头影响着每一代人。我们发现，越是远离故土的人越思念老家，他们常常对于祭祖、修谱和兴建家庙之类事情表示出强烈的愿望。闵广益出生于1945年阴历三月十六日，小学四年级文化程度。18岁闯关东。投奔吉林市敦化县同宗闵庆奎（敦化林场工人，其继父和母亲于1960年将其带至东北，现年92岁）。刚下火车就被作为盲流抓起来了，但多亏反应机敏，得脱，然后成为敦化林场工人。后来从林场参军到内蒙古的乌兰浩特，1971年年底退伍，复回到敦化县林业局，在车队里干。由于在部队期间，他学了初中文化，还上了"两年制的工人"大学，林业局安排到"政工股"上班管人事。1983年停薪留职下海搞煤炭运输，结果被河南人骗走了4000多元，又回到林业局工作。1991年3月调动工作来山东博兴县物资公司，给领导开车。1994年4月1日开始做生意——开"八一宾馆"。该宾馆属博兴县武装部，每年上缴承包费10万元。当时没钱，托在北京工作的闵繁路帮忙贷款8万。主要在公路边上，

---

① 从后文来看，这名年轻人在日后的宗族活动中被边缘化了。

经营"客车服务",即为过往客车乘客和司机师傅们提供饮食等服务。由于经营理念正确,服务周到,从最初的 11 台客车发展到 200 多台。"客车服务"一直干到 2007 年 4 月 27 日。如今返回故里闵村开了一家"W 镇闵村夕阳红老年活动中心"。2003 年建祠堂时,闵繁康打电话让他捐钱建老祖庙。他和夫人觉得,自己挣了些钱,应该尽心捐款。于是,闵广益就捐了一万两千元,还有部分字画、仿古灯笼,以及闵子祠落成后从淄博带着锣鼓狮子队前来闵村庆祝。有趣的是,当时他还没有孙子,由于在族人中捐款最多,族里专门在家庙中给他树了一通功德碑。他就顺便充满期望地在其儿子名下刻写上一个名字:闵现生,结果 2006 年阴历九月初七,儿媳果然生了一个孙子。族人和闵广益都认为,这是"孝敬祖先"得到的,是老祖显灵赐给的。闵广益作为一个在外经营成功的企业家,其身份和仕途上的闵繁路不一样,我们看到他们在建祖先庙宇一事上,各自表述的意义既相同又不同。①

为了表彰闵广益为宗族所做出的贡献,集体为他树立了一块功德碑,并刻写上从其父亲开始计算的世系。碑文具体内容是:

> 孔子云:"孝哉闵子骞!"良有以也。而今闵氏诸子亦能以此为荣,以此为训,洵然可贵哉。闵子祠废芘无状,每睹令人喟叹。时国运昌隆,风俗渐淳,闵氏族人共议重修笃圣祠旧观,以承先民之遗德,不失中华之传统。有广新、广益者,慨然解囊捐资逾万,促此善举。望春工竣,瞻兹新祠,俨然而心慰。后之来者,当持有感于斯矣。

邻村的书记告诉笔者,他们村有个老太太,是闵家的媳妇(外迁的闵氏族人),老伴已经过世多年了。每一年村里哪怕上级给一分钱的救济款也要照顾她。2003 年春天,她听说闵村要修家庙,自己跑

---

① 2012 年 10 月 14 日,闵繁路再次回乡祭祖与亲属团聚,我与之相会。10 月 13 日晚,我住在闵广益与王颖夫妇所开"W 镇闵村夕阳红老年活动中心",得其夫妇俩热心招待。上述口述资料,是在 10 月 13 日午宴、晚宴席和次日明晨于客厅里闲聊所得。

了三个邻居借来 80 元钱送到了闵子祠筹委会。闵繁康、闵庆风觉得她生活困难，打算拒绝，但是老太太说什么也不同意，最终筹委会还是接受了。

支部书记闵庆风曾客观地告诉笔者："并不是所有的人都愿意捐款修庙。"笔者追问："是不是有的人不愿意修庙？""不是，你不让他掏钱，他当然愿意修了。"看来，修庙这件事在思想认识上不是什么大问题，尽管笔者在调查中听 20 多岁的年轻人说过"修庙没有多大意思"的话。问题出在"捐款"上面。笔者继续追问闵庆风："你估计有多少人愿意捐款，有多少人不愿意捐款？"他大体给了笔者一个比例：愿意捐款的有 53%，不愿意捐款的有 47%。第一种是自愿捐款，其崇祖敬宗的意识如闵庆歆；第二种是本来不想捐款，但看见别人捐了，觉得如果自己不捐，日后怕在村中抬不起头来；第三种是根本不想捐，而是被迫捐了。

笔者拜访过一位没有捐款的族人（他想捐，但是日子紧巴，犹豫了很久，最终还是没有捐），他告诉笔者一年多来的内心感受："我没有给老祖捐钱，心里老觉得是个事，不踏实，觉得亏欠了老祖什么似的。"一年多来，他走路都躲着闵繁康，觉着不好意思跟家庙"操心人"说话。他内心的这块阴影在笔者第一期调查离开闵村后仍然没有去除。当得知过去他没交提留集资款时，我问他内心有什么感受。他没有任何心理负担："要那么多，都叫干部吃喝了。我就是不交，不应该交！我不欠他们的！"同一个人，面对不同性质的交钱，却有着不同的态度，这折射出他对宗族和地方政府的文化认同差异。

虽然重修闵子祠是一种自愿的民间活动，但是仅凭那些自愿捐助不能将庙宇修起来，于是民间社会就硬性规定每人捐款的数额。上文说过，闵村闵子祠的修建是由村级基层政权组织实施的，因而以村两委的名义在喇叭上广播通知，每人捐款 40 元。那么，那些抗拒的人最终如何捐了呢？

上文说过，2001 年以前闵村拖欠地方政府和银行的欠款约 110 万元。这笔钱大部分是往届村领导班子遗留下来的问题，有些是亏欠乡镇的提留集资款，有些是因村里搞工程从"农业基金会"贷的款。本来提留集资或村里搞工程大多按人均由农民负担，但是农民没有钱，他们就交不上了，或者说当时村领导没有能力把钱"抓"上来。村委领导为了完成任务，就以村集体的名义贷款交这些钱。将那么多年欠款户所欠款项收缴上来，闵繁康采用的"绝招"是"盖章"，即利用给村民开各类介绍信的机会将他们所欠集体各种款项收齐，偿还村中贷款。例如，有一户人家欠款1200元，他第一胎生了个女孩，根据政策可以准生二胎。在审批二胎手续时，闵繁康让他把自己、父母（未交树木承包费）和弟兄们所拖欠村集体的钱交上，否则就不给盖章批准，该村民只好照办。结果三年内，他用这个办法追还了90万元贷款。对于这种策略有人赞同，有人骂"损"。赞同的是那些老实巴交不欠集体款项的人，骂他的是那些"被迫"交欠款的人。闵繁康将这个策略运用到家庙募捐上来，收到了"同样好的效果"。下面是他给笔者讲述的三个案例，事后笔者也进行了入户访谈：

案例一：按照村民代表会议的决定，每个闵子骞后裔必须交40元钱。闵繁苍信仰基督，对家庙建设不热情，也就没有捐钱。有一年闵繁苍的儿子结婚，需要由大队开介绍信办理结婚证。我就说："党员会议、群众代表会议已经决定每人交钱40元，你家6口人，共240元。交上钱，咱就马上开手续。"闵繁苍赶快回家交了钱，我给开了介绍信，同时给了他一个收据。

案例二：正在建庙时，闵祥金的两个小孩考上了大学，需要开介绍信迁移户口，但是他家建家庙的集资款没有交。我就利用这个机会把钱要了回来。

案例三：有一户村民没有交修老祖庙的钱。以前从来没有想出办法对付他。但是有一天，他的父亲去世了。根据规定，如果火化就必须有村委的介绍信。他在开介绍信时，我叫他交上欠款。他不能让父亲老是停留在房子里，于是便交了钱。如果他不交，我同时会命令红白理事会不去他家。这样，很多欠款村民在看到父母将要"归西"的时候，便提前自觉完成了任务，免得弄得自己很难堪。

即便如此，家庙已经建起一年多了，仍然有些村民没有捐钱。村两委规定，每个板皮厂要捐1000元，其中有几户至今没有捐助。笔者曾经对他们进行访谈，他们告诉笔者："这是自愿的事情，凭什么硬性规定？再说，从去年以来生意就不好，我们每年交税和承包费就得1万块，哪里有钱给他们？"上一节已经说过，本村大部分外姓人家也捐了钱。那么他们也是自愿的吗？

　　案例一：闵家是俺姥娘（外祖母）门上，我们有义务捐助。

　　案例二：闵子骞是个大孝子，对小孩有教育意义，不缺那两毛钱，捐一点呗。

　　案例三：住在一个村里，跟老闵家关系很好，应该捐助一些。

　　案例四：不捐行吗？规划房基、盖各种章子都由他们说了算，不捐行吗？

案例一体现了姻亲之间的互助，[①] 这说明不同姓氏宗族间存在合作。案例二说明闵子孝道具有超于宗族界限的普遍的现实功利意义，因而这跟甘肃小川孔庙一样具有一定程度的跨姓氏包容性。[②] 一个家族的祖先神具有"非祖先化"特征往往是因为神祇具有超于家族利益的社会功能。案例三透露出和睦的社区邻里关系。案例四反映了小姓宗族依附强大宗族的现实，因为村落政权为闵姓宗族所掌控。

在入住闵村期间，闵繁康陪同笔者走遍族人所迁徙的村落。他趁笔者对这些外迁家族成员进行人类学田野访谈的机会，不失时机地向建庙之初没有捐款的族人索要，其方式或暗示或明说，尽管此时家庙已经建成。他在这种场景里通常这样说："家庙已经盖起来，但包工费还没有给人家包工头儿。每一个子孙都应该为老祖的庙贡献点力量啊。×××（按家族行辈的称呼），你看，你手头要是宽余，多少表示两个儿吧，多少都行。咱这是自愿的，没有人强迫。"外迁族人在

① Bernard Gallin, "Matrilateral and Affinal Relationships of a Taiwanese Village", in *American Anthropologist,* 1960, Vol.62, No.4. , pp.641–642.

② Junjing, *The Temple of Memories: History, Power, and Morality in a Chinese Village,* pp.144–162, California: Stanford University Press, 1996 .

这种情形下一般都会掏一些钱给他。然后，他让跟随的一个会计（临时专管家庙修建财务的一个乡镇中学教师）开收据。

由此可见，闵氏宗祠的重建资金募集的过程是非常曲折的，而且人们的心态也具有高度异质性。景军在描述大川孔庙重建的时候，仿佛族人都很热情，没有展现出不同的声音。

在资金具备并获得各级政府准建后，闵氏族人开始设计闵祠的规模和样式。为此，他们先后 6 次外出参观各类庙宇。第一次：2002 年春天。路线：临沂境内的茶山天齐庙—王祥祠堂—杜氏家庙。成员：闵繁康、闵庆歆、闵庆元、闵繁宝。第二次：2002 年春天二月份（与上一次相隔不久）。路线：曲阜孔庙—邹县孟庙。成员：村两委成员和闵庆歆。第三次：2002 年春天。路线：苍山县抱犊崮庙宇。成员：闵繁康、闵庆风和闵小行。第四次：2002 年夏天。路线：临淄聊斋故居。成员：闵繁康、闵庆歆、闵繁宝等。第五次：2002 年秋天。路线：鱼台县大闵村闵子祠。成员：闵繁康、闵繁宝、闵繁成、闵宪等、闵小行。第六次：2002 年秋天。路线：济南百花公园里的闵子骞墓。人员：闵繁康、闵繁宝等。这些人员主要是家祠重建委员会的人。

以上梳理说明，闵子祠的重建具体是由村级政权组织实施的，当然宗族的组织也深潜其中。更准确的说法是，一个在表，一个在里。

6. 地方政府的规划

1996 年 6 月，山东省政府发布 126 号文，这是一份关于开发"山东人文资源"的文件，其中提到一个旅游思路——"山水圣人"。[①]曲阜在临沂西边，临沂市政府试图在旅游规划方面，沿着儒学传播的线路，将游客从曲阜引向临沂境内，这样费县的曾子、闵子就列入了市级旅游资源。《山东省临沂市旅游发展总体规划暨蒙山旅游发展规划》在"临沂市旅游资源主要类型"中列出了费县的历史名人"闵子

① "山"指泰山，"水"指济南的泉水，"圣人"指孔子（孔府、孔庙、孔林），所以，这些年来山东流行"一山一水一圣人"的说法。

骞、颜真卿、颜杲卿……"①山东省政府发布 126 号文以后，临沂市旅游局组织人员于 1996 年去闵村考察过一次。1997 年在闵氏族人闵宜的邀请和建议下，市人大、政协、旅游局和地方文史专家前往闵村进行考察。1998 年 12 月，临沂市旅游规划专家在旅游局领导陪同下再次前往闵村进行考察。但最终，省市级政府并没有将其作为一个旅游项目进行批建。那么闵子祠的复修对于整个费县而言究竟有什么益处呢？一位县领导告诉笔者："无非是一张文化名片。"

2002 年"费政发"33 号文公布了第四批县级文物保护单位，在附件一"古文化遗址"中列入了闵子祠：

> W 镇闵子祠遗址（闵村村中：以原闵子祠前殿为中心，向东、西、南各 40 米，向北 70 米）。②

在民间舆论的促动下，闵村两委干部于 2001 年年底前往镇政府陈述了建庙的想法。上文说过，一开始镇政府个别领导担心封建迷信重新抬头。但闵村干部在历数了历届县以上领导来考查的情况，表明了闵祠重建对弘扬传统文化、发展旅游经济、招商引资的意义后，他们同意并建议村里向镇政府起草一个报告，提交给即将召开的全镇人大代表会议讨论。2002 年 2 月 26 日村委组织人员（闵小行）起草了《关于复修闵子故里闵子祠的报告》。2002 年 3 月 25 日，在 W 镇政府第十五届人大代表会议第一次会议上，镇长做了《政府工作报告》，在该报告的"二○○二年要办好的十件事实"中第七条说：

> 搞好文化景点建设。申请上级支持，开发侧营寺、闵子祠自

---

① 临沂市人民政府、曲阜师范大学：《山东省临沂市旅游发展总体规划暨蒙山旅游发展建设规划》，山东省内部资料，准印证号：2000 年 041 号。同时，临沂市政府想借助泰山的地理优势，将游客引入蒙山及临沂境内，因为蒙山在泰山之南。
② 费县人民政府：《关于公布第四批文物保护单位加强文物保护工作的通知》，费政发[2002]33 号文，2002 年 1 月 29 日。

然历史文化遗产，为费县旅游增加新的亮点。①

闵繁康任村主任后不久即当选为费县第十五届人大代表。族人趁热打铁，以报告形式上报地方相关部门——县民政局、县民宗局，并获准得建。旋即，族人正式成立"闵子祠堂募捐委员会"，村两委在镇政府的建议下成立了"闵子骞纪念馆筹建委员会"。一座建筑两种名称，国家与地方宗族找到了文化重建的契合点。

上述民族志报告进一步验证了上文相关结论：闵子祠的修复并非单纯民间宗族力量推动的结果。更为重要的是它检验了景军所提出的"赎罪"和"复仇或雪耻"的祠堂重建观。的确，从闵氏族人那里我们看到了"赎罪"感，从闵繁康那里我们看到了"复仇或雪耻"的因素。但仅据此去解释闵子祠成功地被修复显得极其衰弱无力。宗族集体除了"赎罪"以外，还有祭祖、应对现实老年人生存压力、弘扬孝道等考虑。地方政府介入，主要在于推动社会主义精神文明建设和乡村经济发展。地方文人的无形文化建构，则是配合政府的工作。另外，部分女性也参与宗族建设。这些均能体现出汉人宗族对现代化的适应。钱杭、王铭铭对此多有分析（可参见本书"导论"部分）。但如果从个体的意义角度考虑，显然更为复杂诡谲，众生万象，各怀心机。这样思考，"赎罪""复仇或雪耻"的重建观不免显得过于化约。同样的道理，钱杭认为，当代祠堂重修活动折射出宗族成员对"历史感、归属感、道德感、责任感"的追求，② 也只是单方面的考虑。景军和钱杭的研究忽略了千差万别的个体，忽略了个体利用结构来潜藏自己的心智。

唐代诗人李白的《静夜思》是大家耳熟能详的诗歌：床前明月光，疑是地上霜。举头望明月，低头思故乡。③ 在特定时空中的李白

---

① 山东省费县 W 镇第十五届人大代表会议第一次会议，《政府工作报告》（打印稿），费县 W 镇，2002 年。

② 钱杭：《中国宗族制度新探》，195-196 页，228-250 页，香港：中华书局有限公司，1994 年；钱杭：《中国宗族史研究入门》，158-194 页，上海：复旦大学出版社，2009 年。

③ 朱东润主编：《中国历代文学作品选》中编第一册，82 页，上海，上海古籍出版社，1980 年。

心中，月亮代表着故乡，魂系着一缕思乡的感情。月亮的这种隐喻和象征，在李白以前就存在于古代的文化之中。到了宋朝，苏轼又写了一首《水调歌头》[1]，其中说："人有悲欢离合，月有阴晴圆缺，此事古难全。但愿人长久，千里共婵娟。"这首词表达了苏轼和他弟弟苏辙生活在同一颗月亮下面，由于各自宦游，却不能长聚一起的人生无奈。那么苏轼眼里的月亮就是一种手足感情。同一颗月亮，却有了不同的人生和文化意义。换言之，李、苏二人用同一个意象表达了不同的内心。显然，闵子祠也是这样一个文化意象，或者说，它是一个压缩了多种文化意义的象征符号。

四、家族庆典

2003 年 6 月闵子祠建成。同年阴历八月十四日，闵氏族人在家庙中举行了一次祠堂落成庆典，但是由于时处三秋季节和组织不力，大量农人无法抽出时间前来参加祭祖，遂使庆典没有达到预期效果。2004 年阴历二月十四日，闵人在家庙里举行了规模甚大的庆典仪式——暨闵子诞辰 2540 周年。引起了地方媒体的关注：

> 3 月 4 日，众多游客云集在闵子祠前观看表演。当日，是笃圣闵子骞诞辰 2540 周年纪念日，其故里费县 W 镇闵村筹资 20 余万元，修复闵子祠，建起笃圣殿，并举办了"首届闵子文化艺术节"，以弘扬民族优秀文化，继承先贤的传统美德，培育优良的民风，促进精神文明建设，推动旅游事业和经济发展。

报道配有图片，图片一角配有相关说明：闵子骞，名损，字子骞。春秋末期鲁国人，孔子著名弟子，后人奉为"笃圣"，居十二哲之首。[2]

为了使这次家族庆典圆满成功，闵氏族人做了充分的准备。他们

---

[1] 朱东润主编：《中国历代文学作品选》中编第二册，27 页，上海，上海古籍出版社，1980 年。

[2] 范文义："'笃圣'故里艺术节"，2004 年 3 月 6 日《沂蒙晚报》第四版。

邀请附近县里的剧团和舞狮队来闵村演出。闵人宰杀整猪整羊各一，祭祀闵子。同时他们赶在庆典之前将重修闵子祠碑、捐款功德碑和闵子祠重修委员会碑树立在家庙里，凡12块。

整个庆典仪式分成五个时段。第一时段是地方政府官员、闵氏大宗代表和主持修祠的闵繁康讲话。地方政府官员的讲话首先是要求闵人弘扬闵子骞的孝道，敬老爱幼，发扬中华民族的传统美德。其次讲了开发闵子祠的旅游经济意义。第二时段是向闵子献祭。闵村闵氏族人献羊一尾，附近白马峪闵氏族人献猪一头。献祭队伍前有锣鼓家什和舞狮队开道。祭品被摆放在笃圣殿前的月台上后，闵繁康上香，然后行四勤四懒叩拜之礼，同时燃放鞭炮。献祭时没有"读祝"。第三时段是观看演出。演出的内容包括传统剧目选段、地方柳琴戏选段、通俗歌曲和舞蹈，以后两种居多。第四时段是拜祖。普通闵氏族人一拨一拨地拜祖，即按照辈分行四勤四懒之礼，不上香，不致祭。演戏期间进行的拜祖，由闵繁康主持。第五时段是聚餐。前来参加仪式的县上领导讲完话后，被乡镇领导邀请去了镇里，因而聚餐的人主要是闵氏族人自己。菜肴就是猪羊等祭品。参加聚餐的人并非全部族人，主要是村两委成员、为建设家庙做出贡献的人、周围村落组织前来参加仪式的头目和闵氏大宗。

据闵氏族人估计，当天约有万人前来。首先大部分成员是闵氏族人自己，他们或者来自本村或者来自外村，其次是附近村落里的闵氏族人的亲戚，再次是附近村落里的村民，最后是被邀请的政府官员。闵氏族人和附近村落里的人们坐在或站在家庙前的戏台前听政府官员讲话和观看演出，也就是说，他们扮演了观众的角色。坐在主席台上的有县政协原主席、县文化局长、W镇党委书记、县委原宣传部副部长（族人）、山东省人大代表闵宜、捐款最多的闵氏族人、闵氏大宗闵维君、村书记闵庆风、村主任闵繁康。地方政府官员在完成第一时段后就离开了仪式的现场，因而剩下的仪式活动都是由族人自己完成的。

上述情况是对整个宗族而言的。可是，在宗族的整体庆典仪式里，各个小家庭都邀请哪些人来参加呢？闵人说："一家演戏，家家待客。"当然这有些言过其实，不过确实有半数以上的家庭待客。庆典之前，每一个家庭差不多都要通知附近的亲戚，叫他们这一天来看戏。一般来说，闵村嫁出的闺女（没有年龄限制）多半这一天要回到娘家观看演出。亲戚们来看戏，主人家就要招待。主人家通常会喊来五服内的本家前来相陪。至于附近那些村落来看戏的农人，其实论起老亲也多半会在闵村寻找出一两家。不过，由于代数的推延，已经不再有所往来。但是，他们彼此见了面，仍很亲热。因而，常常出现这样一个场景：主人硬往家里拉客，而看戏者却往往推卸以"家里忙，离不开，一会儿就走"的托词，并答应日后再聚餐。其实，在他们看来，既然已经断绝了往来，如果再踏入他家门槛，就不免有些尴尬，同时可能意味着今后重又往来。在这种情况下，多数看戏者并不会跟着主人回家。而主人为了摆脱彼此的尴尬，离开时嘱咐看戏者："看完戏后回家喝酒！"也许主人真的回来寻找，也许在主人回来寻找时看戏者已经走开。不过，他们仍然在这样一个场合找到了某些记忆的共享。

通过家族的庆典，宗亲之间可以相聚，姻亲之间可以相聚，乡亲之间亦可以相聚。地方官员的出席使普通民众得以接近官府，普通官员的出席实际上是国家的在场。宗亲之间的相聚可以加强宗族共同体的凝固，姻亲之间的相聚可以加强姻亲共同体的凝固，国家力量的在场可以加强国家－宗族共同体的凝固。民间庆典是实现多层级共同体巩固的重要文化策略。当然，家族庆典也是文化重构的一种制度设计，通过对家族庆典的文化性实践，各种共同体可以获得再生产。

科大卫、刘志伟认为，近年来华南宗族通过建家庙和修家谱等文化实践，而再生产出以宗族为特征的中国乡村社会来。[①] 闵子祠修成后，家族举行了盛大的庆典。国家官员、地方文人、宗族成员及其姻亲在庆典中相聚。我们因此看到一个新的宗族共同体、姻亲共同体、乡亲共同体和谷川道雄意义上的国家共同体得以再生产出来，也由此生成了国家与地方社会之间的良好关系。在此，国家似乎搁置了自己

① 科大卫、刘志伟：《宗族与地方社会的国家认同——明清华南地区宗族发展的意识形态基础》，《历史研究》，2003 年第 3 期。

的现代化身份，而重新在现实中拣拾起自己的以往面相。

五、讨论

基于以上所采录的民族志资料，大致可以得出这样一个结论：闵氏祠堂是在民间长期酝酿的基础上，地方政府积极引导并参与，当地文人主动介入，最后由乡村基层政权实施并动员各种资源（特别是族众的力量）得以建成的。任何一方的力量都难以完成这一文化重建任务，它是多方互动的一个结果。同时更为重要的是，如果没有多样性的个体追捉生存意义也就没有闵氏祠堂的重建。

《记忆的神堂》从集体记忆理论视角出发，重点考察一个世系群的集体受难，以及劫后对灾难的处理与复苏。[①] 景军将问题置于20世纪后半期以来的社会变迁运动框架中思考，显然他隐含了一个文化变迁论的视角。其实，研究宗族问题的新生代人类学家的作品，如庄孔韶的《银翅：中国的地方社会与文化变迁》、王铭铭的《社区的历程：溪村汉人社会家庭的个案研究》[②]和《村落视野中的文化与权力：闽台三村五论》[③]、周大鸣的《凤凰村的变迁：华南的乡村生活追踪研究》[④]等，均是这样一个理论分析模式下的不同探索。概括而言，这个流行模式所持基本信念是：在现代化理论预设里，传统是现代化建构的障碍与敌人，必然在推动过程中被铲除。可是，一旦激进的现代化运动放缓、松弛或转向，传统会再度被激活或复苏。

又如，何国强把当代宗族复兴现象归结为三个条件：1.1978年以来推行农村经济体制改革，新的生产关系带来了促使宗族组织复兴的机缘，农人寻找宗亲之间的互助；2.政策的宽松和意识形态领域的松

① Junjing, *The Temple of Memories: History, Power, and Morality in a Chinese Village*, p.20, Stanford: Stanford University Press, 1996 .
② 王铭铭:《社区的历程：溪村汉人社会家族的个案研究》，天津：天津人民出版，1996年。
③ 王铭铭:《村落视野中的文化与权力：闽台三村五论》，北京：生活·读书·新知三联书店，1997年。
④ 周大鸣:《凤凰村的变迁：华南的乡村生活追踪研究》，北京：社会科学文献出版社，2006年。

动，导致人们把精神寄托在过去，寻找血缘亲情依附；3.随着族人温饱问题的解决和财富的增加。宗族的复兴有了经济基础，华侨回乡客观上加速了复兴过程。[1] 何国强的第一条原因跟王铭铭在溪村所观察到的情形具有一致性，但在闵村却不能得到验证，因为家族与姻亲的互助在闵村一直没有中断。何国强的第二条理由基本可以在闵村得到验证，至于第三条原因，只是部分得到验证。改革开放后，农人的富裕，成为实现祖祠重建的经济基础；闵人没有华侨回归的刺激，却照样把祠堂建起来。何国强和王铭铭最后的结论是趋于一致的：商品经济的发展没有破坏传统，反而用物质手段巩固传统，或者传统并没有伴随现代化运动而消失。[2]

钱杭先生曾对大陆学者研究当代宗族"复兴"的解释进行了归纳，共得出三种观点：第一，社会体制目前还不可能担负起农村的所有功能，因此，宗族作为一种功能团体就"有机可乘"；第二，人民公社制度取消以后，农村的基层组织趋于涣散，集体已经不再构成依靠的力量，农民为寻求心理上的依靠，就转向了宗族组织；第三，由于基层秩序的松垮，违背社会规范和社会秩序的现象，就处于无人管理的放任状态，于是，原本应取缔的宗族，就利用这一机会，放肆地发展起来。[3] 可以说，钱杭基本上"包剿"了国内现有主要人类学家的看法。钱杭主张是汉人本体性心理需求导致了当代宗族的"重建"现象。一方面，本节对山东闵村的考察表明，钱杭的解释有一定道理：以往人类学者的看法的确存在问题。但另一方面，钱杭的理论并不能说明一切问题。当落在个体实践层面，现有一切观点（包括钱杭的归属感等的看法，因为大量个体参与祠堂重建并非钱杭所言的"历史感、归属感、道德感和责任感"等因素）都似乎显得有些表面化（这将在稍后论述）。

---

[1] 何国强：《广东三个客家村社的宗族组织之发展与现状》，台湾民族学所编：《民族学所研究资料汇编》第 14 期，82 页，1999 年。

[2] 何国强：《广东三个客家村社的宗族组织之发展与现状》，台湾民族学所编：《民族学所研究资料汇编》第 14 期，83-84 页，1999 年；王铭铭：《现代的自省：田野工作与理论对话》，载《王铭铭自选集》，桂林：广西师范大学出版社，2000 年。

[3] 钱杭：《中国宗族制度新探》，229 页，香港：中华书局有限公司，1994 年。

闵村的经验还告诉我们，似乎不应把现代化运动做本质化的理解。不同时代的、不同区域里的现代化也存在差异性。新时期国家对优秀传统文化的宽容和呼唤似乎成为闵人建庙的一个理由，或者说闵人借国家的修辞来从事他们的文化活动。

我觉得，应该把闵村个案放置在多层次的现代化变迁中给予理解。就地方社区人民而言，他们主要表达怀念祖先之情，同时，通过弘扬祖先孝道文化来面对当下的生存困境——农村养老。其实，这两者归属一个问题，即现代化过程中所激起的本土文化反应。在现代化制度设计里并没有包括传统的信仰，但现实生境中的人民又感觉不可或缺，在长时段断裂之后，一旦时机来临，必然要填补文化的空白。20世纪中国所进行的现代化实践，试图要建构一种新型的民族-国家。传统的以儒家为主体的孝文化曾是帝国的政治伦理思想基础，其必然被现代化视为障碍和敌人。因而自"五四"以来，甚至清末就出现了"非孝"运动，并构成了现代化的主流叙事话语之一，而丝毫不顾及传统孝文化里面还含有合理的成分，但是它自己又没有提供一个理想的农村养老或生活保障制度，或者说现代化运动没有兑现自己的诺言：让人人过上幸福美满的生活，致使今日农村养老成为一个令人焦虑的社会问题。[1]闵人的行动试图把已经丢失的孝文化重新拣拾起来，把已经被现代化运动所拆除的孝子身份重新通过建祠来安装在年轻一代身上。这是一次对传统中国人或汉人身份的再确认。[2]所以说，闵子祠的重修本质上是对多层次现代化的一个文化反应，也是一种本土化的表现。闵氏族人在重建过程中策略性地强调小传统跟现行大传统的共享点，积极借助于国家话语的修辞谋求自己心愿的达成，充分

---

[1] 说明：最近数年来，山东省政府已建立起一个覆盖所有农村的养老保障体系，即60岁以上的老人每月享受55元的补助，80岁以上的每月65元（2016年则上调至100元）。调查中发现，农村老人对于此举很是赞赏，认为历朝历代所无。他们不由地赞扬，内心产生出强烈认同。山东省政府的农村福利措施实际上是国家所着力建构的社会保障体系的一部分。

[2] Myron L.Cohen, "Being Chinese: These: The Peripheralization of Traditional Identity", Myron L.Cohen, *Kinship, Contract, Community, and State*, pp.39-59 (see pp.52–57), California: Stanford University Press, 2005.

展示了草根社会的能动性。

显然，这种"复兴"应该被看作一种"被创造的传统"。霍布斯鲍姆（Eric Hobsbawm）说："它们（指传统）是对新的情形的回应，这个回应是以旧的形式表现出来，或者是通过持续的形式来建立它们自己的新的过去。"[①] 但从这种"新的发明"里，我们又看出了闵人对传统文化的认同来。[②] 在某种程度上，有对村庄过往回归的意味。

自汉代以来，移孝作忠，将孝文化转变成政治的伦理基础。闵氏族人的祖先闵子骞，创造并实践了儒家的孝道，因而获得帝国的赏识，并荫及子孙。国家与宗族处于双向认同的状态，修建闵子祠可以获得共同的支撑点。但在 20 世纪相当长的一段时间里，修建家祠并不被主流叙事话语认可。进入 20 世纪 80 年代以来，中国社会发生了结构性变化，文化价值观在某种意义上也随之发生变迁，传统也因而获得向现代转变或者变通的可能性。帝国时期国家准允并支持建庙，实际上是从道德和信仰的角度达成对地方社会的控制，那么，现在闵子祠重建的文化实践表明：国家希望通过弘扬传统文化、孝道（尤其"以德治国"战略提出以后）和经济开发（看重闵子祠的旅游价值）来达成对地方社会的引领与控制。国家积极谋求在场而不是故意缺席，并成功地寻找到了让传统向现代转变的契机与途径。国家与地方社会再次找到了平衡点，这是一次成功的文化商谈。从地方与国家二元维度来考虑，地方社会中的文人，他们介于两者之间：既配合了政府的行动，也因应了民间的呼声。如果进一步加以权衡，应该说地方文人主要站在国家立场上进行文化活动，这种情况在很大程度上取决于他们生存在国家官僚体制框架之内或场域里的事实。

大川族人当年建庙，地方政府是反对的，至少没有积极介入，这造成了民间社会单方努力重建传统的印象。闵村却相反。假定大川于

---

① Eric Hobsbawm, "Introduction: Inventing Traditions", In Eric Hobsbawm and Terence Ranger, *The Invention of Tradition,* pp.1–14 (see p.2), Cambridge: Cambridge University Press, 1983.

② 陈志明:《文化的传统与文化认同》，陈志明、张小军、张展鸿:《传统与变迁: 华南的认同和文化》，1–18 页（具体见 16 页），北京: 文津出版社，2000 年。

2000 年左右重修祖庙，也许国家力量会积极介入进来。如此，则是
一个时间早晚的事情，其背后隐含着主流意识形态开放程度的步伐问
题。我们从上文看到，在 20 世纪 90 年代初期，闵村族人也有类似遭
遇：一些乡村干部认为是搞封建迷信。假定这个"如果"不存在，那
可能说明：两地的经验是同一现代化叙事在地域化过程中产生了不同
版本的原因。这一点尚需对大川经验进行重访才能回答。另外，使用
文化变迁理论研究中国社会还应谨慎小心，防止对"现代化运动"做
简单处理。要知道，20 世纪以来，中国社会内部出现了不同的现代
化力量，造成了不同的现代化实践；即使同一种现代化力量，20 世
纪 50 年代以来也在不同的时段里实践着不同的现代化观念。因而，
学术研究不能笼统地"批判"现代化如何如何，视现代化为一种一成
不变的东西。否则，可能遮蔽 20 世纪后半期以来国家力量对传统在
新时段的理解与实践。事实上，激烈的社会运动过后，国家也意识到
传统是现代化建设的一种重要资源，因而重估并调整了对待历史的态
度：传统文化再度调整为国家文化的一部分。意识到这一点，将有助
于理解国家为什么参与到闵子祠的重建工作中来。

查尔斯·蒂利（Charles Tilly）曾提出一个"制造国家"（state-
making）的概念。[①]从国家政权的角度来说，闵子祠的当下重建实际上
是国家（当然也包括地方）在地方复制自己的过程。国家通过闵子祠
的制造而控制并重组了地方社会秩序。这一点在下一节闵氏家族联谊
会的活动中亦可以获得验证。从而使得重建的闵子祠体现为一个建构
的权力场域。

文化变迁论必须充分地关注到鲜活的个体，即文化的实践者，否
则变迁论就变成了另一种宏观叙事的空架子。《银翅：中国的地方社会
与文化变迁》和《神堂的记忆》等优秀民族志作品成功地做到了这一
点。受此启发，笔者格外注意访谈参与祠堂重建的个体声音。可以说，
如果没有个体的参与，闵子祠最终也不可能建成；而个体参与建祠的
动机是不一样的。比如闵繁康，他建祠的动机并不是仅仅停留在恢复

---

① Charles Tilly, *The Formation of National States in Western Europe,* Princeton: Princeton University Press, "Preface", 1975.

传统文化、弘扬孝道这一表面，更重要的是他想通过这一事件进行文化性"报复或雪耻"、竞争，并利用这一事件谋求支配乡村舞台的政治资本和人心。那些捐了钱而内心并不热衷建祠的族人，表面上虽然声称积极参与，但现实里往往是迫于某种压力的结果，因为如果不顺从这种压力，将可能危及他在乡村社会中的生存资源。所以，在权衡之后，他们还是做出了捐款的决定。地方官员表面上赞成重建传统，实际上是考虑乡镇的财政收入，考虑形象工程以及个人政治前途。妇女和姻亲也在当代积极参与宗族建设。再加上此时闹宗族运动已失去了氛围，即没有了传统宗族的经济基础——族产。这些均非传统名儒设计宗族制度时所想到的，所以张小军从实践人类学角度指出了复兴的宗族不再是"传统的简单重现"这一事实。[①] 到了这一步，我们看到宗族消失了。哪里还有宗族？我想，这是所有研究宗族的人深入到一定程度都有的体会。

在闵村个案中我们发现，许多生命个体在现实场景里并不能直接诉求自己的愿望，他们往往要通过一个集体架构或结构极其婉转地实现自己的梦想。闵庆歆老人为了实现凤愿，不得不借助国家的修辞和依靠地方政府、基层政权。闵繁康为了达成自己的政治目的，巧妙地运用、操纵民间文化以及各种象征。地方政府为了达成对基层社会的管理与控制，不得不采取认同民间的方式与策略。即使那些能够获得直接诉求的人，比如心怀敬祖收族、弘扬孝道，然而单个的力量仍难以实现，不得不形成一个合力，借助家族集体的力量实现意图。总之，国家、地方政府、村落政权、文史工作者和地方社区里的人民，在同一个活动里各自获得了不同的意义，也就说，同一行动表象背后兼容了多元的声音，[②] 谐和而又有张力地共存。诚如马克斯·韦伯所提出的："人是悬在他自己所编织的意义之网中的动物。"[③] 此不诬也。

---

① 张小军：《再造宗族：福建阳村宗族"复兴"研究》，167–253、279、283–284 页，香港中文大学博士学位论文，1997 年。

② P.Steven Sangren, *History and Magical Power in a Chinese Community,* p.164, California: Stanford University Press, 1987.

③ 克利福德·格尔茨著，韩莉译：《文化的解释》，5 页，南京：译林出版社，1999 年。

闵子祠重建的文化实质正在于此。

为了与萨林斯的"并接结构"概念相区别,我在此给多元声音现象一个专有名词——意义的并接。其英文形式不妨写作"significance of the conjuncture"。不同的"意义"或"声音"并接在一起去谋一件事情,或向世界陈述一个意见。

但是大量个体并不是绝对的意志人,他们亦应该是场域中的实践者。他们背负着惯习,既积累了历史的结构,又内化了当下社会结构,并按照结构所期许的方向去行动。就本书议题而言,"与国家保持一致"已经深化到每个行动个体的内在灵魂深处并积淀为惯习。这种惯习也使得把闵子祠重建为一个权力场域。上文刚刚讲过:闵氏族人在重建过程中策略性地强调小传统跟现行大传统的共享点,积极借助于国家话语的修辞谋求自己的心愿,充分展示了草根社会的能动性。但这种能动性实际上无法游离于实践者的惯习之外,在历史上,闵族早已养成了与国家的积极合作态度。久而久之,与帝国合作或借助国家力量做事已经内化成一种身体里的惯习,积淀为先验图式。只是数十年的集体化运动将其暂时压灭而已。在此可以看出,惯习和能动性之间有时又存在非常复杂的耦合关系。

多元声音的研究策略比杜赞奇的"经纪"概念[①]更为周全,尽管权力文化网络概念试图涵盖大众的角色,但他还是更看重士绅和经纪这类角色。仅仅靠少数几个"保护型经纪"和"赢利型经纪"是很难将闵子祠重建出来的。这暴露出杜赞奇权力文化网络概念存在着设计上的局限性,我将在本书最后一章再加以分析。

所以,从个体实践者角度去理解也许能较好地说明大川和闵村的不同。国家力量之所以能积极参与闵村重建,正是得力于那些占有不同社会资源关系的个体努力。在不同场域具有双重或多重身份的人,往往在国家的官僚体制里占有相当的人际关系资本和由此带来的社会经济资本和政治文化资本。他们会把这些资本以各种方式引入民间社会。大川当年的愿主们没有这样的网络(厨师的作用是微乎其微的),

---

① 杜赞奇著,王福明译:《文化、权力与国家:1900—1942 年的华北农村》,28-37 页,南京:江苏人民出版社,2003 年。

也许这是造成大川给人以民间单方造庙印象的原因。两相比较说明，闵村个案中的个体实践者更能捕捉现代化过程里的信息与资源，并成功连接国家这个大传统，发展乡村；而大川却是处于当下现代化的边缘叙事状态。

第三节　影像闵子骞与家族联谊

这一节将具体讲述闵人给祖先拍电影以及建立地区性家族联谊会的故事。看一看国家、乡村民众和居住在城市里的宗亲多方间的文化互动，了解乡村社会的再儒化问题。在理论落脚点上，将与著名历史学家冯尔康先生讨论宗亲会问题，希望能给这一话题带来一些新鲜的看点。

在研究设计与民族志撰写方面，本节吸收了文化批评学派或写文化学派的主张。在文化批评学派或写文化学派看来，过往正统的民族志（也常常称为"科学的民族志"）往往以客观性自居，从而把民族志工作者或人类学家摈除在文本之外，或有意识隐藏。[1] 在这一节里，我虽然没有做到如布尔迪厄所说的对自己进行"参与性对象化"（participant objectivation）[2] 研究，但毕竟把自己放了进去。

一、给祖先拍电影

闵子骞已经成为 W 镇的一张宣传名片，地方政府希望通过这一

---

① George E. Marcus, Dick Cushman, "Ethnographies as Texts", *Annual Review of Anthropology*, 1982, Vol.11, pp.25–69；乔治·E. 马尔库斯、米开尔·M. J. 费切尔著，王铭铭、蓝达居译：《作为文化批评的人类学》，68 页，北京：生活·读书·新知三联书店，1998 年；James Clifford, "Introduction: Partial Truths", in James Clifford and George E.Marcus edited, *Writing Culture: The Poetics and Politics of Ethnography,* pp.1-26 (see pp.13–14), Berkeley: University of California Press, 1986；王铭铭著：《文化格局与人的表述》，140 页，天津：天津人民出版社，1997 年。
② 皮埃尔·布尔迪厄著，李猛、李康译：《实践与反思：反思社会学导引》，17 页，北京：中央编译出版社，1998 年。

传统历史文化资源提高 W 镇知名度，并由此给 W 镇经济与社会带来发展契机：

> 电影《少年闵子骞》前期由 L 区 W 镇政府发起，是 W 镇政府实施文化兴镇、文化强镇和做大做强文化产业的具体部署和落实。[①]

2009 年 9 月 W 镇党委书记 LFK、镇人大主席 NJZ 及地方作家 LYS [②] 酝酿写一部关于闵子骞的书。但讨论的结果认为，出书不如拍电影影响大。于是，他们当场决定，由 W 镇政府出资 7 万元人民币先让 LYS 根据历史资料编写出剧本。

2010 年 2 月，LFK 调任费县县委任职，此事便由 NJZ 全权负责，同时组成了由 NJZ、闵祥雪、LYS 和 ZTX 四人组成的《少年闵子骞》运作筹备小组。除了剧本编写费由镇里出资外，前期运作费用由闵祥雪负责筹集。

在四人小组中，闵祥雪是一个很关键的人物，因为她是电影《少年闵子骞》总策划、发起人之一。闵祥雪的父母是 W 镇卫生院职工，因而自小她拥有城镇户口，1980 年闵祥雪高中毕业，被招工到费县毛巾厂工作。在毛巾厂工作期间，她参加自学考试并获得了大专毕业证书，并被厂里提拔为中层干部。1992 年年底她离开毛巾厂，1993 年初调入费县盐业公司，旋即停薪留职。其实，在调入盐业公司前，闵祥雪于 1992 年便在费县城开了一家汽配店。2000 年，由于国道扩修，汽配店被拆除。她与朋友在河南省新乡市合作开了一家电子公司。2005 年 9 月，她从新乡回到临沂市区内做生意，具体是在市场上搞汽车装饰批发。由于最近几年来我国重点发展汽车行业，加上她的妥善经营，生意做得很红火，目前拥有两爿汽配店。生意上的成功使她萌发了为闵氏家族做点事情的想法，尽管她已出嫁多年，按照传

---

① 《闵氏家族报》编辑部：《热烈祝贺电影〈少年闵子骞〉新闻发布会暨启动仪式圆满成功》，《闵氏家族报》，2013 年第 1 期（总第 1 期），2013 年 1 月 26 日第一版。
② 费县梁丘镇镇委宣传人员。

统宗族观念已经属于他姓宗族成员。但她是一个富有感恩心和爱心的女士，总觉得应该给祖先闵子骞做点事（宣传他的事迹，算是尽点孝道），希望祖先闵子骞的孝道能在当代发挥现实作用，为家庭养老提供文化资源。正是出于这份考虑，她积极参加电影闵子骞的运作活动，同时推动临沂市闵氏家族联谊会的成立。

2010 年 5 月，剧本大纲初稿拟出后，LYS 和闵祥雪到苍山县法院去找闵小行（即上一节中的"闵小行"）审阅，之后 LYS 又单独前往南京寻找剧本作家提意见。南京之行后，在各方面意见基础上他做了修改，2010 年 7 月 LYS 写出了完整的剧本大纲。然后，NJZ、LYS、闵祥雪和 ZTX 四人带着这份大纲前往国家广电总局。

那么，在动身前他们是怎样跟广电总局取得联系的呢？这有两个途径。

第一，是通过 ZTX 的私人关系网络。ZTX，1955 年生，费县人，任临沂市物价局局长，但喜欢传统文化，是一个有社会爱心的人士。他希望弘扬闵子骞的孝道文化，通过闵子骞的事迹来教育年轻人，增强全社会的尊老敬老精神。更为关键的是，最初由他牵头跟国家广电总局联系，是因为他昔日的一位战友现在国家广电总局工作。

第二，通过官方宣传部门正式出面联系。此前，以抗日战争为题材的多部电影电视剧（比如，大型电视连续剧《沂蒙》）使得临沂市委宣传部和国家广电总局之间有了许多业务往来与合作。

在与国家广电总局联系后，有关领导认为，这部少年古装片很有历史和现实教育意义，值得拍摄，便将他们推荐给中央电视台第六频道（CCTV-6），即电影电视频道。

不过，他们北京之行也与闵繁路进行了联系。即，在将剧本初稿提供给广电总局预审的同时，也给闵繁路提供了一份，希望他作为闵氏家族的"最权威"人士提提意见，以便做进一步修改。

广电总局电影频道电影部副主任 DRF 在看完剧本大纲后，觉得孝悌文化对当代社会有教育意义，因而看好这个剧本。但离拍电影的实际要求差得很远，因为剧本过分注重历史内容，和现代社会及生活结合得并不紧密。他认为，一部古装片，仅有历史内容不行，还要符合当代生活，只有这样才能被当代人理解并接受。听取完 DRF 的修改意见后，闵祥雪和 LYS 在北京又拜访了一些专家，特别是北京电影学院的个别教授。为了剧本问题，他们往来北京与临沂之间不下十余次。

2011 年 10 月份央视六频道正式予以立项，2012 年 10 月份广电总局正式批复。

在电影申报期间，即 2011 年 10 月份到 2012 年 10 月份，闵祥雪等到北京联系拍摄公司。起初广电总局先后推荐过上海电影制片厂和北京电影制片厂，由于价格问题，双方未能达成协议。最后经过考虑，选择了龙虎风云（北京）影视文化传媒有限公司。

除了电影剧本 7 万元人民币由 W 镇政府提供外，其他四十余万元前期运作费用均由闵祥雪等人筹措。据闵庆风说，一开始，闵祥雪曾经到闵村求过他，让村里出资 50 万元予以赞助，但闵庆风告诉她村里没钱。后来她开始通过企业、政府和个人进行资金募集。比如，临沭族人闵庆玉（临沭伟业集团①董事长）捐献了 10 万元人民币，W 村闵祥生（闵祥雪的哥哥，西 W 村大队书记）捐献了 1 万元人民币。其余款项大多由几个闵氏家族联谊会的发起人承担。当然，正式开拍后则由央视投资。

在筹措前期资金过程中，闵祥雪遇到了很大阻力，特别是来自家人的压力。家人认为，她经营汽配店很成功，突然进入影视领域绝对不靠谱和不实际。家人对此不抱期望，多次劝她搞好汽配店就行了。

当广电总局正式批文下来以后，闵祥雪等人非常高兴和自豪，他们决定在临沂召开一个电影开拍仪式，让临沂乃至全国的闵氏宗亲都分享这一喜悦。于是，他们就利用多种渠道通知并邀请各地族人参加。这些办法有：第一，在闵氏家族网上发布消息；第二，通过各种关系网通知临沂及其周边的宗亲，或者直接登门联系，或者电话邀约，或者开车去寻找，然后由这些宗亲再进一步扩大邀请范围。像山东滕州市的闵祥炜、山东鱼台县的闵祥运、江西九江市的闵汉春、安徽安庆市的闵文武等均是通过家族网取得联系并约请的。同时，他们

---

① 现更名为山东伟业集团。

还通过闵繁路、地方电视台、广电总局等邀请了多家媒体参加。

这里想通过例子具体讲讲上述第二条宗亲联系方式。2012 年 10 月 7 日，闵祥雪找到临沂大学校资产管理处 MFX 副处长，MFX 建议把临沂地面上有社会地位和名望的姓闵的人召集起来。讨论的结果认为，先从临沂市建设执法局局长 MR 入手，因为 MR 是目前临沂市担任公务职务最高的宗亲，手里肯定有着比较多的宗亲联系方式或途径。于是 MFX 就先联系上了 MR，而 MR 则向他们提供了临沂市妇联主任闵慧玲、临沂市党校闵锋副教授、济南市中区法院闵宪华法官、临沂市公路局闵宪斌等人的联系方式。初步联系后，这些闵姓成员很爽快地答应下来，并帮助联系其他认识的闵姓人员，这样，一个家族性宗亲网络迅速扩大了起来。第二天，他们就发请帖，包括许多政府部门和企业。但是到这里，还没有建立什么组织。

2012 年 10 月 9 日上午 10 时，我到达闵村，与闵庆风在村两委办公室见面。我此次从青岛赶来的目的是向闵子祠赠送拙作《九族与乡土》。大约 20 分钟后，闵祥雪一行三人也来了，他们是为了跟闵庆风商量《少年闵子骞》电影开拍仪式问题。我趁机询问了他们邀请的人员。闵祥雪告诉我，主要有原新华社副总编辑闵繁路、山东省政协副主席暨原山东省统战部部长王久祜（最终他也没来）、原临沂市委宣传部部长、临沂市 L 区委领导、W 镇党委政府领导、企业家、各地闵氏族人代表、摄制组主创人员及演员，还有各大媒体。就在访谈期间，闵祥雪也顺邀我参加。这是一次难得的考察闵氏宗族活动的机会，再说未来欲进一步在全国开展闵氏宗族研究，也需要有更多线索和认识更多各地闵氏族人，于是，我爽快答应了下来。

这一日的午饭由闵村党支部书记闵庆风到附近方城镇一家餐馆招待。作陪者也大多是闵氏族人。我借助这个宴席机会，又访谈到许多有价值的学术信息。比如，10 月 8 日，闵祥雪一行到 W 镇政府商量电影开拍新闻发布会一事。最后双方决定，开拍仪式花费由 W 镇政府和闵祥雪等共同负责，地点选在临沂市区内的羲之宾馆举行。10 月 9 日，我访问了 W 镇政府，进一步核实和了解了电影《少年闵子骞》的运作过程。

10 月 12 日傍晚，我抵达临沂市羲之宾馆，举办方设宴招待，我和临沂当地的许多闵氏族人以及其他各地的闵氏族人共进晚宴。这些人中既有老相识，又有新朋友。席间闵氏族人频频向我敬酒，以表达多年来我为他们家族所做出的贡献（他们认为，我的学术研究是对他们家族的宣传，在全国乃至世界上扩大了他们的名声）。让我惊诧的是，许多陌生的闵氏族人也感谢我，我这才意识到自己在中国闵族里所享有的声誉。由此我也从这种友好的氛围中，感觉到闵氏族人身上所具有的伦理价值观念。当我逐桌回敬他们并频频碰杯的时候，新认识的族人乘机邀请我前往他们的村落进行考察。

宴会期间遇到的老朋友有从北京赶来的闵繁路父女、鱼台闵氏大宗闵维君一行、滕州世系群代表及闵村的部分族人。新认识的朋友中，给我留下印象最深的是江西九江、安徽安庆的闵氏宗族代表。他们这次从南方赶来，带来了当地的闵氏族谱，他们的族谱上均记载，祖先从山东南迁。所以，他们此次携谱而来的目的，就是要弄清楚具体从山东什么地方迁去的，以及弄清楚他们的辈字（他们跟山东有着不一样的字辈）。他们迫不及待地让我翻阅族谱，请我指出他们祖先的来源。从中可以看出，他们内心具有寻根问祖的情结，当然也有联宗的愿望。

10 月 13 日上午 9 时，来自全国各地的 70 多位闵姓族人以及几十位其他方面的代表出席了电影新闻发布会。从会场的布置和散发的会议材料中我才看清楚，此次电影《少年闵子骞》新闻发布会的真正主办方是中央电视台电影频道节目中心，而龙虎风云（北京）影视文化传媒有限公司和山东省临沂市 L 区 W 镇人民政府却属于承办方，支持单位有 L 区委宣传部和临沂市孝文化研究会。尽管地方社会闵氏宗族成员在初期运作中发挥了主力作用（财力和物力两方面），但却在现场布置、材料散发和会后新闻报道中丝毫没有体现出家族或宗族的名义。然而当时给我的感觉是，闵氏族人占据与会者的大多数，实际上是一次大型宗亲聚会。这是会议设计者的无意疏忽，还是官方有意遮蔽宗族力量的身影？事后，我也没有获得相关数据加以阐明。但当地的闵氏族人（并非积极推动电影的族人），在新闻发布会结束后就向我表达了一种"不满意"："为什么我们出钱出力了，主办、承办和支持单位上却没有我们家族的名字或名义？"另一个族人对我说：

"这实际上最早是我们家族人员发起的，而且我们为前期运作和资金筹措花费了那么多精力，该有我们的功劳在上面！"对于长期从事华北宗族研究的我来说，这两份抱怨尤其使我深思。我想，也许这种刺激使得日后他们很快建立了家族联谊会，并萌发了要在电影谢幕后挂上家族名字的想法。

在新闻发布会上，各方代表讲了话。国家广电总局电影频道电影部副主任DRF所强调的内容跟本节开始修改剧本时所提意见基本一致，但此次也有新的表述。比如，强调剔除封建糟粕，注重从人性角度挖掘人物形象，突出儿童故事片特征等内容。

闵氏家族代表闵繁路的话格外引起我关注。主要有三点：第一，热烈祝贺电影《少年闵子骞》在故乡开拍，称之为家族史上的大事，感谢国家广电总局、中央电视台电影频道、电影制作方以及地方政府；第二，回顾了自己父亲早在20世纪20年代到东北逃荒要饭，在外地成家立业，但仍不忘记向子女讲述祖先闵子骞孝道故事，简明阐发了闵子骞传统孝道价值观念与当今社会主义价值观念之间的融合与衔接，希望这个电影能发挥其社会教育作用；第三，谈了改革开放之后，临沂发展变化给其留下的印象。

上述两位代表发言完毕后，电影主创人员也各自发表了简短的讲话。这些发言者主要是龙虎风云（北京）影视文化传媒有限公司的负责人、电影编剧、导演和主演，以及电影发行人。他们主要强调自己不是为了商业运作，而是要精心打造一部精品，强调其社会公益性。但后来的事实证明，他们主要还是考虑市场效益问题。

但是这里面仍不能排除地缘关系或老乡关系所发挥的作用，因为该剧导演杨真、制片人陈乾伦都是临沂人。①

之后，由地方政府和一些民间组织发言。主要是临沂市委宣传部代表、L区政府代表和临沂孝文化研究会代表。他们发言完毕后，中国电影家协会和北京电影学院的个别教授等发了言。

在会场上以及会后用餐期间，我一直在暗地里观察举办方对待中

---

① 车少远：《韩国闵姓到临沂寻根》，http://www.langya.cn 琅琊网，2014年9月21日。

国闵氏大宗的态度以及闵氏大宗方面来人的反应。虽然说，这次新闻发布会不是以闵氏家族名义举办的，但实际上具体的会议议程却是由闵祥雪等具体拿出方案，然后由北京方面和地方政府方面共同协商决定的。按照传统惯例，此次开拍仪式上家族或宗族方面发言代表应该是全天下公认或国家确立的嫡长系统，即大宗发言，而不应该是曾经身居高官的家族人物闵繁路。如果说只能有一位家族或宗族代表发言的话，那也只能是中国闵氏大宗——闵维君（闵子骞第78代嫡长孙），家族方面其他人官职再大，在此仪式场景中都不能遮盖大宗地位。但是我发现，鱼台方面来的人，特别是闵子骞第78代嫡长孙——闵维君——就像其他地方来的族人或宗亲一样被对待，既没有安排他在仪式上讲话，也没有其他特别的安排。事后我问操持整个开拍发布会的家族方面负责人（如闵祥雪），她或他们居然不知道闵维君是大宗身份。在我告诉她和他们以后，他们也没有什么特别的反应。这件事使我明白，传统宗法制度中的某些内涵已经没有了，闵维君已经失去了其祖上在天下闵氏族人面前所享有的尊贵和象征，更失去了号令天下族人的权力。"平等"观念被作为一个重要的原则来处理当今各地域世系群或分散性世系群之间的关系。如果说整个电影开拍仪式或新闻发布会是一场戏剧表演的话，那么，闵氏大宗此次来参加这个场合不过是一个看客，其一边品尝美味佳肴和举杯敬酒，一边静静地坐在台下观看各方面的"演员"在如何演绎和解释其祖先的故事。

光绪二十七年（1901），政府曾向天下颁发告示：禁演鞭打芦花。闵氏大宗因此曾立碑于鱼台闵子祠内。上文也讲过，过去在东汪社因社长汪敬请伶人戏子在W集上搬演闵子骞"鞭打芦花"戏，为此曾引起两家打官司。有趣的是，今日闵人并不遵循先人旧例，或者说并不恪守祖训或宗族定下的规制，相反却主动寻求通过拍电影的方式来发挥祖先孝道故事的社会价值。这可以反映出闵族的文化观念之变迁，或体现了宗族文化实践的魅力。

客观上来说，让祖先故事在当今发挥最大社会效益是应该肯定的。但是，若从更深的学理加以分析，我以为今日闵人是与祖先的传统相断裂的几代人，他们并不明白先人和政府何以要禁演鞭打芦花故事。难道先人就不懂得让这则故事发挥广泛的社会作用吗？如果他们不懂得闵子骞孝道实践价值的话，为什么还允许《二十四孝图》《百孝图》等刊刻祖先故事呢？显然不是。其实，先人之所以担心优人戏子搬演鞭打芦花故事，是怕他们随意对其加工，或添油加醋，或歪曲修改，或夸张变形，以致弄得祖先形象面目全非。如果先人允许伶人随便演出，可以想象，千百年后，子孙们就把戏曲中的情节当成了真实的家族历史，以至于给家族带来难以估量的声誉损害。今日影片制作方是很难从一个家族宗族的立场看问题的，而目前这个声称是闵子骞后裔的人群也只是从一个社会公益事业角度或出于对祖先的感激之情积极谋划拍摄有关祖先的电影，也没有完整地从宗族文化延续和自身建设的角度来考虑。

要知道，电影是艺术，是艺术就允许虚构，何况电影频道电影部领导人、编剧和推动电影的族人有意识向这方面拓展呢。我看了这部电影的剧情介绍后，的确发现了大量虚构内容与情节，且与历史事实大量不相符合。我们可以预言，数百年或一千年后，这部电影中虚构的许多情节会被闵人当成自己祖先的真实历史事迹而加以讲述和传递，极有可能被编写进那个时候的族谱之中，届时若想考证清楚祖先闵子骞的历史更是难上加难。我不知推动《少年闵子骞》电影的闵氏族人是否想到这一层？

二、家族联谊会

电影新闻发布会之后，各方面代表聚餐。北京来的各路人马被地方政府和闵祥雪等单独安排在一个房间里用餐，而本地和外地族人则被统一安排在另一个大厅里聚餐。显然，这样的身份区隔是别有中国文化意味的。外来与本地、他人与自己、官员与民众、神圣与世俗非常自然地被隐喻在这场宴席之中。从这个发布会的主办方、承办方和支持单位来看，他们本该都是"主人"，但有趣的是在地方政府和族人的眼里，主办方和承办方的影视公司却被视作了"客人"而加以盛情招待。这看起来，整个发布会仪式在设计理念上存在着严重的逻辑悖论与矛盾，但实际上，这类现象在各地随时都会发生。

　　在族人所聚宴厅内，我特别留心一位人物，即作为闵氏族人的、时任临沂市建设局副局长的 MR 先生（不久以后，他就被调整担任临沂市城市管理执法局局长）。按照社会地位与身份，他是位市里的领导且职务级别上也高于作陪北京方面客人的临沂市 L 区领导，这样的安排，他该有怎样的感受？我暗地里观察他的表现，他只是频频与各桌族人敬酒，中间也出去（估计是）给北京方面的客人敬酒。但由于是初次认识，我不好意思开口询问他内心的感受。但是我与他就乡村社区改造问题交换了意见。

　　分析到这里我们可以看出，上一节所提出的"多元声音分析模式"在此也同样适用。实际上，这个仪式为"北京来的客人"、地方政府和闵氏族人三方所表达和利用，彼此目的不同，但却能在同一个事件中共同行动。同样地，若从个体角度分析，不同的个体在此仪式中的诉求也不尽一致。

　　午餐后，本地族人和鱼台闵氏大宗等地族人纷纷驱车回家了。我和江西九江的闵汉春、安徽安庆市宿松县的闵文武被闵祥雪安排车辆送往闵村，因为我还要利用这次机会进一步核对古碑文字，同时等待闵繁路于次日抵达闵村祭祖，以便做进一步的参与观察和访谈。族里将我们一行三人安排到闵广益[①]夫妇所开店内，并由他们夫妇做东、闵村书记闵庆风作陪来款待我们。次日 9 点，即 10 月 14 日上午 9 时，我们提前到达闵子祠。为了迎接闵繁路回归故里祭祖，村两委办公室内已有专人（闵村村主任闵繁动和村妇女主任闵祥玲）等在那里。我们三人简短寒暄后便进入闵子祠院内。外地来的闵氏宗亲闵汉春和闵文武在院子和大殿内忙着四处观看，我则专注于两块旧碑文字的辨认与记录。在抄写过程中，书记闵庆风、族人闵繁宝、闵庆元、闵繁宝闺女一家和闵繁路与闵繁宝的共同姑表妹一家等陆续到来。

　　上午 10 时许，闵繁路一行抵达。陪同闵繁路前来的有闵繁宝在临沂城工作的儿子闵祥福一家、热心组织电影开拍仪式的族人闵祥雪和 MFX、国家广电总局电影频道总编室副主任韩为民夫妇、L 区 W

---

①　他就是上一节祠堂重建故事中捐款最多的闵广益，如今已回到闵村定居。

镇政府领导以及新华社山东分社的记者等。闵繁路和其女儿闵捷先是在院子里观看古碑及 2003 年重修家庙时所刻功德碑。他特别留意了碑上自己的名字，并与叔伯兄弟闵繁宝在碑前合影。之后，他们步入笃圣殿瞻拜祖先闵子。在步入笃圣殿的同时，闵氏族人燃放鞭炮。进入大殿后，闵繁路次第观看了老祖塑像、壁画、碑刻和悬挂的书法作品。然后出殿焚烧由族人事先准备好的冥纸。给祖先烧完纸后，闵繁路在闵庆元的提示下给祖先闵子骞叩了三个头。也许没有族人闵庆元的提示，闵繁路此行想不起来给祖先行礼。磕头完毕，待欲步出大殿时，闵庆风提示要给祖先留点香火钱，闵繁路问随行人员要了 100 元人民币，投放进摆放在老祖塑像前的功德箱内。祭仪完毕后，众人合影。先是闵繁路与所有宗亲和姻亲合影，继之是所有闵姓族人包括外地来的宗亲全体合影。在闵繁路的建议下，我也与之合影。

祭拜完闵子后，11 时许我们全体到达 W 镇政府。W 镇政府在其内部食堂设宴招待了我们一行人员，具体包括北京来的广电总局的领导，闵繁路的现居住于闵村的宗亲闵繁宝一家以及附近村落闵繁路的姻亲，闵村的闵庆风书记等族人代表，以及外地来闵村祭拜闵子的闵氏族人。客人被分在两个房间招待：一个是单间，里面邀请的是尊贵的客人；一个是大房间，里面可以摆放多张饭桌，主要宴请闵繁路的宗亲和姻亲、闵村书记和闵村闵氏族人代表，以及外地来闵村的宗亲。我有幸被邀请进入尊贵的客人一桌。[①] 这一桌坐的客人有闵繁路、闵捷、电影频道总编室副主任韩为民夫妇、临沂大学 MFX、闵祥雪和笔者，主陪是临沂市 L 区宣传部副部长，W 镇党委书记和 W 镇镇长作二陪和三陪。就在这次宴席上，闵繁路提议要成立一个全国性的闵子骞研究会。我也趁机在饭后把拙作《九族与乡土》赠

---

① 我原本不是被列在这一桌邀请之列的，后来族人觉得我花费十数年给闵村写了一部《九族与乡土》，对他们宗族有贡献（这只是他们的解读，并非我著述的初衷），于是就去向 W 镇领导说明了这一情况，地方政府领导同意后，我才被添列其中。宴会期间 W 镇领导嘱我，今后再来闵村要联系他们，好让他们有个接待。说实在的，我不想给地方政府添麻烦（除了最初通过政府进入闵村外），再说那样也不便于开展田野研究。我追求的是一种独立的调查风格，希望看到一个真实的闵村，避免戴瑞玛（Norma Diamond）当年重返山东台头所遭遇的困境。

送给 W 镇政府一部。

午饭用毕，闵繁路、闵繁宝一家，包括其姻亲一行前往闵繁宝家。闵繁宝的夫人在家里早已等待着。当闵繁路步入闵繁宝家时，闵繁宝 82 岁的夫人一手握住闵繁路的手说："13 年了，你终于回来了。"她竟然清晰地记得 1999 年闵繁路第一次回故乡时的情景，当时满院子里堆满了刚刚收获的金灿灿的玉米。此次，她又领着闵繁路指着仓房里满满的数麻袋粮食说："现在有这么多的粮食，吃的不用愁了。要是当年能这样，俺叔就不会走了。"她指的是闵繁路的父亲 20 世纪 20 年代去关东逃荒要饭一事。[①] 显然，战乱、挨饿、亲人分离和作为亲人后代的游子重返祖籍故里等一干事情，在"粮食"这个媒介物暗示下一下子都涌上了心头。而闵繁路的女儿闵捷则突然间回想起爷爷去世前的情景："秋阳照在黄绿相间的田野上，青砖红瓦的农舍，以及爬满豆角的院墙，温暖的色调中洋溢着亲切的味道。这就是爷爷梦魂萦绕的故乡——山东临沂闵村，1920 年代，年轻的他'闯关东'离开了家乡。1954 年冬，爷爷在弥留之际遗憾地对家人说：'回不去了。'今天，当我第一次踏上这故乡的土地，深植于血脉中的那份乡情瞬间被激活，一时竟让我感动不已。"[②]

全家人在庭院合影后，便到了闵林中给祖先上坟。闵繁路当着在场的家人情不自禁地吟咏了十三年前初回故里时写的那首诗（此次部分文字略有变动，可参看上一节）："沂蒙白山路千程，沧桑难改两代情。今归故里圆旧梦，闵林挥泪祭家翁。"闵捷，闵繁路的女儿，如今亦在新华社工作，她虽然已经出嫁为他人之妇，但同样像闵祥雪一样有一份父族的成员意识。这是她平生第一次陪父亲回老家，她触动很大，事后她写道："祭拜仪式之后，回望闵林，祖爷爷墓上一丛羽毛般的蒿草在风中摇曳，我忽然明白了故乡的深意：它就是根，是血

---

① 闵捷：《闵村：三代人的"故乡情结"》，《家报》，2012 年 11 月 15 日，新版第 10 期，总第 86 期，第 4 版。
② 闵捷：《闵村：三代人的"故乡情结"》，《家报》，2012 年 11 月 15 日，新版第 10 期，总第 86 期，第 4 版。

脉，是传承，是坚守，是世世代代的精神家园。"①她似乎意犹未尽，在这段所引资料的那期家报编后语里，她再次感叹道："本年度我感受最深的莫过于10月回故乡闵村，那是一次心灵之旅。在第一次踏上这片土地之前，'闵村'对我来说只是个传说，我没有想到当我真正站在我们的祖辈生活过的地方时内心会如此震撼——那份'故乡情结'瞬间被激活，忽然顿悟出一些灵魂深处的奇妙体验，我是谁、我从哪里来、要到哪里去，这些深刻的哲学命题在这里变得如此具体而清晰。当我站在'闵林'中祖爷爷的墓前，我感觉到他等我们已经等得太久了。所以，我建议明年我们组织一次'故乡闵村寻根之旅'，并且集资为我们闵家的祖辈立一座石碑，把他们的名字和生平刻在上面，也算是我们对这逾百年的血脉传承的回报吧。"②当日下午，闵繁路父女返回临沂城羲之宾馆居住，次日他们乘机离开临沂北归。而来自江西和安徽的闵氏族人则于14日下午前往曲阜、济南等地瞻拜老祖周公、闵子骞和继续寻找自己祖先的迁徙地。

现在我们接下来叙述和分析临沂市闵氏家族联谊会一事。

用闵祥雪的话说就是，"只要闵繁路发话，我去实现"。事后等闵繁路返回北京之后，闵祥雪等开始酝酿建立"闵子骞研究会"。可是到民政局申请时，民政局答复学会一类申请需要由教授和学者组成。显然，这样的要求对他们的宗亲联谊来说是有距离的，因为他们的初衷是成立家族或宗族方面的民间组织。再者，必要的学者阵容也难以在宗亲队伍里凑齐。在经过与闵繁路电话协商以后，他们决定成立全国闵氏家族联谊会。而 MR，临沂市城市管理执法局长却建议，先建立一个临沂分会为好，次第扩大至全国范围。而此时，闵祥雪等人还萌生了一个想法，即建立一个临沂市闵氏家族联谊会组织，可以挂在电影《少年闵子骞》上作为赞助单位，从而扩大临沂市闵氏家族联谊会在全国的影响。

---

① 闵捷:《闵村:三代人的"故乡情结"》,《家报》,2012 年 11 月 15 日,新版第 10 期,总第 86 期,第 4 版。
② 闵捷:《闵村:三代人的"故乡情结"》,《家报》,2012 年 11 月 15 日,新版第 10 期,总第 86 期,第 1 版。

　　事情决定以后，2012 年 11 月中旬，在闵祥雪、MFX、MR 等人的努力下，召开了一个 20 人的筹备会议，首先商讨关于闵氏家族联谊会如何运作、指导思想是什么，以及联谊会组织和章程等内容。其中，我所感兴趣的是组织领导人的确定问题（这个稍后再于下面分析）。其次，是财务管理问题。在临沂大学 MFX 处，闵庆中、闵祥雪和 MFX 曾经讨论过计财部的人员构成问题。原计划各种赞助捐款由两人负责，一个是计财部负责人，一个是管钱管账的，但考虑到财务问题是个大问题，关系到整个家族联谊会日后的信誉和运作，最后决定再增加一人，这样就有了会计和出纳。组织章程的草拟工作由闵锋主笔完成，MFX 与闵祥雪曾经到过闵锋的办公室多次进行讨论，并交由 MR 审看过。

　　经过充分准备，山东临沂市闵氏家族联谊会终于在 2013 年 1 月 20 日于 W 镇闵村举行了成立仪式。出席会议的家族代表来自临沂各地，主要有临沂市市直各部门、L 区 W 镇闵村、L 区部分街道、社区，费县县直单位、费县胡阳镇北山阳村、费县薛庄镇白马峪村的代表，还有 W 镇等地的领导和嘉宾代表，人数近百人。在家族代表中，主要是在职和退休的党政领导干部、企业界精英、基层行政村和自然村的领导，少量属于普通乡民。

　　这次会议由临沂大学 MFX 副处长主持，闵宪进致开幕词，MR 做重要讲话，闵宪学致闭幕词。大会通过了《临沂市闵氏家族联谊会章程》，选举产生了以闵繁路为荣誉会长，MR 为名誉会长，闵庆风为会长，闵广德、闵慧玲、闵宪芳、闵繁臻为顾问的家族联谊会理事机构，通过了《闵氏家族报》的编辑部组成人员。有趣的是，在开幕仪式上，当选为会长的闵庆风却没有发言，为什么会这样呢？让我们先分析这个标明为"家族"组织的性质。

　　在《临沂市闵氏家族联谊会章程》"总则"部分设计了"本会宗旨"和"本会性质"：

　　　　第二条 本会宗旨：立足临沂闵氏家族联谊，继承与弘扬中华传统孝文化，深入发掘和整理闵氏孝文化对当代社会的促进作用。在各级主管部门领导下，紧密围绕临沂"文化立市"战略，继承闵氏祖先至孝至笃之功德，以本会为平台，团结海内外闵氏族人，发扬爱国爱家传统，延续历史传承，敦睦宗亲情谊。团结他姓人民，互相支持，共谋发展，为经济发展和社会和谐做出应有贡献，为促进中华民族的伟大复兴奉献力量。

第三条 本会性质：本会是由临沂闵氏家族联谊自愿组成的一个群团组织，以发扬闵氏家族联谊文化和促进闵氏传统道德在新时代的作用为指导思想。旨在弘扬闵氏族人情系桑梓、敬祖修德、四海一家，团结共进为目的的非营利性社团组织。①

显然，从学术概念出发，这样的组织已超越了宗族的性质，甚至也超越了地域分散性世系群的意义，应该是一个宗亲会。从其参与的成员身份来看，也可以证明这一点，因为很多外地族人根本无法在世系上说清楚与闵村闵氏世系群的关系。这样的活动完全可以视作宗亲联谊。

2015 年 7 月初，我到闵村调查时在闵祠内发现了一块碑刻。这块碑刻记载了 2014 年春节和清明节，河南开封县一支世系群派代表来闵村联谊的事情：

河南省开封县兴隆乡石牛村位于开封市城东十公里，全村现有闵姓昭宪庆繁祥五百余口。在二〇一四年正月初六派闵宪信、闵宪何、闵宪辉、闵双红（宪）到山东省临沂市 L 区 W 镇闵村祭祖，向长辈拜年并参加了农历二月十四日的祭祖活动。

二〇一四年清明节

像长江中游流域（江西、湖北和安徽）前来参加活动的闵氏族人，甚至山东省内的一些闵姓人口也根本无法论证清楚与闵村族人的世系关系。所以，从客位角度讲，不妨看作宗亲会。

如果对"闵氏家族联谊会组织机构及名单"详加分析，我们就会看到，这一组织已经基本上不代表作为农民意义上的乡村宗族组织，

① 临沂市闵氏家族联谊会:《临沂市闵氏家族联谊会章程》,《闵氏家族报》, 2013 年第 1 期（总第 1 期）, 2013 年 1 月 26 日第三版。

尽管其中有个别农民参与。为了分析透彻，下面我首先把机构和成员名单录下，然后再逐一介绍其社会身份与地位。

闵氏家族联谊会组织机构及名单

一、荣誉会长：闵凡路 ①

二、名誉会长：MR（宪）

三、顾问：闵慧玲（宪）闵宪芳 闵凡臻

四、会长：闵庆风

五、常务副会长：闵宪进 闵宪学 闵庆玉（北关）闵庆中 闵庆彬 MFX 闵祥生 闵祥雪 闵捷（祥）闵锋（令）

六、副会长：闵小行（宪）闵宪斌 闵庆玉（临沭）闵庆军 闵庆雷 闵凡举 闵繁动 闵凡伟 闵凡全 闵祥玲 闵祥红 闵祥连 闵祥斌

七、秘书长：闵祥雪

办公室：闵锋（令）闵振宁（令）

联络部：闵祥富 闵祥福 闵凡群 闵令文 闵勇（令）闵振宁（令）

网信部：闵凡刚 闵锋（令）

计财部：闵祥雪 闵玉洁（凡）闵锋（令）

八、监事长：闵广益

监事：闵庆翠 闵繁动

附：全国各地宗亲代表：

闵宪华（济南）闵祥运（鱼台）

闵祥炜（滕州）闵祥涛（德州）

闵汉春（九江）闵文斌（安庆）②

---

① 族人用辈字不规范，往往用同音字代替。比如，用"凡"代替"繁"。

② 临沂市闵氏家族联谊会:《闵氏家族联谊会组织机构及名单》,《闵氏家族报》, 2013年第1期（总第1期）, 2013 年 1 月 26 日第三版。但后来刻碑时，族人又做了些调整。一些人名在石碑上没有出现，有些人名写了同音字。另外，在组织结构上也发生了一些改动。

以上成员的主要社会地位与身份是：

闵繁路，新华社原副总编辑，中国碑石文化工程院常务副院长，《中国辞赋》社社长；MR（宪），临沂市城市管理执法局局长；闵慧玲（宪），原临沂市妇联主任；闵宪芳，临沂市信用社主任；闵凡臻，临沂大学退休教授；闵庆风，闵村村支部书记；闵现（宪）进，临沂市府办公室公务员（后调整为临沂市机关服务局局长）；闵宪学，原L区朱保乡粮管所所长（已退休）；闵庆玉（北关），临沂市服装厂销售科主任；闵庆中，河东一中教务处主任；闵庆彬，临沂新世纪中专学校校长；MFX，临沂大学副教授，校资产处副处长；闵祥生，西W村支部书记；闵祥雪，上面已介绍过；闵捷（祥），新华社记者，闵凡路之女；闵锋（令），临沂市委党校，副教授；闵小行（宪），苍山法院新闻报道员；闵宪斌，临沂市公路局科级干部；闵庆玉（临沭），原临沭伟业集团董事长；闵庆军，W镇土管所所长；闵庆雷，费县人寿保险公司副总经理；闵凡举，原费县薛庄镇白马峪村支书；闵繁动，闵村村主任；闵凡伟，W小学校长；闵凡全，费县二中教务处主任；闵祥玲，闵村妇联主任；闵祥红，临沂市林业局正科级干部；闵祥连，W镇供销社主任；闵祥斌，费县检察院正科级干部；闵振宁（令），L电视台专业摄影记者；闵祥富，临沂市建设局科级干部；闵祥福，临沂火车站中层干部，闵繁宝长子；闵凡群，临沂大学法学院讲师；闵令文，临沂市L公安局文化科长，现借调省公安厅；闵勇（令），不详；闵凡刚，临沂市园林局科级干部；闵玉洁（凡），闵庆风的侄女，临沂新世纪中专学校教师；闵祥新，临沂大学教授；闵令国，临沂大学教授；闵广益，山东博兴县物资公司退休职工，当年曾停薪留职，下海经商，现居住闵村；闵庆翠，临沂大学教授。

在这份机构人员名单中去掉同一个人重复或兼职情况，共统计得到41人，在这41人中绝大多数来自乡村之外党政事业部门（事业部门主要是教育界）以及企业界，他们大多担任各级政府部门领导职务，仅有5名乡村代表，而且这5名乡村代表也不是普通农民，而是乡村基层政权干部。这与我们在中国其他地方看到的宗亲会不太一样，因为那些宗亲会组织里往往有族里辈分最高、年龄最长的族人以及很好地接受过传统私塾教育的代表。许多宗亲会是来自乡村基层的诉愿，由草根逐步萌发出来的。而山东临沂市闵氏家族联谊会却相反，它是由外部，主要是生活在城市里的人群发动起来的，最后等一切拟定后，再将乡村基层政权位置上的族人代表夹裹进来。我的意思并不表明，这个宗亲会在举行联谊活动时不能让作为农民的宗亲获得一种心理满足。

在家族联谊会成立大会上，部分乡村世界的农民代表也出席了。比如，闵村的闵繁岭、闵祥峰、闵祥建和闵令光，西 W 村的闵祥军、闵祥林和闵祥平，北山阳村的闵令法、闵令军、闵强和闵令洪。当然，认真追究起来，这些人也不是普通农民身份的族人。闵村的闵繁岭是村两委会现金出纳，闵祥峰是村两委会计，闵祥建出售电动车，闵令光拥有工程车；西 W 村的闵祥军是村两委委员，闵祥林和闵祥平均为成功的商人；北山阳村的闵令法、闵令军有技术手艺，做过建筑，在乡民世界中也小有经济成就，至于闵强和闵令洪目前正经营一家网袋厂，经济上也取得了一定的成功。如果再进一步追问，为什么当时只有这三个村庄的人作为宗亲代表参加了成立大会，附近其他村庄的闵氏为什么没有代表？就闵村而言，它是整个家族联谊会活动的基地，也是大家公认的祖籍地，会长闵庆风提议让几个村民作为代表，应该没问题。就西 W 村而言，我想主要是因为该村是闵祥雪的娘家，估计是由闵祥雪提议才进来的。至于北山阳村，则是家族联谊会重要领导和《闵氏家族报》主编闵锋的故乡，同时也是 L 区电视台和《闵氏家族报》的专业摄影记者闵振宁的故乡，北山阳村的四个代表是他们五服内的弟兄。作为一个地域性分散世系群，其他村落的族人由于没有在这个家族联谊会中担任要职，或者是该组织的积极推动者，自然就会被遗忘。从道理上讲，普通村落里的族人也许不可以担任家族联谊会的职务，但作为宗亲代表还是应该被考虑的，否则宗亲代表会的全面性就值得怀疑。也许是该组织刚刚成立，故一时间难以顾及周全，随着日后组织运作成熟，慢慢会将代表名额扩及每个有宗亲的村庄。

需要说明，当时周围其他村落里的族人也捐款了，并参加了祭祖仪式。只是大部分村庄的族人代表不能进入理事会组织机构而已。

据闵祥雪介绍，当整个组织框架拟定好以后，他们打算公推 MR

任会长，但为 MR 所拒绝。问之原因，一是因为 MR 是公职人员，二是因为他比较忙，因而不宜做会长。在这里要特别注意第一个理由，即 MR 的公职人员身份。显然，在这些闵氏宗亲成员里，他们把家族联谊会理解成一种宗族组织，而在我们国家主流意识形态里，对宗族组织是持谨慎态度的。最后考虑不让 MR 担任会长一职，实际上是保护他。而让他出任名誉会长一职，同样不会影响到他对该组织发挥作用。所以，MR 建议应该让闵村村支部书记闵庆风担任会长。但闵庆风起初并不热情，也不积极。闵氏家族联谊会的个别推动者告诉我："觉得闵庆风有时候对家族事业很热情，有时候很冷淡。"我估计其中的原因是，正如前一节所介绍的那样，在修建家庙过程中他不是很投入。当然，也有第二个可能，即，担任会长一职要有相当的号召力或经济实力，而且要"操心"。他是担心自己缺乏号召力呢，还是不想操心呢？也许两种顾虑都有。但从 MR 的建议来看，我们也能揣测出这群生活在城市里的闵氏族人的想法，即，他们想让家族联谊会"接地气"。也就是说，家族联谊会应该有所凭借和依附，而不是飘浮在城市的空气中，因而有闵子祠的村落，而且这个村落是加盟者公认的祖先来源地最为合适不过。至于其他作为宗亲成员的乡村政权成员参加进来，一是他们是某一个人口比较多、世系群规模比较大的村庄里的代表，一是闵村内部的代表。之所以设计闵村书记以外的闵村村官进来，目的无非是家族联谊活动到闵村开展时让他们搞好服务工作。尽管如此，我想今后许多活动也不会是闵庆风和乡村自身主动发起，而是乡村世界之外的宗亲力量在推动，而后"逼赶"着闵村乡土力量参与。1 月 20 日家族联谊会成立的第一桩活动——到家庙中祭祖——就是城市族人的想法，而不是出自闵庆风自身的想法。这便是个明证。

在这个组织里，我特别留心闵祥雪的位置。她担任这个家族联谊会的秘书长和计财部负责人，是最为核心和关键的。其实，荣誉会长和名誉会长，甚至会长和常务副会长等人对今后的组织活动虽有重大影响，但具体的想法和操作等仍是由秘书长拿出意见和实施推动的，至少所有活动是由她牵头进行，特别是筹集资金方面的事情。我以为，这个位置是适合闵祥雪的：首先是因为她是个热心人，愿意为家族事业奔忙；其次也因为《少年闵子骞》电影就是由她开始操持运作的，已经取得了很多经验，并在家族组织里取得了信任和威望。我推测，由于这层原因，她的弟弟——W村的书记——也得以进入组织，成为常务副会长，而不是一般的副会长。

说临沂市闵氏家族联谊会不是一个宗族组织，甚至不是一个分散性地域世系群，是因为参与这个组织的许多闵姓人口没法说清楚祖上是否是从闵村迁徙走的（当然有一些则很清楚），我多年来研究和考察也无法从谱系上证明他们与闵村世系群的祖籍关联，他们对闵村和闵村闵子祠的接受只是一个心理认同，尚缺乏充分的客观根据。

在这里我们看到，临沂市闵氏家族联谊会与2003年祠堂重建时的宗族组织是不衔接的，至少部分不衔接。2003年的祠堂重建委员会虽然有地方行政领导和村落基层政权人物，甚至外姓参与，但从布尔迪厄的实践理论角度出发，他们多为闵氏宗族所操纵和利用。2003年重建宗祠是来自乡村自身的动力和广大族人的诉愿，而且参与者在以闵村村落宗族为核心的基础上，散布在闵村周围的其他村庄里的族人也参与了进来，是一个明确的分散性世系群。也许内源性和外部渗透性是区分闵氏宗族和闵氏宗亲会的一个重要指标。再者，我感觉，临沂市闵氏家族联谊会把原先祠堂重建委员会的关键宗族成员等排除在外，而原先那一帮子人在族内族外是有相当威信的。临沂市闵氏家族联谊会若想把原先家庙重建委员会的追随者们吸引过来或被他们认可与接受，也许今后还要做许多工作。

那么，闵氏家族联谊会今后打算开展什么工作呢？

（一）祭祀祖先：为尊崇、怀念和弘扬先祖，主要在家庙举行隆重祭祀大典，成为中华祀典史有机组成部分。

（二）族谱修订：收集、整理、研究各地闵氏家谱信息，进行闵氏族谱修订。

（三）构建平台：搭建交流平台，参加各地闵氏家族联谊及寻根谒祖活动。

（四）开展研究：开展闵氏文化研究、文献调查及学术交流活动。

（五）文化与经贸互动：以闵氏文化为基础，开展经贸交流及考察活动。广泛联络各地闵氏精英，加强资源整合，促进经济和文化的交流，为社会繁荣和发展尽心尽力。

（七）公益事业：开展各种公益慈善事业与教育补助事项及宗亲重大灾难的急难救助活动以及其他各项公益活动。

（八）表彰族人：定期评选对社会或对闵氏家族有突出贡献的闵氏族人，经理事会研究对会员进行表彰和颁发荣誉证书。

（九）拓展领域：参与闵氏家庙修缮事务，维护闵氏家族联谊网站，不断更新闵氏博客，组建闵氏家族联谊 QQ 群等。

（十）其他活动：理事会认为有必要开展的其他有关活动。[①]

从功能角度来判断，临沂市闵氏家族联谊会主要职责定位为文化建设，或者文化建族，经济方面只涉及一条，且处于次要地位。接下来让我们看看，临沂市闵氏家族联谊会目前在地方政府中担任最高职务者，即名誉会长 MR 的意见。

……这次大会顺利通过了《临沂市闵氏家族联谊会章程》，产生了临沂市闵氏家族联谊会组织机构。现就家族联谊会今后的工作提五点要求，与各位族人共议：

（一）广泛宣传临沂市闵氏家族联谊会。闵氏家族联谊会是以传承和弘扬闵子思想为载体、以纪念祭祀闵子和联谊活动为平台、以带动经济发展为主要内容的大联谊、大交流、大团结、大合作的组织机构。各位族人一定宣传好我们这次家族联谊会活动的意义和内容，宣传好家族联谊会的章程、宗旨和任务，宣传我们闵氏家族在中华民族大家庭中的地位和作用，把闵氏家族紧紧团结进来，开创家族事业发展的新局面。

（二）深入发掘研究闵子文化。"母在一子单，母去三子寒"，这样的经典醒世名言几千年来一直深深影响着华夏子孙，闵氏家族联谊会要努力创造条件，深入开展闵子文化的研究工作，对闵子文化的渊源、发展的历史、现状和未来进行科学的探讨和总

---

① 临沂市闵氏家族联谊会:《临沂市闵氏家族联谊会章程》,《闵氏家族报》, 2013 年第 1 期（总第 1 期）, 2013 年 1 月 26 日第三版。

结，坚持继承和创新相统一，开展文献调查及学术交流活动。

（三）正确定位，积极贡献，繁荣发展。要充分发挥闵氏家族联系广、影响大的优势，积极投身经济社会建设，努力为家乡、为故里经济发展引资金、引技术、引产品、引市场，为当地经济社会发展做出积极贡献。要为家族创业提供信息咨询、资金援助、技术支持等帮助，为社会繁荣和发展尽心尽力。

（四）团结互助，济困扶贫，做好公益事业。关心和扶助困难群体，是我们闵氏家族的美德，闵氏家族联谊会要充分发挥联谊作用，积极鼓励家族中有条件的闵氏后裔资助家庭困难的群众和家族，特别是帮助家庭困难的学生完成学业。同时，闵氏家族要积极参加公益性的慈善活动，为社会风险自己的爱心。

（五）祭祀祖先，族谱修订，推崇孝道，表彰族人。在当地党委、政府的领导和支持下，条件成熟后可以在家庙举行隆重祭祀大典。要面向未来，将孝贤文化和闵氏家风推向新的制高点，近期可以形成具有地方特色的孝文化节庆。进行闵氏族谱续谱工作和修订工作，可以定期评选对社会或对闵氏家族有突出贡献的闵氏族人，推选出新时代的孝贤新星。[①]

相比较起《临沂市闵氏家族联谊会章程》而言，MR 的讲话突出了闵子文化和经济建设的内容，将具有宗族性质的活动放在了后面。这是与章程不一样的地方，章程是把宗族性质的活动放在前面来阐述。这种变动可以看出，作为地方政府官员的 MR 对这个家族联谊会的引导。更加有趣的是，从 MR 的发言稿语气和用词来推，他似乎更像一位官员在给族众讲话，而不是从宗族宗亲的立场角度。也许是他的职业习惯，一时间难以去掉官场上的修辞话语。但我更愿意把这个讲话看成是当代官方机构运作思维和方式进入中国宗族或宗亲实践中的典型案例，或者说，当代中国宗族或宗亲会跟传统的实践运作方式不一样了，闵氏家族联谊会并不像冯尔康所讲的具有公司文化性

---

① MR：《在山东临沂市闵氏家族联谊会成立大会上的讲话》，《闵氏家族报》，2013 年第 1 期（总第 1 期），2013 年 1 月 26 日第二版。

质，①而是具备官场思维逻辑。我以为，宗亲会的性质主要由其中起关键作用的人物所支配和决定。

该组织常务副会长闵宪学在致闭幕词时指出："名誉会长 MR 特别对今后的工作做出了重大指导和部署，五大要求高屋建瓴，这是家族会今后工作的具体任务和目标。"这句话恰恰表明了，目前在地方政府中担任最高行政职务的族人对这个组织的影响，而来自乡村政权舞台上的闵庆风虽然作为会长，但却似乎被架空了。也就是说，临沂市闵氏家族联谊会的已有活动和将来活动都不是出自这位会长的规划和盘算，而是另外一部分游离出乡村世界的人群的意志。闵庆风只是一个对他们意念的执行者。需要说明，运行至后期，就仪式的筹划和组织而言，村庄的力量则渐渐掌握了主动权。

作为临沂闵氏家族中心的另一位高级别领导人——闵繁路，在这次家族联谊活动中虽有推动作用，但远不如在家庙修建过程中所起的作用更为关键。他只是寄来几幅书法：一是为《闵氏家族报》题写了报名；二是为"临沂市闵氏家族联谊会"题写了名称；三是为闵村题写了"闵子故里，先祖贤风"。他给人以渐渐往后退隐的感觉。其中的原因，我想：首先，他年事已高（80 多岁了），加之北京到临沂两地路途遥远，不便经常参与活动；其次，临沂市闵氏家族联谊会实际上已经确立了以族人 MR 等为中心的民间组织，他们有能力引导好该组织的发展，在不出什么意外的情况下，不必每事躬问或听取汇报，发表指导意见。由此，一部分成员肯定也会随之调整自己的联谊思路。

2013 年 1 月 20 日成立家族联谊会时，当地政府领导也参加了。比如，W 镇党委书记雷贵松就做了重要讲话。这个符号的出现，显然合乎 MR 的讲话精神。家族联谊会成立的当天，立即组织了对祖先闵子骞的祭拜。那么，这次联谊活动对普通族众具有什么意义呢？我们且听下面一位族人的讲述：

---

① 冯尔康：《18 世纪以来中国家族的现代转向》，482-490 页，上海：上海人民出版社，2005 年。

　　我的父亲是"祥"字辈，我是"令"字辈，自儿时起，父亲经常让我背诵我们老闵家的辈分顺序："希言公彦承，弘闻贞尚衍，兴毓传继广，昭宪（现）庆繁（凡）祥，令德维垂佑，钦绍念显扬，建道敦安定，懋修肇彝常，裕文焕景瑞，永锡世绪昌"。上学和工作过程中遇见过比"凡"字辈"大"的闵姓人，我就感觉非常幸运和幸福，怎么也没有想到在这次临沂闵氏家族联谊大会上能够"七世同席"，老少七代同桌共用家族团圆饭！

　　在家族联谊会成立大会上，有幸与以下几位长辈同席：闵广益、闵召（昭）成、闵宪进、闵宪学、闵庆斌、闵庆中、闵凡信、闵祥雪，还有闵锋大哥，七世同桌！真实的人生大喜事。

　　按照成立大会筹备组的要求，我从事全程动态和静态的摄像工作，这是我的工作专业，虽然我一个人负责两台专业摄像机，比较忙碌，但是热烈的现场气氛时刻感染着我，我绝对不放弃任何一位参会家族代表的音容笑貌，把整个具有历史纪念意义的大会全过程详细摄录，恐怕遗漏一分一秒。家族会全过程高潮迭起，特别是"广"、"昭"、"宪"三大辈分集体给大家敬酒的时候，全场又一次达到欢喜的高潮，我不失时机地抓起摄像机，把这非常难得的镜头紧紧写在硬盘里，虽然我是后来补上的这杯喜庆的酒；虽然镜头里没有我自己的一举一动，但那时、那刻已经深深印在我的心里，我相信无论岁月以后怎样冲刷磨砺，这段"七世同席"的视频是绝对不会出现任何的残缺，这杯喜庆团圆的酒将永远芬芳！①

　　就在这次成立大会上，他们决定于 2013 年阴历二月十四日，举行大型祭祖活动。目前已通过家族报发布了消息：

　　各位宗亲：

　　为承祖先佑护，继承和弘扬闵氏先祖孝贤文化，催进和谐社

①　闵振宁:《喜逢闵家大事共话七世同席——家族联谊会侧记》,《闵氏家族报》, 2013年第 1 期（总第 1 期）, 2013 年 1 月 26 日第四版。

会建成，经家族联谊会统一研究决定，定于2013年3月25日（农历二月十四日），在W镇闵村闵氏家庙（笃圣祠）举行纪念闵子骞诞辰2549周年大型祭祖活动，请各地各位闵氏宗亲积极宣传、组织、参与。

参会注意事项：

1. 报到地址：临沂市L区W镇闵村笃圣祠广场大会报到处。

2. 报到时间：2013年3月24日下午及25日上午9点前，请尽量提前报到，家族联谊会提供免费住宿、餐饮。

3. 报到方式：个人报到、家族集体报到、组团报到，非个人报到请向报到处提供具体按辈分排列的人员名单。

4. 报到要求：倡议为本次公祭大会捐助会资，数额不限，全部捐资在本报功德榜上予以表彰，永传功德。

5. 其他事项：可携带一定数量祭祀用香、纸、鞭、礼花弹、花篮等，请注意安全，届时统一安排祭奉。

临沂市闵氏家族联谊会 [①]

之后，他们通过打电话或在滕州闵祥炜创建的QQ群（"闵氏家族根基群"）上发布消息等各种方式，邀请族人参加祭祖大典，并声称这是"百年来首次全国性祭祖活动"。

2013年3月21日早上8时左右，MFX给我打来电话说，他们邀请了鱼台闵氏大宗闵维君参加祭祖，但不安排他在祭典上讲话。我闻之愕然：一个全国性的祭祀闵子的活动，却不允许大宗出面说话。是否失去了作为一个祭祖仪式的合理性与合法性？在愕然之后，我立刻敏锐地意识到学术兴趣点的来临，就趁机问："为什么不允许他以大宗的身份讲话？"

MFX说，他们邀请鱼台闵氏大宗的时候，对方提出来要以大宗的身份参加，但闵氏家族联谊会组织商量后认为，闵维君以大宗身份来参加仪式不合适，一是因为他（闵维君）辈分最小，二是因为他们

---

① 临沂市闵氏家族联谊会：《关于举行"纪念闵子骞诞辰"大型公祭活动的通知》，《闵氏家族报》，2013年第1期（总第1期），2013年1月26日第四版。

不想搞成封建迷信性的东西。在他们看来，如果大宗在仪式上讲话，就成了封建的东西了。所以，大宗只能作为一个普通的族人来参加。显然，这个思路跟电影开拍仪式的安排是吻合的，体现出文化实践的一面。我不知道，大宗是否能如期到来。

家族联谊会对大宗的解读和安排，反映出这个组织在一定程度上具有非宗族性质。

3月24日，我到达闵村时曾打电话问闵维君是否能来，他告诉我"可能会参加"。之所以如此说，事后他说，当时有所犹豫。不过，最终他还是率领闵祥运等一行4人前来参加祭祖仪式。这表明，大宗宗子有自己的气度。

三、祭祖大典

3月24日早上，我赶到临沂市长途汽车站，准备乘市内公交车前往闵村。在长途站上，遇到了从江西南昌和九江赶来的闵汉春等族人。他们一行5人，背着族谱，年纪最大的70余岁，最小的8岁，是闵汉春的孙子。我们中午抵达闵村。

到了闵村，我才发现，湖南长沙的闵耀安（祖籍宁乡县，他出生的村庄有500余闵姓人口）、江西南昌和湖北两地各有两名族人已先一日（即23日）来到闵村。临沂市闵氏家族联谊会的主要成员MFX、闵锋、闵祥雪、闵庆中、闵祥福等人早已到来，而身在家族联谊会组织内的、居住于闵村村落内部的成员（如闵庆风、闵繁动、闵广益、闵祥玲等人，由于人数不够，闵庆风还动用了其他村两委闵姓成员以及退休教师闵令勤等）也在场，自是不必说。从他们的口中了解到，这次活动在一周前就着手准备了。居住在临沂城内的家族联谊会骨干人员准备各种文字材料和设计仪式，居住在闵村内部的家族联谊会成员主要负责打扫卫生、安排仪式所需物品和解决宗亲们的吃住等问题。家族联谊会还安排了城里一位重要宗亲成员提前来闵村督促工作。这里，显然有着明确的分工。

我甫一到达，族人们就跟我热情握手并向我问候，有的则在简短的寒暄之后向我询问他们的世系情况以及祖先外迁的原因等。即使在午饭餐桌上，他们也还是询问不已。尤其是外地族人，他们寻根问祖的心情很迫切。而族人闵令勤老师，也请闵村杨氏写了"回家真好"的字幅张贴在闵子祠边上的村两委办公室的墙壁上。

午饭过后，他们一同前往闵林祭拜闵子骞长子闵沃盈。他们在坟前放鞭焚纸，给祖先行四叩首礼。本书前面曾质疑过闵沃盈坟墓的真假问题，但此时看到族人对待祖先恭敬的态度，我忽然明白，坟墓的真假在这里根本不是一个问题，最重要的是：他们的感情和理念要有一个外在的凭借和依托，坟墓只是一个符号。如果这样的符号事先早已存在，固然很好；如果没有，那就临时创造一个，也无关大局。

本书第二章第二节所介绍闵子祠内乾隆三十五年（1770）碑刻，在 2003 年重修祠堂时，只是发现了上半段，就在这次祭祖活动一周前，族人又在村中找到了它的下半段。数天前（21 日），他们将其运回闵子祠内，并将两端粘连起来。当时，族人闵令勤老师打电话到青岛，邀请我借这次参加闵氏家族联谊会祭祖之际前来考察该碑。从闵林回来，家族联谊会的骨干成员们依旧忙着各项准备工作，而我则到祠内抄录该碑刻的下半段碑文。抄录时，族人围观，他们一边帮我辨识，一边跟我讨论。恰巧当年往这块碑刻上钻眼儿、楔钉子的族人也在场。他向我讲述了当年如何"破坏"这块碑刻的详细过程。原来，集体化时期（20 世纪 70 年代），闵村大队磨坊里需要一块平展的石块做机器的底座，族人就将该碑运去，断为两截。为了固定住粉碎机，族人就在碑上用钢筋穿透，结果部分青石崩裂而致使竖行文字脱落。我听完故事，半开玩笑半认真地对那名年届 70 岁的族人说："你是破坏祖先文化的罪人。"他回答："当时是大队领导下的指示，我不干也不行啊。"围观族众听后哈哈大笑。

晚宴在镇上的饭店举行。鱼台闵氏大宗闵维君一行 4 人、邹城市一行 7 人也于此时赶到。我与闵庆风、MFX、闵祥雪、闵锋、闵庆中、鱼台大宗闵维君和湖南长沙闵耀安等一桌用餐。其他外地来的族人坐在同屋的另一桌上。席间，临沂市闵氏家族联谊会的组织者之一的闵锋就 25 日的祭祖大典方案征求大家意见。除了鱼台闵祥运提出个别意见外，其他族人并无异议。大约宴席进行到一半时间，闵繁路携其夫人从北京赶到临沂，家族联谊会的骨干成员 MFX、闵祥雪和闵锋三人只好离席返回临沂接待。也就在此前后时间内，北京市闵京松一行 2 人 ① 和济南附近章丘市闵伟一行 3 人也赶到闵村，闵庆风吩咐单独再设一桌宴席招待。

晚饭用毕，我们去京沪高速公路边上的一家名叫福泽尔的宾馆居住。这家宾馆坐落在桃花店子村的土地上。外地来的族人多携带着当地世系群的族谱或联宗谱，或者其他的关于祖先或家族历史的考证材料。这一晚，他们互相交流，讨论问题，直到午夜 12 时。

通过他们的讨论和向我询问的问题，我大致归纳出他们此次前来参加活动的主要愿望或目的：

第一，前来参加祭祖仪式，表达对祖先的感情和怀念。这也属于传统孝道的一块内容。

第二，希望加强全国各地族人联谊，增进彼此感情，推进未来宗亲交往。

第三，对于南方族人和北京市的族人来说，他们主要是想寻根问祖，因为他们的族谱上都记载着祖上是从山东或鲁地迁走的。他们认为，这样的联谊活动或祭祖仪式各地族人会到场，彼此之间会提供些有价值的信息或线索，以便寻找自己的起源地。

第四，他们渴望修纂一份全国性的闵氏族谱，统一世系、辈字和修谱原则，尽管他们意识到困难重重。

他们还就女儿能不能入谱、闵人什么时候和从谁处获得姓氏、闵子骞的父亲和儿子是谁等问题展开激烈争论。另外，我从这一晚的交流中，还了解到江西一干族人和湖南长沙闵耀安一人各自向闵村闵氏祠堂为祖先镌刻了一块碑。

翌日 8 时许，我和外地族人被他们用车运到闵子祠前。这时我才发现，一些小商贩已经在闵子祠的大街两边摆满了地摊，有的经营香纸，有的经营零食小吃，有的经营儿童玩具或民间工艺品。而临沂市闵氏家族联谊会的监事闵广益夫妇也组织了演出团队，并在祠前广场上搭建了戏台。

---

① 实际上，他们祖籍黑龙江，其祖上是济南附近，为闯关东的后代。

上午 9 时左右，闵繁路及其夫人、家族联谊会的主要领导，比如临沂市城管局局长 MR、临沂市机关服务局局长闵现（宪）进、原临沂市妇联主任闵慧玲等到来，而闵村闵氏族人和闵村四围村落族人也纷纷赶来。滕州闵楼村闵祥炜、闵繁勤等一行 4 人也于此时赶到。闵人在村两委办公室小楼底层一间房屋里设了报到处和捐款处，族人们纷纷进屋捐款报到，并领纪念品。这次活动共获得捐款 55610 元，就个人而言，最大捐款数额为 1000 元，最少者为 100 元。

族人们在广场前交流，有的是老相识重逢，有的是首次见面，畅叙宗亲情谊。捐款活动完毕，他们在村两委办公楼下举行了一个"临沂市闵氏家族联谊会"挂牌仪式。牌名由闵繁路先生题写，仪式由临沂大学 MFX 处长主持。由闵繁路和地方政府领导 W 镇镇长进行了揭牌仪式。之后，济南闵伟作为外地族人代表做了简短发言。发言完毕，各地族人代表在家族联谊会牌子前纷纷合影留念。临沂地方报纸——《临沂日报》记者、《闵氏家族报》记者和一些族人纷纷摄影或录像。

有趣的是，"临沂市闵氏家族联谊会"的牌子被族人并排挂在了闵村党支部牌子一边，与之分享了平等的象征地位。本书前面已经讲过，闵氏宗祠作为一个民间祖先信仰场所，在 20 世纪 50 年代以后先后被学校和基层村落政权所占用，后来 2003 年建祠时祖先祠堂又从村政权和学校占用的空间里"夺"回了一半地盘。现在，作为民间组织的"临沂市闵氏家族联谊会"终于取得了跟国家的乡村政权相并列的地位（在文化象征意义上）。

挂牌仪式结束后，10 时许，整个祭祖大典仪式，即"纪念闵子骞诞辰 2549 周年公祭大典"开始了。

大典仪式的主持人由临沂市委党校闵锋副教授主持。他介绍了全国各地的宗亲代表以及到会的宗亲人数（二百余人）等情况。从实际情形看，跟原先仪式设计程序略有不同，现叙述如下：

第一项内容开始之前，全体宗亲在闵子祠前肃立 10 秒钟。

第一项：鸣炮奏乐，恭迎祖先。（司仪：新春敬宗，薪火相传，启迪后昆，万代遵行。鸣炮 78 响，代表了我临沂闵氏家族目前 78 代人[①]对祖先的崇敬和感恩，代表了78代人继承和弘扬先祖遗风和共创宏图伟业的心声。）

第二项：主祭人上香并致欢迎词。闵村党支部书记、临沂市闵氏家族联谊会会长闵庆风担任此次主祭人。他在致辞中阐述："举办这次公祭活动，就是为了联络全国各地宗亲，爱国爱家，弘扬闵氏孝德，推动闵氏交流合作，光大闵氏家族，更在于面向未来，深入发掘闵氏孝贤文化的内涵，为十八大提出的全面建成小康社会的目标做出应有的贡献。我们要以这次公祭大典为契机，加强联系、增进友谊、互通信息、互相帮助、共同进步，谋求闵氏最大福祉。"

第三项：嘉宾致辞。本来安排地方政府领导在这一环节讲话，但实际上却换成了家族联谊会的名誉会长MR演讲。MR的发言属于即席演讲，并无事先准备好的发言稿。那么，W镇镇长为什么没有在闵子祠前演讲呢，而是被提前到挂牌"临沂市闵氏家族联谊会"仪式上讲话？他内心是否有所顾虑？这需要进一步开展田野工作加以了解。

第四项：外地宗亲代表讲话。主要由江西南昌代表、湖南长沙代表和北京代表讲话。

第五项：恭读祭文。由闵氏家族代表、闵氏家族联谊会名誉会长闵繁路先生宣读祭文。祭文主要采用四字句，间杂五言、八言等句式，庄重、典雅、神圣，且极富韵律感。

第六项：请闵村小学生（由本村闵姓少年组成）朗诵《弟子规》。《弟子规》的内容可在网络上搜寻到，故本书不作附录。之后由临沂市地方女歌手王光霞演唱《少年闵子骞》电影主题曲。王光霞是临沂市费县梁丘镇文化站站长、临沂市沂蒙残疾人艺术团副团长，同时也是《少年闵子骞》电影主题曲原唱人。有意思的是，她与该电影编剧都属费县梁丘镇文化工作者，而W镇人大主席NJZ亦曾在梁丘镇工作过。

第七项：向祖先献祭。主要由闵广益以及各地来的族人代表向祖先奉上祭品。具体包括：一献三牲（豕首一、牛首一、羊首一），二

---

① 我怀疑，目前临沂市地面上已有79代，甚至80代族人了。

献五谷（包括小麦、大米、高粱、谷子和绿豆），三献百果（包括干果和水果一类）。事实上，我仔细考察发现，摆在祖先供桌前的祭品不止这些。比如，还有五个祭菜——肉、鸡蛋、豆腐、藕盒和丸子，两个点心，三盅酒，四封香，两株摇钱树和八个聚宝盆。

第八项：祭拜祖先。先是有主祭人闵广益代表全体族人祭拜祖先，给祖先行四叩首礼。之后是按照行辈——广、昭、宪、庆、繁、祥、令、德、维，次第展开祭拜。最后是外地族人一同参拜祖先闵子骞。

从人数规模来看，庆字辈、繁字辈和祥字辈的行祭队伍最大，而广字辈和令字辈、维字辈则很少，维字辈仅有鱼台闵氏大宗闵维君一人。组织这次活动的人认为，目前临沂市地面上闵氏族人只发展到第78代。但对于鱼台大宗而言，已经到了80代了。

这次活动，我特别留心观察鱼台大宗闵维君的神情和举动。他一个人最后上去祭拜他的祖先闵子骞，表情凝重，然而又满脸沧桑。这一次他并不是作为闵子骞嫡长孙身份参加祭拜的，他只是被解读为一个按照辈分来排列的普通族人参加祖先祭祀活动。在他的内心里，他觉得这伙人不懂"礼"。要知道，康熙时期，帝国和衍圣公府之所以设立世袭翰院林五经博士，目的就在于叫他率领天下闵氏族人祭拜祖先闵子骞的。他的祖先不止一次来闵村处理族务，而闵村作为小宗毕恭毕敬待之；历代祭祀闵子骞时，地方政府官员和他的祖先一同进行，闵村村落内的族人并不具有优先祭祀权，也就说在闵村祭祀闵子时，由鱼台大宗和地方县官出面举行。但20世纪的中国经历了天翻地覆的变化，现代化将传统当作自己的障碍和敌人，新型的国家和社会不再把自己的政治基础建立在儒家学说基础上，于是儒学遭受了前所未有的厄运。自然，孔子及其弟子们被排除出新国家的祀典之外，再加上平等观念被设计进20世纪以来的中国社会之内，大部分中国人都接受了这一观念，因而相应地各先贤嫡系大宗后裔也就失去了长子长房的地位，失去了往日的特权和象征地位，从而变得没落。

这个不讲究世系原则的祭祖仪式再次表明：临沂市闵氏家族联谊会不是一个宗族。因为主祭人的选择是根据非世系性条件确立的，这与以宗子为核心的宗族祭祀规则表现出根本性差异。

祭典仪式于12时许结束，人们忙着涌出院落观看闵广益夫妇组织的表演或去吃午饭。这时我发现一个 80 多岁的老太太，她颤巍巍地沿着红地毯走进大殿。她年轻时嫁到闵家，做了闵家的媳妇、妈妈、婆婆，到奶奶，甚至曾祖母，她进入大殿，虽然并没有给祖先下跪叩首，只是看看祖先和四下张望，但我晓得她内心在想什么。她只有在男人们的仪式表演完后，而且是在有着显赫社会身份的族人表演完之后，才能一个人进入祖先的殿堂。没有音乐，没有鞭炮，没有人帮她主持仪式，她也不会念稿子，她只有一个人悄悄进来观望。我仔细观看了她的一双小脚，我想这是沂蒙山区最后一代裹小脚的人了。等这批最后一代的小脚女人过世后，闵氏宗族又会走到哪一步呢？中国社会会走到哪一步呢？我看着族人走后，满地凌乱的马扎而无语。

四、后续活动

2013 年 8 月下旬至 9 月初，临沂市闵氏家族联谊会花费了 1.5 万元制作了三通碑：谱辈、祭文碑和闵沃盈碑。

谱辈主要是把历代皇家和北洋政府颁布给孔府的字辈刻写了上去，并注明了孔姓"赐用"、颜/孟/曾/闵"配用"字样。当地的族人将这块碑刻照片发布到"闵氏家族根基群"上，结果引起了天下闵姓宗亲的热议。他们认为，"配用"两字不合适，应该是"共用"。显然 QQ 群里的闵氏宗亲并没有多少人了解历史，同时从另一个角度看，也恰恰说明了他们头脑中的"平等"观念。即要求不再隶属于孔府管理，而应该与孔姓平起平坐。这个观念既可以看成是中国社会深层结构的投射，也可以理解成是 20 世纪社会变迁的结果。从这里可以看出，他们对待闵氏大宗的态度并非孤立现象。

祭文碑的内容主要是祭奠仪式上闵繁路的发言。此碑甚为高大。闵繁路为族中所出最高官员，凸显他意味着通过宗祠来宣扬国家的意志。该碑书丹由闵繁路的弟弟闵凡东完成，通体为隶书。

2014 年清明节前，临沂市闵氏家族联谊会也创建了自己的 QQ 群，名称就叫作"临沂市闵氏家族联谊会"，具体由闵峰（令字辈）负责。也就是说，由闵峰担任 QQ 群主。

2014 年 3 月 14 日，即农历二月十四日，临沂市闵氏家族联谊会又在祠堂内举行了规模盛大的祭祖活动。这次活动的主体仍是闵氏族人，主要是家族联谊会成员、闵村及其附近村落的族众（但远在北京的闵繁路先生没来参加）。此外，外地也有近300位闵姓人群赶来参加仪式（这次新增了河南方面的代表）。不过，山东境内的几个闵氏集中居住村落的代表没来参加。比如，鱼台大宗闵维君、济南章丘的闵伟和滕州的代表等。去年来的湖南的宗亲代表也未参加。表面上看是因为各自在家里祭祀祖先，实际上意味着内部的裂变性。这次祭祖临沂市和当地乡镇也派领导参加，并表示祝贺。同时社会各界领导和爱心人士也有不少前来。当然，就像节日一样，也少不了各种文艺节目。这种节日化色彩的加重，非传统祭祖仪规概念所能容纳。去年是文艺演出与祭祖仪式同步进行，今年先进行文艺演出，后举行祭祖仪式。显然，每年春日的祭祖活动表明，他们在向制度化一步步迈进。有趣的是，主祭人宗亲代表讲话时，将闵氏宗族的未来发展与"中国梦"结合起来了。这里再次体现出，宗族与国家政治的关联。

2014年4月24日，临沂《鲁南商报》记者采访了闵祥雪，介绍了闵子孝文化内容以及闵氏后裔如何传播孝文化。

2014年4月29日，电影《少年闵子骞》获得百合奖，由央视电影频道颁奖，地点在"鸟巢"附近的国家会议中心。闵祥雪应邀参加颁奖大会。其实，在2012年10月该电影开拍新闻发布会上，族人就表达了这样的想法。现在终于如愿以偿，他们具体是通过什么样的运作渠道达成了这一目的，暂不清楚。闵祥雪提前于26号将这一消息发布在"闵氏家族根基群"和"临沂市闵氏家族联谊会"QQ群里，获得了部分宗亲的祝贺。

2014年9月16日，在韩国闵氏协会总经理闵秦根带领下，由24名韩国闵姓成员组成的寻根问祖团乘坐大巴车来到临沂市L区W镇闵村。[①] 这次拜祖除了开辟了中韩两国宗亲联谊活动之外，也使得临沂闵氏对今后宗亲会的活动产生了更大热情：

---

① 车少远：《韩国闵姓到临沂寻根》，http://www.langya.cn 琅琊网，2014年9月21日。

闵村闵氏第 70 世闵广益，今年 70 岁的他往后推，已经有九辈后人。1964 年开始在延边当了 20 年的兵，对朝鲜族尤为了解，精通韩语，韩字书写特别在行。"这就是缘分，没想到老闵家的后人在韩国还有 16 万人，我给他们讲韩语，顿时拉近了两地人之间的距离。"16 日的整个寻根问祖活动，闵广益全程参与，亦当起了翻译工作，就连韩国代表团都惊讶，"老闵家的根竟然有会讲韩语的，而且 70 岁了，看来血脉相通早就已经注定了。"村支书闵庆风说，闵子骞是孔子七十二贤之一，在孔门中以德行与颜回并称，韩国访问团对孔子文化也产生了浓厚的兴趣。所以，访问团从闵村离开后直奔曲阜祭孔。2015 年和 2016 年分别确定为"中国旅游年"和"韩国旅游年"。闵村闵氏族人闵祥雪说，目前，闵姓在全国约有 64 万人，在所有姓氏中的占比很小，而且闵姓后人多出自闵子骞这一脉，发源于山东。此次也借韩国闵姓寻根问祖之际，他们族人正在探讨如何将传统文化这张牌打得更响。其实，早在 2012 年 10 月 13 日，电影《少年闵子骞》的新闻发布会在临沂举行，当时，来自省内外的 20 多名专家学者汇聚一堂，共同探讨发生在闵子骞身上"鞭打芦花"的故事以及该部电影的拍摄对当今"孝"文化内容的诠释。不久，《少年闵子骞》在临沂、淄博等地取景拍摄，这部由国家广电总局电影频道节目中心制作的电影于 2013 年拍摄完成，与全国观众见面。值得一提的是，该剧的编剧 LYS、导演杨真、制片陈乾伦都是临沂人。闵祥雪介绍说，这部片子她几乎全程参与，作为一部古装儿童片，既拍出了童真、童心、童趣，而且解读了传统孝贤文化在当今社会面临的问题。"我们当时定调就是，首先得是一个好看的电影，其次是一个寓教于乐的故事。"电影的播放让闵子骞以及闵氏家族的故事被更多的人所熟知。采访中，记者了解到，下一步，他们将加大与韩国闵氏族人的沟通，如果条件允许的话，他们打算借以电影、人文互访等方式，发扬优秀传统文化。①

① 车少远：《韩国闵姓到临沂寻根》，http://www.langya.cn 琅琊网，2014 年 9 月 21 日。

2015 年阴历二月十四日家族联谊会又在闵村举行了大型的祭祖活动。这次活动他们还邀请了临沂市 L 区剧团演出了《蒙山沂水》，并决定这一天从此以后定为"闵子庙会"。关于闵子庙会设立的情况，最初是由闵村书记闵庆风提出来，在临沂城里由临沂家族联谊会进行商讨并确立的。

这些消息以及事后的报道，他们都及时发布在"临沂市闵氏家族联谊会"QQ 群里，以便于族众了解。

2015 年 7 月 11 日，临沂电视台"琅琊风云榜"纪录片栏目到闵村拍摄我田野工作的情景。将闵村全景、闵氏宗祠、闵氏家族墓地以及我采访和调查族人的情形拍摄进纪录片之中。作为一个学者，我的学术行为本身已被地方媒体编织进闵村的历史发展脉络之中了。

2016 年（农历二月十四日）举行祭祖。

2017 年 3 月 11 日（农历二月十四日），临沂闵氏家族联谊会举办了"第五届闵子骞孝贤文化节"。主要内容有：汉服表演——礼告四方、书画艺术交流会、孝贤故里演唱会、孝贤文化研讨会暨各界嘉宾座谈会、纪念闵子诞辰 2553 周年公祭礼。另外，还举办了传统物资交流会。家族联谊会事先半月给我寄来邀请函，但由于先期答应参加鱼台闵氏祭祖仪式，故缺席。

五、讨论

尽管家族联谊会的活动主要是由乡村世界之外的宗亲成员决策和组织的，但诚如上文所云，他们的活动不会影响普通乡民表达宗亲联谊的意愿和对祖先的追思之情。透过 2013 年 3 月 25 日举行的"纪念闵子骞诞辰 2549 周年公祭大典"的参与性观察和访谈发现，前来参加祭祖活动的宗亲农民对此颇为满意。

闵繁路朗读祭文，唤起族众对祖先的恭敬和感念之情，他们人人脸上表现出庄重之情。闵庆风致欢迎词，让外地族人感觉：闵村是他们的老家，此次前来是"回到家了"。外地宗亲代表情绪激动的发言（湖南代表发言时出现了哽咽，眼睛里噙着泪水），让在场的族众颇为感染，很多人眼眶里闪烁着泪花。当地方演员演唱《少年闵子骞》电影主题曲时，族人脸上写满了骄傲，演唱完毕，则掀起热烈的鼓掌。普通的乡民认为，这是一次很成功的家族联谊活动，做得也很体面。农民坦言承认，由乡村自身组织，不可能做到这样。其中一个闵氏成员说："虽然家族联谊会组织成员大部分不是农民，主要是戴纱帽翅的和有钱的城里人，他们有钱有势，但当了官发了财，为族里做点事，也是应该的。"所以，基本上可以断定这个祭祖大典是村落世界之外的力量主导和牵引，由乡村基层政权参与而搭建了"戏台子"，不仅让他们自己，也让普通的乡民宗亲也获得表演和满足的机会。

但是这并不表明，每一个行动者没有潜藏的动机。比如，家族联谊会组织中个别成员加入该组织的目的，除了表达对祖先的感情和为宗亲做点事情的想法外，还想通过该民间组织内的人际资源关系，将家属从下面县城调入临沂市区内工作。随着电影《少年闵子骞》制作的完成，央视和家族联谊会之间希望就"网络播放权"和"院线放映权"之间进行市场分配，条件是：如果家族联谊会或个别宗亲成员愿意再投入200万元，与其共同分担电影制作费用，那么，可以在"网络播放权"和"院线放映权"之间任意选择。于是，个别家族联谊会组织成员想募集资金，获得其中一项播放权而赢利。还有的族人想着通过这次联谊活动，希望共同开发茶叶贸易，将家族经济搞上去。个别外地宗亲还想在临沂地面上从事房地产开发生意。包括央视本身，也不再像电影开拍仪式或新闻发布会上所宣扬的那样，纯粹出于社会公益事业了，也有着市场盘算。这一切均表明，祖先电影的制作、家族联谊会的成立及其所开展的祭祖仪式，仍然是一个个"多元声音"活动。

如果把2003年重建祠堂活动与这次家族联谊会活动进行比较，就会发现有若干的不同。

首先是发动者、组织者、推动者不同。

本章上一节就闵氏祠堂的重建问题，我曾得出如下一番结论：闵氏祠堂是在民间长期酝酿的基础上，地方政府积极引导并参与，当地文人主动介入，最后由乡村基层政权实施并动员各种资源（特别是族众的力量）得以建成的。任何一方的力量都难以完成这一文化重建任务，它是多方互动的一个结果。同时更为重要的是，如果没有多样性的个体追逐生存意义也就没有闵氏祠堂的重建。

通过本节的考察可以看出，2013 年 3 月 25 日在闵村闵子祠所举行的闵子骞公祭仪式主要是由临沂市闵氏家族联谊会组织并推动的，闵村乡村基层政权给予了积极配合与辅助，同时广大宗亲农人也热情参与。而临沂市闵氏家族联谊会这一民间组织与当年祠堂重建委员会组成人员不一样，主要是由乡村世界之外的宗亲力量组成，该组织的骨干成员或决策者主要是国家体制内的行政事业人员或成功的经济人士，他们大多居住在城市或城镇里面，少数为乡村基层政权代表或乡村经济成功人士。从逻辑上讲，也是一个多元互动模式，其中包含了无数充满活力和有鲜明性格的个体在活动，但地方政府介入的成分则很少。

简言之：祠堂重建时，乡村内部力量具有决策权，并成为事件推动主体；而该次祭祖活动，乡村内部力量只是一个助手，决策权以及推动者在乡村世界以外，给人以乡村农人被夹裹进来的感觉。

其次，资助或捐款的渠道、方式有了很大变化。祠堂重建的资金主要来自费县县政府有关部门、W 镇政府各职能部门、地方企业和闵村每一个闵氏家庭，特别是广大农民得到了充分动员，地域分散性世系群成员也得到了较为广泛的动员。而家族联谊会祭祖活动所需要的资金，主要靠城市里的人群以及外地宗亲成员捐助，当时没有很好地动员闵村每个闵氏家庭参与捐款，部分族人完全是自愿捐助的。但事后，他们进行了组织。①

再次，撇开其他参与者不论，单就闵村内部所依靠的族人力量来看，建祠时主要以闵繁康为代表的人群组织实施，但这次则主要由以闵庆风为代表的乡村宗族成员参加，撇开了先前的主要活动者。特别

---

① 但从祠堂重建时所立的功德碑却发现，广大农民宗族成员参与了宗亲联谊活动，而且积极慷慨地捐款。具体来说，2013 年那块功德碑上所反映的情况是事后组织动员的结果。当然，很多宗族成员看到刻碑时也纷纷解囊捐赠，生怕遗漏了自己的名字。2014 年家族联谊会祭祖时，广大乡民就积极主动参加了。这表明，农民对成立宗族成员所组织的家族联谊会有一个从认识到接受的过程。

是为祠堂重建立下"汗马功劳"的闵繁康，在家族联谊组织和祭祖活动中彻底被"抹去"了。至今部分村民对此有些不满，或觉得不公平。这是一种集体记忆的有意识忘却。这里再次可以看出，闵村内部的世系群裂变和摇摆性文化实践特征来。

最后一点必须指出的是，单就族人而言，建祠时的广大闵姓参与者构成了一个地域分散世群，具有系谱关联；但这次祭祖，除了闵村及地域社会有系谱关联的宗族成员参加外，还有许多外地与闵村没有系谱关联的闵姓人口也前来参加。相比较而言，从现有宗族和宗亲会的定义看，建祠可以被视作一个乡村宗族的活动，而该次祭祖只能是一个宗亲聚会活动，谈不上宗族意义。但从实践角度看，未必就如此界限清晰。

历史学家冯尔康先生对20世纪下半叶华人宗亲会做过二手文献考察。冯氏使用了"近代社团"概念来分析宗亲会组织和活动。他说，传统的宗族必须具备三个条件：有男系血缘关系（与此相联系的是聚族而居）、有族长（相应地有公共聚会场所，如祠堂）、有共同的祭祀活动。但"近代社团应是人们自由意志的产物，是人们因共同意愿而组织起来的社会团体；它应当有组织章程，领袖和成员依靠章程行事，否则会按照章程受组织处分；它的章程包括团体宗旨、任务、组织机构及其职权、会员及其权利与义务、选举、会员大会和代表大会、会址等内容；它的机构是理事会、监事会和会员大会"[1]。虽然我并不完全赞同冯先生对宗族的定义，但就山东临沂市闵氏家族联谊会组织特点和活动而言（他们在章程里就明确过家族联谊会的性质是"非营利性社团组织"），我以为冯先生用"近代社团"概念来理解宗亲会是妥当的。这一点只要回顾上文就可以看得很清楚。

据此冯尔康将宗亲会组织分成三个类型：传统宗族型、松散型家族和向宗亲会过渡的宗亲组织。在分析第三个类型时，冯尔康指出："大陆以外的宗亲会，是近代社会的社团。它以同姓为入会条件，不注重古代同宗的血缘法则；实行入会自愿原则，男女均可，与古代排

---

[1]　冯尔康：《18世纪以来中国家族的现代转向》，356页，上海：上海人民出版社，2005年。

斥女性、男系家庭必须参与不同;实行族员大会制、理事会与监事会制,与古代族长制不是一回事;它以法人集团在政府注册。以此看来大陆那些称作'宗亲会'的群体,很难符合上述标准。大陆宗亲会已有实行族员大会的,选举理事会,但监事会多不健全;族员入会介绍与登记工作基本没有做,但参与活动的人多系自愿,不是强迫;活动的状况不一,有的稍多,有的很少;宗亲会多未向政府登记注册。这类宗亲会用大陆以外的宗亲会标准来衡量,差异明显,但又确有相同之处,同样与古代宗族的不同之处也是明显的。从它向民主化演变这一点来看,是在朝着近代社团方向前进,所以它是近代宗亲会过渡的组织。"[1] 就本节所报道的临沂市闵氏家族联谊会来看,基本符合冯尔康所概括的海外宗亲会的特征,但又不属于一种过渡类型。造成冯尔康这一误判的原因,估计可能是:一、当时中国还没有出现本书报道的这类案例;二、冯氏没有对这类组织及活动做人类学式田野考察。

在谈到现代台湾地区、香港地区以及海外华人中出现的作为同姓组织的宗亲会时,冯尔康指出,这类宗亲会"注重吸收同姓男女会员,改变宗族以族人家庭为当然成员的构成原则,实行会员大会及理监事会管理制度,以联谊为宗旨,着力于文化功能和社会功能的开发,初步具有现代社会的俱乐部性质,而它忽略成员间的血缘关系,由此可见,宗亲会与祠堂宗族实际上走的不是一条路线,它上承历史上的同姓不宗的联宗,下承18世纪以来移民社会的家族制,……沿着只讲求同姓而实际上忽略血缘的路线走下去,逐渐与血缘群体的家族分离"[2]。在分析它的运作机制时,冯尔康认为,具有公司运作性质。[3]

但是,我并不完全赞同冯先生上述意见。第一,临沂市闵氏家族联谊会不具备俱乐部和现代企业性质或特点,反而体现出更多模仿现行官僚组织的特征。海外的宗亲会是一群干现代商业、企业的人做

---

① 冯尔康:《18世纪以来中国家族的现代转向》,357页,上海:上海人民出版社,2005年。
② 冯尔康:《18世纪以来中国家族的现代转向》,455页,上海:上海人民出版社,2005年。
③ 冯尔康:《18世纪以来中国家族的现代转向》,489–492页,上海:上海人民出版社,2005年。

的，而临沂闵氏联谊会是一群公职人员的作为。我想，一个宗亲会组织及其活动呈现出什么样的特征，很大程度上受到该组织重要领导成员的社会身份的制约。如果这类组织的主要或关键领导人是体制内的人员，特别是官员或退休官员等，那么，其组织性质或活动方式很可能采取某种官方行动模式，充斥了官方的修辞话语；如果这类组织的主要领导人是企业体制内的人员，那么，这类组织的性质就可能呈现出公司或企业运转特点来。因而，不能一概而论。

阮云星在研究乡村和都市组织时同样发现了组织成员对于组织性质的意义，并提出了"介质"概念。他说："笔者在中国乡村当代自治组织研究的过程中，发现这类组织成长的重要因素是具有现代知识和素养的（领导）成员（如退休回乡的国家干部等），笔者把这类人员比作一种特殊的'介质'（媒/媒介体），他具有能不断产生活态'酵素'连接并酵变'群体'的独特效用。""笔者发现，这两类组织的内在结构之一大差别是构成人员之'介质'的差异，不同的'介质'产生了不同的媒、媒介效用，很大程度上决定了一个/类组织的特质和成长。"[1]阮云星的这个思路在研究中国宗亲会时值得借鉴。

第二，就临沂市闵氏家族联谊会而言，虽然能部分看出它"上承历史上的同姓不宗的联宗"的特点来，但我以为，冯先生的话过于空泛一些。实际上，作为宗亲会组织的临沂市闵氏家族联谊会，它不仅以祖先闵子骞和同姓为凝聚符号，同时也与一个具体的村庄有关联，因为大部分参加该组织及其活动的成员居住在该村里或祖先从这个村庄中外迁，显然具有系谱关联性。当然，也有少量城市人口和外地同姓人口参加其中。如果仔细分析就会发现，村落宗族，以及围绕一个特定村落而构成的地域分散性世系群被笼罩在宗亲会之下，或者说，临沂市闵氏家族联谊会这个宗亲会组织是以村落宗族和地域性分散世系群为基础而建立的，没有血缘关系或系谱关联的人群处在村落宗族

---

① 阮云星、赵照:《都市支持型社会组织何以快速成长：上海 NPI 的政治人类学研究》，阮云星、韩敏主编:《政治人类学:亚洲田野与书写》，199–217 页（具体见 212 页），杭州:浙江大学出版社，2011 年。

和地域性分散世系群外围。如果进一步对狭义性"村落宗族"（指村落与一个宗族叠合状态）和地域性分散世系群做深入研究就会发现，狭义性村落宗族在内，是核，而地域性分散世系群则分布于外围，是果壳。有时候，地域性分散世系群的活动会被狭义性村落宗族所操纵。从这个意义上说，当临沂市闵氏家族联谊会举行祭祖活动和联谊时，不见得里面没有被村落宗族和地域性分散世系群所了解、操纵并实践的可能，因而仍旧呈现出某些宗族的性质来。这就是为什么我访谈许多参与者，他们大多告诉我能满足作为宗族成员的意愿。换句话说，当许多个体参与这类活动时仍然把它当作宗族组织及其互动来理解与实践。所以，在面对宗族愈加失去亲属关系下的宗祧群体色彩的时候，张小军称这类现象为"社团化的'宗族'"。[1]冯氏的观察过于客位化，缺乏主位的体验，特别是对生命个体或行动的主体缺乏尊重，过多关注社会集体表象。相比来说，侨居日本的历史学家潘宏立的观察则深透得多。潘说："宗亲会作为拟制性的亲族集团，是基于宗族观念而构成的组织。"[2]

当然，我们还可以从另一个角度去证明它有宗族性质。当我问及"临沂市闵氏家族联谊会"的组织者为什么不用"宗族"这个名称时，他们的答复是："如果用宗族很可能被政府看作封建迷信。如果叫家族联谊会，则避免了这个印象。"可见，之所以用"宗亲会"之类的名称是个实践性的策略问题。

最后一点需要说明，在"临沂市闵氏家族联谊会章程"里，他们把联谊会译为 clansmen association。从这个译文来看，闵人似乎把联谊会理解成"氏族"性质的东西。其实，并非如此。他们虽然也考虑过用哪个词更适合，但是并非从学术专业角度（主要指人类学的世系学）进行思考，他们也不具备专业方面知识。他们只是从网上搜索并

---

[1] 张小军:《再造宗族：福建阳村宗族"复兴"研究》，219 页，香港中文大学博士学位论文，1997 年。

[2] 潘宏立:《闽南地区宗亲会的复兴及其跨国网络：以"福建省济阳柯蔡委员会"为例》，陈志明、张小军、张展鸿:《传统与变迁：华南的认同和文化》，26—46 页（具体见 43 页），北京:文津出版社，2000 年。

发现了这个词，就拿来用了。的确，目前海内外许多姓氏的宗亲会都采用了这个译法。就宗亲会成员之间不清晰的系谱特征而言，也的确合乎"氏族"的定义。即，同一个姓氏的族。

最后，我还想说明一点，即从捐款名单来看，有些外姓人和地方政府的机关单位和当地企事业单位也参与捐款了。地方政府的个别领导人也出席了他们家族联谊会的成立仪式。如果坚持"同姓"原则的话，那么，临沂市闵氏家族联谊会既不是宗族组织也不是宗亲会组织。但我还是那句话，从实践角度来看，广大族人仍然在祭祖仪式里感受到是一场宗族互动。

第九章　空间的文化表达与改写

十数年来，我在山东闵村从事田野研究，一直对"权力的空间化表述"问题有着浓厚的兴趣。就我个人的理解而言，所谓"权力的空间化表述"指的是各种权力对村落地理空间的定义与诠释。而这里的"权力"一词既可以包括国家政权、乡村基层政权，也可以包括对乡村运作产生切实影响的其他力量，如世系群、信仰团体、民间互助团体，甚至乡村痞子团伙等。诸多力量都可能对村落自然地理景观施加种种影响，从而留下文化的印痕。我们完全可以通过这些留下来的"人造产品"，比如，村落布局、河流湖泊、水库汪塘、山林耕地和村中公共设施（道路、水井）等，来透视各种权力在乡村运作的文化机制和历史过程。

相比较"权力的行为研究模式"来说（当然，在本质上村落世界中的许多"人造物"也是这种行为的结果），比如聚焦选举事件和过程等，权力的空间化研究策略主要是观察权力格局在空间上的投射，以及由此获得线索对权力运作的历史进行追溯，而不是简单地直接进入权力的互动状态进行考察。显然，权力空间化研究策略更擅长乡村政治历史及其有关权力的集体记忆研究。

本章第一节将通过风水、宗族裂变分支与国家基层政权三者施加在乡村规划布局和民居上的影响，来透视宗族分支（或曰世系群裂变分支）与分支之间、宗族分支与国家乡村政权之间存在的复杂关系。同时，我也将给出一个全新的有关中国风水研究的理论视角。

在研究过程中，我受益于前人的思想智慧。我之所以把村落规划和风水布局视作"一种社会关系的投射",其灵感来自列维-施特劳斯。因为他借助于自己的民族志研究和他人的研究成果发现北美五大湖地区的温内巴戈人(Winnebago)、特洛布里恩德群岛的奥马哈卡纳人(Omarakana),以及南美博罗罗人(Bororo)的村落结构,实际上是亲属制度、亲属关系以及其他社会关系的一种投射。[①]

我的第二个灵感来自福柯的权力运作和布尔迪厄权力场域的研究信念。福柯厌弃了对权力本质的探究,而把权力看作一种贯穿整个社会的"能量流",因而他专注于权力的运作问题,[②] 视权力为一种行为,甚至 mode of action on action,强调了权力作为一种话语的作用和地位,但他实际上并不十分清楚权力究竟在哪里得以自由运作,尽管追问过权力来自哪里的问题。[③] 我觉得布尔迪厄比福柯深入了一层,因为他明白权力实践是在权力"场域"中展开的。

布尔迪厄说,"一个场域由附着于某种权力(或资本)形式的各种位置间的一系列客观历史关系所构成的","每个场域都规定了各自特有的价值观,拥有各自特有的调控原则。这些原则界定了一个社会构建的空间。在这样的空间里,行动者根据他们在空间里所占据的位置进行着争夺,以求改变或力图维持其空间的范围和形式。这一简要定义有两个关键特征。首先,场域是某种客观力量被调整定型的一个体系,是某种被赋予了特定引力的关系构型,这种引力被强加在所有进入该领域的客体和行动者身上",[④] 其次,场域同时也是一个冲突和竞争的社会空间。[⑤]

布尔迪厄明确地提出了"权力场域"概念,以此反对实体主义

---

① 列维-施特劳斯著,张祖建译:《结构人类学》(1),141-156 页,北京:中国人民大学出版社,2006 年。

② Michel Foucault, *La Volonté de savoir,* p.316, Paris: Gallimard, 1976.

③ Michel Foucault, "Questions et réponses", in H.Drefus and P.Rabionw Michel Foucault, *Un parcours philosophique,* p.309, Paris: Gallimard, 1984.

④ 皮埃尔·布尔迪厄著,李猛、李康译:《实践与反思——反思社会学导引》,17 页,北京:中央编译出版社,1998 年。

⑤ 皮埃尔·布尔迪厄著,李猛、李康译:《实践与反思——反思社会学导引》,18 页,北京:中央编译出版社,1998 年。

或实在论的研究倾向（"ruling class" 这个概念）。[①] 在这一点上，他与福柯的立场是一致的。布尔迪厄曾把"权力场域"思想集中概括为："权力场域是一个包含许多力量的领域，受各种权力形式或不同资本类型之间诸力量的现存均衡结构的决定。同时，它也是一个存在许多争斗的领域，各种不同权力形式的拥有者之间对权力的争斗都发生在这里。它又是个游戏和竞争的空间，在这里，一些社会行动者和机构拥有一定数量的特定资本（尤其是经济资本和文化资本），这些资本足以使他们在各自的场域里占据支配性的位置。为了维持这种力量均衡，或是要去改变它，就产生了各种策略，造成各方彼此敌对。……"[②]

本章第一节借助布尔迪厄权力场域、惯习[③]、agent（行动者）[④] 和资本[⑤] 等几个概念，把由风水（可以看作一种关于阴阳的力量）、国家、世系群裂变分支构成的网络关系系统视作一个权力运作的场域（field of power）。在这个场域中，风水是一种乡村礼俗世界中的文化资本，甚至一定程度上也是象征符号资本；村庄以往积淀下来的文化结构和历史性情系统不断地来到当下且进入实践状态是一种惯习，惯习往往寄存于个体身上并借助主体进入行动之中；宗族分支力量、不同政治力量在此场域中均是一种行动者（agent），它们具有相当的能动性，但又并不是绝对的自由意志者，而是继承了场域所赋予的禀赋，在结构与关系中发挥能动性，由此推动中国乡村变迁。

本章第二节主要考察当下闵村人的"新农村建设"运动，观察

---

① Pierre Bourdieu, *la noblesse d'Etat. Grands écoles et esporit de corps,* pp.373–427, Paris: Editions de Minuit, 1989; Pierre Bourdieu and Loïc J.D.Wacquant, "Das Feld des Machts und die technokratische Herrschaft", in Pierre Bourdieu, *Intellektuellen und die Macht* (Edited by Irene Dölling), pp.67–100, Hamburg: VSA Verlag, 1991.

② 参见皮埃尔·布尔迪厄著，李猛、李康译：《实践与反思——反思社会学导引》，285 页注释「16」，北京：中央编译出版社，1998 年。

③ Pierre Bourdieu, *The Logic of Practice* (by Richard Nice translated), pp.52–58, California: Stanford University Press, 1990.

④ 皮埃尔·布尔迪厄著，李猛、李康译：《实践与反思——反思社会学导引》，145–147 页，北京：中央编译出版社，1998 年。

⑤ Pierre Bourdieu, *Outline of a Theory Practice* (by Richard Nice translated), pp.177–192, 195–197, New York: Cambridge University Press, 1977.

村落建筑景观的外在变化，具体包括村两委办公楼的建设、村中两条大街的改造和农民上楼居住等问题。透过当地政府所推行的社区改造，了解国家权力、村落基层政权和宗族分支力量之间的互动。当然，更主要的是向世界报道：在国家新农村建设过程中，一个中国宗族乡村的命运与走向。

第一节　风水里的隐喻与隐喻里的风水

20 世纪 90 年代末以来，中国一些人类学家开始用布尔迪厄或接近布尔迪厄实践理论中的"能动性"或"策略性"观念来分析风水，将风水视作宗族生存的一种策略与文化手段。张小军在《再造宗族：福建阳村宗族"复兴"研究》中认为，风水不仅是一种文化资本，还被文化生产者赋予象征权力，在认知中变成象征资本，具有了地位、声望等含义，成为宗族为改变他们自己空间位置而搏斗的武器。[①] 周建新在《风水：传统社会宗族的生存的策略：粤东地区的实证分析》中通过对粤东的田野调查，也认为风水是传统社会宗族的生存策略。[②] 石奕龙在《风水抑或资源控制：单姓宗族村落形成的主位与客位解释》一文中认为，风水在家族发展过程中起了控制资源的作用。[③] 张、周、石等人关心的不再是风水的定性问题，当然也不是祖先与子孙的问题，更多地强调的是宗族与宗族之间、宗族内部裂变分支间的关系问题。这为本节的讨论带来了学理上的工作基础。

因而，本节拟在布尔迪厄"策略"概念基础上来分析风水问题，关注宗族裂变分支与风水的关系。但更为重要的是，这里将风水与村落权力联系在一起进行研究。这将是一个全新的中国风水研究视角。

---

① 　张小军：《再造宗族：福建阳村宗族"复兴"研究》，196–199 页，香港中文大学博士学位论文，1997 年。

② 　周建新：《风水：传统社会宗族的生存的策略：粤东地区的实证分析》，《客家研究辑刊》，1999 年第 2 期。

③ 　石奕龙：《风水抑或资源控制：单姓宗族村落形成的主位与客位解释》，《中国人类学的理论与实践》，501–521 页，香港：华星出版社，2002 年。

桑高仁（P. Steven Sangren）的"中国民间宗教"概念里包含了世界观（Worldviews）和宇宙观（Cosmology）的象征体系。[1] 在这样一个定义中，作为反映民间宇宙观的风水信仰是应该被涵盖进去的。而王斯福敏锐地洞察到宗教与权力之间的隐喻关系，认为"宗教隐喻是权力拥有者用以使他们的控制合法化的资源，也是他们通过象征掌握资源与军事力量以获得更大权力的表象手段"[2]。本节也将参考这一理论来考察闵村村庄政权、宗族房支力量与风水之间的关系。

因而，按照布尔迪厄的话说，风水是一个权力场域。

在村落布局和大门安装风格上，闵村存在着三个独特的现象：

现象一：闵村的南北中心大街和家庙前的大街构成一个十字，家庙以北是族人所称的后闵村或后街，家庙以南构成前闵村或者前街。南北中心大街在十字街处向西南略发生偏向，即由原来的子午向略折向西南。家庙坐落在子午线上，南北中心大街的走向跟家庙的方向一致。[3] 闵人的房屋多是坐南朝北，其设计根据大街的走向而定。这样在外观上来看，整个后闵村的房屋与院落皆成正南正北的方向，与家庙保持一致；而前闵村的房屋与院落则整体略偏向西南。后闵村一条条街道也就安得比较直，成东—西走向；前街的一条条街道就不是正东—正西结构，也略有偏斜。于是闵人说，中午十二点的阳光正好能够射进后闵村的堂屋门口内，而前闵村则要到午后一点阳光才能直射进房间。他们用了一句话来描述这个情况：后闵村向阳，前闵村向阴；后闵村的街叫"阳街"，前闵村的街叫"阴街"，因而南北大街又叫"阴阳街"。

现象二：后闵村在布局上向东以及东北发展；[4] 而前闵村则向

---

① P. Steven Sangren, *History and Magical Power in a Chinese Community*, pp.51–60, California: Stanford University Press, 1987.

② Stephan Feutwang, "Historical metaphor", *Man*, 1993, No.28, pp.35–49.

③ 闵庆歆曾专门用罗盘测量过。

④ 原先家庙后边很少有房屋，只是在家庙院墙外东北角和家庙院墙外东面有些房子，家庙后大部分是菜园，因为人们相信"宁住庙前，不住庙后"。1949 年以后，后村才在家庙后和东部逐步建房，扩展开来。

西和西南延伸。后闵村人口少，布局也就小；前闵村人口多，布局也就大。这样在外观上，整个村落呈现出一个东北—西南走向的"8"字结构。村民把这种结构叫"拧锤子"（过去捻线的一种工具，多用木头或骨棒做成，类似亚油葫芦）。而且后闵村的一半"8"字小于前闵村，整体上又像一把刀。某年一风水先生看后，以为闵村出了"刀把儿"，[①] 主凶，并预计村内日后死人会多。村民说，后闵村应该向西发展，前闵村应该向东发展，整个闵村才方正，但现在两村形成一个"拧锤子"形状，不往一个方向发展。

现象三：闵村院落的大门分成单扇门和双扇门两种。历史上多是单扇门，少数富户才安装双扇门，近几十年来大部分都是双扇门。但是在调查中发现：后闵村所有的大门除了少数老房子的单扇门外，都是黑漆双扇门；而前闵村除了少数老房子的单扇门和少数近年来所盖新房安双扇门外，大部分门是一叶单扇门加一叶木板（东扇是一页木板，西扇是一张很宽的木门）。木板安放在木槽里，可以灵活装卸，当然大部分都用锁固定在门槛上，类似南方店铺的散叶木门。从门的宽幅看，前后两村大门的宽度设计一样，但是从高度来判断，后闵村的大门轩昂，前闵村的大门低矮。打个比方说，后闵村大门如身材颀长而匀称的小伙子，前闵村大门若矮胖子。从门的闭合来看，后闵村开门是开任何一扇均可，而前闵村开门均打开单扇门板，而不开单页木板，当然若要运进运出大的物件，必须全部敞开。

那么何以造成如此奇特的现象呢？下面再来看对应的访谈口述资料：

口述材料一：老祖的大门（指家庙大门）坐南朝北，要是前

---

① 前闵村像刀本身，后闵村东北角则像刀把子。所以风水先生认为，闵村出了刀把子。这就主凶，对于人口肯定不利。一百年来闵村闹马子死了不少人，2004年仅前闵村由于各种原因就死掉青壮劳力 6 人。这加剧了闵人对"出了刀把子"一说的信仰。

闵村的大门也坐南朝北，岂不是欺负老祖？所以，后经一位风水先生观看，整个前闵村才改了方向。后闵村则比量着家庙安宅子。

口述材料二：爷们、弟兄们你挨着我、我挨着你盖屋当邻居，就这样形成了呗！前闵村那么远，也不能跑到后闵村来盖房吧？反正过去有的是地方。后闵村的人也有同样想法，不去前闵村盖房。时间久了，不就这样了吗？

口述材料三：有两种解释。第一种解释是嫌弃狭窄，所以要加一块木板；第二种解释是，前闵村不能安装双扇门，否则就是"欺祖"。老年人说，早年有一个风水先生路过闵村，他认为前闵村不能安双扇门，否则就是欺负闵子骞老祖，于自己人丁不旺。所以过去，不论前闵村的人多么富有，他都不敢安装双扇大门。当问及村民为什么后闵村可以安双扇门时，前闵村人回答：那是因为在老祖的屁股后边，他看不见。

对于现象一、三，村民们提供了一种本土的风水解说模式，对于现象二则认为是一种长期的聚族而居造成的结果。对于现象三来说，我在附近村落的调查中也有所发现，比如距闵村西边 1 公里的邻村张寨就有前闵村的大门样式，显然闵人自己的风水解释不能完全合乎情理，其中必然蕴藏着其他的原因。其实结合历史和当下的情形，我以为这三个现象背后隐藏着同一个故事，即闵村社会内部的权力张力问题。

不论前闵村还是后闵村，有一种普遍性的概化认识：过去前街上不出好人，或者多出些不正经的人。从前面的叙述中大致可以看出，前闵村在乱世中多出马子以及"反面人物"（指地主恶霸、还乡团之类），至于当前闵村也出现了"不道德"的村干部。对于这种现象，前后两村存在着截然相反的解释。后闵村的人说，前闵村的人"心眼不正"（即心术不正）。前闵村的人则认为，前街上之所以出"坏人"，是因为他们的大街是斜的，房子安斜了。关于大街呈倾斜状，前闵村人又提供了两种解释：第一，后闵村的干部糟蹋人（害人），故意把前闵村的街道规划成斜的；第二，是后闵村上那个老头（指闵庆歆）

的点子，他为了糟蹋前闵村，故意请了一个风水先生把街道划歪了。

从这份回答中可以阅读出这样一些信息：首先，整个闵村有一种风水理念，即认为街道倾斜或者房屋非正南正北的布局，后代就会出坏人；其次，在一定历史阶段里后闵村压制前闵村，也就是说后闵村掌握了整个闵村的控制权，而前闵村处于从属地位；再次，正因如此后闵村力量拥有了对村落布局的定义权力。关于这一点，我们在上文有关 20 世纪 40 年代的梳理中已有交代。20 世纪 50 年代以后，多元社会力量混杂的局面已经结束，中国社会演变成一个单一结构，难道说闵村社会内部仍然存在着矛盾？而这种矛盾又是怎样的呢？

回答这个问题最好的途径是考察该村落五十余年来的政治演变格局。

村民委员会自治法诞生以前的 20 世纪 50 年代至 20 世纪 80 年代中期，我国乡村政权并没有多少程序化和制度化的建设，几乎不存在"换届"一说。因而，这段时间的闵村政治我们只能通过个人政治生命史来加以重构。20 世纪 80 年代以后的乡村政治的演变，将采用"届"为叙述单位。为了分析上的方便，对有关个体将标明其前后村的地域归属身份。

20 世纪 50 年代初期，在合并村庄时，后闵村的庄长由后闵村人担任，前闵村的庄长是一位由土改工作组从后闵村派过去的人担任。[①] 这表明后村开始拥有了村落定义权和解释权。

但前寨人均土地多于后寨，为了照顾到平衡问题，合并村庄以后的第一任书记便由前闵村的闵宪德担任。但是不到三年，即 1958 年，后闵村的人把他弄下去了，由闵昭房当全村书记。

闵昭房（后闵村），1958—1961 年任大队书记，后来因病让位给闵庆钧。

闵庆钧（后闵村），1933 年生，贫农，1957 年入党。1955—1956 年任初级社委员，1956—1957 年任高级社社长，1957—1959 年任连指导员，1959—1960 年任管理区书记，1961—1965 年任大队书记，1966—1972 年任大队核心组长，1972—1984 年任副书记，1984—

---

① 其实，孟良崮战役结束后，临沂地区解放，当时来闵村的土改组就曾派遣后村的闵庆善到前闵村任村长。

1987 年任村主任。

闵庆元（前闵村），1927 年 9 月出生。1945—1947 年任大队青年书记，1947 年 3 月—1947 年 4 月被还乡团逮捕。1947 年 1 月—1949 年 1 月任民兵队长、青年书记、联防队长。1949 年 1 月—1949 年 5 月南下看管俘虏兵。1955 年入党。1949 年 5 月—1966 年 5 月任大队支部委员、民兵连长、治保主任。1966 年 5 月—1985 年任党支部委员兼治保主任。

闵庆杰（后闵村），1929 年生。1943—1945 年任后闵村儿童团团长，1947 年任青救会会长，1949 年任后闵村团支部书记。1950 年成立"吴岭寨"乡，任小乡乡政府委员，负责财粮（这时闵庆存任五岭寨乡长）。1952 年 10 月入党。1953 年任小乡乡委委员以及乡团支部书记。1954 年，任合作一社社长。1956 年任织布机社社长（此时闵庆歆任会计）。1961—1964 年任闵村大队长兼副书记。1965 年任闵村核心组组长，当时由闵庆杰、闵繁康、闵庆钧等 5 人组成。1966 年任大队书记。该组织相当于村党支部。1970 年在"吴岭寨"乡基础上成立了一个包括附近 9 个村子的小乡（即管理区，又叫工作区），他任小乡的党总支部书记，同时兼任闵村大队书记，在任到 1976 年。1976 年后，任 W 公社农场场长。1981 年后，他又回到村里任村支书，1985 年退休。然而，刚刚从村支书位置上退休后，他旋即被 W 乡政府任命做管理区书记，一直到 1993 年退休。

闵繁宝（前闵村），1934 年 6 月出生。1943 年 12 月参加儿童团，1943 年 12 月—1946 年 12 月在本村读书，1946 年 12 月—1950 年 12 月任本村儿童团团长，1953 年入党。1950—1957 年 2 月任本村新民主主义青年团支部书记，1957 年 12 月—1965 年 12 月去东北甘南县场屋村工作，任村长，1965 年 12 月—1978 年 12 月任闵村大队副大队长，1978 年 2 月—1987 年任闵村管理区计生委主任，兼大队副主任、组织委员。

闵繁康（后闵村），1950 年生，1965 年参军，1970 年复员并任民兵连长、村支部委员，1973 年任副大队长。其余情况前文已有介绍。

另外，乡村社会的另一重要角色是会计。1956 年闵村成立高级农业合作社，闵庆普（后闵村）任会计，人民公社成立后，高级社变成大队，闵庆普又成为大队会计，直至 1960 年年底调入人民公社的信用社。1961—1984 年，闵庆歆（后闵村）任大队会计。

就该时段而言，闵村的主要领导——大队书记和大队长或村主任——都是由后闵村的人担任的，前闵村只有两个人，即闵繁宝与闵庆元。结合 20 世纪 40 年代两个人多在后闵村居住这一事实来看，他们虽然身份属于前闵村，但在心理上却认同后闵村。起初闵村的一把手为前闵村的，但在前闵村人的记忆里，他被后闵村人夺去了权力。1965 年闵庆钧从一把手的位置上退下来，成为村里的二把手；而闵庆杰从县棉织厂回来，由二把手变成了一把手。访谈中，闵庆钧说："他当时从县上回来了，我的能力不如他，我便让出了位置。"他们两个人同属于后闵村，有关权力变动的记忆里却并没有"夺权"印记。从中不难看出，村落内部的界限与认同。从数量上来看，更是后闵村占据的人数为多。

但是闵村第一任书记闵宪德的女儿闵庆荣（我的族婶）告诉我，闵繁宝和闵庆元并非将"前寨人"的身份忘记得一干二净。她小时候记得，20 世纪五六十年代前寨和后寨夺权的声音此起彼伏。一开始村里没有书记的时候，前寨和后寨的负责人都由后村人担任，由此引起前寨不满意，扬言并努力从后寨人手中夺权。当她父亲上台后，后村人同样扬言并积极夺取村落书记权力。当时，后寨出身的闵庆杰经常到闵宪德家里串门，有时候干活儿放工回来也要绕道到闵宪德家里坐坐，希望得到赏识与提拔。后来，闵宪德照顾平衡也积极提拔利用后村的人。当后村人被重用后，前村出身的闵庆元和闵繁宝也不满意，他们也经常去闵宪德家里串门。闵庆荣记得有一次，闵庆元对她父亲说："四老爷，你不能光提拔后村的人，得注意栽培咱前寨的。"闵宪德后来就把闵庆元和闵繁宝提拔进村组织行列。闵庆荣记得，在她成为花木兰时（即青年妇女，未出嫁的女子）上夜校或夜晚参加学习班，闵繁宝经常派人往她家里扔石头，目的就是不满意过去闵宪德提拔后寨人。当白天在一起参加农田劳动时，闵庆荣就对闵繁宝半认真半开玩笑说："繁宝，你不是人玩意儿，晚上往俺家撒石头，还往身上扔。吓得俺学完习后都不敢回家，还要别人送回家。"繁宝就回答："大姑，咱敢往别人家里撒石头，哪敢往您身上扔呢？准是×××干的，我给说一声，别让他干缺德事了。"自此后，再无扔石块现象。村里人都说，闵繁宝和闵庆元当年就是一个跑腿的，没有决定权。他们特意告诉我，闵繁宝"没有正性"，一会儿站在前寨人立场上，一会站在后寨人立场上。

我想，尽管闵庆荣的记忆与其他人的叙述有所出入，但均不难看出，前后寨之间的争夺。

1984 年闵村实行家庭联产承包责任制，农村体制发生了变化。二十年来的乡村领导情况是：

书记：

1986—1989 年，闵繁桐（前闵村）任书记。

1990—1992 年，村里没有书记，只有一个村主任闵繁湘（前闵村的）。

1993—1995 年，闵繁文（前闵村）任大队书记。

1995—1996 年，闵繁礼（原先会计）任书记。

1997—2000 年，闵庆风（前闵村）任书记，闵繁康（后闵村）任副书记，闵繁成（前闵村）任副书记。

2000—2001 年，闵繁启（前闵村）任书记。

2001 年 6 月—2002 年，闵庆风（前闵村）任书记。

2002—2004 年，闵庆风（前闵村）任书记。

村主任：

1984—1987 年，闵庆钧（后闵村）任村主任。

1984—1989 年，闵繁康（后闵村）任民兵连长兼村委副主任。

1989—1990 年，闵繁康（后闵村）任村主任。

1990—1992 年，闵繁湘（前闵村）任村主任。

1999—2001 年，闵庆钧（后闵村）退休后，复出，又被镇里任命为村主任。

2002—2004 年，闵繁康任村主任。

会计：

1993—1995 年，闵祥礼（前闵村）任会计。

1997—2001 年，闵繁桐（前闵村）任会计。

2002—2005 年，闵繁成（前闵村）任会计。

妇女主任：闵祥玲，嫁给邵姓，娘家是后闵村。

这一阶段乡村社会的主要领导人都出自前闵村，后闵村人员在村落政治的舞台上落了下风，尽管个别后闵村村民也进入村两委领导班子，但并不担任重要角色。前闵村人抓住了 1984 年农村体制改换这个机会，成功地进入乡村政治的中心地位，扭转了过去数十年受压抑的情况。这一阶段闵村领导班子更换频繁，这种频繁的更换背后隐藏着极为复杂的原因。首先，由于农民负担增加，农民采取了跟村两委领导相对的策略，致使村领导班子无法完成上级下达的任务，有时个别村民及其房支同村书记或村主任发生争执，加之暗地里毁坏村领导的庄稼等财产，常常使村庄无法运转，村委班子瘫痪或名存实亡，这一点我在上文中有所分析了。其次，频繁的更换说明乡村社会内部的状况极为复杂，这反映了随着权力中心的迁移，前后闵村之间存在异常复杂的较量及乡村政治秩序的不稳定。1985 年后闵村的老书记闵庆杰退了下来，不久担任了闵村管理区书记。尽管这个书记的权限超越了村落自身，但是由于他没有安排一个合适的且来自后闵村的成员接替自己，致使村支书落进前闵村村民手中。1986 年前（1985 年年底）闵村闵繁桐当了书记，时任村民兵连连长兼村副主任的闵繁康经常"批评"闵繁桐。据村民回忆以及对闵繁康个人的访谈，两个人有时在公开场合（比如开会）都会发生争吵。之后闵繁康成为村主任，更是与闵繁桐发生矛盾，村里很多事情由闵繁康做出决定。这就是说，两套班子发生了冲突。于是前闵村人利用闵繁康的婚姻和"贪污"问题将其驱离出乡村社会的权力中心，致使乡村社会的权力出现了空白（村支书无人担任）。县政府不得不委派一位文化局局长前往闵村蹲点，帮助闵村建立基层政权。20 世纪 90 年代的整个十年间，尽管闵村社会的权力更迭频繁，但都是被前闵村人所掌控。民兵连长和村副主任并不是乡村社会的主要力量，但闵繁康却公开与村里一把手发生冲突，并最终被赶出乡村权力中心，这实际上是前后闵村争夺的一个结果。

当时后闵村村民慨叹说："完了，大队里没有我们后闵村的人了。"这句话透视出地域的认同。前边曾经解释过前、后闵村是两大房支的事实，那么这种地域认同实际上也是一种血缘系谱性认同。乡村社会的政治认同是建立在地缘认同和血缘认同基础上的。在闵庆杰、闵庆钧退休及闵庆杰升级（任管理区书记）后，后闵村只剩下闵繁康一人在村两委中。他势单力孤，难以应付前闵村的力量。后闵村不时有人鼓励他："把权力重新掌握在手，不要让前闵村人当了家！"在这种建议和鼓动下，他跃跃欲试，并最终跟一把手发生公开的较量。显然，此时他的政治经验并不成熟，而且对自己有着过高的估计。背叛前妻并与同宗女子相好的事件浮出水面，招致整个闵村舆论的谴责，从而使他失去了后闵村的政治基础。前闵村人利用这个机会，多次组织人到镇里和县里上访。[①] 其实后闵村人当时也有"告闵繁康状的"，不过只是反映他的婚姻问题。在同一上访行动中，前、后闵村人各自怀揣着不同的目的。同时，闵庆杰也被人"告状"，关于他的"大字报"被张贴在县委大门上（县里蹲点的文化局局长也被上告），大字报上说，闵庆杰和蹲点的干部有联合贪污行为。这是前闵村人所为，因为前闵村人利用闵繁康婚姻事情，上告他有贪污村集体财务的行为，经过蹲点干部的调查，闵繁康没有这档子事儿，结果把最初对闵繁康的罚款退还给他。前闵村人因此怀疑是闵庆杰从中调停的结果。在前闵村看来，闵庆杰之所以"保"闵繁康，目的在于确保后闵村在村两委中有"代理人"，并最终掌权。这样闵繁康和闵庆杰都成为前闵村所攻击的对象。不过这一时期，前、后闵村并不像

---

① 现任村书记闵庆风告诉笔者："我 1991 年 1 月进的村委，还不是党员，担任村委委员兼治保主任。1992 年当上预备（党员），1993 年 2 月正式入党。他被拿掉以后，我还不当官。闵繁宝去费县纪委、临沂纪委把闵繁康告下来的。闵繁宝发动群众多次上访，上级派来工作组查了闵繁康。你要想弄清，必须问繁桐和繁宝。闵繁康倒台就倒在闵繁宝身上。他们是老干部，在一起干了 20 多年，群众不知道。他下来以后，把闵繁康的事一说，群众觉得可恶，不就告吗？"可见，闵繁康怀疑闵庆风当年参与告他，现任书记闵庆风的这段讲述试图表明闵繁康的下台与自己无关，并把责任推到闵繁宝身上。的确闵繁宝参与告过他，但在我调查的数年间，他们又成了密切的合作伙伴，并试图推翻闵庆风。我发现这个问题后便对闵庆风说："闵大哥，我看今天在建家庙这件事情上，闵繁宝和闵繁康两人合作得很好。你刚才讲的问题我有点不明白。"闵庆风回答道："那也是互相利用。繁宝这个人不省事，咱得将就一点。闵繁宝的生活原则是：与天斗，与地斗，与人斗。只要活着就要有斗争。原先他斗繁康，后来他又鼓捣我。这种人什么事都有，他就窜窜火火的，窜鱼苗子（方言）。"显然，闵庆风对闵繁宝不满。

20 世纪 50 年代以前那样可以凭借不同的社会力量，此时期他们都只能借助于同一份国家力量，只是具体寻找不同的路径和靠山而已。

沉歇了 10 年之后，闵繁康再度复出，担任了村主任和副书记，成为村中的二把手，也由此开始了新一轮的前后闵村对权力的争夺。2002 年以来新的一届乡村政权组织（村两委）共 7 人，其中后闵村 5 人，前闵村 2 人。村书记和会计是前闵村人，村主任、村副主任、妇女主任以及其他两位村两委成员都来自后闵村。从数量上看，后闵村占据了绝对优势。从表决权来看，党支部领导村委，但实际的情况却是村主任说了算，即闵人说的"二把手说了算，一把手说了不算"，前闵村的人说村书记是"丫鬟带钥匙——不当家"。从我的观察来看，也确实如此。村主任曾经私下告诉我："您大哥我说了算。村委会的章子我牢牢掌握在手里，他花了钱，如果我不给盖章，他就报销不了。"许多大事，二把手就决定了，不管一把手的意见。按照正常道理，招待客人应该由一把手书记签字，但在闵村他们两个人都有签字权。访谈中，一把手告诉我："为了顾全大局，有些事情我就不大跟他争执。"其实，大部分问题都是应该说得过去的，一般不存在争论。那么，为什么村主任这个二把手重新掌握了控制权呢？先从他的复出谈起。

按照村民委员会组织法，村主任未必一定是党员才能担任，但在现实中绝大多数村主任是党员，这样，在具体的实施操作中，候选人是否为党员成为地方政府考虑的一个重要因素。闵繁康在 20 世纪 90 年代初期被工作组和乡镇党委做出了留党察看一年的处分。事隔一年，为了恢复其党籍，村里党员开会投票表决，因没有达到半数而遭否决。接下来的一年又进行了一次投票，仍然没能恢复党籍。之后，领导班子频繁更换，遂将此问题搁置下来。直至 2001 年年底他的党籍才得以恢复。其党籍恢复的过程如下（闵庆风说）：

> 按说留党察看一年，最多不超过两年。第一年恢复没有通过半数，第二年仍然没有通过半数。闵繁康两次没有恢复党籍就搁下了。就按说，应该是自动脱党了。为什么镇里宣布已经开除党籍，县上老是批不准。这就说，他通过关系也好，通过什么也

好，一直没有被开除。这次繁启和繁成干，拿不起工作来了，当时上届的镇委郭相玉——当时分管组织工作，三把手——找我叫我干，我就觉得干不了，没个硬棒人也不行，就轧伙了闵繁康。当时郭相玉给我谈："繁康这个党籍没恢复怎么弄？一直也没有宣布他的结果。"我说，既然叫他跟我干了，你不给他恢复党籍也不行。光叫挂主任他干吗？你说是不是老杜（指作者）？我说，既然叫他出来跟共产党工作，咱就不怕恢复党籍，先批一个副书记。镇里采纳我的意见，我是书记，繁康和繁成是副书记，还有繁桐、祥娟、繁学、祥起四个委员组阁了班子。上一届闵繁启拿不起工作来，这不又组阁了这个班子吗？繁成跟繁启干了一段，跟我干了一段。闵繁康就从这个地方起来的。从1990年到我当书记就换了三茬。

这段口述表明闵繁康复出是由于当时农村没有一个坚强的领导班子，也就是说没有一个真正的铁拳人物，因而闵村的工作上不去。村里的领导十几年来换了几茬就说明了这一问题。这段资料同时也似乎表明，在农村工作方面当时的书记闵庆风不能有效加以组织并运转村领导班子，因而需要一位敢打敢拼的得力助手。

从上面的梳理中可以看出，2000年至2001年前半年，闵庆风没能连任书记。按镇党委规定，书记应该由村里党员选举，这有可能说明闵庆风当时没有被村里党员投票通过，这也在一定程度上说明了他的工作能力和水平。但在2001年6月他又接任了书记。这段资料还说明：闵繁康的复出是闵庆风在关键时候拉了一把。问题是不是这样呢？

闵繁康说：当时闵村弄不下去了。上级想选一个坚强有力的领导，他闵庆风不行。来了两个工作组调查了半个月，非要让我担任领导，但是老百姓都说："一个槽里拴不了两个叫驴。"他开除了我的党籍，不叫我转正，留党察看。他报复人太厉害。本来留党察看两年，但是他拖了四年，就是摁着不让我起来。当时，贾俊卿书记来主持W镇工作。我就找镇里，我几年来没有违反党的原则问题。你凭什么给我拖两年？贾书记给我落实好了。

这段口述表明：闵繁康党籍的恢复并不是闵庆风的功劳，而是他个人和镇里领导努力的结果。这里已经透露出另外一些信息，但是还不全面。

> 闵庆杰说：其他人都拿不起工作来，我们觉得还得起用繁康这个人不可。要起用他就必须恢复他的党籍。我和繁宝等几个老干部、老党员向镇里和县委组织部多次反映，幸好他的档案还在镇里和县上。我们找出来把他续进去了。

闵庆杰的这段话完全是从工作角度来讲的，那么是不是里面隐藏着更大的秘密呢？是不是闵繁康想复出托付他们几个老党员、老干部呢？从几个活动人员来看，前闵村两个、后闵村两个，但从战争年代开始，前闵村的两人在心里就不认同前闵村，他们为了躲避还乡团的"反攻倒算"要跑到后闵村睡觉，1949后三十多年来一直是在后闵村为骨干所组织的村政权中担任从属角色。这样，后闵村的这些老干部似乎觉得现任前闵村领导不能"代表自己和后闵村说话"，而要培植一个人。

事实正是如此。这在后来深入访谈中得到了证实。直接的证据是他们两人道出了事情原委。第二个直接证据是闵繁康努力帮助闵庆杰要回了老干部退休工资。闵庆杰干了几十年的村书记和管理区书记，按照地方政府的规定，他完全可以在退休后每月领取一定的退休金。但是由于种种原因，他没有办成。后来他不断找闵村的新领导，但没有一人给予办理。闵繁康上来后，做镇里工作，镇里同意给予办理，处理意见是镇里出一部分钱，村里出一部分钱。按道理都应该由镇里来出，如果让村里出钱，肯定会通不过，但闵繁康悄悄用集体的资金给予解决了。其实，这种做法是当地通行的办法。间接旁证是，后来我发现闵繁康想在未来竞争中当选村书记而让闵庆风落选，他竟然鼓动几个老党员去镇里反映闵庆风的情况。至此我们看出，闵繁康党籍的压制与恢复跟前后闵村的地缘认同和宗族房支的血缘认同有着密切的关联。

至于闵繁康的复出还有更深层的原因。当时，闵庆杰的一个儿子给镇里某书记开车，闵庆杰通过儿子与书记的关系，让闵繁康复出。这样看来，闵繁康上台后给闵庆杰解决老干部退休工资问题，也许是一种人情互惠。

对于闵繁康的复出跟闵庆风搭档，当时村里群众反应很强烈，大部分党员也不赞成，认为他们两人会水火不容。但是考虑到闵村的工作，镇里领导还是决定由他俩组建村两委领导班子。村里人告诉我："当时镇里领导来村里开会，宣布结果时，就说过：'都说一个槽里拴不了两个叫驴，我就不信。我非要把他们拴在一起！'。"据闵庆风说，最初的两年他们俩配合得非常好，重新分配了土地、修建了数条道路和桥梁、还上了村里 90 万贷款等，多次得到镇委镇政府和县委县政府的表彰。在闵村村两委办公室墙壁上悬挂着各级政府的表彰。但是自从修建家庙以来，两人关系开始越来越对立。在我于 2004 年 8 月离开闵村和同年 10 月前往闵村做补充调查时，他们已经在暗地里批评并败坏对方了。2005 年春节期间，即 2 月我重返闵村再次做跟踪性补充调查时，他们两人的矛盾已经公开化，彼此把新建家庙中石碑上对方的名字凿掉，以此进行集体记忆的忘却。① 接下来将详细讲述我所采录的资料，不过有些口述资料我已在"祠堂重建"及其他部分加以展示了。

在村民眼中闵庆风的工作能力和水平均没有闵繁康高，访谈中村民对闵繁康颇有称赞，如"在繁康带领下，我们村发生了很大变化"，"我们村只有繁康才能镇住，才能玩得转。以往工作班子太软弱，太涣散"。多年遗留下来的土地分配不公、以往隐匿不露的"黑土地"、4 条农用道路和数座桥梁的修筑、黄瓜大棚的规划、板皮厂工业园的规划等，闵繁康上台后一一实现了村民心中多年的愿望，赢得了民心。在访谈居住于城市中的其他闵氏族人时，他们也表达了同样的称赞。这种成绩也得到地方政府的认可和鼓励。在我初步接触镇

---

① 后来闵繁康在下台后，主动找到镇政府领导，要求必须把自己的名字重新刻写上去。在镇政府干预下，闵庆风和闵繁康两人的名字在原来的位置重又被刻写上，但已经留下被凿磨的痕迹了。

里地方领导时，他们就告诉我："这个村子群众基础不错，在闵繁康带领下近几年起了很大变化，该村连年获得县、镇先进单位。"2003年闵繁康当选为县人大代表，2004年获得"镇十佳党员"和"县优秀党员"的称号。地方媒体也对闵繁康做过宣传报道。《L日报·F县版》于2003年7月28日第二版登载了W镇基层干部的一篇通讯，题目是《繁星照亮富民路——W镇村干部带领群众致富一瞥》。这篇文章报道了3位村主任。第一位是大柳汪村的村主任，其主要事迹是调整土地承包和栽植千亩丰产林的事迹。第二位是一个村主任规划村工业园，带领群众发展板皮厂的事情。最后以"故里老帅——闵繁康"为小标题报道了闵繁康，全文如下：

> 近日，从闵村村委办公室附近传来叮叮当当的声音，原来，这是闵村村两委为继承闵子文化丰厚的文化遗产，号召闵氏家族捐资，对闵子祠进行重建。早在1985年，闵繁康就当过村主任，可由于某种原因辞职后，村干部换了十几茬，该村一直处于混乱状态，直到2001年闵繁康二度出山，才使该村步入正轨。他带领村民修了村大街，调整了土地，规划了工业园，并无偿提供土地3年，让北部村庄的黄瓜种植户到该村的胜天湖发展大棚黄瓜，建成了胜天湖千亩黄瓜示范园，为该镇的产业结构调整作出了表率。2003年闵繁康当选为县第十五届人大代表。[①]

修筑家庙是闵繁康赢得民心的又一关键措施。这已在"祠堂重建"部分里说明过。由此可见，民间、官方和地方媒体都突出了对闵繁康的记忆，他获得了多方面认同。那时对于闵庆风而言，在村民中并没有什么口碑，也没有得到什么表彰和地方媒体的关注。显然，对于一个乡村基层干部来说，闵繁康成功地获得了从政的各种资源。这种情形促使他积极谋取村里一把手的位置，也就是说变成一个名副其实的一把手。两人的纷争发生于建庙的中期。当时闵庆风由于别的力量干扰

---

① 参阅《临沂日报·费县版》，2003年7月28日第二版。

而从中抽身忙其他事情去了，而闵繁康独立地承担起建设家庙的重任。不过，确切说来，两人关系的紧张是随着任期的结束和新一届领导班子更换临近才加剧的。

我曾听见闵繁康在不同场合下说闵庆风的一些不利于名声的话。如说闵庆风有一次在镇驻地一家饭店里吃饭时，面对其他村书记，说镇里党委书记一把手经常在这家饭店"吃整羊"。又如，他在村中不同的场合反复叙说，闵庆风在家庙建设中途抽身而走，大年初一他家没有一个人前去祭祖。再如，他利用各种机会在后闵村暗地里对部分村民说："换届时投我一票，我们后闵村得掌权啊！"最为明显的是他曾利用一个村中老党员跟其邻居（闵庆风的近支）发生矛盾纠纷而闵庆风处理不当的因由，多次暗示他到镇里告状。结果2004年8月5日，镇党委派了一名书记在闵村召开了一次专门的全村党员会议，会议的主题是"党员学习"以开展批评与自我批评，会上闵庆风做了检讨。从党章的有关规定和制度来看，这完全是正常的，但在中国乡村社会实际运转中此类事情并不多见。由此可见，闵繁康的用心良苦。由于我的第一期访谈结束，前往闵村告别，碰巧列席了这次会议。对于我的造访，闵庆风非常愕然，以为是有人专门通知我来记录他的难堪与尴尬。事后他在电话里对我提出了批评，而后在一个饭馆里沟通时他向我道出了对闵繁康的看法以及强烈不满，并试图影响我的论文之写作。在他看来，我站在了闵繁康的一方。据村民传言，闵庆风登上乡村社会的舞台是借助他弟弟的力量。其弟是一个当地法庭的庭长，后调到县城。其弟通过在乡村外部世界（官场）的斡旋，使他担任村支书。这种说法显然忽略了闵庆风的工作经验和能力。闵繁康有一次对我说：

> 我现在跟他合作了三年，再也不能合作了。如果继续让我干，我绝不会报复他。如果让他干，我就得下来，我们实在不能在一起了。我已经够海量了。我现在已经将就他了。我一直牵着他再走，没叫他走邪路。我就会给领导说："您要觉着我不行，就叫他干，觉着我行，就不叫他干！我能把闵村治理好，社会稳定，他干不了。您叫他试试。其他人试了，不是不行吗？"

从中不难看出两人已经到了水火不容的地步。村书记和村主任二人的不和，应该说与当地政府有关。老干部闵庆杰说：

> 2001 年，W 乡任命闵庆风和闵繁康一个为书记，一个为村主任。乡里明知二人不和，但还是一个槽上拴俩叫驴。这名乡镇副书记公开在闵村党委会议上说："要给闵村出出格，拴俩叫驴。"我从此以后再也不参加村里党员会议了。当时，闵庆风和闵繁康两个人互相斗争。①

在闵庆杰看来，闵繁康尽管存在很多缺陷，但工作能力强，应该由他担任一把手。但镇党委并没有采纳这位闵村几十年的老领导的意见，而造成了现在的状况。是不是当初镇里存在这样一种考虑：一方面要给闵庆风所托付的人一个面子（假定村民传言为真），另一方面又确实想把闵村工作抓上去，所以要选中闵繁康任主任？迄今我没有访谈到镇里相关当事人，即便访谈到当事人，这种事情也应该属于秘密，因而我只能猜测。但从一般情况来推测，应该说二人在村庄治理上各有能力和资本，这也许是上一级政府考虑的主要因素。

现在我们再回到本节开头的风水问题上。20 世纪 90 年代的十年间数届村领导在村民中几乎没有什么威望。在村民眼里，为了完成上级下达的任务，他们竟然从"农业基金会"贷款上交提留集资项目，以致整个乡村在 10 年间累欠贷款高达 106 万元。村民知道"羊毛出在羊身上"的道理，这笔贷款最终要由村民来偿还。所以，这些人被目为"不正经人物""孬种"。由于他们大多属于前闵村，因而这就巩固了前闵村不出好人的集体记忆。

其实，前后两村的紧张关系也是一个历史问题。其始自 20 世纪 20 年代社会混乱之际，并于抗战和解放战争时期进一步加剧，其原因是乡村社会外部力量的介入，导致同一宗族跟随不同的社会力量，这在上文已有论述。不过，20 世纪 50 年代以来社会虽然呈现单一化

---

① 闵庆歆告诉我，最初闵繁康跟闵庆风关系很密切。

结构，但乡村社会内部仍然存在不同的地域界线，甚至裂变，这种裂变基本上是"朝野之分"，即"掌权与不掌权"的问题。20 世纪 50 年代中后期一段短暂时间内前闵村人曾主掌过闵村，但后闵村族人很快利用政治资源以及个人人际交往手段，从前寨人手里夺过了领导权，成功地获得了之后长达 30 年的控制权，而前闵村抓住 20 世纪 80 年代的改革开放机会，尝试进入乡村政治的中心，虽然不是十分成功，但毕竟在一定时段内拥有了治理和控制权。不过，时运不济，21 世纪初，则又遭受了来自后闵村力量的解构，并在实际上为后闵村所掌控。

后闵村作为一个共同体在拥有现实权力的同时，也拥有了对乡村世界的文化制造权。街道、房屋的设计、大门的安装就是这种制造权的表达。前闵村人的口述材料表明：

> 谈到前闵村的街道斜着，是 20 世纪 60 年代至 20 世纪 70 年代时期后闵村的领导人为造成的。如果街道取直，后闵村要吃前闵村的气。当年在家庙前边，后闵村专门请了一个风水先生看的。这是后闵村的人"专门出歪心眼子"糟蹋人。为什么刀把儿必须设计在后村，而刀刃出在前村呢？这不是明摆着，由后村人攥着刀把儿杀人嘛！老头还没有死，故意斜的。

我想，这个时期后闵村的领导就是闵庆杰和闵庆钧，而"老头"是指闵庆歆。闵庆歆是大队会计，是他们两人的近房支，更是一位乡村社会的民俗先生，通晓风水的文化实践。当年村里两位领导人也曾经向闵庆歆征求过街道设计的意见。闵庆歆的建议确如上述前闵村人的口述。不过，当初前闵村人并没有反对，并不认为这样规划不利于前闵村，相反他们积极认同这种规划，有口述材料为证：

> 闵庆元说："村里南北大街是我和闵庆一等人具体规划的。当时镇里派测量员来给我们规划街道和房屋，当时他们想根据家庙取直，即南半段要和家庙后的北半段拉直，但是前闵村村民都嫌弃大路开到吴庄子方向去了。我们只好在家庙前拐了一个弯，

这就是目前的状态。”

另外的声音告诉我，当时后闵村的领导借机做了这样的文化设计，因为一方面可以暗地里表达后闵村的意志，另一方面也可以满足前闵村的愿望。因为如果街道取直，就会在外观上明显看出前闵村的房屋都是倾斜的，即大街向东南去，而前闵村向西南走。如果细加推敲，这里边反映出前闵村人想独立地表达自己村落的布局文化和情感。地理上的标志——街道，实际上是一种人类意志和情感的文化表达，家庙后的北段表达了后闵村人的意志，而家庙前的南段表达了前闵村人的文化观念和情感。如果前闵村按照后闵村的街道取直，就意味着接受后闵村人的意志和情感，或者说，被后闵村所统一，并接受后闵村人的领导。有了这样的考虑之后，前闵村人必然要保留住自己的文化印记，维持一个共同的文化符号。这里也反映了同一乡村政权体制下一个乡村社会内部的边界与分裂。只不过后闵村的这种文化设计终究走漏了消息为前闵村人所知道，后来前闵村人联系历史与现实，遂制造和接受了相关的风水传说。调查期间我有一个想法：为什么不根据前闵村的街道将后闵村街道取直呢？要是那样的话，后闵村人会不会同意？前闵村人会高兴吗？但是历史事实不允许我做这样的假设。

这种街道的规划、房舍的布局也有着久远的历史原因。南北中心大街以东、家庙以南的整个村落的东南部分是自 20 世纪 50 年代以来发展起来的，20 世纪 50 年代之前这里是一片田地。这也就是说，南北中心大街也是 20 世纪 50 年代以来村落扩展的结果。如果没有这一块，那么整个村落更像一个 “8” 字。但是在闵村人的言谈中，从前仍然有南北大街，他们简称 “大街”。不过，从前的南北大街并不是一条直线，它是一条折线，至今仍存留于村落内部，且是闵村人行走的主要街道之一。它是由现在的南北大街的北段（即从村北口到家庙）、前闵村的西大街和连接两者的东西大街的一段构成（从家庙西南旁的南北大街和东西大街相交叉的十字处，沿东西大街向西延伸300 米，至前闵村西大街；十字处是从前的东门）的。也就是说，旧时从北门进，径行至家庙，然后由家庙向西折，进东门，行 300 米，至前闵村西大街而折向南。南北大街的北段是在原来路基基础上略有扩展而成，方向未变；前闵村西大街仍然保留了五十多年前的情景。前闵村西大街有十余米宽（有些地方宽到 20 米），其北段至东西大街，其南一直到达村子的南部边缘。前闵村西大街并非正南正北，而是偏向西南。事实上，跟现在的南北大街的前半段保持着大致的平行。显然，前闵村的街道和房屋的布局是根据西大街而定向的。如此看来，现在南北大街是一种历史造就的原因，是一种历史在当下的复活，即文化的延续与复活。

除了权力的角逐外，闵村内部也存在经济性张力，这种经济性张力跟权力张力紧紧纽结在一起。上文曾介绍因为匪患而招致"黄旅"来剿匪一事。当时前后闵村分裂就起因于族产的分配问题，以致后来前后闵村各自建立一个属于自己的圩子以及村落事务管理领导。这是最初两村分裂的地理界标和政治界标。闵村人说："过去不论谁当了家，都想顺手捞取家庙的财产。1949 年后，总起来是官场上的事情，彼此想压倒对方。"果真如此吗？闵村村干部的报酬并不是按月发放固定工资，而是根据"义务工"来确定。所谓义务工是指，村集体有什么活（如铺路、架桥、安电、安装自来水、测量土地等，村干部开会也算义务工），多招募村民来干，干一天就记一个义务工，而一个义务工要折合多少钱，可以抵村民的提留集资。在现任领导班子管理村落后，其义务工多由村两委成员来做。他们规定书记和村主任一个义务工值 27 元（这是 2004 年的情况，现在则提到 100 元），其余村两委成员 25 元（这是 2004 年的情况，现在则提到 80 元），如果活多招募普通村民来做，报酬同一般村两委成员。在我访谈期间，我发现他们几乎天天有活干。加上村两委成员的夜间值班（一个夜班等于一个白班）等，一年算下来，村书记、村主任和其他成员会有一笔可观的收入，并不比乡镇上的工作人员的收入低。而担任村里一把手的书记更是有许多好处，比如给人办事的好处费等，所以他们要竞争村书记。事实上，他们像杜赞奇笔下的"赢利性经纪人"。①

---

① 杜赞奇著，王福明译：《文化、权力与国家：1900—1942 年的华北农村》，中文版序言和第二章"清末乡村社会中的经纪统治"，南京：江苏人民出版社，2003 年。

另外，前后闵村人均土地不平衡，前闵村土地多，后闵村土地少。20世纪50年代初后闵村有500人，前闵村有700人；后闵村人均土地1亩多一点，而前闵村人均土地2亩多，是后闵村的2倍。入社后的合并，导致了整个村落土地的均分，这就意味着前闵村要拿出土地补给后闵村。这自然会激起前闵村人的不愉快。前闵村的人认为，当年如果两个村不合并，那么，前闵村将会有更多的土地。之所以当时任命闵宪德当"总书记"，就是因为考虑到前闵村要拿出土地贴补给后闵村，目的在于平衡前闵村人的心理。[①]

总之，闵村社会内部的地理布局隐喻了乡村社会内部张力，这种张力既是政治的，也是经济的，既是血缘系谱的，也是地缘的，四者之间彼此互相表达。它是乡村权力格局的一种物化与空间化表达。

宗族裂变分支一方面借助传统的风水文化资源，另一方面又积极将自己与新政权连接在一起，通过风水进行权力实践，借助国家赋予的权力资源实践传统风水理念，但满足的都是它自己，因为出发点是自己。弗里德曼说，宗族内部裂变分支间社会地位的分化导致了宗族内部的依附与被依附关系、庇护与被庇护关系。[②]但是在闵村，当两个宗族裂变分支或者因地缘而形成的宗族内部分支集团势均力敌之时，就不会演绎出"依附与被依附关系"，更多的是竞争。这种宗族内部格局很容易使得外部力量进来。随着外部力量的变动和调整，因而在村落内部宗族裂变分支间的权力格局也会发生变化摇摆，出现"三十年河东，三十年河西"的宗族村落的历史演化脉络和情景。但是上文第八章第二节研究表明，在面对乡村共同的养老困境和宗族文化被破坏的情况下，他们为了重建宗族的传统会放弃争执，进行合

---

① 闵宪德的女儿，我的族姊闵庆荣讲，她的父亲当年是个老八路，转战过中国多个省份，1949年前夕从部队上开小差跑回来，后来地方政府考虑到他的经历，让他做了第一任闵村大队书记。

② Maurice Freedman, *Lineage Organization in Southeastern China,* p.9, pp.156–159, London School of Economics, Monographs on Social Anthropology, No.18, London: The Athlone Press, 1958; Maurice Freedman, *Chinese Lineage and Society: Fukien and Kwangtung,* pp.159–164, London School of Economics, Monographs on Social Anthropology, No.33, London: The Athlone Press, 1966.

作，重建祠堂。[1] 那么，如此说来，这又验证了非洲世系学"裂变制"模型（the segmentary lineage system）：既分裂又合作。[2]

清代孔府除了嫡长一系外，还存在若干旁系房支，叫作"十二府"[3]，孔府与十二府之间、十二府内部旁系房支之间都存在竞争关系，在竞争中不同房支借助国家的力量来打压对方。孔继涑，清代著名书法家，才华出众，一生勤奋治学。他排行老二，是孔府的近支，但最终因为反叛朝廷、反叛衍圣公府、企图篡位夺权而被开除出孔氏家族，死后不得葬入孔林，就连棺材下葬时都用三道铁锁链子锁着。孔继涑倒霉的原因据说与两则风水有关。其中一则讲，有一天，北京皇宫里有个人在晚上突然发现紫微星发暗。而紫微星在中国文化里代表着皇帝的命运，星座发暗意味着皇帝可能遭到厄运。这个人继续观察又发现，紫微星附近另一颗星星格外明亮。朝廷认为，这颗明亮的星星将取代紫微星。经过巫师们的一番卜算，这颗明亮的星星对应着山东某人，后来算来算去，便落到曲阜孔继涑头上。于是皇帝立即派人去曲阜孔继涑家查抄，发现孔继涑所居住的十二府房屋是按照八卦样式建造的，其中正房9间，房脊完全连在一起，成一条龙状，这是犯忌讳的。于是立即拆断了他家房脊。之后，又去刨了孔继涑父母的坟茔，发现坟墓两侧各埋着一条大虫，像龙，每条都缺一支爪子。按照巫师的解释，只待龙爪长齐全，孔继涑就可篡位为真龙天子了。[4] 另一则是讲，孔庙大成殿前的柏树中间正枝不长，而侧枝茂盛。有人解释说，是被旁系孔继涑念咒念的，因为他排行老二，想篡夺衍圣公的爵位。他念咒损害衍圣公，结果使得大成殿前的柏树正枝不旺，这象征着孔继涑"主发二枝"的罪名。因此，孔继涑被开除族籍，就连其后代也不能摆脱"罪犯之家"的名声，红白喜事一律不准

---

① 杜靖：《多元声音里的山东闵氏宗祠重建》，《中国研究》，2008年春秋季合卷（总第7–8期），242–272页，北京：社会科学文献出版社，2008年。
② Meyer Fortes and Evans-Pritchard, "Introduction", Meyer Fortes and Evans-Pritchard ed., *African Political Systems*, p.4, Oxford: Oxford University Press, 1940.
③ 孔德懋：《孔府内宅轶事》，19–20页，台北：千华出版有限公司，1989年。
④ 孔德懋：《孔府内宅轶事》，30页，台北：千华出版有限公司，1989年。

使用乐器，只能敲鼓，这种情况延续了八代，直至民国时期。[1] 如果把这两则故事连在一起思考则不难发现，是孔氏宗族内部嫡长系统借助国家的力量来压制次支。这种房支间的竞争和借助外部力量抑制对方的情形在孔氏宗族内部不止一例。

《阙里文献考》的作者孔继汾是著名学者。清代以前，孔府内部就流行一套独特的家族礼仪制度，他为了使后世子孙在婚丧各事的礼仪上有法度，便将孔氏家仪集成典籍，用三年时间完成了《孔氏家仪》14 卷。结果被孔族中另一名族人孔继戍告发。孔继戍是五品执事官，向山东巡抚呈文说，《家仪》中所述礼仪与清朝的《会典》不符，胆敢篡改朝廷制定的大典礼仪。又抓住孔继汾在《孔氏家仪》自序中的"于区区复古之心"一句，说他对当时社会制度不满，有排满之意。山东巡抚接到检举信后，立即上奏朝廷，同时星夜驰赴曲阜，将孔继汾押解到省里审讯，然后又遵照乾隆皇帝的旨意将其解到京城，交由刑部和大学士九卿严加讯究。虽然孔继汾极力辩解《孔氏家仪》是家庭行事的规矩，"复古"是恢复孔子祖风，并不牵涉当今和过去的社会制度。但最后还是落了个充军到伊犁的下场，而《孔氏家仪》亦被列入禁书。[2] 显然，这又是一例宗族房支利用国家力量来打压另一支的故事。孔氏宗族内部不同房支的故事再次说明，弗里德曼"依附与被依附关系"理论解说模式存有局限性。

在新国家力量的干预下，闵村结束了三十余年的分裂而整合成一个乡村兼宗族共同体。但是，由于村落内不同区域和房支对追逐权力的机会把握有差异，仍然导致内部裂变。20 世纪 50 年代之前，就整体而言，前闵村在村落政治舞台上拥有了控制权。20 世纪 50 年代以后，后闵村的房支力量抓住国家政权变更的机会，及时追随新政权、新力量，获得了乡村的控制权力。20 世纪 80 年代新的乡村体制发生变化后，前闵村的族人紧紧抓住基层政权改选的契机，成功返回乡村政治中心。然而，由于新的财政体制的干扰，使得前闵村人的"统治"摇摇摆摆，终至 2000 年后坍塌。于是进入当下前后两村力量在

---

① 孔德懋：《孔府内宅轶事》，30 页，台北：千华出版有限公司，1989 年。
② 孔德懋：《孔府内宅轶事》，31–32 页，台北：千华出版有限公司，1989 年。

乡村政治舞台上互相胶着状态。这种村落内部的权力格局却通过村落布局的风水和大门设置的再解释而被表达出来。因而，闵村村落布局的风水和大门的安装实际上是乡村权力张力的一种文化隐喻。

第二节　新农村建设、农民上楼与旅游景点的规划

自 2003 年闵子祠建成以后，闵村村落内部的最主要工程有五项：一是西大街路面硬化（修建成水泥路）；二是村两委修建办公楼（一栋两层小楼）；三是改造与扩建村中南北主大街；四是村里兴建楼房，五是闵子祠内外的一些文化工程。这些工程被村委会干部总称为新农村建设项目。上文已经说过，虽然前闵村的闵庆风在 2002—2005 年任村书记，但这一任期内村落政治和管理基本落在后闵村出身的村主任闵繁康手里。尽管在这三年中，闵庆风对村落的影响也很大，但客观而论，更多还是为闵繁康所控制或左右。这就是村民所说的"丫鬟带钥匙——不当家"。

本节将要考察的这些工程都是在闵庆风当家时完成的。因为 2005 年村里换届后，闵繁康"下台"了，后村的另一名族人（闵繁动）当了村主任，闵庆风继续担任闵村村支部书记。其他村两委成员基本没动，仍如 2002—2005 年这一届的情形。具体可参看本书本章上节。由于这些"政绩"（工程），闵庆风每年都当选县人大代表。尤其是自闵村划归 L 区以后，他便连年当选了区人大代表。2011 年 7 月 1 日，他还当选为"临沂市优秀党支部书记"。

除了上述五项工程以外，本节还将分析地方政府对未来闵村作为一个旅游景点的规划与想象。在地方政府的眼里，这同样是一种新农村建设项目。

本节的考察将继续贯彻两条线索：一条是"国家与地方社会的关系"，一条是"宗族内部不同世系群间的张力"。或者说，我希望通过这些"新农村建设"项目来窥探其中蕴含的两条线索。

一、西大街的硬化

西大街路面硬化过程中，村中没有产生任何矛盾，因为没有拆迁问题。相反，大街两边住户很高兴，因为硬化后，路况变好了，下雨天出门再也不用走泥泞道路了。另外，还可以在夏收和秋收后暴晒粮食，以便于储存。这对于大街两旁住户是一件很实惠的事情。如果从地缘性世系群的角度来讲，西大街的路面硬化主要使闵庆风书记所在的前村世系群获益，因为这条大街的两边没有后村世系群成员居住。西大街路面硬化，同样可以看作本章引言部分所说的"权力的空间化表述"。当然，也不能排除后闵村的人受益，比如来回往返于农田和闵林。

村两委办公楼的修建由于是在原址进行的，并不涉及农民住房的拆迁问题，故进行得较为顺利，此处不做细致叙述。

二、南北大街的扩修

2006 年和 2007 年村里进行了南北大街扩修工程。当时村两委决定拆除后闵村原南北大街西边一排房屋（每条街道拆除一户人家房屋，每户多为三间），前闵村拆除街东一排房屋。南北大街扩修的主要理由是：改善村内交通状况。这样做当然会符合大部分村民的意愿，因为路面拓宽了，可以方便农人出入。其实，在我看来也有村庄形象工程或面子工程的含义。闵村在家庙前的东西大街上设有集市，四围村庄的人们赶集上店出入南北大街，大街畅通了，自然会给闵村叫好，从而使得整个闵村获得很好的乡村声誉。这种形象工程与地方政府的形象工程在本质上不一样，因为它本身是乡村内部的公共福利设施，是惠民工程，不单纯使村庄政权获得名声。后闵村之所以"砸西不砸东"，是因为街东面有闵氏老祖闵子骞的庙宇，还有紧贴南北大街盖的村两委行政楼。一个是在村中居最高信仰位置的建筑，一个是村落的政治中心，从象征意义上来说，都是不可触动或不可轻易挪动的。

但是，扩街工程会触及所拆迁住户的利益，因为他们要搬迁，要兴建新的房屋，需要花费许多钱财。当时村两委研究决定，每间瓦屋补助 1200 元，每间草房补助 800 元，配房也算一间给予补助。拿瓦房来说，三间或四间房屋也就补助 3600 元或 4800 元，这以当时的物价来说，不可能建起一栋房屋和院落，因为以今日建筑材料价格和造房承包费来计算，建一栋 4 间房屋的宅子需要十万元左右。补助过少，给拆迁工作带来了困难。村民告诉我，补助的三四千块钱不够拆迁费或香烟钱。从生活的方便和其他意义来考虑，居住于村中主大街的两旁，一是出入方便，二是比在村庄不显眼的地方居住拥有更多象征意义。至于对那些在大街两旁经营商店的人家来说，所损害的利益更大。因而这一扩修工程会遭遇了他们的坚决抵触，于是出现了钉子户。

南北大街原先是一条 4 米宽的水泥路，扩建后变成了双向道。从村子北面的汶泗公路拐进闵村，入则走西面，出则走东面，即原来的老路，中间隔着"花障"（双向道之间隔离带种植着花木）。大多数农户，在经过村两委领导做工作后都同意搬迁了，但有两户不同意。如果从汶泗公路上探头望下去，路上有房子，显得很不和谐。其中一户有两层小楼房，并且开了家小超市，要求补贴 5 万元。村两委没有答应，因为一旦给其 5 万元，那么先前搬迁的农户就会重新提出补贴要求，届时村两委会陷入更大的麻烦中。第二户是闵繁康弟弟的房子。由于闵繁康跟闵庆风的矛盾，其弟弟向村两委提出要求：同意搬迁，但是不要钱，房子原先什么样，再给还建成什么样。村两委也明白，要想还建成即使原来那样的房屋所需费用也不是拆迁补助费能应付得了的。由于这些原因，这两户到 2011 年 10 月还与村两委僵持着。至 2012 年 10 月我再到闵村调查，还剩下一户没有拆迁。2013 年我前往闵村参加临沂市闵氏家族联谊会祭祖仪式，这一户依旧没搬迁。但 2015 年 7 月上旬我再次来闵村时，这一户人家已经搬走，因而南北大街显得异常开阔。

更重要的是，按照原计划后寨拆街西，前寨拆街东，可是后寨除了两户未动外，其他全部搬迁，而前寨至今一户未动（而最终前寨大街也没动一户）。后寨的人看到这种情形后，觉得前寨一砖一瓦未动，是"别有原因"。即前村的领导人报复后村，报当年前村"向阴"的规划之仇。实际上是，属于前村的闵庆风书记想"矫正"过去由后村领导对全村所做的这个规划。这种规划不排除前村人在串门或其他机会中对他"建言"和"建议"，代表整个地域世系群的观点。如此，这种道路改造工程就可以看作一种文化"复仇"行动。那么，不论属于哪种情况，南北大街的扩修实际上仍然有上一节所揭示的世系群分支间的矛盾、权力隐喻在其中。在这种推理下，后寨钉子户会获得整个后村地域世系群分支的暗地同情和舆论支持。我想，这也是前村人主持村政的村两委不敢轻易对钉子户"动粗"的深层原因。

三、农民上楼

地方政府为了推动新农村建设，决定让农民上楼。按照当地政府规划，W镇有4个村庄进行试点，其中就包括闵村。为了推动这项试点工程，县财政给每户补贴20吨水泥。2009年下半年闵庆风书记到镇里参加会议，接受了这项任务。他称之为"分配的任务"。从这个用词来看，新农村建设似乎并非来自村落内部的主动诉求，仍是一项政府行为。

2010年6月我到闵村进行田野作业，发现在闵子祠广场（当然也是村两委行政楼广场）前正在兴建楼房。旁边树立着两块牌子：其中一块上有"W镇闵村村危房改造建设规划图"和"W镇闵村村危房改造建设鸟瞰图"，另一块上则有"W镇闵村村危房改造建设户型平面图"和"W镇闵村村危房改造住宅单体效果图"，均由电脑平面设计而成。

为了推动这项试点工程，当地土管部门不再给村民另划宅基地。村民认为，土地是世代以来祖先传下来的，作为土地主人的"自己"是有权在"自家"土地上兴建房屋的；但是政府认为，土地属于国土资源，未经有关部门批准，村民是不允许修建房子的。如果村民遵循传统的惯性而不按规划建房，就被当地城建和土管部门视为"乱建乱盖"，往往在建设过程中就被强行拆除了。个别偷偷建起来的房屋，通过各种疏通手段虽然暂时未被拆除，但也不给办理房产证。如果村民集体建设楼房，符合新农村建设规划方案，就给予办理房产证。闵庆风书记说："这是未来的趋势。"目前闵村的这两栋楼房，一旦验收合格，村两委就会出面给各户办理房产证。

接下来考察村两委如何实施这一工程。

"接受任务"后，村两委就着手研究选址、拆迁、兴建问题。他们经过商讨，最后决定楼址选在闵子祠广场的前面。具体说，位于南北大街的西侧，刚刚进入前闵村入口处。闵子祠、村两委办公楼、广场，再加上以广场为中心的集市（延伸至广场周围的街道上），这里显然是全村的政治、宗教信仰和集市贸易中心。在这样的地方兴建楼房，按照村民的说法，最能起到"宣传作用"。第一，上级领导来闵村检查和指导工作，一眼就能看到这两座新起的楼房；第二，各级政府领导和人大、政协代表多喜欢来闵子祠参观，也很容易看到这两栋楼房；第三，各地族人来闵村祭拜闵子骞，各地旅游者、文史爱好者来闵子祠均很容易看到新建的楼房；第四，四围村庄来闵村集市贸易者，也很容易看到新建筑物。显然，新社区成为闵村的一张名片，必须把这张名片放置在最佳位置，才能起到最好的宣传效果。

但是这一片早已住满了农户，因而需要做拆迁动员工作。对于中国人来说，不论是城里人还是乡下人，住房是人生中的一件大事。大部分人需要积攒大半辈子甚或一辈子的积蓄才能买得起或建造一座房子，更甚者有些人还没有这个经济能力。当今各地拆迁所遭遇到的主要问题在于：第一，拆迁补助太少；第二，人们在一个地方生活习惯了不想搬迁，忧虑劳民伤财；第三，拆迁后开发项目的利益分成不均或者根本不考虑原住户。闵村同样遭遇了这三个问题。

为了解决这些问题，村两委开会通过了一项决议，主要内容有：

第一，兴建两座5层楼房，每栋2单元，每个单元共计10户，每户120平方米，凡40户。

第二，共拆迁10户农房，在拆迁的旧址上兴建，还建后让拆迁户优先选购楼房。拆迁户的补贴费用和搬迁费可计算在购房款项内，余下的不足款项可待住进新楼房时再交齐。其他新购买户必须先交钱。

第三，新楼售价根据楼层确定：第一层每平方米卖680元，第二层每平方米卖700元，第三层每平方米卖720元，第四层每平方米卖

680 元，第五层每平方米卖 670 元（五层即顶层，还额外赠送阁楼）。

第四，对每位房产进行打价评估。评估的结果是，每位草房补贴1.5 万元，瓦房可补贴到 2 万元。另外，每户提供 0.5 万元的搬家费或躲迁费。

第五，每户并不带地下车库，地下车库自愿另外购买。

第六，如不愿购买者，村两委可在村中其他地方暂划宅基地予以盖房。

从前三项内容看，这的确是一项惠民工程。第一，以最贵的三层户型计算，购买一套房子才花费 8.4 万元，这比自己造一座平房要便宜得多；第二，旧房补贴价格和新房价格相差无几，[①] 每户一般补贴费都在两万元左右，这样只需要再交五六万元就可以住进新房。上文已经说过，即使农民自己盖房，修造一座宅子也少不了十万元。由此判断，购买楼房者不会吃亏。对于居住在大城市的人来说，这样便宜的房子是绝对不可想象的。现任书记闵庆风也对我反复强调："手续费不用他们掏，都由村集体来支付，政府每户还补助 20 吨水泥。将来我们村再拆迁还建，不会比这个更便宜了。就是要让先住楼者尝到甜头，感受到实惠。叫他们多说好处，以此带动下一步的新农村建设。我们农村要变样，这条路可行。"但是，闵村的村民并不愿意拆迁认购楼房。我的感受是一个外来者的立场，不是从社区内部做出的判断。那么，这究竟是为什么呢？

调查发现，有些原因与南北大街拆迁时一样，有些不同，总的说来约略有如下几点：

第一，尽管很实惠，可是让拆迁户一下子掏出五六万元，新购买者掏出七八万元，也不是每个家庭一下子就能拿出来的。

第二，有的人家说，我有这十万块钱不如办个木业镟皮厂子，每年还能有五六万收入。

第三，农民在地面的平房和院子里生活习惯了，不愿意搬迁到楼房里。他们觉得爬楼不方便。

---

① 从补贴费用来计算，平均每平方米补贴 500 元左右。

第四，由于过去地方土管部门监管较弱，现在闵村大部分农户都至少有两处房产，有的人家甚至有三四座房子，住房问题根本不紧张。比如，一对夫妇假定有一个男孩或两个男孩，他们现在拥有一处房产，可是近几年来，他们已经早就给孩子在村中经村领导和镇土管所给批房基地了。只是有的人家已经建完了，有的人家还没有建成。特别是还有另外一批农户，村集体收了六千块钱的划拨宅基地钱，却不被镇土管所同意，只好暂时搁置在那里。我在闵村调查期间，常常听一些农人告诉我，某块地是其儿子的房基地。实际上，他们的儿子才七八岁，根本不到建房娶媳妇的年龄。何况中年夫妇还有自己父母的老屋。在我看来，中年夫妇和将来儿子儿媳及孙子孙女完全可以住在一个院子里，也就五六口人生活在一起，现有的四间房屋一处宅子的规划标准完全可以容纳得下来。我想，农民在积极认购新楼房时，不可能没有这些盘算。从经济学的供需关系看，闵村目前对楼房的需求并不是刚性的。

村两委做动员说服工作是分两步进行的。第一步是劝说原住户拆迁。闵庆风走访了每一户，反反复复做了大量工作。其中最复杂的就是跟农户们商讨拆迁补助问题。做通一家工作，村集体就跟一家签订拆迁房屋合同。第二步是动员农民积极购房。对于原拆迁户来说，他们在经过一番盘算以后，决定还是购买"还建房"为好，因为毕竟只需要拿出五六万就可以住进去。中年夫妇大多是给儿子考虑的，也就是说自己不愿意住，可以让年轻的儿子儿媳住进去。对于拆迁户来说，回迁没用做多大的说服工作。购房时同样要履行购买新房合同。闵村总共拆迁了 10 户，其中有两户不愿意要楼，他们是老年人。老年人爬楼，生活极不方便。村两委就到村头上给盖两间老年房。这样40 套房子卖给回迁户 8 套，还剩下 32 套。为了把它们卖出去，闵庆风书记专门召开了村两委领导会议，希望村两委领导带头积极购买楼房，给群众带个好头，做出榜样。有些村两委成员并不愿意购买，但考虑到工作关系，不好拒绝一把手的情面，也就都认购了。当然，村中也有几个年轻人看到未来的形势，积极主动购买了新房子。另外，闵村小学一名外地女教师也购买了。按照村里的规划，这项改造工程只有本村居民才能享受，但考虑到这名外地小学教师多年来为教育闵村孩子付出了辛勤劳动和汗水，村两委研究决定后卖给了她。还有部分剩余的，闵庆风就去动员自己的近支近门和村中一向与自己个人交情比较深厚的人，央求他们购买。这种情形下，闵庆风的策略总是要讲清现在的形势及未来的趋势。如果拜访的人家不愿意购买，闵庆风只好最后拿出自己的面子说："你就当作支持一下我的工作好了！"受访的人家往往考虑到交情，考虑到将来子子孙孙在村里生活还需要依靠村集体，这个面子是不好拒绝的，最后也就同意买房了。闵庆风向我倾倒内心的苦衷："老杜，我劝村民买房子就像'求爷爷告奶奶'。"我想，中国农民接受一件新鲜事物是需要过程的。像闵庆风书记这样的当代乡村精英，承担着传统乡绅的部分作用，把外面大传统的精神带进乡村社区里面，需要付出很多劳动。这样的乡村历程常常在热爱宏大英雄叙事的历史学家的著作里被挤压掉了。

调查期间，我还收集到另外一则民间传闻。据说，在为新楼房挖地基时，建筑队挖到了地眼，[①]触动了整个村庄的龙脉，老百姓议论纷纷。当时用铁锹往下插，沙壤非常松软，没法清到底部。恰巧在这一天，村中因车祸死了两个年轻人，一个18岁，一个20岁。村民说，这都是挖到了地眼的缘故，如果再继续挖下去还会死人。建筑施工队也因此不敢再往下挖，只好匆匆填埋地基。这则故事实际上应该当作一种象征进行解读，部分农民通过这一风水性解释来试图表达对乡村修建楼房的不满。这则传说也透露出另外一个信息，该楼房的地基可能不够紧固。

建房的过程跟中国当下其他地区的模式基本没有什么不同。先是开发商出一部分启动资金，然后村两委陆续收齐业主的购房款交给开发商购买建筑材料并施工。2009年10月开始动工，截止到我2011年10月去闵村，主体工程已经完工，当时正进行装修并等待验收。2015年7月访问闵村时，已有些农户入住了，尽管依然没有验收。

在闵村人还没有住进去的时候，我想象着住进去以后会产生什么样的社会问题，并请闵村的农人加以讨论。他们关心的问题集中在一

---

① 中国风水师认为，大地中存在着龙脉、穴位和地眼。有地眼的地方不能轻易触动，触动了就会带来大不吉。

些非常现实的问题上。比如，上楼以后无处放置农具，特别是一些大型农具如拖拉机、播种机之类的器械。又如，无法畜养家禽。农民觉得，自己不能养些鸡雏鹅鸭就不是农民了。更重要的是，每户每年都收入数千斤粮食，这些粮食存放在哪里？还有许多其他问题提出来。从这些农民反映出来的问题看，农民上楼不适宜于农业耕作的社会环境，与数代积累下来的农耕生计习惯不相协调。这些问题，在我2015年7月访谈时均获得了验证。

四、新的文化设置和文化实践

这里主要围绕闵氏宗祠进行空间考察。具体包括祠堂内部、宗祠院落、祠前广场等几个部分，考察顺序由内到外。

让我们首先来看祠堂内部的变化。祠堂建成后的很长时间里，其内部并没有什么新的变化，直到2013年年初临沂市闵氏家族联谊会成立以后。

为了迎接2013年清明节祭祖，临沂市闵氏家族联谊会经过商讨，决定给祠堂大殿，即笃圣殿重新题写门额和对联。尽管内容与2003年大殿落成时没有变化，但门额的位置发生了变化，即由原来的大殿内门楣移至一层檐下正中间之外门额上，虽仍是"德冠四科"四字，但以金粉书之，更加醒目。大殿门联依旧是"至德感庭惟天生芦花全其美，大孝光梓里人间同昆弟无间言"，但亦用金粉书之，醒目异常。

2015年7月我重访闵村时，提出门额题写"德冠四科"不妥。我的理由是雍正三年（1725）皇帝给闵子庙御书匾额是"躬行至孝"，而"德冠四科"是赐给颜渊庙的。族人并不赞同我的意见。他们拿祠堂里至今保留的宋代王旦给闵子骞的赞辞为根据，因为该赞辞曾赞美闵子骞"闇闇成性，德冠四科"。在族人的心目中，用"德冠四科"更能表现出祖先闵子骞对于中华文化的价值贡献。在现实意义里，也使得他们获得更多象征资本以傲视地方社会。

除此以外，他们于2014年春季又在祠堂大殿内部的空余墙壁上作了一些壁画。这些壁画主要描绘在大殿内东山墙和北墙上（具体在祖先塑像后面以东的内壁上）。

东山墙上，靠近南面墙体窗户的一幅绘画与闵子塑像内容一致。画面内容：闵子持笏居中而坐，两边各有一侍者而立。左为田知章捧印，右为周颜帅捧策。旁边题写文字为：闵子骞为孔子高徒，"德冠四科"，被后世尊为"笃圣"。

第二幅居东山墙体中部，图上绘闵子一人拉车，车上坐其父亲。其继母怀抱一婴儿随其后，其另一年龄稍大之异母弟弟边走边玩耍。文字题写为：二十四孝之一，闵子骞单衣顺母。

第三幅位于东山墙最北端，画面绘孔子着蓝衫而立，闵子双手持简下跪。盖拜孔子为师也。所配文字为：孔子《论语》中称孝哉闵子骞。

第四幅在北面墙体最东部，与第三幅相衔接。所绘内容为闵子骞父亲休妻图，闵子后母坐地上哭泣，其二同父异母弟弟亦哭泣，闵子跪于地上求情，与先前所绘一幅内容重复。

第五幅在北面内壁，塑像后、东面。上绘闵子晚年持杖行于山间，盖传儒道也。所配文字为：闵子字子骞，鲁人，赠"费侯"。

余外，此次绘壁画时，又将原来所绘几幅之文字刮去并重新书写。其中个别有错字。如"随父外出"写成了"随夫外出"。

由于在东面山墙上绘画闵子事迹，原东山墙上所挂两幅书法便没了空间。一幅已不知去向，而闵广益所求书法家所书写一幅则委于地上，落满了灰浆和粉尘。2015 年我重访闵子祠时，闵广益觉得惋惜，遂捡拾起来带回家中保存。

而整座院落的大门，即山门上的门额与对联亦用金粉做了重新书写，内容未变。

让我们再详细观察一下祠堂院落内部的变化。

自从临沂市闵氏家族联谊会成立以后，他们便开始谋划给祠堂做一些文化性添置。

村两委办公楼后边原先有五间瓦房，村两委将其拆除了。同时也把靠近西大街的、原承包出去的木匠铺子和药铺收回来，并予以拆除。紧贴着办公楼，且在原先五间瓦房南墙基础上重新修了一堵新墙，将村两委办公地点与祠堂院落隔开。村两委办公楼后面狭窄的空间就成了其后院，宛若一个巷子。从办公楼后院东面墙上的一个角门可以走进祠堂院子。这样，祠堂的院落扩大了，在视野上内部显得异常开阔。

在院子的西半部，他们兴建了一个十米的"孝文化长廊"、一个养鱼池和一个六角凉亭。孝文化长廊和六角凉亭上皆绘有关于二十四孝的内容，并特别突出了其祖先闵子骞的孝行。

从大门通往大殿的甬道东侧亦修了一个六角凉亭，与西边凉亭相对峙，其上亦绘有关于孝道的内容。东部院落原先被一户武姓人家占据，也是最近几年将其迁走。由于拆除了武姓的旧屋和猪栏，甬道东侧的院落也显得很开阔。

在甬道两侧又添置了一些新碑刻。具体包括外地族人来闵村联谊祭祖的碑刻（位于甬道西侧）和2013年清明节家族联谊会成立时祭祖仪式上的"祭闵子骞先祖文"碑、"闵子后裔辈系表"碑、"临沂闵子家族联谊会理事会机构"碑刻、2013年和2014年清明节两次祭祖的功德碑（这些位于甬道东侧）等。

2014年添置大香炉两个。炉腹为长方体，两端有大耳，炉腹正面题"笃圣第"三字。四足为虎足，饰有虎头（原来石质香炉闲置于月台东面）；炉顶上覆小四角亭一个。香炉通体为铁制。其一摆放于月台上、大殿对联下，正对着大殿门口；其二摆放于月台石阶下面甬道上。

整个祠堂院落皆铺上了瓷砖，植满了松柏，间杂以银杏树。并围以高大院墙，以丹垩粉之，看起来像故宫的外墙。

另外，在大门外两旁新添置了一对石狮子。

据村书记闵庆风介绍，整个工程始自2014年5月，至同年秋天8月竣工，耗费资金30万元。这笔经费由村两委写报告申请，由镇政府批给。闵庆风给出了一个大致估算，长廊花费约10万，两亭子花费约3.5万，院墙花费约5万，养鱼池花费1万多，余下的花费在地面瓷砖、花木、香炉、石狮子、南北大街路灯以及村子几条水泥路上。

复次，我们将视角转向祠堂院落外的空间，即闵子祠前的广场上。

广场上增加了一些体育健身器材，这些体育设施跟城市广场上没有什么不同。这是2008年奥运会后全民重视体育的一个结果，当然，也是政府普及的结果。但我发现，除了儿童和个别青壮年偶尔使用外，大部分闵村人觉得"农民天天劳动，没有必要搞体育运动"。

村两委在闵子祠东面修建了一个门球场。该工程从 2013 年正月动工，至阴历六月完成，总共花费近 7 万元，经费完全出自村财政。

门球场所在的地方原先是一个汪塘，由于是个死水汪塘，加上附近村民往里倾倒垃圾，看上去很不卫生。村民杨金平和退休教师闵令勤建议书记闵庆风将其填埋上。闵庆风接受了建议。在填埋过程中，他们萌发了建设一个门球场的想法，最后变成了现实。书记告诉笔者，镇里已经在此举行了一次比赛了。但这项体育活动是否完全为广大闵村人所接受，需要来日观察（事实上已被后来的村舞蹈队所占领）。

最近几年，闵村组建了秧歌队，由闵村妇联主任闵祥玲具体负责组织活动，主要由中青年和部分老年妇女参加。他们从外边请了两个妇女来传授秧歌，但这些秧歌不再是传统乡村秧歌，和当下中国随便一个城市里流行的没有什么不同。

秧歌广场就在闵子祠和村委办公楼前。村民给它起了个名字，叫"农村大舞台"。但这里也是集市广场。

不过，秧歌队很快变成了舞蹈队，而地点也从集市广场搬到祠堂东面的门球场上，因而门球场就演变成了舞蹈广场。于是，"农村大舞台"这个称号也从集场头上移到了门球场头上。他们给这支舞蹈队起名为"笃圣艺术团"。显然，由前人评价自己的祖先闵子骞"笃圣备道"这句话而来，当然也是从祠堂大殿的名称——笃圣殿——而来，在此被打上了宗族的文化烙印。团长为闵广益的太太——王颖。

王颖原先是吉林市敦化县文化馆的一名职工，学京剧出身。退休后于 20 世纪 90 年代随其夫闵广益来山东淄博经营高速公路服务区。2007 年后随夫回老家闵村。作为一名文艺工作者，晚年退休后放不下她的专业与爱好。最近几年闵人祭祖，都由她组织舞蹈等演出活动，既愉神又愉人。2013 年清明节祭祖，我就见她在祠前广场上搭建了一个舞台，在上面带队舞蹈，其夫闵广益也在上面表演魔术。她对当下闵村的乡村娱乐健身活动发挥了极大作用。实际上她后来成为闵村舞蹈活动的最重要组织者，而村里妇女主任闵祥玲则成了她的配合者。闵祥玲配合她的工作，一者出于王颖曾是专业文艺工作者，二者王颖辈分远高于闵祥玲，闵祥玲得称呼她为"老奶奶"。当然，还有王颖和闵广益夫妇身上所散发出的道德魅力。这些年他们为宗族建设所做出的贡献获得了族人的交口称赞。

2013 年和 2015 年我来闵村调查，两次居住在她家里，得以对她和其夫君闵广益先生进行采访。

据他们回忆，2013 年春天闵村妇女才开始跳舞。一开始农村妇女还很害羞，仅有十来个人扭。后来渐渐人就多了起来，外村也有前来参加的。

农村人由于长期劳动，四肢变得僵化。据王颖回忆，一开始大部分妇女连秧歌的"四步"都不会，需要一点点地教。后来外村来教秧歌的妇女走了，王颖慢慢地成了村里的"老师"。

2014 年 W 镇政府在镇广场举行了两次本镇秧歌比赛，闵村秧歌队均获得第一名。再后来，L 区在区文化馆比赛，闵村秧歌队同样捧回了金杯。整个闵村觉得是一种骄傲。学秧歌的人也越来越多，很多儿童，甚至一些男劳力也上舞台扭两步。

不知什么原因，闵村的秧歌为"全国中老年广场舞大赛组委会"所知晓，于是 2015 年 4 月 17 日，"全国中老年广场舞大赛组委会"便向"山东笃圣艺术团广场舞代表队"发出了一份邀请函：

　　根据中组部、文化部、全国老龄办等 16 部门《关于进一步加强老年文化建设的意见》，全国中老年广场舞系列展演活动相关主办单位决定于：2015 年 5 月 26—28 日在北京举办"全国中老年广场舞公开赛月冠军选拔赛"。

　　经相关情况了解，山东笃圣艺术团广场舞代表队，符合参赛标准，组委会特别邀请贵方以特色代表队身份，参加此次月冠军选拔赛。

　　相关要求事项：

　　1. 参赛人数要求 10—30 人，年龄在 45 岁以上。

　　2. 参赛作品要求在五分钟以内的舞蹈，参赛节目二个。

　　3. 参赛队自备比赛舞 CD 作伴奏带或 U 盘。

4. 各参赛团队自备服装、道具。

5. 舞蹈体裁不限，内容积极健康、充满健康的正能量。

6. 需将参加比赛人员的资料（姓名、年龄、电话、身份证号码）在 2015 年 5 月 10 日前以电子版形式发至组委会邮箱。

组委会电话：010-56038987　邮箱：Wdsmgcw@163.com

详情届时见比赛日程表或登录网站：www.xinhua-gcw.com

全国中老年广场舞大赛组委会

2015 年 4 月 17 日

接到通知以后，王颖夫妇向村两委和镇领导做了汇报，要求给予支持。村两委给了 5000 元活动经费，镇里也找企业帮忙赞助了 1.6 万元。王颖夫妇自己拿出了 3 万多元投入舞蹈活动中。这些经费包括置办演出服装、音乐设备、舞蹈道具等。他们认真挑选了 24 名舞蹈队员（包括王颖在内）。其中最大的一名 61 岁，最小的一名 45 岁。男队员一名，其余全为妇女。这名男舞蹈队员是邻村李寨的外姓人口。女性除了闵祥玲是本村邵姓人家媳妇外，其余全是闵家媳妇。

他们认真排演了两个舞蹈节目。一个是《五星红旗》，一个是《沂蒙山小调》。前者的主题是热爱祖国、热爱生活、热爱五星红旗；后者的主题是体现沂蒙山区的原生态文化，即当地风土人情，同时又能结合沂蒙红色文化。当我询问王颖为什么设计这样两个舞蹈节目时，她的回答是：第一，必须弘扬正能量，要有好的主题；第二，与全国各地强队同台竞技，必须玩"土"的才能赢，玩专业的我们没有优势，只有玩家乡的东西才能引起评委兴趣，或拿高分。因而，在节目设计上颇有讲究。拿《五星红旗》这段 4 分 06 秒的舞蹈来说，在选曲方面采用的是刘媛媛演唱的《五星红旗》，演员的服装是红色大摆裙，队伍中有三位身着陆海空三军军装，男性旗手挥舞着五星红旗，带领其他舞蹈队员一颗红心跟党走。而 4 分钟的《沂蒙山小调》，选用的曲子则是民歌《沂蒙山小调》，演员服饰采用了沂蒙山极具特色的传统蓝印花布、提篮鞋、红缎子裤和白袜子，体现战争年代沂蒙山区人民拥军支前的思想。显然，这种民间的舞蹈深受了国家大传统的影响，他们接受了大传统的审美观念。有趣的是，在 5 月 24 日，他们带着沂蒙山的煎饼、咸菜和矿泉水来北京参赛，又体现出十足的乡土味道。可以说，他们舞蹈艺术及活动本身是国家与地方两种文化观念相互动的结果。

深入访谈发现，他们大量运用红色符号，并非完全为了迎合大传统，也有着自身的一些考虑。比如，女演员穿着红色大摆裙，一方面确实是为了表达鲜明的主题需要，但另一方面也是替演员"遮丑"。王颖说，这群农民由于长久从事农业劳动，他们的肢体、关节都在一定程度上僵化了，很难做出灵巧的细腻动作，更谈不上通过细腻的舞蹈动作来传情达意。思虑再三，王颖决定让女演员穿上 360 度可旋转的红色大摆裙来弥补她们的不足。从这一点来说，她们通过服饰既达到遮蔽身体和舞蹈技术缺陷的效果，又能很好体现主题，的确是构思巧妙、匠心独运。

2015 年 5 月 26—28 日，他们参加了"全国中老年广场舞大赛月冠军选拔赛"。当舞蹈演出结束后，一位评委对他们说："真没想到来自沂蒙山区的一个村庄的广场舞代表队能有如此精彩的表演，超乎想象。"[①] 由此，这支队伍获得了第二名的好成绩，同月 28 日由"全国中老年广场舞大赛组织委员会"和"全国中老年广场舞系列展演活动评审委员会"联合授予了证书。这一活动由中共中央宣传部、全国妇联、全国老龄委、教育部、文化部、民政部做指导单位，由全国老龄工委、新华网、全国老年文化服务联盟、北京夕阳文化艺术中心联合主办。

由于出色的舞蹈表演，"全国中老年广场舞系列展演活动评审委员会"决定让这支队伍参加 2015 年重阳节在北京举行的全国年度冠军比赛，已正式向她们发出了邀请函。届时将在央视"星光大道"栏目播出。为了取得更好的名次，王颖夫妇俩决定再给两段舞蹈增添一些新的元素。比如，在《五星红旗》舞蹈的最后增加"中国梦"的红旗展演，在《沂蒙山小调》中增排出"山"字造型。此外，又再构

---

① 车少远:《闵村"广场舞"舞向全国: 大妈自编自导自演，入围全国中老年广场舞总决赛》,《沂蒙晚报》, 2015 年 6 月 3 日，A10 版。

思和创作一段融合京剧脸谱和现代舞蹈的广场舞，表现出农民走向新生活。

此外，政府绿化了闵子祠前广场和美化了周围住户的墙壁。2012年大市税务局派干部来闵村"挂职"，给闵村了做了四件事。第一件事是增设了一个图书室。图书室设在村委办公楼一层，主要是农业科技方面的书籍报刊。第二件事是在广场，即门球场前面盖了两个六角凉亭，夜晚或闲时农民在里面下棋、聊天。第三件事是给门球场前面的广场上，即凉亭周围植满了悬铃木。第四件事情是在广场周围的墙壁上涂绘了传统二十四孝图。税务局的花费总计有十几万。

南北主大街也增设了华美的白玉兰式的路灯，夜晚灯火阑珊，宛如北京的长安街。此外，还改造了村中的一些非主要街道和巷子，给它们铺上了水泥。

2015年8月下旬他们又着手兴建村子的北大门，目前这一工程仍在施工过程中。

显然，从地志学上讲，[①] 这些新的体育项目和文化项目围绕闵子祠而共同构成一种独特的空间叙事和文化。其既有对传统意蕴的秉承，又有对传统空间意义的改变，更有对国家的积极认同。

五、对旅游的想象

我们看到，从早期重修祠堂开始，闵氏族人和地方政府就试图将闵子祠设想或规划为一个旅游景点，但条件并不具备，所以其旅游蓝图一直停留于想象之中。但是随着临沂市闵氏家族联谊会的成立和由其推动的宗族活动的开展，特别是电影《少年闵子骞》的制作与拍摄，加上我的成果《九族与乡土》的问世，地方政府再次对闵子祠进行了旅游想象。

2013年，我曾就闵村的旅游规划问题专门发表过题名为《从祖先神明向"旅游神明"的转换——关于山东费县闵村闵子祠的历史

---

① 柯尔斯顿·哈斯特普著，谭颖、朱晓阳译：《迈向实用主义启蒙的社会人类学？》，《中国农业大学学报（社会科学版）》，2007年第4期。

学考察》的文章。这篇文章提供了一些当时地方政府对其进行旅游规划的背景性信息：

> 不论是地方政府、还是闵氏家族联谊会、闵村村两委，以及部分族人都觉得时机已经成熟。第一，该旅游点具备传统孝文化资源价值（包括祖先传说、祠堂、碑刻等内容）；第二，拍摄了电影《少年闵子骞》；第三，有专门写闵村的学术专著，即72万字的拙作《九族与乡土》和笔者即将出版的50余万字的《国家与宗族——一个华北村落宗族的历史进程与文化实践》（暂定名即本书）。他们甚至设想，待将来旅游点建成以后，将电影里的部分情节和拙作中大量民间仪式——婚姻、丧葬、还人、生育等内容搬迁进来，由闵人表演给游客观赏；同时亦欲将拙著中描写的关于闵村的历史再现于村落世界内部。尽管这些尚处在蓝图中，但各方行动者似乎对此充满兴趣并正在试图努力。①

不过，在拙文发表时，地方政府还没有制作出正式的、书面的旅游规划方案或报告。我当时只是在与地方政府和族人的接触中，得到了他们欲进行开发的消息。他们一方面向我咨询，另一方面我也趁机对地方政府的有关领导人和族人进行了访谈。

2015年6月我再访闵村时，地方政府的旅游规划报告已经出台，并印刷成册，名为"临沂市笃圣文化旅游区总体规划项目"。

这是一份颇为详细的旅游规划报告，将整个闵村（包括村落及所属土地）分割成七大板块，分别是：闵子文化苑（30亩）、芦湖休闲带（50亩）、人口服务区（20亩）、亲子乐园区（50亩）、古寨体验区（30亩）、创意农业区（2400亩）、新农村社区（185亩）。其中，闵子文化苑是核心，将在现有闵子祠基础上进行扩建而成；新农村社区是未来在汶四公路边上开发出一片新的居民楼社区，目的在于容纳从现有村庄中迁出的所有人口；现有村落空间除了保留一块做闵子文

---

① 杜靖：《从祖先神明向"旅游神明"的转换——关于山东费县闵村闵子祠的历史人类学考察》，《民族论坛》，2013年第9期。

化苑外，余者将变成古寨体验区。

看过这份蓝图后，我仿佛觉得闵村就像一幅艺术作品：大地犹如一块画布，任由画家在上面绘画。同时，我也觉得自己成了一个绘画元素被地方政府和有关族人所设计和使用。近二十年来，我在观察他们、研究他们，如今我也被他们观察与解读和利用，我的研究行为本身及研究成果也被当地政府和闵人设计进旅游规划报告中。在规划报告里，我能找到许多的词、意象是来自拙作《九族与乡土》。这正印证了人们常说的一句话："你在桥上看风景，看风景的人在楼上看你。"

这份旅游规划远远超出了 2013 年我来闵村调查时的印象。那时我以为仅仅是"动一动"村子，可如今是把闵村的整个土地都进行了重新规划与设计。设计者还具体列出了开发时序，即从 2012 年开始至 2019 年完成全部工程。同时这份报告也对投资和效益进行了评估与分析。

我们看到，包括村落在内的三千余亩土地只有 185 亩用来建设楼房，为村民居住与使用，其他全被开发商和地方政府"拿走"了。这份规划并没有提及效益分配问题（除了国家所获得税收外），也没有提到原闵村人口的就业问题。虽然开发商投资给村民兴建了新的楼房，但其他项目的收入与农民无关。我想，未来一旦工程实施起来，必然遭到广大村民的抵制，因为届时会有一种被从自己的土地上赶走的感觉。村民会觉得，开发商和地方政府从自己手中拿走了"一切"，具体指他们世代赖以生存的资源——土地。对于他们而言，要不要新的楼房并不重要，因为他们现在有房子住，而且有院落，不用爬楼，居住起来远比楼房更舒适、更方便。虽然，目前土地的经济效益并不高，但每年土地上产出的粮食是吃不了的。一旦没有了土地，完全靠工资或者其他收入在市场上买着吃，恐怕会花费很多。经过三十年的改革开放，闵村农民已经形成一种稳定的家庭生计模式。这种生计模式的特点是：一方面有土地，可以获得生活所需的基本食物——粮食；另一方面，可以开工厂、打工、经商，以此提供家庭经济收入来源，或弥补土地所获之不足。这种未离乡土的、"亦农亦工"的生计模式具有很好的抵抗市场风险的能力。我们看到，当村民在外边找不到活儿时，即"打不到工"时，他们可以暂时回到家中，等待着下一次打工机会来临而再出去。他们有土地，心里不会发慌。这些年来，农民已经完全适应了这种模式。在此情形下，突然间让他们失去土地资源，完全依赖市场，或者完全把他们抛给市场，肯定会引起心理恐慌。也许有的人能适应市场氛围，但有些人在市场中未必就具备生存能力。

六、讨论

至此，我们可以讨论本节开头所考虑的两条线索。

首先来分析上述工程或活动中所呈现出来的村庄两大地缘世系群的关系问题。

能够反映闫村两大地缘世系群关系的村庄公共工程主要是"西大街路面硬化"和"村庄南北主大街改造"。在后闫村人看来，这两项工程主要体现的是前寨人的意志，即有利于前寨。因而，在南北大街改造过程中，曾经因拆迁补偿问题遭到后村人数年的抵制与反抗。当然，我们不能排除前寨领导人借助村庄公共工程来潜藏前寨地域世系群"心智"的现实。但是，从客观角度讲，这两项工程对于后村也是有意义的，因为它们便于人们交通往来。从这个意义上讲，作为前寨出身的书记闫庆风并未藏有"私心"。

另外，在新楼房的建设过程中，后村个别宗族成员曾经利用建筑过程中出现的"地眼"问题制造风水舆论，以此表达对前村世系群代表闫庆风的不满。

但是，这些世系群间的"意见"随着时间的推延，慢慢也就在村中消失了。这里似乎存在一个规律，即在事件发生或进行的时候，最能折射出世系群间的矛盾和张力，但随着时间的消失，这种矛盾和张力也随之渐渐隐退。

就闫村而言，之所以出现这种现象，我想与后村强权人物闫繁康在村落政权舞台上的退出有关。自从在 2005 年村中书记换届选举中败北以来，他对村庄和宗族的实际影响力也就慢慢降低了。上述工程中所反映出来的后村世系群的意见之所以最后泯灭在日常生活中，我想与闵繁康逐渐放弃"抗争"有莫大关联。

此时，闵繁康也不像先前那样与闵庆风斗了。由于他要在村子里盖房子，需要村支书闵庆风批准。一开始不低头示软，村两委就不同意盖。后来，闵广益在串门时建议闵繁康买点礼物到闵庆风家里坐坐，闵繁康听从了闵广益的劝告，便去了闵庆风家里。尽管当时闵庆风没在家，但事后闵繁康给他打了电话，并向他道歉。闵庆风当然也会与之尽释前嫌，因为都是一个祖先的后代，且时间已冲淡了一切。之后，闵繁康在村子里得以顺利建房。那么，追随闵繁康的族人看他大势已去，也不再给闵庆风制造舆论或刁难。甚至有的族人改弦更张，而投向闵庆风一边，闵庆风也由此感觉到从未有过的村庄和谐。就连作为研究者的我也感觉闵村整体上处于"和平"时期。

当然，前后村矛盾与张力慢慢消失的现象也与后村出身的闵村村主任——闵繁动——的性格和政治抱负有关。他是闵繁康之后的后村出身的全村主任。虽然闵繁动出自后村世系群，但他并不像闵繁康那样强势，因而前村闵庆风当书记的这十年间，前后世系群的矛盾并不表现在村落基层政权结构和权力实施中。闵繁动不能显现出强烈的对村庄的支配意识和能力，也未显现出足够的竞争能力和水平，更未展现出牟取村庄"一把手"的野心。相反，处处而积极配合和执行闵庆风的决策。

但是，这种前后村各出一个代表任职村庄一二把手（村支书和村主任）的格局，仍在深层里体现出平衡两大地缘世系群利益诉求的想法。这自然也就隐含了其间的矛盾与合作。如果未来有一天，前寨或后寨出身的村主任想获得比村书记更大的决策权与支配权，那么，两大地缘世系群间的张力将会再度爆发。

其次，我将讨论第二个问题。即，在这些工程里所反映出的国家与宗族的关系问题。需要说明，这里的"宗族"是将闵村闵氏看作一个整体，而不再着眼于其裂变分支。

如果我们从国家与宗族两个维度对本节所提到的几项工程进行认真分析，可以获得如下交互表：

工程名称	主导方和实施方	隐含方	备注
西大街路面硬化	村落政权	地缘世系群	
村两委办公楼	村落政权		
南北主大街改造	村落政权	地缘世系群	
楼房建设	国家、村落政权		
祠堂内外空间的变化项目及文化活动	宗族、临沂市闵氏家族联谊会；村落政权	国家（地方政府）	地方税务局挂点工程背后隐含的是宗族意志
未来旅游规划项目	地方政府		部分隐含村落基层政权和宗族的意见，甚至外来学者的意见

说明："主导方"和"实施方"，即工程设计的主导方和实施方；"隐含方"，即隐藏在背后的设计者。

从这份表格中大致可以看出：

1. 祠堂内外工程主要反映的是宗族、家族联谊会的意志，尽管这些工程由村落基层政权具体施工。需要说明，地方税务局在挂点闵村时曾搞过图书室建设和祠前广场工程，但背后隐含的是宗族的意愿（主要体现在墙壁图绘二十四孝图等方面）。至于乡村大舞台项目是由国家逐级倡导的，而民间则积极配合。

2. 西大街路面硬化、南北主大街改造完全出自村落基层政权的意见，并由其具体施工，但内在隐含着地缘世系群诉求。

3. 村两委办公楼完全由基层政权设计和实施，与宗族无关。

4. 村庄居民楼的修建体现的是国家的意志，由基层政权具体组织施工，反映的不是宗族的意愿。

5. 未来旅游规划项目主要由地方政府设计和主导，但适度考虑了村落基层政权、宗族和外来学者的意愿，因而旅游产品的设计目标是："宗族乡村"式村落社区，体现浓郁的沂蒙特色古寨，原生态的乡土民居和乡亲民风。

我们看到，除了基层政权办公设施和新农村楼房建设外，其他项目都与宗族有关。所不同的是，有的项目由国家及其基层政权所主导，有的项目则由村落宗族与宗亲会所主导，但各自背后又体现或隐含了对方的意见。也就是说，国家与宗族彼此纠缠在一起，互相借助对方以表达自己。但这并不意味着，双方是"半斤八两"的故事，整体而言，在当下国家及其基层政权主导了中国乡村叙事。如果"临沂市笃圣文化旅游区总体规划项目"在未来得以实施，那么，闵村的发展更是如此。

尽管地方政府及旅游规划项目设计者考虑了我的一些意见，但绝大部分仍是按照他们的理解来规划未来闵村的发展道路。就我个人而言：第一，我反对拿走农民所赖以为生的土地，而这些土地在他们看来是"祖宗留下来的遗产"；第二，我不主张把农民"赶上楼"，除非他们自己愿意"上楼"居住；第三，开发后的古寨应该让"原居民"仍旧居住或生活在里面，至少部分地让他们生活在里面，要让文化传承与实践方，即农民，与他们的历史和传统生活在一起，不要将二者隔断。① 否则，通过招商方式让外来的一批经营者入住而开展以传统民俗为内容的旅游产品经营，乃是假民俗与伪民俗（这并不意味着我对过往情有独钟）。其实，第三条意见包含着我的一份关怀，即希望闵村乡农从旅游开发中直接受益。

前文已经说过，闵村存在着建立在血缘和地缘基础上的两大认同性世系群。在长期的聚落形成过程中，儿子们的房屋大多分布在父母老屋周围，久而久之，随着宗族人口的繁衍，就自然形成地缘性的扩散。在这种情形下，所谓邻里关系实际上也是一种血缘关系或宗亲世系关系的空间表达。院落与院落之间信息畅达，声气相通，互有照顾。比如，儿子们可以到老屋里就近照顾年迈的父母，弟兄们可以就近商量家族内部的一些事情，亲近的人得了疾病可以这门到那门方便探视与照顾，生计方面也便于就近互助，平日里大家互相看护院落，通过串门聊天，叔伯、子侄、姊妹、妯娌间可增添亲情，等等。传统村庄家户院落是铺展在一个平面上的，这种平面式的院落居住与聚居或衔接自然体现了一套数千年所累积的文化。现在突然改变了这种居住方式和原有村落布局，把人口转移进立体的各自封闭的单元内部，

---

① 杜靖：《从祖先神明向"旅游神明"的转换——关于山东费县闵村闵子祠的历史人类学考察》，《民族论坛》，2013 年第 9 期。

切断了传统社会累积起来的多元联系方式与渠道，人为地分离了长期形成的家族血缘与地缘的关联。

其实，传统平面式村落聚居与布局承担的不光是家族宗族文化的一面，还应该有着更丰富的文化内涵。"农民上楼"运动，将在根本上全面革除传统村落文化和文明，导致乡土社会传统的急剧丧失。

尽管在未来旅游规划项目中设计了 2400 亩的"创意农业区"，这似乎是对农业的一种保留，但这实际上与传统农耕文明无关，而是一种商业性运营。从"临沂市笃圣文化旅游区总体规划项目"对社会效益的预估来看，设计者明显地欲通过这一项目之实施改变或改写原有农耕文明，因为他们想把农民牵引到旅游业等第三产业道路上来。

或许是找不到开发商的缘故，当然村子自己又没钱加以改造与建设，最终旅游规划流产。2016 年年底，闵村被临沂市规划搞物流园，占地 2000 亩。呜呼！这一规划还不如旅游开发。如果这一项目得以实施，那么，闵村距离文化和传统将越来越远。

目前，我国正在各处开展乡村小城镇建设工作，而大部分地方政府却将"土地财政"策略潜藏其中，因而，在这场响应中央号召的"运动"中，地方政府表现得特别积极和活跃。但实际上，却偏离了国家政策的意图。大量的村庄农民被"赶出"来，移居到附近的乡镇驻地的社区里（当然，也有些是就近几个村庄聚居）。他们从平面结构的农院里搬到立体的几何建筑里去。于是，村庄在文化意义上消失了。要知道，中国之所以不同于世界其他地方就在于她有独特的村庄，而村庄是中国传统文化、文明的重要载体。个人以为，当前的这场乡村小城镇建设试点工作与最近几年来国家推动的物质文化遗产保护和非物质文化遗产保护在一定程度上产生了逻辑上的悖论。

近些年来，许多村庄的名称也逐渐消失了，代之而起的是"××社区"。根据民政部的统计数字，2002 年至 2012 年，我国自然村由 360 万个锐减至 270 万个，10 年间减少了 90 万个自然村，其中包含大量传统村落。[①] 在地方政府的眼里，村庄不是社区，社区是比村庄

---

① 陈杰：《中国传统村落正在拨打 120 10 年减少 90 万个自然村》，《人民日报》，2013 年 6 月 5 日。

更干净、更文明、更富裕的一种人群居住方式。甚至连村庄自身都像赶时髦似的纷纷改变自己的名称。应该说，社区这个概念被整个社会普遍接受，是与社会学家分不开的。在社会学家的眼里，社区不仅包括村庄，还包括城市等其他聚居方式，但在地方政府的眼里，甚至农民眼里，村庄不属于社区概念范畴。这个"实践"的社区和社会学学理意义上的"社区"之间的差异，我想，一定会叫当今的社会学家们哭笑不得。

　　针对这些年来的城市建设，特别是小城镇建设给村庄带来的文化性影响，我在《文化意义上村庄的死亡》一文中表示了担忧。[①] 我的基本观点是：第一，村庄是数千年中华文明及其历史的重要载体，具有独特的文化品格；第二，现有城乡结构网络是数千年中华文化积累与选择、中国人民的智慧长期摸索的结果，并非随意人为安排的，一旦改变，必将引发系列生态、社会与文化危机；第三，当村庄历史终结的时候，中国文化挂靠或寄存在哪里？我们又该如何在文化身份上与欧美社会相区别？我的言外之意是：对村庄的拆解，无疑是一种文化的自虐。

　　2013 年 6 月 4 日，天津大学冯骥才文学艺术研究院建立了中国传统村落保护与发展研究中心。在成立仪式上，冯骥才认为，中国传统村落是物质文化遗产和非物质文化遗产的综合，活生生的重要的地域文明的载体，传统村落的瓦解使保护工作迫在眉睫，要让历史财富发光，建立保护的范例。时任文化部副部长董伟肯定成立中国传统村落保护与发展研究中心是文化自觉的具体行动，使我国传统村落保护由普查、记录、整理过渡到学术研究、理论思考及方法建构的更高阶段，让更多人认识到中国传统村落的文化精髓。清华大学陈志华教授说，保护传统村落的方向是保护历史文化价值，不能唯发展经济；同济大学教授阮仪三提出，保护传统村落就是保护多种类型不同地区、民族、人种、生活方式的人文空间体系和秩序，应当保护文化内涵和底蕴，要由人来体现；北京师范大学教授刘铁梁认为，要听到文化持

---

① 杜靖：《文化意义上村庄的死亡》，《中国社会科学报》，2011 年 2 月 24 日第 6 版。

有人的声音，不能服从于商业的话语霸权；中国民间文艺家协会副主席曹保明建议，从记录村落的口述史做起，留下文化源头的记忆。①

沃尔夫曾经有一段"喻世明言"：

> 最后，还有一个第三世界，它依然遭受着"传统"的束缚而不能自拔，正举步维艰地迈向现代化之路。如果西方能够找到办法破除那种症结，或许它就能够把那些牺牲品从在东方产生并传播的传染病中拯救出来，并把第三世界送往现代化的康庄大道——送往西方的生命、自由和追求幸福的康庄大道。这种思考世界的方式导致的最可怕后果就是"强制都市化"，它认为，只要用飞机大炮炸毁乡村，把越南人赶进城市，就可以强迫他们走向现代化。②

闵村的"文化遭遇"被沃尔夫"言中"了，不过，比沃尔夫更为糟糕的是，沃尔夫批评的只是推销现代化的部分西方人，他们为了自己的目的到处播布他们的概念；而闵村的经验告诉我们，第三世界的部分人群已经开始接受那些四处兜售现代化的西方人的观念了。

我们必须改变目前这种社区建设的实践理念，将村落文化的传统适当地设计进来或搬移过来。那么，哪些东西可以搬移进来，哪些东西可以抛弃不要呢？我觉得，不能以简单的进化论概念把有些习俗制度判定为原始的、落后的，甚至迷信的东西。我们不该拿一套村落社区之外的标准来判断某些文化习俗或制度是否具备延续或保留下去的合理性与资格，应该置于地方社会的历史文化脉络里、社区的基本架构里，从地方人民的生活实际和地方的知识观出发做取舍。这才是真正的"以人为本"的新社区建设。我们应该摒弃"以钱为本"的社区改造模式，特别是"把别人撵走，自己掘钱"而又不敢明说的做法，

---

① 陈杰：《中国传统村落正在拨打 120 10 年减少 90 万个自然村》，《人民日报》，2013年6月5日。
② 埃里克·沃尔夫著，赵丙祥、刘传珠、杨玉静译：《欧洲与没有历史的人民》，12页，上海：上海人民出版社，2006年。

要走具有历史感的文化社区建设道路。不能以追求"进步"为理由，对中华文明的连续性弃之不顾。

但是，"走具有历史感的文化社区建设道路"并不是简单地恢复古建筑、古村落，而将实践着传统文化方式的农民剥离开。所谓"将村落文化的传统适当地设计进来或搬移过来"主要是指把原有的生计生活文化"设计进来或搬迁进来"。否则，古建筑、古村落就成了一件被人们参观的"古文物"和"博物馆"。历史和传统不是被供着观赏的，应该被实践。

人，不单纯是经济意义上的动物，更重要的是个文化的栖存。文化不在的时候，人也就完了，历史也就终结了。试问：谁能为中华乡村文明的断裂负起这个历史责任？谁又有勇气面对未来历史的审判？

本节最后，我想把 2013 年所发表的《从祖先神明向"旅游神明"的转换——关于山东费县闵村闵子祠的历史人类学考察》一文中的几段话抄录如下，就我个人的学术行为进行反思：[1]

> 在多年接触地方的过程中，我保持了与地方世界的互动。我发现，一方面利用地方的学术资源以谋生（具体指搞调查研究，撰写学术著作，晋升职称），另一方面也被地方世界所阅读和使用。他们打算在未来把我的《九族与乡土》和即将出版的《国家与宗族》搬进他们的旅游景点之内，并按照我的著述来重构他们的历史和文化身份。在这个意义上，我充当了地方政府、开发商、闵氏族人等方面的文化合谋人，同时也被他们建构进地方的历史脉络中去了。从我个人的角度讲，我也参与到了地方的历史进程中去了。

> 但是人类学的学术伦理告诉我：不应该干预地方社会的发展方向和轨迹。假定没有我十数年的闵村访谈和大量著述，闵村可能沿着它原来的轨道方向前进，但现在我的闯入是否改变了闵村的历史和自身的运行逻辑？我的干预是造福闵村地方人民，还是

---

① 杜靖：《从祖先神明向"旅游神明"的转换——关于山东费县闵村闵子祠的历史人类学考察》，《民族论坛》，2013 年第 9 期。

造福于临沂市地方政府，抑或开发商？如果最终的最大受益人是开发商（我的建议实际上是想做一个均衡设计），那么我的智慧和劳动是否将来会加大地方社会内部的差异？我们知道，新中国时代并不期乎这样的社会，那么，这是否符合当下中国的社会制度设计呢？我发现，在当下国家在表述上不想使社会分化，但在实践上却发生了背离。即黄宗智所言的"表达"与"实践"之间的背离。[1]

小小的一个闵村，却引发了关于整个中国及其发展的沉重的思考。那么，今后作为学者的我们该怎行摆正自己的位置？

法国学者福柯说："我们知道我们做什么，我们也知道为什么做什么，但我们却不知道我们做的什么将来会做什么。"[2]

---

[1] 黄宗旨:《经验与理论：中国社会、经济与法律的实践历史研究》，90–137 页，北京：中国人民大学出版社，2007 年。

[2] Hubert L.Dreyfus and Paul Rabinow, *Michel Foucault: Beyond Structuralism and Hermeneutics,* p.187, Chicago: University of Chicago Press, 1982.

第十章　结语与讨论（一）

通过上述工作，我已向学界提交了一部有关华北社会里单一村庄的宗族民族志作品。这是从村落内部人民自己的视角和感受呈现的一部千年村史。作为一个村庄，就清代以来的这段历史来看，就感觉像发生了一场大地震，继之余震不断，直到 20 世纪 50 年代以后才渐趋稳定。从地质构造来说，一个地理板块如果积聚压力久了，就可能出现断裂、震动、塌陷，经过无数次调适，最后获得平衡而寻找到一个新的地质构造。所以，清末到民国近百年的动荡历程是颇类似地质运动的。因为从一种社会结构向另一种社会结构转换，战争和动荡是难免的，战争与动荡往往是彻底实现社会转型的手段与策略。

我自信，这样一部作品会为未来进一步讨论中国社会认知与发展问题提供一些有价值的资料。但在本书结尾部分，请允许我首先利用这份资料来讨论自己所感兴趣的一些问题。我关心的是文化问题。具体来说，将开展三件工作。

在第一节中，在前述所做民族志考察的田野资料基础上对"国家－地方关系中的宗族互动解说模式"进行检验与讨论，照应导论所预设的任务。

第二节针对长期以来国际中国学讨论的"汉化"或"儒化"问题，结合闵村案例，在庄孔韶"过化"概念基础上，分析了汉人内部如何不断推动"儒化"的间歇性"充电"机制，提出了"儒化、去儒化和再儒化"的分析思路，以此理解中国中心地区的"文化"生成问题。这一做法显然既是对庄氏"过化"概念的继承，又是对他的发展。本书的目的是希望呈现出中国腹地的儒化过程不同于儒学指向边界的叙事，由此把汉人社会研究和中国边缘人群研究勾连起来，并在整体上将议题引向空间中国的生成问题。当然，这里也不可避免地触及现代化的理论思路。

第三节在理论层面上讨论了三个问题。

第一个问题是"惯习"与闵人身份的再生产问题。在当下闵氏宗族的"复兴"运动中，"惯习"发挥了重要作用。具体是指，闵族与国家的配合与默契，变成了闵人自己的一种行动惯习。因而，这一惯习也再生产出了闵人的文化身份。

但是，强调惯习并不是要否认闵人的文化发明与创造能力。文化的再生产并非完全的复旧或者机械的历史循环。他们今日的宗族再造运动面对着跟传统时代不同的社会问题。手段上，也具有传统造族运动所不曾出现的新鲜事物。这是第三节讨论的第二个问题。

第三个问题是讨论族内士绅或精英这个形象。为此我先回顾了中国研究中"士绅解说模型"以及以往宗族研究中所呈现出来的族内士绅形象，然后用闵村闵氏宗族内的士绅或精英来验证学界以往塑造的这个角色。希望通过挖掘这个人物的"主体性"来深化士绅研究，推进"国家与地方"社会关系中的宗族研究分析模式的进展。但是，最终我却滑落到这样一种认识上来：仅仅注重士绅的作用和地位是远远不够的，应该尽可能地关注到文化实践中的参与地方社会运转的各类人群极其复杂的心音，为此我提出"多元声音"分析模式。

尽管这一问题掩藏在第三节之中，而不是独立地作为一节进行讨论，但对于全书而言，其意义不可低估。因为在"多元声音"分析模式基础上进一步提出"国家－个人－宗族"三者互渗的分析思路。这一思路重在颠覆当前流行的"国家与地方关系"的分析模式，因为它过于表面化了。

第一节　对"国家与地方关系"中的宗族研究思路的验证反思

本书导论第一节曾对迄今为止的中国宗族研究，暨从"国家与地方"关系维度给予了梳理，并合成出一个所谓"国家与地方"关系中的宗族研究思路。这一解说模型的基本学术立场是：传统帝国支持宗族的建立，帝国与宗族存在合作关系，但当宗族影响国家在地方社会中的运作时帝国也对宗族存有戒心并试图控制它；现代中国或中国的现代化却革除了这一制度，而在最近三十年来的现代性表述中宗族文化却又有所复兴，现代中国并不与宗族在乡村事务上开展合作，或至多睁一只眼闭一只眼。

如前文所描述的一样，闫村闫氏宗族与传统帝国及现代国家的关系，确如科大卫所言，"宗族是地方社会与国家整合的一种产物"，[①] "宗族是国家与地方社会之间对话的平台"。[②] 这也由此证明了"国家与地方关系"中的宗族分析思路的可行性。对华北这个案例的考察使得我不得不再次表态：在中国开展大规模宗族研究无法躲避开国家的影子。

但是，作为个案的闫村也与我在导论中通过回顾所提炼合成出来的"国家与地方关系"中的宗族分析思路有些出入。从大的方面讲，主要有两点：第一，丝毫看不出传统帝国对闫氏宗族曾存有戒心，目前还没有资料能够说明，帝国担心这个宗族影响国家在地方的执政以及它对地方社会秩序的扰动，并对其实行硬性控制；相反，帝国一直支持闫氏的宗族活动。我想，这与该宗族的定位有关，因为它强调文化立族，弘扬孝道，有助于地方风俗教化和人伦道德建设。这是帝国乐观其成的。第二，进入 20 世纪以来，国家确曾把宗族视作现代化推动的障碍，并在集体化时期予以铲除，但在改革开放后却又给予支持并获得重建。这是自上而下来看问题，若反过来，自下而上来看

[①]　科大卫著，卜永坚译：《皇帝和祖宗：华南的国家与宗族》，11 页，南京：江苏人民出版社，2009 年。

[②]　科大卫著，卜永坚译：《皇帝和祖宗：华南的国家与宗族》，南京：江苏人民出版社，2009 年。

呢？我觉得，作为一个人群的闵氏宗族一直与国家配合。帝国时期需要该宗族播扬儒家孝道，那么闵氏宗族就积极通过祭祖、修祠来"弘扬"儒家人伦文化。20 世纪 50 年代后，新中国不需要传统宗族文化样式了，他们就解构已往的宗族制度和放弃从前的实践，变成一个集体。在新时代，当国家提倡弘扬传统文化、发展市场和社区改造时，他们同样"拥抱"这个历史进程。从这一方面讲，我们也无法看到中国宗族自动树敌于官方。因而，从某种意义上说，地方人民不论忠实于宗族还是放弃宗族，都实际上忠实于国家，尽管此国家不是彼国家。似乎忠实于国家是一个永远的主题。这也就是说，一个基本的、与国家良序互动的认知图式似乎没有发生变化。语法就是语法，而表述可以千差万别。

至此我们可以看出，闵氏宗族的文化实践不仅仅是一个村落宗族的实践，更是一个国家的宗族实践，是国家在地方制造"国家"，是地方自身在地方制造国家。国家的文化实践通过实践宗族或对宗族实践的抛弃来达成自我叙事。历史上，儒家学者利用手中的话语权论述了国家与宗族的一致性，并按照这种一致性去实践宗族。晚清至 20 世纪以来，接受新学的学者们又利用手中的话语权力制造出"国家与宗族"的对立观念，并照此实践。20 世纪 80 年代以来，闵村人民和地方各个阶层的人士又再度实践了"国家与宗族"的一致性，可谓一次文化反思，也是一次惯习的"文化显灵"。因而，不同时代实践的宗族概念既存有差异又存在语法逻辑上的一致性。

相对于过往的"国家与地方关系"中的宗族研究而言，包括张小军实践理论关照下的福建阳村宗族，本案例的最大价值就在于它提供了一个直接由帝国和现代国家本身干预而制造的宗族，因为其他大多数是"国家的代理人"参与创造的。闵氏祠堂里供奉的闵子骞是被历代帝王所敕封的一位儒家学人，虽然闵村世系群仅作为一个小宗，但它是整个大宗－小宗体系的一部分，而大宗及整个宗族组织是在康熙皇帝、吏部、礼部和衍圣公府的关怀下确立的。而当下的"重造"也与官方有关系。

张小军为了论证"写宗族"就是"写国家"、"造宗族"就是"造国家"的命题，颇费心力地去论证国家的象征在场（这里不是指国家公职人员参与宗族建设，因为国家公职人员参与宗族建设闵村也存在，本案例也做了详尽考察）为什么张氏要费力呢？因为他所考察的福建阳村宗族并非由国家直接参与生产的，是宗族的实践者不得不处处借助国家的资本、资源网络及话语修辞来造族。山东闵村案例却表明，国家对闵族的意义，不仅仅是象征性的，更多的是一种实体性存在（指国家亲自参与建造）尤其在帝国时期，它被纳入了帝国的祭祀礼制。阳村与闵村的不同也许在于：后者的国家实体性在场超过前者的国家实体性在场，至于国家的象征性在场，对于两者来说都是同样的。

需要说明，张小军之前的中国宗族研究过分注重实体性考察，忽略了其象征性的存在与表述。直到张小军出来，中国宗族的研究才在实体性研究基础上彻底迈向了象征层面的学术关怀。国家如何运用象征手段把自己和让自己编织进民间宗族里面，以及宗族想方设法运用象征手段把国家"拉拢"进自身，同时宗族也把自己挤进国家场域里，这个在符号意义上既让国家显现也让地方显现的双向建构与表述，一直是张小军的学术追求。

阳村经验和闵村经验构成了一种呼应与互补。从学术立意上言，后者是对前者的延伸与延续。

在此，我可以再次肯定《九族与乡土》中说过的话，闵氏宗族并不是由五服九族或本宗九族自然而然按照系谱原理发育出来，它是在地方人民主动参与下由帝国型塑出来的。本书的研究告诉我们，一旦被帝国型塑出来以后，它就与国家产生了密不可分的关系。它们之间的关系，或如导论所提谷川道雄的"国家共同体"和本章第三节所介绍的张小军的"共主体性"概念所揭示的那样。可见，宗族与九族是两套中国人民所依赖的文化架构，但在闵村，相比而言，九族是最根本、最日常的架构，宗族只是在偶然的历史场景中才发挥功能。不过，通过本书的考察表明，宗族与九族存在密切的功能互补关系，即宗族架构担负着向九族成员传输和注入"孝道"伦理的文化任务，宗族为九族服务。宗族与九族两者之间也存在彼此建构、彼此内化、彼此辐射的复杂多重关系，二者构成了一个如林耀华所言的亲属"连锁体系"。① 至此可以说，我讲清了华北社会中这个既包含宗族又包含九族，且两者无法建立全面而真实系谱关联的案例。

针对国际汉学界关于华北社会宗族现象不明显的刻板印象，杜赞奇通过研究揭示，在乡村组织和管理中，华北宗族扮演着很重要的角色，同时为许多亲属之互助提供关键社会场所。② 中国大陆学者兰林友多年来反对杜赞奇的观点，认为宗族在华北乡村社会里政治意义不大。③ 本书所呈现的山东闵氏宗族案例强烈地支持杜赞奇的见解，就宗族在乡村社会组织和管理中的地位而言，甚至大大超过了杜赞奇的评估。

刘志伟曾说，地方社会的模式，源于地方归纳在国家制度里面的过程。④ 闵村作为地方之一种，显然拥有了自己的历史实践模式。

也许有读者会提出这样一个问题：你所报道的这个案例恰恰是传统帝国皇帝们所关心的村落宗族，自然能够验证"国家与地方"关系中的宗族研究模式。假定是一个普通村落宗族呢？"国家与地方"关系中的宗族研究模式是否依然适应？这个问题提得好。所以，我期待着同行们能够贡献出华北社会里普通村落宗族的民族志专著。设若我们真的能发现：在漫长的中国历史进程中，国家的发展对地方社会影响并不甚显著，地方依然维持了它自己的品性。也就是说，我们在中国的某个角落找到了陶渊明笔下的桃花源，那么，这正是我所期盼的，因为我们终于摆脱了"国家与地方"的框架来审视中国。更重要的是，我们能从这个桃花源里寻找到一种智慧和一套社会运转模式，

---

① 林耀华:《义序的宗族研究》，71、86、188 页，北京：生活·读书·新知三联书店，2000 年；林耀华:《从人类学的观点考察中国宗族乡村》，《社会学界》，1936 年第 9 卷（又见张海洋、王晖整理:《社会人类学讲义》，厦门：鹭江出版社，2003 年，第 346–360 页，具体见第 352–353 页）; Lin Yueh-hua, *The Lolo of Liang Shan*, "preface", Inc., New Haven, Conn., 1961。

② 杜赞奇著，王福明译:《文化、权力与国家:1900—1942 年的华北农村》，62–84 页，南京：江苏人民出版社，2003 年。

③ 兰林友:《庙无寻处：华北满铁调查村落的人类学再研究》，17–63、117–169 页，哈尔滨：黑龙江人民出版社，2007 年；兰林友:《莲花落：华北满铁调查村落的人类学再研究》，北京：社会科学文献出版社，2012 年。

④ 援引自科大卫:《告别华南研究》，载华南研究会编:《学步与超越：华南研究会论文集》，9–30 页，香港：文化创造出版社，2004 年。

反观我们主流的东西，并将之推广开来，解决"国家与地方"运转模式给人民带来的扰动，让人民过上"黄发垂髫，怡然自乐"的日子。那个时候，我们必将进入下一个中国研究范式的时代，我们将深入地揭示"国家与地方"分析框架于学术之外所潜藏的复杂动机：为什么这一肇始于西方的分析框架却并不被西方人用来分析自己的社会？为什么这一分析架构在后集体化时代以来被迁移于中国社会场景中？中国许多领域里的大批学者（包括我在内）都使用这套理论模式？[①] 我们是不是做了人家的傀儡，更可悲的是我们竟然还浑然不觉？还是说，我们另有目的？这一反思将把"国家与地方关系"中的宗族运作模式理解为一种学术建构，在某种意义上，依旧是一种话语。

第二节　汉人腹心地区的儒化、去儒化与再儒化

《汉书·地理志》云："其（费）民有圣人之教化。"光绪二十二年（1896）仲秋，费县知事温陵人陈启伦在给《续修费县志》所作序中说："费于《禹贡》为徐州之疆域，于鲁侯为公族之分封。圣人化行之邦，贤人钟毓之地，学道名区由来尚矣！"[②] 本书认为，费地作为儒学圣域除了圣人的"过化"之外，也与推行闵氏这类宗族建设有莫大关系。

也就是说，本书把宗族制度理解为一种"文化"或"教化"地方社会的手段与措施，是儒家意志的一个表达，当然也是旧时国家意志的一个贯彻。既然其作为一种"文化"手段，也会被其他的文化制度或工程给置换或改写。

---

① 除了本书提到的一些领域和学者外，"国家与地方关系"分析模式还弥漫到政治社会学和法律人类学领域之内。具体可看看张静主编的《国家与社会》（杭州：浙江人民出版社，1998年）和侯猛的《法律和人类学研究：中国经验研究30年》（《法商研究》，2008年第4期，143-148页）。在《法律和人类学研究：中国经验研究30年》这篇文章中侯猛提到："20世纪90年代以来，往往在'国家与社会'的研究框架内展开，将秩序与国家权力联系在一起。"
② ［清］李敬修主编：《费县志·序（二）》。

在海外中国学研究中，各种"文化"工程理论实际上是讨论时空中国的形成或生成问题。本节将把闵村这一案例提升至这一学术高度来理解。当然，这也是回到导论中所设立的"从制度到实践"的逻辑起点。

一、地域社会的"儒化"机制："过化"之后的"充电"

1967 年第 2 期《亚洲研究》发表了何炳棣《清代在中国历史上的意义》。[①] 在这篇著述中，何炳棣提出了一个很重要的概念：sinicization，即"汉化"。这一概念的基本内涵是：在中国历史上清代在军事征服方面是最成功的一个王朝，但其成功的关键却在于采取了系统的汉化政策。在何炳棣看来，正是得力于汉化政策，清帝国才有了广袤的版图，在地理空间上为现代中国留下了一份丰厚的遗产。1996 年《亚洲研究》第 4 期发表了罗友枝的《清代的再想象：清朝在中国历史上的意义》一文，[②] 批评了何炳棣的汉化概念，认为他夸大了汉人文明的价值和作用。为了回应罗友枝的看法，何炳棣再次撰文予以反击，进一步更加详尽地阐述了汉化理论。[③]

斯蒂文·郝瑞是近年来西方有名的研究中国的人类学家。他发现的"儒学教化"（Confucian civilizing project）模型认为，文化是可以习得的，所有的人只要吸收儒家经典文化和道德准则，就可以变成有文化教养的文明人。"儒学教化"模型根据人们与儒家伦理道德标准之间的距离而把人群进行等级分类：野蛮愚蠢、冥顽不化的人被看作"生的"；易于被教化的，且具有较高文明的人群被称为"熟的"。该分析模型把"汉人"放在富有权威的中国文化中心位置上，汉人中心很早以来就致力向居住在中国边界地区的非汉（non-Han peoples）推

[①] Ping-Ti Ho, "The Significance of the Ch'ing Period in Chinese History", *The Journal of Asian Studies*, 1967, Vol.26, No.2, pp.189–195.

[②] Evelyn S.Rawski, "Reenvisioning the Qing: The Signification of the Qing Period in Chinese History", *The Journal of Asian Studies*, 1996, Vol.55, No.4, pp.829–850.

[③] Ping-ti Ho. "In Defense of Sinicization: A Rebuttal of Evlyn Rawski's 'Reenvisioning the Qing'", *Journal of Asian Studies,* 1998, Vol.57, No.1, pp123–155.

行"文化的变迁"——儒学教化或汉化。[1]

而华南学术共同体也都在强调传统士大夫如何把儒学推行到乡下，而乡民又如何主动模仿士大夫的儒家伦理行为。[2] 美国人类学家科恩也持有类似的见解。[3] 中国个别人类学家，如庄孔韶在《银翅：中国的地方社会与文化变迁》里也怀揣这份学术关怀。在他们的眼里，宗族携带着儒学观念进入了中国东南和华南边界，从而完成汉化或儒化工作。

但是，上述这些研究大多讲的都是中心的文明体系如何进入中国的边缘省份并把边缘人群整合进来的故事，却并没有在理论上明确中心腹地汉人居住区的儒化过程问题（除科恩在短篇论文中讲到外）。

2012 年《人类学研究》创刊号上发表了庄孔韶的《早期儒学过程检视：古今跨学科诸问题之人类学探讨》。在此文中，庄孔韶提出了一个"过化"概念或"墨渍弥散式"儒学传播模式。其基本内涵是：早期儒学传播采取的是圣贤儒者"过化"的途径，即儒家学者们周游到各处进行布道和讲学，每一个点就如同墨迹扩染一样慢慢洇渍开来，最后一定区域社会就被儒化。当然有的则借助于文字刻印交互传播等方式，最终使得中原儒学得到大面积认同与成功过化。[4] 拙作《九族与乡土》在研究过程中响应了庄孔韶的这一最新理论进展：

① Stevan Harrell. "Introduction: Civilizing Prejects and the Reaction to Them", in Stevan Harrell ed., *Cultural Encounters on China's Ethnic Frontiers,* Seattle and London: University of Washington Press, 1995.

② 郑振满：《明清福建家族组织与社会变迁》，227–241 页，长沙：湖南教育出版社，1992 年；陈支平：《近五百年来福建的家族社会与文化》，98 页，北京：中国人民大学出版社，2011 年；David Faure, "The Lineage as a Cultural Invention: the Case of the Peard River Delta", *Modern China,* 1989, No.1, pp.4–36；科大卫：《国家与礼仪：宋至清中叶珠江三角洲地方社会认同》，《中山大学学报》1999 年第 5 期；张小军：《"文治复兴"与礼制变革——祠堂之制与祖先之礼的个案研究》，《清华大学学报》（哲学社会科学版），2012 年第 2 期。

③ Myron L.Cohen, "Being Chinese: These: The Peripheralization of Traditional Identity", Myron L.Cohen, *Kinship, Contract, Community, and State,* pp.39–59 (see pp.42–45), California: Stanford University Press, 2005.

④ 庄孔韶：《早期儒学过程检视：古今跨学科诸问题之人类学研讨》，庄孔韶主编，杜靖执行主编：《人类学研究》第一卷"汉人社会研究专辑"，1–44 页，北京：知识产权出版社，2012 年。

第一，我所研究的山东闵村被认为是先贤孔子弟子闵子骞过化之处；第二，我所考察的五服九族与整体性九族早在先秦两汉儒家文献《仪礼》《礼记》《尔雅·释亲》和大量古文经今文经学家的著作中得到记录与阐述，加之后世为历代帝国法典或礼书所规定，自然不断地交互传播到基层人民的实践之中；第三，这种儒化过程并不采纳国家强力推行的做法，而是建基于生物学亲亲性和人心向善的基础上。庄孔韶在撰写文章过程中参引了笔者当时一些未刊印的《九族与乡土》的观点与资料。可以说，在这一解释模式上我们俩保持了一种默契与合作。

但是，"过化"概念或"墨渍弥散式"儒学传播理论模式仍需要进一步发展，因为它给人留下"一次就完事"的感觉。要是圣人先贤们过化一次就完成儒化工作的话，就如同"雨过地皮湿"，事后阳光一出，地面很快就干了，达不到儒化地方的目的和功效。事实上，诚如何炳棣所言，汉化应该是一个长期的、复杂的、永无止境的历史过程。[1] 这也就是说，"过化"概念看到的是空间上的扩展，而未留心时间上接续问题。

在研究山东闵村时发现：一方面，随着时间的自然推延，或自然灾害，承载了大量儒家符号和观念的闵子祠会自然而然地破败；另一方面，由于战争和像20世纪中期以后社会文化剧变，也会导致闵子祠的人为破坏。当然，还有外来宗教以及市场化对儒家文化的冲击等问题。这几种情况之后，都会发生闵子祠的重建，而每一次重建都是向族人和地域社会里的人民进行一次儒家孝道教育，因为他们遇到了身份焦虑问题。其实，即使不发生闵子祠破败或倒塌现象，每隔一定时间，地方的官员也会来闵子祠祭拜闵子，这些循吏具有同样的教化地方的目的。具体到闵氏族人来说，他们每年在闵子祠内对祖先闵子骞实行春秋二祭（包括新近给祖先闵子骞拍摄电影而让族人观看），这是周期性的灌输儒家孝道的策略，恢复或巩固闵子骞子孙的形象，属于身份的再制造。

---

[1]　Ho Ping-ti. "In Defense of Sinicization: A Rebuttal of Evlyn Rawski's 'Reenvisioning the Qing'", *Journal of Asian Studies,* 1998, Vol.57, No.1, pp.123–155.

约翰·A. 布里姆（John A.Brim）在研究香港的"村落联合庙宇"（village alliance temple）时运用了"维模理论"。这一理论主张，集体仪式可以被视为是对文化模式维持问题（latency problem）的一种回应。即随着时间的推进，村落间的联盟可能会面临分裂的境地，那么，村落联合庙宇若能定期举行仪式，就能消除这种危机，从而推动社会系统的维持。[①]

而王斯福在研究台湾山街祭祀时则发现，所有的人死后都首先变成鬼或鬼魂，只有那些被挑选出来享受祭拜的才变成祖先和神。这里有一套"遗忘／记起"的文化编码。同样，他发现，对于一个社会来说，"革命"类似人的死亡，造成断裂。通过祭祀中的"记起"仪式密码将死亡或断裂的过去与现在联系起来，构成一种连续关系。[②]从这一思想出发，那么，闵氏族人（甚至包括历代政府）祭祀祖先闵子骞，其实也是一种"记起"的仪式，由此传统和现在构成一个连续体。

拙作《九族与乡土》和本书上文已经讲过，在闵村闵氏宗族架构为九族服务，负责向九族架构内的成员们提供伦理行动原则，即儒家孝道。又，闵氏宗族成员不光居住在闵村，他们还散布在闵村周围地域社会里，村外的族人每次回到老家参加建祠或祭祖仪式，都会把祖先的儒家孝道带回自己所居住的村落，讲述给亲属，特别是孩子们听。另外，除了每次建祠有姻亲参加而直接获得儒家教育和向族外传播儒家思想之外，闵人在日常的礼仪交往中也会把儒家的人伦原则传递给他们的姻亲，这些姻亲都是他姓宗族，他们同样居住在闵村周围的地域社会内，这种地域社会就是《九族与乡土》所描述的"九族连环社会"。地域社会通过九族连环机制，通过儒家文化的墨渍弥散，最终变成了圣人化行之邦。至此，我们完全清楚了儒学在中国汉人社

---

① John A.Brim, "Village Alliance Temples in Hong Kong", Arthur P.Wolf edited, *Religion and Ritual in Chinese Society,* pp.93–103, California: Stanford University Press, 1974.

② Stephan Feuchtwang, "Domestic and Communal Worship in Taiwan", Arthur P.Wolf edited, *Religion and Ritual in Chinese Society,* pp.105–129, California: Stanford University Press, 1974.

会内部传播的路径与机制了。

因而可以这么说，庄孔韶的"过化"概念只是搭起了一个架子，这个架子上装满了释放儒学思想光芒的五彩灯泡，但很快就没电了，儒学思想也就不能再在基层发挥作用。这也就是人们所说的"人心不古，世风日降"。这个时候，就会有人给灯泡充电，于是灯泡又亮了。所谓给灯泡充电，就是重修闵子祠或再次祭祀闵子，充电意味着地方社会再次得到儒化，因为地方人民再次获得闵子骞身上的孝道，从而地方风俗得到整饬。这样的充电在长期历史过程中是反反复复的，甚至周期性而制度化的。所以，我在此把庄孔韶的"过化"模式修改为"过化-充电"模式。

山东闵村案例表明，不只是中国的边地需要或曾经进行过多次汉化，就连汉人文化的腹心地带也需要不断进行"再汉化"或"再儒化"。那种认为，中心汉人地区是铁板一块，具有稳定的汉人或儒学文化特质或品性的想法，是极其幼稚的，是一种本质主义思维的表现。如果中国的中心地区不积极实行多次甚或制度性的"再汉化"或"再儒化"策略，久而久之，那它最终也会蜕变成"被圣人遗忘的角落"——内地或文明中心的一个"蛮荒"。所以，只有"学而时习之"，汉人地区才更加像汉人地区。

在本书中，我把宗族看作中国儒家发挥作用的一个途径，是儒家的一种制度设计。但是，张小军在福建阳村的宗族考察发现，最初（即唐宋之际）那里的宗族是受了佛教的影响，是在与佛教文化的结合与对抗中形成的，并非一开始就是儒家文化的建构。第一，宗族祠堂由佛教功德祠转换而来；第二，朱熹设计的祠堂建筑、族产制度，以及建立书院都是受了佛家智慧的启发并借用。[①] 就此而言，我承认阳村的宗族受了佛教影响，但我并不同意张氏的意见——"宗族一开始不是儒家文化的建构"：第一，朱熹一生都在恢复并重建孔子时代的儒学，尽管实践出来的儒学被后世称为"理学"或"新儒学"；第二，朱熹的宗族制度设计深受了宋代中期名儒张载的影响，他整理过张载的著

---

① 张小军：《再造宗族：福建阳村宗族"复兴"研究》，45-102、274 页，香港中文大学博士学位论文，1997 年。

述，而张载就专门做过"宗法"的论述，只要将《朱子家礼》与张载《宗法》进行对比就可以看出其中的关联；第三，就拿张小军所研究的福建阳村来说，早期的功德祠并非就是宗祠，这一点他自己也承认，最后是朱熹到那里讲学以后，受了理学的影响，功德祠才最终转换成宗族祠堂的，因而这个过程应该视作儒家文化"化"掉了佛教的祠堂，是儒家借佛家这只鸡再生蛋，或者说，儒家借助了佛教的因素做建筑材料来建造宗族，这仍应该看作儒家的创造与发明。

2014 年 9 月 20 日—21 日，在中国孔子基金会成立三十周年纪念大会于山东曲阜孔子研究院期间举行了第二届儒学社团联席会议。来自海内外四十多个儒学组织，一百余位儒学组织负责人、儒学专家参加了此次儒学盛会。21 日上午，与会代表、专家经过讨论，一致通过了"曲阜共识"。这次会议围绕"儒学组织建设与当代儒学创新发展"这一主题进行讨论，其中有专家（北京地球村环境教育中心的主任廖晓义）针对当下乡村儒学文化的恢复提出了自己的看法。她建议在乡村文化建设薄弱的地区，推动建设祠堂、学堂、中堂，并且已经在山东泗水做了试点建设。[①] 这则消息告诉我们，当代宗族重建仍然是儒学的一个表达。

第三节 再生产，还是新发明？

上面两节已经提到了国家与地方关系中的研究应该注重的一些策略（时空的与文化的），这里再就几个具体观察角度予以阐述。

一、惯习与身份的再生产

根据布尔迪厄的实践论精神，一种文化及其这种文化所代表的社会结构在文化实践中可以被再生产出来，也可以不被再生产出来。前

---

① 佚名:《全国四十多家儒学社团联合发布"曲阜共识"》，凤凰网山东，2014 年 9 月 21 日，http://sd.ifeng.com/chinese/yinxiangqilu/detail_2014_09/21/2936604_0.shtml。

者是指，再生产出来的与先前的是合模的，由此实现社会的稳定性和连续性；后者是指再生产出来的与先前的不一致，也就是说，实践往往会与原有结构的表述或设计好的理论类型相脱离。这里先讨论文化再生产的合模性问题。

在某种意义上讲，当代闵氏祠堂的重建实际上是一次"国家与地方关系"的再生产，也是一次各种人群身份和汉人文化的再生产。

所谓身份就是人或者团体在社会或法律上的地位，多与其扮演的社会角色有密切关系。一个人或者团体一旦认同某种身份，就会采取相应的社会行为，对他人或者社会产生干预。国家与地方关系的再生产，实际上是彼此身份的再生产。这种身份的再生产，也就是马克思讲的人的再生产。

马克思认为，一切生产都是关于人的再生产。人类在制造对象的同时，也制造了自己。马克思说："人类的实践活动作为主体和客体交互作用的活动，它具有双重性品格，它一方面创造着对象世界，创造着人的对象，另一方面创造着人类自身，创造着对象的主体，这两方面是同一人化过程的不同侧面。劳动创造人的对象世界，是'客观意义的自然界'的'人化'，劳动创造着对象的主体，是'主观意义的自然界'的'人化'。前者把原本的自然变为现实的自然，后者使人的自然躯体、感官、欲望、需求、情感与动物分开变为人的本质。"[1] 马克思在《1844年经济学哲学手稿中》提出了"人的本质力量对象化"概念。马克思认为，人是社会的存在物，它具有禀赋能力的种种本质力量；而能够证实和实现人的种种本质力量的对象，而且这种对象独立于人之外。所以，人只能凭借外界自然物这种现实的感性对象，来证实和实现自己的作为主体的能力的种种本质力量。要想做到这一点，人必须通过对外在自然界的改造，通过实践活动，使自己的本质力量物化或对象化。通过这种生产，自然界才表现为它的作品和它的现实。因此，劳动的对象是人类的生活的对象化；人不仅在对象在意识中那样理智地复现自己，而且能动地、现实地复现自己，

---

① 中共中央马克思、恩格斯、列宁、斯大林著作编译局：《马克思恩格斯全集》42卷，65页，北京：人民出版社，1985年。

从而在他所创造的世界中直现自身。^①另外，根据马克思的关于人的本质的论述，人并非抽象地存在于这个世界上，而是各种关系的存在物。据此而论，人的再生产实际上是各种关系的再生产。

布尔迪厄的实践理论吸收了马克思的再生产理论。他的场域概念就是关于关系的阐述。因而，马克思的再生产理论到了布尔迪厄那里就变成了场域的再生产与再建构。在我看来，场域的再生产与再建构首先是通过实践者身份的再生产与再建构来完成的。

闵子祠的重建实际上正是一个多重身份再生产的过程。首先是闵子后裔的孝文化品格的再生产。为了教育下一代孝顺老人，闵人试图通过祖祠重建，来弘扬祖先闵子骞的孝文化。重建宗祠本身就是一次宗族教育的实施过程。教育是闵人身份再生产的重要机制，因为它在一定程度上保证了代际传递。在一定意义上说，闵子祠重建的动机是应当下的农村养老问题和尊祖敬宗、怀念先人之危机。这是一个把现实结构内化进当下场域重建的过程。由于种种历史原因，主要是文化象征意义在现代化过程中的转换造成了他们多重文化身份的"蒸发"，或以往文化的"死亡"。广大族人的参与过程实际上是一次在他们身上重新安装以往身份的过程，具体来说就是恢复"孝子"的文化身份与人格。闵子祠的重修包含着多元的动机和目的，一般的族众、族中的精英、地方的文人和地方官员都获得了文化身份的再生产。对于整个宗族而言，这一过程同样也再生产出以往的面相和"族格"。也许周围别的村落宗族同样追求孝道，但闵氏宗族因了祖先的缘故似乎有一种特别的渴望。

国家在这一过程中，也再生产了自身的身份。传统帝国时期（至少宋以来），国家曾经给予自己一个定位，这个定位就是支持地方社会的宗族身份。它在给出民间社会身份的时候，自己也获得了相应的身份。但是清末民国以至集体化时期的中国却重新界定了自己，将自己站在宗族文化的对立面。这样它又获得了现代性的身份与空间。到了后集体化时代以来，从公开的意识形态领域和主流话语判断，似乎

---

① 纪怀民、陆贵山、周中厚、蒋培坤编：《马克思主义文艺论著选讲》，1—2 页，北京：中国人民大学出版社，1982 年。原文见于《马克思恩格斯全集》第 42 卷。

国家并不支持建祠，但恰恰国家参与了闵子祠的重建，因而国家重新获得了帝国时期某种传统身份：支持民间的文化运动，并将其纳入国家控制的过程里面。换言之，国家征用民间符号以达成对基层社会的控制。只有首先实现各种身份的再生产，才能实现国家与社会关系的再生产。也就说，身份再生产与关系再生产是同步的。这个过程实际上就是文化的再生产。如果用布尔迪厄的理论加以解释，那么，身份的再生产当归属于寄存在各类实践者身体内部的惯习发挥了作用。是实践者授权惯习，授权以往的结构来支配自己的结果。因而，文化在一定程度上看上去是合乎某种模式的。近些年有些学者参考布尔迪厄的实践论开展中国经验研究，却看不到这类合模式的文化运动，只看到实践与表述的相背离，[①] 是失之偏颇的。这在根本上不符合布尔迪厄的信念。

在市民社会（civil society）或公共空间（public sphere）理论看来，国家与地方社会之间各自保持着一个边界，双方处于平等、协商的地位；[②] 传统中国时代，民间社会似乎游离于国家视野之外，并构成一个自治的区域。事实上，在两者之间总是有个士绅结构以及其他复杂的线索，将它们连接起来。然而，闵人的宗族史告诉我们，他们的历史结构并非完全如此。自从孔庙建立从祀制度以来，闵氏族人的命运就被纳入了国家的管理系统之中。从近世以来的情况判断，宗族组织、地方社会的行政与治安组织都并存于这个空间内，三者交织在一起形成网络结构。20 世纪的现代化过程是一个地方社会从传统结构中解放出来的过程，国家凭借其强大的组织向下迅速渗透。新的组织延伸到下边及其内部，原有的结构冰解，国家与地方社会之间形成

---

① Philip C.C.Huang, "Rural Class Struggle in the Chinese Revolution; Representational and Objective Realities from the land Reform to the Cultural Revolution", *Modern China,* Vol.21, No.1, pp.105–143, 1995；黄宗智：《中国革命中的农村阶级斗争：从土改到"文革"时期的表达性现实与客观性现实》，《中国乡村研究》第 2 辑，66–95 页，北京：商务印书馆，2003 年。

② Jürgen Habermas, *The Structural Transformation of the Public Sphere: An Inquiry into a Category of Bourgeois Society,* trans. by Thomas Burger with the assistance of Frederic lawrence, Cambridge: Polity Press, 1989.

了新的共同体（这是杜赞奇的主要见解）。20世纪80年代以后，国家的权力逐渐从乡村淡出（部分的），国家希望民间调动自己的资源谋求发展和解决实际问题。这在一定程度上造成了两者关系的疏离。当然乡村社会也并没有被演绎成一个公民社会。不过，这种疏离有可能减弱国家在地方社会中的权威与影响，为了弥补这种削弱，国家将不失时机地介入闵祠重建的过程中。国家希望找到自己的归属感，① 民间社会也同样希望找到自己的归属感，并且是在对方的躯体内部找到，从而完成新一轮的国家与乡村宗族共同体的再造及秩序的重组。这是一种情境性归属感。②

但是从另一个角度看，这种归属感的外显也仍可看成是一种深潜的结构或惯习在发挥作用，以至于造成了国家与闵氏宗族之间的"闺蜜"关系。拿闵氏宗族一方来说，传统时代，国家让他们闹宗族，他们就闹宗族；20世纪前半期和中期，新国家不允许他们搞宗族，他们就放弃了宗族；20世纪后半期以来，国家重新理解了传统文化并沿着市场经济方向推动，闵氏宗族同样积极配合。当下闵氏宗族的重建实际上是这种沉潜在集体记忆中的结构使然。所以，我们在看到理念和归属感发挥作用时，也要同样注意到惯习的价值。本书并不仅仅把宗族看作一种文化传统，而是把宗族人群对待国家的态度看成一种传统。乡村宗族与国家的闺蜜关系能给闵人提供一种文化的持续意义，以及某种具有文化认同的意义。

本书导论第二节曾提到萨林斯的一些观点。如，"历史乃是依据事物的意义图式并以文化的方式安排的"③，"文化在行动中以历史的方式被再生产出来"④，"事件被嵌入到先验的范畴，而历史就在于现

① 这里借用钱杭的智慧。他的归属感概念，实际上是行动者遵循理性的召唤。当然，在本书中我有时使用"归属感"时是指"结构上的归属"，这样，我又把"归属感"一词改造为惯习了。
② 杜靖：《四维归属感：重释当代汉人宗族建设——兼与钱杭先生讨论》，《探索与争鸣》，2015年第4期。
③ 马歇尔·萨林斯著，蓝达居、张宏明、黄向春、刘永华译：《历史之岛》，3页，上海：上海人民出版社，2003年。
④ 马歇尔·萨林斯著，蓝达居、张宏明、黄向春、刘永华译：《历史之岛》，3页，上海：上海人民出版社，2003年。

时的行为之中。……通过将存在的独特性包容于概念的熟识性，人们把他们的现在嵌入到过去之中"。① 国家与闵族之间的这种"闺蜜"关系（无论怎样都是配合的）实际上就落在了萨林斯"并接结构"之解释力的范围。

其实，我们还可以用福柯的理论来理解这种复杂现象。在《事物的秩序》一书中，福柯提出了"实证无意识"（positive unconscious）概念。福柯研究科学史和思想史与以前的局限于某一学科内部的研究范式不一样，他不是在一个学科内部去寻找解释、联系和因果。相反，他是要在不同的学科底部，在各种异质性话语和知识下面寻觅共同的语法逻辑，即"实证无意识"。在福柯看来，这种"实证无意识"是决定各门学科和知识的潜在条件，它是它们共同的构型规则，是它们得以显现的基础。各种各样的异质性话语因为这样的"实证无意识"以及共同的构型规则而联系在了一起。照此理解，闵氏宗族作为一个人群与国家不同时段的合作或配合就是一种"实证无意识"和"共同的构型原则"。② 传统时代的宗法或宗族话语、现代化的话语、土改的话语、集体化的话语、改革开放时代的话语以及它们的实践，从文化制度看，是变化的，是丰富多彩的，是非常异质的，甚至是互相抵触和彼此解构的，但是，不管它们之间如何异质，而在一点上却是共同的，即作为一个人群始终与国家相配合。这种"实证无意识"和"共同的构型原则"使我们看到了千年闵族不变的一面，使我们看到了历史和现实间的隐喻（metaphor），或者是二者的相互表征（representation）。

隐喻虽隐，实则为显；是"隐"显，而不是"明"显。所谓"显"即海德格尔（Martin Heidegger）哲学中的"是"。那么，是，是什么呢？是，即"澄明"，是在场。③ 过去，往往在当下中得到澄明。

---

① 马歇尔·萨林斯著，蓝达居、张宏明、黄向春、刘永华译：《历史之岛》，188 页，上海：上海人民出版社，2003 年。

② Michel Foucault, *The Order of Things: An Archaeology of the Human Sciences*, "preface", Vintage; Reissue edition, 1994.

③ 杜建国：《语言、意向与存在》，31–37 页，北京：科学出版社，2015 年。

王阳明在庐陵任县令，曾捉住一个江洋大盗。大盗冥顽不灵，未曾屈服于各种刑具。阳明亲自过问，大盗以一副死猪不怕开水烫的架势说："要杀要剐随便，不必废话！"王阳明答道："那好，今天就不审了。不过，天气炎热。尔还是把外衣脱了，我们随便聊聊。"大盗说："脱就脱！"过了一会，王阳明又说："天气实在是热，不如把内衣也脱了吧！"大盗仍然是一副不以为意的态度："光着膀子也是经常的事，没什么大不了的。"过了一会，阳明又云："膀子光了，不如把内裤也脱了，一丝不挂岂不自在？"大盗这回一点都不"豪爽"了，慌忙摆手说："不便，不便！"阳明说："有何不便？尔死都不怕，何在乎一条内裤？看来尔还有廉耻之心，有良知，并非一无是处！"[①]世人读到这则故事，他所获得的信息是：王阳明的慈悲以及巧妙的感化方式。其实，这是"明"显。在我看来，这则故事真正要告诉我们的是"层层剥去外在东西而逐渐明心见性"的修行方式。这就是"隐"显。田野考察中，贵在有"隐"显的阅读技能。

再回到正题。民间日常生产、生活只要存在再生产的空间，那么，其各种文化性身份也不可避免地获得了绵延。生育、婚姻、丧葬、祭祀及各种常规性生产活动和生活过程，无不生产闪人的文化性身份和人格。比如，在贺生、婚姻、丧葬、分家和调解等过程中舅舅的出场，实际上就是舅舅的文化身份（即娘舅权）再生产的过程。民俗礼仪、生产生活不仅生产了农业社区中的各种文化身份，同样也再生产出了各种关系。舅舅和娘舅权的再生产涉及彼此的权利和义务的再生产，实际上是一个甥舅关系的再生产。五服和姻亲互助性身份就是在各种民俗礼仪和日常生产生活中得以不断记忆、强化的过程。在这样的过程里面，在各种角色重生的基础上，五服和姻亲共同体获得了传承。因而，一个涉及更大范围的乡亲社区共同体获得了其稳定性，并由此达成了一个文化实体的赓续。[②]

当农业社会受到来自外部世界的文化冲击，其各种社会角色和关

---

① 佚名：《"千古第一等人"王阳明，十个小故事一生受用》，微信爱微帮"野史秘闻"，http://www.aiweibang.com/yuedu/178474860.html，2017年1月4日。

② 杜靖：《九族与乡土：一个汉人世界里的喷泉社会》，北京：知识产权出版社，2012年。

系以及多层级共同体不能再生产时，或者称之为跟传统断裂时，就会产生焦灼、痛苦的感觉。在文化冲突中，他们迷失了以往，寻觅不到从前的身份，在这个变迁的年代里他们遭遇到了似乎从未有过的严重的身份认同危机。新国家的文化实践难以直观到原来的自身，更难以观照原来的自身的力量。祠堂的重建和家族联谊会的建立似乎是一种"复魂"仪式或者惯习的"显灵"。

在最激烈的文化变迁年代里，惯习仍然没有被根除。在现代化的实践中，理论上的预设和实际行动所达成的结果并不完全一致。文化变革的预设（cultural preposition）有时候被我们身体内长期寄存的惯习所掣肘，而这种惯习又难以为日常行动所觉察。尽管反思性是现代化的一个重要特征，但是我们看到，中国过去所进行的一些现代化改造并不具备这样的反思性表述特征。我们"在努力把传统农民从草菅人命的迷信习惯中解放出来的同时，新权力秩序又恰恰加强了传统文化中的某种规范"①。50 年代以后的闵村政权虽然按照国家的意志建立在乡村共同体基础上，但实际上仍然被有着地缘认同的宗族裂变体所支配，这种支配很难绝对排除某些家族主义的管理模式。1958 年"大跃进"期间的吃食堂就颇类似一个大家庭，大队书记很像一个大家长。时间一长，个人关系网就出现了，它以复杂的方式维系着体制的存在。这中间结构不仅是上下层之间的，农民也不是让领导任意摆布的小卒。地方干部竭力追求并赢得上层领导控制的资源，正如在不同朝代许多人所做的那样，农民则和他们在官场中姻亲及庇护人同样试图逃避、偏离和削弱不利于地方利益及价值观念的要求和冲击。②这就是说，公共领域已为私人领域所侵袭与演绎。很多情况下，表面看是符合现代化的国家制度的设计，实际上真正要表达的却仍是传统价值观念。一方面我们看到闵祠重修的批准权掌握在国家手里，而闵人在按照官样程序运作的同时，另一方面又运作私人空间或者以私

---

① 弗里曼、毕克伟、赛尔登著，陶鹤山译：《中国乡村：社会主义国家》，2 页，北京：社会科学文献出版社，2002 年。

② 弗里曼、毕克伟、赛尔登著，陶鹤山译：《中国乡村：社会主义国家》，3 页，北京：社会科学文献出版社，2002 年。

人空间的符号和资源来达成文化重建之目的，将亲属群的理念渗透进国家肌体里面。波特夫妇同样指出，华南宗族在革命年代里仍然保留下一个深层的传统结构问题。他们认为，过去四十年中，不论搞合作化还是人民公社运动，都以"宗族村"（lineage-village）作为某种行政基础。波特夫妇说："最低一级的行政和经济会计单位继续与传统父系族群（宗族或宗支）合而为一。集体在结构上继续是传统亲族群体的隐含模式。因此，古典宗族的深层结构得以延续。"[①] 在这个意义上，现代化被传统所反向利用。这种场景性的存在，也为其他的传统复归与再生产创造了条件。

这种没有被根除的惯习为后集体化时代的文化再生产奠定了基础。不过，闽族文化再生产的现象也可以用本土学者所倡导的"理念"概念加以解释。

二、理念在文化再生产中的地位

布尔迪厄在发明"惯习"这个概念时，是希望解决"理性"这个概念的局限性问题，因为当年他所面对的论敌是胡塞尔及梅洛-庞蒂的现象学和萨特的存在主义等。他认为，他们过分夸大了主体的价值，这使得他最终还是沦为一个结构主义者。我们认为，惯习固然重要，但同样不能否定理性的作用和价值。尤其不能否定理性邀请结构来到当下的事实，不能忽视主体授予结构统治自己的可能。

理念在文化再生产中的地位可用金翼之家的命运说明。青年时代的黄东林和张汾州都遭受了贫穷和居无定所之苦。后来两人经营生意成功，为家族发展奠定了基础。第二阶段黄家和张家遇到了麻烦和遭受不幸，但是张家因不能做出文化适应而衰败；黄家凭借以往的经验而挺过来，并取得成功。张家从生活的画面中隐失后，黄家继续奋斗，并迅速与地方政治建立网络，获得了更大的成功。但是，巨大民族危机的来临使得黄家重又返回初始状态。但黄东林在晚年把种子埋

[①] Sulamith Heins Potter and Jack M. Potter, *China's peasants: The Anthropology of a Revolution*, pp.251-269, Cambridge: CambridgeUniversity press., 1990.

入土地。[1] 到 20 世纪 40 年代末期，金翼之家的第二代人物四哥志司因为不能预估和把握社会变迁的方向而购买了 100 多亩土地和大量山林，加之为人刻薄，在 1949 以后的土改中终于被人民政府枪毙，之后黄家复进入衰败状态。20 世纪 80 年代国家实行改革开放，金翼之家重新抓住机会培养银耳走上了新的发展之路。[2] 这个案例反映了林耀华和庄孔韶两代人类学家对文化再生产的兴趣。黄家之所以一次次恢复、崛起，关键在于内心的一种文化理念。[3] 据庄孔韶的理解，这种理念后来被儒家学者以文字的方式固定在文本里，而文本最终又返回到乡村世界中被实践。

同华南金翼之家的命运类似，山东闵村闵氏族人之所以能够重建他们的文化，其根本的机制也在于一个深藏内心的情结（若就民间社会单方面而言）。尊祖敬宗、崇奉先人、讲求孝道是深植闵人内心的不死的理念。这些理念通过日常生活、礼仪、教育等多元途径的实践，将其输入人们的内心，形成一种内在人格结构。这种内在特质虽然受到现代化运动的部分冲击，并在特定历史年月受到抑制，但是它们并没有自灵魂深处遁迹，而是漂浮在信念和情感之中。一旦现实境况默允，它们就会迅速附着在一定媒介上表达出来。这就像一粒种子，当遇到合适的气温、水分和光照的时候，它就会发芽；当现实条件不具备的时候，它就无法加以表征化。这也就是说，传统文化的重建还必须具备现实的再生情景。当然，我们已经看到，这种被压抑的部分只是表现在公共文化空间里面，对于大部分私人空间——主要指五服和姻亲空间——却并未受到太多的影响，生育、婚姻、丧葬和部分祭祀等民俗活动仍在国家力量所达不到的空间里传承下来，并构成基层大众的最为根本的文化实践。从功能论的角度审视，它们具有新

---

[1] 林耀华:《金翼: 中国家族制度的社会学研究》, 206–214 页, 北京: 生活·读书·新知三联书店, 2000 年。

[2] 参见庄孔韶:《银翅: 中国的地方社会与文化变迁》, 第四章 "谷地之火"（74–101 页）和第七章 "银翅的舒展"（171–194 页）, 北京: 生活·读书·新知三联书店, 2000 年。

[3] 参见庄孔韶:《银翅: 中国的地方社会与文化变迁》, 第十章 "宗族与房的理念与行为"（246–282 页）, 北京: 生活·读书·新知三联书店, 2000 年。

制度不可替代的历史和现实功用。这种具有根基性的文化实践为公共空间里的文化活动奠定了一份坚实的再生基础，这是一种公共文化再生的温床。[1] 如果这种基础被革除的话，闽人今日是否还能重建家祠进行祭祖，恐怕将构成一个文化上的悬疑。武雅士的"新封建主义"（new feudalism）主张，现代的中国农民之所以对传统习俗情有独钟，是因为传统的中国文化的某些方面满足了情感上和理性上的需要。[2] 武雅士在此也强调理念的价值。

庄孔韶讲的"理念"与布尔迪厄讲的"惯习"或"习性"，以及萨林斯讲的"意义的图式"，三者之间究竟存在怎样的关系？这是很值得进一步比较与思考的。

尽管看起来，布尔迪厄的"惯习"或"习性"概念在理论设计上与"理念"针锋相对，一个强调先验认知图式的作用，一个强调理性意识的价值，但二者所注重的都是关于文化传统的使用问题。在前者眼里，传统来到当下，对于实践者而言是没有意识到的，可是对于后者来说，实践者则是诉诸了理论的自省与反思，是经过了心的挑选以后，传统才来到现在的。

三、文化的发明与创造

文化的再生产和各种身份的再生产并非无视文化的发明与创造，否则便难以全面理解国家与地方宗族的关系，更无法了解一部中国历史。

文化的再生产并非完全的复旧或者机械的发生历史循环。萧凤霞认为，文化的复兴并不是传统的真实的复制，虽然现在的婚礼也有着传统的仪式程序，但今非昔比，因为前后的意义已经发生了根本性的

---

① 杜靖：《九族与乡土：一个汉人世界里的喷泉社会》，北京：知识产权出版社，2012 年。
② Arthur P. Wolf, "The 'New Feudalism': a Problem for Sinologists" in P.M.Douvv& P. Post (eds), *South China: State, Culture and Social Change during the 20th Century*. Proceedings of the Colloquialism, Amsterdam, pp.77–84, 1995 (22–24 May).

转变。① 意大利文艺复兴运动其目的并不在于复古，而在于借助复古提倡一种新的人文精神。我们发现，闵人今日重建家祠既有跟他们的先人面对着的同样困境，也有跟从前不一样的困境。若着眼于后点，这种重建恐怕应该定义为一种文化发明与创造，这个过程采取了貌似传统的形式而已。霍布斯鲍姆说："总之，它们采取参照旧形势的方式来回应新形势，或是通过近乎强制性的重复来建立他们自己的过去。"②

具体到闵氏宗族来说，养老问题是古今闵氏族人面对的同样的生存困境。尽管眼下不孝行为过于往昔，但丝毫不能断定往昔的闵人个个都是孝子。否则，鞭打芦花故事也就会失去现实的意义和依托，以致在历史的中途失落了流传的翅膀。但是，我们仍应该看到，以往孝道的危机和 20 世纪以来的孝道危机是不一样的。经济因素、自私性和孝心等恐怕构成从前危机的主要原因。而 20 世纪的孝道没落除了这重因素外，恐怕要归咎于现代化制度的设计及其整体性运动。旧时代只是偶尔有个别狷介狂生非孝，而 20 世纪的非孝则成为一个时代主流话语。在这样一种背景下重建家祠，振兴孝道，其根本的指涉是不一样的。现代中国尽管取得了一系列举世瞩目的成就，但是囿于自身的经济实力，仍然在解决养老问题上存在诸多困境，于是国家不得不把这个问题交给家庭自身。对于农人而言，当国家的资源不能获得的时候，他们只好诉诸传统的文化资源，希图通过对传统的召回来达成对现实困境的摆脱。这是农人的聪明才智，因为在他们的身边似乎没有更多的、更好的文化选择，或者说，他们现有知识或能力尚不能把其他的文化资源加工成赖以生存的凭借，因为他们的知识结构还不能加工这些东西，自然这些东西也就落不进农人的文化眼光里面去。

---

① Helen F. Siu, *Agents and Victims in South China: Accomplices in Rural Revolution*, New Haven: Yale University Press, 1989。王斯福认为，询问传统制度是否为真正过去的重复，是没有多大意义的；同样地，询问它们是否是全新的也没有多大意义［具体见王斯福著，赵旭东、孙美娟译：《什么是村庄》，《中国农业大学学报》（社会科学版）2007 年第 1 期］。
② 霍布斯鲍姆、T. 兰格著，顾杭、庞冠群译：《传统的发明》，"导论"，2 页，南京：译林出版社，2004 年。

从这层意义上说，闵祠的重建有着文化上的发明与创新。至于在文化的表现形式上，闵祠重修有着更多的发明与创造。比如，组织形式、动员途径与媒介、闵子骞塑像的不同以往和新的祭祀庆典仪式都跟传统有了不一样的文化面目。

当然，这个"发明"与"创造"更在于宗族重建中的多元心音。这种多元心音绝非作为礼制的传统宗族概念所设计的内容。当我们在当代宗族重建中听到了这些异质性心声的时候，我们怀疑：这是搞宗族吗？这还是宗族吗？

四、对"士绅分析模式"的反思：多元声音的考察路径

在国家与地方社会关系研究中，士绅作为一个独特的角色被中外学者们格外看好，因为在国家与地方之间，士绅介于中间而起到桥梁沟通作用。如果不了解士绅这一形象，我们就不能真正了解国家如何进入基层社会，更无法了解地方社会对国家下渗的反应，从而不能了解地方社会之运转。自 20 世纪 40 年代以来，中外学者对中国社会中的士绅阶层开展了大量研究（集体化三十多年期间，中国大陆学界对此缄默），其势头时至今日未见衰败气象，各种理论层出不穷。我总体上称之为中国社会研究中"士绅分析模式"。徐茂明对此有过较好的梳理、回顾与分析，[①] 而他本人对 1368—1911 年间江南地域社会中的士绅也做了比较全面的考察，[②] 于此均不再赘言。

从某种意义上说，宗族的建立与运转的确离不开士绅，特别是许多宗族的建立，可以说多由个别士绅发动和倡导，被士绅们视为一项文化事业，因而在族的建立和运转之中，士绅获得的个人人生意义也许最大，没有士绅的积极倡导、发动和参与，许多制度性宗族在中国可能就建立不起来。在这个意义上说，无论怎样强调士绅的作用都不

---

① 徐茂明：《明清以来乡绅、绅士和士绅诸概念辨析》，《苏州大学学报》（哲学社会科学版），2003 年第 1 期；徐茂明：《江南士绅与江南社会（1368—1911 年）》，13—70 页，北京：商务印书馆，2006 年（2004 年版）。

② 徐茂明：《江南士绅与江南社会（1368—1911 年）》，北京：商务印书馆，2006 年（2004 年版）。

为过。认识到这一点，也许理解中国宗族时会避免方法论上的诸多困境。除了本书导论所展现的弗里德曼的观点外，我们还可以从其他学者的观点中看到。这里以华南学者为例。比如，科大卫和刘志伟在2000年联合发表的一篇文章中认为，华南宗族发展是明代以来国家政治变化和经济发展的一种表现，它并不是因血缘或亲属关系而被结构起来的。宗族的出现，是宋明理学利用文字的表达，改变国家礼仪，在地方上推行教化，建立起正统性的国家秩序的过程和结果。宗族意识形态向地方社会的扩展与渗透，以及宗族礼仪在地方上的推广，实际上是一个地方认同和国家象征相互动的过程。[①] 在 2007 年科大卫出版的《皇帝和祖宗：华南的国家与宗族》一书中，他明确阐述道："到了 17 世纪，宗族与宗族礼仪已经在珠江三角洲落地生根，这意味着，不仅政府深受文人影响，社会所有阶层的仪容、风格，也都深受文人影响。"[②] 又，在同一书中他认为，明清的华南社会"被士绅化"了："从乡村到宗族的演变，必须被普通的乡民内在化，这样，乡民才能够成为一个大社会的成员。这样一个由士绅领导的社会，是先创造于意识形态之中，而后变成现实的。"[③] 科大卫的意思是说，正是得力于士绅的倡导和推行，国家和地方才得以连接在一起，地方成为国家的地方。[④] 张小军深受科大卫等人的影响（笔者一向将其视为华南学术共同体的代表人物之一，当然他早年也受了庄孔韶的影响），在《"文治复兴"与礼制变革：祠堂之制与祖先之礼的个案研究》一文中说，从宋元到明清，中国社会步步形成士大夫、国家与庶民共谋的"共主体性"的政治文化。所谓"共主体性"是指国家、士大夫与庶民三者共同承担和替代各自主体行使权力、运行功能和表达意义的特征，它反映了

---

① 科大卫、刘志伟：《宗族与地方社会的国家认同——明清华南地区宗族发展的意识形态》，《历史研究》，2000 年第 3 期。
② 科大卫著，卜永坚译：《皇帝和祖宗：华南的国家与宗族》，174 页，南京：江苏人民出版社，2009 年。
③ 科大卫著，卜永坚译：《皇帝和祖宗：华南的国家与宗族》，180 页，南京：江苏人民出版社，2009 年。
④ David Faure, "State and Rituals in Modern China: Comments on the 'Civil Society' Debate"，见王秋桂、庄英章、陈中民编：《社会、民族与文化展演国际研讨会论文集》，509–535 页，台北：汉学研究中心，2001 年。

深层次的共谋政治文化，有别于国家与社会的二分模式。"祠堂之制"（伴随着国家礼仪的士庶化）和"祖先之礼"（伴随着民间礼仪的国家化），则是宋代儒家士大夫企图恢复尧、舜、禹三王之治的运动——"文治复兴"中开始的士大夫重要的"制世定俗"的礼制变革和文化实践。"文治复兴"的积极贡献之一是客观上将民众动员和调动起来，参与国家的治理和政治事务。虽然民众并不简单屈从于帝士共治的"修齐治平"，却因此"激活"了他们的多元发展空间。南宋以后，国家政权南迁，国家正统意识浸润华南，而士大夫文化，比如宋代新儒学和理学也同步在南方渗入基层，华南地域由此被政治启蒙和"文治复兴"激活，经济和文化有了空前广泛的发展，遂出现了华南大规模造宗族运动。[①] 士大夫推动的礼仪化运动之于宗族的影响，同样见之于华南学术共同体更加年轻一代学者的研究中。[②] 这些研究使我们有理由相信，要想进一步推动国家与地方关系中的宗族研究，就必须抓住士绅这个角色，由此才能把宗族模式和士绅解说模式结合起来，从而有助于理解国家与地方关系之间的互动。

结合本书研究案例来说，士绅确实在中国地方社会运转方面发挥着关键作用。首先，没有传统士绅的积极努力，闵子祠也不能一次次获得重修，他们通过建立闵子祠来向基层大众传播孝道，维护地方社会的人伦风俗。其次，士绅能够代表村落宗族与国家（包括国家的代理人——皇帝）同各级政府打交道，获得帝国对乡村及宗族发展的支持，同时也为帝国服务。再次，他们在保护村庄和宗族免于战争、组织日常运转，以及与村落外部其他世系群互动时都发挥着重要作用。

尽管如此，宗族研究中的"士绅分析模式"仍有其局限性。为此，我们必须先弄清楚什么是士绅或曰士绅的范围。

按照通常的理解，所谓士绅就是在帝国时期获得各种功名的人和官员，他们有着较高的社会地位和修养。当然，关于士绅的范围界定

---

① 张小军：《"文治复兴"与礼制变革：祠堂之制与祖先之礼的个案研究》，《清华大学学报》（哲学社会科学版），2012年第2期。

② 贺喜：《亦神亦祖：粤西南信仰构建的社会史》，北京：生活·读书·新知三联书店，2011年。

各家并不一致（下面的梳理深受徐茂明《明清以来乡绅、绅士和士绅诸概念辨析》一文和其专著《江南士绅与江南社会（1368—1911年）》的启发）。

费孝通认为，士绅是退休官僚或官僚的亲戚，他们在野而不能握有权力，但朝廷内部有人和势力。[1]吴晗则强调，官僚、士大夫、绅士，是异名同体的政治动物，士大夫是一个综合名词，包括官僚、绅士两个名词，官僚是士大夫在官时的称呼，而绅士则是官僚离职、退休、居乡（当然也可以居城），以至未任官前的称呼。[2]史靖主张，缙绅是专指那些有官职科第功名居乡而能得到乡里敬重的人士。史靖强调士绅的道德性，将土豪、劣绅、地痞排除在外。[3]张仲礼坚持用学衔和功名来指认士绅身份。他认为整个士绅群体可大致包括两类人：下层集团包括生员、捐监生以及其他一些较低功名者；上层集团则由学衔较高的以及拥有官职——不论其是否拥有较高的学衔——的绅士组成。[4]瞿同祖认为，中国绅士阶层是非正规权力方式控制地方事务的"地方精英"（local elite）。就清代而言，其包括两个阶层：一、官员：现任、退休或革职者，即official-gentry。二、各级学衔获得者（含文、武两科），即scholar-gentry。[5]萧公权干脆简练地称之为"有官职或学衔的人"。[6]孔飞力则采用elite这个概念，且将其分成全国性名流、省区名流和地方名流三类。[7]费正清将士绅分为狭义与广义理解，狭义的士绅是指通过考试和捐纳取得功名者，广义士绅包括国家官员，但同

---

① 吴晗、费孝通等著：《皇权与绅权》，9页，上海：上海观察社，1948年。
② 吴晗、费孝通等著：《皇权与绅权》，49页，上海：上海观察社，1948年。
③ 吴晗、费孝通等著：《皇权与绅权》，157页，上海：上海观察社，1948年。
④ 张仲礼著，李荣昌译：《中国绅士：关于其在19世纪中国社会中作用的研究》，1-4页，上海：上海社会科学院出版社，1991年。
⑤ Tung-tsu Chu, *Local Governmnt in China Under the Ch'ing*, pp.169-172, Cambridge Mass.: Harvard University Press, 1962.
⑥ Hisao Kung-Chuan, *Rural China: Imperial Control in the Nineteenth Centry*, Seattle: University of Washington, 1960.
⑦ 孔飞力著，谢亮生、杨品泉、谢思炜译：《中华帝国晚期的叛乱及其敌人：1796—1864年的军事化与社会结构》，4页，北京：中国社会科学出版社，1990年。

时他们又具备宗族成员身份，甚至大地主也被看作广义士绅之列。[①] 比较之前的学者，费正清能够看清士绅的双重身份。国内部分社会史学者近年来也就士绅各自给出不同理解。比如，任昉就主张，士绅包括上层士绅（曾经的和现任的正式官员）和下层士绅（府州县学的生员和国子监里的监生）。[②] 马敏同样把士绅理解为两类：以科举功名之士为主体的在野社会集团和通过捐纳、保举等手段获得身份和职衔人员。马敏将官员排除出士绅之列。[③] 王先明则主张，无论举贡生员还是乡居缙绅，凡取得国家法律所认可的身份、功名、顶戴者，不管出仕不出仕，都算作绅士阶层。[④] 徐茂明在梳理完上述主要观点后，则主张士绅"主要是指在野的并享有一定政治和经济特权的知识群体，它包括科举功名之士和退居乡里的官员"[⑤]。

随着哈贝马斯公民社会理论的产生，一些西方学者试图将其移进中国社会中进行观察。有的学者认为，自明朝后期以来，民间出现了慈善机构；[⑥] 有的学者主张，独立于国家的志愿组织在明清两代有悠久传统，其活动形成了一个"民间社会"，构成了"公共空间"。[⑦] 科大卫反对这样的见解，他认为在中国并不存在这样的公共空间，士绅的礼仪革命将地方与国家结构在了一起。[⑧] 科大卫其实是反对"国家"与"社会"二分的研究。黄宗智的观点相对科大卫来说，稍显温和，

① 费正清、赖肖尔（Edwin Reischauer）著，陈仲丹等译：《中国：传统与变革》，192 页，南京：江苏人民出版社，1996 年；费正清著，张里京译：《美国与中国》，33 页，北京：世界知识出版社，1999 年。

② 任昉：《明代乡绅》，《文史知识》，1993 年第 2 期。

③ 马敏：《官商之间：社会剧变中的近代绅商》，21–23 页，天津：天津人民出版社，1995 年。

④ 王先明：《近代绅士：一个封建阶层的历史命运》，6–10 页，天津：天津人民出版社，1997 年。

⑤ 徐茂明：《江南士绅与江南社会（1368—1911 年）》，23 页，北京：商务印书馆，2006（2004 年版）年。

⑥ Mary Backus Rankin, "Some Observations on a Chinese Public Sphere", *Modern China*, Vol.19, No.2, pp.158–182, 1993.

⑦ William T.Rowe, "The Public Sphere in Modern China", *Modern China*, Vol.16, No.3, pp.309–329, 1990.

⑧ 科大卫：《明清社会和礼仪》，298–299 页，北京：北京师范大学出版社，2016 年。

他主张在国家与社会之间有个第三空间（third realm）存在。[1]科大卫和黄宗智的立论是根本不同的，但在反对国家与社会二元论的见解上怀揣着同样的目的。

从上述简要回顾中可以看出，不同的学者对士绅的理解并不相同，但我们仍能看出一些共同的特点来：第一，上述这些学者所指的士绅不论外延存在怎样的变化或伸缩，但多指帝国时代和近代中国社会里的情形；第二，上述学者所指士绅，多指有良好文化修养和道德修养的人士。所以，我们看到，士绅在中国基层社会运转中毕竟只是一部分人群，未必就能涵盖尽所有的发挥作用的关键社会角色。比如，没有涵盖史靖所言的土豪、劣绅、地痞等。所以后来杜赞奇用自己发明的"经纪人"[2]这一概念来替代。杜赞奇实际在一定程度上抛弃了士绅分析模型，[3]因为他明确阐述道："再重复一遍，在分析帝国政权与乡村社会的关系中，经纪模型比'乡绅社会'模型更为确切。"[4]如果进一步推敲，实际上在乡村社会中，有些乡村"代表"在做事时，既忠于国家，也忠于村庄或宗族族人，同时也能忠于自己的"私心"。那么，这类情形不论是杜赞奇的赢利型经纪还是保护型经纪概念都没法触及。20世纪50年代以来，传统士绅基本已经消失，乡村社会代之而出的是新国家所培养起来的一群新的"乡土精英"，比如，大队干部或村两委领导，和一些居住于乡村的教师，等等，即使在国家体制内的行政事业编制人员，也很难跟传统时期的士绅画等号。西方一些学者往往从"功能"角度考虑，将村干部比附为传统士绅。[5]比如，

---

① 黄宗智：《中国的"公共领域"与"市民社会"？国家与社会间的第三领域》，见黄宗智：《经验与理论：中国社会、经济与法律的实践历史研究》，159—177页，北京：中国人民大学出版社，2007年。

② 杜赞奇著，王福明译：《文化、权力与国家：1900—1942年的华北农村》，"中文版前言"，28–39页，南京：江苏人民出版社，2003年。

③ 但另一方面，杜赞奇又用"士绅"和"经纪人"这个角色将各种"权力、文化网络"串联起来。

④ 杜赞奇著，王福明译：《文化、权力与国家：1900—1942年的华北农村》，36页，南京：江苏人民出版社，2003年。

⑤ Franz Schurmann, *Ideology and Organization in Communist China*, Berkeley: University of California Press, 1968.

戴慕珍（Jean Oi）认为，国家政策的实施是通过基层村干部得以贯彻的，同时，基层村干部与其下面的村民之间维持着庇护与被庇护的网络关系；^① 许慧文（Vivienne Shue）认为，村干部使用公共资源来增进自己的利益，同时保护村民防止侵害。^② 这显然忽略了传统士绅和"新士绅"之间的文化修养和人格品德差异。不论怎样争论，大家都是围绕着国家与地方的关系来讨论士绅问题。

士绅分析模式有一个陷阱：以往宗族建立和运转留下的资料往往是士绅自己撰写的，他们多把普通族众忘记或至多一笔带过。这样的资料实际上是士绅们的"英雄传记"，看不到其他的形象，包括真实的士绅本质。再者，士绅们会把自己真实的心迹隐藏起来，或者故意忘却或强调某些方面。所以，我们看到，社会史的宗族研究，呈现出的宗族活动多是士绅们的"业绩"，看不到广大普通乡村民众和其他社会阶层的身影。再者，传统书写方式，所留资料多是粗线条的，能给我们留下鲜活的生活细部太少。社会史研究往往囿于自身学科的研究方法和取向，当然更主要是所利用资料的局限性，不能细腻地展示多元社会声音。而人类学家则不同，人类学主要是从事"当代民族志"研究工作，参与观察法和参与访谈法能使他们跟研究对象生活在一起，亲自参与他们的活动，与他们交流并产生类似的体验与感受，故能捕捉一切被文化浸润的细节，由此提炼出相关的社会文化模式。所以，我觉得"士绅分析模式"在解释国家与地方关系的时候虽然有其学术价值，但仍然存在诸多理论困境，简单地理解士绅的表面和过分地强调士绅这一社会角色未必能说清楚中国地方社会运转的真相。

以往的士绅研究由于事先设置了一个"国家与地方关系"的分析框架，很容易对士绅理解停留在一种简单认识上，即把他们视为二者之间的桥梁或中介，做出要么代表 A（国家）、要么代表 B（人民）、要么代表他们自己（士绅）的化约式判断，看不到作为一个活生生的个体去捕捉自我的人生意义，多过分将其类型化处理，从而失之于简

---

① Jean Oi, "Communism and Clientelism: Rural Politics in China", *World Politics*, 1985, Vol.37, No.2, pp.238–266.

② Vivienne Shue, *The Reach of the State*, California: Stanford University, 1988.

单。首先，士绅是游移的，在不同场域里其扮演角色不同，代表不同的利益群体。其次，传统士绅在乡村活动中并不是带着一种身份参加的，往往是多种身份到场。有的身份是表面的，有的身份是潜藏着的，潜藏着的往往通过表面的来获得表达。我们既要看到"国家-地方"的结构赋予士绅的行动，也要看到作为一个社会类群所追逐的社会与象征意义，更要看到这个类群内部复杂的具有高度异质性的个体。要把每一次活动都看成一种独特的文化实践，才能真正将"国家与地方"关系中宗族研究模式在理论上做出推进。

必须把士绅放在各种场域里加以解读。士绅不仅存在于宗族场域中，也存在于官方场域中，更可能广泛栖存于地方社会的其他场域中，比如宗教信仰、水利社会等。士绅往往把在其他场域中积累的文化资本带入宗族场域里，也可能把在宗族场域里积累的文化资本带入其他场域。

就"过分地强调士绅这一社会角色"而言，我们必须看到士绅之外的其他社会角色在中国社会运转中所发挥的作用，特别是在传统士绅消亡的年代。我在展现闵氏宗族发展历程时，格外注重挖掘军人、土匪、杜赞奇意义上的"代理人"，1949年后大队干部、村两委，还有些传统的没有功名的读书人（"老私塾"）、中小学教师、地方文人、各层级的底层人民、各级政府官员，等等。而且注重分析这些人在参与宗族创造活动时和维持村庄运转上所具有的多重社会身份或声音，特别专注他们外表的和潜藏的心迹。针对新生代人类学家粗暴而简单化的处理，我主张不要把上层和民间社会均看成铁板一块，也不要把诸种现代化视作一个腔调，要注意挖掘其中的异质性、丰富性与多层次性，以及多层次之间的相互表述。

总的来说，我觉得在研究传统帝国历史时段时，士绅研究模式依然值得应用于思考国家与地方的关系，但要注意对人物形象的刻画，要充分挖掘他们赋予行动的"意义"，向"主体"层面探索，而不是停留于对材料的客观归纳。当进入20世纪以后，因为人类学的特殊田野手段，能与其研究对象生活在同一历史时空中，而研究对象往往还能触摸到自己所经历的并不久远的过去，所以我们能够捕捉到更加真实的历史细部，也更能观察到多样性的且多层次的人群所参与的历史实践，当采取"多元声音分析模式"较为适宜。当然，如果传统时期，我们能发现足够丰富而细腻的材料，也完全可以将"多元声音分析模式"迁移进更为久远的历史进程之中。

最后，我必须说明，"多元声音分析模式"并不仅仅关注多阶层社会行为者的心音，同样对于"国家"也持多面孔的理解。传统帝国与现代中国之间的区分自是没有问题，但单就现代中国而言，却同样是意象纷呈的。即使 20 世纪后半期以来，在中国，"国家"的面相也在集体化时期和后集体化时期呈现出不同的文化面孔来，本书已展现出这两个时段的中国对待乡村宗族的不同态度来。甚至在集体化时期和后集体化时期所实践的现代化，也是很不相同的。我们必须充分注意到国家、现代化的高度异质性，而这也是一种"多元声音"。

"多元声音"分析模式，使我们看到了以往宗族研究看不到的东西，避免了单一化的、本质化的理解。这也是"再生产"概念所无法窥察到的层面。

一切以文化实践为基准，而不是从某种理论出发。只有在实践中，我们才可以观察到"谁在操演谁"。我们可以把国家、宗族和个体三者之间的这种实践运作模式用一个图表述如下：

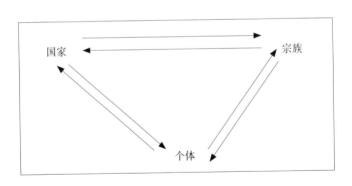

第十一章　结语与讨论（二）

这一章将讨论三个问题。我把前两个问题合为一节，第三个问题单独作为一节。

第一，我将贡献出弗里德曼"A型宗族–Z型宗族"序列演化模式所不曾包含的一个新类型：二元对立与合作下的宗族村落运转模式。

第二，针对以往结构功能论过分凸显从政治经济学的角度理解中国宗族的倾向，近年来学术界开始转向"文化性"的理解和探索。结合山东闵村闵氏宗族的情况，将讨论宗族在中国社会中发挥的作用是文化的还是政治经济的等问题。

第三，宗族究竟是国家的东西，还是父系亲属群体自己的东西？我试图在这两者之间的"游移"思路上理解中国汉人宗族。

第一节　二元裂变分支运作模式以及作为文化制度的宗族

与弗里德曼的宗族解说模式相比，山东闵村的闵氏宗族具有什么样的特点呢？一、该宗族是一个典型二元裂变分支模式；二、它的宗族制度主要表现为一种文化制度。

一、对弗里德曼A–Z型中国宗族分析模式的反思

实践理论有意避开文化模式的分析路数，强调没有方向感的实践特征，但就闵村的情形而言，我仍然认为，他们的文化经验提供了一

个弗里德曼中国宗族研究模式之外的运转模型。这在更广泛的意义上，我以为仍是一种实践，不同于东南中国的文化实践。

非洲努尔（Nuer）人的世系裂变制度指的是，在一个无国家（或无邦国）的社会里，有着相当时间深度的世系结构中，同一级别的裂变分支间的关系是平等的，当外在压力撤销时，由于内在竞争而导致最近的平等房支间分裂；但一旦外部压力出现，最近的平等裂变分支间就会自动融合在一起，共同对外。正如埃文斯－普里查德所说："任何一个裂变分支在与同一分支中的另外一个裂变支相比较时都认为自己是一个独立的单元，但在与另外一个更大分支相比较时，又把这两个裂变支看作一个统一体。在其内部成员看来，一个分支是由相互对立的裂变支构成的，但在另外一个更大分支成员的眼里，它便不再是存在裂变的单元。……一个部落裂变支在与其他同类的各裂变支相比较时，才是一个政治群体，并且它们只是在和那些与之构成同一政治系统的其他努尔部落及临近的外族部落发生关系时，才合在一起，形成一个部落。"[①] 非洲努尔人的世系裂变制度表现出可拆合性特点，既竞争又合作。福蒂斯在非洲泰兰西（Tallensi）社会也发现了类似的文化现象。[②] 这类世系裂变制度的非洲社会总之是没有高度集权政治的，因而从某种意义而言，非洲许多社会都依靠这种世系裂变制度来维持运转。

弗里德曼在中国没有找到这种可拆合的裂变世系群制度，而是发现了另一种世系群制度对于中国社会运转具有重要价值。即，他发现，在中国社会里存在宗族内部房支分化现象，强大的房支处于支配地位，弱小的房支处于依附地位，两者之间存在着庇护与被庇护的关系。我在本书"导论"第一节中已有过简明而清晰的介绍。对于这种发达的宗族构造，弗里德曼称为"Z 型"宗族（本书第四章第一节有过介绍）。显然，在其自 A 型到 Z 型的宗族系列演化模式图谱中，无法包含闽村这类乡

---

① 埃文斯－普里查德著，褚建芳、阎书昌、赵旭东译：《努尔人：对尼罗河畔一个人群的生活方式和政治制度的描述》，172–173 页，北京：华夏出版社，2002 年。

② Meyer Fortes, "The Significance of Descent in Tale Social Structure", Meyer Fortes, *Time and Social Structure and Other Essays,* pp.33–66, 2006 (1970).

村宗族。[1] 仔细阅读弗里德曼的原著，并没有发现他涉及一个乡村宗族裂变为势均力敌的两大分支的情况，在他的模型里，特别是 Z 型宗族，实际上内部具有多个分支构造，而且层级性也甚分明。

山东闵村闵氏宗族裂变为两大人群，一方面有其系谱的基础（有一支世系比较清晰，而另一支则无法很清楚地说明），另一方面又建基于一定的地缘因素和认同性。这两大分支并没有在历史上建立各自的分支族产，亦无各自的分支组织。但是，由于各种"公事"，各自内部又推举出一位"代表"来处理两大人群内部事务，而双方代表则又来共同协调处理全族事务和村务，颇有点像马歇尔·萨林斯所提的"英雄模式"世系群理论味道。虽然前村内部的世系结构清楚，但并没有组成次级的房支组织，更不用说世次无法说明的后村了。而且各自内部次级的单位之间也没有非洲努尔人的聚变现象。这样，两大宗族分支人群的"代表"会为各自群体谋求利益，自然，各自人群也会拥护自己的代表，包括帮助其谋求村庄的支配权力。比如，支持代表在新中国时期竞选村庄领导。

若从村落历史发展阶段看，闵氏宗族在不同历史时段又表现出不同的运转特征。我们有理由相信，传统帝国时期，两大地域世系群之间是相互合作的，以此共同处理族务和村务。比如，在筹集资源和动员宗族力量时，全村全族协调，两大人群的各自领导分头组织：既分工又合作。这样的机制既存在于过去重修祖庙的活动中，也存在于晚清村庄自卫战之中。所以，至少在清末两个分支世系群之间保持着团结与合作关系，但整个闵氏宗族是一个整体。民国初年，土匪、军队深入乡村，由于争夺族产，两大分支世系群之间开始出现裂隙。至抗日战争全面爆发和解放战争时期，两大世系群出现严重分裂，根本不存在合作关系。新中国时期，在新国家力量的干预下，作为面上的宗

---

[1] 在 2011 年 7 月上海大学人类学研究所举办的"民间文化与公共秩序'历史的民族志'实践及反思学术研讨会"上，我曾提交《风水、国家与宗族裂变分支》一文介绍山东闵村的世系群裂变状况，但评人钱杭教授认为，弗里德曼的理论模型里已包含了闵村的情形。但我反复考虑，觉得闵村的世系群构造还是不能为弗里德曼从 A 型到 Z 型的宗族演化模式所囊括。

族运动被压抑，但由于前期后村人群追随共产党，结果在村落政治舞台上获得支配权力，并一直延续到后集体化时期。在改革开放时代，随着后村主要领导的退休，前村世系群代表掌控了村庄权力，同时后村世系群不甘失败，虽与之展开竞争，但终在当下为前村所捕获。他们的竞争除了各自世系群内部力量支撑外，也纷纷主动利用外部，主要是国家地方政府的力量和资源。当然，在当代的竞争中，他们也为了族里的共同事务而开展合作，比如重修祖先祠堂。

所以，我们看到，在山东闵村，当两大宗族裂变分支或者因地缘或关键人物而形成的宗族内部分支集团势均力敌之时，就不会演绎出"依附与被依附关系"，更多的是竞争与合作。这种宗族内部格局很容易使外部力量进入，因为宗族分支会竞相借助外部的力量来压制对方。如果谁跟主导力量结盟，谁就会处于上风。随着外部力量的变动和调整，在村落内部宗族裂变分支间的权力格局也会因而发生变化摇摆，出现"三十年河东，三十年河西"的宗族村落的历史演化脉络和情景。

对于国家来说，它要在乡村基层运作，就必须依靠地方社会的力量。谁主动与地方社会的力量接头，谁就可能被选中，并被其委任在村庄中领导。而被委任的力量就会凭借从国家那里赋予的权力获得竞争优势。村庄中具有很多力量，究竟与哪一支合作呢？在宗族村落内部，如果是宗族房支发展不均衡的话，20世纪50年代之前政权就会利用那支曾被支配的宗族力量；在房支均衡的宗族村落中，通常是那些暂时在野的宗族房支（至于多姓村庄，在宗族裂变力量不可靠的情况下，政权就会利用那些在村庄中处于边缘的人，临时组织起村庄政权）。这些被压抑的、在野的、或边缘处的人群都恰好符合"被压迫阶级"的概念，于是在这个表面掩藏话语下，部分传统宗族分支力量得到支配权力，从而实现由"势"到"权"的社会地位之转变。这一变动的观察可以很好地反思福柯关于权力概念的分析价值。

但这并不是说，山东闵村闵氏宗族内部两个分支世系群不存在合作。在咸丰同治年间，为了防御幅军以求自保，整个宗族是统一在一起的。2000年后，在两个分支世系群就村落内部基层政权展开竞争的同时，为了解决当下农村养老及孝道问题，两者却又再度合作起来共同重建了家庙，在祖先信仰上再次合作。[①] 就连闵繁康这样曾激烈反对闵庆风的后村代表人物，也在 2017 年农历二月十四日祭祖仪式上站在了队伍的前排。这场祭祖仪式是由临沂市闵氏家族联谊会组织的，闵庆风担任会长。这些说明：在宗族遭遇外部压力时，分支世系群之间会联合成一个整体；当外部压力撤销后，宗族内部的世系群间的张力会再度凸显。这种可拆合性特征虽然在具体样式上与非洲世系群裂变制度不太一样（非洲世系群分支的压力来自同样地位的世系裂变分支，而闵村的压力是别样的社会压力，闵村没有足够多的不同层级性世系群分支可供拆合），[②] 但文化机制大致是相同的。

就中国汉人宗族制度而言，我觉得可以对弗里德曼的 A 型到 Z 型宗族序列理论模式有所丰富、补充和调整，即，必须突出三种样式：第一种是宗族现象比较弱化，内部房支之间的合作与竞争比较弱化；第二是宗族制度比较发达，世系群内部具有多层次世系分支，同一裂变水平上又存在多个地位相等的世系分支，且分支与分支间是依附与庇护关系；第三种就是本书所考察的山东闵村，整个宗族裂变为两个势均力敌的地域分支认同结构，它们同样可部分表现出非洲世系群的可拆合性特征。当然，随着汉人宗族民族志工作的未来开展，很可能还会增补其他类型。

但必须指出，严格说来，第三种模式并非弗里德曼意义上的理论

---

① 杜靖：《多元声音里的山东闵氏宗祠重建》，《中国研究》，2008 年春秋季合卷总第 7—8 期，242—272 页，北京：社会科学文献出版社，2008 年；杜靖：《祠堂重建的背后——山东闵村闵子祠重建考察记》，肖唐镖主编：《农村宗族与地方治理报告：跨学科的研究与对话》，166—193 页，上海：学林出版社，2010 年。

② 闵村最低一级的世系群规模是五服世系群（排除了出嫁女性和其他姻亲，但包括每代男性之配偶和未出嫁女子），大部分的村落家族发展至五服构造时就发生了裂变，再也不能向上继续发育。这些五服世系群之间地位是平等的，很少因为现实的功能等原因而结合成更大规模的房支。本书所以称前村世系群和后村世系群为村落内的地域世系群，而这两个世系群一个具有明确的系谱关联，而另一个则缺乏具体而明确的系谱联系，但两大分支地域世系群均无共同财产可供支撑，且亦无相关的分支组织，但种种迹象表明：他们又是两个相对独立的裂变分支，当然是认同意义上的。在历史上，他们曾经因地缘因素被分割为两个管理单位，20 世纪 50 年代以后，往往又为各自内部的"精英人物"所利用作为控制村落的政治资源，所以，在某种意义上言，这两个地域群体又有些"族群"的意味。

模型，因为我这里已经充分地考虑了国家的因素——国家在场下的二元裂变分支运作模式。

孔迈隆在《华北的宗族组织》一文中提出 "the fixed genalogical mode of agnatic kinship patrilinea ties" 和 "the associational mode of patrilineal kinship" 两种宗族类型来概括华北社会里的情形。尤其是后一种类，孔迈隆通过与华南弗里德曼所呈现出的 "asymmetrical segmentation" 样式作比，以突显其在理解华北社会运转方面的价值。[①] 华北地区的宗族没有如科恩想象的这样简单的二元类型划分，每一个宗族实践出来的文化类型边界是模糊的。山东闵村闵氏宗族的运作模式，无法在孔迈隆的模子里寻觅到踪影。另外，孔迈隆在研究华北宗族时，严重忽略了 "国家的阴影"，忽视了 "国家阴影" 下无数个体对国家的解读与操纵。

总之，闵村闵氏宗族的二元裂变机制及其社区内部的 "摇摆" 秩序是建基于父系亲属结构和 "国家" 外在力量双重维度制约下的结果。

二、宗族作为一种文化制度而不完全是一种福利制度[②]

以往人类学界只知弗里德曼为了验证非洲学范式而开展中国宗族研究，提出中国宗族分析理论模型，却未能结合弗里德曼当时所处的英国社会背景来理解其学术行为。

我们看到弗里德曼所引领的中国宗族研究具有很强的 "政治经济学" 意味。这其中的 "政治" 一语很好理解，因为人类学最初在英国就是为殖民而服务的，承担着培养殖民地官员的教学任务。所以，英国的人类学家格外注重所考察社会的组织与运转问题，由此也获得了 "社会人类学" 标签。福蒂斯和埃文斯·普里查德研究非洲世系群制度，被后世称为 "政治人类学" 成熟的标志，也正是这个意思。在这

---

① Myron L.Cohen, "Lineage Origanization in North China", Myron L.Cohen, *Kinship, Contract, Community, and State*, pp.165–194, California: Stanford University Press, 2005.
② 本小节曾发表在《青海民族研究》2015 年第 1 期上，这里略作调整（参见杜靖:《弗里德曼为什么只重视中国宗族的功能而忽略系谱——兼论作为一种福利制度的中国宗族》,《青海民族研究》, 2015 年第 1 期)。

种学术背景下，弗里德曼把中国宗族当成一种基层政治运作架构，丝毫也不奇怪。这已为学界所熟悉。

但是，我们看到，弗里德曼使用一个 corporation（法人团体或控产机构）概念来理解中国汉人宗族，注重考察宗族的共有财产、共同的生计活动等对于宗族建造的意义，过去多只从结构功能论角度加以解释，忽略了弗里德曼所处时代的英国社会福利问题对研究课题的投射。

人类学在西方不论是过去还是现在一直是一种跨文化或异文化的研究。这种研究的目的是通过异文化来反观自身，从他者中获得解决自身社会问题的智慧。弗里德曼当年研究汉人社会的目的亦应在此。[①]

正如本书导论第一节所介绍的那样，弗里德曼特别留心中国宗族制度实践中的福利问题。弗里德曼反对费孝通士绅与农民相分离的看法，他认为，士绅是宗族得以凝构的核心力量：他们不仅给宗族留下大量财产，而且能够促进社区的文教、救济、安全、公共设施建设等福利事业，也同时代表宗族跟外面打交道。地主士绅与农民共处同一社会结构之下；一个有许多祖产的大宗族必定包含有钱有势的地主士绅和依靠种田为生的贫穷农民。当宗族内部经济和社会地位发生分化后，富人会捐献族产、兴办公共福利而使族人从中得到益处，缓和他们之间的冲突，这样可促使宗族的形成。所以，弗里德曼格外注重考察中国东南部社会里的宗族如何移民边疆，如何共同开发水利、种植水稻，并借助于农业剩余建构宗族问题。

中国宗族制度能够超越社会阶层所带来的分化也为中国人类学家所认识到。陈其南说：

> 阶层性的土地制度是中国社会一个不可忽略的特质，其中台湾地区也不例外，但这并不是台湾传统社会结构的全部。人类学家已经探讨过其他根据不同特质来划分中国社会人群的方式，最常见者殆为地缘群体及地缘化的宗族。这一种社群结构法则又独立于土地经济法则之外，而把上述阶层性的社会构造纵切成不同

---

① 以上主要根据钱宁主编：《现代社会福利思想》（高等教育出版社，2006 年）一书节要而成，特此说明。

的地域化群体，使得乡民与士绅（peasantry/gentry）并不完全处于对立的状态，而变成一种共生的，可以互相认同的团体。

中国地方宗族兴办福利的思路既不同于英国古典经济学的主张，也不同于各种国家干预主义思想，而是另一种策略。弗里德曼希望战后的英国社会中的富人会来帮助穷人，大家应该看作一个互有责任的corporation。弗里德曼通过中国宗族的案例来反观自己国家的社会，可谓用心良苦。如此看来，弗里德曼跨文化的研究实际上怀有"济世之志"。可惜许久以来，对弗里德曼的这份济世胸怀，中外学术界未能觉察到。大家只是意识到了他的中国宗族研究的"政治学意义"，[①]却忽略了社会福利方面的本土关怀。

这个问题还可以通过英国人类学内部自身发展脉络来加以说明。

马林诺夫斯基在《西太平洋的航海者》一书中通过详细的民族志考察，批评了当时英国经济学教科书上流行的对"原始经济人"（primitive economic man）的看法：

> 这个经济学假想出来的傻瓜，目前颇为流行。它的生命力十分顽强，连最有能力的人类学家也受了蒙骗，接受了一些先入为主的观念。根据这些想法，这个假设的原始人或野蛮人的一切行为都是出于自利的理性考虑，而其达到目标的方法都是不需要费力的直接方法。"原始经济人"假设认为，人，特别是文化低下的人，其行为纯粹是出于自己利益打算的经济动机。但只需要举出一个实例，便可揭露它的荒谬性。原始的特罗布里恩德人便是一个能驳斥这个荒谬理论的例子。他的工作动机来自高度复杂的社会和传统，其目的明显不是为了满足眼前的需要，或是为了直接的功利效果。因此，第一，我们已经看到，土著人做工作并不以花最少的力气为原则；相反，从功利主义的角度看，土著人浪费很多时间和精力在毫无必要的事情上。工作和努力不是达到目

---

① 王铭铭:《社会人类学与中国研究》，65-111 页，北京：生活·读书·新知三联书店，1997 年。

的的手段，在某种意义上，工作本身就是目的。①

显然，马林诺夫斯基在批判古典经济学"理性人"的观点。在同书中，马林诺夫斯基还通过考察基里维纳人的劳动力组织、集体劳动形式（有组织的劳动和集体劳动）、交换和消费等批评了"原始经济人"观点。②但最重要的贡献是，马林诺夫斯基提供了库拉（Kula）这种独特的交换制度以及原始人解决福利问题的智慧。他说：

> ……库拉在一定程度上像是一种新的民族志现象。之所以新，部分地在于它的社会学触及面和地理规模。它是一个巨大的、部落间的关系网，在一个广泛的地区上把许多人以确定的社会形式联系起来。在这个网里，人们受到确定的关系和互惠责任的约束，因而要共同遵守非常细微的规则和礼俗。考虑到它所处的文化水平，库拉可以称得上是一个规模和复杂性都无以复加的社会学机制。……另一个非常重要或者是它的交易属性本身，这是库拉的实质。它的交易是半商业、半礼仪性的，是为了交易而交易，以满足内心深处的占有欲，它不是一种普通的占有，而是属于特别的类型，其与众不同之处在于短期、轮流地占有两类物品。……另一个非常重要或者最为重要的方面，也是最能凸显库拉属性的方面，就是土著人对财富的心态。代表财富的东西并不被视为或用作金钱或通货……库拉宝物的交换需要依照一定的规则，它向人宣告这种交易不是讨价还价。交换的等值是至关重要的，但它必须依赖支付者个人对风俗和自己名誉地位的认识。……因此，库拉在几个方面向我们展示了一个新的现象，它处于商业和仪典之间，并反映一种复杂而有趣的思想态度。③

---

① 马林诺夫斯基著，梁永佳、李绍明译，高丙中校：《西太平洋的航海者》，53-54 页，北京：华夏出版社，2002 年。

② 马林诺夫斯基著，梁永佳、李绍明译，高丙中校：《西太平洋的航海者》，140-165 页，北京：华夏出版社，2002 年。

③ 马林诺夫斯基著，梁永佳、李绍明译，高丙中校：《西太平洋的航海者》，422-445 页，北京：华夏出版社，2002 年。

弗雷泽在给《西太平洋的航海者》所作的序言中也指出：

> 在这部专著中，马林诺夫斯基博士主要关注的，是特罗布里恩德岛民的一种初看起来似乎是纯粹经济性的活动。但是……发生在特罗布里恩德及其他岛屿居民之间的贵重物品的奇异周转，虽与普通的贸易相伴随，但其本身却决非纯粹的商业性交易。他揭示出，这种周转不是建立在对实际效用和利润得失的简单计算上，而是因为它满足了比动物性满足层次更高的情感与审美的需要。马林诺夫斯基博士由此对所谓"原始经济人"的概念进行了严肃的驳斥，说这一概念像是一个妖魔，仍然游荡在经济学教科书中，并将其恶劣影响延伸到了某些人类学家的头脑中。这个可怕的妖魔，披着边沁和格拉格兰德（Gradgrind）的破烂外衣，按照斯宾塞原则，在抵抗最弱的路线上，听命于无情追逐不义之财的动机。如果严肃的探索者们真的接受了这种凄凉的虚构，以为它在未开化社会中确有蓝本存在而不仅仅是一个有用的抽象，那么，马林诺夫斯基博士在本书中关于库拉的描述，将有助于从根本上搬倒这个恶魔。因为他证明了，在库拉体制中，有用物品的交易在土著人观念中完全低于其他物品交换的重要性，而那些物品绝无实用目的。且不说这种独特制度施行的地理范围之广，仅就其对商业事务、社会组织、神话背景、巫术仪式的综合而言，似乎在现存人类学记录中是史无前例的。[①]

马林诺夫斯基并不是为了认识库拉社会而认识库拉社会，而是要通过库拉社会这面镜子来反观自身社会或所谓文明社会。他说：

> 然而，还有一点比喜爱接触各种人类生活方式更为重要的是，要有把这些知识转化成智慧的愿望。诚然，我们可以进入野蛮人的意识里，并通过他的眼睛观察外面的世界，感觉一下他的

[①] 詹姆斯·G.弗雷泽:《序》，见马林诺夫斯基著，梁永佳、李绍明译，高丙中校:《西太平洋的航海者》，北京：华夏出版社，2002年。

感受——但我们最后的目的是丰富和深化我们的世界观，了解我们的本性，并使它在智慧上和艺术上更为细致。若我们怀着敬意去真正了解他人（即使是野蛮人）的基本观点，我们无疑会拓展自己的眼光。[1]

马林诺夫斯基作为现代人类学的奠基人，他对西方经济学本身的反思与批判，以及他借助异文化审视自身文化的反观法为非洲世系学研究所贯彻。

我在《九族与乡土》一书中讲过，福蒂斯、埃文思－普里查德一开始皆师从马林诺夫斯基，但后来皆"背叛"了他而私淑拉德克利夫－布朗。[2] 布朗的理论主要奠基于澳洲土著的研究，1931年他到那里从事田野调查，其世系群理论萌芽于此。当然，若追溯得更早一些，布朗的世系学思想来源于其导师里弗斯（马林诺夫斯基也曾参加里弗斯的"亲属和社会组织"的讲座）。[3] 1937年，布朗出任牛津大学首任社会人类学讲座教授，福蒂斯和埃文思－普里查德也在该系任教。[4] 二人在布朗的直接影响下前往非洲考察继嗣体系，结果发现了非洲宗族的裂变制度，即学界通常所说的"非洲学"范式。[5] 但这里我想强调是，福蒂斯和埃文思－普里查德并没有彻底，也不可能彻底与马林诺夫斯基斩断学术联系。仔细阅读二人的作品，我们可以看出，他们依然关心非洲土著的经济学问题，包括社会福利问题。当然，经济问题自里弗斯的世系学就开始强调，因为里弗斯曾讲过，财产传

---

[1]　马林诺夫斯基著，梁永佳、李绍明译，高丙中校：《西太平洋的航海者》，447页，北京：华夏出版社，2002年。

[2]　Robert Layton, *An introduction to theory in anthropology*, pp.35–37, Cambridge: Cambridge University Press, 1997.

[3]　Raymond Firth, "Introduction", W.H.R.Rivers (Ramnond Firth & David M.Schneider 评　注), *Kinship and Social Organization*: *Together with* "*The Genealogical Method of Anthropological Enquiry*", pp.1–4 (see p.1), London: The Athlone Press, 2004 (1968).

[4]　叶春荣：《再思考 Lineage Theory：一个土著论述的批评》，《考古人类学刊》，1995年总第50期。

[5]　王铭铭：《社会人类学与中国研究》，65–88页，北京：生活·读书·新知三联书店，1997年。

递或继承（inheritance）：如果父亲把财产传递给儿子，即为父系，如果母亲把财产传给女儿，或者舅舅把财产传给外甥，则属于母系。[①]

让我们先来看埃文思－普里查德的研究。尽管《努尔人》一书的终极目标是讨论政治制度问题而非着眼于经济问题，但作者还是在其著作的前一部分对努尔人"居住的土地和他们获取生活必需品的方式进行描述"，[②] 尤其在第二章第 11 小节中较为集中地分析了努尔社会的经济特点：第一，经济活动是一般性社会关系的一部分；第二，虽然努尔社会有些专门分工，但不很发达；第三，努尔社会不存在财富不均衡问题，也没有特权；第四，从狭义上讲，简单家庭可以称作是经济性的单位，但我们已经看到，它并不是自给自足的，一个更广大的群体的积极参与是很必要的；第五，努尔人的捕鱼、打猎、放牧以及其他生计活动，从某种意义上说，总是集体性的活动，即使在没有主动协作的时候，整个社区也是被动地参与到这些活动当中的。[③] 紧接这些分析之后，埃文思－普里查德做了一个概括性阐述：

> 我必须强调的一点是，村落中不同裂变分支的成员之间有着紧密的经济上的关系，而且，村落中所有的人都有着共同的经济利益，形成了一种法人社团（corporation），这种法人社团拥有自己专门的农园、水源、鱼塘以及牧场；在旱季里，这种法人社团在一个密集的营地里牧牛，并且在小村落里，人们在劳动方面有许多协作，对于食物也共同分享。在今后关于村落的研究中，必须把所有这些都考虑进去。必须再次强调的一点是，气候条件同畜牧生活一起，要求人们必须建立起超越于村落范围之外的关系，并为更大范围内的政治群体赋予了一种经济目标。[④]

① W.H.R. 里弗斯著，胡贻谷译：《社会的组织》，77 页，北京：商务印书馆，1990（1940）年。

② 埃文思－普里查德著，褚建芳、阎书昌、赵旭东译：《努尔人：对尼罗河畔一个人群的生活方式和政治制度的描述》，3、20—113 页，北京：华夏出版社，2002 年。

③ 埃文思－普里查德著，褚建芳、阎书昌、赵旭东译：《努尔人：对尼罗河畔一个人群的生活方式和政治制度的描述》，109 页，北京：华夏出版社，2002 年。

④ 埃文思－普里查德著，褚建芳、阎书昌、赵旭东译：《努尔人：对尼罗河畔一个人群的生活方式和政治制度的描述》，112 页，北京：华夏出版社，2002 年。

当然，埃文思－普里查德更多地把努尔人的经济行为理解为一种亲属行为，在各种亲属关系和家庭生活中，给予了更深层次的思考。努尔人习惯于以一种亲属关系的语言（kinship idiom）来表达社会责任，这一点在世仇（blood-feud）中体现得最为鲜明。杀人的罪责和实施复仇的责任往往直接落在杀人者和被杀人者的父系近亲身上。复仇是父方亲属（paternal kinship）义不容辞的责任，如果亲属们没有尽力替死者报仇，对他们而言将是莫大的耻辱，但大多复仇都在酋长的调解下以赔偿方式化解。凶手及其父系亲属要共同准备牛来抵偿死去亲人的命，而死者一方在接受牛后，也在父方近亲范围内分配，并不是止于死者父母、妻子和儿女。[1] 显然，杀人者或被杀者的近亲父系亲属也是一种 corporation。埃文思－普里查德使用的 corporation 概念，对日后弗里德曼的中国宗族研究产生了重要影响；而埃文思－普里查德对"超村落"的强调，对于弗里德曼在中国发现 high-order lineage 之启发同样不可低估。

同样，福蒂斯也使用 "corporate units" 概念来考察泰兰西社会中的世系群。[2] 比如，他说，"Co-memners of an unit have a common interest in one another's welfare and in safeguarding one another's rights" [3]。

福蒂斯和埃文思－普里查德二人编选《非洲的政治制度》一书，特别注意将非洲社会的经济问题与自身社会进行比较：

Most African society belong to an economic order very different ours. There is mainly a subsistence economy with a rudimentary differentiation of productive labour and with no machinery for the accumulation of wealth in the form of commercial or industrial capital. If wealth is accumulated it takes the form of consumption goods and

---

[1] 埃文思－普里查德著，褚建芳、阎书昌、赵旭东译：《努尔人：对尼罗河畔一个人群的生活方式和政治制度的描述》，175–179 页，北京：华夏出版社，2002 年。

[2] M.Fortes, "The Political System of the Tallensi of the Northern Territories of the Gold Coast", in M.Fortes & E.E.Evans-Pritchard eds., *African Political Systems*, pp.239–271, Oxford: Oxford University Press, 1940.

[3] M.Fortes & E.E.Evans-Pritchard eds., *African Political Systems*, p.251, Oxford: Oxford University Press, 1940.

amenities or is used for the support of additional dependants. Hence it tends to be rapidly dissipated again and does not give rise to permanent class divisions. Distinctions of rank, status, or occupation operate independently of differences of wealth. [1]

到了弗里德曼来研究中国宗族的时候，他一方面受了非洲世系学的影响（在《中国东南的宗族组织》一书的"前言"中，他表达了对格拉克曼（Max Gluckman）和福蒂斯的感谢，在参考文献中也把福蒂斯和埃文斯－普里查德主编的《非洲的政治制度》一书列为重要参考书目），另一方面要用中国经验去检验非洲世系学理论，同时还要返回自己的社会去看问题。这一点王铭铭早已指出过：

> 弗里德曼不是一个全球文化的探险者，但是他却在内心深处从英国学界习得非洲社会的模式，又从伦敦经济学院飞越大洋，把原始居民的社会模式"运输"到中国来，与当地"社会现实"进行比较，并将这一比较带回他的归属地。他的中国"宗族范式"来自埃文思－普里查德的努尔人和福忒思的泰兰西人，尽管表面上是以后者的悖论出现的。在这样的"跨文化理论运输"过程中，弗里德曼含辛茹苦，但是他认为值得为之做出贡献。[2]

弗里德曼用心挖掘中国宗族中的"士绅"这一形象并把中国宗族视为一种"商业公司"[3]是"暗藏心机"的，中国宗族中富有道德感的士绅之善行，可以作为一面镜子去映衬英国社会中的同类，并暗示他们在战后的社会福利中如何发挥作用，如何变得更加富有善心而更加像士绅，以避免成为那个只为自己利益盘算的"经济理性人"。

---

[1]　M.Fortes & E.E.Evans-Pritchard, "Introduction", in M.Fortes & E.E.Evans-Pritchard eds., *African Political Systems*, pp.1–23 (See p.8 in particular), Oxford: Oxford University Press, 1940. 中文版《非洲的政治制度》，刘真译，北京：商务印书馆，2016 年。

[2]　王铭铭：《社会人类学与中国研究》，67–68 页，北京：生活·读书·新知三联书店，1997 年。

[3]　David Faure, "The Lineage as Business Company: Patronage Versus Law in the Development of Chinese Business", Reprinted from *the Second Conference on Modern Chinese Economic History*, Taipei: The Institute of Economics, Academia Sinica, Jan5–7, 1989.

除了这层深刻的现实关怀之外，弗里德曼之所以从经济意义上界定中国宗族，即，突出"拥有共同财产"这一条，是因为他想跟非洲世系群组织相区分。据王崧兴的研究，非洲世系群和中国世系群都是单系继嗣群，都有明确的世系组织，凭此一点难以界分，而中国宗族有共同财产，但非洲没有，这一条就能把它们分开了，所以，弗里德曼要强调"拥有共同财产一条"。[①]后来从系谱角度反对弗里德曼的人都不明白这一思考背景，只管自说自话。

当然，我这样说，并非指责弗里德曼毫无根据地将中国宗族理解为功能性框架。事实上，范仲淹义庄概念以及后世受此观念影响的宗族活动，仍可以用弗里德曼的宗族理论加以解释。[②]我想强调是，我们不能都拥挤在功能论一条道路上思考宗族问题，也不能完全从功能论来考虑宗族问题。

话又说回来。无疑，弗里德曼给中国宗族定下了"政治经济学"研究的基调，后来一批西方学者，也包括一部分中国学者受其影响，多从"政治经济学"意义上来理解中国宗族，觉得维持地方的政治功能、生计功能、自卫功能等是中国人建立宗族的根本考虑。通过对山东闵村闵氏宗族的历史人类学考察表明，中国北方的这个宗族并不完全符合这一印象：它有"功利性"的一面，但更是一种文化性的设置。也就是说，帝国和闵子骞后裔之所以要建立闵氏宗族，更多是出于文化性的战略考虑。

尽管山东闵村闵氏宗族拥有祖先墓地——闵林、家庙和少量祭田地等族产，在客观上对收族产生了一定作用，但很难说这些族产是建立宗族的关键和根本性要素。相反，祖先闵子骞作为一个中华孝道的文化符号却对凝聚族人之心产生了不可估量的作用。由于闵子骞身上所贮存的"过硬"的孝道文化资源或文化资本（既包括其自身所实践的，也包括历代帝国和官员们所附加给他的），他成为闵姓人口心

---

① 王崧兴著，宋秀环、周贤博合译：《汉民族的社会组织》，徐正光主编，台湾编译馆主译：《汉人与周边社会研究：王崧兴教授重要著作选译》，41–69 页（具体见 60 页），台北：唐山出版社，2001 年。
② 杜靖：《弗里德曼为什么只重视中国宗族的功能而忽略系谱——兼论作为一种福利制度的中国宗族》，《青海民族研究》，2015 年第 1 期，47–52 页。

向往之的对象。作为文化符号的闵子骞起到管摄人心之价值远大于族产、族规之影响。也就是说，虽然闵氏宗族在后来的发展中有范仲淹意义上的福利制度设计，但根本上且自始至终都是一项文化礼制：向乡村世界布扬孝道乃是其根本任务。这里所说的"礼制"既包括帝国设计的礼仪制度，也包括民间的拜祖礼仪制度。

退一步说，即便闵人的祖先闵子骞没有孝道资源和孝文化资本，但若从一般理论角度讲，孝道同样促进了宗族的建立。常建华在分析清初康熙年间的"上谕十六条"和雍正颁发的《圣谕广训》时指出："孝悌必然引申出对祖先的崇拜，'尊祖故敬宗，敬宗故收族'，宗族的凝聚是对祖先尽孝的体现，推行孝治天下离不开宗族制度做保证，笃宗族与讲孝悌的关系是：'宗族由人伦而推，雍睦未昭，即孝悌有所不尽'，只有敦孝悌，才能笃宗族。"[①]

山东闵村闵子祠从一开始就具备文化名人特庙的品格（主要是一个先贤祠），同时也具备为宗族所捕捉和定义的祠堂性质（如，祭祀祖先的场所、闵氏宗族办公的地点等），可谓公共文化资源和宗族"私家性"场所两者得兼。但从地方文献和历史遗留碑刻看，一开始以"公家"祭祀为主，至后来慢慢变成了"公家"祭拜先贤与宗族成员祭拜祖先相结合，到 20 世纪以后，基本上变成了私家性的东西。即在晚清以来，国家渐渐缺席，最终演变成了一个乡村宗族自己的事情。

我们从历史上每次对其修建和祭拜来看，其根本动机乃在于通过人们对闵子骞的崇拜，将孝道向民间推广和普及，由此获得处理亲属关系的伦理依据。也就说，"美人伦，厚风俗"乃是建祠的根本动机或原因。宗族常设的目的在于文化建设、风俗道德伦理建设，政治的、经济的不是设立宗族的最初目的，也不是最终目的。政治的、经济的只是宗族在具体的历史场景下所偶然承担的功能，因为一旦遇到某种问题，被文化组织起来的宗族就会发挥文化之外的作用，临时解决和应对出现的各种问题。比如，在捻军起义爆发之际，被国家征调和从事村庄自卫。又比如，在不同的历史情境下被各种政治力量

---

① 常建华:《清代的国家与社会研究》，72–73 页，北京：人民出版社，2006 年。

所操控。再比如，因风水问题与村外宗族展开竞争。这些是宗族发展过程中，临时临场所发挥的作用。所以我们看到，一旦这些历史情景撤销，宗族的经济救助、军事自卫、政治运转、村落冲突等功能就表现不出来。就闵村闵氏宗族而言，文化因素乃宗族建立的常数，而政治、经济、军事等因素则是历史偶然事件的变数。鉴于此，文化，应该被优先考虑来解释中国宗族创设和存在的原因，政治的、经济的、军事的因素是次之的。

另外，宗族在具体的时空中发挥什么样的功能，很大程度上受制于族内各类"精英"的引领。如果在特定的时间内，族内精英是士绅或道德修养高的人，宗族就会被侧重于文化的实践；如果族内"精英"是个"官迷"，并且用权力谋私，他就会利用宗族谋求乡村政治地位，从而将宗族带向政治的方面，使之体现出政治实践的面孔。当然，宗族也受制于"一乱一治"大历史变迁背景的影响。和平时期，宗族侧重道德伦理等文化建设工作；战争动荡年代，宗族为了自存或自保，往往实现军事自防自卫功能；在战乱过后，或大的社会变迁之后，如果以往的文化体系被震荡过度或坍崩，宗族就会重建之并使之再度发挥出文化的价值来。

由此可见，当把中国宗族理解为一种制度的时候，也要充分注意到制度实践类型的多样性。要仔细考察是功利性的制度，还是文化性的制度，甚或别的制度。如果既有功利性的一面又有文化性一面，那就要看哪个为主为重。另外，还应当从时间流变的角度看问题。可能此一历史阶段，宗族被实践为文化性的，但到了彼一阶段则被添加了功利性的因素，从而在实践上其文化性和功利性得以兼容。

话向深层里说，做组织、做功能（族产与福利）、做宗法等，都是向外寻找宗族，其实，历史上儒家学者设计且做宗族更多是一种"心法"。可以用王阳明的一句话来概括，即"心外无物"。

北宋中叶理学家张载就提出重建宗族制度的目的是"管摄人心，收宗族，厚风俗，使人不忘本"[1]。朱熹受了韩愈、张载、二程的影

---

[1]　张载:《经学理窟·宗法》, 258 页，北京：中华书局，1978 年。

响，提出了以"理"为本的宇宙观。这个"理"就包括道德的基本原则和基本标准。每一具体事物都有自己的"理"，而许许多多的"理"又归属为一个整体的"理"，即"太极"。"太极"是总天地万物之理（《朱子语类》卷九十四），包含仁、义、理、智。他提出的"格物穷理"的目的是，通过"格物"除去"气"的遮蔽，使心中原先的这些"理"呈现出来。所以，他通过《家礼》来做宗族，就是"去人欲，存天理"。他做宗族的目的也是恢复人本来那颗"心"，即张载所言的"民吾同胞，物吾与也"[①]，亦即"水源木本"的伦理与宗法思想。但朱熹这颗"心"是先在的或先验的，因而他设计宗族时强调外在性的宗法因素（比如，宗族法律法规和家族礼仪），以达到复先在之"心"的目的。而到了陆九渊那里眼光则转向内部，以人本善的"心"为出发点，提出"心即理"的主张（《杂说》《语录》）。陆九渊强调反省内求。到明代王阳明更是高呼"心外无理"和"心外无物"，提倡"致良知"（《答顾东桥书》《传习录》）。王阳明在推动宗族建设方面，自然突出宗族要恢复人之"良知"的功能。也就是说，对于宗族的外在形式，可能不是王阳明学派重点追求的东西，因而其更强调教化。尽管他也通过《赣南乡约》这种形式来推动宗族建设。余英时认为，"阳明悟后的最大决定，便是直接用'良知'两字来达到'知天下'的目标"[②]。如果说朱熹通过《朱子家礼》由外向内，那么，阳明心学则是由内达外。通俗一点讲，朱熹是通过绳索来约束人性，使心恢复本来面目，而阳明则是通过内省让心澄明。显然，山东费县闵氏宗族的实践是来做这个"人心"问题，亦即"理"或"良知"问题。相比较来说，更可能接近追求"良知"，即"孝道人心"问题，更趋近王阳明心学的用意。

如果用更严谨的理论表述一下，可能是，有的哲学家强调"治心"来"治社会秩序"，有的是突出"治社会秩序"来"治心"。前者认为，治心在前，维护社会秩序是治心的结果；后者主张，维护好社会秩序后，可以达到收拾人心的效果。其实，二者殊途同归。

---

① 张载：《张载集·正蒙·乾称篇》，62页，北京：中华书局，1978年。
② 余英时：《宋明理学与政治文化》，189页，吉林：吉林出版集团有限责任公司，2008年。

但是我们还应该看到，中国古代有些儒家学者在设计宗族时试图让其实体化。如班固《白虎通》卷八《宗族》所云："大宗能率小宗；小宗能率群弟，通于有无，所以纪理族人者也。"宋代范仲淹通过做"义庄"来消灭宗族内部的差异性，使之变成一种福利制度。比较上面"做心"来说，班固、范仲淹更是寻找宗族的外在性东西，从而远离"治心"的目标，尽管其理论学说和实践是建立在"水源木本"思路基础上。所以，我们看到，弗里德曼沿着功能论的思路来理解中国宗族，其撰述的文本距离"治心"越来越远。

这样，我们看到，在中国历史上，儒家学者所设计宗族概念就具有了张力，一种强调通过做宗族来做人心，一种强调做功利来体现人心，可功利性的东西往往最终会毁坏人心。所以，后世在基层社会中实践儒家宗族概念时往往不专采某家学说，而是杂糅各派观念，于是就出现了实践上的矛盾性。宗族之设本为了"兼爱"内部成员，可往往因内部争夺族产导致世系群裂变，同时也往往导致与周围地域社会他姓宗族产生矛盾乃至械斗。这两股力量往往成为宗族叙事的主调。

当然，这并不意味着中国宗族研究此前没有文化向量的解释与探索。比如，本节所举华南学术共同体的代表学者（如科大卫、萧凤霞和刘志伟等），就强调宗族是帝国及其士大夫们向下推动礼仪化的结果，是为了教化而创设的。但是应当看到，这个认识是在他们的学术研究中逐步形成的。20 世纪 80 年代初中期，科大卫还在明确标榜要把弗里德曼的看法"落实到具体的历史脉络中"给予考察，[①]所以他提出一个"入住权"概念，重视宗族成员对村落公共资源的分享问题。[②] 在此需要说明，尽管科大卫把宗族视作"the product of

---

① 科大卫著，卜永坚译：《皇帝和祖宗：华南的国家与宗族》，3 页，南京：江苏人民出版社，2009 年。

② David Faure, *The Structure of Chinese Rural Society: Lineage and Village in the Eastern New Territories*, p.166, Hong Kong: Oxford University, 1986; David Faure, *The Rural Economy of Pre-liberation China: Trade Increase and Peasant Livelihood in Jiangsu and Guangdong, 1870 to 1937*, Hong Kong: Oxford University, 1989.

an official culture"，[①] 但我以为他对入住权的强调程度在起初超过了对"文化"意义的肯定。至 1989 年，科大卫在《宗族作为一种文化发明》一文中始明确了从文化创造角度来看待中国宗族问题。[②] 比较起来说，萧凤霞则强调宗族作为一种文化工具（地主士大夫的权力工具和他们文化身份的标记）。[③] 刘志伟最初由于受到社会经济史研究传统的影响，沿着从里甲到宗族的演变线路进行思考。[④] 只是后来由于跟科大卫和萧凤霞等人的接触与合作，才慢慢有了文化的意识和立场。总起来说，他们起初有很强的政治经济学意味，而不是从文化角度入手观察。当然，我这里并不是说，他们不把宗族当成中国文化的一种现象来考察。事实上，他们把宗族制度理解成特定时段中国地方文化的核心东西。但是，把宗族放在特定时段中国地方文化的核心地位来理解和从"文化"视角去研究宗族，是两码事，是方法论的不同层次的考虑。我这里强调的是，方法论的具体技术层面的东西。此外，郑振满的"宗法伦理庶民化"理论，讲的也是宋代以来儒家学者向民间推行宗法制度问题，因为祠堂之制的祖先祭祀许久以来作为上层社会的礼仪而存在，尽管民间最终实践了的宗族制度与贵族的宗法制度有些距离。[⑤] 再比如，本书导论所介绍的常建华的宗族乡约化理论，从教化的角度将宗族回归文化的讨论。在人类学界内部，庄孔韶在《银翅：中国的地方社会与文化变迁》一书中反复强调"理念"与"文化"两个概念，目的也在于批判弗里德曼宗族研究中的过于功利

---

① David Faure, *The Structure of Chinese Rural Society:Lineage and Village in the Eastern New Territories*, p.179, Hong Kong: Oxford University, 1986.

② David Faure, "The Lineage as a Culture Invention: the Case of the Pearl River Delta", *Modern China,* 1989, Vol.15, No.1, pp.4–36.

③ Helen Siu, "Recycling Rituals: Politics Popular Culture in Contemporary Rural China", in P. link, R.Madsen and P.Pickowicz eds., *Unofficial China: Popular Culture and Thought in the People's Republic*, pp.121–137, London: Westview Press, 1990; Helen Siu, "Cultural Identity and the Politics of Difference in South China", *Daedalus*, 1993, Vol.122, No.2, pp.19–43.

④ 刘志伟:《在国家与社会之间: 明清广东里甲赋役制度研究》, 广州: 中山大学出版社, 1997 年。

⑤ 郑振满:《明清福建家族组织与社会变迁》, 172–183 页, 北京: 中国人民大学出版社, 2009 年。

化的解释。① 日本汉学界，比如井上彻也把宗族放在文化的维度里考量："此时，我必定要着眼于国家的礼制，因为向宗族运动提供理论依据的'宗法'，正属于'礼'这个儒教化社会规范的范畴。其中尤为重要的，是对与祖先祭祀相关规范作出规定的祠堂制度。"② 我本人也把特定规模宗族——五服九族——放置在"礼仪"框架来考察。③ 而张小军更是极具深度地把宗族看作一套文化象征系统来加以讨论。④ 我想，这些学者虽然都是从"文化"角度观察中国宗族，但其中必有各自的差异和特点，今后中国学术史研究不能不仔细对其"把脉"。

可是，人类学界、社会学界、政治学界、历史学界、民俗学界等，仍有大量学者和正在成为学者的青年人还一味沉浸在政治经济学的框架里呓语宗族。如青年学子阮滢玲在考察了闽东一处宗族的复兴后发现，其原来的宗族组织和功能发生了变化。即，重建后的宗族再也不是原来的功能性宗族了。于是得出结论："在现代化过程中宗族从制度性宗族（按：即功能性宗族）转变为文化的宗族。"⑤ 她并不清楚，宗族在历史上一开始就设计为文化制度的事实。

更令人忧虑的是，人类学界不论有资历的人类学家还是青年学子，大多一讨论起中国宗族则言必称弗里德曼。他们似乎满眼里只有一个弗里德曼，却看不到弗里德曼之后，中国宗族研究已经大大向前推进与拓展了。

这个情况要有所改变，我们应该将中国宗族捧回到"文化"意涵

---

① 杜靖：《"理念先在"与汉人社会研究——庄孔韶人类学实践中的"理念观"》，《民族论坛》，2011 年第 12 期；杜靖：《意义的历史和历史的意义——庄孔韶人类学实践中的历史观》，《民族论坛》，2012 年第 2 期。

② 井上彻著，钱杭译：《中国的宗族与国家礼制》，"绪言"，5 页，上海：上海书店出版社，2008 年。

③ 杜靖：《九族与乡土——一个汉人世界里的喷泉社会》，北京：知识产权出版社，2012 年。

④ 张小军：《再造宗族：福建阳村宗族"复兴"研究》，香港中文大学博士学位论文，1997 年。

⑤ 阮滢玲：《现代化视角下的祠堂重建：以闽东坂中村为例》，《地方文化研究》，2014 年第 5 期。

内加以理解，研究它的双重结构：既看到作为文化实体的一面，也要看到宗族作为象征体系的一面。只有把中国宗族当成"文化"来解释，回到人心归化方面去理解，我们才是真正的建基于本土经验之上来发展自己的人类学，因为我们从现有的非洲世系群制度研究报告中，丝毫看不到那里的世系群制度与实践是精英们事先给予文化设计的结果。只有回归"文化"的层面，回归到"心学"的层面，我们才能摆脱那些西方学者所建立的、来自无文字社会里的人类学世系群理论，由此而接近中国的历史事实并树立起本土诠释的自信。

中国宗族研究应该有个新的起点。

第二节　在国家与亲属间的游移

在西方知识谱系中，权力被许多学者视为社会的本质。如，维柯、休谟、弗洛伊德、涂尔干、奥古斯丁、霍布斯、福柯等人。尤其是福柯把社会看成"一个总体化的强制力体系"的观点影响了西方的人类学研究。为此，萨林斯发出了"为什么我们把社会当成与我们的内在欲望和私密想法相对立的权力和制约体系"的质疑声音。[1]

中国学术界亦不能幸免，一股权力分析的风气几乎席卷了各个人文社会科学领域。最为明显的是，福柯、杜赞奇等人迅速登陆了中国人类学领域。一开始福柯是假杜赞奇之手进入的，再后来则通过翻译者直接走进中国人类学大本营。这一点，只要细读张小军、张佩国、朱晓阳等当代中国人类学家的作品便会明白。

可以说，最近三十多年来，在涉及中国基层社会的经验研究中，"国家与地方关系或互动"的视角占据了压倒性地位。中国宗族研究领域尤其如此（中国人类学研究的另一领域，即少数民族研究上，由

---

① 马歇尔·萨林斯著，王铭铭、胡宗泽译:《甜蜜的悲哀》，33–42 页，北京：生活·读书·新知三联书店，2000 年。

于引进"族群理论"[①]和"民族-国家"[②]等分析框架，情况更为严重，[③]堪称权利意识分析架构滥用的重灾区）。客观上说，这一观察维度的确能让我们看到国家力量在基层社会运作中所扮演的角色。但这一视角同样遮蔽或掩盖了地方或基层社会所具有的自主性，尽管少数学者极力挖掘地方人民的能动性。[④]大量研究成果在渐渐打造一个刻板印象，即没有传统帝国或现代国家的力量，地方社会都难以组织起来，并维持运转。要么就是，国家力量扰乱了地方社会原有的秩序和运行。相信读者至此，对本书也有分析偏重的印象：夸大了国家力量的作用，或者说过度滥用了权力分析视角。我本人也的确有了这样一份感受，前文已经有所流露。但我想，就本书而言，这主要是闵村独特的历史经验造成的，并非研究视角单独所呈现的结果。

不过，在自我做出辩解的同时，我不能不承认，闵氏宗族作为一个亲属人群，在努力按照亲属原则去实践宗族，尽管国家，包括那些在国家场域栖存的宗族成员又千方百计将宗族设计和实践为国家的一种制度。因而，本节将思考亲属原则对于宗族运转的意义。也就是说，这里要谈论的是，把宗族重新放回亲属制度架构下去理解。说白了，即作为亲属制度的宗族是怎么回事？最后则结合国家与地方关系

① Fredrik Barth, *Ethnic Groups and Boundaries*, edited by Fredrik Barth, Oslo: Universitetsforlaget, 1969.

② Stevan Harrell, *Cultural Encounters on China's Ethnic Frontier,* Seattle: University of Washington Press, 1995; Prasenjit Duara, *Reaching History from the Nation: Questioning Narratives of Modern China*, Eberhard, Chicago: University of Chicago Press, 1996;Stevan Harrell, *Ways of Being Ethnic in Southwest China,* Seattle: University of Washington Press, 2001；本尼迪克特·安德森著，吴叡人译：《想象的共同体：民族主义的起源与散布》，上海：上海人民出版社，2003年；霍布斯鲍姆、T.兰格著，顾杭、庞冠群译：《传统的发明》，南京：译林出版社，2004年。

③ 王明珂：《华夏边缘：历史记忆与族群认同》，台北：允晨文化实业股份有限公司，1997年；王明珂：《羌在藏汉之间：一个华夏边缘的历史人类学研究》，联经出版事业股份有限公司，2003年；范可：《他我之见：人类学语境里的"异"与"同"》，北京：中国社会科学出版社，2012年；等等。

④ 科大卫反对萧公权的"控制论"，因为"控制论"往往把被统治者描述成被动者：政府制定了政策，人民乖乖地适从，社会由此得以安定。具体参见：科大卫《告别华南研究》（载于华南研究会编：《学步与超越：华南研究会论文集》，9-30页，香港：文化创造出版社，2004年）。

的视角，提出一个既考虑国家意志又考虑亲属原则在内的、关乎中国宗族运转的光谱分析模式。

当这样考虑的时候，实际上是在谈个案的一般意义。这是人类学民族志一贯的工作作风。

一、何谓宗族运作中的亲属原则？

亲属原则主要包括两个方面：首先是亲属成员资格的认定，其次是亲属成员间的权利和义务。

前者涉及一个人能不能被认定为亲属、认定亲属成员的原则或根据是什么以及亲属群的最终形成问题。在人类历史上，不论是单边的亲属体系（unilineal，包括父系单边和母系单边，即 patrilineal or agnatic，matrilineal or uterine）还是双边的亲属体系（non-unilineal kinship, or cognaic kinship, or bilateral kinship），无不拥有自己的亲属成员认定原则。而后者则涉及亲族（kin）的运行问题，具体包括父系成员间的宗教关系、经济关系、政治关系、伦理关系、情感态度和居住模式等。

根据芮逸夫的意见，亲属原则是一套复杂的社会规则，包括继嗣（descent）、继承（inheritance）、婚姻、两性关系及婚后居住模式等内容，他总称为"亲属关系与亲属制度"（kinship and kinship system）。[1] 在此，"继嗣"（有的中文书译作"家世"）与"继承"是有区别的。1924 年里弗斯在《社会组织》一书中说："在那些法则之中，最被误解的一种，就是'家世'。这个名字，能决定一个人在团体中的团员资格，并能决定财产、等级或职份的传递方式。……我现在要开始讨论'家世'的问题。当著者用这个名字时，它是代表一个团体的团员资格并且只限于这一种的资格。……著者所要考虑到的第二种法则，便是财产的传递。关于这种法则，著者提议用继承这名字来称呼它，并把这名字的意义专限于这一方面。因而，当著者提到继

---

① 芮逸夫主编:《云五社会科学大辞典（人类学）》，286 页，台北：台湾商务印书馆，1971 年。

承这一个名字时，这就是说，著者是在提到财产的传递问题。"①

西方学者从这些方面去研究氏族（clan）、继嗣群（descent group）和世系群（lineage），我们可以从里弗斯的《社会的组织》、布朗的《原始社会的结构与功能》②、列维－施特劳斯（Lévi-Strauss）的《亲属关系的基本结构》③等理论追求很强的著作中看到。尤其是布朗，他在亲属制度方面对亲属间的权利与义务进行了透彻的研究，产生了深远的影响。

我们不妨从一些更细腻的研究题目中看看西方人类学家如何从亲属制度角度去认识氏族、继嗣群和世系群的。

首先，就两性关系而言，他们非常关注外婚制（exogamy）。即，氏族（父或母单方的亲属集团）或世系群（父系世系群和母系世系群两类）内部的男女成员之间不能通婚。早期人类学家，即进化论学者，如麦克伦南（John Ferguson Mclennan）④、摩根（Lewis H.Morgan）⑤、韦斯特马克（Edward Westermarck）⑥、里弗斯⑦等都非常注重对其进行研究。后来结构－功能论学派大师拉德克利夫－布朗从其导师里弗斯那里接受了这一观念，并将之运用到世系群研究上，认为世系群同样遵循外婚制原则。⑧再到后来，结构主义大师列维－施

---

① W.H.R.Rivers, *Social Organization,* pp.86–87, London: Kegan Paul, Trench, Trubner, 1924；W.H.R. 里弗斯著，胡贻谷译：《社会的组织》，75–77 页，北京：商务印书馆，1990（1940）年。

② A.R. 拉德克利夫－布朗著，潘蛟等译：《原始社会的结构与功能》，北京：中央民族大学出版社，1999 年。

③ Lévi-strauss, *The Elementary Structures of Kinship* (James Harle Bell, John Richard Von Stumer and Rodney Needham editor), Boston: Beacon Press, 1969 (1949).

④ John Ferguson Maclennan, *Primitive Marriage, Edinburgh: Adam & Charles Black,* p.48, 1965.

⑤ 路易斯·亨利·摩尔根著，杨东莼、马雍、马巨译：《古代社会》，47–58 页，北京：商务印书馆，1997 年。

⑥ 韦斯特马克著，刘小幸、李彬译：《人类婚姻简史》，37–74 页，北京：商务印书馆，1992 年。

⑦ W.H.R. 里弗斯著，胡贻谷译：《社会的组织》，15 页，北京：商务印书馆，1990（1940）年。

⑧ A.R. 拉德克利夫－布朗著，夏建中译：《社会人类学方法》，144–145 页，济南：山东人民出版社，1988 年。

特劳斯在此基础上提出了著名的交换理论。[1] 其次，这些学者对两性的权力，即母权制和父权制也花费了很大工夫。

就代际关系而言，在研究中他们比较重视年轻人对长辈、活着的子孙对待死去的祖先的态度。年轻人对待长辈的研究，探讨的是尊敬、服从与权力支配等问题。[2] 对待死去祖先的态度则涉及祖先信仰。祖先信仰又叫祖先崇拜（ancestor worship）。拉丁（P.Radin）说："把一个人的远祖或近祖，或具有祖先地位之人，或名义上的户主，置于和神灵相等的地位，并以之与神灵崇拜相连的所有特殊宗教行为和态度，转而加之于他们。"[3] 布朗说："现存的祖先崇拜实际上是亲属制度的组成部分。祖先崇拜是在活人与死者的关系上建立起来的，并影响着活人之间的关系。"[4]

这些方面使得西方人类学家非常重视系谱学研究，[5] 即亲属结构的研究。

就经济关系而言，西方人类学家把氏族、继嗣群和世系群看作一个控产机构（corporate group）或法人团体单位。比如，梅因（Henry sir. Maine）[6]、韦伯[7] 等人。之后，里弗斯[8]、布朗[9]、福蒂

---

① Lévi-Strauss, *The Elementary Structures of Kinship* (James Harle Bell, John Richad Von Stumer and Rodney Needham editor), Boston: Beacon Press, 1969 (1949).

② A.R. 拉德克利夫－布朗著，潘蛟等译:《原始社会的结构与功能》，28 页，北京：中央民族大学出版社，1999 年。

③ P.Radin, "Ancestor Worship", E.R.A.Seligman, ed., *Encyclopedia of the Social Sciences*, Vol.2, p.54, Vew York: The Macmillan Co., 1931.

④ A.R. 拉德克利夫－布朗著，潘蛟等译:《原始社会的结构与功能》，56 页，北京：中央民族大学出版社，1999 年。

⑤ W.H.R. 里弗斯著，胡贻谷译:《社会的组织》，44-45 页，北京：商务印书馆，1990（1940）年；A.R. 拉德克利夫－布朗著，潘蛟等译:《原始社会的结构与功能》，74-94 页，北京：中央民族大学出版社，1999 年；埃文思－普里查德著，褚建芳、阎书昌、赵旭东译:《努尔人：对尼罗河畔一个人群的生活方式和政治制度的描述》，221-287 页，北京：华夏出版社，2002 年；等等。

⑥ Henry sir. Maine, *Ancient law*, New York: Henry Holt & Co, 1866.

⑦ 马克斯·韦伯著，王容芬译:《儒教与道教》，138-142 页，北京:商务印书馆,1995 年。

⑧ W.H.R. 里弗斯著，胡贻谷译:《社会的组织》，21-22、89-105 页，北京：商务印书馆，1990（1940）年。

⑨ A.R. 拉德克利夫－布朗著，潘蛟等译:《原始社会的结构与功能》，34-35、45-47、55 页，北京：中央民族大学出版社，1999 年。

斯^①等在各自的研究中接受了这一概念。在财产管理方面，则讨论谁来掌管和分配的问题。^②这实际涉及集团内部代际权力关系研究。他们比较重视继承制研究。如布朗对父系继承制和母系继承制的讨论。^③

丁荷生（Kenneth Dean）认为，自明代中叶以后伴随着礼仪运动的发展，福建莆田的宗族变得"不那么依赖于亲属纽带，却更像拥有可分割股份和财产的公共合资控产机构"了。^④丁荷生抽象地理解了宗族，忽略了西方人类学向来重视的亲属权利与义务的维度。

就地缘性对亲属群的意义而言，他们基本从两个方面入手探讨。一是居住，即婚后从夫居还是从妻居的问题。^⑤当然，也可以说是从父居还是从母居的问题。二是注重分析整个氏族、继嗣群、世系群拥有共同的领地或地盘。^⑥比如，埃文思－普里查德就阐述道："社区纽带与宗族结构的同化现象（assimilation）、地域性联系以一种宗族术语的传达以及宗族联系在地域依附关系上的表达，使得宗族系统对于有关政治组织的研究来说具有重要意义。"^⑦

在氏族、继嗣群和世系群对外关系上，西方学者则非常注重世仇（feud）、血仇（blood-feud）和调解机制的研究。^⑧这里反映了亲属间的态度、权利和义务。

---

① Meyer Fortes, "The Significance of Descent in Tale Social Structure", Meyer Fortes , *Time and Social Structure and Other Essays,* pp.33–66, 2006 (1970).
② A.R. 拉德克利夫－布朗著，潘蛟等译:《原始社会的结构与功能》，22–23 页，北京：中央民族大学出版社，1999 年。
③ A.R. 拉德克利夫－布朗著，潘蛟等译:《原始社会的结构与功能》，22–23 页，北京：中央民族大学出版社，1999 年。
④ 转引自科大卫:《明清社会和礼仪》，16 页，北京：北京师范大学出版社，2016 年。
⑤ A.R. 拉德克利夫－布朗著，潘蛟等译:《原始社会的结构与功能》，23 页，北京：中央民族大学出版社，1999 年。
⑥ W.H.R. 里弗斯著，胡贻谷译:《社会的组织》，15、18–20 页，北京：商务印书馆，1990（1940）年；埃文思－普里查德著，褚建芳、阎书昌、赵旭东译:《努尔人：对尼罗河畔一个人群的生活方式和政治制度的描述》，133–135、232–235 页，北京：华夏出版社，2002 年。
⑦ 埃文思－普里查德著，褚建芳、阎书昌、赵旭东译:《努尔人：对尼罗河畔一个人群的生活方式和政治制度的描述》，235 页，北京：华夏出版社，2002 年。
⑧ 埃文思－普里查德著，褚建芳、阎书昌、赵旭东译:《努尔人：对尼罗河畔一个人群的生活方式和政治制度的描述》，135–152、175–211 页，北京：华夏出版社，2002 年。

以上仅是列举了一些方面而并非全部，再者于参考文献注释方面亦未列出所有相关研究者及文献。事实上也没有必要，因为我们已经从上述所举端倪中窥探到了，西方人类学家从亲属制度或原则角度出发对氏族、继嗣群和世系群的研究。

中国的汉人宗族在布朗早期指导和后来弗里德曼的带领下，一大批学者跟进。如，裴达礼^①、芮马丁^②、波特^③、华琛^④、华若碧^⑤、郝瑞^⑥、孔迈隆^⑦、庄英章^⑧等。他们基本上都是在亲属制度框架下来研究中国宗族（尽管本书在开始部分曾指出，"国家与地方关系"架构下的中国宗族研究始自弗里德曼）。中国20世纪前半期的林耀华、胡先缙、瞿同祖等人的家族、宗族研究（如，《义序新的宗族研究》《中国的继嗣群体及其功能》^⑨《中国法律与中国社会》^⑩）基本上是亲属制度下的研究思路。诚如科大卫所言："弗里德曼之前，对宗族描述建

① Hugh.D.R.Baker, "The Five Great Clans of the New Territories", *Journal of the Hong Kong Branch of the Royal Asiatic Society,* 1966, No.6, pp.25–48; Hugh.D.R.Baker，*A Chinese Lineage Village: Sheung Shui,* p.99, California: Stanford University Press, 1968; Hugh. D.R.Baker, "Marriage and Mediation: Relations between Lineage", in Hugh.D.R.Baker and Stephan Feuchtwang , eds., *An Old State in New Settings,* Oxford: JASO, pp.11–24, 1991.

② Emily Martin Ahern, *The Cult of the Dead in a Chinese Village,* pp. 149–162, California: Stanford University Press, 1973.

③ Jack Potter, *Capitalism and the Chinese Peasant,* Berkeley: University of California Press, 1968;Jack Potter, "Land and Lineage in Traditional China", in Maurice Freedman, eds.*Family and Kinship in Chinese Society,* pp.121–138, Stanford University Press, 1970.

④ James Watson, *Emigration and the Chinese Lineage: The Mans in Hong Kong and London,* Berkeley: University of California Press, 1975; James Watson, "Chinese Kinship Reconsidered: Anthropological Perspective on Historical Research", *The China Quarterly,* No.92, pp.589–622 (See p.594), 1982.

⑤ Rubie S.Watson, "Class Differences and Affinal Relations in South China", *Man (n.s.),* 1981, No.16, pp.593–615; Rubie S. Watson, "The Creation of a Chinese Lineage: The Teng of Ha Tsuen, 1669–1751", *Modern Asin Studies.*1981, No.16 (I), pp.69–100.

⑥ Steven Harrell, *Ploughshare: Culture and Context in Taiwan,* Seattle: University of Washington Press, 1982.

⑦ Myron Cohen, "Agnative Kinship in South Taiwan", *Ethnology,* 1969, No.8, pp.167–182.

⑧ 庄英章:《台湾汉人宗族发展的若干问题》,《民族学研究所集刊》, 1974 年, 总第36 期。

⑨ Hu Hsien Chin, *The Common Decent Group in China and its Functions,* New York: The Viking Fund, Inc, 1948.

⑩ 瞿同祖:《中国法律与中国文化》, 北京: 中华书局, 1981 年。

立于一个假设之上——宗族必然是血缘组织。"① 在这些学者的作品里我可以看到，他们大多聚焦于祠堂、祖先祭祀、族谱、族产、聚居、宗族械斗等亲属原则或制度方面认识中国家族、宗族。

我们这里可以列举他们关于子孙对死去的祖先的祭拜的研究来加以说明，以看出亲属研究线索的步步深入。墓祭方面的研究可以参看本书第六章第二节所提供的学术信息，这里只从祠祭研究方面予以说明。1931 年，林耀华在燕京大学的本科毕业论文选题是"拜祖"。在这篇文章里，他于"拜祖的礼仪"小类目下将宗庙中的祭祖礼称为庙祭，并从时间角度将其分为每年固定时间的祭祀和临时祭祀两种。② 1935 年，在他的硕士论文《义序的宗族研究》中则将祠内祭祖标明为"祠祭礼仪"，并简略从祠堂的意义、类别（宗祠之祭、家祠之祭、时祭、合祭）、进主礼等三个方面做了介绍。③ 胡先缙于 1948 年出版的《中国的继嗣群及其功能》一书中在考察祠堂内祭祖时，其重点关注的问题是：谁可以被列为祠堂祭拜对象、不同祭祀对象的不同祠堂建筑类别、祖先牌位、与祭祀对象相对应的宗族分支构造、谁有资格祭祖、周期性时祭、祭祖仪式后的集体宴会和分胙等内容。④ 这一时期，许烺光也讨论过祠内祭祖现象。⑤ 20 世纪 50 年代后期，弗里德曼在他们的基础上主要从祠堂内的祭祀对象、祖先与子孙的关系、与家庭祭祀的区别、参加者的性别、周期性祭祖、祖先牌位以及祭祀过程反映出的不平等关系（分化）等角度来

---

① 科大卫：《明清社会和礼仪》，29 页，北京：北京师范大学出版社，2016 年。科大卫认为，弗里德曼主张"宗族其实是乡村的建构"（见科大卫：《明清社会和礼仪》，30 页），是一个控产机构。这无疑是对的。但若说，弗里德曼完全没有考虑宗族的亲属性问题，恐怕就有问题。

② 林耀华：《拜祖》，见林耀华：《义序的宗族研究》，北京：生活·读书·新知三联书店，230—258 页（具体内容见 238—240 页，此文原载于《社会科学》，1931 年第 2 期），2000 年。

③ 林耀华：《义序的宗族研究》，50—52 页，北京：生活·读书·新知三联书店，2000 年。

④ Hu Hsien-chin, *The Common Descent Group in China and its Functions*, pp.35–37, 116–119, 127–129, Viking fund Publications in Anthropology Number 10, New York, 1948.

⑤ Francis Hsu L.K., *Under the Ancestors' Shadow: Chinese Culture and Personality*, pp.50–53, California: Stanford Universily Press, 1967 (1948).

探讨祠内祭祖。[①]20 世纪 60 年代末至 20 世纪 70 年代初，芮马丁则在弗里德曼的基础上又进一步讨论了祠堂祭祖，且采用的标准也是一样的，尤其强调家内祭祀（the domestic cults）与祠堂祭祀（the hall cults）的差异。涉及祭祀对象、祖先牌位、祠堂内的仪式活动（葬仪、婚仪、灶神祭拜、个体家庭在祠堂的祭拜仪式）、集体性祭拜、节日性祭祀、祭仪中的性别参与问题、祠堂与现实房支结构及社会地位的对应性、祠堂的象征与功能等内容。[②]此外，像纳尔逊[③]等人类学家对于祠堂祭祖也有过研究。这是从制度和仪式行为方面的考察，而祭祖的研究则早已深入到行动者和实践者的内心世界中去了。林耀华认为："拜祖的意义，可分为两方面：在死人方面说，灵魂和生人一样需要衣食住行，所以生人务必尽力供给；在生人方面说，死灵仍旧继续保护照荫子孙，治理教导后代，以是拜奉祖宗乃求获福利。"[④]弗里德曼则说："亲属的死亡并没有中断他们之间的亲情。死者继续关注生者的事情，生者关心死者在阴间的安宁，生者为死者提供物质安慰——房子、金钱、衣服和食品——这些是死者在另一个世界中还需要的东西，而且通过神媒的实践，现实生活的关系在阴间能够得到实际的表达。"[⑤]祭祖方面的研究（连同婚姻仪式方面的研究）到了 20 世纪 80 年代，则转换到关于"标准化"的争论之中。[⑥]

---

① Maurice Freedman, *Lineage Organization in Southeasten China*, pp.79–91, London: The Athlone Press, 1958.

② Emily M.Ahern, *The Cult of the Dead in a Chinese Village,* pp.91–115, California: Stanford University Press, 1973.

③ H.G.H.Nelson, "Ancestor worship and burial practices", in Arthur P. Wolf edited, *Religion and Ritual in Chinese Society,* pp.251–277, California: Stanford University, 1974.

④ 林耀华：《义序的宗族研究》，50 页，北京：生活·读书·新知三联书店，2000 年。

⑤ Maurice Freedman, *Lineage Organization in Southeasten China,* p.85, London: The Athlone Press, 1958.

⑥ James L. Watson, "The structure of Chinese Funerary Rites: Elementary Forms, Ritual Sequence, and the Primacy of Performance", In James L. Watson and Evelyn S.Rawski, eds., *Death Ritual in late Imperial and Modern China*, pp.3–19, Berkeley: University of California Press, 1988; Evelyn S.Rawski, "A Historian's approach to Chinese Death Ritual", In James L. Watson and Evelyn S.Rawski, eds., *Death Ritual in Late Imperial and Modern China,* pp.20-34, Berkeley: University of California Press, 1988; Myron Cohen, "Souls and Salvation: Conflicting Themes in Chinese Popular Religion, In James L.（转下页）

这是一场针对华琛的争论。总的来说，祠堂祭祖的亲属研究线索是很明显的。但只有到了后期的时候，才慢慢挂靠到国家意志这条线索上来。

美国人类学家华琛在《晚清帝国和现代中国的丧葬仪式》一书的"导论"中说："假定世上有事物可以创造和维系一个统一的中国文化的话，那就是标准化的仪式。身为一个中国人，必须理解并接受这一看法：中国社会里有一套正确的、与生命周期相配合的仪式动作（其中，婚丧礼仪是主要的人生周期性仪式）。民众按照（国家或精英阶层）认定的仪式程序，投入到文化整合的进程中。大多数情形下，大众的参与都是自愿的，没有受到衙门的逼使。我们今日所说的Chinese，可以说是数百年仪式标准化塑造的产物。"不过，华琛的标准化概念是包含差异性在内的解说理论。他说："（广东两村落）丧礼的组织和执行有着惊人的差异，但仪式的整体结构却是大致相同的。这就是中国式的文化标准化的精神所在，该体制是一个高度包含的一统结构，但又容许内部存有异质性。"[①] 华琛的意思是说，文化意义上的晚清中国和现代中国均试图靠仪式来维持。没有仪式的"统一"，中国可能是一个散落的架构。关于标准化的争论也恰恰说明了，亲属线索的宗族研究向国家意志线索的宗族研究的靠拢与转换。

在《晚期帝国的亲属组织：1000—1940》一书的导论中，伊佩霞（Patricia Ebery）和华琛把宗族成员对祖先的认同作为判定宗族的一个关键因素，而不在乎成员是否与祖先有相同的血缘。由此把宗族理

（接上页）Watson and Evelyn S.Rawski, eds., *Death Ritual in Late Imperial and Modern China,* pp.180–202, Berkeley: University of California Press, 1988; Emily Martin, "Gender and Ideological Differences in Representations of Life and Death", In James L. Watson and Evelyn S.Rawski, eds., *Death Ritual in Late Imperial and Modern China,* pp.164–179, Berkeley: University of California Press, 1988; Rubie Watson, "Remembering the Dead: Graves and Politics in Southeastern China", In James L. Watson and Evelyn S.Rawski, eds., *Death Ritual in Late Imperial and Modern China,* pp.203–227, Berkeley: University of California Press, 1988.

① James L. Watson, "The Structure of Chinese Funerary Rites: Elementary Forms, Ritual Sequence, and the Primacy of Performance", In James L. Watson and Evelyn S.Rawski, eds., *Death Ritual in Late Imperial and Modern China,* pp.3–19, Berkeley: University of California Press, 1988.

解为以共同祖先为依据的地域群体。① 这实际上已经抛离了亲属原则来认识宗族了。

中国汉人宗族，有的西方人类学家称之为氏族（clan），有的西方人类学家称之为继嗣群（descent group），有的西方人类学家称之为世系群（lineage）。而氏族和世系群在西方人类学里一直被当作一种亲属制度进行研究，并不是被当作国家政治架构下的一块而开展的。这一点里弗斯讲得非常清楚。在《社会组织》一书中，他列出了亲属团体、政治团体（包括国家）、职业团体、宗教团体、教育团体、俱乐部、秘密会社等 7 种类型。② 足见，在里弗斯的眼里，亲属团体与国家是相并列的一类组织。

接下来，我们择要了解中国历史上部分儒家学者从亲属原则或亲属制度方面阐述宗族的观点。

二、部分古代儒家学者的论述

让我们按照时间历程有选择地介绍一些观点。

周代已经有了两种宗族概念，一种是大宗法宗族，一种是小宗法宗族。《礼记·大传》云："别子为祖，继别为宗，继祢者为小宗。有百世不迁之宗，有五世则迁之宗。百世不迁者，别子后也；宗子继别子者，百世不迁者也。宗其继高祖者，五世则迁也。"这里的"百世不迁之宗"即大宗法宗族，是从系谱着眼的；而"五世则迁"之族既是个系谱性宗族也是个实体性宗族。而且大宗还能领导小宗。汉代今经学家班固在《白虎通》卷八《宗族》中给予过说明："大宗能率小宗；小宗能率群弟，通于有无，所以纪理族人者也。""族者何也？族者凑也，聚也，谓恩爱相流凑也，上凑高祖，下凑玄孙。"③ 可见周汉时代，人们已经从世系、经济性互助、地缘性（聚居）以及族内支配

---

① Patricia Ebrey, James Watson, "Introduction", in Patricia Ebrey, James Watson eds., *Kinship Organization in Late Imperial China, 1000-1940*, pp.1–15, Berkeley: University of California Press, 1986.

② W.H.R. 里弗斯著，胡贻谷译：《社会的组织》，1–6 页，北京：商务印书馆，1990（1940）年。

③ 班固：《白虎通》卷三，乾隆甲辰抱经堂版，14 页。

权等亲属原则角度来认识宗族了。

冯尔康等人从班固对"族"的解说中做出判断，认为"族是聚合一个个互相恩爱的家庭，这家庭是由高祖到玄孙不同辈分的各代人分别组成的，所以说族是有男性血缘关系的家庭聚合体"[1]。

《礼记》等文献同样记载了一个在周代流行的宗族样式，即五服九族。如，《尚书·尧典》曰："克明俊德，以亲九族；九族既睦，平章百姓。"《尚书·孔传》解释为："九族，上自高祖下至玄孙凡九族。"而《礼记·丧服小记》则曰："亲亲以三为五，以五为九，上杀，下杀，旁杀，而亲亲毕矣。"这里是从世系原则角度来谈论宗族问题。

汉代《尔雅·释亲》在这个九代世系规模的宗族基础上，沿着世系一下子攀升到了十三个世系，由此构建出一个自高祖至云孙的较大规模宗族体系。张小军曾绘制过一个表格：[2]

		高祖王姑	高祖王父				
			高祖王母				
		曾祖王姑	曾祖王父	族曾王父			
			曾祖王母	族曾王母			
		王姑	王父祖王母	从祖祖父从祖祖母（从祖王母）	族祖王母		
族祖姑	从祖姑	姑	父母 庶母	世父世母 叔父叔母	从祖父从祖母	祖父族祖母	
从祖姊妹	从父姊妹	姊妹	己	兄弟	从父昆弟	从祖昆弟	族昆弟
			子				亲同姓
			孙				
			曾孙				
			玄孙				
			来孙				
			昆孙				
			仍孙				
			云孙				

---

[1] 冯尔康、常建华、朱凤瀚、阎爱民、刘敏：《中国宗族史》（该书为《中国宗族社会》的增订本），18 页，上海：上海人民出版社，2009 年。

[2] 张小军：《家与宗族结构关系的再思考》，汉学研究中心编印：《中国家庭及其伦理》（研讨会论文集），152–175 页，台北：汉学研究中心，1992 年。

不过，这只是从世系原则出发的一个设计，据钱杭研究，其并非实体性宗族。①

到了宋代出现了"欧苏谱法"。即，宋仁宗皇祐年间欧阳修和苏洵各自主修的《欧阳氏图谱》和《苏氏族谱》中的修谱原则。

欧阳修主张"五世一提"，即以五代为一表的世系书写原则。欧阳修在《谱图序》中说：

> 谱图之法，断自可见之世，即为高祖，下至五世玄孙，而别自为世。
>
> 上自高祖，下止玄孙，而别自为世。使别为世者，上承其祖为玄孙，下系其孙为高祖。凡世再别，而九族之亲备。推而上下之，则知源流之所自。旁行而列立，则见子孙之多少。夫惟多与久，其势必分，此物之常理也。凡玄孙别而自为世者，各系其子孙，则上同其出祖，而下别其亲疏。如此，则子孙虽多而不乱，世传虽远而无穷。此谱图之法也。（《欧阳文忠公集》卷七一《谱图序》）

欧阳修的意图很好地体现了各代不同辈分之间的亲疏差别和相互承传关系。欧阳修的主张是典型的小宗谱学原则或小宗谱法。

苏洵吸收了欧阳修的思想，具体也明确主张小宗谱法："《谱》之所记，上至于吾之高祖，下至于吾之昆弟，昆弟死而及昆弟之子。……其说曰，此古之小宗也。凡今天下之人惟天子之子与始为大夫者，而后可以为大宗，其余则否。独小宗之法，犹可施于天下。故为族谱，其法皆从小宗。"（《嘉祐集》卷十四《族谱后录上篇》）他又说："凡嫡子而后得为谱，为谱者皆存其高祖，而迁其高祖之父。"（《嘉祐集》卷十四《苏氏族谱亭记》）

"欧苏谱法"或谱学原则虽然是小宗制度的谱学原理，且有意识与大宗法相区分，但在客观上却与大宗法"百世不迁"原则殊途同

---

① 钱杭：《中国宗族史研究入门》，64—65页，上海：复旦大学出版社，2009年。

归，其后世效仿该谱法原则之所修谱与大宗谱在世代规模追求上没有什么根本不同。即，"欧苏谱法"的结果使得族谱每页虽只书写"五世"，但若干页相连，则变成了"百世不迁"谱。从直系世系角度看，每一页的最后一个人名恰是第二页的第一个人名。于是呈现的规律是：第一页为高祖、曾祖、族、父、己；第二页为己、子、孙、曾孙、玄孙；第三页为玄孙、来孙、仍孙、昆孙、云孙；第四页则从云孙开始，至第十七世孙。虽然欧苏是从九族搭建入手，实际上又追溯并囊括了《尔雅·释亲》的智慧。也就是说，他们受到了"级数"发育规律的影响。分析欧苏影响的族谱可以看出，世系表的第一页含有五世，第一页和第二页合起来，去掉一个重复的名字，则是九世。以此类推，前三页合起来则是十三世，前四页合起来是十七世，然后在理论上可以至于无穷，达到"百世不迁"的效果。钱杭对此也持有同见："根据'上自高祖下至玄孙'的通例，每五个世代制定一图，形成始祖至五世祖、五世祖至九世祖、九世祖至十三世祖（以下类推）这样一个相对独立的系列，使得同一世代的族人一目了然本人在世系图上的位置。"①

但无论如何，均说明欧苏二人是从世系亲属原则来理解宗族的。

北宋张载在《经学理窟·宗法》篇中则从"明谱系""立宗子"和"建家庙祭祖"等角度认识宗族问题，使人们不忘根本。②

而范仲淹则重点从经济学或福利学意义上理解并实践宗族。这就是他创立的义庄模式。皇祐二年（1050）他利用官俸买了四十多顷良田，将每年所得租米赡养自己的宗族，以此应对族内的贫富分化问题。因置屋以贮藏和发放租米，故号称"义庄"。范仲淹亲自制定十三条《义规》，各房均须遵守，且令族中德行较好的子弟来管理。③据冯尔康等人的研究，大致可以归纳为三个方面内容：第一，规定了

---

① 钱杭：《中国宗族史研究入门》，129 页，上海：复旦大学出版社，2009 年。

② 张载：《经学理窟·宗法》，《张载集》，258–259、295 页，北京：中华书局，1978 年。具体内容是："管摄天下人心，收宗族，厚风俗，使人不忘本，须是明谱学世族与宗子法立"，"人家不知来处，无百年之家，骨肉无统，虽至亲，恩亦薄"。

③ 《范氏义庄规矩》，见《青照堂丛书·次编》。

向族人发放义米、冬衣的范围和数量；第二，规定了族人嫁娶丧葬资助费用；第三，规定了领取义米的办法。[①] 之后，范仲淹的次子、三子、四子从神宗熙宁六年（1073）[至徽宗政和七年（1117）] 之间，又不断添加族产，并作《续订规矩》。其内容为：第一，利用族产兴办族中教育事业（奖励举子考试，发放族学老师工资）；第二，增设义庄管理条例；第三，增设义田经营章法（不许族人租佃义田，不得典卖族人田土）；第四，对同居兄弟和未娶者的奴婢的给米进行了规定；第五，规定：不得占据或会聚义仓，义庄人力车船器用不得借用，不得以义宅屋舍私相兑货质当。到了南宋宁宗嘉定六年（1213），范仲淹六世孙范良又作了《续定规矩》十二条，重申并完善了范仲淹的《规矩》，以保护族产。[②] 可以说，范仲淹重点从功能角度，而不是系谱或祖先祭祀方面来理解和实践宗族。

南宋朱熹于《家礼》一书中提出了宗族祠堂和祭祀礼仪等方面的问题。它涉及建立祠堂、墓祭始祖和先祖（始祖以下高祖以上之祖先）、设置祭田等内容。[③] 朱熹主要从祖先祭祀和设立族产等角度来理解宗族。

元明清时期的儒家学者关于宗族的见解就不再列举了。上述所举从周代到宋代的儒家学者关于宗族的见解，对中国汉人的宗族实践在日后产生了重要影响。我们看到，比起西方现代学者来说，古代儒家学者基本上也是从亲属原则或亲属制度角度来理解宗族的。他们几乎涉及了方方面面，如系谱原则、祖先祭祀、同居共财、房支权力格局等。

---

① 冯尔康、常建华、朱凤瀚、阎爱民、刘敏:《中国宗族史》（该书为《中国宗族社会》的增订本），184 页，上海：上海人民出版社，2009 年。
② 冯尔康、常建华、朱凤瀚、阎爱民、刘敏:《中国宗族史》（该书为《中国宗族社会》的增订本），184 页，上海：上海人民出版社，2009 年。
③ 朱熹:《家礼》卷一《通礼·祠堂》，乾隆三十八年，博雅堂重镌本。具体内容，如，"……古之庙制不见于经，且今士庶人家亦贱，亦有所不得为者，故特以祠堂名之，而其制度亦多俗礼云"，"大宗之家，始祖亲尽则藏其主于墓所，而大宗犹主其墓田。以奉其墓祭，岁率宗人一祭之……高祖亲尽则迁其主而埋之，墓田则诸位迭掌"，"初立祠堂，则计现田，每龛取其二十之一，以为祭田，亲尽则以为墓田。后凡正位祔者皆仿此。宗子主之，以给祭用，上世初未置田，则合墓下子孙之田，计数而割之，皆立约闻官，不得典卖"。

这些亲属制度的要素与西方人类学家观察氏族、继嗣群、世系群的维度基本没什么差别。日本现代学者在研究中国宗族时也大抵是从这些亲属原则出发来予以考察的。这一点只要翻阅清水盛光的《中国家族的结构》[1]、滋贺秀三的《中国家族法原理》[2] 等著作就会很清楚。

上述所举中国古代的这些儒家学者虽然大多数是帝国的士大夫或国家的官僚（即便是掌握文字的士人，也与帝国或国家的政治有千丝万缕的联系），显然不可能排除他们设计的宗族制度与帝国政治的关系。像北宋的张载干脆明确地阐述了搞宗族建设对于国家的好处。他说谱牒制度废除以后，"人家不知来处，无百年之家，骨肉无统，虽至亲，恩亦薄。宗子之法不立，则朝廷无世臣。且如公卿，一日崛起于贫贱之中以至公相，宗法不立，既死遂族散，其家不传……如此则家且不能保，又安能保国家？"[3] 他是把宗族提到"管摄天下人心"和"保国家"的高度来认识并实践的。但是我们必须认识到一点，即他们从亲属原则出发所议论或规划的宗族很大程度是建立在人的"亲亲性"，即亲属性基础上的，有亲属情感、权利和义务的基础做支撑。像朱熹设计祠堂和祭仪，就是为了满足人们的报本返始、尊祖敬宗之意。他说他的祠堂礼制"亦多俗礼云"。这表明，他在构思祠堂及祭祖制度时并不是接受了帝国的指令后在书房里闭门造车，而是从民间已经实践的祭祖情况中加以提炼而出。这个"俗礼"实际上是老百姓从人性出发，且经过长时期亲属互动后而形成的一种宗族成员交往模式。即便朱熹之前的张载从国家意志角度来谈论宗族，但也仍摆脱不了"骨肉"这样的亲亲性。他明确地说过，搞宗法建设以及祭祀祖先是为了"顺从人情"。[4] 何为"人情"，即亲情也。

理学家们的"俗礼"和"顺从人情"考虑，实际上是遵从了亲属原则。而科大卫把宗族礼仪单单放置在国家建构过程中来理解，[5] 显然没有深刻体察到礼仪也是亲属范围内的事情。相反，他是故意抵触

---

① 清水盛光:《支那家族の构造［中国家族的结构］》，东京:岩波书店，1942 年。
② 滋贺秀三著，张建国、李力译:《中国家族法原理》，北京:法律出版社，2003 年。
③ 张载:《经学理窟·宗法》，《张载集》，258–259 页，北京:中华书局，1978 年。
④ 张载:《经学理窟·宗法》，《张载集》，295 页，北京:中华书局，1978 年。
⑤ 科大卫:《明清社会和礼仪》，北京:北京师范大学出版社，2016 年。

和排除亲属原则。拙著《九族与乡土》比较细腻地展示了亲属语境里的礼仪问题。

如若祭祖、世系、族产等因素不属于亲属制度或亲属原则的内容，而单纯属于国家意志的一部分，就无法解释为什么西方人类学家在无国家社会里所描绘出来的类似中国宗族的氏族、继嗣群和世系群也有这些方面。也许人类的"亲亲性"能较好地解释这类现象。所以，本书将其视为独立的亲属因素，而不是国家政治架构下的一部分。但不排除在中国这两者的契合，即相互实践问题。相互实践导致了亲属因素被提摄进国家政治架构里面，同理，国家因素也会被吸纳进亲属人情里面，造成二者不可剥离的现象。

所以说，亲属感情、亲属原则是支配中国宗族实践的一个重要机制，绝不能因为强调"国家与地方的关系"、强调国家的意志，而忽略了作为亲属制度或亲属原则所表达出的宗族图像。

接下来，将回到本书所呈现的民族志资料上来，同时也结合此前业已出版的拙著《九族与乡土》来阐述闵氏宗族作为亲属制度意义上的宗族实践情况，并由此生发开来，就整个中国的宗族情形做出一些理论上的假设和建设。当然，这是在承认其个案或特例基础上的一次理论跃升。

三、游移在亲属与国家之间

作为一种特定规模的五服九族制度，虽然经过历代帝国仪礼或法律制度的规定，但在地方人民的实践中，主要受亲属规则制约。一方面，作为"本家"的"五服九族"是一个父系亲属单位，另一方面，作为"整体性九族"又是一个"宗亲－姻亲"共同体。相比较来说，就闵村人民所实践的大规模宗族却主要受到国家的影响，成为国家意志的一种象征性表达。但是仔细回顾前文所做的民族志考察就会发现，闵村大规模宗族仍然难以彻底摆脱亲属规则的影响。

从第二章整章、第四章第一节、第八章整章来看，闵子骞不仅仅是帝国的地方社会或区域社会的神明，也不仅仅是现代国家的旅游神明，更重要的是子孙的神明，即闵人的老祖或老祖先。他们称闵子骞的祠堂就叫作"老祖庙"。一开始在宋代国家派官员前来祭祀的时候，大宗宗子就跟随着来了。祖先闵子骞身上所具有的道德魅力让子孙无比骄傲，并试图一次次安装进子孙的身体之内，即完成祖先灵魂的内化。在20世纪60年代破坏老祖塑像时，族人内心无比纠结。新时期，重建祠堂和恢复祭祖礼仪，他们激动不已。这些均说明，一个有道德魅力的祖先对于宗族凝构的意义。这在过往的民族志研究中，不论是国外人类学家在世界其他地区开展的研究，还是本土人类学家以及海外人类学家在中国经验研究，都不曾评估过祖先道德魅力对于中国宗族形成的价值。

第四章除了从祖先祭祀来讨论宗族外，还从世系结构、族内组织、族产及其管理、世系群的迁播以及族内族外互动等方面来理解宗族。这些是传统宗族研究在亲属制度框架下的经典问题。

第五章涉及宗族内部不同房支在战乱年代纷争族产的事情以及宗族内部对待"当土匪"的成员的态度问题。即便20世纪40年代内战过程中和20世纪50年代初根据阶级话语镇压反革命活动中，温和的宗亲情感仍然在发挥作用。

第六章第一节提到新中国成立后乡村基层组织——生产小队，也建立在血缘基础上。其第二节讲了宗族作为一个共同体如何对外问题，即跟外族的竞争。这里面既有对父系亲属集团对祖先的"保护"和生计的关怀，也有对集体名誉的捍卫。

第八章在讲宗族重建时展现了宗族成员对祖先的态度，祖先信仰对于当下宗族建设依然是一块基石。宗族成员那种强烈地回归亲属集体的焦渴心情溢于言表和行动。他们希望祖先的"灵魂"——孝道——能重新在子孙身上"复魂"。即便在特殊时期，破坏祖庙、铲除祖像，也有相当一部分成员予以心理上的抵制。

第九章则涉及两大世系群对村落空间权的争夺问题。

纵贯全书的是，村内两大地域分支世系群间的互动问题。闵人根据相近的系谱关系居住在村落中的两个不同地理空间区域内：前村和后村（尽管后村的系谱性证明至今还无法弄清楚，但后村的人至少在内心认为自己血缘上很近）。尽管如此，但迟至晚清时他们都没有在功能方面实行裂变制。可到了民国期间，他们则根据这种相近的系谱

（至少他们内心认为）和地缘关系分裂为二，分裂因族产纷争而起。虽然1949年后他们在国家力量干预下成为一个乡村行政运作单位，但内部始终存在二元对立与竞争，甚至波及村庄的空间布局。中国前三十年由后村主导，后三十年由前村主导，正所谓"三十年河东，三十年河西"是也。

上述表明，在村庄文化实践的方方面面无不存在着亲属制度底色的作用。也就是说，在文化的深层里，亲属意义上的宗族依然起着支撑作用。

亲属制度或原则对于宗族的意义就追述到此，现在让我们回到全局性的、更加客观而中允的立场上来。

从布尔迪厄的实践论来理解，如果把亲属制度或规则作为闵人的一种惯习来理解，那么，国家力量就是一种场域里的"能动性"，两者都试图定义宗族。或者说两者都努力争夺宗族这个象征体系或符号，都试图通过捕捉宗族来表达自我意志。要是这样的话，真有点像张小军所言，宗族在实践中是由两者的"互相拉扯"而成的。

为了今后更方便地考察中国宗族，我想在此建立一个类光谱式的理论模型。在此我称之为有关中国宗族解说的"游移论"。首先我们画一个横轴，然后是将这根横轴设置两个端点，一端是"国家意志"，一端是"亲属原则"，形形色色的中国各地宗族就在这根横轴上演绎它们的故事。两个端点都具有自己的磁力，争相吸引中间的宗族。当然，处于中间的宗族也有自己的盘算，即哪端对自己有利，它就靠拢哪端。这就像一架磅秤，宗族如游码，在磅秤的刻有斤两数字的秤杆上来回滑动。

当宗族滑向"国家意志"这一端时，宗族就是"国家的宗族"，成为国家治理的一个工具；当宗族滑向另一端，即"亲属原则"这一端时，宗族就演绎或被叙事为一个父系亲属人群的架构。但在现实中，几乎没有哪个宗族可以滑动到两个极端，尤其是完全变成"国家的宗族"这种情况。大部分宗族都处在这两个端点之间，深受两股磁力的牵制。只是有的表达的国家意志的成分多，有的表达的父系亲属原则的成分多。就本书所呈现的民族志资料而言，闵村则属于前者。

这是该理论模型的第一层次内涵。其第二层次内涵是指，单独用于解释一个宗族内部的情形。即在这根横轴上只放置一个游码（宗族），而不是若干游码（宗族）。此种情形下又分成两个亚类型。一个是当横轴变成时间轴时，就会看到，同一宗族在不同历史时段滑向不同的端点。即，有的历史时段演绎成了"国家的宗族"，有的历史时段演绎成了亲属原则下的宗族。第二个亚类型是指横轴变成了社会空间或社会场景。即在不同的社会场景里，比如生计的、仪式的、与族外互动的等，同一宗族会倾向不同的端点。在有的场景里，宗族演绎得更像"国家的宗族"；而在另外一些场景里，宗族更像亲属人群自己的宗族。我们从闵村的案例中已领略到了上述所分析的两种亚类型。

"游移论"的第三层次内涵是指一种混生现象。这里的"混生"有四重意思。第一，在中国没有哪个宗族单纯听命于"国家意志"，也没有哪个宗族任凭亲属原则支配，两种原则纠缠在一起而影响宗族实践，国家意志和亲属原则互相承认。第二，不同的历史事件、不同的历史场合或场景，"国家意志"和"亲属原则"都在发挥作用，只是发挥作用的大小不同罢了，不至于为一方所垄断。第三，在历史事件和场景中，国家意志和亲属原则不论是互相排斥还是密切合作，双方均试图通过彼此而达成自我的目的。第四，从实践者个体角度来讲，国家意志和亲属原则都是他或他们拿来为自己服务的工具，或者说，他或他们是驾驭国家意志和亲属原则来谋求自己的心愿。国家意志和亲属原则混生于个体的心境之中，为其心境所重造与驱遣。追到这一层次，国家和宗族的集体形象与意志都消失了。就像本书前言所云，灵狐没了，剩下的只是猎犬在喘着粗气，一脸茫然。那么，横轴两端点的磁力生成于茫茫人性的混沌之内。

总之，宗族作为一个没有灵魂的躯壳，在亲属制度和国家制度两者之间蹦跶或游移。这应该继续成为今后探索汉人宗族制度实践的前行方向。至于宗族建设是为了文化还是福利，宗族建造使用什么材料（诸如族谱、族产、祠堂等要素），这些目的或手段都是其次的。虽然都参考布尔迪厄的实践理论，但张小军先生把各种要素平等地堆在一起任由实践者挑选使用，凸显国家与权力的维度，而我却是在诸要素中优先筛选出"亲属"和"国家"两个要素，然后才考虑其他宗族建设维度。就实际的操作而言，尽管我在本案例研究中倾向于考察"宗族与国家的关系"，不得不突显国家和权力的影子。但从一般意义上来说，理性告诉我：还是不能过于偏执。我的基本理论主张是：一个地方的人民具体在实践宗族时，首先是在一个大的框架下进行：即亲属框架和国家框架各自内部，自然也就是两者之间。其次才考虑使用次级要素来建造宗族。这是我与张氏的根本不同。把宗族看作一个空杯子或空房子，在惯习和场域等作用下实践者将其实践成不同实体。这是我与张氏的基本相同点。

　　同样的问题也可以追问"村庄"。即村庄是谁的？对于像闵村这样的村庄而言，它究竟是宗族的村庄还是国家的村庄？透过本书的考察，这个问题不难回答：村落既是宗族的，也是国家的，因为村庄既被宗族共同体给定义了，也被国家力量给定义了。这也许是中国村庄区别于世界其他国家乡村聚落的一个根本不同。正是因为宗族和国家两股力量互相作用，从而界定了村庄的地理边界、社会边界和文化边界，包括其历史进程。

　　进一步，如果从实践的观点看问题，即着眼于不同的行动个体，那么，村庄在更深层次上被无数个体所定义、操控。由于许多个体定义和擦控了宗族与国家，因而村庄在特定时空里成了他们个人的村庄。这些富有能动性的个体在亲属与国家之间如鱼得水。所以，村庄又不是国家的村庄，村庄当然也不是宗族的村庄。

　　上述的论证似乎故意把国家和亲属两个端点对立起来。其实，有时二者是互相衔接的，特别是在帝国时期。如果国家鼓励地方人民用父系亲属原则来组织自己、实践自己，而地方人民又愿意把自己附着在父系亲属原则上，借助父系亲属原则来组织自己，那么，这根横轴就弯曲成了一个圆圈。宋怡明在福建的研究对此有揭示，[①] 本案例也有揭示。但本书讲的二者间的对立是指，国家意志与民间意志不一致的地方，即各有不同的诉求。

　　本书导论第一节所提到的那些学者似乎忽略了亲属角度的分析。其实，这些学者并不是不重视从亲属原则或亲属制度角度来了解中国

---

① Michael Szonyi, Practicing Kinship: *Lineage and Descent in Late Imperial China,* pp.1–328, California: Stanford University Press, 2002.

宗族。如果翻阅他们的作品，我们仍能看到他们大部分都关心族产、祠堂、族谱、婚姻以及宗族的内外功能之分析。只不过，他们将原本置于亲属制度下的宗族放在整个国家政治架构下来阐述了。即将亲属制度隶属于国家政治架构下，而不是将二者放在平等的地位上。这样就只看到了一个单极力量——国家意志——在顶层对宗族的牵制，而不是受制于国家意志和亲属原则两端之间。

本书最后想对"游移"一词做理论化处理，使之成为一个人类学概念。首先，这一概念针对的是实践者，没有实践者无从谈起游移。实践者既可以是个体，也可以是群体，还可以是一个机构，甚至是某个抽象的概念。其次，必须有一定的历史场景和社会场域。场景是直接可以观察到的，是经验的；场域是一种社会关系，是不同的实践者占据不同社会位置而构成的一个网络，实践者在这个网络里获得存在的意义。社会场域是历史场景中的社会结构；游移是实践者在一定历史场景和社会场域中的游移。

在一个历史场景或社会场域之中存在多种关系结构，每种结构都对实践者发出指令，实践者会在这些结构的指令间游移。在特定历史场景或社会场域中，实践者内心有不同的呼唤或盘算，他们也游移在这些呼唤和盘算间。在特定历史场景中，传统与当下同时在场，实践者会在传统和当下间摇摆。

看上去，游移指出了实践者主体的不确定性和无奈，甚至排除了主体性的存在。其实不然。游移，是我们栖存在这个世界上的一种策略。当我们奔波于各端而倍感生存压力时，我们应该积极地想到，这何尝不是左右寻觅？

人生不可能永远固定于某个端点上。如果说有，那也只是瞬间的事情。当瞬间滑过以后，我们复归游移的常态。庄子曰："彼节者有闲，而刀刃者无厚，以无厚入有间，恢恢乎其于游刃必有余地矣！"（《庄子·养生主》）[1]

---

[1]　陈鼓应注译：《庄子今注今译》（最新修订重排本）（上），107页，北京：中华书局，2016年重印（1983）。

参考文献

古代文献

班固:《白虎通》，乾隆甲辰抱经堂版。

程敏政:《篁墩文集》，影印文渊阁四库全书，台北：商务印书馆，1986年。

《大清会典事例》，光绪重修本。

赵尔巽、柯劭忞:《二十五史·清史稿》(上)第十一册，上海：上海古籍出版社、上海书店出版社，1986年(影印版)。

欧阳修、宋祁、薛居正等:《二十五史·新唐书·旧五代史·新五代史》，上海：上海古籍出版社、上海书店出版社，1986年(影印版)。

范晔著，唐章怀太子贤注:《二十五史·后汉书》，上海：上海古籍出版社、上海书店出版社，1986年(影印版)。

范仲淹:《范氏义庄规矩》，见《青照堂丛书·次编》。

范筑先等修纂:《续临沂县志》，临沂档案馆，档案编号：J1/47。

费县地方史志编纂委员会:《费县旧志资料汇编》(内部资料)，山东省新闻出版局准印证号：(1993)2-007。

贺长龄辑:《皇朝经世文编》，积山书局，清光绪乙未(1895)。

顾炎武:《日知录集释》，《续修四库全书》，上海：上海古籍出版社，1995年。

孔府档案管理中心:《先贤闵子后裔选补奉祠生》，档案编号：0000532，0000538。

孔继汾:《阙里文献考》第十八卷，乾隆二十七年(1762)刻本。

李敬修纂修:《光绪费县志》，《中国地方志集成·山东府县辑》第57卷《光绪费县志·宣统蒙阴县志》，光绪二十二年(1896)刻本影印。

李希贤修、蕃迁莘纂:《沂州府志》(36卷)，卷之首，乾隆二十五年(1760年)刻本，见临沂档案馆，档案编号 J.68。

潘相:《曲阜县志》，清乾隆三十九年（1774）圣化堂刻本。

《清实录·高宗》卷三十五。

司马迁:《史记》，长沙：岳麓书院，1988 年。

脱脱:《二十五史·宋史·上》第七册，上海古籍出版社、上海书店出版社，1986 年（影印版）。

王充:《论衡·知实》，《诸子集成》第七册，北京：中华书局股份有限公司，1954 年。

王溥:《唐会要》，北京：中华书局，1955 年。

王溥:《五代会要》，北京：中华书局，1998 年。

王肃:《孔子家语注释》（张涛注），西安：三秦出版社，1998 年。

文庆、李宗昉等纂修:《钦定国子监志》（上册），北京：北京古籍出版社，2003 年。

萧奭著，朱南铣校点:《永宪录》，北京：中华书局，1997 年。

张廷玉等奉敕撰，后嵇璜、刘墉等奉敕撰，纪昀等校订:《清朝文献通考》，上海：商务印书馆，1936 年。

张载:《经学理窟·宗法》，《张载集》，北京：中华书局，1978 年。

赵英祚纂修:《鱼台县续志》第一册，档案编号：K109·0283，济宁市档案局。

朱熹:《家礼》卷一《通礼·祠堂》，乾隆三十八年，博雅堂重镌本。

朱熹注:《论语章句集注》，宋元人注:《四书五经》（上册），天津：天津市古籍书店，1988 年。

朱熹注:《孟子章句集注》，宋元人注:《四书五经》（上册），天津：天津市古籍书店，1988 年。

族谱

江苏沛县闵堤口孝友堂:《闵氏族谱》（六修新编，内部出版物），江苏沛县，2009 年。

闵祥麟:《藤阳闵氏支谱》（石印本），藤县集文石印局，民国二十五年（1936）。

闵祥升、闵令波修:《鲁豫闵氏宗谱》（鱼台·微山·范县）卷二（手写本），山东鱼台大闵村，1995 年。

现代非正式出版物

费县文史资料委员会编:《费县文史选辑》第三辑，鲁临准印证号：99·2，1999 年。

黑龙江省基督教协会编:《圣灵集》（内部资料），2001 年。

黑龙江省基督教协会编:《灵歌集》(内部资料),2001年。

临沂地区水利志编纂办公室编:《临沂地区水利志》,鲁临准印证号:92-1-005,1992年。

临沂市人民政府、曲阜师范大学:《山东省临沂市旅游发展总体规划暨蒙山旅游发展建设规划》,山东省内部资料,准印证号:2000年041号。

鲁政字[2011]9号文,《山东省人民政府关于同意调整临沂市兰山区费县部分行政区划的批复》。

山东省费县法院:民事档案146号,1985年。

山东省费县W镇第十五届人大代表会议第一次会议,《政府工作报告》(打印稿),费县W镇,2002年。

中文论文

白文刚:《近代皖北乡村宗族与淮系集团的崛起》,王先明、郭卫民主编:《乡村社会与权力结构的变迁:"华北乡村社会史学术研讨会"论文集》,北京:人民出版社,2002年。

常建华:《20世纪的中国宗族研究》,《历史研究》1999年第5期。

常建华:《明代宗族祠庙祭祖礼制及演变》,《南开学报》2001年第3期。

常建华:《明代徽州的宗族乡约化》,《中国史研究》2003年第3期。

常建华:《明清时期的山西洪洞韩氏——以洪洞韩氏家谱为中心》,《安徽史学》2006年第1期。

常建华:《近十年晚清民国以来宗族研究综述》,《安徽史学》2009年第3期。

常建华:《近十年明清宗族研究综述》,《安徽史学》2010年第1期。

常建华:《明清时期华北宗族的发展——以山西洪洞刘氏为例》,《求是学刊》2010年第2期。

常建华:《晚明华北宗族与族谱的再造——以山东青州〈重修邢氏族谱〉为例》,《安徽史学》2012年第1期。

陈杰:《中国传统村落正在拨打120 10年减少90万个自然村》,《人民日报》2013年6月5日。

陈华鲁《我的名字与革命生涯》,费县政协文史资料委员会编:《费县文史选辑》,鲁临出准印证号:99·2,1999年。

陈其南:《房与传统中国家族制度》,《汉学研究》1985年第3卷第1期。

陈其南:《汉人宗族制度的研究——傅里曼宗族理论的批判》,《考古人类学刊》

1991 年第 47 期。

陈其南:《汉人宗族型态的人类学研究》,陈其南:《传统制度与社会意识的结构: 历史与人类学的探索》,台北: 允晨文化实业股份有限公司,1998 年。

陈其南:《方志资料与中国宗族发展的研究》,《汉学研究》1985 年总第 3 卷第 2 期。

陈志明:《文化的传统与文化认同》,陈志明、张小军、张展鸿:《传统与变迁: 华南的认同和文化》,北京: 文津出版社,2000 年。

杜靖:《避难"非典"十四日——一位人类学博士在其故乡的文化遭遇》,《民族艺术》2003 第 3 期。

杜靖:《帝国关怀下的闵氏大宗建构》,肖唐镖主编:《当代中国农村宗族与乡村治理——跨学科的研究与对话》,北京: 中国社会科学出版社,2008 年。

杜靖:《多元声音里的山东闵氏宗祠重建》,《中国研究》2008 年春秋季合卷,总第 7-8 期,北京: 社会科学文献出版社,2008 年。

杜靖:《百年汉人宗族研究的基本范式——兼论汉人宗族生成的文化机制》,《民族研究》2010 年第 1 期。

杜靖:《法律下乡与娘家的丢失》,《长春市委党校学报》2010 年第 2 期。

杜靖:《祠堂重建的背后——山东闵村闵子祠重建考察记》,肖唐镖主编:《农村宗族与地方治理报告——跨学科的研究与对话》,上海: 学林出版社,2010 年。

杜靖:《作为概念的村庄与村庄的概念——汉人村庄研究述评》,《民族研究》2011 年第 2 期。

杜靖:《文化意义上村庄的死亡》,《中国社会科学报》2011 年 2 月 24 日第 6 版。

杜靖:《"理念先在"与汉人社会研究——庄孔韶人类学实践中的"理念观"》,《民族论坛》2011 年第 12 期。

杜靖:《意义的历史和历史的意义——庄孔韶人类学实践中的历史观》,《民族论坛》2012 年第 2 期。

杜靖:《"国家与地方社会"关系中的宗族研究范式及其存在的问题》,《青海民族研究》2013 年第 2 期。

杜靖:《从祖先神明向"旅游神明"的转换——关于山东费县闵村闵子祠的历史人类学考察》,《民族论坛》2013 年第 9 期。

杜靖:《宗族风水与国家水利——关于"文化置换"的一项历史人类学考察》,《中国农村研究》,2013 年卷(下),北京: 中国社会科学出版社,2013 年。

杜靖:《土改中的宗族与宗族社会内部的土改——以 20 世纪 40 年代中后期至 50 年代初期山东闵氏宗族为例》,《中国社会历史评论》,2014 年总第十五期,天津: 天津古籍出版社,2014 年。

杜靖:《中国的旁系宗族——以江苏沛县南北闵堤口为例》,《山西大学学报》(人文社会科学版),2014 年第 6 期。

杜靖:《弗里德曼为什么只重视中国宗族的功能而忽略系谱——兼论作为一种福利制度的中国宗族》,《青海民族研究》2015 年第 1 期。

杜靖:《四维归属感:重释当代汉人宗族建设——兼与钱杭先生讨论》,《探索与争鸣》2015 年第 4 期。

杜靖:《历史如何来到当下——人类学的历史人类学观》,《社会科学》2015 年第 10 期。

冯尔康:《清代宗族的特点》,《社会科学战线》1990 年第 3 期。

冯尔康:《宗族与村落建设述略——以明清徽州为例》,朱炳国主编:《家谱与地方文化》,北京:中国文联出版社,2008 年。

谷川道雄:《试论中国古代社会的基本构造》,《中国社会历史评论》第四辑,北京:商务印书馆,2002 年。

韩敏:《"革命的实践与表象"的共同研究:日本的中国人类学的理论探索》,阮云星、韩敏主编:《政治人类学:亚洲田野与书写》,杭州:浙江大学出版社,2011 年。

何国强:《广东三个客家村社的宗族组织之发展与现状》,台湾民族学所编:《民族学所研究资料汇编》第 14 期,1999 年。

华琛:《中国宗族再研究:历史研究中的人类学观点》,《广东社会科学》1987 年第 2 期。

华琛著,宋刚译:《仪式还是信仰:晚期帝制中国的统一文化建构》,伊佩霞、姚平主编:《当代西方汉学研究集萃·宗教史卷》,上海:上海古籍出版社,2012 年。

黄宗智:《中国革命中的农村阶级斗争:从土改到"文革"时期的表达性现实与客观性现实》,《中国乡村研究》2003 年第 2 辑。

黄宗智:《中国的"公共领域"与"市民社会"? 国家与社会间的第三领域》,见黄宗智:《经验与理论:中国社会、经济与法律的实践历史研究》,北京:中国人民大学出版社,2007 年。

侯猛:《法律和人类学研究:中国经验研究 30 年》,《法商研究》2008 年第 4 期。

景军:《知识、组织与象征资本:中国北方两座孔庙之实地考察》,《社会学研究》1998 年第 1 期。

科大卫:《国家与礼仪:宋至清中叶珠江三角洲地方社会认同》,《中山大学学报》1999 年第 5 期。

科大卫:《动乱、官府与地方社会:读〈新开潞安府治记碑〉》,《中山大学学报》2000 年第 2 期。

科大卫、刘志伟:《宗族与地方社会的国家认同——明清华南地区宗族发展的意识形态》,《历史研究》2000 年第 3 期。

科大卫:《告别华南研究》,见华南研究会编:《学步与超越:华南研究会论文集》,香港:文化创造出版社,2004 年。

科大卫、刘志伟:《"标准化"还是"正统化"?从民间信仰与礼仪看中国文化的大一统》,《历史人类学学刊》第六卷,第 1-2 期合刊,2008 年。

柯尔斯顿·哈斯特普著,谭颖译:《迈向实用主义启蒙的社会人类学?》,《中国农业大学学报(社会科学版)》2007 年第 4 期。

兰林友:《论华北宗族的典型特征》,《中央民族大学学报》2004 年第 1 期。

梁洪生:《江右王门学者的乡族建设——以流坑村为例》,梁洪生等:《地方历史文献与区域社会研究》(原载台湾《新史学》第 8 卷第 1 期,1997 年 3 月),北京:中国社会科学出版社,2009 年。

林济:《"专祠"与宗祠:明中期前后徽州宗祠的发展》,《中国社会历史评论》第十卷,天津:天津古籍出版社,2009 年。

林耀华:《拜祖》,见《义序的宗族研究》"附录",北京:生活·读书·新知三联书店,2000 年。

林耀华:《从人类学的观点考察中国宗族乡村》,林耀华著,张海洋、王晔整理:《社会人类学讲义》,厦门:鹭江出版社,2003 年。

刘晓东:《礼学与理学》,《光明日报》2016 年 1 月 4 日第 16 版。

潘宏立:《闽南地区宗亲会的复兴及其跨国网络:以"福建省济阳柯蔡委员会"为例》,陈志明、张小军、张展鸿:《传统与变迁:华南的认同和文化》,北京:文津出版社,2000 年。

祁建民:《民国以来国家建设过程中的宗族问题》,《中国社会历史评论》第十卷,2009 年。

钱杭:《当代中国农村宗族联宗的性质、过程及其变化趋势》,庄英章主编:《华南农村社会文化研究论文集》,台北:民族学研究所,1988 年。

钱杭:《亲族聚居现象与我国当前农村的宗族活动》,《上海社会科学院学术季刊》1991 年第 3 期。

钱杭:《宗族重建的意义》,香港《21 世纪》1993 年 10 月号。

钱杭:《关于同姓联宗组织的地缘性质》,《史林》1998 年第 3 期。

钱杭:《莫里斯·弗里德曼与〈中国东南部的宗族组织〉》,《史林》2000 年第 3 期。

钱杭:《宗族建构过程中的血缘与世系》,《历史研究》2009 年第 4 期。

钱杭:《中国古代世系学研究》,《历史研究》2011 年第 6 期。

钱杭:《中国现代谱牒性质转变的重要节点——以"前十条"附件中的"河南报告"为中心》,《清华大学学报》(哲学社会科学版) 2015 年第 6 期。

钱杭:《沁县族谱中的"门"与"门"型系谱: 兼论中国宗族世系学的两种类型》,《历史研究》2016 年第 6 期。

《人民日报》编辑部:《水利建设要有愚公移山的毅力》,《人民日报》1957 年 10 月 31 日第四版。

任昉:《明代乡绅》,《文史知识》1993 年第 2 期。

阮滢玲:《现代化视角下的祠堂重建: 以闽东坂中村为例》,《地方文化研究》2014 年第 5 期。

阮云星、赵照:《都市支持型社会组织何以快速成长: 上海 NPI 的政治人类学研究》,阮云星、韩敏主编:《政治人类学: 亚洲田野与书写》, 杭州: 浙江大学出版社, 2011 年。

石奕龙:《风水抑或资源控制: 单姓宗族村落形成的主位与客位解释》,《中国人类学的理论与实践》, 香港: 华星出版社, 2002 年。

石峰:《关中"水利社区"与北方乡村的社会组织》,《中国农业大学学报》(社会科学版) 2009 年总第 26 卷第 1 期。

施坚雅:《城市与地方体系层级》, 施坚雅主编, 叶光庭等译:《中华帝国晚期的城市》, 北京: 中华书局, 2000 年。

孙庆忠:《都市村庄: 南景》, 庄孔韶等:《时空穿行: 中国乡村人类学世纪回访》, 北京: 中国人民大学出版社, 2004 年。

田兆元、邱硕:《愚公移山: 20 世纪的民族精神建构及其问题》,《华东师范大学学报》(社会科学版) 2009 年第 1 期。

瓦茨拉夫·胡宾格尔:《人类学与现代性》, 中国社会科学杂志社编:《人类学的趋势》, 北京: 社会科学文献出版社, 2000 年。

王海龙:《导读一: 对阐释人类学的阐释》和《导读二: 细说吉尔兹》, 见克利福德·吉尔兹著, 王海龙、张家瑄译:《地方性知识: 阐释人类学论文集》, 北京: 中央编译出版社, 2000 年。

王铭铭:《现代的自省: 田野工作与理论对话》, 载《王铭铭自选集》, 桂林: 广西师范大学出版社, 2000 年。

王启梁:《法律移植与法律多元背景下的法制危机: 当国家法成为"外来法"》,《云南大学学报》(法学版) 2010 年第 3 期。

王日根、张先刚:《从墓地、族谱到祠堂: 明清山东栖霞宗族凝聚纽带的变迁》,《历史研究》2008 年第 2 期。

王斯福:《序》,王铭铭:《社区的历程:溪村汉人社会家族的个案研究》,天津:天津人民出版社,1996年。

王斯福著,赵旭东、孙美娟译:《什么是村庄》,《中国农业大学学报》(社会科学版)2007年第1期。

王崧兴著,冯建彰、黄宣卫合译:《汉人社会体系的原动力:有关系,无组织》,徐正光主编,台湾编译馆主译:《汉人与周边社会研究:王崧兴教授重要著作选译》,台北:唐山出版社,2001年。

萧凤霞著,程美宝译:《廿载华南研究之旅》,《清华社会学评论》2001年第1期。

肖文评、房学嘉:《经贸发展与宗族复兴:以乐安县流坑董氏及丰顺县汤南罗氏为例》,周大鸣等著:《当代华南的宗族与社会》,哈尔滨:黑龙江人民出版社,2003年。

行龙、马维强:《山西大学中国社会史研究中心"集体化时代的农村基层档案"述略》,《中国乡村研究》第5辑,福州:福建教育出版社,2007年。

徐茂明:《明清以来乡绅、绅士和士绅诸概念辨析》,《苏州大学学报》(哲学社会科学版)2003年第1期。

徐茂明:《国家与地方关系中的士绅家族:以晚清江南减赋为中心》,《苏州大学学报》2007年第4期。

颜学诚:《长江三角洲农村父系亲属关系中的"差序格局":以20世纪初的水头村为例》,庄英章主编:《华南农村社会文化研究论文集》,台北:民族学研究所,1988年。

叶春荣:《再思考 Lineage Theory:一个土著论述的批评》,《考古人类学刊》1995年总第50期。

叶春荣:《风水与报应:一个台湾农村的例子》,《民族学研究所集刊》1999年总第88期。

张佩国:《近代江南的农家生计与家庭再生产》,《中国农史》2002年第3期。

张佩国:《解读地方性制度:一项关于中国社会的本土化研究策略》,《东方论坛》2003年第2期。

张佩国:《中国乡村革命研究中的叙事困境:以"土改"研究文本为中心》,《中国历史》2003年第2期。

张佩国:《公产与私产之间:公社解体之际的村队成员权及其制度逻辑》,《社会学研究》2006年第5期。

张佩国:《反抗与惩罚:20世纪50年代嘉定县乡村的犯罪与财产法秩序》,《社会》2007年第4期。

张佩国:《山东"老区"土地改革与农民日常生活》,《财产关系与乡村秩序》,上海:学林出版社,2007年。

张小军:《家与宗族结构关系的再思考》,汉学研究中心编印:《中国家庭及其伦理》(研讨会论文集),1992年。

张小军:《阳村土改中的阶级划分和象征资本》,《中国乡村研究》第2期,北京:商务印书馆,2003年。

张小军:《"文治复兴"与礼制变革:祠堂之制与祖先之礼的个案研究》,《清华大学学报》(哲学社会科学版)2012年第2期。

张小军:《再造宗族:福建阳村宗族"复兴"研究》,香港中文大学博士学位论文,1997年。

赵俊臣:《笃圣闵子骞与费县》,《联合日报》2001年3月30日。

赵树国、宋华丽:《王朝鼎革·民族冲突·宗族纷争——明清之际大店庄氏族人庄调之抗清的"历史"和"历史记忆"》,《中国社会历史评论》第15卷,天津:天津古籍出版社,2014年。

周大鸣:《宗族的复兴与乡村治理的重建》,肖唐镖、史天健主编:《当代农村宗族与乡村治理》,西安:西北大学出版社,2002年。

周大鸣:《宗族制度的变迁与调适:以潮州凤凰村为例》,周大鸣等著:《当代华南的宗族与社会》,哈尔滨:黑龙江人民出版社,2003年。

周大鸣:《宗族复兴与乡村治理的重建》,周大鸣等著:《当代华南的宗族与社会》,哈尔滨:黑龙江人民出版社,2003年。

周建新:《风水:传统社会宗族的生存的策略:粤东地区的实证分析》,《客家研究辑刊》1999年第2期。

庄孔韶:《附记:林耀华早期学术作品之思维转换》,林耀华:《义序的宗族研究》,北京:生活·读书·新知三联书店,2000年。

庄孔韶:《早期儒学过程检视:古今跨学科诸问题之人类学研讨》,庄孔韶主编,杜靖执行主编:《人类学研究》第一卷"汉人社会研究专辑",北京:知识产权出版社,2012年。

庄英章:《南村的宗族与地方自治》,《民族学研究所集刊》1971年总第31期。

庄英章:《台湾汉人宗族发展的若干问题:寺庙宗祠与竹山的垦殖形态》,《民族学研究所集刊》1973年总第36期。

庄英章:《台湾宗族组织的形成及其特性》,李亦园、杨国枢、文崇一等编:《现代化与中国化论集》,台北:桂冠图书股份有限公司,1989年。

庄英章、周灵芝:《唐山道台湾:一个客家宗族移民的研究》,中国海洋发展史论

文集编辑委员会主编:《中国海洋发展史论文集》,台北:"三民主义"研究所,
　　1984 年。

庄英章:《人类学与台湾区域发展史研究》,《广西民族大学学报》1998 年第 2 期。

庄英章:《台湾汉人宗族发展的若干问题》,《民族学研究所集刊》1974 年总第 36 期。

左云鹏:《祠堂族长族权的形成及其作用》,《历史研究》1964 年第 5-6 期。

中文专著

A.R. 拉德克利夫－布朗著,夏建中译:《社会人类学方法》,济南:山东人民出版社,
　　1988 年。

A.R. 拉德克利夫－布朗著,潘蛟等译:《原始社会的结构与功能》,北京:中央民族
　　大学出版社,1999 年。

E.A. 罗斯著,公茂虹、杨念群译:《变化中的中国人》,北京:时事出版社,1998 年。

W.H.R. 里弗斯著,胡贻谷译:《社会的组织》,北京:商务印书馆,1990(1940)年。

埃德蒙·利奇著,郭凡、邹和译:《文化与交流》,上海:上海人民出版社,2000 年。

埃里克·沃尔夫著,赵丙祥、刘传珠、杨玉静译:《欧洲与没有历史的人民》,上
　　海:上海人民出版社,2006 年。

爱弥儿·涂尔干著,渠东、汲喆译:《宗教生活的基本形式》,上海:上海人民出版
　　社,2006 年。

艾尔曼著,赵刚译:《经学、政治和宗族:中华帝国晚期常州今文学派研究》,南京:
　　江苏人民出版社,1998 年。

埃文斯－普里查德著,褚建芳、阎书昌、赵旭东译:《努尔人:对尼罗河畔一个人群
　　的生活方式和政治制度的描述》,北京:华夏出版社,2002 年。

安德烈·比尔基埃、克里斯蒂亚娜·克拉比什－朱伯尔、玛尔蒂娜·雪伽兰、弗朗
　　索瓦兹·左纳邦德主编,袁树仁等译:《家庭史:现代化的冲击》第二卷,北京:
　　生活·读书·新知三联书店,1998 年。

本尼迪克特·安德森著,吴叡人译:《想象的共同体:民族主义的起源与散布》,上
　　海:上海人民出版社,2003 年。

常建华:《宗族志》,上海:上海人民出版社,1998 年。

常建华:《明代宗族研究》,上海:上海人民出版社,2005 年。

常建华:《清代的国家与社会研究》,北京:人民出版社,2006 年。

常建华:《宋以后的宗族形态与社会变迁》,天津:天津人民出版社,2013 年。

陈进国:《信仰、仪式与乡土社会:风水的历史人类学探索》,北京:中国社会科学

出版社，2009 年。

陈鼓应注译:《庄子今注今译》(最新修订重排本)(上)，北京：中华书局，2016 年
　　重印（1983）。

陈支平:《近五百年来福建的家族社会与文化》，北京：中国人民大学出版社，2011 年。

陈支平:《民间文书与明清东南族商研究》，北京：中华书局，2009 年。

杜建国:《语言、意向与存在》，北京：科学出版社，2015 年。

杜靖:《九族与乡土——一个汉人世界里的喷泉社会》，北京：知识产权出版社，
　　2012 年。

杜赞奇著，王福明译:《文化、权力与国家：1900—1942 年的华北农村》，南京：江
　　苏人民出版社，2003 年。

范可:《他我之见：人类学语境里的"异"与"同"》，北京：中国社会科学出版社，
　　2012 年。

费尔迪南·德·索绪尔著，高名凯译:《普通语言学教程》，北京：商务印书馆，
　　2004 年

费孝通:《乡土中国生育制度》，北京：北京大学出版社，2005 年。

费正清、赖肖尔（Edwin Reischauer）著，陈仲丹等译:《中国：传统与变革》，南
　　京：江苏人民出版社，1996 年。

费正清著，张里京译:《美国与中国》，北京：世界知识出版社，1999 年。

冯尔康:《中国社会史研究概述》，天津：天津教育出版社，1988 年。

冯尔康:《18 世纪以来的中国家族的现代转向》，上海：上海人民出版社，2005 年。

冯尔康、常建华、朱凤瀚、阎爱民、刘敏:《中国宗族史》，上海：上海人民出版社，
　　2009 年。

弗里曼、毕克伟、赛尔登著，陶鹤山译:《中国乡村：社会主义国家》，北京：社会
　　科学文献出版社，2002 年。

高建军:《孔孟之乡民俗》，济南：济南出版社，2002 年。

韩丁著，韩倞等译:《翻身：中国一个村庄的革命纪实》，北京：北京出版社,1980 年。

韩敏著，陆益龙、徐新玉译:《回应革命与改革：皖北李村的社会变迁与延续》，南
　　京：江苏人民出版社，2007 年。

贺喜:《亦神亦祖：粤西南信仰构建的社会史》，北京：生活·读书·新知三联书店，
　　2011 年。

黄进兴:《优入圣域》，西安：陕西师范大学出版社，1998 年。

黄树民著，索兰、纳日碧力戈译:《林村的故事：1949 年后的中国农村变革》，北
　　京：生活·读书·新知三联书店，2002 年。

黄宗智:《华北的小农经济与社会变迁》,北京:中华书局,2000年。

霍布斯鲍姆、T. 兰格著,顾杭、庞冠群译:《传统的发明》,南京:译林出版社,2004年。

纪怀民、陆贵山、周中厚、蒋培坤编:《马克思主义文艺论著选讲》,北京:中国人民大学出版社,1982年。原文见于《马克思恩格斯全集》第42卷。

井上彻著,钱杭译:《中国的宗族与国家礼制》,上海:上海书店出版社,2008年。

科大卫著,卜永坚译:《皇帝和祖宗:华南的国家与宗族》,南京:江苏人民出版社,2009年。

科大卫:《明清社会和礼仪》,北京:北京师范大学出版社,2016年。

柯鲁克夫妇著,安强、高建译:《十里店:中国一个村庄的群众运动》,北京:北京出版社,1982年。

柯文著,林同奇译:《在中国发现历史:中国中心观在美国的兴起》,北京:中华书局,2007年。

克利福德·格尔茨著,韩莉译:《文化的解释》,南京:译林出版社,1999年。

孔德懋:《孔府内宅轶事》,台北:千华出版公司,1989年。

孔繁银、孔祥龄:《孔府内宅生活》,济南:齐鲁书社,2002年。

孔飞力著,谢亮生、杨品泉、谢思炜译:《中华帝国晚期的叛乱及其敌人:1796—1864年的军事化与社会结构》,北京:中国社会科学出版社,1990年。

濑川昌久著,钱杭译:《族谱:华南汉族的宗族·风水·移居》,上海:上海书店出版社,1999年。

兰林友:《庙无寻处:华北满铁调查村落的人类学再研究》,哈尔滨:黑龙江人民出版社,2007年。

兰林友:《莲花落:华北满铁调查村落的人类学再研究》,北京:社会科学文献出版社,2012年。

劳伦·本顿著,吕亚萍、周威译:《法律与殖民文化:世界历史的法律体系(1400—1900)》,北京:清华大学出版社,2005年。

李景汉:《定县社会概况调查》,北京:中华平民教育促进会,1933年。

李亦园:《人类的视野》,上海:上海文艺出版社,1996年。

梁漱溟:《东西方文化及其哲学》,上海:商务印书馆,1929年。

梁漱溟:《中国文化要义》,上海:学林出版社,2000(1987)年。

列维-施特劳斯著,张祖建译:《结构人类学》(1),北京:中国人民大学出版社,2006年。

林耀华:《义序的宗族研究》,北京:生活·读书·新知三联书店,2000年。

林耀华:《金翼：中国家族制度的社会学研究》，北京：生活·读书·新知三联书店，2000年。

临沂市教学研究室:《沂蒙历史·说明》，北京：星球地图出版社，2000年。

刘志伟:《在国家与社会之间:明清广东里甲赋役制度研究》，广州:中山大学出版社，1997年。

刘志伟、孙歌:《在历史中寻找中国：关于区域史研究认识论的对话》，上海：东方出版中心，2016年。

路易斯·亨利·摩尔根著，杨东莼、马雍、马巨译:《古代社会》，北京：商务印书馆，1997年。

罗伯特·F.墨菲著，王卓君、吕迺基译:《文化与社会人类学引论》，北京：商务印书馆，1991年。

罗纳托·罗萨尔多:《伊隆戈人的猎头：一项社会与历史的研究（1883—1974）》，北京：北京大学出版社，2012年。

马克斯·韦伯著，王容芬译:《儒教与道教》，北京：商务印书馆，1995年。

马克斯·韦伯著，林荣远译:《经济与社会》(上卷)，北京：商务印书馆，1997年。

马林诺夫斯基著，梁永佳、李绍明译，高丙中校:《西太平洋的航海者》，北京：华夏出版社，2002年。

马敏:《官商之间：社会剧变中的近代绅商》，天津：天津人民出版社，1995年。

马文·哈里斯著，张海洋等译:《文化文物主义》，北京：华夏出版社，1989年。

马歇尔·萨林斯著，王铭铭、胡宗泽译:《甜蜜的悲哀》，北京：生活·读书·新知三联书店，2000年。

马歇尔·萨林斯著，蓝达居、张宏明、黄向春、刘永华译:《历史之岛》，上海：上海人民出版社，2003年。

马歇尔·萨林斯著，张经纬、郑少雄、张帆译:《石器时代的经济学》，北京：生活·读书·新知三联书店，2009年。

闵宜:《寸心集》，南京：南京出版社，1995年。

闵宜:《杏坛人生》，长春：时代文艺出版社，2004年。

明恩溥著，午晴、唐军译:《中国乡村生活》，北京：时事出版社，1998年。

莫里斯·哈布瓦赫著，毕然、郭金华译:《论集体记忆》，上海：上海人民出版社，2002年。

内山雅生著，李恩民等译:《20世纪华北农村社会经济研究》，北京：中国社会科学出版社，2001年。

裴宜理著，池子华、刘平译:《华北的叛乱者与革命者：1845—1945》，北京：商务印书馆，2007年。

皮埃尔·布尔迪厄著，李猛、李康译：《实践与反思：反思社会学导引》，北京：中央编译出版社，1998年。

钱杭：《中国宗族制度新探》，香港：中华书局有限公司，1994年。

钱杭：《血缘与地缘之间——中国历史上的联宗与联宗组织》，上海：上海社会科学院出版社，2001年。

钱杭：《中国宗族史研究入门》，上海：复旦大学出版社，2009年。

钱杭：《宗族的传统建构与现代转型》，上海：上海人民出版社，2011年。

钱杭：《宗族的世系学研究》，上海：复旦大学出版社，2011年。

钱杭、谢维扬：《传统与转型：江西泰和农村宗族形态》，上海：上海社会科学院出版社，1995年。

乔治·E.马尔库斯、米开尔·M.J.费彻尔著，王铭铭、蓝达居译：《作为文化批评的人类学》，北京：生活·读书·新知三联书店，1998年。

乔志强、行龙主编：《近代华北农村社会变迁》，北京：人民出版社，1998年。

秦燕、胡红安：《清代以来的陕北宗族与社会变迁》，西安：西北工业大学出版社，2004年。

瞿同祖：《中国法律与中国文化》，北京：中华书局，1981年。

芮逸夫主编：《云五社会科学大辞典（人类学）》，台北：台湾商务印书馆，1980年。

石川荣吉主编，周星、周庆明、徐平、祁惠君译：《现代文化人类学》，北京：中国国际广播出版社，1989年。

石峰：《非宗族乡村：关中"水利社会"的人类学考察》，北京：中国社会科学出版社，2009年。

史景迁著，夏俊霞等译：《中国的纵横：一个汉学家的学术探索之旅》，上海：上海远东出版社，2005年。

唐致卿：《近代山东农村社会经济研究》，北京：人民出版社，2004年。

王沪宁：《当代中国村落家族文化：对中国社会现代化的一项探索》，上海：上海人民出版社，1991年。

王建民：《中国民族学史》上卷，昆明：云南人民出版社，1997年。

王建民、胡鸿保、张海洋：《中国民族学史》下卷，昆明：云南人民出版社，1998年。

王明珂：《华夏边缘：历史记忆与族群认同》，台北：允晨文化实业股份有限公司，1997年。

王铭铭：《社会人类学与中国研究》，北京：生活·读书·新知三联书店，1997年。

王铭铭：《村落视野中的文化与权力：闽台三村五论》，北京：生活·读书·新知三联书店，1997年。

王铭铭：《社区的历程：溪村汉人家族的个案研究》，天津：天津人民出版社，1997年。

王铭铭著：《文化格局与人的表述》，天津：天津人民出版社，1997年。

王先明：《近代绅士：一个封建阶层的历史命运》，天津：天津人民出版社，1997年。

王先明：《变动时代的乡绅：乡绅与乡村社会结构变迁（1901—1945）》，北京：人民
出版社，2009年。

王有瑞：《费县历史百人传》，北京：中国文联出版社，2000年。

魏斐德著，汪小荷译：《大门口的陌生人：1839—1861年间华南的社会动乱》，北京：
中国社会科学出版社，1988年。

韦斯特马克著，刘小幸、李彬译：《人类婚姻简史》，北京：商务印书馆，1992年。

温铁军：《中国农村基本经济制度研究：“三农”问题的世纪反思》，北京：中国经济
出版社，2000年。

吴晗、费孝通等著：《皇权与绅权》，上海：上海观察社，1948年。

吴毅：《村治变迁中的权威与秩序：20世纪川东双村的表达》，北京：中国社会科学
出版社，2002年。

夏建中：《文化人类学理论流派：文化研究的历史》，北京：中国人民大学出版社，
1997年。

肖群忠：《孝与中国文化》，北京：人民出版社，2001年。

行龙、马维强、常利兵：《阅档读史：北方农村的集体化时代》，北京：北京大学出
版社，2011年。

徐斌：《明清鄂东宗族与地方社会》，武汉：武汉大学出版社，2010年。

徐建华：《中国的家谱》，广州：百花文艺出版社，2002年。

徐茂明：《江南士绅与江南社会（1368—1911年）》，北京：商务印书馆，2006年（2004
年版）。

徐茂明等：《明清以来苏州文化世族与社会变迁》，北京：中国社会科学出版社，
2011年。

徐扬杰：《中国家族制度史》，北京：人民出版社，1992年。

徐扬杰：《家族制度与前期封建社会》，武汉：湖北人民出版社，1999年。

阎云翔著，龚小夏译：《礼物的流动：一个中国村庄的互惠原则与生活网络》，上海：
上海人民出版社，2000年。

阎云翔著，龚小夏译：《私人生活的变革：一个中国村庄里的爱情、家庭与亲密关
系》，上海：上海书店出版社，2006年。

冯客著，杨立华译：《近代中国之种族观念》，南京：江苏人民出版社，1999年。

杨懋春著，张雄、沈炜、秦美珠译：《一个中国村庄：山东台头》，南京：江苏人民出版社，2001年。

杨庆堃著，范丽珠等译：《中国社会中的宗教：宗教的现代社会功能与其历史因素之研究》，上海：上海人民出版社，2007年。

于建嵘：《岳村政治：转型期中国乡村政治结构的变迁》，北京：商务印书馆，2001年。

张静主编：《国家与社会》，杭州：浙江人民出版社，1998年。

张佩国：《财产关系与乡村法秩序》，上海：学林出版社，2007年。

张思：《近代华北村落共同体的变迁：农耕结合习惯的历史人类学考察》，北京：商务印书馆，2005年。

张仲礼著，李荣昌译：《中国绅士：关于其在19世纪中国社会中作用的研究》，上海：上海社会科学院出版社，1991年。

赵华富：《徽州宗族研究》，合肥：安徽大学出版社，2004年。

赵旭东：《权力与公正：乡土社会的纠纷解决与权威多元》，天津：天津人民出版社，2003年。

赵旭东：《反思本土文化建构》，北京：北京大学出版社，2003年。

折晓叶：《村庄的再造：一个"超级村庄"的社会变迁》，北京：中国社会科学出版社，1997年。

郑振满：《明清福建家族组织与社会变迁》，长沙：湖南教育出版社，1992年。

政协山东省费县委员会编：《费县水利》，香港：世界华商文化出版社，2007年。

中共中央文献研究室：《建国以来重要文献选编》第一册，北京：中央文献出版社，1992年。

中共中央马克思、恩格斯、列宁、斯大林著作编译局：《马克思恩格斯全集》第42卷，北京：人民出版社，1985年。

中国人民政治协商会议临沂市委员会编：《临沂文史集萃》第一、二、三册，济南：山东人民出版社，1997年。

中国社会科学院近代史研究所民国史研究室、山东省曲阜文物管理委员会编：《孔府档案选编》上册，北京：中华书局，1982年。

周大鸣：《凤凰村的变迁：〈华南的乡村生活〉追踪研究》，北京：社会科学文献出版社，2006年。

周扬波：《从世族到绅族：唐以后吴兴沈氏宗族的变迁》，杭州：浙江大学出版社，2009年。

滋贺秀三著，张建国、李力译：《中国家族法原理》，北京：法律出版社，2003年。

朱爱岚著，胡玉坤译：《中国北方村落的社会性别与权力》，南京：江苏人民出版社，

2004 年。

朱东润主编:《中国历代文学作品选》中编第二册，上海:上海古籍出版社,1980 年。

朱晓阳:《罪过与惩罚：小村故事 1931—1997》，天津：天津古籍出版社，2003 年。

庄孔韶:《银翅：中国的地方社会与文化变迁》，北京：读书·生活·新知三联书店，
2000 年。

庄孔韶主编:《人类学通论》，太原：山西教育出版社，2004 年。

庄英章主编:《华南农村社会文化研究论文集》，台北：民族学研究所，1988 年。

庄英章:《林圯埔：一个台湾市镇的社会经济发展史》，上海：上海人民出版社，
2000 年。

庄英章:《家族与婚姻——台湾北部两个客家村落之研究》，台北民族学研究所，
1994 年。

日文文献

濑川昌久:《中国社会の人类学：亲族·家族からの展望》，东京：同文馆，2004 年。

聂莉莉:《刘堡：中国东北地方的宗族及其变容》，东京：东京大学出版会，1992 年。

潘宏立:《现代东南中国の汉族社会：闽南农村の宗族组织とその变容》，东京：风
响社，2002 年。

秦兆雄:《中国湖北农村家庭·宗族·婚姻》(日文)，东京：风响社，2005 年。

清水盛光:《支那家族の构造》，东京：岩波书店，1942 年。

阮云星:《中国の宗族と政治文化：现代"义序"乡村の政治人类学的考察》，东京：
创文社，2005 年。

仁井田陞:《中国的农村家族》，东京：东京大学东洋文化研究所，1952 年。

法文文献

Michel Foucault, *la volonté de savoir*, Paris: Gallimard, 1976.

Pierre Bourdieu, *la noblesse d'Etat. Grands écoles et esporit cle corps*, Paris: Editions
de Minuit, 1989.

Pierre Bourdieu and Loïc J.D.Wacquant, "Das Feld des Machts und die technokratische
Herrschaft", In Pierre Bourdieu, *Intellektuellen und die Macht* (Edited by Irene
Dölling), Hamburg: VSA Verlag, 1991.

英文论文

Arthur P. Wolf, "Introduction", in Arthur P. Wolf ed., *Religion and Ritual in Chinese Society*. California: Stanford University, 1974.

Arthur P. Wolf, "Gods, Ghosts and Ancestors", in Arthur Wolf, ed., *Religion and Ritual in Chinese Society*, California:Stanford University Press, 1974.

Arthur.P.Wolf, "The Origins and Explanation of Variation in the Chinese Kinship System", li Kuang-chou, Chang Kwang-chih, Arthur P. Wolf, and Alexander Chien-chung Yin, eds., *Anthropological Studies of the Taiwan Area: Accomplishments and Prospects*, Taibei: Department of Anthropology, Taiwan University, 1989.

Arthur P. Wolf, "The 'New Feudalism': a problem for sinologists" in P.M.Douvv & P. Post（eds）, *South China: State, Culture and Social Change during the 20th Century*. Proceedings of the Colloquialism, Amsterdam, 1995（22-24 May）.

Barbara E.Ward, "Varieties of the Conscious Model: The Fishermen of South China", in Barbara E.Ward, *Through Other Eyes: An Anthropologist's View of Hong Kong*, Hong Kong: The Chinese University Press, 1985.

Bernard Gallin, "Matrilateral and Affinal Relationships of a Taiwanese Village", in *American Anthropologist*, 1960, Vol.62, no.4.

Burton Pasternak, "Atrophy of Patrilineal Bonds in A Chinese Village in Historical Perspective", *Ethnology*, 1968, Vol.15, No.3.

Burton Pasternak, "The Role of the Frontier in Chinese Lineage Development", *The Journal of Asian Studies*, 1969, Vol.28, No.3.

Chen Chi-lu, "Lineage Organization and Ancestral Worship of the Taiwan Chinese", in *Studies & Essays in Commemoration of the Golden Jubilee of Academia Sinica*, Vol Ⅱ , Social and Humanities, Taipei: Academia Sinica, 1978.

David Faure, "The Lineage as a Cultural Invention: the Case of the Pearl River Delta", *Modern China*, 1989, No.1.

David Faure, "State and Rituals in Modern China: Comments on the 'Civil Society' Debate"，载王秋桂、庄英章、陈中民编:《社会、民族与文化展演国际研讨会论文集》，台北: 汉学研究中心，2001 年。

David Faure, "The Heaven and Earth Society in the Nineteenth Century", in Kwang-Ching Liu and Richard Shek eds.s, *Heterodoxy in Late Imperial China*, Hawaii: University of Hawaii Press, 2004.

David Faure, "The Yao Wars in the Mid-Ming and Their Impact on Yao Ethnicity", in Pamela Kyle Crossley, Helen Siu and Donald Sutton eds., *Empire at the Margin: Culture, Ethnicity, and Frontier in Early Modern China*, Berkeley:University of California Press, 2006.

David M. Schneider, "Kinship, Nationality and Religion in American Culture: Toward a Definition of Kinship", in Victor Turner ed., *Forms of Symbolic Action*, New Orleans: American Ethnological Society, Tulane university, 1969.

Emily Martin Ahearn, "Gender and Ideological Differences in Representations of life and Death", In James L. Watson and Evelyn S.Rawski, eds., *Death Ritual in Late Imperial and Modern China*, Berkeley: University of California Press, 1988.

Eric Hobsbawm, "Introduction: Inventing Traditions", In Eric Hobsbawm and Terence Ranger, *The Invention of Tradition*, Cambridge: Cambridge University Press, 1983.

Evelyn S.Rawski, "Reenvisioning the Qing: The Signification of the Qing Period in Chinese History", *The Journal of Asian Studies*, 1996, Vol.55, No.4.

Evelyn S.Rawski, "The Ma Landlords of Yang-Chia-Kou in Late Ch'ing and Republican China", in Patricia Ebrey and James L.Watson, edited, *Kinship Orgnization in Late Imperial China, 1000—1940*, Berkeley: University of California Press, 1986.

Evelyn S.Rawski, "A Historian's approach to Chinese Death Ritual", In James L. Watson and Evelyn S.Rawski, eds., *Death Ritual in Late Imperial and Modern China*, Berkeley: University of California Press, 1988.

George E. Marcus, Dick Cushman, "Ethnographies as Texts", *Annual Review of Anthropology*, 1982, Vol.11.

G. William Skinner, "Marketing and Social Structure in Rural China", *The Journal of Asian Studies*, Vol.24, No.1, 1964.

G. William Skinner, "Marketing and Social Structure in Rural China", *The Journal of Asian Studies*, 1965, Vol.24, No.2.

Helen Siu, "Recyling Rituals: Politics Popular Culture in Contemporary Rural China", in P. Link, R.Madsen and P.Pickowicz, eds., *Unofficial China: Popular Culture and Thought in the People's Republic*, London: Westview Press, 1990.

Helen Siu, "Cultural Identity and the Politics of Difference in South China", *Daedalus*, 1993, Vol.122, No.2.

Helen F. Siu, "Reconstituting Dowry and Bride Price in South China", in Deborah Davis, and Steven Harrell, eds., *Chinese Families in Post-Mao Era*, Berkeley:

University of California Press, 1993.

Helen F. Siu and David Faure, "Introduction", David Faure and Helen F.Siu, eds., *Down to Earth: The Territorial Bond in South China*, California: Stanford University Press, 1995.

Helen F. Siu and David Faure, "Conclusion: History and Anthropology", David Faure and Helen F.Siu, eds., *Down to Earth: The Territorial Bond in South China*, California: Stanford University Press, 1995.

Helen F.Siu and Liu Zhiwei, "Lineage, Market, Pirate, and Dan: Ethnicity in the Pearl River Delta of South China", in Pamela Kyle Crossley, Helen F.Siu, Donald S.Sutton, eds., *Empire at the Margins: Culture, Ethnicity, and Frontier in Early Modern China*, Berkeley:University of California Press, 2006.

H.G.H.Nelson, "Ancestor Worship and Burial Practices", in Arthur P. Wolf edited, *Religion and Ritual in Chinese Society*, California: Stanford University, 1974.

Hugh.D.R.Baker, "The Five Great Clans of the New Territories", *Journal of the Hong Kong Branch of the Royal Asiatic Society*, 1966, No.6.

Hugh.D.R.Baker, "Marriage and Mediation: Relations between Lineage", in Hugh. D.R.Baker and Stephan Feuchtwang, eds., *An Old State in New Settings*, Oxford: JASO, 1991.

Hu Hsien Chin, *The Common Decent Group in China and its Functions*, New York: The Viking Fund, Inc, 1948.

Jack Potter, "Land and Lineage in Traditional China", in Maurice Freedman, eds., *Family and Kinship in Chinese Society*, California: Stanford University Press, 1970.

James Clifford, "Introduction: Partial Truths", in James Clifford and George E.Marcus edited, *Writing Culture: The Poetics and Politics of Ethnography*, Berkeley: University of California Press, 1986.

James Watson, "Chinese Kinship Reconsidered: Anthropological Perspective on Historical Research", *The China Quarterly*, No.92, 1982.

James L. Watson, "The structure of Chinese Funerary Rites: Elementary Forms, Ritual Sequence, and the Primacy of Performance", In James L. Watson and Evelyn S.Rawski, eds., *Death Ritual in Late Imperial and Modern China*, Berkeley: University of California Press, 1988.

Jean Oi, "Communism and Clientelism: Rural Politics in China", *World Politics*, 1985, Vol.37, No.2.

Jerryy Dennerline, "Marriage, Adoption, and Charity in the Development of Lineage in Wuhsi from Sung to Ch'ing", in Patricia Buckley Ebrey and James I.Watson, eds., *Kinship Organisation in Late Imperial China, 1000–1940*, California: Stanford University Press, 1986.

John A.Brim, "Village Alliance Temples in Hong Kong", Arthur P.Wolf edited, *Religion and Ritual in Chinese Society*, California: Stanford University Press, 1974.

L. Alfred Kroeber, "Basic and Secondary Patterns of Social Structure", in *The Nature of Culture*, Chicago:University of Chicago Press, 1952 (1938).

L. Robert Carneiro, "Slash-nd-Burn Cultivation Among the Kuikurn and its Implications for Cultural Development in the Amazon Basin", in Y.Cohen ed., *Man in Adaptation: The Cultural Present*, Chicago: Aldine, 1968.

Li Yih-yuan, "Chinese Geomancy and Ancestor Worship: A Further Discussion", in William Newell, ed., *Ancestors*, The Huang: Mouton Publishers, 1976.

Liu Zhiwei, "Lineage on the Sands: The Case of Shawn", in David Faure & Helen Siu, eds., *Down to Earth: The Territorial Bond in South China*,California: Stanford University Press, 1995.

Mary Backus Rankin, "Some Observations on a Chinese Public Sphere", *Modern China*, Vol.19, No.2, 1993.

Mary Backus Rankin, "Some observations on a Chinese public sphere", *Modern China,* Vol.19, No.2, 1993.

Meyer Fortes, "The Political System of the Tallensi of the Northern Territories of the Gold Coast", in M.Fortes and E.E.Evans-Pritchard eds., *African Political Systems*, Oxford: Oxford University Press, 1940.

Meyer Fortes, "The Structure of Unilineal Descent Groups", *American Anthropologist*, No.55, 1953.

Meyer Fortes, "The Significance of Descent in Tale Social Structure", Meyer Fortes, *Time and Social Structure and Other Essays*, 2006 (1970).

Meyer Fortes and Evans-Pritchard, "Introduction", in M.Fortes and E.E.Evans Pritchard, eds., *African Political Systems*, P., London, New York, Toronto: Oxford University Press, 1940.

Michel Foucault, "Questions et réponses", in H.Drefus and P.Rabionw Michel Foucault, *Un parcours philosophique*, Paris: Gallimard, 1984.

Michel Foucault, *The Order of Things: An Archaeology of the Human Sciences*, "preface", Vintage; Reissue edition, 1994.

Mischa Titiev, "The Inflence of Common Residence on the Unilateral Classfication of Kindred", *American Anthropologist*, No.45, 1943.

Morton Fried, "Clans and Lineages: How to Tell Them Apart and Why, With Special Refernce to Chinese Society", *Bulletin of the Institute of Ethnology Academia Sicica*, 1970, Vol.29.

Myron Cohen, "Agnative Kinship in South Taiwan", *Ethnology*, 1969, No.8.

Myron Cohen, "Souls and Salvation: Conflicting Themes in Chinese Popular Religion", In James L. Watson and Evelyn S.Rawski, eds., *Death Ritual in Late Imperial and Modern China*, Berkeley: University of California Press, 1988

Myron L.Cohen, "Being Chinese: These: The Peripheralization of Traditional Identity", Myron L.Cohen, *Kinship, Contract, Community, and State*, California: Stanford University Press, 2005.

Myron l.Cohen, "lineage Organization in North China", Myron l.Cohen, *Kinship, Contract, Community, and State*, California: Stanford University Press, 2005.

Otto B.van der Sprenkel, "Max Weber on China", *History and Theory*, 1964, Vol. Ⅲ .

Paul Rabinow, "Representations are Social Facts: Modernity and Post-Modernity in Anthropology", in James Clifford and George E.Marcus edited, *Writing Culture: The Poetics and Politics of Ethnography*, Berkeley: University of California Press, 1986.

Patricia Ebrey, James Watson, "Introduction", in Patricia Ebrey, James Watson eds., *Kinship Organization in Late Imperial China, 1000–1940*, Berkeley: University of California Press, 1986.

P.Radin, "Ancestor Worship", E.R.A.Srligman, ed., *Encyclopedia of the Social Sciences*, Vol.2, New York: The Macmillan Co., 1931.

Philip C.C.Huang, "Rural Class Struggle in the Chinese Revolution: Representational and Objective Realities from the Land Reform to the Cultural Revolution", *Modern China*, 1995, Vol.21, No.1.

Pierre Bourdieu, "The Sentiment of Honour in Kabyle Society", in J. G. Perstiany, ed., *Honour and Shame: The Values of Mediterranean Society*, London: Weidenfeld and Nicholson, 1965.

Pierre Bourdieu, "The forms of capital", in John G.Richardson ed., *Handbook of Theory and Research for the Sociology of Education*, New York: Greenwood Press, 1986 (1983).

Ping-Ti Ho, "The Significance of the Ch'ing Period in Chinese History", *The Journal of Asian Studies*, 1967, Vol.26, No.2.

Ping-Ti Ho, "In Defense of Sinicization: A Rebuttal of Evlyn Rawski's 'Reenvisioning the Qing'", *The Journal of Asian Studies*, 1998, Vol.57, No.1.

Raymond Firth, "Introduction", W.H.R.Rivers (With commentaries by Ramnond Firth and David M.Schneider), *Kinship and Social Organization: Together with "The Genealogical Method of Anthropological Enquiry"*, London: The Athlone Press, 2004 (1968).

R.Edmund Leach, "Rethink Anthropology", *London School of Economics Monographs on Social Anthropology*, No.22, London: Athlone Press, 1961.

Rubie S.Watson, "Class Differences and Affinal Relations South China", *Man (n.s.)*, 1981, No.16.

Rubie S.Watson, "The Creation of a Chinese Lineage: The Teng of Ha Tsuen, 1669–1751", *Modern Asian Studies*, 1981, No.16 (I) .

Rubie S.Watson, "Remembering the Dead: Graves and Politics in Southeastern China", In James L. Watson and Evelyn S.Rawski, eds., *Death Ritual in Late Imperial and Modern China*, Berkeley: University of California Press, 1988.

Sally Engle Merry, "Legal Pluralism", *Law and Society*, 1988, Vol.22, No.5.

Stephan Feutwang, "Historical metaphor", *Man*, 1993, No.28.

Steven Harrell, "When a Ghost Becomes a God", Arthor P.Wolf edited, *Religion and Ritual in Chinese Society*, California: Stanford University Press, 1974.

Stevan Harrell, "Introduction: Civilizing Projects and the Reaction to Them", in Stevan Harrell ed., *Cultural Encounters on China's Ethnic Frontiers*, Seattle and London: University of Washington Press, 1995.

Sulamith Heins Potter and Jack M.Potter, "Socialism and the Chinese Peasant", *Paper Present to the 1991 Association of Social Anthropologists Conference*, University of Cambridge, April, 1991.

英文专著

Anthony Giddens, *The Nation-State and Violence*, Cambridge: Polity Press, 1985.

Burton Pasternak, *Kinship and Community in Two Chinese Village*, California: Stanford University Press, 1972.

Charles Tilly, *The Formation of National States in Western Europe*, Princeton: Princeton University Press, 1975.

Choi Chi-cheung, *Descent Group University and Segmentation in the Coastal Area of Southern China*, Ph.D., dissertation, Tokyo: Tokyo University, 1987.

C.K Yang, *The Chinese Family in the Communist Revolution (* in *Chinese Communist Society: The Family and the Village)*, Cambridge, Mass: The M.I.T Press, 1959.

C.K.Yang, *A Chinese Village in Early Communist Transition*, Cambridge, Mass: The M.I.T Press, 1959.

David Faure, *The Structure of Chinese Rural Society:Lineage and Village in the Eastern New Territories*, Hong Kang: Oxford University Press, 1986.

David Faure, *The Rural Economy of Pre-liberation China: Trade Increase and Peasant Livelihood in Jiangsu and Guangdong, 1870 to 1937*, Hong Kong: Oxford University, 1989.

David Faure and Helen F.Siu, eds., *Down to Earth, The Territorial Bond in South China*, California: Stanford University Press, 1995.

David M. Schneider, *American Kinship: A Cultural Account*, Englewood Cliffs: Prentice-Hall, 1968.

Evelyn S. Rawski, *The last Emperors: A Social History of Qing Imperial Institutions*, Berkeley: University of California Press, 1998.

Emily Martin Ahern, *The Cult of the Dead in a Chinese Village*, California: Stanford University Press, 1973.

E.R.Wolf, *Peasant Wars of the Twentieth Century*, New York: Harper & Row, 1969.

Francis Hsu L.K., *Clan, Caste and Club*, New York: Van Nostrand, 1963.

Francis Hsu L.K., *Under the Ancestors' Shadow: Kinship, Personality and Social Mobility in Village China*, New York: Doubleday, 1967.

Franz Schurmann, *Ideology and Organization in Communist China*, Berkeley: University of California Press, 1968.

Fredrik Barth, *Ethnic Groups and Boundaries*, edited by Fredrik Barth, Oslo: Universitetsforlaget, 1969.

Helen F.Siu, *Agents and Victims in South China*, New Haven and London: Yale University Press, 1989.

Henry sir. Maine, *Ancient law*, New York: Henry Holt&Co, 1866.

Hisao Kung-Chuan, *Rural China: Imperial Control in the Nineteenth Centry*, Seattle:

University of Washington, 1960.

Hubert L. Dreyfus and Paul Rabinow, *Michel Foucault: Beyond Structuralism and Hermeneutics*, Chicago: University of Chicago Press, 1982.

Hugh.D.R.Baker, *A Chinese Lineage Village: Sheung Shui*, California: Stanford University Press, 1968.

Hugh. D. R. Baker, *Ancestral Images Again: A Third Hong Kong Album*, Hongkong: South China Morning post Publications Division, 1981.

Hu Hsien-chin, *The Common Descent Group in China and its Functions* (Viking fund Publications in Anthropology Number 10), New York, 1948.

Jack Poter, *Capitalism and the Chinese Peasant*, Berkeley: University of California Press, 1968.

James C. Scott, *The Moral Economy of the Peasant: Rebellion and Subsistence in Southeast Asia*, New Haven: Yale University Press, 1976.

James Watson, *Emigration and the Chinese Lineage:The Mans in Hong Kong and London*, Berkeley:University of California Press, 1975.

James L.Watson and Rubie S.Watson, *Village Life in Hong Kong: Politics, Gender, and Ritual in the New Territories*, Hong Kong: The Chinese University Press, 2004.

J.J.M.DeGroot, *The Religious System of China: Its Ancient Forms, Evolution, History and Present Aspect*, leyden:E.j.Brill, 1901 (1987).

John Ferguson Maclennan, *Primitive Marriage*, Edinburgh: Adam& Charles Black, 1965.

John Robert Shepherd, *Statecraft and Political Economy on the Taiwan Frontier: 1600–1800*, California: Stanford University Press, 1993.

Junjing, *The Temple of Memories: History, Power, and Morality in a Chinese Village*, California: Stanford University Press, 1996.

Jürgen Habermas, *The Structural Transformation of the Public Sphere: An Inquiry into a Category of Bourgeois Society*, trans. by Thomas Burger with the assistance of Frederic lawrence, Cambridge: Polity Press, 1989.

Kulp II, D.H., *Country Life in South China: The Sociology of Familism*, Columbia: Columbia University Press, 1925.

Leopold Pospisil, *Kapauku Papuan Economy*, Newhaven: Yale University Press, 1963.

Lévi-strauss, *The Elementary Structures of Kinship* (James Harle Bell, John Richad Von Stumer and Rodney Needham editor), Boston: Beacon Press, 1969 (1949).

Lin Yueh-hua, *The Golden Wing: A Sociological Study of Chinese Familism*, New York: Oxford University Press, 1947.

Lin Yueh-hua, *The Lolo of Liang Shan*, Inc., New Haven, Conn., 1961.

Maurice Freedman, *Lineage Organization in Southeastern China*, London School of Economics, Monographs on Social Anthropology, No.18, London:The Athlone Press, 1958.

Maurice Freedman, *Chinese Lineage and Society: Fukien and Kwangtung*, London School of Economics, Monographs on Social Anthropology, No.33, London:The Athlone Press, 1966.

Maurice Freedman, *The Study of Chinese Society: Essays by Maurice Freedman* (by G.William Skinner Selected), California: Stanford University Press, 1979.

Meyer Fortes and E.E.Evans-Pritchard eds., *African Political Systems*, Oxford: Oxford University Press, 1940.

Michael Szonyi, *Practicing Kinship: Lineage and Descent in Late Imperial China*, California: Stanford University Press, 2002.

Michel Focucault, *The Archaeology of Knowledge and the Discourse on Language*, New York: Pantheon Books, 1972.

Michel Foucault, *Beyond Structuralism and Hermeneutics*, Chicago:University of Chicago Press, 1983 (1982).

N. Thomas Headland, L.Pike Kenneth, and Marvin Harris, eds., *Emic and Etic: The Insider/Outsider Debate*, Newbury Park, Clalif.:Sage Publications, 1990.

Pierre Bourdieu, *The Logic of Practice* (by Richard Nice translated), California: Stanford University Press, 1990.

Pierre Bourdieu, *Outline of a Theory Practice* (by Richard Nice translated), New York: Cambridge University Press, 1977.

Prasenjit Duara, *Rescuring History from the Nation: Questioning Narratives of Modern China*, Eberhard, Chicago: University of Chicago Press, 1996.

P.Steven Sangren, *History and Magical Power in a Chinese Community*, California: Stanford University Press, 1987.

R.F.Johnston, *Lion and Dragon in North China*, New York: E. P. Duton and Co., 1910.

Robert Redfield, *Peasant Society and Colture, An Anthropological Approach to Civilization*, Chicago:University of Chicago Press, 1956.

Robert Layton, *An introduction to Theory in Anthropology*, Cambridge: Cambridge University Press, 1997.

Rubie S.Watson, *Inequality among Brothers: Class and Kinship in South China*, Cambridge: Cambridge University Press, 1985.

Sidney D.Gamble, *Ting Hsien: A North Rural Community*, California: Stanford University Press, 1953.

Sidney D.Gamble, *North China Villages: Social, Political and Economic Activities before 1933*, Berkeley: University of California Press, 1963.

Steven Harrell, *Ploughshare: Culture and Context in Taiwan*, Seattle: University Washington Press, 1982.

Stevan Harrell, *Cultural Encounters on China's Ethnic Fronfier*, Seattle: University of Washington Press, 1995.

Stevan Harrell, *Ways of Being Ethnic in Southwest China*, Seattle: University of Washington Press, 2001.

Sulamith Heins Potter and Jack M.Potter, *China's Peasants: The Anthropology of a Revolution*, Cambridge: Cambridge University Press, 1990.

Tung-tsu Chu, *Local Government China Under the Ch'ing*, Boston: Harvard University Press, 1962.

Vivienne Shue, *The Reach of the State*, California: Stanford University, 1988.

W.H.R.Rivers, *Social Organization*, London: Kegan Paul, Trench, Trubner, 1924.

William I.Parrish and Martin King Whyte, *Village and Family in Contemporary China*, Chicago: University of Chicago Press, 1978.

参考文献

附录一 闵村各房支世系

闵村诸房支世系之资料截止到 2004 年年底，2005 年以后出生的人口及世代此次出版未做补充性调查，故阙如。特此说明。

据本村目前最有学问的闵庆歆先生介绍（他解放前读过八年私塾，20 世纪 60 年代曾尝试主修过闵氏族谱），目前整个闵村闵氏人口都是闵子骞第 62 代孙闵守配的后人。闵守配生四子，长曰容、次曰寓，三子曰宾，四子曰宴，宴去临沭，容、寓之子孙情况不明。他们确定，宾的后代在闵村，生两子，长曰先声，次曰先德。先声与先德是闵子 64 代孙，65 代上只记得闵朴和闵枋两人，但是不知属于先声还是先德的后代。在 66 代上又有三人，分别是光缙、光绣和光"纟不"（此字左为绞丝旁，右为"不"，不知是哪个字的异体字。从下面叙述来看，有人知道是闵光缙的后代，但没人记得谁是光绣和光"纟不"后人。因而，整个闵村闵氏世系殊难系在一起。这里只提供若干分散房支之世系，这些分离的房支目前绝大部分是一个乡村礼仪单位，少数也有在礼仪上分开的，但也有少数要合并或依附在一起完成仪式（本书第四章第一节统计为 41 个单位，与这份附录不一致），可详见拙作《九族与乡土》一书。

A. 闵传仁生四子，长曰继文、次曰继武，三子曰继双，四子曰继全。简称"文武双全"。继文生一子，名唤广成；继武生两子，长曰广富，次曰广余；继双无子，过继朱汪村闵广印；继全于清同治年间去现新桥乡东朱汪村，世系请看本书正文第三章第二节。这一支人口世代居住于闵村东北角上。但目前已裂变成若干个五服九族房支。

1. 闵继文之子广成生两子，长曰昭春，次曰昭利。

昭春生两子，长曰宪卯，次曰宪法。宪卯生三子，长曰庆文，次曰庆红，三子曰庆冉；庆文无妻无子，庆红生一子，乳名钱铺，庆冉后代情况不详。宪法生二子，长曰庆夫，次曰庆堂；庆夫生一子，名唤繁修，庆堂无子。繁修生两子，长曰祥林，次曰祥福。祥林生一女闵天，暂无子；祥福暂时未婚。

昭利生一子，名唤宪树，宪树于民国十七年（1928）去东北（吉林省靖宇县）。宪树生一子，名唤庆于，庆于在吉林省柳河县城煤炭公司。庆于生一子，乳名乾坤。

（注：闵庆堂当兵去的东北；闵庆红1958年去的吉林省靖宇县南阳村；闵庆冉20世纪40年代去的东北，1949年后退伍落居东北。）

2. 闵广余一支（闵庆杰）

闵继武之子广余生两子，长曰昭谓，次曰昭立。

昭谓生四子，长曰宪连，次曰宪申，三子曰宪远，四子曰宪久（长子与四子一生未婚）。宪申生两子，长曰庆善，次曰庆喜。庆善生三子，长曰繁全，次曰繁如，三子曰繁朋。庆喜一子，名唤繁成。繁全生一子，名唤祥海；繁如无妻；繁朋生一子，名唤祥秋；繁成暂时有一女孩，无子。

昭立三子，长曰宪堂，次曰宪金，三子曰宪银。宪堂无子，过继二弟之子闵庆杰（闵村大队书记）；宪金无子；宪银三子，长曰庆吉（出继给大伯父宪堂），次曰庆利，三子曰庆平。庆吉六子，长曰繁富，次曰繁余，三子曰繁平，四子曰繁崇，五子曰繁刚，六子曰繁田。庆利生四子，长曰繁广，次曰繁州，三子曰繁连（20岁夭折），四子曰繁礼。庆平生一子，名唤繁田。繁富生两子，长曰祥峰，次曰祥华；繁余生一子，名唤祥强；繁崇生一子，名唤祥伟；繁刚生一子，名唤祥涛；繁田生一子，名唤祥东。繁广生一女孩，暂无子；繁连无妻；繁州生一子，名唤祥军；繁礼生一子，名唤祥宇。庆平之子繁田生一子，名唤祥龙。

3．闵广富一支

闵继武之子闵广富生三子，长曰昭光，次曰昭亮，三子曰昭举。

昭光生两子，长曰宪祥，次曰宪福。宪祥生一子，名唤庆义，宪福生两子，长曰庆聚，次曰庆月。庆义生一子，名唤繁兴；繁兴生一子，名唤祥增；祥增生一女而无子，在 L 市工作。庆聚生两子，长曰繁存，次曰繁柱；繁存生一子，名唤祥伟，繁柱生一子，名唤祥选；祥伟暂时有一女而无子，祥选生一子，名唤令营。庆月现在东北，后裔情况不明。

昭亮生一子，在东北（吉林省靖宇县龙泉镇南阳村），后裔不详。

昭举无子。

4．闵广印一支

闵继双无子，过继朱汪村闵广印。广印生两子，长曰昭成，次曰昭选。

昭成生两子，长曰宪■（大），次曰宪■（二）。宪■（大）生两子，长曰庆善，次曰庆乐；宪■（二）生一子，名唤庆增。庆善、庆乐和庆增三人均无妻无子。

昭选生一子，名唤宪珍，宪珍无后乏嗣。

（注：闵广印当年所使用的一把紫砂壶至今为闵村老书记闵庆杰所收藏。该紫砂壶底部印有"顺兴"字样，壶盖中裂，用两钯子钯着，铁丝系，双耳，铜嘴。底部亦裂，用两小钯子钯着。盖直径 10cm，第直径 15cm，腹直径 50cm。闵广印曾为奉祠生。）

B. 闵传庭生闵继福，继福生三子，长曰广平，次曰广合，三子曰广■（失名）。广平和广合各衍一支为礼仪单位，分述如下。

5．闵广平一支

闵广平生一子，名唤昭亮；昭亮生一子，名唤昭迢。昭迢生三子，长曰庆恩，次曰庆顺，三子曰庆才。

庆恩生繁兴和繁连；繁兴生祥君，繁连生祥强。

庆顺生闵杰，闵杰生闵雨（闵杰在河北保定高北店）。

庆才生繁立，繁立生祥学。

6. 闵广合一支

闵广合生一子，名唤昭民，昭民生两子，长曰宪瑞，次曰宪道。

宪瑞生两子，长曰庆德，次曰庆俊。庆德生繁平和繁星；繁平去东北吉林敦化小吴村，生有两子，长曰祥龙，次曰祥兵；庆俊在家，当了闵村多年大队长和村主任，庆俊生有三子，长曰繁军（费县地震局工作），次曰繁伟（W镇完小教师），三子曰繁等（德州市城关派出所工作）；繁军生一女，暂无子，繁伟生一子，名唤祥洋，繁等生一子，名唤祥鹏。

宪道生两子，长曰庆文，次曰庆秀。庆文生繁府，繁府生祥欣。庆秀生两子，长曰繁峰，次曰繁孟；繁峰生祥涛，繁孟生祥路。

7. 东染坊一支（即广平、广合三弟广■一支）

闵广■生有五子，长曰昭公，次曰昭坤，三子曰昭习，四子曰昭臣，五子曰昭申。

昭公生六子，长曰宪安，次曰宪哲，三子曰宪钦，四子曰宪宝，五子曰宪■（死于东北，30岁），六子曰宪六。

宪安生五子，长曰大生（乳名，乏嗣），次曰庆生，三子曰庆蕴，四子曰孩（乳名，20岁夭折），五子曰庆知。庆生生繁增，繁增生祥宝和祥东，祥宝生两女（闵艳和令红），祥东未婚。庆蕴生繁江，繁江生祥彬。庆知生繁来，繁来生祥国。

宪哲出继给二叔父昭坤。

宪钦生两子，长曰庆昌，次曰庆忠。庆昌生繁志，繁志生两子，长曰祥龙，次曰祥虎。庆忠生三子，长曰繁贞，次曰繁兵，三子曰繁君；繁贞生两女，其一名唤祥艳。

宪宝生庆厚，庆厚生五子，长曰繁功，次曰繁启，三子曰繁军，四子曰繁举，五子曰普选（乳名）。繁功一子，名字不详；繁启两子，名字不详；繁军，情况不明；繁举生两女，名字不详；普选无后。

宪六生庆举，庆举生三子，长曰繁东，次曰繁信，三子曰繁印。繁东一子，名字不详；繁信一子，名唤文才；繁印生两女，名字不详。

昭坤过继兄长之次子宪哲，宪哲生庆元，庆元生繁富、繁垒、繁喜三子。繁富生祥连，繁垒生路朋，繁喜暂时一女而无子。

昭习生三子，长曰大深（乳名，无后），次曰小深（乳名，无后），三子曰宪忠（无后）。该支遂绝。

昭臣生宪松，宪松生三子，长曰庆福，次曰庆金，三子曰庆仁。庆福生繁欣，繁欣生胜杰（乳名）；庆金生三子，长曰繁雷，次曰繁霆，三子曰建广，繁雷和繁霆具各有一女，暂无子，建广未婚。庆仁只有两女，无子。

昭申生两子，长曰宪友（无后），次曰宪法。宪法生三子，因在黑龙江兰锡县，具体名字不详。

（注：东染坊一支大多居住在东街上。）

8. 闵庆川一支（居住在后街上的一群）

闵庆川一支在广字辈祖先已失名，在昭字辈上有弟兄三个，亦失名，为了叙述方便，我在此姑且称之为闵昭大、闵昭二和闵昭三。

闵昭大生有两子，长曰宪安，次曰宪恩。宪安生四子，长子、次子和三子在东北，具体姓名及后裔不详。宪安四子名唤庆湘，庆湘生繁镇，繁镇生三子，长曰祥礼，次曰祥军，三子曰祥超。宪恩无后。

闵昭二生三子，长曰宪太，次曰宪孔，三子曰宪臣。宪太生三子，长子在东北，次子少亡，三子曰庆山。宪太长子生同安（乳名），其后代多少与姓名老家人皆不知。庆山无后。宪孔生庆臣，庆臣无后。宪臣生庆川，庆川生五子，长曰繁珍，次曰繁柱，三子曰繁兆，四子曰繁东，五子曰繁海；繁珍生两子（由于太小，访谈人不知名字），繁柱无后，繁兆生祥朋，繁东生祥强，繁海在西安目前只有一女。

闵昭三及其后人，被访谈人不清楚。

（注：闵庆湘给闵宪安和闵宪恩顶了两次老盆。闵宪安三个儿子下东北的年份是民国十四五年间，外出逃荒要饭，1949年后闵庆湘去东北找过他的三个哥哥。闵庆川四子是目前闵村村主任。五子在西安军区，孙子辈也有当军官的。）

C. 后闵村有所谓"老五支"一说，传言兴字辈上有弟兄五个，各自繁衍一支而成"老五支"，但是究竟指现在哪些房支，闵村无人清楚。不过，有的族人追认自己是"老五支"的人。现把这些自觉体认者放在一组加以叙述。不过，仍不能在系谱上将其联系在一起。

9. 闵昭龙一支（这支人自称是长支）

昭龙生宪增，宪增生两子，长曰庆园，次曰庆■（绰号"豁儿刀"）

庆园生五子，长曰繁维，次曰繁喜，三子曰繁成，四子曰繁武，五子曰繁聚。繁维生四子，长曰祥起，次曰祥聚，三子曰祥福，四子曰祥利；繁喜无后；繁成暂时有一女；繁武无后；繁聚生两子，长曰祥恩，次曰祥顺。祥起生令强，祥聚生令阳，祥福生令■，祥增生令男。祥顺生令杰。

庆■（绰号"豁儿刀"）生三子，长曰繁玉，次曰繁才，三子曰繁忠。繁玉生两子，长曰祥军，次曰祥■；繁才生两子，长曰祥平，次曰祥存；繁忠一子，名唤祥■。祥平、祥存各生一子，被访谈人不清楚名字。

10. 闵昭吉一支（这支族人自称二支）

昭吉生宪章，宪章生二子，长曰庆东，次曰庆西。

庆东生两子，长曰繁文，次曰繁贵。繁文生四子，长曰祥志，次曰祥林，三子曰祥义，四子曰祥泰。繁贵一子，名唤祥替。祥志生一子，名唤令友；祥林无后；祥义无后（过继四弟祥泰之长子令学）；祥泰三子，长曰令学（出继给三伯父），次曰令全，三子曰令进。祥替四子，长曰令才，次曰令发，三子曰令田，四子曰令金。令友生三子，长曰德成，次曰德法，三子曰德亮。令学生两子，长曰德才，次曰德金。令全生一子，名唤德志。令进只有两女而无子。令才一子，名唤德强。令发生两子，长曰德成，次曰德江。令田生一子，名唤德明。令金生一子，名唤德胜。德成生一子，名唤文豪。德才生一子，名唤文成。德强生一子，名唤文硕。文豪生一子，暂未命名。

庆西生两子，长曰繁京，次曰繁伦。繁京生一子，名唤祥如。繁伦生三子，长曰祥德，次曰祥才，三子曰祥勇。祥如生两子，长曰令杰，次曰令富。祥德生一子，名唤令江。祥才生一子，名唤令强。祥勇生三子，长曰令国，次曰令文，三子曰令明。令杰暂时一女。令富未婚。令江生一子，名唤德义。令强生一子，名唤德龙。令国30岁亡，儿子随母改嫁。令文生两女而无子。令明生一子，名唤文征（乳名）。

11. 闵昭明一支（这支族人自称三支）

昭明生宪安，宪安生四子，长曰庆堂，次曰庆义，三子曰庆伍，四子曰庆相。庆堂、庆义和庆伍均无后。庆相生繁镇，繁镇生三子，长曰祥礼，次曰祥军，三子曰祥超。祥礼生一子，名唤闵勇。祥军生两子，长曰闵涛，次曰闵正。祥超生一子，名唤令杰。

（注：祥军在费县公安局工作，闵勇在县电信局工作。）

12. 闵昭祥一支（该支说闵广军生有五子，昭祥是其五子，但不知其余四子是谁。又，上叙昭龙、昭吉和昭明是否是闵广军之子否？待考）

昭祥生宪周，宪周生两子，长曰庆春，次曰庆润。

庆春生三子，长曰繁欣，次曰繁江，三子曰繁海。繁欣无后；繁江生一子，名唤祥增；繁海生一子，名唤祥成。

庆润生四子，长曰繁常，次曰繁夫，三子曰繁来，四子曰繁全。繁常无后；繁夫生一子，名唤祥明；繁来生一子，名唤祥会；繁全未婚。

D. 闵光缙（当初未采取孔府辈字）生有两子，长曰闵俨，次曰闵介。闵俨一子，曰秉德；闵介四子，长曰秉乾，次曰秉常，三子曰秉恒，四子曰秉钢。

13. 闵俨一支

闵俨生秉德，秉德生两子，长曰继清，次曰继■（失名，无后）。继清生两子，长曰广渊，次曰广荣。

广渊生两子，长曰昭凤，次曰昭兰。昭凤无后；昭兰生两子，长曰宪金，次曰宪全。宪金无子，过继胞弟宪全之长子庆申；庆申生一子，名唤繁锡；繁锡生一子，名唤祥兴。宪全生五子，长曰庆申（出继给伯父宪金），次曰庆义，三子曰庆礼，四子曰庆带，五子少亡。庆义生两子，长曰繁铜（出继给三叔庆礼），次曰繁成；庆礼无后，过继二哥庆义长子繁铜；庆带生两子，长曰繁真，次曰繁廷。繁成生一子，名唤祥■（线人不清楚）；繁铜生一子，名唤祥■（线人不清楚）；繁真生一子，名唤祥■（线人不清楚），繁廷暂时只有一女而无子。

广荣三子，均无后。此支绝。

14. 秉乾一支（长支）

秉乾生三子，长曰继勋，次曰继考，三子曰继升。

继勋生五子，长曰广治，次曰广五，三子曰广进，四子曰广睦，五子曰广旺。广治、广五、广进均无后人，广睦生昭六一子，广旺生宪传一子。昭六生两子，长曰宪德，次曰宪维。宪德生一子，名唤庆经；宪维生一子，名唤庆全。庆经生一子，乳名泥蛋，庆全五子，两兄弟均赖泥蛋向下传递世系。

继考两子，长曰广斗，次曰广远。广斗与广远均赖昭儒一人传后，昭儒生一子，名唤宪恩（在安徽蚌埠）。

继升生两子，长曰广遇，次曰广义。广遇与广义均失传。

15. 秉常一支（二支）之长支（或曰继庆一支或东五支之长支）。

秉常生五子，长曰继庆，次曰继登，三子曰继乐，四子曰继东，五子曰继盛。继字辈弟兄五个，各传一支，闵人称为"东五支"。

继庆生广济，广济生三子，长曰昭辉，次曰昭山，三子曰昭中。

昭辉生两子，长曰宪文，次曰宪武。宪文生五子，长曰庆享，次曰庆仁，三子曰庆善，四子曰庆久，五子曰庆有。庆享生繁荣，繁荣生三子，长曰祥玉，次曰祥伦，三子曰祥军；祥玉生令君和令兵，祥伦生令才和令宝，祥军生令法。庆仁生繁普和繁吉，繁普生祥金和祥法，繁吉无男孩。庆善生繁得，繁得生祥太、祥庭和祥岭三子。庆久生繁有，繁有无后传。庆有生繁良，繁良生祥银、祥金和祥山三子，祥银生令刚，祥金生令顺，祥山生令军。宪武生庆堂，庆堂生繁绪，繁绪生祥金、祥顺和祥宝，祥金生令德，祥顺和祥宝未婚。

昭山生宪立，宪立生庆来，庆来生繁田，繁田生祥■（其名被访谈人不祥）。

昭中生三子，长曰宪功，次曰宪孚，三子曰宪学。宪公生庆呈，庆呈生繁义、繁高和繁申，繁义和繁高不传，唯繁申传后，名曰祥智。宪孚生庆振，庆振生繁通，繁通暂无传。宪学生两子，长曰庆印，次曰庆本，庆印生繁雷和繁昌，庆本无传。

16. 东五支之二支（继登一支）

继登生三子，长曰广泗，次曰广溥，三子曰广深。

广泗生两子，长曰昭允，次曰昭相。昭允生宪昌，宪昌生庆安，庆安生繁盛，繁生未婚。昭相生宪成，宪成生庆文，庆文无后。

广溥生两子，长曰昭升，次曰昭玲。昭升由宪义顶支，宪义生庆章和庆松。庆章生五子，长曰繁爱，次曰繁路，三子曰繁均，四子曰繁林，五子曰繁风。庆松生繁宝，繁宝生三子，长曰祥福，次曰祥贵，三子曰祥余。昭玲由宪科顶支，宪科生庆瑞，庆瑞生五子，长曰繁来，次曰繁才，三子曰繁奎，四子曰繁桂，五子曰繁仁。繁来生祥福；繁才生祥利，祥利生令杰；繁奎生两子，长曰祥金，次曰祥银；繁桂生祥慧；繁仁生祥伟。

广深生两子，长曰昭润，次曰昭会。昭润生宪艺，宪艺生庆顺和庆法。庆顺生繁盛，繁盛生祥成和祥洪。庆法无后。昭会生三子，长曰宪易，次曰宪诗，三子曰宪书。宪易生庆元，宪诗和宪书无后，庆元顶他们三个老盆。庆元生繁传和繁达，繁传生祥昆，繁达生祥超和祥星（又名闪星）。

17. 东五支之三支（继乐一支）

继乐生广伦，广伦生四子，长曰昭祥，次曰昭福，三子曰昭圣，四子曰昭永。

昭祥生宪公和宪忠（又名宪绍，出继给二叔昭福）。宪公生三子，长曰庆桂，次曰庆大，三子曰庆富。庆桂生三子，长曰繁举，次曰繁新，三子曰繁岩。繁举生祥忠，祥忠生令瑞；繁新生祥法；繁岩生祥朋和祥波。庆大生三子，长曰繁田，次曰繁金，三子曰繁东。繁田生祥福，繁金生祥如和祥启。庆富无后。

昭福过继大哥次子宪忠，宪忠生三子，长曰庆启，次曰庆举，三子曰庆高。庆启生繁华，繁华生令成。庆举生五子，长曰繁梓，次曰繁总，三子曰繁猛，四子曰繁会，五子曰繁杰。庆高无后。

昭圣生两子，长曰宪宽，次曰宪同。宪宽生庆贤，庆贤生繁友，繁友生祥征。宪同生六子，长曰庆对，次曰庆武，三子曰庆学，四子曰庆斗，五子曰庆金，六子曰庆占。庆对生新东（乳名），以下不详；庆武生繁成和繁营，繁成生祥金；庆学生闪军和闪红；庆斗生繁余；庆金生繁权、繁捷和繁营；庆占生繁■。

昭永生宪厚，宪厚生三子，长曰庆禄，次曰庆福，三子曰庆信。庆禄生繁泰，庆福生繁余。

18. 东五支之四支（继东一支）

继东生广安，广安生三子，长曰昭礼，次曰昭俭，三子曰昭如。

昭礼生宪润，宪润生三子，长曰庆爱，次曰庆春，三子曰庆圣。庆爱生繁松；庆春无后；庆圣生繁树和繁在。

昭俭生宪磊，宪磊生两子，长曰庆余，次曰庆和。庆余生两子，长曰繁会，次曰繁文。庆和生两子，长曰繁配，次曰繁献。

昭如生三子，长曰宪正，次曰宪林，三子曰宪三，宪正和宪三无传，唯宪林生庆一。庆一生四子，长曰繁令，次曰繁代，三子曰繁庭，四子曰繁顺。繁令生祥村和祥宝；繁代生祥涛；繁庭生祥军；繁顺生祥伟。

19. 东五支之五支（继盛一支）

继盛生广达，广达生两子，长曰昭方，次曰昭来。

昭方生宪有，宪有生庆国，庆国生繁生和繁利，繁生生祥瑞。

昭来生宪德，宪德生庆令，庆令繁云。

20. 闵介三子秉恒一支

秉恒生四子，长曰继公，次曰继美，三子曰继游，四子曰继范。

继公生广宣和广运。广宣无后，广运生昭亮。昭亮生宪吉，宪吉生三子，长曰庆绪，次曰庆祥，三子曰庆恩。庆绪与庆恩无后，庆祥生繁如，繁如生祥友。

继美生广玉，广玉生两子，长曰昭聚，次曰昭光。昭聚生两子，长曰宪才，次曰宪祥。宪才无后，宪祥生三子，长曰庆儒，次曰庆山，三子曰庆田。昭光生两子，长曰宪良，次曰宪生。宪良生庆秀，宪生无后。

继游生广元，广元无后失传。

继范生两子，长曰广柱，次曰广松。广柱生昭法，昭法生宪章，宪章生庆须。广松无后失传。

21. 闵介四子闵秉钢一支（秉钢长子继孔一支）——西五支之长支

闵介四子闵秉钢生五子，长曰继孔，次曰继贤，三子曰继禄，四子曰继祥，五子曰继福。闵人称此为"西五支"，盖与秉钢二哥秉常派系"东五支"向区别也。仅分述如下。

继孔生三子，长曰广顺，次曰广敬，三子曰广让。

广顺生四子，长曰昭河，次曰昭海，三子曰昭江，四子曰昭淮。昭河生宪令，宪令生庆兹，庆兹生繁川、繁祥和繁仲。昭海生宪泗，宪泗生庆增，庆增生繁总和繁贞。昭江生宪瑞和宪苓。宪瑞生庆德，庆德生繁修和繁文。宪苓生庆志，庆志生繁堂、繁全和繁计。昭淮生宪富，宪富生庆荣，庆荣生繁析和繁学。

广敬生昭乐和昭新。昭乐生宪付和宪宝。宪付无后失传，宪宝生庆远，庆远生繁青、繁括、繁春和繁■。昭新生宪祥和宪春。宪祥生庆修、庆宗和庆如。庆修生繁增和繁和，繁增生祥涛和祥文，繁和生祥■和祥■；庆宗生繁瑞和繁林，繁瑞生祥才，祥才生令军，令军生德法，繁林生祥田，祥田生令■和令■；庆如生繁印、繁渲、繁立和繁来，繁印生祥■，繁渲生祥生，繁立无传，繁来生威海（乳名）。宪春生庆聚、庆都和庆隆。庆聚生繁昌，无传；庆都生繁择，无传；庆隆生繁伦、繁利、繁松、繁代、繁顺，繁伦生祥军，其他未婚。

广让生昭乐，昭乐生四子，长曰宪廷，次曰宪长，三子曰宪宸，四子曰宪贡。宪廷生庆学、庆甲、庆奎，庆学无后，庆甲生繁文，庆奎生繁武。宪长生庆隆和庆忠。庆隆无后；庆忠生繁慎、繁信和繁仁，繁慎生祥富，繁信生祥国、祥会和祥金，繁仁未婚。宪宸生庆保、庆贺和庆鼎，庆贺生繁强和繁俊。宪贡生庆坤，庆坤无传。

22．西五支之次支（继贤一支）

继贤生三子，长曰广锡，次曰广怀，三子曰广桐。

广锡生两子，长曰昭椿，次曰昭乾。昭椿不传。昭乾生两子，长曰宪礼，次曰宪知。宪礼生一子，名唤庆松。宪知生一子，名唤庆太。庆松生一子，名唤繁村。庆太生一子，名唤繁省。繁村生两子，长曰祥勋，次曰祥电。繁省生一子，名唤祥友。祥勋生令德，祥友生令■。

广怀生两子，长曰昭元，次曰昭宽。昭元生两子，长曰宪泰，次曰宪伦。昭宽生两子，长曰宪来，次曰宪芳。宪泰生三子，长曰庆月，次曰庆奎，三子曰庆银。宪伦生一子，名唤庆玉。宪来生六子，长曰庆资，次曰庆然，三子曰庆田，四子曰庆仁，五子曰庆同，六子曰庆星。宪芳生两子，长曰庆廷，次曰庆叶。庆月生两子，长曰繁臣，次曰繁户。庆银生一子，名唤繁红。庆玉生一子，名唤繁清。庆资无子。庆然生一子，名唤繁囤。庆田和庆仁无子。庆同生一子，名唤繁梅。庆星生三子，长曰繁升，次曰繁印，三子曰繁刚。庆廷生一子，名唤繁梅。庆叶生一子，名唤繁云。繁臣生三子，长曰祥德，次曰祥友，三子曰祥华。繁红生一子，名唤祥红。

广桐生五子，长曰昭桂，次曰昭俭，三子曰昭立，四子曰昭坤，五子曰昭聚。昭桂生三子，长曰宪依，次曰宪佑，三子曰宪安。昭俭生三子，长曰宪永，次曰宪萃，三子曰宪均。昭立生一子，名唤宪恒。昭坤生三子，长曰宪运，次曰宪友，三子曰宪科。昭聚生四子，长曰宪彬，次曰宪动，三子曰宪玉，四子曰宪德。宪依生一子，名唤庆均。宪佑生两子，长曰庆恩，次曰庆高。宪安无子。宪萃生一子，名唤庆洪。宪均生一子，名唤庆坦。宪恒生两子，长曰庆良，次曰庆仓。宪运无子。宪友生四子，长曰庆余，次曰庆堂，三子曰庆茂，四子曰庆连。宪科生三子，长曰庆东，次曰庆州，三子曰庆富。宪彬生一子，名唤庆等。宪动生一子，名唤庆勋。宪玉无子。宪德生一子，名唤庆府。庆均无子。庆恩生一子，名唤繁箱。庆高生一子，名唤繁仓。庆洪生两子，长曰繁柱，次曰繁■。庆坦生两子，长曰繁山，次曰繁岭。庆良生一子，名唤繁达。庆仓生一子，名唤繁建。庆余生三子，长曰繁坤，次曰凡恩，三子曰繁海。庆堂子嗣情况不明。庆连生三子，长曰繁来，次曰繁礼，三子曰繁才。繁箱生两子，长曰祥薰，次曰祥壮。繁仓生一子，名唤祥源。繁山生一子，名唤祥平。

23. 西五支之三支（继禄一支）

继禄生广彦，广彦生四子，长曰昭柏，次曰昭屯，三子曰昭栝，四子曰昭梓。

昭柏生两子，长曰宪禹，次曰宪忠。宪禹生四子，长曰庆生，次曰庆彩，三子曰庆存，四子曰庆明。庆生生一子，名唤繁成。庆彩和庆存无后。庆明生两子，长曰繁杰，次曰繁桥。

昭屯生两子，长曰宪本，次曰宪秀。宪本生两子，长曰庆玺，次曰庆折。宪秀无子，但有一孙繁合（不知是过继，还是其他情况）。庆折生两子，长曰繁平，次曰繁伦。

昭栝生六子，长曰宪起，次曰宪才，三子曰宪盈，四子曰宪东，五子曰宪增，六子曰宪陆。宪起、宪才、宪盈、宪东和宪增五兄弟无后（闵庆歆告诉我当年他们因闯马子，被闵昭亮给打死了），唯宪陆生一子，名唤庆怀。庆怀无子。

昭梓生四子，长曰宪修，次曰宪圣，三子曰宪坤，四子曰宪琛。宪修生一子，名唤庆忍。宪圣生两子，长曰庆会，次曰庆爱。宪琛生一子，名唤庆杰。庆会生一子，名唤繁斗。庆爱生两子，长曰繁芹，次曰繁新。

24．西五支之四支（继祥一支）

继祥生两子，长曰广瑄，次曰广保。

广瑄生两子，长曰昭本，次曰昭仲。昭本生一子，名唤宪敏。昭仲生两子，长曰宪民，次曰宪卓。宪敏生两子，长曰庆泉，次曰庆海。宪民生四子，长曰庆问，次曰庆箱，三子曰庆知，四子曰庆时。宪卓生三子，长曰庆峰，次曰庆臣，三子曰庆泗。庆泉生两子，长曰繁存，次曰繁兰。庆海生一子，名唤繁玉。庆问生三子，长曰繁怀，次曰繁常，三子曰繁波。庆箱生两子，长曰繁伦，次曰繁习。庆知生四子，长曰繁平，次曰繁启，三子曰繁田，四子曰繁全。庆时生两子，长曰繁学，次曰繁伟。庆峰生三子，长曰繁箱，次曰繁欣，三子曰繁■。庆臣无子。庆泗生两子，长曰繁总，次曰繁如。繁存生三子，长曰祥富，次曰祥德，三子曰祥如。繁玉生两子，长曰祥伦，次曰祥礼。

广保生一子，名唤昭斌。昭斌生两子，长曰宪贞，次曰宪成。宪贞生三子，长曰庆雷，次曰庆雨，三子曰庆祥。宪成生一子，名唤庆章。庆章生三子，长曰繁金，次曰繁银，三子曰繁才。

25．西五支之五支（继福一支）

继福生广谦，广谦生昭从，昭从生三子，长曰宪爵，次曰宪良，三子曰宪松。被访谈人对宪爵子嗣情况不了解。宪良生庆住，庆住生两子，长曰繁富，次曰繁如。繁富生祥春和祥学，繁如未婚。宪松生庆总，庆总生四子，长曰繁文，次曰繁友，三子曰繁卫，四子曰繁怀。

这一支人口规模太小，红白喜事需要依附在其他支上。

26．"老四支"（主要居住在村子西部，中心大街以西，即闵宪等

一支）

闵毓■生四子，长曰传哲，次曰传训，三子曰传吉，四子曰传瑞。

传哲生一子，名唤继武（奉祠生）。继武生四子，长曰广恩，次曰广元，三子曰广钦，四子曰广居。广恩生两子，长曰昭星，次曰昭孔。广居生两子，长曰昭增，次曰昭隆。昭星生三子，长曰宪俊，次曰宪品，三子曰宪绪（出继给叔父昭孔）。昭孔无子，过继兄长之三子宪星。昭增生两子，长曰宪怀，次曰宪杰。昭隆无子。宪俊生一子，乳名叫"占"，去东北，不详。宪品无妻。宪绪生三子，长曰庆写，次曰庆友，三子曰庆奎。宪怀生一子，名唤庆富。宪杰生一子，被调查人对其名字不详。

传训生四子，长曰继周，次曰继公，三子曰继礼，四子曰继智。继周无子，过继二弟继公之长子广修。继公生四子，长曰广修（出继给伯父继周），次曰广弟，三子曰广成，四子曰广体（出继给三叔继礼）。继礼无子，过继二哥之四子广体。继智无子，过继了一个孙子，名唤昭存。广修生一子，名唤昭仓。广弟生两子，长曰昭银，次曰昭金。广成生一子，名唤昭明。广体生一子，名唤昭敬。昭仓生三子，长曰宪普，次曰宪著，三子曰宪仲。昭银生三子，长曰宪沩，次曰宪连，三子曰宪军。昭金生两子，长曰宪坤，次曰宪雷。昭明生一子，名唤宪庆。昭敬生五子，长曰宪等，次曰宪省，三子曰宪总，四子曰宪增，五子曰宪占。昭存生一子，名唤宪配。宪普生两子，长曰庆广，次曰庆军。宪著生一子，名唤庆树。宪仲生两子，长曰庆涛，次曰庆阳。宪沩生一子，在东北，情况不明。宪连生一子，在东北，情况不明。宪军生两子，在东北，情况不明。宪坤生一子，名唤庆会，宪庆生一子，名字不详。宪等生一子，名唤庆广。宪省生一子，名唤庆■。宪总生一子，名唤庆州。宪增生一子，名唤庆军。宪占生一子，名字不详。宪配生两子，长曰庆伟，次子名字不详。庆广生一子，名唤繁睿。庆军生一子，名唤繁生。

传吉生两子，长曰继文，次曰继彦。继文生一子，名唤广有。继彦无子，过继兄长之六孙子昭令。广有生六子，长曰昭肃，次曰昭均，三子曰昭章，四子曰昭钱，五子曰昭严，六子曰昭令（出继给二

627

老爷继彦做承重孙）。昭肃无后。昭均一子，名唤宪伟。昭章生两子，长曰宪宝，次曰宪红。昭钱生两子，长曰宪玉，次曰宪琢。昭严生两子，长曰宪东，次曰宪卫。昭令生三子，长曰宪强，次曰宪恩，三子曰宪树。宪强生一子，名唤庆春。宪恩、宪树暂时无子。宪伟生一子，名唤闪瑞。宪宝生一子，名唤庆■。宪红生一子，名唤庆■。宪玉生一子，名唤庆林。宪东生一子，名唤庆尚。宪卫生一子，名唤庆仁。宪强生一子，名唤庆春。宪恩暂时无子。宪树目前只有一女孩。

传瑞生两子，长曰继才，次曰继甫。继才无子，过继兄弟之长子广义。继甫生两子，长曰广义（出继给伯父继才），次曰广兴。广义生一子，名唤昭坦。广兴生一子，名唤昭信。昭坦生两子，长曰宪伟，次曰宪龙。这一亚房支于 20 世纪 50 年代去了东北，情况不大清楚。

27. 石匠家一支

六十七代上有弟兄俩，兄叫闪玉阶，弟唤闪玉庭。玉阶生两子，长曰传兴，次曰传旺。

传兴生两子，长曰继宾，次曰继军（出继给叔父传旺）。继宾生四子，长曰广轩，次曰广宝，三子曰广继，四子曰广宽。广轩生三子，长曰昭武，次曰昭凤，三子曰昭三（出继给二叔广宝）。广宝无子，过继兄长之三子昭三。广继生一子，名唤昭严。广宽生四子，长曰昭农，次曰昭全，三子曰昭连，四子曰昭田。昭武无后，过继昭严次子宪富。昭凤无后，昭三无后。昭严六子，长曰宪来，次曰宪富，三子曰宪良，四子曰宪存，五子曰宪如，六子曰宪礼。昭农死于1938 年，过继昭田之长子宪社。昭全生一子，名唤宪国。昭连生一子，名唤宪虎。昭田生四子，长曰宪社、次曰宪国，三子曰宪兵，四子曰宪海。宪来生一子，名唤庆广。宪富生两子，长曰庆树，次曰庆金。宪良生两子，长曰庆军，次曰庆杰。宪存生一子，名唤庆阳。宪如无男孩，过继宪富次子庆金。宪礼目前只有一女孩。宪社生一子，名唤庆群。宪国生一子，名唤庆春。宪虎生一子，名唤庆磊。宪兵生一子，名唤庆余。宪海生一子，名唤庆涛。

传旺过继传光之次子继军。继军生一子，名唤广奎。广奎生两子，长曰昭才，次曰昭士。昭才生三子，长曰宪友，次曰宪成，三子曰宪勇。昭士生一子，名唤宪余。宪友生两女，无男孩。宪成目前生有一女。宪余生一子，名唤庆林。

28．弹弓家一支（闵庆普支系）

六十七代继字辈上有弟兄两个，兄长曰继正，弟弟叫继安。继正生一子，名唤广甲。继安生一子，名唤广屯。

广甲生一子，名唤昭田。昭田生两子，长子30岁亡，次子名唤宪文。宪文生四子，长曰庆于，次曰庆有，三子曰庆存，四子曰庆军。庆于生一子，名唤繁瑞；庆有生一子，名唤繁龙；庆存生一子，不详；庆军生一子，名唤繁朋。

广屯生三子，长曰昭修，次子夭折，三子曰昭春。昭修生两子，长曰宪清，次曰宪二。昭春生一子，名唤宪福。宪清生七子，长曰庆善，次曰庆夫，三子曰庆公，四子曰庆德，五子曰庆道，六子曰庆恩，七子曰庆淮。宪二生三子，长曰庆玉，次曰庆朱，三子曰庆如。宪福生两子，长曰庆伦，次曰庆普。庆善生一子，名唤繁臣；庆夫生三子，长曰繁运，次曰繁巨，三子曰繁文；庆公生三子，长曰繁军，次曰繁义，三子曰繁树；庆德正两子，长曰繁申，次曰繁坤；庆道生三子，长曰繁星，次曰繁林，三子曰繁杰；庆恩生四子，长曰繁国，次曰繁岭，三子曰繁祥，四子曰繁启；庆淮生五子，长曰繁忠，次曰繁良，三子曰繁立，四子曰繁学，五子曰繁达。庆玉、庆朱均无妻，断系。庆如生一子，名唤繁梅。庆伦生两子，长曰繁顺，次曰繁付；庆普生两子，长曰繁礼，次曰繁连。繁臣生一子，名唤祥存。繁运生一子，长曰祥臣，次曰祥勇，三子曰祥连；繁巨生一子，名唤祥廷；繁文生两子，长曰祥军，次曰祥峰。繁军生两子，长曰祥林，次曰祥树；繁义生一子，名唤闵强；繁树目前仅有一女。繁申生一子，名唤祥忠；繁坤生一子，名唤祥启。繁星生两子，长曰祥宝，次曰祥东；繁杰生三子，长曰祥峰，次曰二峰（乳名），三子曰三峰（乳名）。繁国无后；繁岭生一子，名唤祥增；繁祥生两子，长曰祥来，次曰祥军；繁启生一子，名唤闵强。繁忠生一子，名唤闵瑞；繁良生一子，名唤祥平；繁立生一子，名唤祥超；繁学目前只有一女；繁达未婚。繁顺生一子，名唤祥军;繁付生一子，名唤祥明。繁礼生一子，名唤祥增；繁连生一子，名唤祥雷。祥存生两子，长曰令军，次曰令强。祥臣生两子，长曰令乾，次曰凌坤。祥连生一子，名唤令龙。祥忠生一子，名唤闵杰。闵瑞生一子，名唤令凯。祥平生一子，名唤令辉。

　　29．椿树园一支（闵作仁一支）

　　这是后闵村最大的一支世系群（仅在系谱意义上）。族人相传，闵倩生四子，长曰作仁，次曰依仁，三子曰体仁，四子曰弘仁。

　　作仁生四子，长曰伯成，次曰继堂，三子不详，四子曰丕成。

　　伯成生四子，长曰广兰，次曰广松，三子曰广居，四子曰广梓。广兰生一子，名唤昭生。广松生一子，名唤昭恒。广居生三子，长曰昭庆，次曰昭友，三子曰昭彬。庆梓生两子，长曰昭行，次曰昭德。昭生生一子，名唤宪春。昭恒生一子，名唤宪文。昭庆生两子，长曰宪于，次曰宪顺。昭友生两子，长曰宪岭，次曰宪玉。昭彬生一子，名唤宪如（无妻）。昭行生一子，名唤宪伦。昭德生一子，名唤宪法。宪春（迁 IS 区朱保乡）无后，但抱养庆来。宪文生一子，名唤庆于。宪于无子，由庆中顶老盆。宪顺生一子，名唤庆中（承祧父亲和伯父两门）。宪岭生两子，长曰庆祥，次曰庆龙。宪玉生一子，名唤庆桂。宪如无妻，过继孙繁松。宪法生两子，长曰庆常（出继给宪伦），次曰庆刚。宪伦无子，过继宪法之长子庆常。庆来后人不详。庆于生一子，名唤繁瑞。庆中无子，过继繁瑞子祥呈做承重孙。庆祥，情况不详。庆龙生一子，名唤繁廷。庆桂在东北，情况不明。庆常、庆刚亦在东北，情况不明。繁瑞生两子，长曰祥呈，次曰祥胜。

　　继堂生三子，长曰广田，次曰广途，三子曰广维。广田生一子，名唤昭伦。广途生两子，长曰昭绪，次曰昭忠。广维生三子，长曰昭华，次曰昭奎，三子曰昭太。昭伦生一子，名唤宪文。昭绪生两子，长曰宪尧，次曰宪舜。昭忠生一子，名唤宪存。昭华生两子，长曰宪桂，次曰宪武；昭奎生两子，长曰宪周，次曰宪利（无妻）；昭太生五子，长曰宪友，次曰宪彬，三子曰宪晴，四子曰宪祥，五子曰宪同。宪文生两子，长曰庆顺，次曰庆余。宪尧无后；宪舜生一子，名唤庆允。宪存无子，过继宪武长子庆■。宪桂无子，过继庆乾。宪武四子，长曰庆■，次曰庆柱，三子曰庆乾（出继给宪桂），四子庆怀。宪周生两子，长曰庆田，次曰庆兰。宪友生一子，名唤庆启。宪彬和宪晴均无后。宪祥生一子，名唤庆来。宪同无后。庆顺生两子，长曰繁志，次曰繁友。庆余生四子，长曰繁文，次曰繁印，三子曰繁伦，四子曰繁如。庆允生一子，名唤繁轩。庆乾生两子，长曰繁玲，次曰繁顺。庆怀生三子，长曰繁祥，次曰繁仓，三子曰繁良。庆兰生三子，长曰繁德，次曰繁松，三子曰繁科。庆来生两子，长曰繁礼，次曰繁田。繁志无子。繁友生三子，长曰祥云，次曰祥林，三子曰祥雨；祥云生四子，分别是令金、令银、令财、令宝；令金生德成，令银生德威，令财生德鹏；令宝未婚。繁文无子。繁印生两子，长曰祥启，次曰祥文，祥启又生令玺，祥文又生令惠。繁顺生一子，名唤祥启，祥启生一子，名唤令伦。

丕成生四子，长曰广修，次曰广任，三子曰广俊，四子曰广树。广任生两子，长曰昭位，次曰昭春。广俊生三子，长曰昭经，次曰昭千，三子曰昭红。广树生两子，长曰昭扬，次曰昭文。昭位生三子，长曰宪正，次曰宪忠，三子曰宪义。昭春生四子，长曰宪瑞，次曰宪生，三子曰宪才，四子曰宪友。昭经生一子，名唤宪平。昭千生一子，名唤宪箱。昭红生四子，长曰宪公，次曰宪成，三子曰宪德，四子曰宪良。昭扬生一子，名唤宪彬。昭文生两子，长曰宪福，次曰宪斗。宪正无后。宪忠生一子，名唤庆福。宪瑞生一子，名唤庆祝。宪生生一子，名唤庆贺。宪才生一子，名唤庆功。宪友生三子，长曰庆臣，次曰庆新，三子曰庆余。宪平生一子，名唤庆普。宪箱无子。宪公生三子，长曰庆忠，次曰庆见，三子曰庆进。宪成和宪德均无后。宪良生五子，长曰庆田，次曰庆本，三子曰庆法，四子曰庆和，五子曰庆五。宪彬生两子，长曰庆尊，次曰庆后。宪福与宪斗均无子。庆福和庆祝在外地，情况不明。庆贺生一子，名唤繁军。庆功、庆臣、庆新、庆余均在外地，子嗣不详。庆普生六子，长曰繁连，次曰繁新，三子曰繁岭，四子曰繁启，五子曰繁居，六子曰繁云。庆忠、庆见，子孙有的在费县东王庄、费县南梁丘，甚至江苏邳州，子嗣情况不明。庆进生三子，情况亦不明。庆田、庆和庆五、庆尊后人情况线人均不详。庆后生一子，名唤繁立。

（注：继堂一支有在江苏邳州岔河镇大良壁村的，且有些情况与闵村闵庆歆给我提供的不太一致。这些不一致的情况请见本书正文第三章第二节。实际上，椿树园这一支如今已裂变为若干个仪式单位。）

30. 闵作仁之四子闵丕成一支（现闵庆增一支）

前面第29支介绍了"椿树园一支"，即闵作仁一支，其中包含闵作仁四子闵丕成一支。这是根据闵庆歆先生之介绍叙述的，但在具体入户调查中发现，丕成一支丢掉了丕成之长子"广修"一支，且其他亚房支之间也有兄弟排行不一致者。仅根据入户调查所得，重新整理丕成一支如下，以便将来进一步比对核实。

丕成生四子，长曰广修，次曰广任，三子曰广俊，四子曰广树。

广修生一子，名唤昭启。昭启生六子，长曰宪经，次曰宪同，三子曰宪昌，四子曰宪信，五子曰宪田，六子曰宪寅。宪经生两子，长曰庆彬，次曰庆利；宪同生三子，长曰庆海，次曰庆山，三子曰庆榛；宪昌生三子，长曰庆忠，次曰庆林，三子曰庆玉；宪信生三子，长曰庆瑞，次曰庆祥，三子曰庆森；宪由生两子，长曰庆凯，次曰庆华；宪寅生三子，长曰庆贵，次曰庆春，三子曰庆森。庆彬生繁涛；庆海生繁坤，庆山生繁鹏；庆忠生繁峰，庆林生繁龙；庆瑞生繁川，庆祥生繁刚，庆森生繁强；庆凯生繁博，庆华生繁理和繁征；庆春生繁臣，庆森生繁群和繁强。繁朋生祥艺，繁征生祥一。

广任生两子，长曰昭位，次曰昭春。昭位生三子，长曰宪正，次曰宪忠，三子曰宪义。昭春生四子，长曰宪瑞，次曰宪生，三子曰宪才，四子曰宪友。宪忠生庆富，庆富生繁平。宪瑞生庆祝，宪生生庆贺，宪才生庆功，宪友生庆臣、庆新和庆余，而庆功又生繁军。

广俊生三子，长曰昭经，次曰昭千，三子曰昭红。昭经生宪平。昭千生宪箱。昭红生四子，长曰宪公，次曰宪成，三子曰宪德，四子曰宪良。宪平生庆普。宪公生庆忠、庆见、庆进。宪良生四子，长曰庆田，次曰庆本，三子曰庆法，四子曰庆利，五子曰庆五。庆普生六子，长曰繁连，次曰繁新，三子曰繁龄，四子曰繁岭，五子曰繁五，六子曰繁启。繁连生两子，长曰祥俊，次曰祥杰。繁新生祥吉。繁龄生祥东。繁岭生祥凯。繁玉生祥坤。

广树生两子，长曰昭杨，次曰昭文。昭杨生宪彭。昭文生两子，长曰宪富，次曰宪斗。宪彭生两子，长曰庆尊，次曰庆后。庆尊无后。庆后生繁立，繁立生祥成。

（注：江苏邳州大良壁来信说，昭位生四子，长曰宪正，次曰宪

中，三子曰宪义，四子曰宪文。可见，此支有留守闵村者，有去南乡者。再者，庆普孙子祥平与曾祖父宪平重名，修谱时庆普要求改名，闵庆歆便给按了个"祥吉"。）

31. 闵庆歆一支（即闵依仁次子一支）

闵依仁生四子，长曰继常，次曰继芳，三子曰继宽，四子曰继泗，旧时闵村多以"长方四宽"称之。闵庆歆说，前几年在红白喜事上闵庆歆与继泗一支后裔才分开。这里叙述的是闵依仁次子闵继芳后代。

继芳生一子，名唤广英。广英生三子，长曰昭美，次曰昭善，三子曰昭润。

昭美生一子，名唤宪文。宪文生两子，长曰庆祥，次曰庆田。庆田和庆祥无后，由其叔伯兄弟庆友之次子繁利顶支。被访人对此以下不熟悉。

昭善生一子，名唤宪昌。宪昌生两子，长曰庆车，次曰庆友。庆车后代情况不详。庆友生三子，长曰繁智，次曰繁利，三子曰繁义。被访人对此以下不熟悉。

昭润上三子，长曰宪志，次曰宪彝，三子曰宪恩。宪志生两子，长曰庆选，次曰庆远。宪彝生两子，长曰庆年，次曰庆新。宪恩生两子，长曰庆修，次曰庆成。庆选生三子，长曰繁才，次曰繁习，三子曰繁亮。庆远生一子，名唤繁永。庆年生一子，名唤繁林。庆新生五子，长曰繁廷，次曰繁衍，三子曰繁慈，四子曰繁昌，五子曰繁奎。庆修生三子，长曰繁友，次曰繁举，三子曰繁田。庆成生两子，长曰繁学，次曰繁杰。繁习生三子，长曰祥连，次曰祥进，三子曰祥■（乳名"北斗"）。繁亮生四子，长曰祥健，次曰祥杰，三子曰祥福，四子曰祥■。繁永生三子，长曰祥文，次曰祥■，三子曰祥■。繁林生一子，名唤闵波。繁廷生两子，长曰祥东，次曰祥华。繁衍生一子，名唤闵剑。繁慈生一子，名唤祥路。繁昌目前只有一女。繁奎生两子，长曰祥红，次曰祥翔。繁友生一子，名唤祥景。繁举生四子，长曰祥■，次曰祥■，三子曰祥■，四子曰祥■。繁田生一子，名唤祥■。繁学生一子，名唤祥■。繁杰生一子，名唤祥■。祥东生一子，名唤令仁。祥达生一子，名唤令文。

32. 闵繁军一支（附继泗和继宽两支）

上一支讲闵依仁生四子，弟兄排行为：长曰继常，次曰继芳，三子曰继宽，四子曰继泗。现在单续长支、三支和四支。

继常生一子，名唤广洵，广洵生两子，长曰昭忠，次曰昭信。

昭忠生一子，名唤宪贞。宪贞生三子，长曰庆功，次曰庆松，三子曰庆玉。庆功生三子，长曰繁■，次曰繁平，三子曰繁来。庆松生三子，长曰繁军，次曰繁连，三子曰繁对。庆玉生两子，长曰繁吉，次曰繁利。繁平生两子，长曰祥山，次曰祥岭；繁来生两子，长曰祥田，次曰祥保。繁军生三子，长曰祥学，次曰祥贞，三子曰闵兴；繁连生两子，长曰祥涛，次曰祥斌；繁对生一子，名唤闵可。繁吉生一子，名唤祥龙；繁利生一子，名唤祥岭。

昭信生两子，长曰宪元，次曰宪享。宪元无子，过继胞弟之长子庆立。宪享生三子，长曰庆立（出继给伯父），次曰庆安，三子曰庆著（亦写作"柱"）。庆立生三子，长曰繁宗，次曰繁彬（亦作"宾"），三子曰繁义。庆安生三子，长曰繁青，次曰繁兰，三子曰繁红。庆著生一子，名唤繁杰（乏嗣）。繁义生两子，长曰祥成，次曰祥林（亦说叫"祥东"）。繁彬生三子，长曰祥忠（也说叫祥达者），次曰祥文，三子曰祥进。繁宗生两子，长曰祥甫，次曰祥军（亦作"君"）。繁青暂有一女，名唤祥芝。繁红生两子，长曰祥广，次曰祥玉。祥成暂有一女，名唤令燕（另一说，祥成生子令金）。祥林生一子，名唤令修（另一说认为，祥林生两子，长曰令建，次曰令普）。祥忠生一子，名唤令广（另一说认为，祥忠生两子，名唤令广和令元）。祥文暂有一女，名唤令云（另一说认为，祥文生子令照）。祥进暂有一女，名唤令秀（另一说认为，祥进生子令堂）。祥甫生一子，名唤令铭。祥军暂有一女，名唤令琴。祥广生一子，名唤令恩。

附：继泗无子，过继继宽之长子广翰。广翰生一子，名唤昭然。昭然生一子，名唤宪祥。宪祥生一子，名唤庆护。庆护生一子，名唤繁胜。以下世系不详。

继宽生两子，长曰广翰（出继给继泗），次曰广聪。广聪生两子，长曰昭进，次曰昭宗。昭进无后，昭宗生七子，长曰宪瑞，次曰宪常，三子曰宪金，四子曰宪■，五子曰宪■（绰号"五赖户子"），六子曰宪■，七子曰宪■（绰号"七赖户子"），其中有一个玩鹰的，闵人已闹不清是老几了。由于他们是马子头儿，后大多被杀，一两个流亡东北，不知后代如何。

（注：亦说，继泗为长，继芳为次，继常排行第三，继宽排行第四。待考。）

33．闵庆瑞一支（闵庆歆告诉我，这一支与闵庆川一支是近门，当属于闵体仁一支）

第七十代上有弟兄两个，哥哥广绍，弟弟广礼。

广绍生三子，长曰昭乾，次曰昭礼，三子曰昭昌。昭乾生一子，名唤宪龙；昭礼生两子，长曰宪沌，次曰宪斌；昭昌生一子，名唤宪坡。宪龙生两子，长曰庆如，次曰庆刚。宪沌生一子，名唤庆春。宪斌乏嗣。宪坡生三子，长曰庆存，次曰庆瑞，三子曰庆梓。庆如无后。庆刚生六子，长曰繁普，次曰繁进，三子曰繁忠，四子曰繁新，五子曰繁成，六子曰繁利。庆春生三子，长曰繁生，次曰繁友，三子曰繁金。庆存生四子，长曰繁明，次曰繁红，三子曰繁村，四子曰繁信。庆瑞乏嗣。庆梓生三子，长曰繁桐，次曰繁义，三子曰繁伟。繁普无后。繁进生一子，名唤祥学。繁忠生一子，名唤祥资。繁新生一子，名唤祥伟。繁成生一子，名唤祥明。繁利、繁生、繁友、繁金在东北，人口情况不明。繁明生三子，长曰祥普，次曰祥龙，三子曰祥华。繁红生两子，长曰祥柱，次曰祥玺。繁树生一子，名唤祥顺。繁信生一子，名唤祥杰。繁桐无后。繁义生一子，名唤祥栋。繁伟生一子，名唤祥鲁。祥资生令■。

广礼生两子，长曰昭合，次曰昭二。昭合生两子，长曰宪斌，次曰宪春；昭二无后。宪斌生一子，名唤庆芳。宪春生一子，名唤庆楼。庆芳生一子，名唤繁华；庆楼生一子，名唤繁括。繁华生一子，名唤祥军。繁括生一子，名唤祥建。

34．闵庆伦一支

第六十六代上有闵光绣、闵光划和闵光缙弟兄三人，这一支是闵光绣的后人。闵光绣生一子，名唤秉直。秉直生两子，长曰继条，次曰继皆。

继条生三子，长曰广珠，次曰广琳，三子曰广同。广珠无后，过继重孙宪堂（胞弟广琳之长孙）；广琳生一子，名唤昭荣（民国十五年病死于闵村三官庙）；广同生一子，名唤昭浮。昭荣生五子，长曰宪堂（出继给大老爷广珠），次曰宪印，三子曰宪■（少亡），四子曰宪富，五子曰宪由。昭浮生两子，长曰宪吉，次曰宪庭。宪堂生两子，长曰庆法，次曰庆全。宪印生三子，长曰庆祥，次曰庆标，三子曰庆章。宪富和宪由无后。宪吉生一子，名唤庆聚。宪庭生一子，名唤庆伦。庆法生三子，长曰繁珏，次曰繁营，三子曰繁玉。庆全生两子，长曰繁信，次曰繁从。庆祥生一子，名唤繁玺。庆章生两子，长曰繁爱，次曰繁恩。庆聚生五子，长曰繁荣，次曰繁华，三子曰繁伟，四子曰繁泽，五子曰繁常。庆伦生两子，长曰繁达，次曰繁远。繁珏生两子，长曰祥瑞，次曰祥珍。繁营生六子，长曰祥爱，次曰士瑞，三子曰祥新，四子曰祥柱，五子曰祥立，六子曰祥玉。繁玉生五子，长曰祥孔，次曰祥来，三子曰时来（乳名），四子曰时建（乳名），五子曰■■（被访谈人不详）。繁信生一子，在莱芜工作，姓名不详。繁从生三子，长曰祥田，次曰祥金，三子曰祥学。繁玺生一子，名唤祥磊。繁爱生一子，名唤祥旗。繁恩生两子，长曰祥红，次曰闵昌。繁荣生一子，名唤祥义。繁华生一子，乳名宏伟。繁伟生一子，名唤祥■。繁泽生一子，名唤祥■。繁常生一子，名唤祥■。繁达生一子，名唤祥新。繁远生一子，名唤祥林。祥新生一子，名唤令名。祥爱生一子，名唤来宝。祥柱生三子，长曰令辉，次曰二龙（乳名），三子曰小龙（乳名）。祥立生两子，长曰海龙（乳名），次曰龙强（乳名）。祥玉生一子，名唤令龙。

继皆生一子，名唤光春。光春生一子，名唤昭振（后迁至吴庄子）。昭振生一子，名唤宪承。宪承生两子，长曰庆才，次曰庆如。庆才和庆如由于在吴庄子，被访人庆伦不详，以下次支无记。

35. 二庄户家一支

闵广美生两子，长曰昭习，次曰昭福。昭习无后。昭福生四子，长曰宪起，次曰宪祥，三子曰宪文，四子曰宪普。宪起生两子，长曰庆勤，次曰庆如。宪祥生一子，名唤庆囤。宪文生两子，长曰庆连，次曰庆吉。宪普生一子，名唤庆国。庆勤生一子，名唤繁涛。庆如生一子，名唤繁■。庆囤生两子，长曰繁华，次曰繁贵。庆连生一子，名唤繁勇。庆吉生两子，长曰龙祥，次曰开祥。庆国生一子，名唤海龙（乳名）。

（注：因闵昭福庄户活干得好得名，旧时贫穷，靠卖菜吃饭。他们记得，自己近支有一个大圩子，有大菜园子，一棵大椿树，住在窑汪前。）

36. 闵庆信一支

该支只记得广字辈上有弟兄三个，他们的祖先叫"广圣"，为次子，其他两个不记得，但他们说与闵宪普一支是近门。难道闵广美与闵广圣是兄弟关系？待考。

广圣生三子，长曰昭瑞，次曰昭凤，三子曰昭珍。

昭瑞生一子，名唤宪敬。宪敬生一子，名唤庆信。庆信生五子，长曰繁忠，次曰繁强，三子曰繁真，四子曰繁梓，五子曰繁奎。繁忠生一子，名唤祥峰。繁强生一子，名唤祥昌。繁真生一子，名唤闵瑞。繁梓目前暂生一女。繁奎生一子，名唤辛辛（乳名）。

昭凤生两子，长曰宪明，次曰宪起。宪起生一子，名唤庆雷。庆雷生一子，名唤小更（乳名）。

昭珍生一子，名唤宪亮。宪亮无后。

37. 闵宪梓一支

闵传家与下面将要介绍的一支的祖先闵传荣乃是弟兄俩，但如今两支已分开，各自举行自己的红白喜事。

闵传家无子，过继胞弟传荣之三子继增。继增生两子，长曰广和，次曰广明。

广和生一子，名唤昭典。昭典生三子，长曰宪进，次曰宪才，三子曰宪梓。宪进生一子，少亡。宪才生两子，长曰庆岭，次曰庆用。庆岭无后。庆用生两子，长曰繁富，次曰二巴（乳名）。

广明生三子，长曰昭会，次曰昭雨，三子曰昭臣。昭会无后，昭雨无后，昭臣亦无后，但过继昭典三子宪梓。宪梓生五子，长曰庆云，次曰庆顺，三子曰庆兵，四子曰庆山，五子曰庆华。庆云生两子，长曰繁东，次曰二胖（乳名）。庆顺生一子，名唤龙岩（乳名）。庆兵生一子，名唤龙飞（乳名）。庆山生一子，名唤闵欣。庆华生一子，名唤一鸣。

38. 闵宪从一支

闵传荣与闵传家是胞弟。传荣生三子，长曰继■（老大），次曰继■（老二），三子曰继增（出继给伯父传家）。

继■（老大）生一子，名唤广登。广登生三子，长曰昭玉，次曰昭实，三子曰昭宣。昭玉生两子，长曰宪聚，次曰宪从。昭实和昭宣无后。宪聚生三子，长曰庆举，次曰庆胜，三子曰庆尚。宪从生一子，名唤庆晓。庆举生一子，名唤繁玉。庆胜无后。庆尚生一子，名唤龙龙（乳名）。庆晓生三子，长曰繁军，次曰繁红，三子曰繁奎。繁军生一子，名唤祥栋。繁红生一子，名唤闵豪。繁奎生一子，名唤祥雨。

次曰继■（老二）生一子，名唤广■。广■生两子，长曰昭志，次曰昭成。昭志无后，过继胞弟昭成长子宪忠。昭成生两子，长曰宪忠（出继给伯父昭志），次曰宪岭。宪忠生一子，名唤闵杰。宪岭无后。闵杰目前暂有一女。

39. 闵宪如一支

闵兴德先后娶了两房，前妻生子毓成，后妻生子毓阶。因而这一支与下面木匠家一支为近门。

毓成生一子，名唤传汉。传汉生一子，名唤继好。继好生一子，名唤广富。广富生两子，长曰昭财，次曰昭友。

昭财生一子，名唤宪忠。宪忠生一子，名唤庆法。

昭友生五子，长曰宪进，次曰宪如，三子曰宪富，四子曰宪军，五子曰宪发。宪进生一子，名唤庆余；宪如生一子，名唤庆东；宪富目前暂有一女，名唤庆娜；宪军生一子，名唤庆来；宪发生一子，名唤庆柱。庆余生一子，名唤繁广。庆东生一子，名唤闵华。

（注：闵毓成经商，闵传汉是红门秀才，传言当年进京考试，得中，挂印而去。闵宪如，1955 生，小学文化程度，曾拜南方人为师，学习阴阳八卦和地理，我曾专门拜访过他。）

40. 木匠家一支（即现今闵广益一支）

这一支居住在官地汪附近，与现今闵昭如一支近门。

毓阶生四子，长曰传江（一说叫“传忠”），次曰传海，三子曰传道，四子曰传河。

传江无子，过继四弟传和之长子继业。继业生两子，长曰广秀，次曰广星。广秀无后，过继胞弟之长子昭祥。广星生五子，长曰昭祥（出继给伯父广秀），次曰昭立，三子昭吉（少亡），四子曰昭海，五子昭军（乳名小五）。昭祥生一子，名唤宪东（乳名强）。昭立生一子，名唤宪连（乳名小二）。昭海生一子，名唤宪阳。昭军无后。宪连生一子，名唤瑞瑞（乳名）。

传海生一子，名唤继恩。继恩生四子，长曰广勤，次曰广田，三子曰广才，四子曰广存。广勤无后，过继三弟之长子昭常。广田无后，过继广存之长子昭同。广才生两子，长曰昭常（出继给大伯父广勤），次曰昭兰。广存生三子，长曰昭同（出继给二伯父广田），次曰昭宗，三子曰昭连。昭常生两子，长曰宪申，次曰宪曾。昭兰生一子，名唤宪法。昭同生两子，长曰宪畅（乳名大明），次曰小明（乳名）。昭宗生一子，名唤鹏鹏（乳名）。昭连无娶。宪申生一子，名唤庆伟。宪曾生一子，名唤庆垒。

传道无子，过继传河次子继昌。继昌生两子，长曰广新，次曰广利。广新无后，过继广利长子昭阳。广利生两子，长曰昭阳（出继给伯父广新），次曰闵东。昭阳生宪实；闵东生宪生。

传河生五子，长曰继业（出继给伯父传江），次曰继昌（出继给三伯父传道），三子曰继香（一说叫"继湘"），四子少亡，五子曰继夫（一说叫"继福"）。继香生两子，长曰广亮，次曰广顺（一说长子广顺，次子广亮）。继夫生三子，长曰广荣，次曰广运，三子曰广强。广顺生一子，名唤昭利。广亮无后，昭利虽无出继，但给顶老盆。广荣生四子，长曰昭伦，次曰昭国（乳名冬冬），三子曰昭杰，四子曰昭来（乳名小四）。广运无后。广强生一子，名唤昭广（乳名杰杰）。昭利生两子，长曰宪如，次曰宪建。昭伦生一子，名唤宪永。昭国生两女。昭杰暂有一女。昭来未婚。宪如生一子，名唤闵续。宪建生一子，名唤庆瑞。

41. 闵庆平一支

这一支现有人口认为，自己跟庆普、庆善、庆文等房支近，但由于失去祖先名讳，无法在谱系上连接起来。

闵广选生一子，名唤昭发。昭发生四子，长子宪■无后（过继二弟宪二之长子庆林），次子曰宪二（民国十七年被马子绑肉票，无归），三子曰宪刚，四子曰宪奎。

长子宪■，过继二弟宪二之长子庆林。庆林无子，过继二弟之长子繁迎。繁迎生三子，长曰祥东，次曰祥兵，三子曰祥海。

宪二生三子，长曰庆林（出继给大伯父），次曰庆照，三子曰庆亮。庆照生两子，长曰繁迎（出继给伯父庆林），次曰繁社。庆亮生两子，长曰繁顺，次曰繁如。繁社生一子，名唤祥号。繁顺生两子，长曰祥军，次曰祥红。繁如生一子，名唤祥伟。

宪刚生三子，长子少亡，次子少亡，三子曰庆平。庆平生三子，长曰繁玉，次曰繁建，三子曰繁进。繁玉生一子，名唤祥宾。繁建生一子，名唤闵祥。繁进生一子，名唤祥杰。

宪奎生两子，长曰庆利，次曰庆付。庆利生两子，长曰繁国，次曰繁广。庆付无子，过继兄长之次子繁广。繁国生一子，名唤祥玉。繁广生一子，名唤祥龙。

42. 闵广泰一支

这支族人记得广字辈上有弟兄俩，长曰闵广卓，次曰闵广泰。广泰生三子，长子无后，次子曰昭二，三子曰昭刚。

昭二生三子，长曰宪吉，次曰宪厚，三子曰宪安。宪吉去北大荒，子嗣情况不详。宪厚无子，过继三弟之长子庆江。宪安生两子，长曰庆江，出继给二伯父，次曰庆涛。庆江目前只一女，庆涛目前只一女。

昭刚生三子，长曰宪龄，次曰宪伦，三子曰宪金。宪龄和宪伦无后。宪金生两子，长曰庆阳，次曰庆阴。

（注：该支族人云，他们与宪从、宪梓是近门。）

43. 闵宪怀一支

该支被访谈人认为，当今续谱没有什么现实意义了。该支与昭如、宪章支系较近。

闵广文生三子，长曰昭勤，次曰昭钦，三子曰昭德。

昭勤无后，由闵宪怀顶老盆。宪怀生一子，名唤庆阳。庆阳生一子，名唤闵欣。

昭钦为光棍，无妻无后。

昭德生两子，长曰宪怀，次曰宪玉。宪玉生一子，名唤庆社。庆社目前只有一女孩。（注：目前这一支人口与闵昭如、闵宪章他们一起外出"行人情"，但是彼此之间并不知道世系距离。）

44．闵宪章一支

这一支族人只记得自己是第三支，但他们记得自己的祖先闵广发与闵广文是叔兄弟俩。如果这一说正确，那么，闵宪章一支与闵宪怀一支在传字辈上就是一个祖先，也就说，闵宪章一支与闵宪怀一支在传字辈上共祖。

广发生两子，长曰昭后，次曰昭兴。

昭后无子，过继胞弟之长子宪章。宪章生两子，长曰庆梅，次曰庆学。庆梅生一子，名唤繁杰。庆学目前只有一女。

昭兴生四子，长曰宪章（出继给伯父昭后），次曰宪苍，三子曰宪想，四子曰宪伟。宪苍无后。宪想生一子，名唤庆勇。宪伟生一子，名唤铜铃（乳名）。庆勇未婚。

（注：当年调查时，20世纪60年代修过闵族系谱的闵庆歆告诉我，当年他也没有搞清楚。只听老辈人说，继字辈上弟兄四个，前面介绍的闵宪怀一支可能是长支，闵宪章一支可能是三支，第二支估计已经灭绝了，下面将要介绍的闵昭如一支是第四支。）

45．闵昭如一支

纪德生两子，长曰广恒，次曰广聚（他们弟兄俩外号叫"大庄长""二庄长"）。

广恒无子，过继胞弟广聚之长子昭镇。昭镇过继后又无子嗣，是支乏嗣。

广聚生三子，长曰昭镇，次曰昭如，三子曰昭青。昭如生三子，长曰宪富，次曰宪峰，三子曰宪容。昭青无子。宪富目前只有一女。宪峰和宪容未婚。

（注：但闵昭如说，闵宪怀一支、闵宪章一支和他们在继字辈上是弟兄三个。显然，这一说与闵庆歆说法不一致。留待后来者详考。）

46．闵宪党一支

该支人口只记得继字辈上有弟兄两个，分别是闵继连与闵继贵，再往上世系并不清楚，也不知与哪一支房支较近。

继连生两子，长曰广发，次曰广存。广发生两子，长曰昭响，次曰昭福。广存生一子，名唤昭来。昭响生两子，长曰宪党，次曰宪华（出继给叔父昭福）。昭福无后，过继胞兄次子宪华。宪党生五子，长曰庆富，次曰庆金，三子曰庆树，四子曰庆航，五子曰庆存。宪华生三子，长曰庆尚，次曰庆行，三子曰庆军。庆富生一子，名唤闵洋。庆金生两子，长曰繁峰，次曰繁银。庆树、庆航和庆存三人目前各只有一女。庆尚生有两女。庆行生一子，名唤闵伟。庆军在东营，子嗣情况不详。

继贵生两子，长曰广苍，次曰广哲。广苍生两子，长曰昭永，次子早亡。广哲生一子，名唤昭代。1949年后为了讨生活，他们去了东北，被访人对昭永和昭代后代情况不详。

47. 闵庆智支系

闵庆智目前是一个基督教小组的头目，他只记得在传字辈上有弟兄仨，他是闵传成的后人，为了将来他们便于联系世系，这里也把闵传成之二弟和三弟各自后人叙述在后面。

闵传成生三子，长曰继烈，次曰继召，三子曰继杰。

继烈无后，过继其二弟继召之长子广富。广富生三子，长曰昭盛，次曰昭田，三子曰昭清。昭盛在大连，生三子，长曰庆信，次曰庆宝，三子曰庆林。以下世系不详。昭田子嗣情况，被访人不详。昭清生三子，长曰宪永，次曰宪明，三子曰宪亮。其三人子嗣情况，被访人不详。这支后人均在东北。

继召生三子，长曰广富（出继给伯父继烈），次曰广祥，三子曰广吉。广祥生三子，长曰昭庆，次曰昭增，三子曰昭孟。广吉生三子，长曰昭美，次曰昭俊，三子曰昭干。昭庆生两子，长曰宪绍，次曰宪永。昭增和昭孟无后。昭美生一子，名唤宪容。昭俊生一子，名唤宪柱。宪绍无子，过继胞弟宪永之长子庆文。宪永生三子，长曰庆文（出继给伯父宪绍），次曰庆仓，三子曰庆智。宪容生一子，名唤庆学。宪柱生三子，长曰庆同，次曰庆冉，三子曰庆镇。庆文生三子，长曰繁振，次曰繁连，三子曰繁伦。庆仓生一子，名唤繁聚。庆智生两子，长曰繁利，次曰繁廷。庆学生一子，名唤繁俊。庆同生一子，名唤繁涛；庆冉生一子，名唤繁路；庆镇生一子，名唤繁雨。繁振生一子，名唤祥峰；繁连生一子，名唤祥东；繁伦生一子，名唤祥军。繁聚生一子，名唤祥共。繁利生一子，名唤祥生；繁廷生一子，名唤祥雨。繁涛生一子，名唤祥■。

继杰无后。

附：闵传成之二弟一支：传成生两子，长曰广佩，次曰广著。广佩与广著共传昭义和昭度（被访人不清楚谁是谁的后人）。昭义子嗣情况不详。昭度生宪令，宪令生庆卓，庆卓有孙曰祥慈。

闵传成三弟一支。这一支即在正文中介绍的西马庄一支。但闵庆智所说与我到西马庄采录的有所出入，故也附录于下：广如生两子，长曰昭才，次曰昭富。昭才无子，过继胞弟之长子宪成。昭富生三子，长曰宪成（出继给伯父），次曰宪法，三子曰宪启。宪成生三子，长曰庆国，次曰庆军，三子曰庆坤。宪法生两子，长曰庆宾，次曰庆利。宪启生两子，长曰庆金，次曰庆银。庆国生一子，名唤繁巧；庆军生一子，名唤繁龙；庆坤生两子，长曰繁华，次曰繁杰。

48．闵庆占一支

这一支只记得昭字辈上有弟兄俩，老大失名而无后，老二名昭攒。

昭攒生三子，长曰宪成，次曰宪进，三子曰宪道。宪成无子，但胞弟宪进之长子庆占为其顶老盆（并无出继现象）。宪道亦乏嗣，唯宪进传三子，长曰庆占，次曰庆布，三子曰庆祥。庆占生两子，长曰繁卫，次曰繁才。庆布无后。庆祥生两子，长曰繁广，次曰繁亮。繁卫生一子，名唤祥纪。

（注：族人云，庆占一支与广佩、广如三支均与闵庆智一支近但具体世系距离多少，他们均不清楚，但是他们仍然结合为一个礼仪单位。）

49．闵庆玲一支

这一支人口只记得广字辈上弟兄三个，分别是老大广顺、老二广廷、老三广信。

广顺生一子，名唤昭絭。昭絭生四子，长曰宪珂，次曰宪树，三子曰宪强，四子曰宪财。由于贫穷，宪珂无娶，乏嗣。宪树生四子，长曰庆府，次曰庆项，三子曰庆林，四子曰庆铃。宪强和宪财闯马子，民国十三年或十四年死于外地。庆林生一子，名唤繁启。庆府和庆项因家穷，均无娶。庆铃生两子，长曰繁峰，次曰繁现。

广廷生一子，名唤昭良。昭良生三子，长曰宪周，次曰宪公，三子曰宪顺。这一支在西 W。

广信生四子，长曰昭乐，次曰昭福，三子曰昭贞，四子曰昭杰。昭乐、昭福和昭杰皆因家穷，无娶，乏嗣。昭贞生两子，长曰宪伙，次曰宪柱。先伙无娶。宪柱生一子，名唤庆喜。

（注：西 W 把广信记成了"光汶"，辈字错了，名也错了。）

50. 闵昭相一支

这支人说，自己单独一支，谁也不跟他们近。

毓丰生三子，长曰传信，次曰传礼，三子曰传启。

传信无后，过继继余（继余来自何处，不详）。继余生三子，长曰广传，次曰广永（乏嗣），三子曰广全。广传生一子，名唤昭乐。广全无子，过继共曾祖兄弟广三之长子昭相。昭乐生两子，长曰宪军，次曰宪利。昭相生四子，长曰宪举，次曰宪进，三子曰宪伦，四子曰宪全。宪军目前生两女。宪举无娶。宪军生两女。宪伦生一子，名唤庆浩。宪全生一子，名唤庆华。

传礼生两子，长曰继山，次曰继公。继山无后。继公生三子，长曰广义，次曰广仁，三子曰广三。广义和广仁无后。广三生两子，长曰昭相（出继给广全），次曰昭桂。昭桂生两子，长曰宪平，次曰宪和。

传启无后。

（注：传礼一支去 W 前边一个村子——集前。）

51. 闵庆勇一支

继先生三子，长曰广环，次曰广海，三子曰广法。广环无子，过继三弟之长子昭玉。广海无子，过继三弟之次子昭元。广法生三子，长曰昭玉（出继给大伯父广环），次曰昭元（出继给二伯父广海），三子曰昭堂。

昭玉生四子，长曰宪信，次曰宪有，三子曰宪三，四子曰宪德。宪信生一子，名唤庆勇。宪有生两子，长曰庆荣，次曰庆冉。宪三和宪德均无后。庆勇生五子，长曰繁同，次曰繁起，三子曰繁堂，四子曰繁亲，五子曰繁礼。庆荣生四子，长曰繁庆，次曰繁兵，三子曰繁忠，四子曰繁■。庆冉生三子，长曰繁全，次曰繁廷（三十而亡），三子曰繁■。繁同生三子，长曰祥梓，次曰祥松，三子曰祥广。繁起生两子，长曰祥法，次曰祥才。繁堂生一子，名唤祥波。繁亲无子。繁礼生一子，名唤祥■。繁全、繁廷和繁■弟兄仨均无后。祥梓生一子，名唤令宾。

昭元生两子，长曰宪勋，次曰宪军。宪勋无后。宪军生三子，长曰庆东，次曰庆宾，三子曰庆军。庆东生一子，名唤繁收。庆宾生两子，长曰繁全，次曰繁行。庆军生一子，名唤繁斗。

昭堂生两子，长曰宪伦，次曰宪京。宪伦生一子，名唤庆彦。宪京无子。庆彦生三子（在1），其名被访人均不详。

（注：这一支云，民初来马子时，近支去了附近W街和后楼村。待考。）

52. 闵宪传一支

这一支居住在后闵村，他们只追认祖先到昭字辈，云昭字辈有弟兄四个，但只记得其中两位名字，另两位则家族失忆。

昭■（老大）生一子，名唤宪固。宪固无后，过继叔伯兄弟宪传之长子庆银。庆银生三子，长曰繁会，次曰繁树，三子曰繁春。繁会生豪杰（乳名），繁树生闵垒。

昭东生两子，长曰宪永，次曰宪明。宪永无后；宪明生三子，长曰庆学，次曰庆一，三子曰庆田。庆学在东北，后人不详。庆一生一子，名唤繁东。

昭吉生两子，长曰宪传，次子早亡。宪传生两子，长曰庆银（出继给叔伯大爷宪固），次曰庆同。庆同生一子，名唤繁刚。

昭■（老四）生两子，长曰宪布，次曰宪勤。宪布去东北，无后；宪勤生一子，名唤庆行。庆行生一子，名唤繁全。

（注：这一支目前是一个礼仪单位，若追溯至继字辈，与闵庆珍一支就是一个祖先。）

附录二　白马峪世系

　　费县薛庄镇白马峪村是闵村之外最大的一支世系群，它不仅包括现居住于白马峪的族人，也包括那些从白马峪再次外迁的族人。1963年农历十月他们修了自己的支谱。其序曰，其始迁之祖最初从江苏宿县迁来闵村，至闵子62代孙西溪公迁来白马峪，至1963年再传14世。这份族谱（世系图）书写在一张红布上，族人谓之软谱。因而，下面所呈现的谱系人口只截至1963年农历十月份，之后出生的人口不在上面。

　　闵子61代孙闵普生两子，一曰西溪，一曰西成。西溪复生两子，一曰闵宣，一曰闵常。西成生贵、贡、宾、贞四子，其后不知在哪里（也许在闵村，但目前每一支都无法在世系上跟四人联系起来。白马峪世系群就是闵宣和闵常的后代，因而从63代算起的话，白马峪支系可分成两大房支，即宣支和常支。

　　A. 宣支

　　63代宣生两子，一曰守富，一曰守贵。守富生魁和贞两子，守贵生振东一子，振东无传，只有魁和贞两兄弟世系往下延续，魁生光凤，贞生光明。66世光凤和光明以下人口规模开始变大，因而宣支实际上从66世又可再分为两个次级房支。

　　A1. 光凤生元、宽、毓耀三子。67代元生志兴，志兴生继余；宽生志旺和志成，志旺生继兴，志成生继立和继平；毓耀生志元和传贤，志元生继宗、继闾、继仁、继璞和继祯；传贤生继业、继进、继庭和继堂。由于人口规模太大，下面再从继字辈分成更小若干房支叙述。

a. 69 代继余生广文、广发、广德和广忠四子。广文无传。广发生昭禄和昭和；广德生昭鸿（居 IS 区诸保乡）和昭全；广忠生昭庆一子。

昭禄生宪忠和宪斌。宪忠生庆长和庆昌；庆昌无子，将出继给叔父宪斌的胞弟庆昌的长子繁学再度过继过来做嗣子；庆昌出继给叔父宪斌。宪斌无子，过继兄长宪忠之次子庆昌，庆昌生繁学（出继给叔伯大爷庆长做嗣子）、繁武，繁兴和繁盛。繁学生祥瑞和祥义。

昭和生宪福、宪公、宪成、宪儒、宪荣、宪仓和宪存七子。宪福生庆修，庆修无子，乏嗣。宪公生庆武、庆文、庆发三子；庆武生繁金和繁海；庆文无传；庆发生繁臣、繁忠和繁厚三子。宪成生庆琢、庆玉、庆顺（出继给四叔宪儒做嗣子）和庆财四子；庆琢无传；庆玉生繁银、繁立、繁祥和繁玺四子；庆财无传；宪儒无子，过继三哥宪成之三子庆顺，庆顺生繁均。宪荣生庆贵和庆相；庆贵生繁义、繁文、繁有（出继五服外昭起之孙庆志做嗣子）、繁魁、繁礼、繁瑞和繁久七子，繁义生祥年和祥忠；庆相生繁德，繁德生祥利。宪仓无传。宪存生庆春，庆春生繁居。

昭鸿（居诸保）生宪玉、宪起和宪文三子。宪玉生庆恩，宪起和宪文无传。

昭全无传。

昭庆生宪德和宪文两子。宪德生庆全。

b. 继兴生广华，广华生昭有、昭起和昭珩三子。

昭有生宪林（居沈庄）和宪凤。宪林生庆云，庆云无子，过继叔伯兄弟庆祥之长子繁吉为嗣子。宪凤生庆祥、庆德、庆安、庆贵、庆余和庆泰六子。庆祥生繁吉（出继给叔伯大爷庆云做嗣子）和繁鸿；庆德无传；庆安无子，过继四弟庆贵之长子繁月；庆贵生繁月（出继给三伯父庆安）和繁江；庆余生繁维（出继给六叔庆泰做嗣子）、繁全和繁海；庆泰无子，过继五哥庆余之长子繁维为嗣子。

昭起生宪东、宪祥（出嗣）和宪成。宪东生庆志和庆德，庆志无子，过继出离五服之昭和之曾孙繁有做嗣子，庆德无传。

昭珩无传。

c. 继立生广春和广印。广春生昭阳；广印生昭信，昭信无传。昭阳生宪瑞、宪臣和宪贵三子，宪瑞、宪臣和宪贵三人均无传。

d.继平生广增，广增生昭开和昭耒。昭开生宪生、宪聚、宪元和宪长（出嗣）四子；昭耒生宪考、宪宝和宪长（过嗣）三子。宪生和宪聚无传，宪元生庆臣，庆臣生繁永、繁盛、繁来和繁财四子。

e.继宗生广爵、广盛和广全。广爵生昭德和昭明；昭德生宪章和宪义两子；昭明生宪武和宪堂两子。广盛生昭灿，昭灿生宪文。广全生昭三、昭生和昭坤三子；昭三和昭生无传；昭坤生宪于和宪俊两子。

f.继闇生广发，广发生昭才（居青岛），昭才生宪礼。

g.继仁无传。

h.继璞生广柱和广存两子。广柱生昭祥和昭路两子，二人皆无传。广存生昭有，昭有生宪绪、宪金和宪臣三子。宪金生庆山；宪臣生庆春和庆太。

i.继祯生广泰和广平两子。广泰生昭恕、昭懋两子。昭恕无子，过继昭瑞之长子宪田做嗣子；昭懋无传。广平生昭俊、昭瑞和昭杰三子。昭俊和昭杰无传；昭瑞生宪田（过继给堂伯父昭恕做嗣子）和宪永两子。

j.继业生广生，广生生昭荣和昭余（出嗣给三祖父继庭做嗣孙），昭荣生宪鸿，宪鸿生庆云和庆山。

k.继进乏嗣。

l.继庭无子，但有长兄之次孙昭余做承重孙。

m.继堂乏嗣。

A2.光明生洪和永两子。67代洪生志清、志生、传和、志公、传江五子，67代永生传海一子。志清生继兰；志生生继山、继炉和继亮；传和生继忠、继良和继孝；志公生继生、继美和继清；传江生继禄和继义。传海生继利。由于规模太大，下面从继字辈再细分为若干个房支叙述。

a.继兰生广立，广立生昭富（出嗣）、昭贵和昭行。昭贵和昭行均乏嗣无传。是支绝。

b.继山生广兴，广兴生昭友、昭业和昭富三子。昭友生宪孝；昭业无后乏嗣；昭富生宪武、宪文两子。宪孝生庆法和庆常两子；庆法生繁江和繁海两子。

c.继炉生广田，广田无子，过继叔伯兄弟广升之三子昭亮，昭亮生宪荣、宪恩两子。宪荣生庆言、庆瑞和庆成三子；宪恩生庆利和庆盛两子。庆言生繁贵；庆瑞生繁祥（出继）和繁祯；庆成生繁秀。庆利无子，过继叔伯兄弟庆常之次子繁祯；庆盛生繁禄。

d. 继亮生广升，广升生昭德、昭祥和昭亮（出继给堂伯父广田做嗣子）三子。昭德生宪忠和宪伦；昭祥生宪义和宪仁。宪忠无子，过继胞弟宪伦之长子庆出；宪伦生庆出（出继给伯父宪忠）、庆山和庆富三子。宪义无传；宪仁生庆友和庆富两子。庆出无传；庆山生繁开和繁福。庆富生繁吉。

e. 继忠生广安，广安生昭义、昭六和昭新三子。昭义生宪盛，昭六和昭新无传。宪盛生庆喜和庆常两子。

f. 继良生庆平和庆玉两子。庆平生昭余、昭山和昭峰三子。昭余生宪全、宪贞、宪福和宪禄四子；昭山生宪贵、宪箱两子；昭峰生宪成一子。宪全生庆才、庆元（出继给四叔宪禄）、庆三和庆顺四子，而庆才又生繁恒和繁生两子；宪贞生庆盛；宪福生庆周；宪禄无子，过继胞兄宪全之次子庆元；宪贵生庆业，庆业生繁兴；宪箱无传；宪成生庆江。庆玉无后。

g. 继孝生广德、广日、广振、广成、广信和广志。广德生昭吉；广日生昭芳；广振生昭兰、昭田、昭泰、昭东和昭臣五子；广成生昭仁；广信生昭礼；广志生昭清。昭兰无子，过继胞弟昭田之长子；昭田生宪祥（出继给伯父昭兰）、宪起、宪业、宪有和宪富。昭仁生宪太，宪太生庆云，庆云生繁进。

h. 继生无子，过继昭富（不知自何）做嗣孙，昭富生宪文，宪文生庆于。

i. 继美生广朋和广丹，兄弟二人共用昭仓顶支，昭仓生宪昌、宪二和宪三。宪昌生庆存；宪二生庆法，庆法生繁俊和繁信。

j. 继清无传。

k. 继禄无传。

l. 继义生广臣、广满、广三、广祯、广武。广臣生昭庆；广祯生昭余。

m. 继利生广春、广秋和广珠（居沂水姜家巷）。广春无子，过继胞弟广秋之长孙宪祥做嗣孙，宪祥生庆有和庆盛，庆有生繁贵、繁箱和繁周，庆盛生繁昌。广秋生昭成和昭绅；昭成生宪祥（出继给大老爷广春做嗣孙）、宪仁、宪礼（出继给叔父昭绅做嗣子）、宪进，宪进生庆开；昭绅无子，过继兄长昭成之三子昭礼做嗣子，宪礼生庆君和庆学。广珠生昭利，昭利生宪珍、宪林和宪文，宪珍生庆丰和庆芝，宪林生庆珩和庆功，宪文生庆永、庆堂和庆和，庆丰生繁亮，庆芝生繁魁、繁元、繁生、繁清和繁明，庆珩生繁德、繁义、繁智和繁信，庆功生繁忠、繁厚、繁传和繁礼，庆永生繁瑞和繁成，庆堂生繁荣，庆和生繁仁和繁有。

B. 常支

闵子63代孙常生两子，一曰国文，一曰国己。由此而形成两个系谱性的次级房支结构。

B1. 国文生富、云和欣三子，富无传，云生光爵，欣生光辉和光顺。光爵生忠和位，光辉生伦，广顺生义和祯。忠生志学、志礼、传礼和传修四子；位生传学和传仁两子。伦生传淑和传经两子。义生传贵和传信两子；祯生传文。由于以下各房支人口规模较大，再细分为若干小支加以叙述。

a. 志学生继孝和继勤。两人各自繁衍子孙规模也颇壮观，故本房支再细分为二。

a1. 继孝生广聚、广弼、广忠、广清、广升、广瑞和广恩七子。

广聚生昭臣，昭臣生宪文、宪荣、宪法、宪林、宪圣和宪富六子，唯宪文传后，名曰庆兰，庆兰生繁起、繁对和繁如三子。

广弼生昭贵，昭贵生宪成、宪东、宪全和宪山四子。宪成生庆德，庆德生繁曾。宪东无子，过继胞弟宪全之子庆存，庆存生繁训。谱上只记宪全生庆存，且出继，再无兄弟。宪山生庆绅，庆绅生繁禄、繁峰、繁有和繁公。

广忠生昭亮，昭亮生宪祥、宪昌、宪斌和宪礼。宪祥生庆顺，庆顺生繁有和繁存，繁有生祥祯和祥福，繁存生祥礼。宪昌生庆恩和庆伦，庆恩生繁德、繁成和繁余三子，庆伦生繁宗。宪斌生庆章。宪礼生庆伦。

广清无传。

广升生昭成、昭斌、昭松和昭修四子。昭成生宪延和宪高，宪延无子，宪高有子一人，名曰庆珍，庆珍独祧两房，生繁清、繁义和繁伦。昭斌生宪魁，宪魁生庆珠，并过继叔伯兄弟宪玺长子庆海为嗣子[1]，庆珠生繁仓、繁增和繁峰，庆海生繁德和繁信。昭松生宪柱和宪留，宪柱无子，宪留生庆友，庆友生繁兴。昭修生宪玺、宪印和宪信，宪玺生庆海（出继给堂伯父宪魁做子嗣）和庆江，庆江生繁财；宪印生庆平、庆松和庆田；宪信生庆财、庆忠和庆坤三子。

广瑞和广恩无传。

a2. 继勤生广盛、广平和广松。

广盛生昭文、昭得和昭荣三子。昭文生宪明和宪茂，宪明生庆如，庆如生繁玉，宪茂出继给三叔昭荣做嗣子。昭得生宪斗，宪斗生庆信、庆义和庆成三子。昭荣无子，过继大哥昭文之次子宪茂，宪茂无传。

广平生昭稇、昭让和昭振。昭稇生宪恩、宪芳、宪永和宪有（出继给三叔昭振做嗣子）；昭让生宪珍和宪堂；昭振无子，过继大哥昭稇之四子宪有做嗣子。宪堂生庆吉。宪有生庆启、庆法和庆云。

广松生昭俊和昭起。昭俊无子，过继胞弟昭起次子宪余做嗣子，宪余生庆金。昭起生宪海和宪余（出继给伯父昭俊做嗣子）。宪海生庆山和庆全。

b. 志礼生继劝，继劝生广田，广田生昭增和昭存。昭增生宪义、宪福和宪娟；宪义生庆修，宪福生庆余，庆余生繁成。昭存生宪志，宪志生庆柱和庆富，庆富生繁芝。

c. 传礼生继泰、继芳和继贵。

继泰生广贤，广贤生昭先和昭会。昭先生宪成和宪修；昭会生宪兴、宪魁和宪学。宪成生庆明、庆荣、庆永、庆山、庆九、庆帝六子。庆明生繁存、繁德（出继给四叔庆山做嗣子）和繁礼三子；庆荣生繁山、繁义和繁信；庆永生繁文，繁文生祥德，祥德生令法；庆山无子，过继长兄庆明次子繁德，繁德生祥增；庆九生繁礼，繁礼生繁贵；庆帝生繁臣和繁矩，繁臣生祥忠、祥义、祥岱和祥早四子，繁矩

---

[1] 估计此种现象是年纪很大尚无子嗣，于是就先过继了一个，待后来自己又亲生了一个儿子，故造成如此现象。

生祥有。宪修生庆祥，庆祥生繁起，繁起生祥成、祥举、祥太、祥礼、祥五和祥余。宪学生庆义。

继芳生广斌、广文和广敬，广斌生昭谦，广文生昭安，广敬生昭让。昭谦生宪起，昭安生宪祥和宪富，昭让生宪宋。宪祥生庆吉、庆荣、庆圣、庆严、庆伦和庆法六子；庆吉无子，过继六弟庆法之长子繁盛；庆荣出继给二叔宽富，生繁增和繁来，留繁增顶此支脉；庆圣无传；庆严生繁祯、繁有和繁瑞三子；庆伦无传；庆法生繁盛（出继给大伯父庆吉）、繁德、繁玉和繁存。宪富无子，过继兄宪祥次子庆荣为嗣子，庆荣生繁增和繁来，留繁来顶此支脉。宪宋无传。

d. 传修生继安，继安生广钦，乏嗣。

e. 传学生继岚和继迁。继岚生广武，广武生昭岐和昭相。昭岐生宪平，宪平生庆末和庆祥，庆末生繁田，庆祥生繁起。昭相生宪公、宪义、宪存、宪文四子，宪公生庆怀、庆顺和庆相三子，庆怀生繁仁和繁成，庆顺生繁金，庆相生繁才。宪义和宪存无传。宪文生庆义。

继迁无传。

f. 传仁生继进和继选。继进生广义，广义生昭吉和昭安，昭吉生宪堂和宪魁，昭安生宪实。宪堂生庆祥和庆友。

继选无传。

g. 传淑生继超，继超无传。

h. 传经生继越，继越无传。

i. 传贵生继周和继严。继周生广忠、光恕和广字，广忠和光恕无传。广字生昭荣，昭荣生宪文和宪贵，宪贵无传。宪文生庆得、庆存、庆堂、庆江和庆于五子，庆得生繁高，庆存生繁贵和繁于，庆堂生繁启和繁洪，庆江生繁玉，庆于无传。

j. 传信生继尧，继尧无传。

k. 传文生继列，继列无传。

B2. 相比较而言，国己的房支规模偏小，远不如国文的发达与复杂。国己生仲和意，意无传，而仲生光贤，光贤生良，良再生传义，传义以后该房人口规模逐渐变大。

68 代传义生继圣和继贤两子。

a. 继圣生广滋，广滋生昭全，昭全生宪文和宪章，宪文生庆德。

　　b. 继贤生广富、光禄和广寿三子。广富生昭德、昭和、昭林和昭余四子；昭德生宪贵，宪贵生庆云和庆祥；昭和和昭林无传；昭余生宪智。光禄生昭存（昭贵）、昭富和昭安，昭存（昭贵）、昭富二人名下有子嗣宪文、宪让和宪起（出继给叔父昭安做嗣子）；昭安无子，过继兄长昭存（昭贵）、昭富二人名下的宪起做嗣子。广寿生昭荣，昭荣生宪永。

后记

余访琅琊闵氏宗族已历十数载矣！寒暑春秋，往来不辍，回追往事，自是感慨良多。入蒙山，厉危境，险从化仙崛[1]上飘落深谷；涉汸水，遇山洪，几为旋涡与悬沙所吞没，至今未尝语家人与师友耳！想当年初探闵家满头乌发，到而今虽在青壮却鬓染霜丝，然亦未尝悔也。似此一生，专为这人类学而来，故寂寞之极，苦旅之极，皆不计较。相反，甘之如饴，乐此不疲，以为此世间最富诗意之栖居方式乃做民族志也。

于我而言，做民族志较现实为快乐，乃是对现实之逃逸与反叛，盖因现实苦闷过甚，乏味过甚。噫！人生于世上，不能不虑于生计耳，由此而委身屈就于现实结构之下，任其蹂躏与磨折，令人纠结以至无数！背负行囊，趋于榛莽间，走村穿巷，瞻古庙，阅古碑，翻族谱，与农人攀谈，追忆逝水流年，亦间或共犁桑田，时融于乡间仪礼，与农人大碗饮酒，忘形于天地之间，不亦快乐乎？至于乡间有新鲜果蔬可啖，有河流汪塘可濯，有鸟语花香可闻，有种种植被与多样地貌可悦目，有日出日落及繁星闪烁可供仰，足可疗现实之苦闷耳。

《在国家与亲属间游移》之写作与《九族与乡土》相始相伴，而拙作《九族与乡土》先行问世，遂全力修之，后阅五年而事成。如云《九族与乡土》是余当年博士论文之上半部之修改稿，此书则为博士

---

① 今俗称"挂仙橛子"或"挂心橛子"，余此处用古费县志说法。

论文下半部之基础上扩充而成也。至此，前后近二十年，于山东费县闵村事可了矣！虽如此，但从今而后余仍心心念念闵村及闵族去向问题，乃至偌大中国乡村之未来动向。

是项成果曾于己丑年获中华人民共和国教育部人文社会科学一般规划项目资助，至壬辰秋课题结项。然，拙著并非停留于教育部结项成果上。一者，余著书风格不喜一蹴而就，平素总念念不忘，修修改改。甚或夜半醒来，自床上爬起，启电脑而敲一字，复弛然而卧。似不若此，便难入睡。经营不可谓不惨淡矣。二者，癸巳以来，闵族活跃异常，每有大事总相邀于我。于是，每每借机考察，将所获结果并入书中，故章节上又有添增焉。

是著之出版也颇令余纠结。按某之初衷，欲为闵村留一部完整村落宗族史，百年、千年之后，闵氏后裔自可从书中了解其祖先行为。然又虑以真实姓名出版后祸害诸多闵人之声誉。书中所写许多人物，皆余多年乡土好友，帮我甚多，数位已有兄弟情谊，可谓笃深。即便非是，还有人类学之伦理考虑。数年以来，余反反复复，举棋不定。有时虑及前者，便全部以真实名字出现。然，过一段时间，虑及后者，复悉数隐去真名。余曾就此征诸当事人。或有所顾虑，或大度识体，愿裸露姓名，不计利害。权衡再三，余决计分开处理。凡觉出版后会影响声誉者，其名字一律做技术处理；凡无关痛痒者，一律保留真名。即便如此，拙作出版后，若不够尊重甚或伤及无辜，请宽恕并体谅我之用心。靖愿登门谢罪也！

余之所以有此困扰，亦与己所持"多元声音"研究策略有关，此叫某关注更多主体性也。昔日信奉杜尔干集体表象理论或结构功能论之学者很少有此郁闷，盖他们于个体并无大多尊重。

《在国家与亲属间游移》之完成同样感念《九族与乡土》"后记"中所提人士和单位。然，是处欲特别鸣谢历史学家钱杭、常建华教授和人类学家张小军与张佩国先生。结项日得以上诸先生鉴定，并提许多良好意见，使拙作于理论上增色不少。是著定稿并向出版社提交后，庄师孔韶披览全书，提出修改意见。原稿主题之分析过度偏向国家意志对宗族之塑造，于亲属制度或亲属原则之底色方面阐述不足或欠清晰。余闭关旬日，据庄先生意见而斫而修，尤其增补了全书最后一节。此节宛如一枚秤砣以平衡全书。故书名亦由原先之《国家与宗族》改造成现在之模样。

感谢常建华和庄孔韶两先生为本书赐序。二人乃宇内中国宗族研究大家，一由历史学角度，一从人类学出发，以高屋建瓴之眼光点评拙著，尤其阐发出他们与鄙人不一样之中国宗族见解，甚至两位学者间观点也颇具张力，这于我于读者皆是福分。噫！其嘉言美论未来必给我辈以启发并促中国宗族之研究也。此生结缘两位学者，幸甚至哉！

感谢责编王军先生为本书辛勤付出，其严谨态度和专业知识储备令人起敬。

作为教育部项目结题以后，余在修改是著之同时，随将主要精力转向鲁西南微山湖周围之地域，集中考察该区域之多处闵氏宗族群落。目前成果业已初具规模，并通过国家课题结项验收。但余以为，仍需时日予以修改打磨，甚至还要反反复复前往田野地点调查、核实与补充。或许三五年后，余将为学界再献一部民族志作品，即中国闵氏宗族研究第三部也。

一念至此，知余一生都在路途上，遂援从前所吟诗句以结此后记：

　　　　阅谱抄碑寻古档，
　　　　街谈巷语缀成行。
　　　　此生心系于何处？
　　　　陌上行囊走关江。

　　　　　壬辰十月廿七日初稿于崂山云上飞鸟堂
　　　　　乙未七月十五日二稿于北京清河寓所
　　　　　丙申八月初二日三稿于临沂老宅
　　　　丁酉二月十九日定稿于崂山云上飞鸟堂
　　　　　庚子年秋日校于崂山金家岭下

图书在版编目（CIP）数据

在国家与亲属间游移：一个华北汉人村落宗族的历
史叙事与文化实践 / 杜靖著 . —杭州：浙江大学出版
社，2020. 10
　（启真学术文库）
　ISBN 978-7-308-18656-8

　Ⅰ.①在… Ⅱ.①杜… Ⅲ.①宗族—文化—中国
Ⅳ.①K820.9

中国版本图书馆CIP数据核字（2018）第223805号

在国家与亲属间游移：一个华北汉人村落宗族的历史叙事与文化实践
杜靖　著

责任编辑	王志毅
文字编辑	伏健强
责任校对	王　军　牟杨茜
装帧设计	周伟伟
出版发行	浙江大学出版社
	（杭州天目山路148号 邮政编码310007）
	（网址：http://www.zjupress.com）
制　作	北京大观世纪文化传媒有限公司
印　刷	河北华商印刷有限公司
开　本	635mm×965mm　1/16
印　张	42.5
字　数	632千
版 印 次	2020年10月第1版　2020年10月第1次印刷
书　号	ISBN 978-7-308-18656-8
定　价	98.00元